52 TRAUMHAFTE WOCHENENDTRIPS

WHITE STAR VERLAG

52 TRAUMHAFTE WOCHENENDTRIPS

TEXTE
Elena Luraghi
Cinzia Rando

REDAKTIONELLE KOORDINATION
Laura Accomazzo

GRAFISCHE GESTALTUNG
Maria Cucchi

KARTOGRAFIE
Geo4Map S.r.l. Novara

INHALT

Einleitung 6

Lissabon, Sintra und Évora 10
Portugal

Andalusien 16
Spanien

Formentera 24
Spanien

Barcelona 30
Spanien

Madrid 36
Spanien

Côte d'Azur 42
Frankreich

Die Düfte der Provence 48
Frankreich

Hochsavoyen und Montblanc 54
Frankreich

Die Schlösser der Loire 60
Frankreich

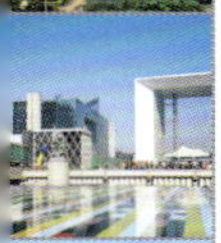

Paris 68
Frankreich

Bretagne, die Smaragdküste 76
Frankreich

Flandern 82
Belgien

Amsterdam 88
Niederlande

Dublin 94
Irland

Edinburgh und St. Andrews 100
Schottland

Die Schlösser im Süden Schottlands 106
Vereinigtes Königreich

London 112
England

Lappland 120
Finnland

Stockholm 126
Schweden

Kopenhagen 132
Dänemark

Sankt Petersburg 138
Russland

Moskau und der Goldene Ring 144
Russland

Berlin 152
Deutschland

München 158
Deutschland

Die Romantische Straße 164
Deutschland

Deutsche Alpenstraße 170
Deutschland

Krakau 178
Polen

Prag 184
Tschechische Republik

Budapest 190
Ungarn

Wien 196
Österreich

Klöster entlang der Donau 202
Österreich

Glacier Express 208
Schweiz

Genf 214
Schweiz

Turin und die Lustschlösser 220
Italien

Mailand und Comer See 226
Italien

Die Dolomiten in Gröden und Cortina 232
Italien

Venedig und die Villen an der Brenta 238
Italien

Der Golf von Tigullien und Cinque Terre 246
Italien

Florenz und der Chianti 254
Italien

Rom, Tivoli und Ostia Antica 260
Italien

Amalfiküste und Pompeji 270
Italien

Sizilien vom Meer bis zum Ätna 276
Italien

Dubrovnik und die Inseln Dalmatiens 284
Kroatien

Athen 288
Griechenland

Die Inselgruppe der Kykladen 294
Griechenland

Istanbul 300
Türkei

Jerusalem und Bethlehem 306
Israel

Petra und das Tote Meer 314
Jordanien

Sharm el-Sheikh und Heilige Katharina 318
Ägypten

Kairo und die Pyramiden von Gizeh 324
Ägypten

Die Insel Djerba 332
Tunesien

Marrakesch 338
Marokko

Index 344

EINLEITUNG

Sachlich und konventionell oder modern und unterhaltsam? Oder vielleicht beides. Dieser Reiseführer „52 Traumwochenenden" (ein Ziel für jedes Wochenende im Jahr) lädt dazu ein, Städte, touristische Routen, Küsten, Inseln, Landstriche in Italien, Europa und außerhalb Europas zu entdecken und dort ein spannendes Wochenende zu verbringen. Vorgestellt werden einerseits italienische Städte wie Rom, Venedig, Florenz und Mailand, aber auch europäische Metropolen wie Paris, London, Berlin, um nur einige zu nennen, die so außerordentlich faszinierend und prachtvoll sind. Dasselbe gilt für die Städte des Mittelmeerraums im Nahen Osten wie Jerusalem und Kairo. Großer Anziehungskraft erfreuen sich ebenfalls die hier vorgestellten Klassiker, wie die Amalfiküste, die Schlösser Schottlands, die Romantische Straße in Deutschland und Andalusien. Nicht zu vergessen die Route der Barockstifte entlang der Donau und die Tour durch Lapplands ewiges Eis und Schnee.

Die Auswahl beschränkt sich auf traditionelle Reiseziele und obwohl es nicht an Kuriositäten fehlt, handelt es sich nicht um geografische Neuentdeckungen, sondern um berühmte Kunsthauptstädte und touristische Routen. Der Grund hierfür liegt auf der Hand: Bevor man sich auf die Suche nach dem Unbekannten begibt, sollte man das Schöne kennenlernen. Und das Schöne findet man, wenn man den Tourenangaben folgt, die zu den bekanntesten Baudenkmälern führen, die unserer Meinung nach ein Muss sind, zu den historischen, aber auch jungen und trendigen Vierteln, den außergewöhnlichen Museen und Gourmetrestaurants, die bisweilen, aber nicht zwangsläufig Michelin-prämiert sind, den romantischen Bed & Breakfasts und den Designhotels. Routen und Städte, zu denen es stets zahlreiche Anregungen und Details gibt wie beispielsweise Informationen zu Kultur und Kunst in den großen historischen Zentren oder zu neuer, zeitgenössischer Architektur, die in vielen italienischen und europäischen Städten das Stadtbild aufwerten. Und natürlich, sofern es sich lohnt, die Ausflüge von den großen Städten ins Umland, wie zu den Klöstern des Goldenen Rings für die Moskaubesucher, der königlichen Residenz Escorial vor den Toren Madrids und dem traumhaften Ufer des Comer Sees, 40 Kilometer von Mailand entfernt.

Dies alles könnte man als den sachlichen Teil des Reiseführers bezeichnen. Doch es gibt auch den unterhaltsamen Teil mit Wellness-Tipps, Massage-Empfehlungen in den besten Spas am Toten Meer, Atelierbesuchen bei jungen Künstlern oder der Entdeckung berühmter Nightlife-Viertel in den Hauptstädten mit pulsierendem Nachtleben. Und in den großen Weinregionen die Ausflüge zu Kellereien sowie Sportmöglichkeiten dort, wo Outdooraktivitäten besonders geschätzt werden: Schlittenfahrten in Lappland, Fahrradtouren entlang der Loire-Schlösser, Abfahrtsski auf dem 445 Kilometer umfassenden Pistennetz von Megève vor der Kulisse der französischen Alpen. Oder die Dörfer am Ozean, die durch eine umweltfreundliche Schnellbahn mit Dublin verbunden sind, die Festivals von Edinburgh bis Berlin, der Besuch der Flohmärkte von London und Paris, Bootsfahrten und Segeltörns entlang der Inseln des Stockholmer Archipels.

Unser erstes Reiseziel ist Lissabon, die westlichste europäische Hauptstadt, das letzte Marrakesch, die beliebteste Destination der Europäer in Afrika, das dank der Billigflieger zu einem idealen Wochenendziel geworden ist. Und zwischen diesen beiden Zielen kann man Welten entdecken. Welten, die mit dem Auto oder Flugzeug greifbar nah sind, unterteilt in 52 Etappen. Traumwelten ...

BENUTZUNG DES REISEFÜHRERS

- *Jedes Kapitel beginnt mit einem einleitenden Teil, der Hauptübersicht, der die Besonderheiten der vorgestellten Stadt oder Route aufzeigt und die Stadtviertel, die Hauptattraktionen und unverzichtbare Etappen entlang der Strecke hervorhebt.*
- *In dem Abschnitt* **Unterwegs** *werden alle für das Reiseziel notwendigen praktischen Tipps gegeben, um Zeit und Mittel optimal einzusetzen, aber auch um Umwelt und Landschaft des entsprechenden Ziels bestmöglich zu genießen.*
- *Dann folgen unter* **Sehenswertes** *die Detailinformationen zu den touristisch interessanten Orten, wo die Gebäude, Kirchen, Museen, Straßen, Orte und Ausflüge vorgestellt werden, die absolutes Pflichtprogramm sind. Die für kulturelle Einrichtungen und Museen angegebenen Öffnungszeiten entsprechen den bei Redaktionsschluss geltenden. Sie können also variieren. Daher raten wir, vor dem Besuch die aufgeführten Homepages zu konsultieren.*
- *Die* **Infoboxen***, die über den Abschnitt Sehenswertes verteilt sind, geben Tipps zu Shopping, Feinkost und Weinkauf, Kunsthandwerk, Festen und Veranstaltungen, Sport, den schönsten Ausflügen, Bädern und besonderen, ungewöhnlichen Touren.*
- *Zu den Reisezielen gibt es* **Stadtpläne** *und* **Landkarten***. Auf den Landschaftsrouten ist der Streckenverlauf rot gekennzeichnet. Die Etappenziele sind mit einem Stern markiert.*
- **Die Fotos** *ergänzen die Textinformationen und zeigen die eindrucksvollsten Orte, die schönsten Panoramen, die berühmtesten Baudenkmäler, Besonderheiten und Neuheiten in der Stadt oder dem Gebiet.*
- *Den Abschluss bilden die praktischen Empfehlungen:* **Restauranttipps, Übernachten** *und* **Nightlife***. In den Rubriken Hotels und Restaurants wurden jeweils drei aus unterschiedlichen Preisgruppen ausgewählt, die entweder besonderen Charme haben, romantisch, traditionell oder trendy sind oder sich durch besonderes Design auszeichnen. Aufgeführt ist jeweils der niedrigste Jahrespreis, sodass vor allem die Hotelpreise ggf. nach oben zu korrigieren sind. Der jeweilige Eigenname ist mit Eurozeichen versehen, bei denen folgende Preisspannen zugrunde gelegt werden:*

Restaurants	**Hotels (Doppelzimmer)**
€ *unter 20 Euro*	**€** *bis 50 Euro*
€€ *unter 50 Euro*	**€€** *bis 80 Euro*
€€€ *über 50 Euro*	**€€€** *bis 120 Euro*
	€€€€ *bis 200 Euro*
	€€€€€ *über 200 Euro*

Legende

(rote Linie)	Reiseroute
●	Im Text behandelte Orte der Reiseroute
✷	Orte, Krankenhäuser und Sehenswürdigkeiten
○	Sonstige Orte
✈	Flughäfen
⛪	Kirchen, Klöster
♜	Schlösser, Burgen und Türme
🚡	Seilbahnen
∴	Ruinen
▲	Berggipfel
)(	Bergpässe

NÜTZLICHE INFORMATION

	Kunst und Kultur	*Landschaft*	*Ausflüge*	*Gastronomie*	*Nightlife*	*Shopping*	*Preis-Leistungs-Verhältnis*
Lissabon, Sintra und Évora	•••	••	•••	••	••	••	•••
Andalusien	•••	•••	•••	••	•	••	••
Formentera	•	•••	••	•	••	•	••
Barcelona	•••	••	••	•••	•••	••	••
Madrid	•••	•	•	•••	•••	••	••
Côte d’Azur	••	•••	•••	•••	•••	••	•
Die Düfte der Provence	•••	•••	•••	•••	•	•••	••
Hochsavoyen und Montblanc	••	•••	•••	•••	•	•	••
Die Schlösser der Loire	•••	•••	•••	••	•	•	••
Paris	•••	•	••	•••	•••	•••	••
Bretagne, die Smaragdküste	••	•••	••	•••	•	•	••
Flandern	•••	••	•	••	••	•••	••
Amsterdam	•••	•••	••	••	•••	••	•
Dublin	••	••	••	••	••	••	••
Edinburgh und St. Andrews	••	••	•••	••	••	•••	••
Die Schlösser im Süden Schottlands	••	•••	•••	••	•	••	••
London	•••	••	•	••	•••	•••	•
Lappland	••	•••	•••	••	•	•	••
Stockholm	••	•••	••	•••	••	••	••
Kopenhagen	•••	•	•	•••	••	•••	••
Sankt Petersburg	•••	•••	•••	••	••	••	••
Moskau und der Goldene Ring	•••	•	•••	••	•••	••	•
Berlin	•••	•	••	•••	•••	••	•••
München	•••	•	••	••	••	••	••
Die Romantische Straße	••	•••	•••	•	•	•	•••
Deutsche Alpenstraße	••	•••	•••	••	••	•	••

	Kunst und Kultur	*Landschaft*	*Ausflüge*	*Gastronomie*	*Nightlife*	*Shopping*	*Preis-Leistungs-Verhältnis*
Krakau	••	•	••	••	••	••	•••
Prag	•••	••	••	••	••	••	••
Budapest	••	••	••	••	••	••	•••
Wien	•••	••	•	•••	•••	•••	••
Klöster entlang der Donau	•••	•••	••	••	•	•	••
Glacier Express	••	•••	•••	••	•	•	•
Genf	••	••	••	••	•	•••	•
Turin und die Lustschlösser	•••	••	••	••	••	••	••
Mailand und Comer See	•••	•	•••	•••	•••	•••	•
Die Dolomiten in Gröden und Cortin	••	•••	•••	•••	••	••	•••
Venedig und die Villen an der Brenta	•••	•••	•••	••	•	•••	•
Der Golf von Tigullien	••	•••	•••	••	••	••	•
Florenz und der Chianti	•••	•••	•••	•••	••	•••	••
Rom, Tivoli und Ostia Antica	•••	••	••	•••	•••	••	••
Amalfiküste und Pompeji	•••	•••	•••	••	•••	••	••
Sizilien vom Meer bis zum Ätna	••	•••	•••	••	••	•	••
Dubrovnik	••	•••	•••	•	•	•	••
Athen	•••	•	•••	••	•••	••	••
Die Inselgruppe der Kykladen	••	•••	•••	••	••	•	••
Istanbul	•••	•••	•	••	••	•••	••
Jerusalem und Bethlehem	•••	•	••	••	••	•	••
Petra und das Tote Meer	•••	•••	••	••	•	•	••
Sharm el-Sheikh und Heilige Katharin	•	•••	•••	•	••	•	•••
Kairo und die Pyramiden von Gizeh	•••	•	•••	••	••	••	••
Die Insel Djerba	••	•••	•	•	•	••	•••
Marrakesch	••	•••	•••	••	••	•••	••

Lissabon
BAIRRO DA BOAVISTA
MONSANTO
Parque Florestal de Monsanto
Est. Campolide
CAMPOLIDE
Av. C. Gulbenkian
Av. de Berna
SALDANHA
Av. A.A. De Aguiar
Avenida da República
Av. Fontes Pereira de Melo
Parque Eduardo VII
ESTEFÂNIA
PICHELEIRA
ALTO DO PINA
MADRE DE DEUS
Rua G. Pais
Av. Almirante Reis
BAIRRO LOPES
Museu Nacional do Azulejo
Av. Infante Dom Henrique
IC17
CRIL
A5
IC15
Av. E. Duarte Pacheco
RATO
CAMPO DE OURIQUE
Largo do Rato
Jardim Botânico
Av. da Liberdade
Teatro Eden
ROSSIO
GRAÇA
Castelo de São Jorge
Igreja de São Vicente
CAMINHOS DE FERRO
ESTRELA
Estrada dos Marcos
BAIRRO ALTO
Est. Rossio
Igreja de São Roque
CHIADO
MOURARIA
ALFAMA
Est. S. Apolónia
Museu Militar
CASELAS
BAIRRO DO ALTO DA AJUDA
TAPADA DA AJUDA
Av. de Ceuta
Av. Infante Santo
Av. Dom Carlos I
BAIXA
Casa do Fado
Av. Inf. D. Henrique
Av. das Descobertas
CARAMÃO
LAPA
Santa Catarina
Est. Alcântara
Av. Vinte e Quatro de Julho
PRAÇA DO COMÉRCIO
Catedral de S. Maria Maggiore
Calçada da Ajuda
AJUDA
SANTO AMARO
ALCÂNTARA
Est. Cais do Sodré
MUDE
Teatro de São Carlos - Museu do Chiado
RESTELO
BELÉM
Museu Nacional de Arte Antiga
IP7
A2
Museu Oriente
Av. do Restelo
Jardim Tropical
Palácio Nacional de Belém
Gare maritima de Rocha
Igreja e Museu do Carmo
PEDROUÇOS
Rua da Junqueira
Gare maritima de Alcântara
Rio Tejo
Centro Cultural de Belém
Avenida da India
Museu Nacional dos Coches
Torre de Belém
Mosteiro dos Jerónimos
Ponte 25 de Abril
E90
0
1 km
0
0,5 Meilen

Lissabon – *Portugal*

Lissabon ist eine symbolträchtige Stadt. Da gibt es den Fado, Gesänge, die von der Schwermut afrikanischer Sklaven geprägt sind, und den Tejo, ein Fluss, so breit wie ein Meer. Nicht minder symbolhaft die Straßenbahnlinie 28 und die Azulejos der antiken Klöster, die eine weltweit einzigartige Keramikindustrie hervorgebracht haben. Nicht zu vergessen Fernando Pessoa, die Lokale des Bairro Alto, die Bars und Diskotheken der Docas, ehemalige Hafenlagerhallen, die durch gelungenen Umbau zu nächtlichen Vergnügungstempeln wurden und die Architekturprojekte der neuen Stararchitekten. In vielen befinden sich Museen.

10-11 – Ansicht der Alfama.

11 Unten – Der Turm von Belém, Wahrzeichen der Stadt.

Die **Straßenbahnlinie 28** startet von **Martim Moniz**, fädelt sich durch engste Gässchen, streift die Mauern der Häuser, durchquert das Viertel **Graça** und entlässt die Touristen am Fuße der Ruine des **Castelo de São Jorge**, das die Mauren im 9. Jh. errichteten und das heute einen öffentlichen Garten mit dem schönsten Panoramablick über die Stadt hat *(Tel. 21.8800620, Öffnungszeiten: Nov.-Feb. 9-18 Uhr, Mär.-Okt. 9-21 Uhr)*. Von dort aus sieht man den **Tejo**, die **Mouraria**, das Lissaboner Stadtviertel, das wie kein anderes für kulturelle Vielfalt steht, die **Alfama**, das arabische Lissabon, in dem in den letzten Jahren ein großes Wiederaufbauprojekt begonnen wurde, und, aus der Ferne, den Stadtteil **Chiado**, der 1988 teilweise durch einen Brand zerstört und nach den Plänen des großen portugiesischen Architekten Álvaro Siza wieder aufgebaut wurde. Hier, am Rande der **Baixa**, liegt das historische Kaffeehaus **A Brasileira** *(Rua Garrett 120, Tel. 21.3469541)*, seinerzeit das Lieblingscafé von Fernando Pessoa, dem größten portugiesischen Dichter. Einen Kaffee sollte man hier unbedingt trinken. Weiter geht es zu den zentralen Plätzen der **Baixa**, von der **Praça do Comércio**, wo früher die Schiffe festmachten und die nach dem Erdbeben von 1755 mit umlaufenden, zum Fluss geöffneten Arkaden neu gestaltet wurde, bis hin zum **Rossio**, der offiziell **Praça D. Pedro IV** heißt, wovon die Statue in der Platzmitte zeugt, mit seinen Konditoreien und Bars, in denen die Lissaboner ihre Gingjinha, einen Kirschlikör zu sich nehmen. Zu Fuß oder mit dem Fahrstuhl **Santa Justa** erreicht man von hier das aus dem 17. Jh. stammende **Bairro Alto**. Das Gebiet rund um den **Campo das Cebolas** und andere Bereiche unterlagen jüngst städtebaulichen Neuerungen, wie zum Beispiel der zukunftsweisende **Terminal de Cruzeiros**. Weitere Sehenswürdigkeiten findet man in **Belém**, wo man das Hieronymuskloster **(Mosteiro dos Jerónimos)** besuchen sollte, ein Meisterwerk manuelinischen Stils mit der Grabstätte Vasco da Gamas, und den Turm von Belém **(Torre de Belém)**, Sinnbild der großen Entdeckungen. Jahrhundertelang legten die Schiffe vom Lissaboner Hafen ab und dort wieder an. Auf der anderen Seite der Stadt liegt der **Parque das Nações**, das Stadtviertel, in dem 1998 die **Expo** stattfand. Heute findet man dort das **Ozeanarium**, eines der weltgrößten Aquarien, das eine Drahtseilbahn mit der **Torre Vasco da Gama**, dem **Pavilhão do Conhecimento (Wissenschafts- und Technologiemuseum)** sowie dem **portugiesischen Pavillon** (von Álvaro Siza) verbindet, Gärten, Geysire und Spielecken für Kinder. Der Eingang zum Parque das Nações, der **Estação do Oriente (Bahnhof Oriente)** nach Plänen des Spaniers Santiago Calatrava, mit Kachelpaneelen internationaler Künstler wie dem Österreicher Friedensreich Hundertwasser dekoriert, ist überwältigend *(www.portaldasnacoes.pt, Öffnungszeiten: 10-18 Uhr, im Sommer bis 20 Uhr)*.

Unterwegs in Lissabon: *Die Stadt verfügt über ein flächendeckendes U-Bahnnetz (www.metrolisboa.pt), aber man kann auch Straßenbahn fahren (vor allem, um nach Belém zu gelangen), zu Fuß gehen oder den Fahrstuhl Santa Justa benutzen, der seit 1902 die Unterstadt mit dem Bairro Alto verbindet und von Gustave Eiffel erbaut wurde. Praktisch ist die Lisboa Card für die Nutzung der Verkehrsmittel und den Besuch der Museen* (www.visitlisboa.com und www.askmelisboa.com).

Sehenswertes

TORRE DE BELÉM: Dieser Turm im manuelinischen Stil, der im 16. Jh. auf Geheiß von König D. Manuel I. erbaut wurde, der sich einen Wehrturm an der Flussmündung

wünschte, ist das Wahrzeichen Lissabons mit Zugbrücke, Innenhof, Panoramaterrasse, einer Zisterne und einem herrlichen, mit Bögen und Säulen verzierten umlaufenden Balkon. Er wurde gemeinsam mit dem nahe gelegenen Mosteiro dos Jerónimos zum UNESCO-Welterbe erklärt *(Av. Brasilia, www.torrebelem.gov.pt, Öffnungszeiten: 10-17.30 Uhr, im Sommer bis 18.30 Uhr).*

MOSTEIRO DOS JERÓNIMOS: Dieses Meisterwerk der Manuelinik (16. Jh.), in dem sich die gotische Kirche **Santa Maria** mit der Grabstätte Vasco da Gamas und zwei bedeutenden Portalen befindet, gilt als wichtigstes Bauwerk. Eines der Portale stammt von Boytac, auf den auch der quadratische, mit zweibogigen Fensteröffnungen und Säulen verzierte Kreuzgang zurückgeht. Auch hier befindet sich eine berühmte Grabstätte: die von Fernando Pessoa *(Praça do Império, www.mosteirojeronimos.gov.pt, Öffnungszeiten: 10-17.30 Uhr, im Sommer bis 18.30 Uhr).*

CARMO: Von der wichtigsten Kirche, die im 14. Jh. erbaut und nach dem Erdbeben 1755 nicht wieder aufgebaut wurde, sind nur das gotische Portal, die Säulen zwischen den Schiffen und die Apsis erhalten; sie wurde zum **Archäologischen Museum** *(Largo do Carmo, www.museuarqueologicodocarmo.pt, Öffnungszeiten: 10-18 Uhr, im Sommer bis 19 Uhr, So. geschl.).*

IGREJA DE SÃO ROQUE: Die im 16. Jh. errichtete Kirche ist ein Meisterwerk aus Marmor und Kacheln, v.a. die Capela São João Batista. Rechts gelangt man in das **Museum für sakrale Kunst**, das Sammlungen von Gemälden, Schmuck, Reliquien, sakrale Gewänder und orientalische Kunstwerke ausstellt *(Largo Trindade Coelho, mais.scml.pt/museu-saoroque/, variierende Öffnungszeiten).*

CATEDRAL DE SANTA MARIA MAIOR: ist Patriarchatssitz Lissabons und wird auch **Sé Patriarcal** genannt. Unbedingt sehenswert ist der gotische **Kreuzgang** aus dem 14. Jh. und die mit Edelsteinen besetzte Monstranz aus Gold (18. Jh.), die Joaquim Caetano de Carvalho zugeschrieben wird *(Largo da Sé, Tel. 21.8876628/8866752, Öffnungszeiten: 9-19 Uhr).*

CCB (CENTRO CULTURAL DE BELÉM): Hinter dem Bau von Manuel Salgado und Vittorio Gregotti verbirgt sich ein Zentrum der Kultur. Es finden im Wechsel Theateraufführungen, Konzerte und Kunstausstellungen statt. Ebenfalls zu dem Komplex gehört das **Museu Colecção Berardo – Arte moderna e Comtemporânea**, das als Aus-

stellungsforum für die außergewöhnlichen Werke der Sammlung Berardo errichtet wurde: von Picasso bis Magritte, von Dalí bis Warhol. *Info: Praça do Império, Tel. 21.3612400, www.museuberardo.com und www.ccb.pt, Öffnungszeiten: Mo.-Fr.10-20 Uhr, Sa.-So. 10-18 Uhr.*

MUSEU NACIONAL DO AZULEJO: Die Räumlichkeiten des **Convento da Madre de Deus** zeigen antike und zeitgenössische *Azulejos*, die an die portugiesische Geschichte vom 16. Jh. bis heute erinnern, und ein 36 Meter großes Kachelpaneel mit einer Ansicht Lissabons. *Info: Rua Madre de Deus 4, Tel. 21.8100340, mnazulejo.imc-ip.pt, Öffnungszeiten: 10-18 Uhr, Mo. geschl.*

MUSEU DO FADO: In der Hauptstadt des Fado, wo das Königsinstrument die portugiesische Gitarre und die unumstrittene Protagonistin die 1999 verstorbene, verehrte Amália Rodrigues ist, darf ein derartiges Museum nicht fehlen. Das Museum liegt im Stadtviertel Alfama und dokumentiert mit Theaterszenen, Hörfunk- und Fernsehbeiträgen die Geschichte der Musik. *Info: Largo do Chafariz de Dentro 1, www.museudofado.pt, Öffnungszeiten: Di.-So. 10-18 Uhr.*

MUSEU CALOUSTE GULBENKIAN: 1869 als Sohn armenischer Eltern in Istanbul geboren, war Calouste Sarkis Gulbenkian einer der größten Kunstsammler des 20. Jhs. Seine Sammlung erstreckt sich von ägyptischen Archäologiefunden bis hin zu griechisch-römischer Kunst, von östlich-islamischer Kunst bis zu Meisterwerken europäischer Künstler. Zu den wichtigsten Werken zählen 3000 Jahre alte Alabastergefäße aus Athen, syrische Moscheenleuchter des 16. und 17. Jhs., Gemälde von Fragonard, Rembrandt, Rubens, Renoir und Monet sowie Porzellan von Sèvres und die von René Lalique entworfene Schmuckkollektion. *Info: Av. de Berna 45/a, www.gulbenkian.pt, Öffnungszeiten: Mi.-So. 10-17.45 Uhr, Di. geschl.*

PALÁCIO NACIONAL DE BELÉM: Im Amtssitz des portugiesischen Staatspräsidenten befindet sich ein Museum mit ständigen und wechselnden Ausstellungen von antiken Möbeln, Gemälden und Goldschmiedearbeiten, die zum Teil den verschiedenen Staatschefs bei Staatsbesuchen geschenkt wurden. Herrlich sind die Gärten, die jeden Samstag für Besucher geöffnet werden. *Info: Praça Afonso de Albuquerque 17, Tel. 213.614660, www.museu.presidencia.pt, Öffnungszeiten des Museums: Di.-So. 10-18 Uhr, Palast: Sa. 10.30-16.30 Uhr.*

MUSEU DO ORIENTE: Dieses Museum widmet sich der Geschichte der Kolonialisierung in Asien. Seine Sammlung umfasst Werke, die die chinesische Kulturrevolution überlebt haben, antike Gegenstände, die von den Portugiesen nach den Eroberungen in die Heimat überführt wurden und Zeugnisse des Handels sind, wie Briefmarken, Statuen, rituelle Gegenstände, Lackarbeiten, Bilder, Musikinstrumente, Bücher. *Info: Avenida Brasília Doca de Alcântara (Norte), www.museudooriente.pt, Öffnungszeiten:-Di.-So. 10-18 Uhr, Fr. bis 22 Uhr, Mo. geschl.*

MUDE: Das **Museu do Design e da Moda** ist ein Muss in der Baixa. Es ist aktuell wegen Renovierungsarbeiten geschlossen. Das Programm „MUDE fora de portas" umfasst weitere Ausstellungen und Events innerhalb der Stadt. *Info: R. Augusta 24, Tel. 218.100340, www.mude.pt.*

MUSEU NACIONAL DE ARTE ANTIGA: Das Museum ist das bedeutendste des Landes. Hier werden Sammlungen portugiesischer Gemälde, von Portugiesen in der Welt und großen europäischen Meistern vom 15. bis 19. Jh., ausgestellt. Vom *Triptychon* des Antoniusaltars von Hieronymus Bosch bis zum *Heiligen Hieronymus* von Dürer, den Brüsseler Gobelins des 16. Jhs. zu Werken von Tiepolo und Piero della Francesca. *Info: Rua das Janelas Verdes, Tel. 213.912800, www.museudearteantiga.pt, Öffnungszeiten: 10-18 Uhr, Mo. geschl.*

12-13 – Der Kreuzgang des Hieronymusklosters.

13 oben – Die gotischen Säulen der Igreja do Carmo.

13 unten – Das Kloster Madre de Deus im Kachelmuseum.

Übernachten

€€€€€ Heritage Hotel As Janelas Verdes (Boutique-Hotel). Im Salon gibt es einen Kamin, ein altes Klavier, Bücher und Bilder. Die Zimmer strahlen die Atmosphäre vergangener Zeiten aus, im Garten sind schmiedeeiserne Tische vor efeuberankten Mauern zum Frühstück gedeckt. *Info: Tv. Salitre 5, Lissabon, Tel. 21.3218200, www.asjanelasverdes.com*

€€€€€ Altis Belém & Spa (Design). Neues, schickes, minimalistisches Hotel am Fluss. Die Bäder der Zimmer befinden sich in einem Glaskubus. Der Spa-Bereich verzaubert mit seiner Einrichtung aus Bambusholz, einem Thermalgarten und Massagetechniken aus den unterschiedlichsten Erdteilen. *Info: Doca do Bom Sucesso, Lissabon, Tel. 210.400200, www.altishotels.com*

€€ Residencial Alegria (romantisch). Der Name Alegria (Freundlichkeit) hält, was er verspricht: Zimmer mit Charme in einem antiken Palast, mit viel Licht und täglich frischen Blumen. Wie gemacht für einen romantischen Ausflug! *Info: Praça De Alegria 12, Lissabon, Tel. 21.3220670, residencial-alegria.lisbon-hotel.org*

Restauranttipps

€€€ Pap'açorda (traditionell). Ein geschichtsträchtiger Ort im Bairro Alto, wo man ohne Reservierung schwerlich einen Platz bekommt. Empfehlenswert die gleichnamige Spezialität des Hauses, ein Gericht aus gekochtem Brot, Krabben und Koriander. *Info: Time Out Market Lisboa, Avenida 24 de Julho 49, Tel. 21.3464811, papacorda.com*

€€ Clube de Fado (mit Musik). Für ein Abendessen mit Fadomusik im Hintergrund bietet sich dieses Restaurant in der Alfama an. Der Eigentümer Mário Pacheco ist Musiker und Komponist. Hervorragend der Stockfisch. *Info: Rua S. João da Praça 86-94, Tel. 21.8852704, www.clube-de-fado.com*

€€ Bica do Sapato (Fashion). Immer im Trend: das Restaurant mit Außenbestuhlung, Café und Sushi-Bar Bica do Sapato. Eine ehemalige Lagerhalle am Ufer des Tejo, wo sich alles trifft, was in Lissabon einen Namen hat. *Info: Av. Infante D. Henrique, Armazém B, Cais da Pedra á Bica do Sapato, Tel. 21.8810320, www.bicadosapato.com*

Nightlife

Lux Frágil. Seit Jahren eine der hipsten Diskotheken der Stadt, natürlich an den Docas, wo das Nachtleben boomt. *Info: Av. Infante D. Henrique, Armazém A, Cais da Pedra, Sta. Apolónia, Lissabon, www.luxfragil.com*

K Urban Beach. Exklusiver Club mit Diskothek, Bar und Restaurant. *Info: Rua Cintura a Santos, Cais da Viscondessa, Tel. 21.3932930, www.grupo-k.pt*

Mez Cais. Liegt in der LX Factory, einem ehemaligen Industriekomplex im Westen der Stadt, der sowohl Kreativität als auch Vergnügen beherbergt: Kunstgalerien, Buchhandlungen, Geschäfte, Restaurants und Lokale, die bis in die frühen Morgenstunden einladen. Hier besticht der Flair des internationalen Underground. *Info: Rua Rodrigues Faria, 103 Edificio H 0.09A, www.facebook.com/mezcaislx*

Weitere Informationen: Portugiesisches Fremdenverkehrsamt: www.visitportugal.com/de und www.visitlisboa.com/de

Sintra und Évora

Per Zug vom zentralen Bahnhof am Rossio (www.cp.pt) *oder mit dem Auto (30 km von Lissabon entfernt) erreicht man* **Sintra**, *einen der berühmtesten Orte Portugals und UNESCO-Welterbe. Lord Byron bezeichnete es als „irdisches Paradies" und die dortigen Bauwerke lohnen in jedem Fall einen Ausflug. Die wichtigsten sind der* **Palácio Nacional de Sintra** (Largo Rainha Dona Amélia, www.parquesdesintra.pt, Öffnungszeiten: 9.30-17.30, Mi. geschl.), *der jedes Jahr von 400.000 Touristen besucht wird. Maurischen Ursprungs bestimmt er mit seinen riesigen konischen Schornsteinen das Stadtbild. Hier findet man nicht nur viele manuelinische Details, sondern auch Keramik-, Gemälde-, Stoff- und antike Möbelsammlungen. Der* **Palácio Nacional da Pena** *hingegen* (Estrada da Pena, www.parquesdesintra.pt, Öffnungszeiten des Parks 9.30-20 Uhr, Palast 9.30-19 Uhr) *ist architektonisch ein Mix, der sehr an Disneyland erinnert. Als Quintessenz der Extravaganz von Ferdinand von Sachsen, kunstliebender Gemahl der Königin Maria II., und des preußischen Architekten Ludwig von Eschwege, der das Gebäude 1840 errichtete, zeigt er steinerne Schnörkel, eklektische Zimmer und eine mit Azulejos ausgekleidete Kapelle. In weiterer Entfernung (130 km von Lissabon entfernt, Autobahn A2 und A6) kann auch* **Évora** *Ziel eines Ausflugs ins Umland werden. Geprägt von den Römern und Mauren ist die antike Hauptstadt des Alentejo ein Schatzkästchen geschichtsträchtiger Architektur. Von der Sé, der mittelalterlichen Kathedrale mit den asymmetrischen Türmen, und dem Anbau des* **Museums für sakrale Kunst, dem römischen Tempel** *aus der Zeit des Augustus mit seinen eleganten korinthischen Säulen, die zum Wahrzeichen der Stadt wurden, der* **Kirche des heiligen Franziskus**, *welche die Könige D. João II. und D. Manuel I. errichten ließen (versäumen Sie die* **Knochenkapelle** *nicht, die tatsächlich mit menschlichen Knochen ausgekleidet ist), bis hin zum* **Convento Dos Lóios**, *in dem heute eine Pousada untergebracht ist (das sind Charme-Hotels in historischen Gebäuden), die beste Adresse für eine Übernachtung in der Stadt* (www.pousadas.pt/pt/hotel/pousada-evora). Infos für einen Besuch in Évora: www.visitevora.net

Shopping

Ein Abstecher zum **Em-baixada-Concept Store** (embaixadalx.pt) *bietet ein einzigartiges Shopping-Erlebnis ganz im portugiesischen Stil. Zeitgenössische Kunst findet man bei* **Vera Cortês**, *einer Galerie, die sich jungen Künstlern widmet* (Rua João Saraiva, 16, www.veracortes.com), *während man in der 1741 eröffneten* **Fábrica Sant'Anna** *traditionell shoppen kann: Hier findet man antike Kacheln und moderne handbemalte Stücke* (Rua do Alecrim 95 oder Calçada da Boa-Hora 94b, www.fabrica-santanna.com). *Das Mitbringsel für Leckermäuler:* **Pastéis de Belém**, *die sagenumwobene Nascherei nach dem von Mönchen erfundenen Rezept, das nur in der gleichnamigen, stets überfüllten Konditorei neben dem Bauwerk selbst erworben werden kann* (rua de Belém 84, www.pasteis-debelem.pt). *Nach einer Verkostung vor Ort begreift man warum.*

14-15 – Der Palácio Nacional in Sintra.

15 – Gassen im Zentrum von Lissabon.

Andalusien – *Spanien*

Die Entdeckung Andalusiens beginnt in Sevilla, der Carmen- und Flamenco-Stadt mit der schönsten Kathedrale des Landes. Doch die berühmteste Region Spaniens mit ihrer typisch südiberischen Landschaft, umgeben vom Mittelmeer, umweht von Atlantikbrisen, und ihrer Landzunge nur einen Steinwurf von Afrika entfernt, birgt viele Perlen. Die erste ist Granada, die heißblütige Bergstadt mit der herausgeputzten Maurenfestung, der Alhambra, die alle Besucher anzieht. Dann kommen Córdoba mit der malerischsten Sakralstätte der Welt, einer Moschee-Kirche, die beiden Religionen huldigt, der islamischen und der katholischen, und schließlich Málaga, sechstgrößte Stadt Spaniens, von wo man zu den Küstenbadeorten gelangt, und Geburtsort des größten spanischen Malers des 20. Jhs. Hier wurde Picasso geboren.

Unterwegs in Andalusien:
Für unsere Route durch Andalusien sollte man ein Auto mieten: Granada erreicht man von Sevilla aus über die A92 (ca. 260 km) in etwa 3 Autostunden, Córdoba über die A4 (ca. 144 km) in weniger als 2 Stunden, Málaga über die A92 und A45 (ca. 220 km) in zweieinhalb Stunden. (Alle Angaben von Sevilla aus.)

16-17 – Die 1929 errichtete Plaza de España in Sevilla.

17 unten – Eine Flamenco-Darbietung im Triana-Viertel in Sevilla.

SEVILLA

Alexandre Dumas schrieb einmal: „Granada hat die Alhambra, Córdoba seine Moschee, Sevilla die Giralda". Das Minarett, heute Glockenturm der Kathedrale, steinernes Symbol dieser 700.000 Einwohner großen Stadt, buhlt mit anderen Vergangenheitsmythen wie Don Giovanni, Mérimées *Carmen* und dem Flamenco um die Beliebtheit der Besucher (sehenswert die *Flamenco Biennale*, alle zwei Jahre von September bis Oktober, *www.labienal.com*). Die Hochburg des sinnlichsten Tanzes Spaniens ist **Triana**, das Viertel, wo diese Kunstform gegen Mitte des 19. Jhs. offiziell entstand.

Aus diesem Viertel mit seiner morbiden Atmosphäre stammen Gitarristen wie Raimundo Amador und eine junge Künstlergeneration, die sich jahrelang in den Flusslokalen des **Guadalquivir** hochgearbeitet hat, der die Stadt in das Flamenco-Viertel und das historische, arabisch beeinflusste Zentrum unterteilt, sie aber auch mit dem Meer verbindet (der einzige spanische Binnenschifffahrtsfluss).

Um diese beiden Welten zu vereinen, gibt es viele Brücken, historische, **San Telmo** und **Isabel II.** und moderne, **Alamillo**, die 1992 von Santiago Calatrava für die Expo entworfen wurde und der Stadt neuen Elan gegeben hat (die Zitadelle liegt in **Cartuja** zwischen gleichnamigem Kanal und Fluss). Weitere Neuheiten sind der Bahnhof **Santa Justa**, eine Bewegungsmetapher von Cruz & Ortiz, der **Flughafen-Terminal** von Rafael Moneo, der **Metropol Parasol**, eine bizarre Konstruktion des deutschen Architekten Jürgen Mayer, die sechs Gebäude unter einer sonnenschirmartigen Struktur mit freien Flächen und welliger Bedachung vereint. Kleine und große Fußnoten der Moderne in einer Stadt mit antikem Reiz.

Vom jüdischen Viertel **Santa Cruz** zum Komplex **Reales Alcázares**, von **Plaza de España** zu **Plaza de San Francisco, Torre dell'Oro, Museo de Bellas Artes** und durch die Stadtteile **Santa Cruz, El Arenal, Centro** und **La Macarena**, wo die Volksseele Sevillas zu Hause ist, taucht man in die Vergangenheit ein. Hier versetzt einen alles in Erstaunen. Hier wird man verführt von dem sanften Wirbel andalusischer Perspektiven, arabischen Details, von maurischen, gotischen und Renaissancebauten.

Zwei Ratschläge für die Reiseplanung: Man sollte in dem Geschäft von **Pilar Vera**, der Ikone zeitgemäß adaptierter Flamenco-Mode nahe dem **Museo del Baile Flamenco**, einkaufen (*www.pilarvera.com*) und den Veranstaltungskalender nach originellen Events durchschauen. Außer der bereits erwähnten *Bienal del Flamenco* lohnen sich auf jeden Fall die *Semana Santa* an Ostern (*www.semana-santa.org*) und die *Feria*, das Frühjahrsfest, wo sich die Stadt festlich zeigt und im Laternenschein zwischen Pferde- und Kutschparaden in traditionellen Kostümen getanzt wird. Ein Ereignis, das seit 1864 regelmäßig stattfindet.

18 – Der Sevilla teilende Guadalquivir.

Flamenco oder **Catedral**? Nach der Erkundung der **Triana** kann der Stadtbesuch hier, bei der größten und prächtigsten Kathedrale Spaniens, Symbol des nationalen Katholizismus und UNESCO-Welterbe, einem Bauwerk der Superlative beginnen: mit einer Länge von 116 m, einer Kirchenschiffhöhe von ca. 56 m, dem Grab des Christoph Kolumbus, den Kapellen mit Gold aus Indien (die schönsten sind die **Capilla Mayor** und **Real**), den 117 gotischen Chorstühlen und dem **Kirchenschatz** mit Gemälden von Murillo, der am 1. Januar 1618 in Sevilla geboren wurde, und Goya. Von der Kathedrale gelangt man zum **Patio de los Naranjos** und der **Giralda**. Das Minarett aus dem 12. Jh., das im 16. Jh. umgearbeitet wurde, gilt mit 96 m Höhe als Stadtsymbol *(Av. de la Constitución s/n, Tel. 902099692, www.catedraldesevilla.es, variierende Öffnungszeiten)*. Neben der Kathedrale und der Giralda befinden sich die **Reales Alcázares**, die Monarchengemächer. Der ursprüngliche, in mehreren Phasen bis ins 12. Jh. erbaute arabische Palast wurde im 15./16. Jh. für die katholischen Könige umgebaut. Er besteht aus verschiedenen Gebäuden und Räumen wie dem **Cuarto del Almirante**, wo Reisen in die Neue Welt geplant wurden, dem **Palacio del Rey don Pedro** im Mudéjar-Stil mit Stuck- und Kachelarbeiten, dem gotischen **Palacio de Carlos V** mit dem berühmten Saal der flämischen Wandteppiche, die die Eroberung von Tunis (1535) zeigen, und natürlich den **Gärten**, die in keiner arabischen „Zitadelle" fehlen dürfen *(Patio de Banderas s/n, www.alcazarsevilla.org, Öffnungszeiten: 9.30-17 Uhr, im Sommer bis 19 Uhr)*. Pflicht ist auch der Besuch des **Museo de Bellas Artes**. Als eine der wichtigsten Pinakotheken Spaniens, seit 1835 im **Convento de la Merced** aus dem 17. Jh., bietet es einen hervorragenden Überblick über spanische Kunst mit Werken wie *Carro del Pregón de la Máscara* von Domingo Martínez (1748), *Madonna mit dem Kind*, eines der bekanntesten Werke von Murillo, El Grecos Porträt von seinem Sohn (1600) und die *Apotheose des Hl. Thomas von Aquin*, das absolute Meisterwerk von Zurbarán von 1631 *(Plaza Museo 9, www.museosdeandalucia.es, Öffnungszeiten: Di.-Sa. 9-21 Uhr, So. u. Aug. bis 15 Uhr)*. Auch **Plaza de España** ist Teil der Stadtgeschichte: 1929 von Aníbal Gonzáles als Pavillon zur *Iberoamerikanischen Ausstellung* errichtet, lehnt er sich an die regionale Renaissance-Architektur an. Anders als der Name vermuten lässt, ist es kein Platz, sondern ein halbkreisförmiger, mit Arkaden und Kacheln verzierter Bau mit zwei Türmen und Bogengang. Er liegt im **Parque de María Luisa** (Schwester der Königin Isabella II.), inmitten von Zedern, Magnolien, Orangenbäumen und Brunnen. Der „richtige" Platz heißt **San Francisco** und hat dieselbe Funktion wie die Plaza Mayor in anderen spanischen Städten. Er wird eingerahmt von der alten **Audiencia**, früher einmal Gericht, heute Bank, und dem **Ayuntamiento**, dem Rathaus aus dem 16. Jh., märchenhafte Gebäude, die ein würdiges Pendant in der **Casa de**

19 Oben – Die Kathedrale von Sevilla mit dem Minarett der Giralda.

19 Unten – Der gotische Innenraum der Kathedrale von Sevilla.

Pilatos haben, einem Renaissance-Palast auf dem gleichnamigen Platz mit Patio und Kacheln, Portal aus Carrara-Marmor, Arkaden, Fresken und Kuppel über dem Treppenaufgang, der von jeher als edelstes und faszinierendstes Wohnhaus der Stadt gilt *(Plaza de Pilatos 1, www.fundacionmedinaceli.org/monumentos/pilatos, Öffnungszeiten: 9-18 Uhr, im Sommer bis 19 Uhr)*. Pflicht ist auch der **Torre del Oro**, ein Bauwerk im **alten Hafenviertel** aus dem 13. Jh., wobei der obere Teil aus dem 18. Jh. stammt; er war Bestandteil der almohadischen Befestigungsanlage. Heute ist hier das **Schifffahrtsmuseum** mit Dokumentationen, Waffen und Andenken aus der Stadtschifffahrtsgeschichte untergebracht *(Paseo Cristóbal Colón s/n, Tel. 954.222419, fundacionmuseonaval.com/museonavalsevilla.html, Öffnungszeiten: Mo.-Fr. 9.30-19 Uhr, Sa. u. So. 10.30-19 Uhr)*. Da die Erkundung Sevillas sich mit der des Flamencos deckt, gilt der letzte Besuch dem **Museo del Baile Flamenco**, das viel mehr ist als ein Museum: Es ist der Schlüssel zu Tanz und Musik, mit Tanzunterricht für alle Schwierigkeitsstufen, Darbietungen, einem Themenshop mit Accessoires, Kleidung, CDs etc., und Filmvorführungen. Im zweiten Stock erfährt man, wie diese Kunstform andere Künste, darunter Kino, Mode und Malerei inspiriert hat *(C/ Manuel Rojas Marcos 3, museodelbaileflamenco.com, Öffnungszeiten: 10-19 Uhr)*.

Weitere Informationen: www.visitasevilla.es/de

20-21 – Die Alhambra in Granada.

20 unten – Das Maurenviertel (Albaizin) von Granada.

21 oben – Eines der Wasserbassins in der Alhambra.

21 unten – Ein Innenhof in der Alhambra.

GRANADA

Keine andere Stadt hat ein Bauwerk wie die **Alhambra**, Erbe muselmanischer Herrschaft, UNESCO-Welterbe, Festungszitadelle mittelalterlicher Prägung und absolutes Meisterwerk arabischer Baukunst auf spanischem Boden *(www.alhambra.org, Öffnungszeiten: 8.30-18 Uhr, im Sommer bis 20 Uhr)*. Sie besteht aus der **Alcazaba**, der ältesten Festung der Anlage mit dem **Torre de la Vela**, der einen herrlichen Blick über die Stadt bietet, dem im 16. Jh. von Pedro Machuca errichteten und an einem herrlichen Patio gelegenen **Renaissancepalast Karls V.** und dem **Alcázar**, der Herrscherresidenz mit zahlreichen Gebäuden unterschiedlicher Epochen mit dem Wandmosaik, das Verzierungen, Gärten, Brunnen und Paläste zeigt. Hier besucht man den **Mexuar**, den alten nach Mekka gerichteten Audienz- und Gerichtssaal, den **Cuarto de Embajadores** (Saal der Gesandten) und den **Löwenhof**, den Mittelpunkt der Sultansresidenz mit dem beliebten Fotomotiv der berühmten Stalaktitengewölbe und den Deckenstuckornamenten. Andere Glanzstücke der Anlage sind die **Medina** mit den öffentlichen Bädern, Silos und Zisternen, die Wohnräume der Beamten und der **Generalife**, der Palast aus dem 13. Jh. mit Gärten des 16. Jhs. Weitere Reminiszenzen islamischer Kunst findet man im Viertel **Albaicín**, wo sich die Mauren nach der Eroberung der Stadt niederließen, ein Straßenlabyrinth zwischen weiß gekalkten Häusern, das immer wieder sagenhafte Ausblicke auf die Alhambra bietet. Die **Catedral** hat andere Wurzeln. Sie wurde 1528-1563 auf Geheiß Karls V. von Diego de Siloé mit Renaissance-Fassade und fünfschiffigem Innenraum und Statuen von Ferdinand und Isabella von Aragón erbaut (Fertigstellung 1703). Die Grabstätte der katholischen Könige, wie die anderer Monarchen befindet sich in der nach Isabellas Tod auf Wunsch von Ferdinand 1506-1521 erbauten **Capilla Real** *(www.capillarealgranada.com, Öffnungszeiten: Mo.-Sa. 10.15-18.30 Uhr, So. u. Feiertage 11-18 Uhr)*. Für Liebhaber der Wissenschaft ist der **Parque de las Ciencias** Pflicht *(www.parqueciencias.com, Öffnungszeiten: Di.-Sa. 10-19 Uhr, So. u. Feiertage 10-15, Mo. geschl.)*. Die ständige Ausstellung zeigt auf 70.000 m² Wunderwerke und Entdeckungen.

Höhepunkt sind das **Planetarium** und der **Biosphärensaal**, wo die Geheimnisse der DNA und der Ursprung des Planeten thematisiert werden. *Info: www.turgranada.es/de*

CÓRDOBA

Wenn die Alhambra für Granada steht, dann steht die **Mezquita** für Córdoba, die westgotische, in eine Moschee umgewandelte Kathedrale (eine der schönsten überhaupt), die im 13. Jh. wieder zu einer christlichen Kirche wurde und heute UNESCO-Welterbe ist. Spektakulär die Säulen, erhaben die Tore, eindrucksvoll der **Patio de los Naranjos**, wo früher vor dem Gebet die Waschungen stattfanden. Das 19-schiffige Gebäude, mit 850 Säulen aus Marmor und Granit unterteilt, zeichnet sich im Inneren durch die **Kibla**, die Mauer in Richtung Mekka, den **Mihrab**, die mosaikbesetzte Gebetsnische mit dem Koran, und den **Schatz** aus, mit dem Meisterwerk der goldenen und silbernen Monstranz aus dem 16. Jh., die die *Fronleichnamsprozession* begleitet (*www.mezquitadecordoba.org, variierende Öffnungszeiten*). In der Geburtsstadt Manoletes (der Stierkämpfer schlechthin) mit ihrem Gässchenlabyrinth und den Barockpalästen sollte man die 240 m lange **Romanische Brücke** an den Ufern des Guadalquivir nicht verpassen (bei Sonnenuntergang sagenhaft). Seit 2007 kann man auch die riesigen Umrisse des *Hombre Río*, eine Skulptur von Rafael Cornejo und Francisco Marcos bewundern, die im Wasser „treibt". Ein Must sind die **Arabischen Bäder**, das in einem Renaissance-Bau auf der Plaza de Jerónimo Páez mit römischen Statuen und Mosaiken untergebrachte **Archäologische Museum** und der **Alcázar** der christlichen Könige, teils Festung, teils Palast mit Patios und Brunnen hinter der Festungsmauer. Natürlich nicht vergleichbar mit der Alhambra, aber lohnenswert. *Info: www.turismodecordoba.org*

MALAGA

1881 wurde in Málaga eines der größten Kunstgenies des 20. Jh. geboren. Heute steht das **Geburtshaus von Pablo Picasso** unter Denkmalschutz und ist mit Ausstellungen und Forschungsarbeiten ein für Besucher offenes Zentrum. (*www.andalucia.com/province/museums/picasso-birthplace, Öffnungszeiten: 9.30-20 Uhr*). Der Platz, an dem das Haus steht (**Plaza de la Merced**), wurde von Picasso in vielen seiner Bilder verewigt, mit dem Markt, den wohlhabenden Bürgern an den Lokaltischchen, dem Denkmal für **Torrijos** und den fliegenden Tauben. Auch die **Arena de la Malagueta**, die **Stierkampfarena**, ein 1876 eingeweihtes Gebäude aus rotem Backstein, taucht oft in seinen Ölbildern auf. Werke wie *El picador amarillo* und Zeichnungen mit Stierkampfszenen sind nichts weiter als unsterbliche Erinnerungen eines angehenden Meisters, der die größten Stierkämpfer der Zeit gesehen hat. Die Entdeckung von Málaga auf Picassos Spuren endet im **Museum** des **Palacio de los Condes de Buenavista**, Calle San Agustín 8, dem zu arabischer Zeit jüdischen Viertel (*www.museopicassomalaga.org, Öffnungszeiten: 10-19 Uhr, im Winter bis 18 Uhr, im Sommer bis 20 Uhr*). Ausgestellt werden viele Bilder, darunter Porträts, Akte, eine Badende von 1971, insgesamt 233 Werke mit angeschlossenem Bookshop mit über 6000 Titeln in verschiedenen Sprachen. Alle über Picasso. Aber die Geschichte der Stadt erschöpft sich nicht in der ihres illustren Sohnes. Das ehemalige Emirat, das Ende des 15. Jhs. von den Christen zurückerobert und von der Romantik verherrlicht wurde, ist gewachsen: rings um das **Castillo de Gibralfaro**, das im 14. Jh. vom Emir von Cordóba gebaut wurde, um die **Alcazaba**, den Festungspalast der arabischen Stadthalter mit den Gärten und den zum Schutz vor Hitze im Schatten liegenden Räumen, um die **Kathedrale** aus der Spätgotik, die von den Einwohnern Málagas **La Manquita**, „die Verstümmelte" genannt wird, weil einer der beiden Türme nie richtig fertiggestellt wurde. Traumhaft sind ein Bummel auf der **Alameda Principal**, der eleganten Allee mit den aus Amerika importierten Bäumen, die den vornehmen Palästen Schatten spenden, die Ende des 18. Jhs. auf die Sandbänke der Trichtermündung des Guadalmedina gebaut worden ist, und auf dem **Paseo**

del Parque, der bis zur **Stierkampfarena** reicht. Zwischen Palmen und alten Gebäuden, die durch die ockerfarbene Mauer der Alcazaba vor Blicken geschützt sind, läuft man bis zum Strand und an klaren Tagen blickt man bis nach Afrika. *Info: www.malagaturismo.com*

Übernachten

€€€€€ Hotel Alfonso XIII (Sevilla). Der Hit für alle, die historische Mauern lieben. Dieses Haus voller Stuckornamente, Hufeisenbögen und Marmorböden, das in den 1920er-Jahren in ein Hotel mit exzellentem Restaurant umgewandelt wurde, hält allen Moden stand. *Info: San Fernando 2, Sevilla, Tel. 954.917000, www.hotel-alfonsoxiii-sevilla.com*

€€€€€ Hospes Palacio de Los Patos (Granada). Ein 5-Sterne-Hotel in einem Gebäude des 19. Jhs. mit Garten, arabischen Brunnen, authentisch andalusischem Restaurant und 42 modernen Zimmern, außer der Präsidenten-Suite, sowie einem lohnenswerten Spa. *Info: Solarillo de Gracia 1, Granada, Tel. 958.535790, www.hospes.com/en/palacio-patos*

€€€ Posada del Patio (Malaga). In den Top Ten der Gastgewerbes der Stadt mit edlen Räumlichkeiten, Design-Zimmern und Dachpool mit Blick aufs historische Zentrum. *Info: Pasillo de Santa Isabel 7, Málaga, Tel. 951.001020, www.vinccihoteles.com*

Restauranttipps

€€€ Restaurante Becerríta (Sevilla). Andalusisch gestaltete Räume mit regionaler Kreativküche und ausschließlich regionalen Produkten. Lohnenswert auch die preiswerteren und köstlichen Tapas wie Spargelmousse, Meeresfrüchtesalat, Iberico-Schinken. *Info: Recadero 9 (Puerta Carmona), Sevilla, Tel. 954.412057, www.becerrita.com*

€€ Taberna del Alabardero (Sevilla). Herrschaftliches Haus, edle Karte. Unbedingt probieren: die Crêpes mit Meeresfrüchtefüllung. In jedem Fall sollte man den Chef D. Juan Manuel nach der Tages- bzw. Fischempfehlung fragen. *Info: Zaragoza 20, Sevilla, Tel. 954.502721, www.tabernadelalabardero.es*

€€ Bodegas Campos (Córdoba). Lassen Sie sich nicht von der Bezeichnung täuschen. Die Taverne ist sehr chic, bietet Küche mit traditionellen Rezepten, die in einem Keller aus dem 20. Jh. serviert werden. Versuchen Sie den Stockfischsalat mit Orangen und das Schwein vom Grill mit Gartengemüse. *Info: C/ Lineros 32, Córdoba, Tel. 957.497500, www.bodegascampos.com*

Nightlife

Tablao El Arenal (Sevilla). Vom Bailaor Curro Vélez gegründet, ist es seit mehr als dreißig Jahren Kultstätte für Flamenco-Fans und vereint Tanz und Gastronomie. *Info: Calle Rodo 7, Sevilla, Tel. 954.216492, www.tablaoel-arenal.com*

Agua & Salud (Sevilla). Es heißt, es wäre die beste Therme Sevillas, eine Oase mit Fitness, riesigem Spa mit Fango, Algentherapie, Aromatherapie, Geotherapie, Therme mit Ökobecken und Schneedusche. Für die Genusssüchtigen gibt es das „Luxury vip“: 3 Verwöhnstunden mit Champagnergetränk am Schluss. *Info: c/ Virgen del Robledo, 1. Bajo Izq, Sevilla, Tel. 954.284349, www.aguaysalud.com*

Zambra La Rocio (Granada). Auf dem Weg hoch nach Sacromonte liegt diese Cueva (Höhle) mit Flamenco-Vorführungen. Authentisches Lokal mit vielen VIPs im Gästebuch, von Bill Clinton bis zur königlichen Familie. *Info: Camino del Sacromonte 70, Granada, Tel. 659.115187-958.227129, cuevalarocio.es*

Weitere Informationen: Spanisches Fremdenverkehrsamt: www.spain.info/de_DE/

22 Oben – Ansicht des Zentrums von Córdoba.

22 Unten – Die Mezquita – Kathedrale und frühere Hauptmoschee Córdobas.

23 Oben – Ansicht von Málaga mit der Alcazaba.

23 Unten – Der Platz mit Bischofspalast inmitten der Altstadt Málagas.

Formentera – *Spanien*

Die kleinste der Baleareninseln ist nur per Schiff zu erreichen, da die Insel mit ihrer Länge von 25 km keinen Flughafen besitzt. Man fliegt also auf die mondäne und nachtschwärmerische Insel Ibiza und setzt dann in 30 bis 60 Minuten zur ruhigeren und umweltfreundlicheren Insel Formentera über. Sobald man von der Fähre aus am Horizont den idyllischen Naturpark der kleinen **Insel Espalmador**, den nördlichsten Punkt Formenteras, ausmachen kann, wird klar, dass das Hippie-Paradies der Balearen Wert auf sanften Tourismus legt, es wirkt wie eine kleine Außenstelle der Karibik im Mittelmeer mit feinen Sandstränden und weißen Dünen, kobaltblauem Meer und feuerroten Sonnenuntergängen.

Die immer noch ausgeprägten ländlichen Traditionen gehen heute einher mit einer neuen Art von Hippie-Chic-Tourismus, bei dem die Natur und umweltfreundliche Sportarten im Vordergrund stehen. Das örtliche Fremdenverkehrsbüro bietet laufend verschiedene und immer wieder neue Aktivitäten an, wie etwa **Segeln, Tauchen, Windsurfen, Kajak** fahren, aber auch Rundgänge zur **Vogelbeobachtung** in den Naturschutzgebieten sowie **Nordic Walking-Touren**. Zudem gibt es **20 grüne Routen** über Nebenstraßen und Wege, auf denen man die ursprünglichsten Ecken der Insel mit atemberaubenden Felsenriffen, einsamen **Leuchttürmen** und alten **Wachtürmen zu Fuß oder per Fahrrad** erkunden kann *(www.formentera.es/de/erkunden/aktivitaeten/gruene-routen)*. Wer romantische Spaziergänge liebt, sollte es sich nicht entgehen lassen, vor Sonnenuntergang zu Fuß auf dem alten **Römerweg** zur **La Mola** hinaufzusteigen. Der Weg führt von Es Calò bis Es Mirador, einem Ort, von dem aus man die ganze Schönheit der Insel mit den vereinzelt stehenden weiß getünchten Häusern, den Fischerwerften, den jahrhundertealten Feigenbäumen und den Sadebäumen, der am häufigsten auf Formentera vorkommenden Pflanzenart, die selbst auf trockenem und felsigem Untergrund wachsen, bestaunen kann. Original-Hippie-Atmosphäre erlebt man in **Punta Pedrera**, dem Ort von Legenden und Mythen und schon in den 1960er-Jahren Treffpunkt der New-Age-Anhänger, die hier meditierten und Yoga praktizierten. Die Liebhaber unvergesslicher Sonnenuntergänge bevorzugen dagegen die **Punta de sa Gavina** mit dem mächtigen Turm aus dem 18. Jh. Die 60er-Jahre sind zwar längst vorbei, aber die Anziehungskraft **Formenteras**, das den Verlockungen der Superluxushotels und der ohrenbetäubenden Diskotheken widerstehen konnte, ist dieselbe geblieben und lässt einen wünschen, dass der Urlaub auf der Insel nie zu Ende gehen möge.

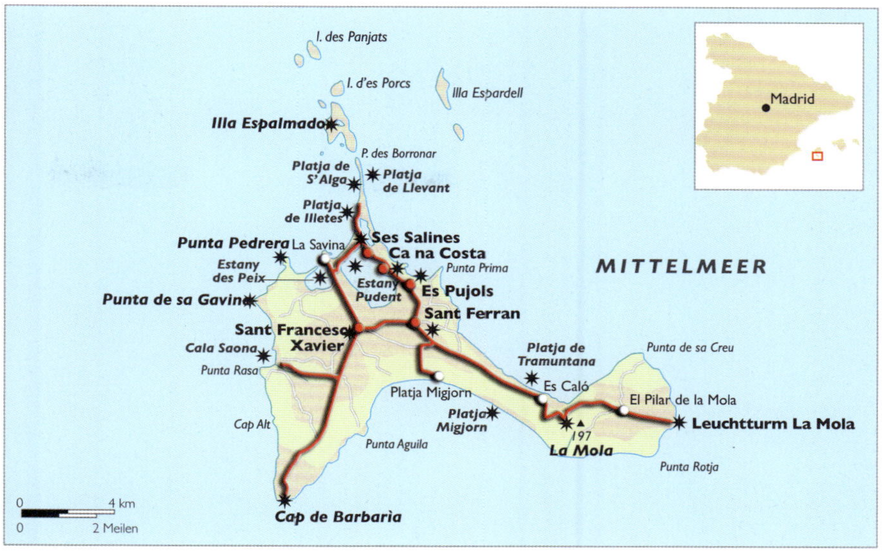

24-25 – Luftansicht von Formentera.

25 unten – Ein alter Wachtturm der Insel.

Unterwegs auf Formentera:
Für alle, die Formentera so richtig genießen wollen, ist das ***Fahrrad*** *das Fortbewegungsmittel der Wahl. Es gibt ein ausgedehntes Netz von Radwegen, die in etwa dem Verlauf der Hauptstraßen folgen. Eine Alternative für die etwas Bequemeren stellt der* ***Roller*** *dar, mit dem man schnell zu den Stränden und Dörfern der ganzen Insel gelangen kann. Auf Formentera gibt es aber auch ein gutes* ***Linienbusnetz*** *mit Haltestellen in den Hauptorten, wie El Pilar, Ca Marí, Mariland, Es Caló, Sant Ferran, Platja de Illetes, Es Pujols, Sa Roqueta, Sant Francesc Xavier und La Savina. Ein weiteres Fortbewegungsmittel ist natürlich das* ***Boot****. Es ist zwar die teuerste Lösung, aber die beste Art und Weise, um Formentera vom Meer aus zu sehen und weit abseits der überfüllten Strände zu baden. Boote werden im größten Hafen der Insel,* ***La Savina****, vermietet, wo die von Ibiza kommenden Fähren anlegen. Wer allerdings das, was die Insel an intensiven Düften zu bieten hat, wirklich wahrnehmen möchte, der sollte sich* ***zu Fuß*** *in die Natur begeben.*

DIE GESCHÜTZTEN SALINEN VON ESTANY PUDENT: Mutter Natur stattete Formentera mit außergewöhnlichen Landschaften aus, zu denen die unter Naturschutz stehenden Salzsümpfe des **Naturschutzgebiets Ses Salines** im Norden der Insel gehören. Normalerweise leben in diesen sumpfigen Gewässern Reiher und Enten, aber im Sommer sieht man oft auch Flamingos und andere Zugvögel. Das Fremdenverkehrsamt bietet Rundwanderungen für Vogelbeobachtungen an *(www.formenterabirding.com)*. Zum Lagunenbereich, in dem bis 1955 die Salzgewinnung erlaubt war, gehören die beiden kleinen Seen **Estany Pudent** und **Estany des Peix**, die über einen Bach mit dem Meer verbunden sind. Die Vegetation ist voller Kräuter, man findet typische Arten, wie die *Ammophila arenaria*, die Stranddistel, die Seelilie sowie auch den Sadebaum, Rosmarin, Thymian und Mastixbaum.

CA NA COSTA: In der Nähe von Estany Pudent befindet sich das Megalithengrab von Ca na Costa (1800-1600 v. Chr.), das aus einem großen Felsdolmen besteht, dessen sieben vertikal aufgestellten Kalkblöcke geometrisch angeordnet sind. Sie werden auch „Es Rellotge“ (Uhr auf Katalanisch) genannt, da sie einer Sonnenuhr gleichen.

ES PUJOLS: Der Ort ist zwar klein und nicht pompös, aber immer noch der Haupturlaubsort der Insel, in dem sich abends in den Bars und Restaurants des kleinen Hafens ein Großteil des Nachtlebens abspielt. Zu den beliebtesten Lokalen gehören das **Indian Café** und das **Bananas** *(www.bananaspeople.com)*, die bis nachts geöffnet haben und jene begrüßen, die vom Strand zurückkommen, nachdem sie den Sonnenuntergang betrachtet haben.

SANT FRANCESC XAVIER: Die kleine Hauptstadt von Formentera mit ihren weiß getünchten Häusern liegt 3 km südlich des Hafens von La Savina inmitten einer sonnigen und mediterranen Atmosphäre. Hier befinden sich die wichtigsten historischen Bauwerke der Insel: die **Wehrkirche von San Francesco** aus dem Jahr 1738, die mit

26 – Das kristallklare Wasser an der Platja des Illetes.

27 Oben – Der einsame Leuchtturm La Mola aus dem 19. Jh.

ihren dicken Mauern an ihre Funktion als Festung gegen Invasionen erinnert, und die nahe **Steinkapelle** von **Sa Tanca Vell** von 1362, fensterlos und mit gewölbter Steindecke, in die sich die Einwohner während der Piratenangriffe flüchteten. Den zentralen Platz schmückt eine Skulptur des mallorquinischen Künstlers Miquel Barceló, während man im kleinen **Völkerkundemuseum** *(Öffnungszeiten: Mo.-Fr. 10-14 u. 17-19 Uhr, Sa.-So. und Feiertage geschl.)* viel über das Leben der Inselbewohner vor dem Einzug des Tourismus erfährt.

SANT FERRAN: In diesem kleinen Dorf 3 km östlich von Sant Francesc konzentrieren sich Hippiekultur und Erinnerungen an die Blumenkinder. Alles trifft sich im legendären **Fonda Pepe**, einer kleinen Bar mit Restaurant (heute auch Pension mit ein paar preiswerten Zimmern), in der einst die Größen der Musikszene der 60er-Jahre zum Musik machen und Feiern zusammenkamen, von Bob Dylan bis Pink Floyd, die sich hier aufhielten, während sie den Soundtrack für den Film *More* komponierten, und von Joni Mitchell bis King Crimson, Autor des Stücks *Formentera Lady*.

CAP DE BARBÀRIA: Zum Zauber Formenteras tragen auch seine **Leuchttürme** bei, die nachts einige der grandiosesten Landschaften des Mittelmeers anstrahlen. So zum Beispiel der von Cap de Barbaría, am südlichsten Punkt der Insel, den man über die nicht asphaltierte Straße erreicht, die von Sant Francesc aus in südlicher Richtung durch eine ursprüngliche Gegend führt, in der der Wind die Pinienstämme zu schiefen und bizarren Gestalten formt. Der **Leuchtturm** illuminiert nachts die in seiner Reichweite liegenden Felsen und Klippen mit seinem Leuchtfeuer und erleichtert eine sichere Durchfahrt der Schiffe. Nicht weit davon entfernt befinden sich eine megalithische Ansiedlung und der Wehrturm **Torre des Garroveret** aus dem 18. Jh., der einst als Beobachtungspunkt diente, um die Insel vor feindlichen Angriffen zu schützen.

DIE STRÄNDE: In Formentera sind tropisch anmutende Strände und kristallklares Wasser keine Ausnahme. Sie sind öffentlich zugänglich und man benötigt nur wenige Tage, um die schönsten von ihnen kennenzulernen. Einer davon ist **Platja des Illetes** im Norden der Insel. Er besteht aus einer schmalen, vom Meer verschonten Landzunge in der Nähe der kleinen Insel Espalmador. Man sieht den Strand, wenn man sich von Ibiza kommend dem Hafen von La Savina nähert. An manchen Stellen ist der Sandstrand nur wenige Meter breit und man braucht nur die Straße zu überqueren und ist schon am nahegelegenen Strand **Platja de Llevant**. Beide liegen so dicht nebeneinander, dass sie auch die „Zwillinge" genannt werden. Wird aber einer der beiden vom Wind gepeitscht und ist das Meer aufgewühlt, ist das Wasser auf der anderen Seite flach. Allerdings sind sie nicht geeignet für alle, die Ruhe und Einsamkeit suchen, denn hier gibt es Kioske, Restaurants und viele Dienstleistungen für Touristen, insbesondere Boote und Ausrüstungen für Segel- und Surffans, die hier normalerweise guten Wind vorfinden. 150 Meter weiter erhebt sich die nur 3 km lange **Insel Espalmador** aus dem Meer, zu der auch ungeübte Schwimmer hinüberschwimmen können. Zu bestimmten Tageszeiten, bei Ebbe, muss man oft nicht einmal mehr schwimmen, sondern kann über den Meeresgrund laufen. Das Wasser reicht dann bis zu den Schultern (man kann aber auch von La Savina aus mit dem Boot übersetzen). Drüben angelangt bietet sich ein Sonnenbad an der ausgedehnten **Platja de S'Alga** an, einem großen natürlichen Hafen an der Südspitze der Insel. Oder man gönnt sich ein warmes, heilsames Bad im Schlamm des Schwefel-Thermalbeckens im Zentrum der

27 Unten – Der feine, weisse Sand von Platja des Illetes, einem stets vom Wind umpeitschten Strand.

Insel (am besten früh kommen, um die Massen zu vermeiden), auf der nur ein einziges Bauwerk steht, nämlich der **Wachturm Su Guardiola** aus dem 18. Jh. Läuft man den Platja des Illetes dagegen in südwestlicher Richtung hinunter, gelangt man zwischen Punta Rasa und Caló d'en Trull in der Nähe des gleichnamigen Dorfes zur **Cala Saona**, einem kleinen Strand mit weichem, hellem Sand zwischen den rötlichen Felsen und dem Pinienwald. Der Ort ist ruhig und das Meer wirkt karibisch, mit sandigem, sanft abfallendem Grund – ideal zum Baden. Zwischen dem Cap de Barbarìa und dem Leuchtturm La Mola an der Südspitze von Formentera erstreckt sich über 6 km der **Platja de Migjorn**. Dies ist einer der ruhigsten Strände der Insel und war eine Zeit lang das Reich von Pink Floyd, die hier *The Dark Side of the Moon* komponiert haben sollen. Es ist ein langer, von Dünen umgebener goldfarbener Sandstreifen, den man über eine ländliche Umgebung mit Kornfeldern und Trockenmauern erreicht. Genießen Sie die Ruhe im zentralen Teil der Insel, der am weitesten von den am Inselrand erbauten Restaurants und Resorts entfernt liegt. Am gegenüberliegenden Ufer wird der weiße Sand von **Platja de Tramuntana** vor dem Hintergrund eines winzigen Fischerdörfchens im türkisfarbenen Meer reflektiert. Der Strandrundgang auf Formentera kann nur am **Leuchtturm La Mola** aus dem 19. Jh. enden, der auf einer Klippe am einsamsten Punkt der Insel erbaut wurde, und der Jules Verne zu seinem Buch *Der Leuchtturm am Ende der Welt* inspirierte. Läuft man 15 Minuten weiter, so erreicht man den Strand, der zu den schönsten und ursprünglichsten von ganz Formentera gehört. Der Weg durch die Felsen ist zwar eher beschwerlich, aber lohnenswert.

Segel-, Windsurf- und Tauchschulen

Vellmari. Hafen La Savina, La Savina, *Tel. 971.322105, www.vellmari.com*

Orca Sub. Club Formentera Playa und Club Maryland, Platja de Migjorn, *Tel. 639.601839, www.orcasub.com*

Blue Adventure. Hafen La Savina, C/. Almadraba 67, *Tel. 971.321168-636.817419, www.blue-adventure.com*

Das Nautische Zentrum Formenteras. *Calle Almadrava 60, La Savina, Tel. 627.478452, www.centronauticoformentera.com/es*

Wet 4 Fun. Platja Es Pujols, *Tel. 609.76608, www.wet4fun.com*

DIE WINDMÜHLEN VON FORMENTERA
Schon seit der römischen Besatzung wird Formentera „Land des Weizens" genannt, und Mehl war stets Grundbestandteil der Wirtschaft. Deshalb wurden im Laufe der Zeit bis zu sieben Mühlen gebaut, von denen fünf noch heute besichtigt werden können. Zwei aus dem 18. Jh. befinden sich in **Sant Francesc Xavier**, eine in Sant Ferran und die letzten zwei vom Ende des 19. Jhs. in La Mola. Die gemauerten Mühlen haben meist drei Stockwerke. Im obersten befindet sich der Mühlstein, im mittleren wurde das Mehl aufbewahrt und das Erdgeschoss diente als Laden. Das kegelförmige Dach kann verschoben werden, um die Windmühlenflügel nach dem Wind auszurichten.

Übernachten

€€€€€ La Masia (orientalisch). Acht im Ethno-Schick-Stil gehaltene Zimmer, in denen minimalistischer, asiatischer und arabischer Stil auf unvergessliche Art und Weise miteinander verschmelzen. Schwimmbad und Whirlpool. *Info: Carrettera La Sabina a La Mola km 4,5, Tel. 608.136495, www.lamasia-formentera.com*

€€€€€ Gecko Beach Club (Natur). Für Leute, die gerne Sand unter ihren Füßen spüren und unter schattigen Pinien Siesta halten. 27 große Zimmer mit Terrasse zum Meer oder zum Garten, Yogakurse und vorzügliche mediterrane Küche. Mit Blick auf das türkisfarbene Meer von Platja de Migjorn. *Info: Platja Migjorn – Ca Marì, Tel. 971.328024, www.geckobeachclub.com*

€€€€ Hotel Cala Saona (Strand). Ein Hotel mitten im herrlichen Ambiente von Cala Saona, einem der ursprünglichsten Strände von Formentera. Mit Schwimmbad, Tennisplatz und großem Garten. *Info: Platja Cala Saona, Tel. 971.322030, www.hotelcalasaona.com*

Restauranttipps

€€€ Juan y Andrea (Fisch). Gerichte aus tagesfrischem Fisch, Meeresfrüchte und Paella mit Languste am Strand von Illetes. Das Essen wird auch an Bord der Boote gebracht. Die Kellner in makelloser Livree laufen barfuß durch den Sand. *Info: Platja de Ses Illetes, Tel. 630.258144, www.juanyandrea.com*

€€ Sa Figuera (Tradition). Im Herzen von Pilar de La Mola, einer der ruhigsten Gegenden der Insel. Perfekt, um Fischspezialitäten, Paella und andere traditionelle Gerichte zu kosten. *Info: El Pilar de la Mola 5, Tel. 971.935988, www.facebook.com/pg/Sa-Figuera-restaurant*

€€ Bar Ristorante Tanga (am Strand). Ein historisches Chiringuito. Spezialitäten: Paella, Meeresfrüchte und Inselgerichte. *Info: Carrer de Llevant, Tel. 971.187905, www.restaurantetanga.com*

€ Fonda Pepe (Atmosphäre). Hippiemäßig und Retro. Ideal, um in einem 60er-Jahre-Rock-Ambiente eine traditionelle Paella zu essen und einen Drink zu schlürfen. *Info: Calle Major 68, Sant Ferran, Tel. 971.328033.*

Nightlife

Pachanka. Im Zentrum des Touristenorts Pujos, in dem sich das Nachtleben der Insel konzentriert. Beste Adresse, um die magischen Nächte von Formentera aufs Intensivste zu erleben. *Info: Calle de Roca Plana, Es Pujols, Tel. 669.877657.*

Tipic. Sehr angesagter Club, der auf der Insel Geschichte geschrieben hat (durch ein Konzert von Pink Floyd): Eleganz und Top DJs. *Info: Avenida Miramar 164, Es Pujols, Tel. 676.885452, www.clubtipic.com*

Beso Beach. Das Lokal ist aus dem Big Sur hervorgegangen, einer der historischen Adressen Formenteras, und befindet sich am Strand von Es Cavall. Es ist eines der coolsten Lokale von den direkt am Strand liegenden – mit Blick auf Sonnenuntergänge und nächtlichem Vergnügen. *Info: Parque Natural de Ses Salines Playa de Cavall d´en Borràs, Tel. 971.931204, www.besobeach.com.*

Nützliche Informationen und Adressen: Fremdenverkehrsbüro von La Savina, am Hafen von La Savina, Tel. 971.322057, www.formentera.es/de, www.illesbalears.es/de

28 – Eine Mühle in La Mola vom Ende des 19. Jhs.

29 – Die Gitarrenwerkstatt von Sant Ferran.

Shopping

Wer ein Andenken an Formentera mitnehmen möchte, sollte sich an die kunsthandwerkliche Tradition der Insel mit ihrem durch die Hippiekultur leicht alternativ geprägten Touch halten. Auf dem ***Kunsthandwerkermarkt von La Mola*** (von Juni bis Oktober, mittwochs und sonntags von 16 Uhr bis spätabends) *bieten auf dem kleinen, mit bunten Mosaiksteinen verzierten Platz Hippies und Kunsthandwerker in Handarbeit gefertigten Schmuck, Bilder, Keramik und Kleidung an. Wenn nicht gerade Markttag ist, kann man beim berühmten* ***Goldschmied Enric Majoral*** *vorbeischauen, der Halsketten aus allen möglichen Materialien anfertigt* (Avdga Mola, www.majoral.com). *Handbemalte Keramik findet man bei* ***Ceràmica Pictorica*** (La Mola, Tel. 971.246223). *In Sant Ferran befindet sich zudem die berühmteste Gitarrenwerkstatt der Welt, nämlich* ***Formentera Guitars,*** *die seit dem Gründungsjahr 1988 auch schon bekannte Rockstars mit handgefertigten Gitarren beliefert hat* (Carre Sant Jaume 17, Sant Ferran, www.formentera-guitars.com).

Barcelona – *Spanien*

Können Olympische Spiele eine Stadt verändern? In Barcelona war dies der Fall. Im Jahr 1992 wurden in der katalanischen Hauptstadt die XXV. Olympischen Spiele eröffnet. Dank dieser Veranstaltung erhielt die Stadt ein neues Gesicht, und das architektonische Lifting war derart gelungen, dass es mit weiteren Stadtsanierungsprojekten zum Internationalen Forum der Kulturen *2004 neu aufgelegt wurde. In Barcelona ist der städtebauliche Gedanke immer lebendig und konstruktiv gewesen und hat, hauptsächlich dank Salvador Rueda, zu einer post-automobilen Vision der Stadt geführt, in der die Stadtviertel (Superillas) und die Straßen nicht den Autos gewidmet sind, sondern den Fußgängern, Radfahrern und öffentlichen Verkehrsmitteln. Neben diesem visionären Projekt, das die katalanische Hauptstadt komplett neu gestaltet, wächst die Stadt weiter und prunkt mit ultramoderner Architektur, wie dem Agbar-Turm, ein zeitgenössischer 142 m hoher Leuchtturm, dessen Paneelverkleidung zu jeder Stunde, Tag und Nacht, seine Farbe wechselt.*

Ganz gleich, ob Sie das erste Mal in Barcelona sind, Ausgangspunkt ist das **Barri Gòtic**, das gotische Viertel, wo die riesige **Kathedrale** aus dem 14.-15. Jh. emporragt, unweit der **Plaça de Sant Jaume**, dem historischen Zentrum mit dem **Palau de la Generalitat** (Autonome Regierung Kataloniens) und der **Casa de la Ciutat**, dem gotischen Rathaus **(Ajuntament)** mit Wandmalereien von Marès und Miró *(www.barcelona.cat, täglich diverse Führungen)*. Ein Spaziergang durch das Labyrinth mittelalterlicher Gassen und man stößt auf die **Ramblas**, die bekannteste, vornehmlich im 19. Jh. erbaute Straße Spaniens, die von Bauwerken wie dem **Mercat de la Boqueria** *(siehe Infobox Große Tour der Moderne)* eingerahmt wird. **Plaça de Catalunya** trennt das mittelalterliche Barcelona vom modernistischen eines Lluís Domènech i Montaner, Josep Puig i Cadafalch und Antoni Gaudí *(siehe Infobox Große Tour der Moderne)*, dem Urheber der symbolträchtigen **Sagrada Familia**, der am 07. November 2010 geweihten Basilika. Am Ende der Ramblas, wo es früher nur einen alten, heruntergekommenen Hafen gab, entstand in den 1990er-Jahren anstelle von Lagerhäusern und alten Bahnhöfen **Port Vell** *(www.portvellbcn.cat)*, mit Lokalen, Imax-Kinos am Meer, Pubs, Yacht-Anlegeplätzen, dem großen **Aquarium** und dem **Maremagnum** *(www.maremagnum.es)*, einem Einkaufscenter mit Restaurants und Boutiquen. In der nahegelegenen Schiffswerft **Drassanes** ist das Museu Marítim untergebracht *(Av. de les Drassanes s/n, www.mmb.cat, Öffnungszeiten: 10-20 Uhr, siehe Nightlife)* und an der Küste, in Zentrumsnähe, sind aus dem Nichts 4 km Strand zum (Sonnen-) Baden entstanden.

Unterwegs in Barcelona:
Wo die U-Bahn-Linien „L1-12" nicht hinfahren (www.tmb.cat/ca/home), *kann man Straßenbahn (www.trambcn.com) und Ferrocarrils (FGC) benutzen, von der Region Katalonien betriebene Stadtzüge und Intercitys* (www.fgc.cat).
Sehr verbreitet sind Fahrradvermietungen: von Bike Rental (www.bikerentalbarcelona.com) *über Barcelona Biking* (www.barcelonabiking.com) *und Barcelona By Bike* (www.barcelonabybike.com) *bis zu den lustigen Rad-Taxis von Trixi* (www.trixi.com/barcelona).

Sehenswertes

DIE KATHEDRALE: Im Barri Gòtic wurde **La Seu**, wie sie hier genannt wird, ab 1298 in gotisch-katalanischem Stil errichtet. Dort bestaunt man die **Krypta** aus dem 14. Jh., den **Chor** mit Marmorreliefs, die **Kapellen** seitlich des Schiffs, den **Kreuzgang** mit Kreuzgewölben von katalanischen Bildhauern und Giuliano Fiorentino und das **Museum der Kathedrale**. Dort findet man Werke wie die *Pietà von Bermejo* (1490) sowie Gemälde spanischer und katalanischer Künstler. *Info: Pla Seu, s/n, Tel. 933.428262, www.catedralbcn.org, Öffnungszeiten: 12.30-19.45 Uhr, Feiertage 14-17.30 Uhr, Tage vor Feiertagen 12.30-17.30 Uhr.*
SANTA MARIA DEL MAR: Noch ein Meisterwerk katalanischer Gotik mit nüchterner, von achteckigen Türmen gerahmter Fassade und statuen- und reliefgeschmücktem Portal. Im Inneren schöne Rosette und Spitzbogenfenster *(Pl. de Santa Maria 1, Tel. 933.102390, Öffnungszeiten: Mo.-Sa. 13-17, So. 14-17)*.

30 – Die gotischen Fialen der Kathedrale.

30-31 – Skyline der Stadt mit Sagrada Familia.

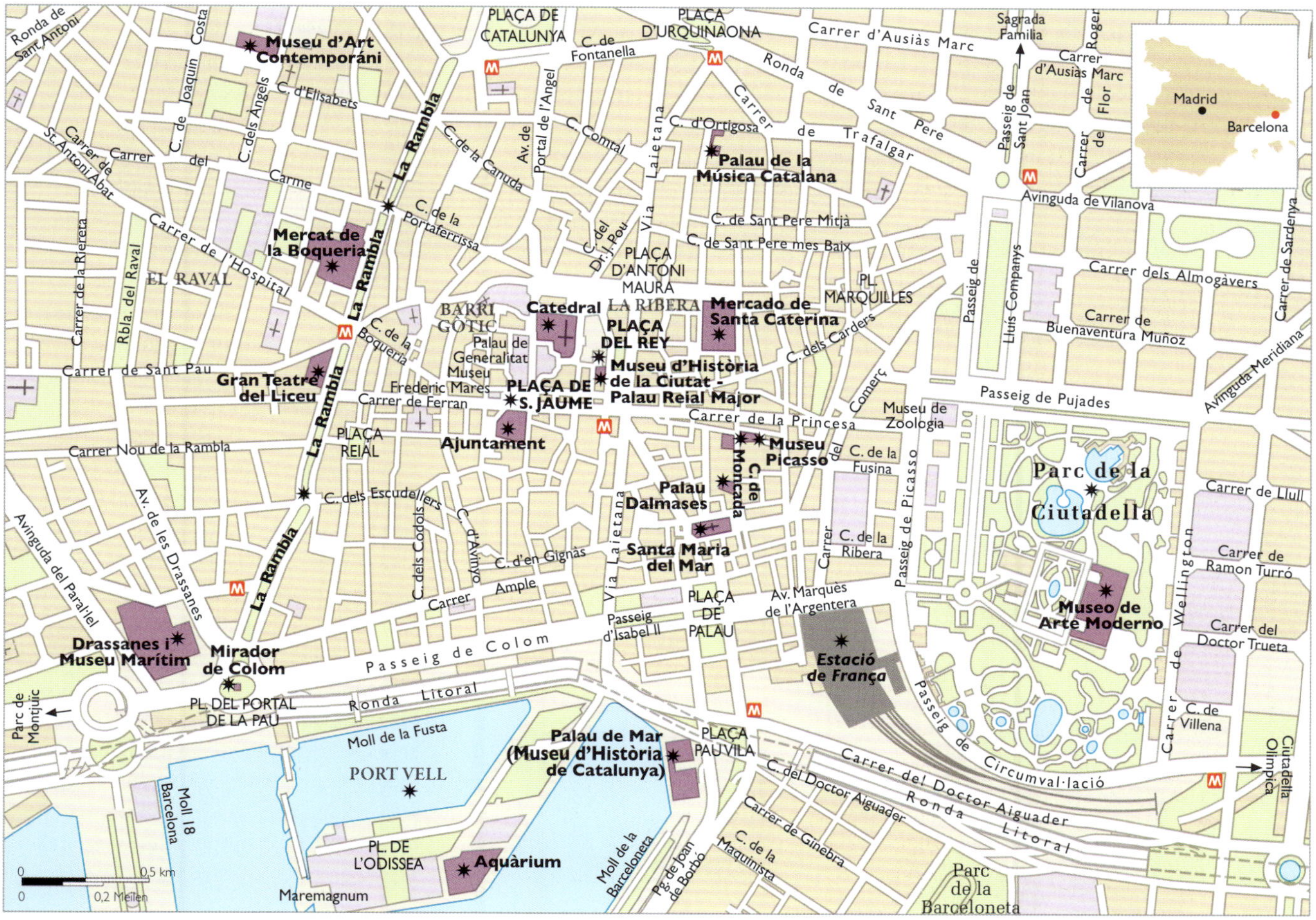
Museu d'Art Contemporáni
PLAÇA DE CATALUNYA
PLAÇA D'URQUINAONA
C. de Fontanella
Carrer d'Ausiàs Marc
Sagrada Família
Carrer d'Ausiàs Marc
Ronda de Sant Antoni
C. de Joaquín Costa
C. dels Àngels
C. d'Elisabets
La Rambla
C. de la Canuda
Av. de Portal de l'Àngel
C. Comtal
Via Laietana
C. d'Ortigosa
Ronda de Sant Pere
Carrer de Trafalgar
Passeig de Sant Joan
Carrer de Roger de Flor
Madrid
Barcelona
Carrer de St. Antoni Abat
Carrer del Carme
Palau de la Música Catalana
Avinguda de Vilanova
C. de la Portaferrissa
C. del Dr. J. Pou
C. de Sant Pere Mitjà
C. de Sant Pere mes Baix
Carrer de l'Hospital
Mercat de la Boqueria
EL RAVAL
Carrer de la Riereta
Rbla. del Raval
PLAÇA D'ANTONI MAURA
PL. MARQUILLES
Carrer dels Almogàvers
Carrer de Sardenya
BARRI GÒTIC
Catedral
LA RIBERA
Mercado de Santa Caterina
Passeig de Lluís Companys
Carrer de Buenaventura Muñoz
C. de la Boqueria
Palau de Generalitat
PLAÇA DEL REY
C. dels Carders
Avinguda Meridiana
Carrer de Sant Pau
Gran Teatre del Liceu
Museu Frederic Marès
Museu d'Història de la Ciutat - Palau Reial Major
Carrer de Ferran
PLAÇA DE S. JAUME
Carrer del Comerç
Museu de Zoologia
Passeig de Pujades
Carrer de la Princesa
PLAÇA REIAL
Ajuntament
Museu Picasso
C. de la Fusina
Carrer Nou de la Rambla
C. de Montcada
Parc de la Ciutadella
Carrer de Llull
C. dels Escudellers
Palau Dalmases
Av. de les Drassanes
C. dels Còdols
C. d'Avinyó
Santa Maria del Mar
C. de la Ribera
Passeig de Picasso
Carrer de Ramon Turró
Avinguda del Paral·lel
C. d'en Gignàs
Carrer Ample
Av. Marquès de l'Argentera
Carrer de Wellington
Museo de Arte Moderno
Carrer del Doctor Trueta
Passeig d'Isabel II
PLAÇA DE PALAU
Drassanes I Museu Marítim
Mirador de Colom
Passeig de Colom
Estació de França
Parc de Montjuïc
PL. DEL PORTAL DE LA PAU
Ronda Litoral
C. de Villena
Moll de la Fusta
Palau de Mar (Museu d'Història de Catalunya)
PLAÇA PAU VILA
Passeig de Circumval·lació
Carrer del Doctor Aiguader
Ciutadella Olímpica
PORT VELL
C. del Doctor Aiguader
Ronda Litoral
Moll 18 Barcelona
Carrer de Ginebra
C. de la Maquinista
PL. DE L'ODISSEA
Aquàrium
Moll de la Barceloneta
Pg. de Joan de Borbó
Parc de la Barceloneta
Maremagnum
0,5 km
0,2 Meilen

Shopping

Tradition oder Moderne? In Barcelona fehlt es nicht an Auswahl: von den Messern der ***Ganiveteria Josep Roca****, seit 1911 eine Institution in der Stadt* (Plaça del Pi 3, www.ganiveteriaroca.cat), *über Masken und Bühnenkrimskrams von* ***El Ingenio****, von Salvador Dalí geschätzt* (Calle Rauric 6, elingeniobarcelona.com), *bis zu den bunten Klamotten von* ***Custo Barcelona****. Die findet man zwar in vielen europäischen Städten. Sie aber hier zu kaufen, wo der Erfolg der Brüder Dalmau begann, ist etwas ganz anderes* (verschiedene Läden, custo.com/en/tiendas). *Ein Klassiker sind die Stierkämpferhüte* (***Sombreria Obach***, Calle del Call 2, Tel. 933.18 40 94, www.sombrereriaobach.com) *und dann eine kleine Naschpause bei* ***Hofmann****: Die Croissants und der Zitronenkuchen sind hier unwiderstehlich* (Flassaders 44, www.hofmann-bcn.com). *Verpassen Sie nicht den Obstmarkt* ***Mercat de Santa Cateina****, der einem Gaudí-Traum entsprungen scheint, und sei es nur zum Schauen oder Mittagessen im Restaurant* (Av. Francesc Cambó 16, www.mercatsantacaterina.net, variierende Öffnungszeiten ab 7.30 Uhr). *Und schließlich für Teeliebhaber das seit Generationen bestehende Imperium im Carrer de l'Argenteria,* ***Sans & Sans****, mit über 300 Sorten* (und einem zweiten Laden in Av. Diagonal 520, www.sansisans.com/shop).

MNAC: Zur Expo 1929 errichtet, teilweise in den 1990er-Jahren mit der Ausstattung von Gae Aulenti restauriert, verfügt das Museu Nacional d'Art de Catalunya über die weltgrößte Sammlung mittelalterlicher Wandmalereien. Neben Kunstwerken der Romanik, Gotik, Renaissance und des Barock findet man Fotografie- und Münzabteilungen sowie Bilder moderner Kunst aus der Sammlung Thyssen-Bornemisza *(Palau Nacional, Parc de Montjuïc, www.museunacional.cat, Öffnungszeiten: Di.-Sa. 10-18 Uhr, im Sommer bis 20 Uhr, So. 10-15 Uhr).*

MACBA: Durch das von Richard Meier entworfene Museu d'Art Contemporani im Raval erhielt das Viertel neuen Glanz und wurde kulturelles und künstlerisches Herz Barcelonas. Es bietet Werke katalanischer, spanischer und internationaler Künstler, Collagen von Aspen, Gemälde von Basquiat

(von *Selbstbildnis* bis *Zulu King*), zwei *Ohne Titel* von Calder, dreidimensionale Arbeiten von Duchamp und Zeichnungen von Meier selbst *(Plaça dels Angels 1, www.macba.es, Öffnungszeiten: 11-19.30 Uhr, im Sommer 10-20, Di. geschl., Sa. 10-20 Uhr, So. u. Feiertage 10-15 Uhr)*.

CARRER DE MONTCADA: Wegen der bemerkenswerten Gebäude, die sie säumen, steht diese elegante Straße im Herzen von Ribera seit 1947 unter Denkmalschutz. Die wichtigsten Bauten sind der **Palau Dalmases**, ein Barockpalast des 17. Jhs., *(Tel. 933.100673, palaudalmases.com, variierende Öffnungszeiten)* und der gotische **Palau del Marquès de Llió**, der Ausstellungen beherbergt, die aus dem **Museu del Disseny** hierher verlegt wurden, ein städtischer Tempel des Designs, der seit 2014 dekorative, grafische, keramische und textile Kunstsammlungen zeigt (**Disseny HUB Barcelona**, *www.barcelona.cat/museudeldisseny, Öffnungszeiten: Di.-So. 10-20 Uhr)* Der Höhepunkt der Straße allerdings ist das **Museu Picasso** mit ca. 4000 auf fünf antike Paläste verteilten Arbeiten des Genius des 20. Jhs.: Zeichnungen, Keramik, Ölbilder (wie *Margot* und *Die Umarmung* aus der Blauen Periode), Aquarelle und Skulpturen, im Einklang mit wechselnden Ausstellungen *(Montcada 15-23, www.museupicasso.bcn.es, Öffnungszeiten: Mo.-Fr. 10-17 Uhr, Di.-So. 9-20.30 Uhr, Do. bis 21.30 Uhr)*.

FUNDACIÓN JOAN MIRÓ: Dieses dem größten katalanischen Künstler gewidmete Museum umfasst eine Sammlung von 14000 Werken. Gemälde, Stoffe, Keramik, Plastiken sind in dem aus den 1970er-Jahren stammenden Bau mit Garten bewusst neben Werken anderer Künstler wie Duchamp und Calder angeordnet *(Parc de Montjuïc s/n, www.fmirobcn.org, Öffnungszeiten: Di.-Sa. 10-18 Uhr, im Sommer bis 20 Uhr, So. bis 15 Uhr, Mo. geschl.)*.

GRAN TEATRE DEL LICEU: Das Opernhaus Barcelonas wurde nach dem Brand 1994 originalgetreu wiederaufgebaut. Hinter der Fassade erblickt man die aufwendige Ausstattung, wie den **Spiegelsaal**, der den Flammen entkam, die von Säulen gerahmte Eingangshalle und die Marmorfreitreppe. Große Beachtung finden Ballettaufführungen, Soloabende und Konzerte. Um jedoch die Magie des Theaters zu entdecken, empfiehlt sich eine Führung, die auch den **Cercle del Liceu** einschließt, einen privaten Club und höchster Ausdruck katalanischer Moderne.
Info: La Rambla 51-59, www.liceubarcelona.com, täglich Führungen von 14.

AQUARIUM: Das Aquarium Barcelonas, mit 11.000 Tieren, 450 verschiedenen Arten in 35 Becken eines der größten Europas, bietet ständige Schauen zum Meeresuniversum, einen 80 Meter langen Unterseetunnel und ein Haifischbecken mit (geführten) Tauchgängen für Tauchscheininhaber. *Info: Moll d'Espanya del Port Vell, www.aquariumbcn.com, Öffnungszeiten: Nov.-Mär. 10-19.30, Mai u. Okt. 10-20, 9.30-21 Uhr, Juni-Sept. 10-21 Uhr.*

MUSEU D'HISTÒRIA DE BARCELONA (MUHBA): Zweitausend Jahre Stadtgeschichte dokumentiert dieses in unterschiedlichen Gebäuden untergebrachte Museum, jedes aus historischer Sicht (und wegen der philologischen Aspekte, die das Museum behandelt) bedeutend. Absolute Musts sind die 4000 m² Ausgrabungsfläche des **Conjunt Monumental**, wo das Museum 1943 mit Überresten aus der römischen bis hin zur mittelalterlichen Epoche erbaut wurde *(Plaça del Rei, Temple d'August, Via Sepulcral Romana)*, das **Monestir de Pedralbes** *(Baixada del Monestir 9)*, ein Juwel katalanischer Gotik, reich an Kunstwerken, liturgischen Objekten und Zeugnissen des Nonnenlebens, die **Villa Joana** aus dem 19. Jh., wo der Dichter Verdaguer 1902 verstorben ist *(Ctra. de l'Església, 104, Vallvidrera)* und **Refugi 307**, der 400 m lange von den Bewohnern Barcelonas während des Bürgerkriegs als Zuflucht gegrabene Tunnel *(c/ Nou de la Rambla 169). Info: www.museuhistoria.bcn.es, variierende Öffnungszeiten.*

MIRADOR DE COLOM: Dieses Kolumbus gewidmete Denkmal, eine Bronzestatue auf einer Säule, wurde Ende des 19. Jhs. zu Ehren des Genueser Seefahrers errichtet, der seine Amerikareise ausgerechnet in Barcelona beendete. Es steht auf der Plaça del Portal de la Pau, dem Hafen und Aquarium gegenüber, und sein Panorama-Aufzug bietet einen herrlichen Blick über die Stadt.

DER OLYMPISCHE RING BARCELONAS: Einige der Gebäude, die zum Wahrzeichen der Stadt geworden sind, wurden anlässlich der Olympischen Spiele 1992 errichtet: der surreale Peix d'Or von Frank Gehry, die große Arena des Palau Sant Jordi von Arata Isozaki und der futuristische Torre de Telecomunicaciones von Santiago Calatrava.

32-33 – Die Brunnenanlage vor dem Museu Nacional d'Art de Catalunya.

33 – Das von Richard Meier entworfene Museum für Moderne Kunst.

Große Tour der Moderne

Synonym für die katalanische Moderne ist Antoni Gaudí. Oft stellen seine Werke andere Vertreter dieser Bewegung der Kunst und Architektur des 20. Jhs. wie Josep Puig i Cadafalch und Lluís Domènech i Montaner in den Schatten, und sein einzigartiges Talent hat der Stadt zahlreiche Meisterwerke beschert, die UNESCO-Welterbe sind. Wie die **Casa Milà**, auch **La Pedrera** genannt (Passeig de Gràcia 92, www.lapedrera.com, Öffnungszeiten: 9-20.30 Uhr), mit extravaganten Kaminen auf geschwungener Fassade aus naturbelassenem Stein, ohne gerade Linien, die **Casa Battló** mit ihrer Keramikfassade, Beletage, Dachgeschoss, Prunktreppe und Dach mit den Kaminen (Passeig de Gràcia 43, www.casabatllo.es, Öffnungszeiten: 9-21 Uhr) und die **Sagrada Familia**, acht Jahrzehnte nach dem Tod ihres Urhebers eingeweiht (und noch unvollendet), eine Pracht der Bögen, Schiffe, sandburgengleichen Türmen, eine Begegnung zwischen katalanischer Neogotik, Barock und Jugendstil, mit Museum und wechselnden Ausstellungen, die mit liturgischen Riten verschmelzen (Pel Carrer Sardenya, sagradafamilia.org, Öffnungszeiten: 9-18). Obligatorisch auch **Parc Güell**, der ganzjährig geöffnete öffentliche Park (Calle Olot s/n, Öffnungszeiten: 8 Uhr bis Sonnenuntergang; aktuell wegen Renovierung stellenweise geschlossen) mit Keramikbänken in Regenbogenfarben, Tierskulpturen, der terrassenüberragten Halle der 100 Säulen, vom griechischen Tempel inspiriert, und die **Casa Museo** des Künstlers (Carretera del Carmel, www.casamuseugaudi.org, Öffnungszeiten: 10-18 Uhr, Apr.-Sept. bis 20 Uhr). Der restaurierte **Palau Güell** (Carrer Nou de la Rambla 3-5, www.palauguell.cat, Öffnungszeiten: 10-17.30 Uhr, im Sommer bis 20 Uhr) ist in die UNESCO Welterbeliste aufgenommen worden. Weitere Beispiele des Modernismus anderer Architekten sind der **Mercat de la Boqueria**, der berühmte Viktualienmarkt auf der Rambla (Plaça de la Boqueria, Öffnungszeiten: 8-20.30 Uhr), der **Palau de la Música Catalana** (siehe Nightlife) und das 2010 in einer ehemaligen Textilfabrik nach Plänen Enric Sagniers eröffnete **Museu del Modernisme** (C. Balmes 48, mmcat.cat, Öffnungszeiten: Mo.-Fr. 10.30-14/16-19 Uhr), das rund 350 Werke der bedeutendsten Modernisme-Künstler einschließlich Gaudí präsentiert.

Übernachten

€€€€€ W Barcelona (top). Bewundern Sie erst das von Ricardo Bofill entworfene Gebäude und genießen Sie dann den Blick von den Zimmerterrassen. Ein *Must* ist das Bliss Spa, traditionellerweise in allen Hotels der Kette.

Info: Plaça de la Rosa del Vents 1, Tel. 93.2952800, www.w-barcelona.com

€€€€ Hotel Emma (Design). Die Neueröffnung der RoomMate-Kette bietet von Lucio Fontana in Szene gesetzte Design-Zimmer (aber sehr erholsam) und Vorteile wie Frühstück bis 12.00 Uhr.

Info: Carrer Rosselló 205, Tel. 912.179287, room-matehotels.com/it/emma

€€€€ Hotel Banys Orientals (Charme). Man kann in einem der 43 Zimmer mit zeitgenössisch-schicker Deko schlafen oder eine der (allerdings teureren) Suiten einige Häuser weiter buchen. In beiden Fällen eine gute Wahl.

Info: C. Argenteria 37, Tel. 93.2688460, www.hotelbanysorientals.com

Restauranttipps

€€€ Restaurant Abac (top). Wer gut essen will und kein finanzielles Limit hat, ist hier richtig: 2 Michelin-Sterne und katalanische Gerichte der Saison vom Küchenchef Jordi Cruz gekonnt zubereitet.

Info: Av. Tibidabo 1, Tel. 933.196600, www.abacbarcelona.com

€€ La Forchetta (trendy). Traditonelles italienisches Essen, das in gemütlich moderner Atmosphäre serviert wird.

Info: Av. Meridiana 2, Tel. 933.285896, laforchetta.es

€ La Isabela (Tapas). Trend in allen europäischen Städten sind Aperitifs auf dem Dach. Hier genießt man beste Cocktails mit Tapas-Gerichten und Loungemusik im Hintergrund. Alternativ bietet sich das Hotelrestaurant unten an. Allerdings kein Vergleich! *Info: Hotel 1898, La Rambla 109, Tel. 935.529552, www.hotel1898.com*

Nightlife

Champagne Bar. Für die Freunde perlender Tropfen, eine Bar mit 40 verschiedenen Champagner-Sorten, die im Spiegelsaal geschlürft werden. Neuzugang des historischen Hotels Arts.

Info: Marina 19-21, Tel. 932.211000, www.hotelartsbarcelona.com

Palau de la Música. Abends seit rund einem Jahrhundert Lieblingsort der Musikbesessenen mit außergewöhnlicher Akustik. Tagsüber gibt es Führungen durch das vom genialen Modernisten Lluís Domènech i Montaner entworfene Gebäude. Unbedingt teilnehmen!

Info: C. Sant Pere Més Alt s/n, Tel. 932.957200, www.palaumusica.org

Die Museumscafés. Jedes Museum (oder fast jedes) hat sein Café, aber diese sind besonders. Das erste, **Café d'Estiu** (im **Museo Frederic Marès**, *Plaça de Sant Iu 5, Tel. 933.103014, www.cafedestiu.com)* hat eine herrliche Gartenterrasse im Herzen des Barri Gòtic. Das zweite, in den Räumen des **Museu Marítim** am Meer *(Av. de les Drassanes s/n, www.mmb.cat)* wird durch eine große Glasfront vom Garten getrennt.

Weitere Informationen: Spanisches Fremdenverkehrsamt, www.spain.info/de_DE und www.barcelonaturisme.com

34 – Die La Pedrera genannte Casa Milà von Antoni Gaudí.

35 Oben – Skulpturendetail der Sagrada Familia.

35 Unten – Der Markt Santa Caterina.

Madrid – *Spanien*

Zum ersten Mal in Madrid? Dann müssen Sie über die Gran Vía bummeln, den Prado besuchen, Tortilla und Tapas probieren und sich in die re-movida *stürzen, die neue Form des explosiven Nachtlebens, das Ende der 1970er-Jahre nach vier Jahrzehnten Franco-Regime entstand. Wenn Sie die spanische Hauptstadt schon kennen, dann widmen Sie sich Neuem: dem Triball, dem aufstrebenden Viertel mit Boutiquen junger Designer, das dank der Sanierung einer verrufenen Gegend aufblüht, oder dem Viertel, das oberhalb der Umgehungsstraße entsteht: ein urbaner Komplex auf 110.000 m^2 mit Cafés, Restaurants, Schwimmbädern und einem Strand.*

Echte Madrilenen beginnen ihren Tag mit einem Frühstück aus *chocolate y churros* (heiße Schokolade und Krapfen) und beenden ihn mit der *re-movida*. Zu Abend isst man spät, so gegen 22 Uhr. Man nimmt einen Drink (tomar una copa), zieht weiter in eine Diskothek der **Chueca**, dem früher verrufenen Gebiet im Stadtzentrum, das dank der homosexuellen Gemeinde zu einer Enklave trendiger, nicht unbedingt „schwuler" Lokale wurde. Aber selbst tagsüber sprüht die Hauptstadt vor Energie: Man besucht Museen, Plätze, Paläste, Stadtviertel. Madrid ist nicht homogen. Hier gab es keinen Baron Haussmann, wie in Paris, der ganze Stadtteile abriss. Madrid ist ein Mosaik mit aneinandergefügten Arkaden. So gelangt man in Windeseile vom Mittelalter ins Einwandererviertel, von den großen Museen des Zentrums wie dem **Prado**, **Museo Thyssen-Bornemisza** und **Reina Sofía** *(siehe Infobox Museen & Stararchitekten)* in die Randgebiete der Umgehungsstraße, wo die Stadt der Zukunft entsteht: im Süden **Madrid Río**, eine urbane Anlage mit über 110.000 m^2, mit Kinderspielplätzen, Fahrradwegen und dem Strand an den Ufern des **Manzanarres** (der Stadtfluss), wo Autobahnen durch Pinien und Pappeln ersetzt werden. Im Norden liegen **Mirador**, extravagante Architektur für Luxusapartments, die einem Bild von Mondrian entsprungen scheinen, und das Finanzzentrum **Cuatro Torres** *(www.torresmadrid.com)*: vier Wolkenkratzer auf dem Paseo de la Castellana nach den Entwürfen von Stars wie César Pelli, Carvajal Rubio & Alvarez-Sala und Norman Foster. Ebenfalls im Norden liegen die zwei schräg aufeinander zulaufenden Hochhaustürme der Puerta d'Europa und jenseits der Umgehungsstraße das zukunftsweisende Viertel Madrid Nuevo Norte. Im Zentrum liegt die historische Markthalle **Mercado de San Miguel** *(Plaza de San Miguel, www.mercadodesanmiguel.es, Öffnungszeiten: 10-24 Uhr, Fr., Sa. u. Tage vor Feiertagen bis 1 Uhr)*, ein schicker Architekturtempel, der hinter der **Plaza Mayor** in einem Gebäude aus Glas und Stahl von 1916 alles Erdenkliche bietet. Nebenan, die **Puerta del Sol** (in Wirklichkeit ein Platz!), der Kilometer Null, von wo aus alle geographischen Entfernungen des spanischen Straßennetzes berechnet werden, aber auch das Herz der Stadt, wo die großen Verkehrsachsen des historischen Zentrums zusammenlaufen: die **Calle del Arenal** in Richtung **Palacio Real**, heute Museum und Ort für Staatszeremonien (die königliche Familie residiert in **La Zarzuela** am Stadtrand); die **Carrera de San Jerónimo**, die bis zum Paseo del Prado reicht; die **Gran Vía**, eine fast 2 km lange Verkehrsader nahe der Puerta del Sol, die 1918 eröffnet wurde, wo sich viele Hotels, Banken, modernistische Gebäude, der erste Wolkenkratzer Madrids (Sitz der **Compañía Telefónica**, in neobarockem Stil), das Jugendstilgebäude **Palacio de Prensa** und das modernistische Gebäude des **Cinema Callao** befinden. Am Ende der Straße öffnet sich die große **Plaza de España** (mit modernistischer Architektur und einem **Cervantes-Denkmal**), die Trennlinie zwischen der Gran Vía und dem im 19. Jh. erbauten **Teatro Real** *(www.teatro-real.com)*, das als eines der besten Europas gilt und die schöne **Plaza de Oriente**. Auf der anderen Seite der Gran Vía, hinter der **Calle de Alcalá** kann man das **Museo Arqueológico Nacional** *(C/ Serrano 13, man.mcu.es, Öffnungszeiten: 9.30-20 Uhr, So. u. Feiertage bis 15 Uhr)* mit Werken vom Paläolithikum bis zur ägyptischen Antike, vom römischen bis westgotischen Spanien (und Sammlungen andalusischer Münzen sowie ibero-amerikanische Münzbestände) und das Kunstgewerbemuseum **Museo de Artes Decorativas** besuchen *(C/ Montalbán 12, www.culturaydeporte.gob.es/mnartesdecorativas/portada.html, Öffnungszeiten: Di.-Sa. 9.30-15 Uhr, So. 10-15 Uhr)*. Es wurde 1912 per königlichem Erlass mit einem 12.000 Artikel umfassenden Katalog gegründet.

Unterwegs in Madrid: *Mit seinen 12 U-Bahn- und 3 Stadtbahnlinien ist das Madrider U-Bahnnetz eines der größten der Welt (www.metromadrid.es). Für die Fortbewegung in der Stadt empfiehlt sich das Touristenabo, das die Benutzung aller öffentlichen Verkehrsmittel gestattet. Der Madrid City Pass und der Madrid Explorer Pass ermöglichen vergünstigte Besuche aller touristischen Sehenswürdigkeiten.*

Sehenswertes

PLAZA MAYOR: Der Platz befindet sich heute nicht mehr in seinem Originalzustand, sondern wurde nach einem Brand Ende des 18. Jhs. durch Juan de Villaneuva, den Prado-Architekten, umgestaltet. Diese rechteckige Anordnung von Arkadengebäuden hat sich jedoch ihre Faszination bewahrt. In der Platzmitte ragt das von Giambologna entworfene und Pietro Tacca

36-37 – Plaza Mayor mit der Casa de la Panadería.

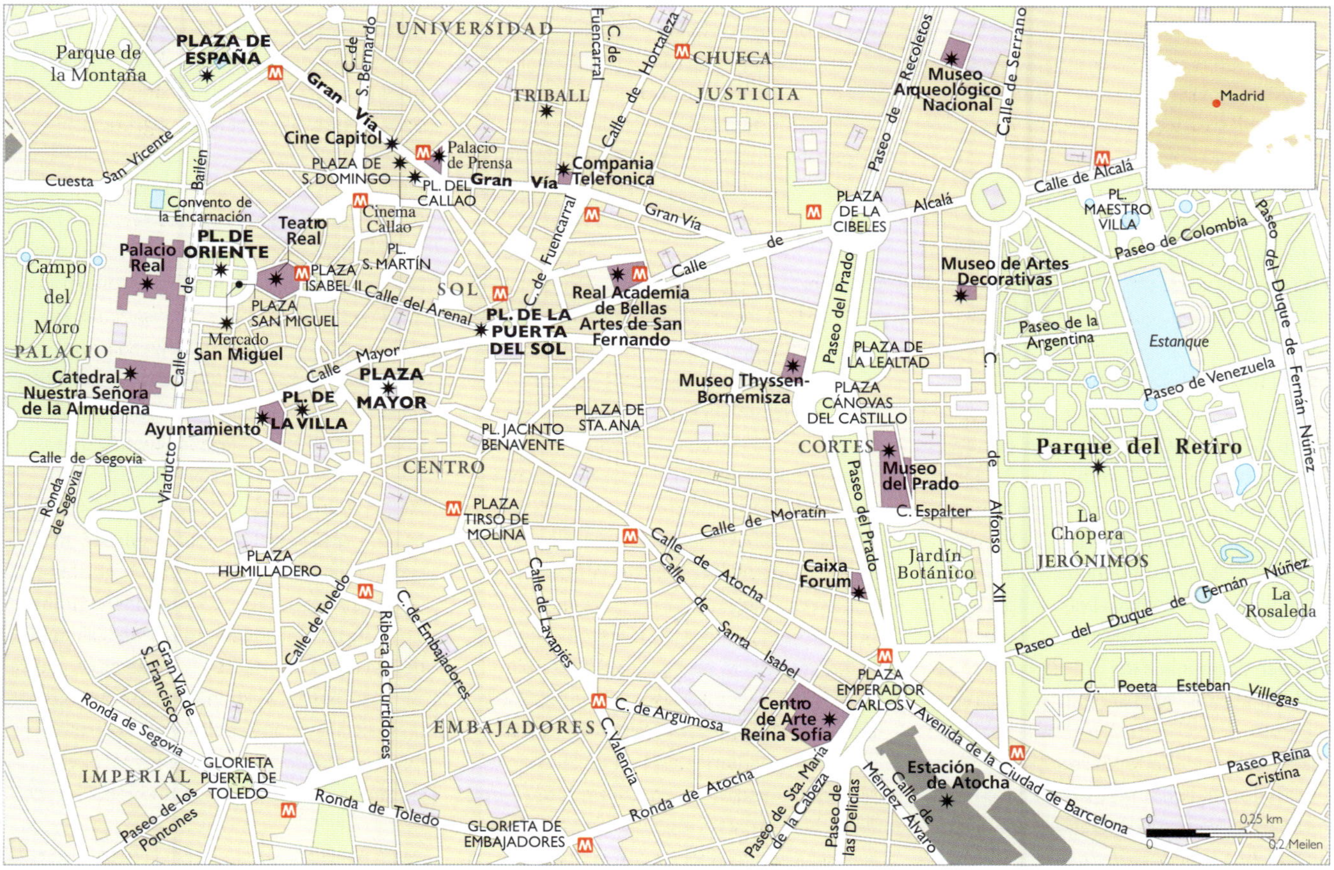

PLAZA DE ESPAÑA
Parque de la Montaña
UNIVERSIDAD
CHUECA
JUSTICIA
TRIBALL
Museo Arqueológico Nacional
Gran Vía
Cine Capitol
Palacio de Prensa
PLAZA DE S. DOMINGO
PL. DEL CALLAO
Compania Telefonica
Cuesta San Vicente
Convento de la Encarnación
Cinema Callao
Teatro Real
PL. DE ORIENTE
Palacio Real
PLAZA ISABEL II
PL. S. MARTÍN
Campo del Moro
PALACIO
PLAZA SAN MIGUEL
Mercado San Miguel
SOL
PL. DE LA PUERTA DEL SOL
Real Academia de Bellas Artes de San Fernando
PLAZA DE LA CIBELES
Museo de Artes Decorativas
PL. MAESTRO VILLA
Paseo de Colombia
Estanque
Paseo de la Argentina
Paseo de Venezuela
PLAZA DE LA LEALTAD
Museo Thyssen-Bornemisza
PLAZA CÁNOVAS DEL CASTILLO
Catedral Nuestra Señora de la Almudena
PLAZA MAYOR
PL. DE LA VILLA
Ayuntamiento
PLAZA DE STA. ANA
PL. JACINTO BENAVENTE
CORTES
Museo del Prado
Parque del Retiro
CENTRO
PLAZA TIRSO DE MOLINA
C. Espalter
La Chopera
Jardín Botánico
JERÓNIMOS
Caixa Forum
PLAZA HUMILLADERO
Paseo del Duque de Fernán Núñez
La Rosaleda
PLAZA EMPERADOR CARLOS V
C. Poeta Esteban Villegas
Centro de Arte Reina Sofía
EMBAJADORES
C. de Argumosa
Estación de Atocha
Avenida de la Ciudad de Barcelona
Paseo Reina Cristina
IMPERIAL
GLORIETA PUERTA DE TOLEDO
Ronda de Toledo
GLORIETA DE EMBAJADORES
Ronda de Atocha
Ronda de Segovia
Paseo de los Pontones
Calle de Segovia
Calle de Toledo
Ribera de Curtidores
C. de Embajadores
Calle de Lavapiés
Calle de Atocha
Calle de Santa Isabel
Calle de Moratín
C. Valencia
Paseo de Sta. María de la Cabeza
Paseo de las Delicias
Calle de Méndez Álvaro
Paseo del Prado
Paseo de Recoletos
Calle de Serrano
Calle de Alcalá
C. de Alfonso XII
C. de Fuencarral
Calle de Hortaleza
C. de S. Bernardo
Calle del Arenal
Calle Mayor
Calle de Bailén
Viaducto
Ronda de Segovia
Gran Vía de S. Francisco
Madrid
0 0,25 km
0 0,2 Meilen

fertiggestellte **Reiterstandbild Philipp III.** aus dem 17. Jh. empor. Von allen Gebäuden, die den Platz umrahmen, ist die **Casa de la Panadería**, das alte Zunfthaus der Bäckergilde, mit der Fresko-Fassade von Carlos Franco am eindrucksvollsten.

PLAZA DE LA VILLA: Sinnbild für die Habsburger in Madrid, die im 16./17. Jh. in Spanien herrschten, gilt es als „Gute Stube" der Hauptstadt im Freien. Hier zeigen sich der **Ayuntamiento**, das mit Türmen veredelte Rathaus, das in einem seiner Räume *La Alegoria de Madrid*, das Fresko von Francisco Goya birgt *(www.esmadrid.com, Führungen zu verschiedenen Zeiten)*. Gegenüber der **Torre de los Lujanes**, einziger Überrest des gleichnamigen Gebäudes aus dem 15. Jh. im Mudéjar-Stil, während die Statue des Admirals **Álvaro de Bazán**, Held der Schlacht von Lepanto, die Platzmitte ziert.

PALACIO REAL: Das Gebäude, bis 1931 Residenz des Königspaares, heute Sitz der monarchischen Vertretung, wurde von Filippo Juvarra entworfen und von G.B. Sacchetti in nüchternem Klassizismus fertiggestellt. Hier besucht man den **Hellebardensaal** mit einem Deckenfresko von Tiepolo und Gemälden von Luca Giordano, den **Säulensaal** mit Gemälden von Corrado Giaquinto, den **Thronsaal** mit venezianischen Kristallleuchtern und der Allegorie der Macht der spanischen Monarchie, ebenfalls von Tiepolo. Der Besuch führt weiter in die **Königsgemächer von Karl III.**, wo sich die an kostbaren Majolika-Gefäßen reiche **königliche Apotheke** befindet, und in die **königliche Waffenkammer**, die eine der wichtigsten Waffensammlungen der Welt bereithält. Der Palast ist von Gärten des **Campo del Moro** umgeben, die Mitte des 19. Jhs. nach dem Vorbild englischer Gartenanlagen gestaltet wurden. An seinem Eingang springt der riesige Bau der **Catedral de la Almudena** ins Auge, dessen Ursprünge ins 18. Jh. zurückreichen, der Ende des 20. Jhs. fertiggestellt und 1993 von Johannes Paul II. geweiht wurde. *Info: Calle Bailén s/n, www.patrimonionacional.es, Öffnungszeiten Museum: 10-18 Uhr, im Sommer bis 20 Uhr, Öffnungszeiten Campo del Moro: 10-18 Uhr, im Sommer bis 20 Uhr.*

MUSEO DE LA REAL ACADEMIA DE BELLAS ARTES DE SAN FERNANDO: Die ständige Sammlung des Museums umfasst Arbeiten von italienischen, spanischen und flämischen Malern des 16. und 17. Jhs. Unumstrittener Protagonist ist Francisco Goya, an den mit 13 Meisterwerken wie *Selbstbildnis, Das Begräbnis der Sardine* und *Der Stierkampf* erinnert wird. Ebenso bestaunen kann man Werke von Ribera, Rubens, Picasso, Velázquez ... *Info: C/ Alcalá 13, realacademiabellasartessanfernando.com/es, Öffnungszeiten: Di.-So. 9-15 Uhr, Mo. und Aug. geschl.*

BAHNHOF ATOCHA: Der erste Bahnhof Madrids auf der Plaza del Emperador Carlos V, Ende des 19. Jhs. von Alberto de Palacio und Gustave Eiffel erbaut. 1992 vom Stararchitekten Rafael Moneo modernisiert und erweitert, wird er heute nicht nur als Zugstation, sondern auch wegen seines Freizeitwertes geschätzt. An den Gleisen findet man Bars, Läden und eine 4000 m^2 große Open-Air-Disco mit tropischem Garten.

PARQUE DEL RETIRO: Der wichtigste Stadtpark mit 143 ha Fläche, östlich des Prado, entstand in mehreren Bauabschnitten und ist einer der Lieblingsplätze der Madrilenen. Abgesehen von Grünflächen mit Baumbestand findet man Brunnen, monumentale Tore, Seen, den Rosengarten, den **Palacio de Velázquez** und **Palacio de Cristallo**, eine Glas- und Stahlkonstruktion von 1887, umgeben von einem herrlichen Garten, der mit den englischen Gärten der Zeit konkurrieren sollte, aber auch den **Bosque de los Ausentes**, das Mahnmal für die 191 Opfer des Attentats von 2004. *Info: Plaza de la*

Independencia s/n c/ Alfonso XII, Öffnungszeiten: 6-22 Uhr, im Sommer bis 24 Uhr.

MUSEO LÁZARO GALDIANO: Als Schriftsteller, Verleger und bedeutende Figur der spanischen Kultur der Jahrhundertwende vom 19. auf das 20. Jh. hat José Lázaro Galdiano dem Staat seine Kunstsammlung vermacht, die in diesem Gebäude des frühen 20. Jhs. untergebracht ist, das er selbst für seine Frau Paula Florindo hat errichten lassen. Die Sammlung umfasst Email- und Elfenbeinarbeiten aus dem 6. Jh., Porzellan aus Limoges, Skulpturen und rund 750 Gemälde der größten internationalen Künstler vom 16.-19. Jh., darunter Meisterwerke von Velázquez *(La niña Matilde Cobos)*, Murillo, El Greco *(Der Hl. Franz von Assisi)*, Bosch *(Meditierender Hl. Johannes der Täufer)* und diverse Werke von Goya und John Constable. *Info: c/ Serrano 122, www.flg.es, Öffnungszeiten: 10-16.30 Uhr, So. 10-15 Uhr, Di. geschl.*

PLAZA DE TOROS DE LAS VENTAS: In der 1931 eröffneten Stierkampfarena, die sich vor allem bei der *Feria de San Isidro* (Fest des Stadtpatrons) füllt, sind im Mai und Juni die größten spanischen Toreros zu sehen. Ein Besuch im **Stierkampfmuseum** mit Objekten, Plakaten und Gemälden aus der Welt des Stierkampfs und dem unumstrittenen Meisterwerk *Tauromachia* von Goya lohnt sich *(c/ Alcalá 237, www.las-ventas.com, variierende Öffnungszeiten).*

AUDITORIO NACIONAL DE MÚSICA: 1988 eröffnet und Heimstätte des spanischen Nationalorchesters, spielt es eine wichtige Rolle im iberischen Konzertleben. Der große Konzertsaal fasst rund 2300 Zuschauer *(Príncipe de Vergara 146, Tel. 913.370139 oder 913.370140, www.auditorionacional.mcu.es).*

MUSEO DE AMÉRICA: Das im 18. Jh. auf Geheiß Karls III. zur Unterbringung der Schiffsexpeditionsbeute errichtete Museum zeugt von den Beziehungen Spaniens zur Neuen Welt. Bestaunen kann man Objekte aus präkolumbianischer Zeit, Maya- und Azteken-Hieroglyphen, Masken und Volkskunst aus Südamerika *(Avenida Reyes Católicos 6, museodeamerica.mcu.es, Öffnungszeiten: Di.-Sa. 9.30-15, Do. 9.30-19 Uhr, So. 10-15 Uhr).*

38 OBEN – DER EINGANG ZUM PRADO.

38 UNTEN – DAS KULTURZENTRUM CAIXAFORUM.

39 – *GUERNICA*, DAS BERÜHMTESTE WERK PICASSOS IM REINA SOFÍA-MUSEUM.

Museen und Stararchitekten

Die Kultur der spanischen Hauptstadt hat sich durch die „Kosmetik" der großen zeitgenössischen Architekten einen neuen Look verpasst. Neben dem ***CaixaForum****, einem Kulturzentrum im ehemaligen, 1899 von Jesús Carrasco gestalteten Elektrizitätswerk mit Backsteinfassade (restauriert und modernisiert von den Schweizer Architekten Herzog & de Meuron), liegt ein vertikaler, von Guru Patrick Blanc entworfener Garten* (Paseo Prado 36, Tel. 913.30 73 00, caixaforum.es/es/madrid/home, variierende Öffnungszeiten). *Im* ***Museum Thyssen-Bornemisza*** (Palacio de Villahermosa, Paseo del Prado 8, www.museothyssen.org, Öffnungszeiten: Mo. 12-16 Uhr, Di.-So. 10-19 Uhr), *einem Hort der Meisterwerke des 13.-20. Jhs., darunter* Markusplatz *von Canaletto,* George Dyer in einem Spiegel *von Bacon und weitere Werke von Gauguin, Cézanne, Dürer, Van Gogh, hat der Architekt Joseph Bohigas in den Gebäuden um das alte Museumsgelände eine schlichte, klare in Ausstellungsräume unterteilte Location für moderne Ausstellungen mit Café geschaffen. Das* **Centro de Arte Reina Sofía** (Santa Isabel 52, www.museoreinasofia.es, Öffnungszeiten: Mo.-Sa. 10-21 Uhr, So. bis 14 Uhr, dann Eintritt frei bis 19 Uhr, Di. geschl.) *wurde um einen neuen feuerroten Flügel von dem französischen Stararchitekten Jean Nouvel erweitert. Mit der Sammlung 1900-1945 mit Werken von Miró, Braque, Dalí, Picasso (und dessen einzigartigem Meisterwerk* Guernica*) sowie der Sammlung 1956-68 mit Fotografien von Brassaï und Arbeiten von Saura, Guerrero, Fontana (und wieder Picasso und Miró), deren Fokus auf geopolitischen Szenarios, dem spanischen Bürgerkrieg, dem Kalten Krieg und dem Holocaust liegt, wird ein Besuch aufgewertet. In den letzten Jahren hat sich auch das* ***Museo Nacional del Prado*** *äußerlich verändert: Dem historischen, klassizistischen Komplex von Rafael Moneo, der die Kirche Los Jerónimos einschließt, wurde ein modernes, kubusförmiges Gebäude mit Säulenfassade aus rotem Backstein und einer Bronzeskulptur der Künstlerin Cristina Iglesias über dem Portal zur Seite gestellt. Dadurch wurde die Ausstellungsfläche um die Hälfte erweitert und man sieht Skulpturen und außergewöhnliche Gemälde, für die man, wollte man alle ansehen, einen Tag bräuchte. Alternativ kann man drei kürzere Rundgänge von 1-3 Std. machen und die Highlights anschauen, wie die* Drei Grazien *von Rubens,* Die Hoffräulein *von Velázquez,* Die Verkündigung *von Fra Angelico,* Bildnis eines Kardinals *von Raffael,* Kaiser Karl V. zu Pferde nach der Schlacht bei Mühlberg *von Tizian,* Bildnis eines Edelmanns mit der Hand auf der Brust *von El Greco,* Selbstbildnis *von Dürer* usw. (Calle Ruiz de Alarcón 23, www.museodelprado.es, Öffnungszeiten: Mo.-Sa. 9-20 Uhr, So. u. Feiertage bis 19 Uhr). *Wenn noch Zeit bleibt, schauen Sie im* ***Matadero*** *vorbei, einem Kulturzentrum mit Avantgardeschauen in einem alten Schlachthof des frühen 20. Jhs.* (Paseo de la Chopera 14, www.mataderomadrid.com, Öffnungszeiten: Di.-Fr. 16-21 Uhr, Sa., So. u. Feiertage 12-21 Uhr), *nicht ganz zentral, aber lohnenswert.*

EL ESCORIAL: Begründet von Philipp II. als Residenz und Grabstätte der spanischen Herrscher, ist er Geschichts-, Kunst- und Kulturtempel des 16. und 17. Jhs. (UNESCO-Welterbe). Für den Bau wurden die größten Künstler der Zeit verpflichtet, von Tizian bis El Greco, von Velázquez bis Luca Giordano. Hier sollte man die **Bibliothek** mit Fresken und Edelhölzern (40.000-bändige Sammlung), die **Basilika** mit Skulpturen von Leone und Pompeo Leoni und einem Kruzifix von Benvenuto Cellini, die **Museen** mit Gobelins aus dem 16. Jh. und dem *Martyrium de hl. Mauritius* von El Greco sowie den mit Möbeln der Zeit ausgestatteten **Palast** besichtigen. Die Anlage befindet sich etwa 50 km von Madrid entfernt und ist per Bus (Linie 664 u. 661), per Zug vom Bahnhof Atocha oder mit dem Auto über die A6 zu erreichen *(Calle de Juan de Borbón y Battemberg s/n, San Lorenzo de El Escorial, Tel. 918.905903/04/05, el-escorial.com, Öffnungszeiten: Okt.-Mär. 10-18 Uhr, Apr.-Sept. 10-20 Uhr).*

Übernachten

€€€€€ Ritz Madrid (top). Seit seiner Eröffnung 1910 hat das Hotel Symbolkraft für die Stadt. Hinter der barocken Fassade sind so viele Prominente an- und abgereist, dass man unmöglich alle nennen kann. Die Wiedereröffnung nach einer grundlegenden Restaurierung ist für Anfang 2020 geplant. *Info: Plaza de la Lealtad 5, Madrid, Tel. 917.016767, www.mandarinoriental.com/madrid/hotel-ritz/luxury-hotel*

€€€€ Hotel Mercure Madrid Santo Domingo (Art-Hotel). Ein neuer Hort madrilenischer Gastlichkeit mit 80 Zimmern, mit Künstlergemälden, einem Dachpool, einer mit Porzellan und goldenen Blättern dekorierten Gewölbelobby und einer Tiefgarage mit Wandgemälden. Sonstige Raritäten sind der vertikale Garten mit Wasserfall, die erleuchtete Eingangskuppel, die Umweltfreundlichkeit. *Info: C/ San Bernardo 1, Tel. 915.479800, www.hotelsantodomingo.es*

€€€€ Hotel Abalú (Boutique-Hotel). Designerzimmer hinter der Gran Vía (alle unterschiedlich, einige mit Jacuzzi), Fernseher mit Riesenbildschirm, Spa-Bereich im Zimmer, Mini-Mac für Gäste. *Info: c/ Pez 19, Tel. 915.314744, www.hotelabalu.com*

Restauranttipps

€€€ Santceloni (Michelin-Stern). Michelin-ausgezeichneter Gourmettempel des Küchenchefs Santi Santamaria in einem alten,

Shopping

El Rastro** ist der beliebteste Flohmarkt Spaniens (rings um die Plaza de Cascorro und Calle de la Ribera de Curtidores). An seinen Ständen wird seit 100 Jahren alles verkauft, manchmal auch Antiquitäten, und ein Bummel lohnt sich wegen der außergewöhnlichen Stimmung. Im Jahr 2000 wurde er Kulturerbe der Stadt* (www.elrastro.org, So. und feiertags von 9 bis 15 Uhr). *Stylisches findet man in **Triball**, einem aufstrebenden Viertel hinter der Gran Vía voller Lokale und Boutiquen. Unbedingt anschauen sollte man die eleganten Minikleider bei **Dolores Promesas (C/Desengaño 22, www.dolorespromesas.com), *bei **Lolita Flores** die Accessoires und Kleider im Flamenco-Stil* (C/Corredera Baja de San Pablo 10, www.latiendadelolita.es) *und bei **La maison de la Lanterne Rouge*** (C/Corredera Baja de San Pablo 45, www.lamaison.es), *früher ein Rotlichtclub, findet man Kleider, Schmuck und Orientalisches. Vielseitig ist das Angebot von **Consentido*** (Calle del Barco 32, www.consentido.org)*: Lounge und Bar, Kunstgalerie und Erotikboutique, alles unter einem Dach. Für Shopping nach Maß wenden Sie sich an **Shopin**, eine Agentur für kundenspezifisches Shopping in den Bereichen Mode und Einrichtung* (C/Rafael Calvo 9, www.shopin.es). *Bummeln Sie auf der **Calle Serrano**, der schicken Meile der großen internationalen Labels, die 2010 nach einer 100 Millionen Euro teuren Umgestaltung neu erblüht ist.*

von Pascua Ortega designten Kellergemäuer. Erlesene Einrichtung und Küche: Austern, Thunfischtartar, Zwiebelconsommé mit schwarzem Trüffel, Fisch des Tages usw. *Info: Paseo de la Castellana 57, Tel. 912.108840, www.restaurantesantceloni.com*

€€ Casa María (spanisch). Hier isst man spanisch. Ein einmaliger Raum im historischen Zentrum Madrids, der ein Gleichgewicht zwischen Tradition und moderner Küche schafft. Alle Gerichte werden direkt vor den Augen der Gäste zubereitet. *Info: Cava Alta 7, Tel. 915.591007, casamariamadrid.es*

€ Fast Good (neu). Essen zu niedrigen Preisen, getreu dem Motto Fast Good, das von den NH-Hotels gemeinsam mit dem berühmtesten Küchenchef Spaniens, Ferrán Adriá, ins Leben gerufen wurde. Schicke Fastfood-Variante, von Hamburgern mit erstklassigem Fleisch bis hin zu Salaten und Schokoladentorte. *Info: C/ Alcaudon 1, Tel. 911.237055, fastandgood.es*

Nightlife

Café de Chinitas. Eines der zahlreichen Madrider Restaurants, die Abendessen mit Flamenco-Show anbieten (Mittelmeerküche). Wie alle derartigen Lokale etwas touristisch. Trotzdem unbedingt ausprobieren! *Info: Torija 7, www.chinitas.com*

Joy Eslava. In der nachtaktivsten europäischen Metropole ist dieser Palast nahe der Puerta del Sol ein absolutes Muss. Einer der Vergnügungsorte Madrids, der seit 1981 Maßstäbe setzt. Ein suggestives Lokal, das auf ein ehemaliges Theater zurückgeht und einen unterhaltsamen Tanzabend bietet. *Info: C/Arenal 11, joy-eslava.com*

Del Diego. Viel Kristall sorgt für Stimmung. In dieser historischen Location, seit Jahren unter den Top Ten der edlen Madrider Bars, flanieren (nicht nur!) spanische Filmstars. Empfehlung: Entweder sehr früh oder sehr spät gehen, sonst ist es zu voll! *Info: C/de la Reina 12, Tel. 915.233106, deldiego.com*

Weitere Informationen:
Spanisches Fremdenverkehrsamt: www.spain.info/de_DE und www.esmadrid.com/de

40-41 – Der 50 km von Madrid entfernte Escorial.

41 – Die Puerta d'Europa, eines der Wahrzeichen des modernen Madrids.

Côte d'Azur – *Frankreich*

Von Menton bis Saint-Tropez (St-Trop, wie die Einwohner gerne sagen) sind es 144 km. Von dort weitere 10 km bis Ramatuelle, ein früher befestigtes, malerisches Dorf mit dicht aneinander gebauten Häusern und engen Gassen – man ahnt, dass dort ein anderes Frankreich beginnt. Aber zuerst zu Licht und Glanz der Côte d'Azur, der schicksten Riviera des Kontinents: elegante Strandpromenaden, Millionärsjachten, Luxushotels, Laufstege der Kinostars.

Direkt an der italienischen Grenze liegt Menton, ein Dorf mit pastellfarben getünchten Häusern, das den Titel als wärmster Badeort der Küste trägt: Hier beginnt die Côte d'Azur. **Monte Carlo** lockt mit seiner Jetset-Atmosphäre, seinem **Casino** und dem historischen **Meereskundemuseum**, einem der schönsten dieser Art, das 2010 sein hundertjähriges Bestehen feierte. **Nizza** hingegen reizt mit seinen labyrinthartigen Gassen im **Vieux Nice** (zuvor aber sollte man den nahe gelegenen mittelalterlichen Ort **Èze** besucht haben), dem **Karneval** mit der dazugehörigen Blumenschlacht *(www.nicecarnaval.com)*, den Museen, der berühmten **Promenade des Anglais**, jener 5 km langen, im 16. Jh. angelegten Allee, die am Meer verlaufend die Stadt vom Strand trennt und an der sich ein elegantes Palais an das nächste reiht sowie eines der berühmtesten Hotels der Küste, das Negresco *(www.hotel-negresco-nice.com)*, liegt. **Cagnes-sur-Mer**, die nächste Etappe, lohnt

42-43 – Die Wolkenkratzer in Monaco.

43 unten – Der kleine Ort Menton gleich an der italienischen Grenze.

wegen der **Renoir-Gedenkstätte** *(Chemin des Collettes, Tel. 93.206107-89.224075 cagnes-sur-mer.fr/culture/musee-renoir, variierende Öffnungszeiten)*. In diesem Haus verbrachte der Künstler die letzten zwölf Jahre seines Lebens. Ebenfalls sehenswert ist das **Musée Fernand Léger** (das 348 seiner Werke bewahrt, *Chemin du Val de Pome, it.musees-nationaux-alpesmaritimes.fr/fleger, Öffnungszeiten: 10-18 Uhr, im Winter bis 17 Uhr, Di. geschl.)* in Biot, einem Ort voller Künstlerateliers, kurz bevor man **Antibes** und dann **Cannes** erreicht. Abgesehen vom Filmfestival ist die Stadt ein Traum an **Stränden** (die angesagtesten sind **3.14**, vom gleichnamigen Hotel, und der vom **Hotel Carlton**).
Um sich auch mal von der mondänen Welt abzusetzen, gibt es Boote zu den **Îles de Lérins**, deren größte, **Sainte-Marguerite**, zum Biosphärenreservat erklärt wurde (Abfahrten auch von Nizza, *www.trans-cote-azur.it)*. Oder man macht einen Spaziergang über die Strandpromenade von **Saint-Raphaël**, weniger prätentiös als die Croisette in Cannes und die Strände von **Saint-Tropez**, der nächsten Etappe: Der **Strand von Pampelonne** mit den vor der Küste vertäuten Jachten und dem **Club Les Caves du Roy** vom Hotel Byblos *(Avenue Paul Signac, www.byblos.com)* sind immer im Trend. Man sollte sich aber auch einen halben Tag Zeit nehmen, um das nahe gelegene Örtchen Ramatuelle zu erkunden: enge Gassen und Steinhäuser inmitten von Weinbergen – vom Meer nur wenige Minuten entfernt und Lichtjahre vom mondänen St-Trop – sind das letzte Schmuckstück dieser Küstentour.

Unterwegs an der Côte d'Azur: *Das Auto ist hier eindeutig das am besten geeignete Verkehrsmittel. Man kann die Autobahn A8 nehmen oder aber die Küstenstraße, an der von Menton bis Saint-Tropez alle größeren Orte liegen.*

MENTON

Unverzichtbar ist ein Bummel durch die **Rue St-Michel** (die Fußgängerzone, die bis zur **Place aux Herbes** mit ihren Häusern im Stil der Belle Époque führt), bevor man den **Parvis St-Michel** besichtigt, den aus schwarzen und weißen Steinen gestalteten Kirchplatz vor der Basilika **Saint-Michel-Archange**, der schönsten Barockkirche der gesamten Region, mit pastellfarbener Fassade und einer Orgel aus dem 17. Jh. *(www.menton.fr/la-basilique-saint-michel-archange.html, Öffnungszeiten: 10-12/15-17 Uhr, Aug. 10-12/16-18 Uhr)*. Besonders sehenswert ist das **Palais Carnolès** *(Avenue de la Madone 3)*, die frühere Sommerresidenz der Fürsten von Monaco, welche das **Musée des Beaux-Arts** beherbergt *(aktuell wegen Renovierung geschlossen, menton.fr/Musee-des-Beaux-Arts-Palais-de-Carnoles.html)* mit Sammlungen alter und zeitgenössischer Kunst sowie einem bedeutenden botanischen Garten, der den Zitrusfrüchten gewidmet ist *(Führungen Tel. 92.109710)*. Und das **Musée Jean Cocteau** in der Bastion des alten Hafens *(Quai Napoléon III, menton.fr/Musee-Jean-Cocteau-le-Bastion, Di. u. Feiertage geschl.)* mit Wandteppichen und Mosaiken, die zusammen mit den Fresken im Hochzeitssaal im **Rathaus** *(Place Ardoïno, Tel. 49.2105000, Öffnungszeiten: 8.30-12.30/13.30-17 Uhr)* das Talent dieses Künstlers bezeugen. Zwischen Februar und März findet an der Strandpromenade das traditionelle **Zitronenfest** statt; alljährlich kommen 230.000 Besucher, Neugierige und Staunende, um sich die Umzüge, Tänze und Festwagen anzuschauen, bei denen sich alles um diese duftende Frucht dreht *(Info: www.fete-du-citron.com)*.

44 – Das Casino von Monte Carlo, nach dem Entwurf von Garnier aus dem 19. Jh.

MONACO
Nicht nur Boutiquen, Sternerestaurants und Jetsetter. Das Fürstentum Monaco (Monte Carlo ist nur einer seiner Stadtteile) ist auch seiner Bauwerke wegen einen Besuch wert. Allein schon das **Musée Océanographique** mit seinem Aquarium mit über 6000 Fischarten und der Haifischlagune in einem 6000 m² großen Gebäude auf einem Felsen … *(Avenue Saint-Martin, Tel. 93.153600, www.oceano.org, Öffnungszeiten: 9.30-19 Uhr, Juli-Aug. bis 19.30, im Winter 10-18 Uhr)* Sehenswert ist auch der **Exotische Garten** mit Pflanzen aus dem südlichen Afrika und aus Mexiko, mit Höhlen und vielen Panoramaansichten des Fürstentums *(62 Boulevard du Jardin Exotique, www.jardinexotique.mc, variierende Öffnungszeiten)*, das 1863 eröffnete, von Garnier entworfene **Casino**, in dem alljährlich seit 2006 das berühmte **Jazz Festival** stattfindet *(Place du Casino, www.casinomontecarlo.com)*, und das **Forum Grimaldi**, ein Kultur- und Kongresszentrum *(Info: 10 Avenue Princesse Grace, www.grimaldiforum.com, variierende Öffnungszeiten)*.

NIZZA
Ein Stadtrundgang beginnt mit dem bunten Blumen- und Gemüsemarkt, dem **Cours Saleya** *(s. Infobox Shopping)*, den Kunsthandwerksläden und Restaurants, die sich in den Gassen und Plätzen voll unterschiedlicher Gerüche dicht aneinanderreihen. Die vom Meer aus bis auf eine Anhöhe von ca. 92 m gebaute Altstadt, von wo man einen wundervollen Blick auf den Strand und den Hafen hat (der älteste Teil, von 1750, wurde im Auftrag von Karl Emmanuel III. von Savoyen gebaut), grenzt an zwei Plätze: im Norden **Place Garibaldi** aus dem 18. Jh. in piemontesischem Stil, und **Place Masséna** im Westen, dem Herz der Stadt, einem großzügigen Platz mit Kunstinstallationen vor eleganten Palästen aus dem 19. Jh. Außergewöhnlich sind auch die Museen: vom **Mamac**, dem Museum für zeitgenössische Kunst, das unter den zahlreichen Meisterwerken auch Arbeiten von Niki de Saint Phalle bewahrt und *Le Mur de Feu* von Yves Klein (1961) *(Place Yves Klein, www.mamac-nice.org, Öffnungszeiten: Nov.-Apr. 11-18 Uhr, Mai-Okt. 10-18 Uhr, Mo. geschl.)*, bis zum **Musée des Arts Asiatiques** *(405 Promenade des Anglais, www.arts-asiatiques.com, Öffnungszeiten: 10-18 Uhr, im Winter bis 17 Uhr, Di. geschl.)*, das in einem Gebäude von Kenzÿ Tange chinesische, japanische und malaiische Sammlungen zeigt. Auch das **Musée des Beaux-Arts** in dem 1878 im Auftrag der ukrainischen Prinzessin Elisabeth Kotchoubey gebauten Palast trägt dazu bei, Nizzas Kunst- und Kulturanspruch zu unterstreichen. Es zeigt Gemäldesammlungen aus der Zeit vom 16. bis zum 20. Jh. und Werke von Bonnard, Sisley und Rodin *(Avenue des Baumettes 33, nice.fr/fr/culture/musees-et-galeries/musee-des-beaux-arts, variierende Öffnungszeiten, Mo. geschl.)*; ebenso das **Musée Masséna** *(65 Rue de France, Tel. 4.93911910, nice.fr/fr/culture/musees-et-galeries/musee-massena-le-musee, variierende Öffnungszeiten, Di. geschl.)* mit 15.000 Exponaten, Möbeln, bemalten Gegenständen und Skulpturen aus Nizzas Geschichte; das **Musée Matisse** in einer Genueser Villa aus dem 17. Jh., mit der Sammlung der Werke, die der Maler während seines

45 – Der Hafen von Nizza gehört zu den schönsten im ganzen Mittelmeerraum.

Aufenthaltes in der Stadt von 1917 bis zu seinem Tod 1954 malte *(164 Avenue des Arènes de Cimiez, www.musee-matisse-nice.org, Öffnungszeiten: 10-18 Uhr, im Winter 10-17 Uhr, Di. geschl.)*. Schön ist auch das **Musée National Marc Chagall**, das eigens für die 17 Bilder seiner *Biblischen Botschaft* eingerichtet wurde *(Avenue du Dr Ménard, it.musees-nationaux-alpesmaritimes.fr/chagall, Öffnungszeiten: 10-18 Uhr, im Winter bis 17 Uhr, Di. geschl.)*.

ANTIBES

Der Jachthafen, das **Fort Carré** aus dem 16. Jh., die **Promenade Amiral-de-Grasse** mit einem Blick auf die Küste, die Gassen ... Das Juwel von Antibes aber ist das **Musée Picasso**, weltweit eines der wichtigsten der dem Künstler gewidmeten Museen (der 1946 hierherkam) im **Château Grimaldi**. Es zeigt die 23 Gemälde und 44 Zeichnungen, die der Künstler der Stadt überlassen hat *(antibes-juanlespins.com/culture/musee-picasso, variierende Öffnungszeiten, Mo. geschl.)*.

CANNES

Im Mosaik der Gassen hinter der **Croisette**, der berühmtesten Strandpromenade der Welt (mit dem **Palais des Festivals et des Congrès**, in denen alljährlich im Mai die Filmfestspiele von Cannes stattfinden), verstreuen sich abends die Touristen in die angesagten Restaurants und Lounge-Clubs. Die Liste der Lokale ist lang und die Trends ändern sich ständig, um sicherzugehen reserviert man im **Radisson Blu 1835**, ehemals White Palm 1835 *(2 Boulevard Jean Hilbert, www.1835-hotel.com)*: Das Hotel kann sich außer der edlen Thermen auch einer wundervollen Teakholz-Terrasse mit Blick auf das Meer und den alten **Hafen** rühmen. Auch dort tummeln sich Touristen, Restaurants und Jachten.

Thermen in Cannes und Monte Carlo

Heilwasser und Wellness im Zeichen des Luxus, dafür gibt es zwei elegante Einrichtungen in Monte Carlo und Cannes. Die erste heißt ***Thermes Marins de Montecarlo*** (2 Avenue de Montecarlo, it.montecarlospa.com)*: eine 6600 m² große Anlage mit beheiztem Meerwasserpool, türkischem Bad, 37 Massagekabinen, meist mit Meerblick. Die zweite,* ***Les Thermes Marins de Cannes****, ist ein Salzwasser-Wellness-Tempel nur 10 m vom Meer entfernt (er gehört zum Hotel Radisson Blu 1835). Das Programm enthält ganzheitliche Behandlungen und Thalassotherapie in luxuriösem Ambiente.* Info: 47 Rue Georges Clémenceau, france-thalasso.com/centre/thermes-marins-de-cannes-radisson-blu

46 – Der romantische kleine Hafen von Saint-Tropez.

SAINT-TROPEZ: VIPs und Berühmtheiten sind noch heute hier zu Hause, aber nicht mehr so wie früher, als Saint-Tropez mit dem Film *Und immer lockt das Weib* zu Ehren kam, der Brigitte Bardot weltweit zur Sex-Ikone und das Dorf zum Topziel der Côte d'Azur machte. Aber, mal abgesehen von den Extravaganzen, die Stadt ist einfach hübsch und einen Spaziergang am lebhaften Jachthafen sollte man sich nicht entgehen lassen, ebenso wenig die **Chapelle de l'Annonciade** aus dem 16. Jh., die 1937 in ein Museum umgewandelt wurde, mit Gemälden und Aquarellen von Paul Signac, Braque, Utrillo, Matisse *(Le Port, www.saint-tropez.fr/fr/culture/musee-de-lannonciade, variierende Öffnungszeiten)*, sowie den aus dem 16. Jh. stammenden Kern der **Zitadelle** mit dem Bergfried und drei Wachtürmen. Der Rest ist Glamour.

Übernachten

€€€€€ Hotel Hermitage (Monte Carlo). Das Hotel im Herzen des Fürstentums Monaco hat Zimmer und Suiten mit Panoramablick und einen von Gustave Eiffel entworfenen Wintergarten aus den ersten Jahren des 20. Jhs. – der Zeit, in der das Hotel gebaut wurde. *Info: Place Beaumarchais, Monaco, Tel. 377.98064151, www.montecarlosbm.com/de/hotel-monaco/hotel-hermitage-monte-carlo*

€€€€€ La Réserve (Ramatuelle). In diesem Hotel – ein wenig Resort, ein wenig Spa – ist der Urlaub vor allem eine Lebensphilosophie. Dieser kleine Bruder des gleichnamigen Spa in Genf hat 7 Doppelzimmer und 16 Designsuiten mit Meerblick-Terrassen.
Info: Chemin de la Quessine, Ramatuelle, Tel. 4.94449444, http://www.lareserve-ramatuelle.com

€€€€€ Boscolo Exedra (Nizza). Eine Bar mit futuristischer Atmosphäre, das Restaurant La Pescheria, Spa mit Pool und Hamam – das Exedra Nice zeigt sich außen im Stil der Belle Époque und innen mit luxuriösem, zeitgenössischem Design, entworfen nach Plänen von Architekten und Designern wie Maurizio Papiri, Massimo Iosa Ghini, Sergio Minorello und Simone Micheli.
Info: 12 Boulevard Victor Hugo, Nizza, Tel. 4.97038989, www.boscolohotels.com

€€€€ Hotel 3.14 (Cannes). Wenn jedes Hotel eine Welt für sich ist, dann haben sie dieses Motto im 3.14 in Cannes, einem fünfstöckigen Palast, dessen Name auf die Berechnung des Erdumfangs anspielt, wirklich ernst genommen. Jede Etage steht für einen Kontinent und ist dessen ästhetischen und kulturellen Vorgaben entsprechend eingerichtet.
Info: 5 Rue Einesy, Cannes, Tel. 4.92997200, 314.cannes-hotels.net

Restauranttipps

€€€ Le César (Antibes). Olivier Condat, der Sterne-Chefkoch dieses berühmten Restaurants am Plage Keller (etwas außerhalb von Antibes) bereitet Fischgerichte und mediterrane Menüs zu wie Petersfisch mit Gemüse und den hervorragenden

Wolfsbarsch in Salzkruste. *Info: Chemin de la Garoupe, Antibes, Tel. 4.93613374-2823, www.restaurant-plage-cesar-antibes.fr*

€€€ L'Eau de vie (Nizza). In unmittelbarer Nähe zur Altstadt von Nizza bietet dieses elegante und gemütliche Lokal eine cuisine bistronomique, frisch vom Markt und saisonal mit optimaler Auswahl der Zutaten: Kreativität und Wohlgeschmack aus der Küche.
Info: Rue Delille 11, Nizza, Tel. 93.879232, restaurant-eaudevie.fr

€€€ Astoux & Brun (Cannes). Seit Generationen werden hier Fischgerichte wie Seeigel, Austern, Miesmuscheln, Krustentiere und Meeresfrüchte serviert. Wer nicht auf Fisch steht, sollte lieber fernbleiben. *Info: Angle 27 Rue Félix Faure et 2, Rue Louis Blanc, Cannes, Tel. 4.0493392187, www.astouxbrun.com*

Nightlife und Sonnenbäder

Buddha Bar (Monte Carlo). 2010 erst wurde diese x-te Restaurant-Bar-Lounge der berühmten Kette eingeweiht. Innen wie üblich orientalisches Ambiente und hervorragende DJs.
Info: Place du Casino, Monte Carlo, www.buddhabarmontecarlo.com

Nikki Club (Saint-Tropez). Unter den gleichnamigen, über den ganzen Planeten verstreuten Strandclubs ist der von Saint-Tropez eine historische Adresse: Ein Fun Beach Club im Zeichen des Luxus, wo unter anderem schon Fürst Albert von Monaco gesehen wurde sowie George Michael, Bono und viele andere.
Info: Route de l'Epi, Ramatuelle-Saint-Tropez, saint-tropez.nikkibeach.com

La Rose des Ventes (Monte Carlo). Auch dies ist in Monaco ein angesagter Strandclub und Ziel von VIPs (von Hugh Grant bis Monica Bellucci) und Liebhabern guter Küche: Das dazugehörige Restaurant La Rose des Ventes ist bekannt für seine mit saisonalen Gemüsesorten und Früchten zubereiteten Fischgerichten. *Info: Plage du Larvotto, Monaco, Tel. 97.704696, www.larosedesventsmonaco.com*

Für alle weitere Informationen:
Atout France, www.atout-france.fr
de.france.fr/de

47 Oben – Der Wintergarten im Hotel Hermitage in Monte Carlo.

47 Unten – Der puderfeine Sand am Strand von Antibes.

Shopping

Unbedingt probieren und auch kaufen sollte man in Nizza ein natives Olivenöl: z.B. das bei ***A l'Olivier****, wo man auch gute Tapenaden, Soßen und Balsamessig findet* (7 Rue St. François de Paule, www.alolivier.com), *oder bei* ***Nicolas Alziari*** (14 Rue St. François de Paule, www.alziari.com.fr). *Ebenfalls ein Must istin dieser Stadt der* ***Blumenmarkt****, der täglich am Cours Saleya stattfindet* (Di.-So. 6-17.30 Uhr), *und die Parfümerie* ***Molinard****, eine Niederlassung der berühmten Fabrik in Grasse* (20 Rue Saint François de Paule, www.molinard.com). *In Cannes ist der* ***Marché Forville*** (an der Grenze zum Quartier Suquet, tägl. 7.30-13 Uhr, außer Mo.) *eine wahre Institution: Von überallher kommen die Kunden, um hier kulinarische Köstlichkeiten zu kaufen, vom Wein bis zum Käse. Zeitlos schick und beliebt sind* les tropéziennes, *die berühmten Sandalen des* ***Atelier Rondini*** (16 Rue G. Clemenceau, www.rondini.fr) *in Saint-Tropez. Im nahe gelegenen Ort Ramatuelle hat Sitor Senghor, Sohn eines Botschafters, eine Kunstgalerie und drei Ateliers mit Möbeln, Stoffen und Kuriositäten eröffnet. Insgesamt also vier sehenswerte Shops,* ***Alm37, Alm10.2, Alm25*** *und* ***Alm10.1,*** *in den Steinhäusern des alten Dorfs* (www.alm-ramatuelle.com).

Die Düfte der Provence – *Frankreich*

Grasse, nicht weit von der Côte d'Azur im Landesinneren, ist unsere erste Etappe. Hier lernen wir eines der Wahrzeichen der Provence kennen: Düfte und Parfums. Dann entdecken wir die Lavendelfelder, verewigt von Cézanne und van Gogh, die Häuser aus Stein, die Camargue. Eine kleine Welt für sich, die stolz ist auf ihre Geschichte, aber auch die Zukunft fest im Blick hat, das neue Hafenviertel von Marseille ist ein guter Beweis dafür.

Von Italien kommend, hinter **Grasse** und der Abzweigung zu den Hyèrischen Inseln, ist die erste Etappe **Aix-en-Provence.** Die Atmosphäre vergangener Zeiten vor der **Montagne Sainte-Victoire** ist auf zahllosen Bildern von Cézanne verewigt, der hier 1839 geboren wurde. Wenige Kilometer weiter erreichen wir **Marseille**: eine Stadt, die sich rund um ihren alten Hafen entwickelt hat, mit den Bouillabaisse- und Couscous-Restaurants und daneben den futuristischen Gebäuden und den in den letzten Jahren wieder aufgewerteten Vierteln. **Salon-de-Provence** hingegen verdankt seinen Ruhm Nostradamus (damals Michel de Nostredame), er wurde in St-Rémy geboren, lebte und starb 1566 in Salon und verknüpfte so den Namen der Stadt mit dem Rätsel seiner Vorhersagen. **Avignon** war die Stadt der Päpste und Künstler. Erstere sind nicht mehr hier (hinterlassen haben sie aber den **Papstpalast**). Letztere hingegen halten nach wie vor den Ruhm des Ortes hoch mit dem Festival d'Avignon, seit Jahren eines der zehn wichtigsten Theaterfestivals Europas. Auch **Arles** hat mehrere Seiten: Neben einer antiken römischen Vergangenheit – dafür steht das beeindruckende, unter Augustus (27-25 v. Chr.) gebaute **Theater** – spürt man hier eine durch die Roma geprägte Seele, die in dieser Region ihre geistige Heimat haben, vor allem in der **Camargue**, mit seiner „Hauptstadt" **Saintes-Maries-de-la-Mer.**

Shopping

Ein Muss ist ein Bummel durch die Parfumerien von ***Grasse.*** *Die berühmtesten sind:* **Molinard** (60 Boulevard Victor Hugo, www.molinard.com/fr/content/14-la-visite), *die seit 1849 Düfte herstellt, und* ***Fragonard*** (20 bd Fragonard, www.fragonard.com/de/fabriken/historische-parfuemfabrik), *beide bieten Führungen durch die Destillerien und das Museum an. In der Boutique* ***Fragonard Confidentiel*** *findet man Schmuck und Kleidungsstücke* (3 Rue Jean Ossola), *während* ***Fragonard Maison****, 2 Rue Amiral de Grasse, Dinge rund ums Haus anbietet. Seifen kauft man in der Manufaktur* ***Marius Fabre*** *in Salon-de-Provence* (148 Avenue Paul-Bourret, www.marius-fabre.com).

48 – Der Leuchtturm auf der Insel vor Marseille.

49 – Grasse – die Hauptstadt des Parfums.

Unterwegs in der Provence: *Nicht weit von Grasse verläuft die Autobahn A8, die weiter nach Aix-en-Provence und Marseille führt, wo sich die Abzweigungen zu den Orten der Region befinden.*

Sehenswertes

GRASSE

Die erste Etappe dieser Tour ist die Hauptstadt des Parfums. Hier konzentrieren sich die Duftlabore der größten Parfumhersteller Frankreichs *(s. Infobox Shopping)*, deren Geschichte in den jeweiligen Häusern, aber auch im **Musée International de la Parfumerie** *(Boulevard du Jeu de Ballon, www.museesdegrasse.com, Öffnungszeiten: 10-18 Uhr, im Sommer bis 19 Uhr)* vermittelt wird. Ein Rundgang durch die Stadt führt unweigerlich zur **Kathedrale Notre-Dame-du-Puy** aus dem 10. und 11. Jh., umgebaut im 17. Jh., in der Gemälde von Rubens bewahrt werden, darunter die berühmte *Kreuzigung (Rue Gazan-Place Godeau, tourisme.paysdegrasse.fr, variierende Öffnungszeiten);* außerdem zur **Place aux Aires**, dem Platz, der von der Fassade des Wohnhauses von Maximin Isnard beherrscht wird und auf dem allmorgendlich *(außer Montag)* der regionale **Blumen- und Gemüsemarkt** stattfindet.

MARSEILLE

Die Stadt und ihr **Hafen**. Das größte Hafengebiet Frankreichs und am Mittelmeer, das viertgrößte in ganz Europa. Das architektonische Großprojekt **Euroméditerranée** *(www.euromediterranee.fr)* hat daraus nach den Entwürfen eines Architektenpools um Jean Nouvel einen innovativen sozialen, kulturellen und gewerblichen Raum geschaffen, der in seinem Komplex Geschäfte, Hotels und Kulturzentren umfasst. Der weithin sichtbare, von Zaha Hadid entworfene CMA CGM Tower (148 m hoch) dominiert das

50 Oben – Dächer und Kathedrale von Aix-en-Provence.

50 Unten – Das Atelierhaus von Cézanne in Aix-en-Provence.

Bild. Noch mehr Neuerungen brachte das Jahr 2013, als Marseille Europäische Kulturhauptstadt war: Im **Vieux Port**, einem Mosaik bunter Häuser an den von Ludwig XII. und Ludwig XIII. gebauten Kaianlagen, entstand nach Entwürfen von Stefano Boeri die **Villa Méditerranée**, die dem „Dialog und Austausch des Mittelmeerraumes" gewidmet ist. Auf der Anhöhe oberhalb des Hafens liegt das Viertel **Le Panier**, ein Labyrinth antiker Gassen und Zeugnis des alten Marseille, wundervoll beschrieben in den Romanen von Jean-Claude Izzo. Das bedeutendste Gebäude hier ist die **Vieille Charité**: im 17. Jh. ein Armenhospiz, heute Zentrum für Ausstellungen und Sitz zweier Museen, dem Museum für Mittelmeer-Archäologie mit Funden aus dem Alten Ägypten, Vorderasien, der Magna Graecia und dem römischen Reich, sowie dem Museum für afrikanische, ozeanische und indianische Kunst mit zahlreichen Masken und

rituellen Gegenständen *(2 Rue De la Vieille Charité, Tel. 91.145897, culture.marseille.fr/les-musees-de-marseille, Öffnungszeiten: Di.-So. 9.30-18 Uhr)*. Nach einer Tour am Meer entlang über die **Corniche du Président John Fitzgerald Kennedy**, die kilometerlang gesäumt ist von eleganten Villen aus dem 19. Jh., geht man zur **La Maison du Pastis**, einem historischen Lokal, in dem man gut 75 verschiedene Pastis- und Absinth-Sorten kosten und kaufen kann *(108 Quai du Port, www.lamaisondupastis.com)*, oder zur **Friche la Belle de Mai**: in der ehemaligen Tabakfabrik finden heute Theater, Konzerte und Ausstellungen statt *(41 Rue Jobin und 12 Rue François Simon, www.lafriche.org, variierende Öffnungszeiten)*.

AIX-EN-PROVENCE

Der **Cours Mirabeau**, die Platanenallee, die gesäumt ist mit Geschäften und Cafés (berühmt ist das **Les Deux Garçons** von 1792, in dem einst Zola und Cézanne Gäste waren), liegt direkt vor der Altstadt, einem aus Stein gebauten Mosaik mit der von eleganten Wohnhäusern umrahmten **Place d'Albertasin** aus dem 18. Jh., dem **Rathausplatz** mit dem **Uhrturm** aus dem 16. Jh., der **Kathedrale**

51 – Die mittelalterliche Brücke von Saint Bénezet in Avignon.

St-Sauveur *(34 Place des Martyrs de la Résistance, www.cathedrale-aix.net, die Öffnungszeiten richten sich nach den hl. Messen)* mit dem Kreuzgang und dem Triptychon „Maria im brennenden Dornbusch" von Nicolas Froment (1476), einem der bekanntesten Gemälde aus dem Europa des 15. Jhs. Das im 17. Jh. unter Erzbischof Michel Mazarin, Bruder des berühmten Kardinals, angelegte **Quartier Mazarin** ist ein weiterer Stolz der Stadt. Der Ehrenplatz aber gebührt **Cézanne**. Drei Orte der Stadt sind mit dem großen Maler verknüpft: sein **Atelier des Lauves** *(9 Avenue Paul Cézanne, www.cezanne-en-provence.com/les-sites-de-cezanne/atelier-de-cezanne, variierende Öffnungszeiten)*; das heutige Museum *Bastide du Jas de Bouffan*, das Haus, in dem er bis 1899 lebte *(17 Route De Galice, Tel. 4.2161161, www.cezanne-en-provence.com/les-sites-de-cezanne/bastide-du-jas-de-bouffan, wegen Renovierung geschlossen bis 2020)*, und die Hütte im Steinbruch **Bibémus** *(3090 Chemin de Bibémus, www.cezanne-en-provence.com/les-sites-de-cezanne/carrieres-de-bibemus, variierende Öffnungszeiten). Tickets und Informationen am Office de Tourisme, 2 place du Général de Gaulle, www.aixenprovencetourism.com*

SALON DE PROVENCE

In diesem auf halber Strecke zwischen Aix und Avignon gelegenen Ort lebte eine der rätselhaftesten Gestalten der Geschichte: der Wissenschaftler, Apotheker, Arzt und Astrologe Nostradamus. Zwischen 1547 und 1566 schrieb er genau hier (heute seine **Gedenkstätte,** *Rue Nostradamus, Tel. 4.90566431, Öffnungszeiten: Hochsaison 10-12.30/14-18 Uhr, Nebensaison 13.30-18 Uhr, Di. geschl.)* seine Quatrains, das Werk, das ihn mit seinen, wie viele sagen, düsteren Prophezeiungen unvergessen machte. Im Hof der Festung **Château de l'Empéri** neben dem **Museum der Geschichte der französischen Waffentechnik** liegt der **Jardin des simples** mit Kräutern aus der Zeit des Nostradamus *(Montée du Puech, www.emperi-museum.org, Öffnungszeiten: Hochsaison 9.30-12.00/14-18 Uhr, Nebensaison 13.30-18 Uhr, Mo. geschl.)*. Und in der **Chocolaterie Le Nostradamus** *(122 Avenue du 22 Aout 1944)* werden Pralinen verkauft, die nach dem Arzt und Apotheker benannt sind.

AVIGNON

Das Monument schlechthin ist der gewaltige **Papstpalast**, mehr als 15.000 m² Säle und Höfe, in denen etwa 70 Jahre lang, ab Beginn des 14. Jh., die Päpste von Avignon mit ihrem Gefolge residierten (von Clemens V. bis Benedikt XIII.). Der Palast, der auch Sitz des *Festival d'Avignon* ist *(s. Infobox Nightlife & Festival)*, teilt sich in das „Palais Vieux" und das „Palais Neuf", die in unterschiedlichen Epochen gebaut wurden. Zum Komplex gehört die Ruine der mittelalterlichen **Brücke Saint-Bénézet** (ursprünglich 900 m lang und getragen von 22 Bögen), mehrere Kapellen, Kreuzgang und das mit Fresken ausgestaltete **Hirschzimmer.** Der Papstpalast zieht jährlich 600.000 Besucher an und gilt als eines der zehn wichtigsten französischen Baudenkmäler *(1 Rue Gérard Philipe-Place du Palais, www.palais-des-papes.com, variierende Öffnungszeiten)*. Nicht versäumen sollte man die ebenfalls unter den Päpsten im 14. Jh. errichtete, 4 km lange **Stadtmauer**, die mehrfach umgebaute **Kathedrale von Avignon** aus dem 12. Jh. mit der romanischen Kuppel und den Grabmälern einiger Päpste *(Place du Palais, www.cathedrale-avignon.fr, variierende Öffnungszeiten)*, außerdem die Markthalle **Les Halles** mit dem vertikalen Garten von Patrick Blanc *(Place Pie, www.avignon-leshalles.com, außer Montag an je-*

dem Morgen bis 13.30, am Wochenende bis 14 Uhr) und, an bestimmten Tagen, Kochkursen der Chefköche.

ARLES

So wie man Cézanne mit Aix verbindet, so steht van Gogh für Arles: Er kam 1888 her und malte hier seine schönsten Bilder, bevor er zwei Jahre später, im Alter von 37 Jahren starb. Seiner wird in der **Fondation Vincent Van Gogh** gedacht, einer Sammlung von 200 Werken, die große zeitgenössische Künstler, von Jean Cocteau bis Roy Lichtenstein, zu Ehren des holländischen Genies angefertigt haben, und die seit 2012 in ihrer neuen, angemesseneren Umgebung im ehemaligen Hôtel Léautaud de Donines zu sehen sind *(35 Rue du Dr. Fanton, www.fondationvangogharles-blog.com)*. Bei einem Gang durch Arles entdeckt man all die in den Bildern van Goghs verewigten Ansichten in ihrer wirklichen Umgebung: von der **Ponte di Langlois** bis zum Café auf dem **Place du Forum,** wo das römische Forum war. Auf die antike Seele der Stadt stößt man auch im römischen Amphitheater, in dem seit dem 19. Jh. Stierkämpfe stattfinden *(8 Rue de la Calade, Tel. 4.90184120, variierende Öffnungszeiten)*, in den **Konstantin-Thermen** *(Rue Dominique Maisto, Tel. 4.90493540, variierende Öffnungszeiten)* und in **Les Alyscamps,** einer der bedeutendsten antiken Nekropolen der westlichen Welt *(Avenue des Alyscamps, Tel. 4.90495905, variierende Öffnungszeiten)*, die van Gogh und Gauguin in ihren Bildern verewigten. *Für weitere Informationen: www.arles-guide.com*

CAMARGUE

Sie heißen so wie ihre Heimat, die weißen Camargue-Pferde, die zusammen mit den Kampfstieren und 300 Vogelarten, darunter auch Reiher und Flamingos, im Naturschutzgebiet **Parc régional de Camargue** leben: Strände, Lagunen, stehende Gewässer, Schilf, alles auf einer Fläche von 100.000 Hektar zwischen Arles und den beiden Mündungsarmen der Rhone *(Info: Arles, www.parc-camargue.fr)*. Diese Welt aus Poesie und Natur, die man mit Auto, Fahrrad, Hausboot oder zu Pferde erkunden kann, hat auch eine Art Hauptstadt, **Saintes-Maries-de-la-Mer**, die jährlich gegen Ende Mai Ziel der traditionellen Zigeuner-Wallfahrt ist: Aus ganz Europa kommen die Menschen hierher und begehen mit Tänzen, Liedern und Pferderennen das Fest ihrer Schutzpatronin, der Hl. Sara. Die gepflasterten Gässchen des kleinen Orts führen den Besucher zur gewaltigen **Wehrkirche**, die im Mittelalter gebaut wurde und so groß ist, dass man sie noch aus 10 km Entfernung sehen kann. In der Krypta ist die Statue der Hl. Sarah, die, prächtig geschmückt, am 24. Mai von den Roma zur Prozession getragen wird. Ein Erlebnis ist auch die *Feria*: das jährliche Festival rund um die Reitkunst mit Reitwettbewerben und Stierkämpfen. *Info: Office de Tourisme, 5 Av. Van Gogh, Saintes-Maries-de-la-Mer, www.saintesmaries.com*

Übernachtungen

€€€€€ Relais & Chateau Villa Gallici (Aix-en-Provence). Diese Bastille mit Pool, Park und Restaurant, in der die Suiten an die Zimmer eines Schlosses erinnern, gibt es Charme im Überfluss und einen Service, der nichts zu wünschen übrig lässt. *Info: 18 Avenue de la Violette, Aix-en-Provence, Tel. 4.28317428, www.villagallici.com*

€€€ Mas de la Chapelle (Arles). Ein wunderschönes Haus mit alten Steinmauern, Kaminen und provenzalischer Einrichtung vor den Toren von Arles, der Salon ist in der Kapelle aus dem 16. Jh. *Info: Petite Route de Tarascon, Arles, Tel. 4.90930045, www.masdelachapelle.fr*

€€€ Le Ryad (Marsiglia). Ein Boutique-Hotel in marokkanischem Stil mit Salon de thé und festen Menüs (Table d'hôtes) mit traditionellen maghrebinischen Gerichten. *Info: 16 Rue Sénac de Meilhan, Marseille, Tel. 4.91477454, www.leryad.fr*

Die Îles d'Hyères

Sie heißen Porquerolles, Port-Cros und Île du Levant. Auf den drei, eine halbe Stunde vor der Küste der Stadt ***Hyères*** *liegenden Îles d'Or, Goldinseln, herrscht einzig die Natur. Da sie zum Teil sogar Nationalpark sind, dürfen Autos hier nicht verkehren: Man bewegt sich zu Fuß, mit dem Boot oder dem Fahrrad entlang der gut ausgebauten Fahrradwege. Die nördliche Küste von* ***Porquerolles*** *hat die schönsten Strände für ein Sonnenbad, auf Port-Cros gibt es eine reiche Tierwelt zu beobachten (Fische, Schildkröten und 114 Vogelarten), die Île du Levant dagegen ist eher etwas für FKK-Freunde. Und überall: Pflanzen, Blumen, Strände, zauberhafte Buchten, Hotels und Restaurants mit provenzalischer Küche, die den Luxus der Côte d'Azur nicht vermissen lassen.*
Info: Die Inseln sind von Hyères aus per Fähre erreichbar. Beispielsweise von der Gesellschaft TLV-TVM, www.tlv-tvm.com und Vedettes Îles d'or, www.vedettesilesdor.fr (von Le Lavandou aus).

52 OBEN – DIE ARENA VON ARLES.
52 UNTEN – *DAS ESPACE VAN GOGH* IN ARLES.
53 OBEN – DIE KIRCHE VON SAINTES-MARIES-DE-LA-MER.
53 UNTEN – DIE BERÜHMTEN CAMARGUE-PFERDE.

Restauranttipps

€€ La Table du Roi (Aix-en-Provence). Das Restaurant des Grand Hôtel du Roi René bietet eine traditionelle Küche, authentisch und poetisch im Sinne der Provence. Man isst hier gut im Restaurant, im Atrium oder im Wintergarten zu Mittag, mit dem, was die Saison bereithält. *Info: Boulevard du Roi René 24, Aix-en-Provence, Tel. 4.42376116, www.latableduroirene.fr*

€€ Christian Etienne (Avignon). Für alle, die neben guter Küche auch an Geschichte interessiert sind: Hier verzehrt man in einer Papstresidenz aus dem 15. Jh. traditionelle provenzalische Gerichte.
Info: 10 Rue de Mons, Avignon, Tel. 4.84885127, www.christian-etienne.fr

€€ Lacaille (Marseille). Französische und mediterrane Küche, qualitativ hochwertige Erzeugnisse und erstklassig angerichtet. Herrliche Käseplatte und herzlicher Service. *Info: 42 Rue des 3 Mages, Marseille, Tel. 9.86332033, facebook.com/lacaille.marseille*

Nightlife & Festivals

Festival d'Avignon. Eines der wichtigsten **Theaterevents Frankreichs.** Das erste Festival im Jahr 1947 wurde organisiert von **Jean Vilar**, Schauspieler und Theaterregisseur. Beinahe einen ganzen Monat lang finden in jedem Sommer im **Ehrenhof des Papstpalastes** die Aufführungen statt.
Info: Cloître St-Louis, 20 Rue du portail Boquier, www.festival-avignon.com

Les fêtes d'Arles. Ein Festival, das jedes Jahr, zwischen Anfang Juni und Anfang Juli, mit Tanz, Theater und Musik stattfindet. Schön sind die Umzüge in den traditionellen Trachten, die Krönung der Königin von Arles, die Fackelzüge und der „Course satin": Wettrennen mit den Camargue-Pferden. *Info: Comité des fêtes d'Arles, www.comitedesfetes-arles.com, www.festivarles.com*

Festival d'Aix-en-Provence. Im Juli findet im Hof des Erzbistums von Aix-en-Provence dieses Musik- und Opernfestival statt. Ins Leben gerufen wurde es 1948 von **Gabriel Dussurget**. *Info: 28 Place des Martyrs de la Résistance, www.festival-aix.com*

*Für alle weiteren Informationen:
Atout France, www.atout-france.fr
de.france.fr/de*

Hochsavoyen – *Frankreich*

Mit dem **Montblanc**, dem höchsten Bergmassiv Europas und einem der meistbesuchten Orte der Welt, ist Hochsavoyen der Traum von Bergsteigern, Skifahrern und Naturliebhabern. Eine Gegend außergewöhnlicher Landschaften, durchzogen von kleinen Bergstädtchen, Kurorten und Dörfern, von denen aus man im Sommer wunderbare Wanderungen und im Winter spannende Skiabfahrten machen kann. In diesen Gebieten lebt man abends in mondäner Geselligkeit, trifft sich in exklusiver Runde zum Après-Ski am Kamin eines Privatchalets oder Gourmet-Restaurants. Der erste Ort, auf den man nach insgesamt 43 km stößt, wenn man von Italien kommend durch den Monblanc-Tunnel fährt, ist das Städtchen **Chamonix**, am Fuße des Montenvers, bekannt bei Bergsteigern und Bonvivants. Fährt man weiter in Richtung Schweizer Grenze, gelangt man nach **Argentière** mit in den Bergen versunkenen Holzchalets. Weiter hinab erreicht man die Dörfer **Les Houches** und **Servoz**, ein traditionelles, für Familien ideales Gebiet. Auch in **Plateau d'Assy** lohnt sich eine Rast, das bei Liebhabern moderner Kunst wegen der Kirche Notre-Dame de Toute Grâce bekannt ist, wo man Werke von wichtigen Künstlern des 20. Jhs. findet. **Saint Gervais Les Bains**, bekannt wegen seiner Thermen, liegt in der Nähe des romantischen **Megève**, das die Baronin Rothschild Anfang des letzten Jahrhunderts „entdeckte" und das bis heute als besonders charmanter Ferienort gilt.

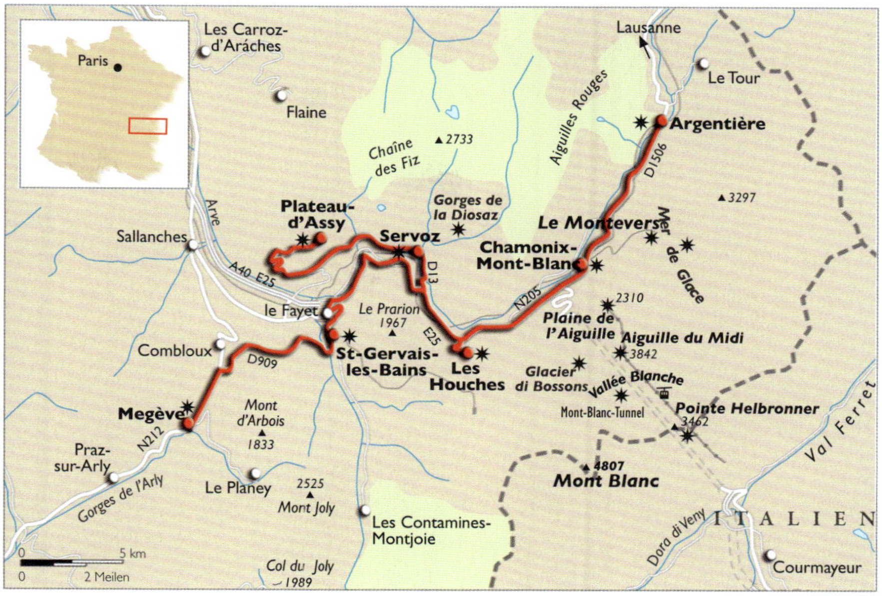

Unterwegs in Hochsavoyen: *Von Italien gelangt man durch den Montblanc-Tunnel nach Chamonix (von Aosta nach Chamonix sind es 57, nach Megève 88 km). Mit dem Zug fährt man bis Sallanches und dann weiter mit Bus oder Taxi (Sallanches-Megève: 13 km auf der D 1212 und Sallanches-Chamonix: 28 km auf der D 1205/E 25).*
5 km nordöstlich von **Chamonix** *liegt* **Montenvers** *(erreichbar mit der Zahnradbahn) und weitere 8 km nordöstlich Argentière. Folgt man von* **Chamonix** *für 8 km der E 25, erreicht man* **Les Houches**, *nach weiteren 8 km auf der D13* **Servoz**, *und nach abermals 8 km auf derselben Straße* **Plateau d'Assy**. *Biegt man dann in die D902 ein, stößt man nach 11 km auf* **St. Gervais Les Bains** *und von dort nach 10 km auf der D909 auf* **Megève**.

MONTBLANC

Wenn man aus Italien kommt, erscheint der Montblanc hinter Courmayeur mit einer beeindruckenden Erhabenheit. Der höchste Berg der Alpen und ganz Westeuropas (4808 m), eine gigantische Granitmauer – dessen Gipfel erstmals am 8. August 1786 bestiegen wurde – gehört zu den Grajischen Alpen und liegt auf italienischer Seite zwischen Val Veny und Val Ferret und in Frankreich im Tal der Arve. Auf Savoyer Seite zeigt er sich überwiegend als Eismasse. Auf der Nordseite liegt der größte französische Gletscher, **Mer de Glace** *(siehe weitere Infos)*, während der Glacier des Bossons, mit 3600 m Höhenunterschied, an die Gemeinde Chamonix heranreicht.

CHAMONIX

Auf 1037 m Höhe, eingerahmt von Gletschergipfeln, von denen natürlich der Montblanc hervorsticht, liegt es in einer der unvergesslichsten Landschaften des Alpenpanoramas. 1924 fanden hier die ersten Olympischen Winterspiele statt. Heute ist es nicht nur bekannt für Abfahrtsski und Langlauf, sondern auch wegen seiner Bob- und Schlittschuhbahnen. Im historischen Zentrum, zwischen **Rue Docteur Paccard, Rue Joseph Vallot** und **Avenue Michel Croz**, dem Fußgängerbereich und einer Gegend mit vielen Feinkostläden, Konditoreien, Cafés und Sportgeschäften, steht das **Denkmal für Michel-Gabriel Paccard** und **Jacques Balmat**, die ersten Bergsteiger, die den Gipfel des Montblanc erreichten. Die **Kirche St. Michel** aus dem 18. Jh. liegt neben der **Maison de la Montagne**, Sitz der Alpenbergführer, die Wanderer auf ihren Gletscher- oder Hochgebirgstouren, aber auch zur Schneeschmelze und zum Bestaunen von Edelweiß und Gletscher-Hahnenfuß begleiten. In der schönen Jahreszeit kann man auch allein aufbrechen und in niedrigeren Höhen Rhododendren, Enziane und Blütenmeere von gelben Ranunkeln bestaunen. In der Umgebung gibt es noch viel autochthone Fauna mit Gämsen, Hirschen, Rehen, Steinböcken und Steinadlern.

54-55 – Blick vom Platz in Chamonix auf die Gipfel.

55 unten – Das Massif des Arves in Hochsavoyen.

MONTENVERS UND MER DE GLACE

Alle 30 Minuten fährt hinter dem Bahnhof von Chamonix die kleine **Zahnradbahn** (von 1908) ab, mit der man in 20 Minuten den Aussichtspunkt des 1913 m hohen **Montenvers** direkt am **Mer de Glace** erreicht. Der 5 km lange Weg mit einem Höhenunterschied von 871 m umfasst Rampen mit einem Gefälle bis zu 22 %. Das heutige Aussehen der Zwei-Kabinen-Bahn aus Holz hat sich nicht sehr verändert und auch das Gefühl, wenn man auf dem Weg zum größten Gletscher Frankreichs (40 km² bei einer maximalen Länge von 7 km) auf den noblen französischen Ort herunterschaut, ist unverändert. An der Bergstation, gegenüber dem 1840 erbauten Hotel Montenvers (wo u. a. Victor Hugo, Johann Wolfgang v. Goethe, Napoleon III. mit Gattin Eugénie weilten), kann man am Museum für alpine Fauna und der Kristallgalerie als erstem Aussichtspunkt auf den Gletscher, der zwischen dem Grand Dru (3754 m) und den Grandes Jorasses (4205 m) liegt, Halt machen. Von hier bietet sich die Kabinenbahn zu einer Talfahrt auf dem Hinweg und kurzer, ca. 30-minütiger, aber steiler Bergfahrt auf dem Rückweg an, um den Gletscher und die **Gletschergrotte** zu besuchen: Jedes Jahr hackt hier eine Reihe Freiwilliger eine komplette Wohnung mit Wohnzimmer, Küche und Zimmern in die Mäander des Eismeeres.

ARGENTIÈRE

Der Ort **Argentière** in der Gemeinde Chamonix, mit 1252 Metern leicht höher gelegen als Chamonix selbst, befindet sich unterhalb des Aiguille Verte, zwischen dem Glacier d'Argentière und dem Mer de Glace im Skigebiet Les Grands Montets, das bis in die Schweiz reicht und bei geübten Skifahrern wegen der Gipfelabfahrtspiste bekannt ist. Winters wie sommers kann man auf dem Gletscher in einem sehr vielseitigen und großen Gebiet Ski fahren. Nimmt man die Seilbahn in **Les Praz** (1060 m), mit der ersten Etappe auf 1877 m Höhe in **la Flegère** und herrlichem Montblanc-Panorama, erreicht man auf 2385 m **Index**. Die Stammgäste von Argentière wohnen oft in den gemütlichen Chalets, die über den Ort

Überquerung des Montblanc von Courmayeur nach Chamonix

Die Seilbahn geht auf die 1960er-Jahre zurück und wurde 2015 auf italienischer Seite erneuert, als der „Skyway Monte Bianco" verwirklicht werden konnte. Die neue Streckenführung startet in ***Courmayeur*** *(The Valley, 1300 m), wo viele Serviceleistungen zur Verfügung stehen (Parkplatz, Bar usw.), erster Halt ist am* ***Pavillon du Mont Fréty*** *(The Mountain, 2173 m), wo der* ***Botanische Alpengarten Saussurea*** *liegt* (www.saussurea.net). *Er ist der höchstgelegene Europas und ist benannt nach der sehr seltenen, auf steinigen Wiesen wachsenden* ***Saussurea alpina*** *(Gemeine Alpenscharte), die Horace-Bénédict de Saussure, Initiator des ersten Montblanc-Aufstiegs 1786, gewidmet ist. Von hier aus kann man im Sommer zu tollen Trekking-Touren unterschiedlicher Schwierigkeit aufbrechen. Die nächste Etappe führt zur* ***Pointe Helbronner*** *(The Sky, 3466 m) mit runder Aussichtsterrasse, die einen 360°-Blick auf den Glacier du Géant, den Aiguille du Midi und den Gipfel des Montblanc bietet; am Horizont die berühmten „4000er" Europas: Matterhorn, Monte Rosa und Gran Paradiso. An dieser Station kann man eine Kristall- und Mineralienausstellung besuchen und die Sky Vertigo ausprobieren, eine durchsichtige Plattform, die die Illusion erzeugt, ins Leere zu laufen. Von hier aus erreicht man* ***Rifugio Torino*** *(3375 m), eine der alten Seilbahnstationen. Der Skyway Monte Bianco endet hier und nach nur 5 km erreicht man französischen Boden; diese unglaubliche Etappe führt zum* ***Aiguille du Midi*** *(3842 m), ein Paradies fernab der Skipisten, von wo aus man dann in eines der schönsten Täler, das* ***Vallée Blanche*** *gelangt, das vom Gipfel des Aiguille bis nach Chamonix reicht. Man sollte körperlich fit und gut ausgerüstet sein, am besten mit Führer, denn die Hochgebirgswege sind weder ausgeschildert noch überwacht: Es sind Bergsteigerrouten oder Skipisten. Vom Gipfel bis zur Gletscherzunge des Mer de Glace umfasst die Route 20 km, und wenn die Schneebedingungen es zulassen, kann man mit Skiern direkt ins Zentrum von Chamonix fahren. Andernfalls erreicht man das Tal mit der kleinen Bahn von Montenevers (siehe weitere Infos). Wer allerdings mit der Seilbahn ins Tal fährt, erreicht* ***Chamonix*** *über* ***Plan de L'Aiguille*** *(2317 m).* Info: Staatsstraße 26 dir. 48, Entréves - Courmayeur, Aosta, Tel. 0165.89925, www.montebianco.com (anrufen oder auf der Webseite nach dem Wetter erkundigen, denn die Seilbahn fährt nicht bei extremem Wind). Association Internationale des Guides du Mont Blanc, 9 Passage de la Varlope, Chamonix-Mont-Blanc, Tel. 04.50532705; www.guides-du-montblanc.com/fr. *Die Seilbahn fährt das ganze Jahr über (außer bei widrigen Wetterbedingungen) und macht ein unbeschreiblich schönes Panorama der Alpen zugänglich. Touristen sollten gut ausgerüstet sein, also auch im Sommer warme Kleidung und Sonnenbrille tragen und einen starken Sonnenschutz benutzen.*

56 – Eine Gondel der neuen Seilbahn Skyway Monte Bianco.

57 Unten – Savoyer Köstlichkeiten.

Die Gerichte der echten Savoyer Küche

Die Region hat eine reiche kulinarische Tradition, die Bergküche und Luxus des Hauses Savoyen verschmelzen lässt, heute bereichert durch kreative Trends und viele Michelin-Sterne. Lohnenswert sind die authentischen, neu interpretierten Gerichte der Region, wie ***Soupe de topinambours*** *(Topinambursuppe),* ***Soupe à l'oignon*** *(Zwiebelsuppe) und* ***Potage di zucca*** *(Kürbisuppe). Oder die* ***Spargelquiches***, *die* ***Crêpes mit regionalem Käse***, *die* ***Soufflés***. *Mit dem berühmten Alpenkäse sollte man die* ***Croûte de fromage***, *in Wein eingeweichtes, altbackenes Brot, im Ofen mit Schinken und Käse überbacken, die* ***Péla***, *Auflauf von gebratenen Kartoffeln mit Zwiebeln und Reblochon, und das* ***Gratin Savoyard*** *mit Béchamelsoße, Käse und Brühe probieren. In Windeseile nimmt man hier die Kalorien wieder auf, die man auf der Piste abtrainiert hat!*

verstreut sind. In seinem Zentrum findet man eine Kirche aus dem 18. Jh. mit ausgefallenem Zwiebelturm und viele Restaurants mit regionaler Küche. Vom Ort fährt eine weitere Seilbahn zum Gipfel des **Aguilles des Grands Montets**, dem Ausgangspunkt herrlicher Alpenpisten, die zu den anspruchsvollsten zählen.

LES HOUCHES UND SERVOZ

Zwei authentische Alpendörfer im Tal von Chamonix. **Les Houches** im Herzen des Montblanc-Massivs ist ein idealer Ort für Familien und ermöglicht einen traditionellen Bergurlaub mit Sport – hier liegt die legendäre Weltcup-Piste von 1952 „La Verte" – und Wanderungen, alles in entzerrtem Tempo. **Servoz** besticht durch seine unverfälschte Architektur, Kultur und Natur. Vor allem sind die **Gorges de la Diosaz** lohnenswert *(Info: 181 Allée des Gorges, www.gorgesdeladiosaz.com, Öffnungszeiten: Juli-Aug. 9-18 Uhr, Juni u. Sept. 9.30-17 Uhr)*, ein natürlicher Wasserfall, wo man zwischen dem gurgelnden Wasser, das in sieben Kaskaden herabstürzt, erholsame Spaziergänge machen kann.

PLATEAU D'ASSY

Im Zentrum steht die ursprüngliche Kirche Notre-Dame-de-Toute-Grace, beeinflusst von der traditionellen Bauweise und mit Materialien des Tals errichtet. Dank der Entschlossenheit des Dominikanermönchs Marie Alain Couturier begann der Architekt Maurice Novarina 1937 mit dem Bau, der mit Beiträgen berühmter zeitgenössischer Künstler vollendet wurde, wie dem Fassadenmosaik *Jungfrau mit den Symbolen* der Litanei von Léger, dem Altar des S. François de Sales, rechts, dem Altar des Hl. Dominikus, der Matisse zugeschrieben wird, der Tabernakeltür von Braque, dem Wandteppich im Chor von Lurçat und der Keramik- und Glaskomposition der Taufbecken von Chagall. Die Fensterbemalung stammt von Georges Rouault und Jean René Bazaine. Abgesehen von den Liebhabern moderner Kunst, wird der Ort auch von Wintersportlern und vor allem von Paraglidern geschätzt.

SAINT GERVAIS LES BAINS

Als Kurort entstanden, eine Tradition, die seit zwei Jahrhunderten anhält, besteht er aus verschiedenen Ortsteilen. Im ersten, Le Fayet, befinden sich die **Thermes de Saint-Gervais-Les-Bains** *(355 Allée du Docteur Lépinay, Tel. 4.50475457, www.thermes-saint-gervais.com)*, ein idealer Ort um sich nach sportlicher Aktivität zu regenerieren. Dann gelangt man ins Zentrum von **St. Gervais** mit der Fußgängerzone zum Shoppen, die sich zum Flanieren eignet. Etwas höher gelegen folgt der Ortsteil **Saint-Nicolas-de-Véroce** mit klassischer Bergarchitektur und einer hübschen Barockkirche. Noch ein wenig höher gelegen erreicht man mit der Bergbahn **Le Bettex**, Ausgangspunkt zu den Anlagen des **Skigebiets Prarion/Bellevue**.

MEGÈVE

Bevorzugtes Ziel der Wintersportler aus aller Welt *(siehe weitere Infos)* und auch derjenigen, die ohne besonders sportlich zu sein die Berge lieben und ein exklusives Ziel mit großer Hotellerietraditon in typischem Savoyer Stil, wo alles extrem gepflegt ist, suchen. Von der Baronin Noémie de Rothschild in den 1920er-Jahren „entdeckt", bewahrt es sich seither einen aristokratischen Touch. Über dem Fußgängerbereich des historischen Zentrums voller eleganter Boutiquen und Treffpunkte liegt ein besonderer Zauber, der in den Alpen seinesgleichen sucht. Dort gibt es einen mittelalterlichen Turm und die Kirche, die auf einer Benediktineranlage ruht, viele hübsche Häuser und das **Musée du Haut Val d'Arly**, das städtische Geschichte und Traditionen dokumentiert *(Info: 88 Rue Vieux Marché, Tel. 4.50918100, museehautvaldarly.free.fr, Öffnungszeiten: Juli-Sep. 14-18 Uhr, Dez.-Apr. 15-19 Uhr, So. geschl.)*. Etwas außerhalb der Wohngebiete, an der **Via Crucis** von Megève, findet man wertvolle Holzskulpturen aus dem 14. Jh. Wenn Sie Freitagvormittag in Megève sind, ist der kleine Markt am **Place du Village**, wo man sich mit Käse, Rauchfleisch, köstlichen Waldfruchtmarmeladen und regionalem Honig eindecken kann, Pflicht. Große Skipisten und Ausflugsrouten erreicht man mit der Seilbahn **Funivie del Jaillet** (1420 m), von der ein Weg zu den Aussichtspunkten von **Croix-des-Salles** auf 1705 und **Rochebrune** auf 1754 Metern Höhe führt, im Hintergrund stets der imposante Montblanc.

Übernachten

€€€€€ Le Fermes de Marie (Megève). Unweit vom historischen Zentrum von Megève liegt dieses elegante Chalet, ausgestattet mit Holz, kostbaren Stoffen und knisterndem Kamin, der im Winter für wohlige Wärme sorgt. Sehr geschätzt auch das Spa mit Fitnessangebot. Die zeitlose Adresse in Megève.
Info: Chemin de Riante Colline, Megève, Tel. 04.50900310, www.fermesdemarie.com

€€€€ Le Jeu Paume (Chamonix). Charme am Fuße des Montblanc bietet dieses Chalet mit 23 in hellem Holz eingerichteten Zimmern und gemütlichen Gemeinschaftsbereichen. Für den, der außerhalb des Ortes Ruhe sucht.
Info: 705 Route du Hameau, Le Lavancher (Chamonix), Tel. 04.50540376, www.jeudepaumechamonix.com

€€ Le Dômes de Miage (Saint Gervais Les Bains). Einfach und einladend (zwei Sterne) mit 7 Zimmern im Savoyer Stil. Nach Süden gerichtete Außenterrasse.
Info: 161 Route des Contamines, Saint Gervais, Tel. 04.50935562

Restauranttipps

€€€ L'impossible (Chamonix). Italienisches Restaurant mit natürlicher Bioküche. Eine gute Wahl, nicht nur für Vegetarier.
Info: Route des Pelerins, Chamonix, Tel. 04.50532036, www.restaurant-impossible.com

€€ La Galeta (Saint Gervais). Dieses Chalet im Bergstil liegt nur wenige Schritte vom Zentrum entfernt und bietet typische Savoyer Hausmannskost. Spezialität ist Fleisch vom Grill. Dazu eine gute Weinkarte. *Info: 150 Impasses des Lupins, Saint-Gervais, Tel. 04.50931611, www.le-galeta.fr*

€€ Bistrot „Flocons Village" – Flocons de sel (Megève). Bietet im Zentrum von Megève ein einfaches, leckeres Regionalmenü in gemütlicher Bergatmosphäre zu erschwinglichen Preisen (gehört zum „großen Bruder" Flacons de sel – 3 Michelin-Sterne – der Kette Relais & Chateaux).
Info: 75 Rue Saint François, Megève, Tel. 04.50783501, www.floconsdesel.com

Nightlife

Les 5 Rues (Megève). Jazz-Club mit lebendiger Atmosphäre und guter Musik.
Info: 19 Passage Cinq Rues , Megève, Tel. 04.50896568, facebook.com/pages/ Les-5-Rues/166125853423154

Amnesia Club (Chamonix). Die größte Diskothek in Chamonix und seit Jahren Inbegriff mondäner Nächte.
Info: 200 Avenue de l'Aiguille du Midi, Chamonix, Tel. 06.72439283, www.amnesiaclubchamonix.com

Maison des Artistes. Kleiner Kulturtreff in einer historischen Villa der berühmten Skistation. Sehr familiäre Atmosphäre mit Musikern auf hohem Niveau: Jazz, Disco mit lateinamerikanischer Musik.
Info: 84 Chemin de la Tournette, Chamonix, Tel. 04.50914008, maisondesartistes-chamonix.com

Weitere Informationen: de.franceguide.com, www.atout-france.fr und www.megeve.com/de

58-59 – Kapellen und Oratorien im Gebiet Calvario, östlich von Megève.

58 unten – Das Zentrum von Megève.

Megève Sport

Megève bietet im Winter 445 km Pisten (Saisonpauschale von Evasion Mont Blanc, www.evasionmontblanc.com), *33 km Langlaufloipen, 50 km für Wanderungen, Nordic-Walking und Schlittenhunde* (Info: Mont du Villard Nord, www.montduvillardnord.com). *Im Sommer sind auch Wanderungen, Mountain-Bike-Touren, Canyoning und Rafting möglich* (Info: Bureau des Guides, www.guides-megeve.com). *Sportluftfahrt mit Paraglidern, Hubschraubern, Heißluftballons ist allerdings zu jeder Jahreszeit möglich, vorausgesetzt das Wetter spielt mit. Was gibt es Schöneres, als die verschneiten Gipfel des Montblanc zu überfliegen? Man kann mit einem Zweierschirm Gleitsegeln oder per Flugzeug den Montblanc überqueren* (Info: Aérocime, www.aerocime.com) *oder das Massiv im Hubschrauber* (Info: Mont Blanc Hélicoptèrs, www.mbh.fr) *bzw. Heißluftballon passieren* (Info: Alpes Montgolfière, www. alpes-montgolfiere. fr).

Die Schlösser der Loire – *Frankreich*

*Das **Tal der Loire**, ein Ziel voller Romantik, ist in seiner Gesamtheit das größte Gebiet Frankreichs, das von der UNESCO in die Welterbeliste aufgenommen wurde, und zieht seit vielen Jahren einen gehobenen Tourismus an, Reisende, die sich gerne in den Weinbergen und Wäldern „verlieren" und sich daran erfreuen können, unvermittelt vor einem mittalterlichen Turm, einem Garten oder einem Renaissanceschloss zu stehen. Eine Tour, die an den ersten kühlen Herbsttagen, wenn die Rosen in ihrer zweiten Blüte stehen, wenn in den Schlössern die Kamine angezündet werden und in den Gläsern der neue Wein funkelt, einen ganz besonderen Reiz hat. Der ideale Reisepartner ist hier selbstredend nicht die Eile, sondern die Liebe zur Geschichte und die Freude am guten Essen.*

Die empfohlene, etwa 200 km lange Strecke startet bei Angers und führt am Fluss entlang bis nach Chambord. Unterwegs besucht man acht der 300 Schlösser, von denen die Region übersät ist, und zwar diejenigen, die als unverzichtbar angesehen werden, wobei die anderen nicht unbedingt weniger interessant sind und bei einem zweiten Anlauf ein Ziel sein könnten. Die erste Etappe ist **Schloss Angers** aus dem 12. Jh., umgeben von einer Mauer mit mächtigen Türmen, danach geht es weiter zum **Schloss Saumur**, wo die französische Reittradition gepflegt wird.Weiter in Richtung Osten taucht nach und nach die Silhouette mit den Fialen von **Schloss Ussé** auf, ein Schloss wie aus einem Märchenbuch. Ebenfalls einen Besuch wert, schon allein seiner Terrassen-Gärten wegen, ist das als letztes an der Loire gebaute **Renaissance-Schloss Villadry**, ebenso wenig kann man **Schloss Amboise** auslassen, wo sogar einmal Leonardo da Vinci weilte. **Schloss Chenonceau**, auch Schloss der Damen genannt, ist nach Versailles das meist besuchte, Diane de Poitiers und Katharina von Medici haben hier starke Spuren hinterlassen. **Schloss Blois**, Residenz von zehn Königinnen – und sieben Königen – ist eine harmonische Synthese unterschiedlicher Stile der Gotik, Renaissance und Klassik und bildet eine Überleitung zu unserem letzten Halt, **Schloss Chambord**, das größte und prächtigste der französischen Renaissance-Schlösser. Es gibt Kombitickets für den Eintritt in mehrere Schlösser zu vergünstigten Preisen. Informationen dazu erhalten Sie in den Touristenbüros von Orléans, Valençay, Blois, Val d'Amboise, Tours, Chinon, Langeais, Loches, Saumur und Angers. Informieren Sie sich auch über die verschiedenen Arten, um das Loire-Tal zu erkunden: aus der Luft mit einem Flug im Heißluftballon *(s. Box)*, im Boot oder mit einem Kanu entlang der Ufer, um die Natur beobachten zu können.

***Unterwegs an der Loire:** An der Loire entlang von Angers nach Chambord, mit Etappen bei den Schlössern Saumur, Ussé, Villadry, Amboise, Chenonceau, Blois und Chambord. Bevorzugt werden dabei die Panoramastrecken; auf dem Rückweg kann man die 210 km auf der schnelleren Variante über die Autobahnen A10, A11, A85 in wenigen Stunden bewältigen oder in derselben Zeit auch Paris erreichen. In **Angers** nimmt man die D952 bis nach **Saumur** (48 km). Von dort weiter über die D947 nach Candes Saint Martin, hier nimmt man die D7 bis nach **Rigny-Ussé** (33 km), wo das gleichnamige Schloss steht; nochmals 20 km weiter kommt man nach **Villandry**. Nachdem man Tours durchquert hat, verlässt man die D7 und nimmt die D751, die nach Amboise führt (41 km), danach fährt man über die D31 und die D40 bis nach **Chenonceaux** (14 km). Zurück in **Amboise** folgt man für ca.*

*20 km der D751 nach Chaumont sur Loire, von dort der N152 bis nach **Blois** (35 km). **Chambord** (16 km), das Ziel der Reise, erreicht man über die D72 in nördlicher Richtung.*

SCHLOSS ANGERS

Die alte Hauptstadt des Anjou erstreckt sich über beide Ufer der Maine. Sein altes Schloss imponiert mit 17 hohen Rundtürmen, von denen einer noch fast 40 m hoch ist. Ein feudales Bauwerk, errichtet von Blanka von Kastilien, Stellvertreterin von Ludwig IX. von 1228-38, mit wundervollen Gärten und Grünanlagen in den einstigen Gräben. Die so respekteinflößend wirkenden Türme waren früher noch höher, als aber im Zuge der Religionskriege die Festung abgetragen werden sollte, wurden sie zu Plattformen umgewandelt. Wenngleich der äußere Anschein einer rauen Militärfestung ähnelt, so ist die Inneneinrichtung einem höfischen Leben angemessen. In den Innenräumen ist eine Sammlung von Teppichen aus dem 14. bis 17. Jh. zu besichtigen, die ihresgleichen sucht; insbesondere beeindruckt der Teppichzyklus der **Apokalypse**, 90 Szenen (70 davon sind noch erhalten), angefertigt von Nicolas Bataille in den Jahren 1375-82 nach Entwürfen des Hofmalers Hennequin von Brügge. In der Kathedrale **Saint-Maurice** dagegen verweilt man vor den Fenstern aus dem 12. Jh. Unterhalb des Schlosses verläuft am Fluss ein schöner Spazierweg. *Info: Château d'Angers, 2 Promenade du Bout-du-Monde, Angers, www.angers.monuments-nationaux.fr, Öffnungszeiten: von Mai bis 4. Sept. 9.30-18.30 Uhr, Sept. bis April 10-17.30 Uhr.*

60-61 – Die Rundtürme von Schloss Angers.

61 unten – Detail aus dem Teppichzyklus der Apokalypse im Schloss Angers.

Loire-Tal mit Fahrrad

Für Leute mit viel Zeit gibt es eine Route über wenig befahrene Straßen und Fahrradwege entlang am letzten ungebändigten Fluss Europas, der Loire. Die Strecke verbindet Cuffy im Cher (bei Sancerre) mit St-Brévin-les-Pins – im Loire-Atlantique (800 km) – und führt vorüber an Tours, Amboise, Chaumont sur Loire, Blois und Orléans. So lässt sich das Loire-Tal auch auf zwei Rädern erkunden (www.loireavelo.fr).

SCHLOSS SAUMUR

Das aus dem 11. Jh. stammende Schloss von Saumur, einem Ort, der als geistiger Mittelpunkt der Hugenotten galt, seit Heinrich IV. hier eine protestantische Hochschule gegründet hatte, zeigt noch heute Spuren der Restaurierungen, die am Ende des 14. und im 15. Jh. vorgenommen worden waren, sowie der im 16. Jh. ergänzten Befestigungen. Es war Residenz des Stadtgouverneurs, Festung, Gefängnis und Kaserne; heute ist es Sitz des **Musée des Arts décoratifs**, das mittelalterliche Skulpturen zeigt, Möbel, Fayencen aus Limoges, französische Keramik aus dem 17. und 18. Jh., eine der kostbarsten Sammlungen Frankreichs. Das Schloss verdankt seine Bekanntheit auch der berühmten **Reitschule** und dem **Pferdemuseum**, das einen Einblick in die Kulturgeschichte des Pferdes gibt. Vom Turm aus genießt man ein herrliches Panorama über die Stadt und das Tal der Loire, in dem sich mit etwas Glück das Schloss spiegelt. *Info: Château Musée de Saumur, Saumur, www.chateau-saumur.fr., Öffnungszeiten: Feb.-Mär. u. Okt.-Dez., Di.-So. 10-18 Uhr; Juli-Aug. 10-18 Uhr; Jan. geschl.*

SCHLOSS USSÉ

Wie es aussieht, hat sich Charles Perrault bei seiner Belle au bois dormant, der französischen Version von Dornröschen, von diesem Schloss inspirieren lassen, wie es so hoch über der Indre steht, mit seinen befestigten Türmen, den vielen Dächern, Gauben, Kaminen, die sich aus dem Grün der Wälder abheben. Den besten Blick auf dieses verzauberte Schloss hat man aus einer Entfernung von 200 m, dann erkennt man gut den militärischen Stil der Außenfassaden aus dem 15. Jh. und den gotisch geprägten Renaissancestil der am Hof liegenden Wohngebäude. Innen befindet sich eine großartige Treppe aus dem 12. Jh. Sehenswert ist vor allem das **Zimmer des Königs**, das seine Wandbespannung im Original bewahrt. Die isoliert im Park stehende, außen im Renaissancestil verzierte **Kapelle** weist im Chorgestühl wundervolles Schnitzwerk auf. Auch Chateaubriand hielt sich eine Weile in diesem Schloss auf. *Info: Château d'Ussé, Regny-Ussé, www.chateaudusse.fr, variierende Öffnungszeiten, Mitte Nov.-Mitte Feb. geschl.*

SCHLOSS VILLANDRY

Dieses von Jean le Breton, Staatssekretär von Franz I., gebaute Renaissance-Schloss ist mit der Anordnung seines Vorplatzes, seiner Gräben, seiner Terrassen eines der außergewöhnlichsten in der Touraine; wirklich einzigartig aber wird es durch seine prächtigen französischen Gärten im Stil des 16. Jhs. Diese 1906 angelegten Gärten befinden sich auf drei Ebenen. Die oberste ist der **Wassergarten** mit Wasserspielen und Kanälen; darunter ist der **Ziergarten**, in dem

ein Teil der Ornamentbeete die verschiedenen Charaktere der Liebe darstellen; ganz unten ist der **Gemüsegarten**. Innen kann man die verschiedenen Räume besichtigen, den **Speisesaal** mit der Holzvertäfelung aus dem 18. Jh. und die Ehrentreppe. Gemälde und Möbel stammen aus Spanien und Italien aus dem 16. bis 18. Jh. *Info: Château et Jardins de Villandry, Villandry, www.chateauvillandry.com, variierende Öffnungszeiten, Mitte Nov.-Mitte Feb. geschl. (außer Weihnachtsferien).*

SCHLOSS AMBOISE

Im Jahr 1492 gab Karl VIII., der in Amboise geboren wurde und aufwuchs, den Auftrag zur Umgestaltung der bestehenden mittelalterlichen Burg in ein prächtiges Schloss, Treffpunkt bedeutender Künstler und Schriftsteller. Von seinem Feldzug nach Italien war der König zurückgekehrt mit einer Beute aus Einrichtungsgegenständen und einer Schar von Künstlern, die an dem neuen Schloss arbeiten sollten. Aber er starb drei Jahre später durch einen Unfall und erst König Franz I., der zu der Zeit noch ein Säugling gewesen war, baute es später weiter aus. Dieser gab dem Schloss seine Gestalt und organisierte dort Turniere, Maskenbälle sowie Kämpfe zwischen wilden Tieren. Wegen seiner Liebe zur Kunst lud er viele bedeutende Persönlichkeiten dorthin ein, auch Leonardo da Vinci, der die letzten drei Jahre seines Lebens im Herrenhaus **Clos-Lucé** verbrachte, das noch heute viele Erinnerungen bewahrt. Der unermüdliche Genius des toskanischen Künstlers und Forschers ließ ihn pharaonische Projekte entwerfen, wie das einer Verbindung aller herrschaftlichen Residenzen an der Loire und ihren Zuflüssen über den Wasserweg. Im Schlossinneren kann man das Zimmer besichtigen, in dem da Vinci starb, den **großen Empfangssaal**, den **Gästesaal** und die **alte Küche**. Interessant ist die **Hubertus-Kapelle**, ein kleines Juwel gotischer Architektur, früher Oratorium der Königin, in dem vielleicht die Gebeine von Leonardo da Vinci beigesetzt wurden; im Untergeschoss sind Entwürfe seiner Zeichnungen ausgestellt, aus denen die Universalität seines Genius hervorgeht. *Info: Château d'Amboise, Amboise, www.chateau-amboise.com, variierende Öffnungszeiten.*

62 OBEN – ANSICHT VON SCHLOSS SAUMUR.

62 UNTEN – SCHLOSS USSÉ ÜBER DER INDRE.

63 OBEN – DIE GÄRTEN VON SCHLOSS VILLANDRY.

63 UNTEN – DAS SCHLOSS AMBOISE, RESIDENZ VON KARL VIII.

SCHLOSS CHENONCEAU

Das inmitten wundervoller Natur am Ufer des Cher liegende Renaissance-Schloss Chenonceau – nach Versailles das meistbesuchte Schloss in Frankreich und unter nationalem Denkmalschutz – ist in seiner Geschichte stark durch Frauen geprägt worden, denen es vieles von seinem Charme verdankt: Es wurde 1513 nach den Vorstellungen von Katherine Briçonnet errichtet, Gemahlin eines der Bankiers von Franz I. Dann kam der Einfluss von Diane de Poitiers, die das Schloss 1547 von Heinrich II. zum Geschenk bekam. Sie war es, die den Garten anlegen und eine Brücke zum anderen Flussufer bauen ließ. Nach dem Tod Heinrich II. folgte Katharina von Medici, die den Park anlegen und auf der Brücke eine doppelgeschossige Galerie errichten ließ. Ihr Hang zum Luxus war grenzenlos, denkwürdig die Feste, die sie bei Hof veranstaltete; diese hatten ein Ende mit der Ankunft von Louise de Lorraine-Vaudémont, ihrer Schwiegertochter, die nach der Ermordung Heinrichs III. Witwe geworden war. Im 18. Jh. folgte Madame Dupin, eine Literaturliebhaberin, die Rousseau zum Hauslehrer ihres Sohnes berief (dem dieser die Abhandlung *Émile oder Über die Erziehung* widmete). Der weibliche Einfluss hat das Schloss vor Konflikten und Kriegen bewahrt und es zu einer Insel des Friedens gemacht. Man erreicht das Schloss über eine Platanenallee, rechts davon befinden sich die von Philibert Delorme entworfenen **königlichen Ställe**. Der Vorplatz ist von französischen Gärten umgeben. Der Hauptteil des Gebäudes weist eine quadratische Form auf mit Ecktürmen, zwei Ebenen mit Sprossenfenstern und einem Mansardendach im Renaissance-Stil. Sehenswert ist der mit flämischen Wandteppichen aus dem 16. Jh. geschmückte **Gardensaal**, der **Salon Franz' I.** mit einem Porträt der Diane de Poitiers von Primaticcio, der **Salon Ludwigs XIV.**, in dem das Bild *Christus und Johannes* von Rubens hängt. Nicht weniger kostbar sind die Sammlungen an Renaissance-Möbeln, Wandteppichen und die Pinakothek mit Meisterwerken von Correggio, Rubens und Tintoretto. *Info: Château de Chenonceau, Chenonceaux, www.chenonceau.com, variierende Öffnungszeiten.*

SCHLOSS BLOIS

Die am rechten Ufer der Loire gelegene Königsresidenz gehörte um Mitte des 13. Jhs. dem Grafen de Châtillon. Er verlor sie, und zwar wegen seiner jungen Frau, die sich hatte verführen lassen von Herzog Ludwig von Orléans, dem er viel Geld zahlte. Geld mit dem dieser – welche Ironie – die Residenz erwarb. Danach wurde sie von mehreren Monarchen vervollständigt und umgestaltet: Ab 1440 von Karl von Orléans, dann von seinem Sohn Ludwig XII. und von Franz I., für den ab 1519 italienische Künstler tätig waren. Das Schloss war Schauplatz von zwei Generalständen und einer Bluttat: der Ermordung des Herzogs von Guise im Auftrag von Heinrich III. Der Besuch beginnt mit einer Gesamtansicht des Schlosses im **Hof**, der durch den **Flügel von Gaston d'Orléans** mit einem kuppelbedeckten Treppenhaus geschlossen wurde. Innen besucht man das **Schlafzimmer des Königs** und den **Gardensaal** wegen seiner Kamine, außerdem die **Appartments von Katharina von Medici**, die dort wie in einem goldenen Käfig lebte, wo sie 1589 starb: In den 237 aufwendig gearbeiteten Wandtafeln – die durch ein Fußpedal zu öffnen waren – soll sie Gift, Staatsgeheimnisse und Juwelen

Weine

Hier befinden sich die Heiligtümer der „dives bouteilles", wie Rabelais, Schriftsteller des 16. Jhs., sie nannte, und der Spitzenweine, aber die Weinkeller sind auch Etappen einer Route, die den Ruhm dieses Tals ausmachen. Ein guter Ausgangspunkt ist ***Vouvray****, wo der Wein „réjouis les coeurs" (die Herzen erfreut), dann geht es weiter nach* ***Montlouis****, nicht weit von Amboise, mit seinen fruchtigen und frischen Trauben. Probieren Sie die feinen und leichten Rotweine aus der Rebe „Breton" in* ***Bourgueil. St-Martin-le-Beau*** *ist bekannt für seine weiße Rebsorte mit dem Geschmack reifer Trauben, mal trocken, mal weich und lieblich; die Weine in* ***Chinon*** *hingegen, auch als „Weine für Intellektuelle" eingestuft, sind noch aromatischer: Chinon bringt auch einen edlen Rosé mit viel Charme hervor. In* ***Saumur*** *schließlich wird man den Saumur-Champigny probieren, ein Wein mit rubinroter Farbe und Anklängen von Himbeere. Unterwegs kann man einige Weinkeller besichtigen:* ***Caveau des Vignerons d'Amboise*** (Tel. 247.572369, im Schloss, gegenüber von 42 Place Michel Debré, Amboise, caveavins-amboise.monsite-orange.fr), ***Domaine des Roy*** (3 Rue Franche, in Pontlevoy bei Chenonceau, Tel. 254.325107, www.domainedesroy.com), ***Caves Monmousseau****, bei Blois* (71 Rue de Vierzon, Tel. 254.323515, Montrichard, www.monmousseau.com).

versteckt haben. Im ersten Stock befindet sich das **Musée des Beaux-Arts** mit Gemälden italienischer Schule aus dem 16. Jh., flämischer Schule aus dem 17. Jh. und französischer Schule aus dem 16. und 19. Jh. Das **Musée Archéologique** mit karolingischen und mittelalterlichen Funden ist im Erdgeschoss. Das Schloss bietet auch eine eindrucksvolle Licht- und Tonshow über die Geschichte des Gebäudes. *Info: Château Royal de Blois, Place du Château, Blois, www.chateaudeblois.fr, Öffnungszeiten: Jan.-Mär. u. Nov.-Dez. 10-17 Uhr, April-Juni u. Sept.-Okt. 9-18.30 Uhr, Juli-Aug. 9-19 Uhr.* In Blois, auf dem Place du Chateau, kann man das **Haus der Magie** besichtigen *(Place de Chateau 1, Tel. 02.54903333, www.maisondelamagie.fr, 10-12.30 und 14-18.30 Uhr, Vorführungen um 11.15, 15.15, 17.15 Uhr, Dauer 30 Minuten), ein Museum, das der Geschichte der Zauberkunst und vor allem Robert Houdin gewidmet ist, dem berühmten französischen Zauberkünstler und Erfinder.*

64 – Ansicht von Schloss Chenonceau (oben) und das Schlafgemach von Katharina von Medici im Schloss Chenonceau (unten).

65 Oben – Die Stadt Blois an der Loire.

65 Unten – Statuen und Wandteppiche im Schloss Blois.

Im Heißluftballon

Traumhaft: Im Heißluftballon über die Schlösser der Loire. Wenn die Wetterverhältnisse günstig sind, geht es los in Montrichard, 30 km vor Blois. Eineinhalb Stunden lang fliegt man über Schlösser und Weinberge, erkennt von weit oben die Flusswindungen und die Zuflüsse. Info: France Mongolfiere, 24 Rue Nationale, Montrichard, Buchungen online auf: www.france-balloons.com.

SCHLOSS CHAMBORD

An der Planung des größten Schlosses an der Loire (1519) – 440 Räume und 5500 Hektar großer, wildreicher Park – war Franz I. beteiligt, der hier ein unvergängliches Wahrzeichen des Glanzes der französischen Krone errichten wollte. Der Anblick dieses Bauwerks aus Tuff mit den reichen Schieferverzierungen auf dem Dach ist überwältigend, vor allem bei Sonnenuntergang. Dieses Wunderwerk der französischen Renaissance, ein majestätisches, perfekt proportioniertes Bauwerk, verrät in seiner harmonischen Gesamtheit italienischen Einfluss und wohl auch die Hand des Leonardo da Vinci in Form der doppelläufigen Wendeltreppe. Von der Dachterrasse aus schweift der Blick über die Dächer, Türmchen und Schornsteine sowie über das weitläufige von einer 32 km langen Mauer umschlossene Areal. Die Innenräume dieses Prunkschlosses öffnen sich zur **Salle des Soleils** und **Salle de Chasse**, in der ein schöner Wandteppich vom Ende des 16. Jhs. hängt. Danach besichtigt man das **Zimmer Franz I.** mit dem Baldachinbett mit in Gold eingefasstem, italienischem Samt und das **Appartement des Dauphin** mit einer kleinen Artilleriesammlung zu seiner Zerstreuung und Ausbildung.
Info: Domaine National de Chambord, Chambord, www.chambord.org, Öffnungszeiten: April-Okt. 9-18 Uhr; Nov.-Mär. 9-17 Uhr.

Übernachtungen

€€€€€ Château de Noizay (edel). Eine Residenz aus dem 16. Jh., deren Zimmer 1560 Zeuge der Verschwörung von Amboise waren, als die Protestanten die Entführung von Franz II. planten. Das in einem Park mit jahrhundertealten Bäumen liegende Haus hat prächtige Fenster und Fensterrosen, Baldachinbetten und traditionelle Dekorationen. Es gehört zur Hotelkette Relais & Châteaux. 8 km von Amboise entfernt. *Info: 124 Promenade de Waulsort, Noizy (Indre-et-Loire), Tel. 02.47521101, www.chateaudenoizay.com*

€€€ Château de la Galissonnière (für Kenner). In einem mittelalterlichen Schloss. Die fünf Hotelzimmer sind im Stil modern und schlicht. Die elegante, freundschaftliche Atmosphäre lädt zu einer besinnlichen, unvergesslichen Erfahrung ein.
Info: La Galissonnière, Le Pallet, Tel. 240.804583, www.chateaugalissonniere.fr

€€€ Golf Hotel de la Carte (charmant). Eingebettet in einem weitläufigen Golfgelände, nur 10 km von Blois entfernt und wenige Schritte vom Fluss, in einem alten landwirtschaftlichen Gebäude, bietet es stilvolle Mini-Appartements. *Info: 952 Départementale, Chouzy-sur-Cisse, Tel. 254.204900, www.lacarte.com.fr*

Restauranttipps

€€ Caves de la Croix Verte (Pocé sur Cisse). In einem ehemaligen Weinkeller, im Sommer schön frisch und im Winter geheizt durch einen offenen Kamin, mit authentischer, traditioneller Küche. Grillspezialitäten.
Info: 20 Route d'Amboise, Pocé sur Cisse, Tel. 247.573998 und 07.85754321, www.cavesdelacroixverte.com

€€ Auberge St-Pierre (Saumur). In der Altstadt von Saumur, in familiärem Ambiente mit regionaler Küche. Im Winter isst man vor dem offenen Kamin, im Sommer im Freien. *Info: 6 Place St. Pierre, Saumur, Tel. 241.512625, www.aubergesaintpierre-saumur.fr*

€ Provence Café (Angers). Gemütliche, provenzalische Räume, aber mit moderner Einrichtung. Der Speiseraum zeigt auf den Platz, die Küche ist mediterran auf der Basis von Fisch. *Info: 9 Place Ralliement, Angers, Tel. 241.874415, www.provence-caffe.com*

Weitere Informationen: Atout France, www.atout-france.fr und de.franceguide.com

66 – Die doppelläufige Treppe im Schloss Chambord und Innenansicht des Schlosses.

67 Ein riesiger Park umgibt Schloss Chambord.

Paris – *Frankreich*

Die Zahl der Touristen, 40 Mio. jährlich, übertrifft die Einwohnerzahl von 12,5 Mio. bei Weitem. Aber Paris ist eine der schönsten Hauptstädte der Welt: eitel, intellektuell, auf der Kippe zwischen vergangener Größe und dem Modell der Zukunft. Eine Stadt, wo alles zu einer Kunstform, l'art de vivre wird: von der Mode zur Kochkunst, von den großen Kulturtempeln wie dem Louvre zum größten Flohmarkt Europas (Clignancourt) ist alles ein Mosaik der Stimmungen, Farben und Stile, die sich von Viertel zu Viertel ändern. Und die heißen hier Arrondissements (Bezirke), befinden sich rechts oder links der Seine (der schickeren Rive Droite oder Rive Gauche) und sind von 1 bis 20 durchnummeriert.

Außer den Arrondissements gibt es die Viertel, wie den für zeitgenössische Kunst berühmten **Marais** (3. und 4. Arrondissement) an der Rive Droite, die Gegend, wo man Galerien alter Kunst und Locations für moderne Malerei findet, die sich vor allem unter den Arkaden des **Place des Vosges**, einem der schönsten der Stadt, konzentrieren. Das nahe gelegene, reizende **Musée Carnavalet** *(23 Rue de Sévigné, Tel. 1.44595858, www.carnavalet.paris.fr)*, benannt nach einem der hübschen Stadtpalais, in dem es liegt (das andere ist Le Peletier de Saint-Fargeau), dokumentiert historische Ereignisse und Personen, die Paris groß gemacht haben. Am Flussufer bestaunt man die Neorenaissancefassade vom **Hôtel de Ville**, dem großen Rathauskomplex, der seit 1533 in mehreren Abschnitten erbaut und im 19. Jh. nach einem Brand neu aufgebaut wurde. Die Bewohner des Marais, die *branché* sind, lieben die Literaturcafés, wie **La Belle Hortense** *(31 Rue Vieille du Temple)*, ein Schriftsteller- und Weinliebhabertreff, und die kreativen Orte, wie **Passage de Retz**, ein Hort moderner Kreativität mit Design-, Mode- und Schmuckschaufenstern *(9 Rue Charlot, Tel. 1.48043799, www.passagederetz.com)*, einer ständigen Versuchung. In der kollektiven Wahrnehmung ist das zweitbekannteste Viertel nach dem Marais, **Montmartre**, Hügel der Bohemiens im 18. Arrondissement und früher Einkaufs- und Kunstmekka (hier lebten viele Maler, von Utrillo, der hier geboren wurde, bis zu Picasso). Es hat nicht mehr den Glanz von früher, lohnt aber immer noch einen Bummel durch die Gässchen und alten Läden mit Kuriositäten, wie sie entlang der alten und pittoresken **Rue Lepic** zu finden sind, die von Pigalle in das Herz des Viertels führt. Aufstrebend allerdings ist das **9. Arrondissement**. Hierher sind Architekten, Designer und Unternehmer gezogen und hier hat Jacques Garcia, einer der Top-Architekten, sein neues **Maison L'Athénée** eröffnet *(9 Rue de Caumartin, www.maisonathenee.com)*. Ein weiteres Viertel, das Sie nicht verpassen sollten, ist **Bastille**. Die Pariser gehen hier zum **Marché Richard-Lenoir**, dem Ziel von Feinschmeckern und Liebhabern des bric-a-brac, wo allem Authentizität bescheinigt wird: vom Fleisch, das vom Land kommt, bis zu DOC-Käse, der streichzart ist wie Butter *(Boulevard Richard-Lenoir, Öffnungszeiten: Do. 7-14.30 Uhr, So. 7-15 Uhr)*.

Unterwegs in Paris: *Am besten nutzt man die öffentlichen Verkehrsmittel, die Busse, die regionalen Züge der RER, die Zentrum und Randgebiete verbinden, und die U-Bahn mit 16 Linien. Von Taxis wird abgeraten. Sie sind teuer und man läuft Gefahr, im Stau stecken zu bleiben.*

68 – Ansicht des Place des Vosges.

68-69 – Der Eiffelturm mit Défense im Hintergrund.

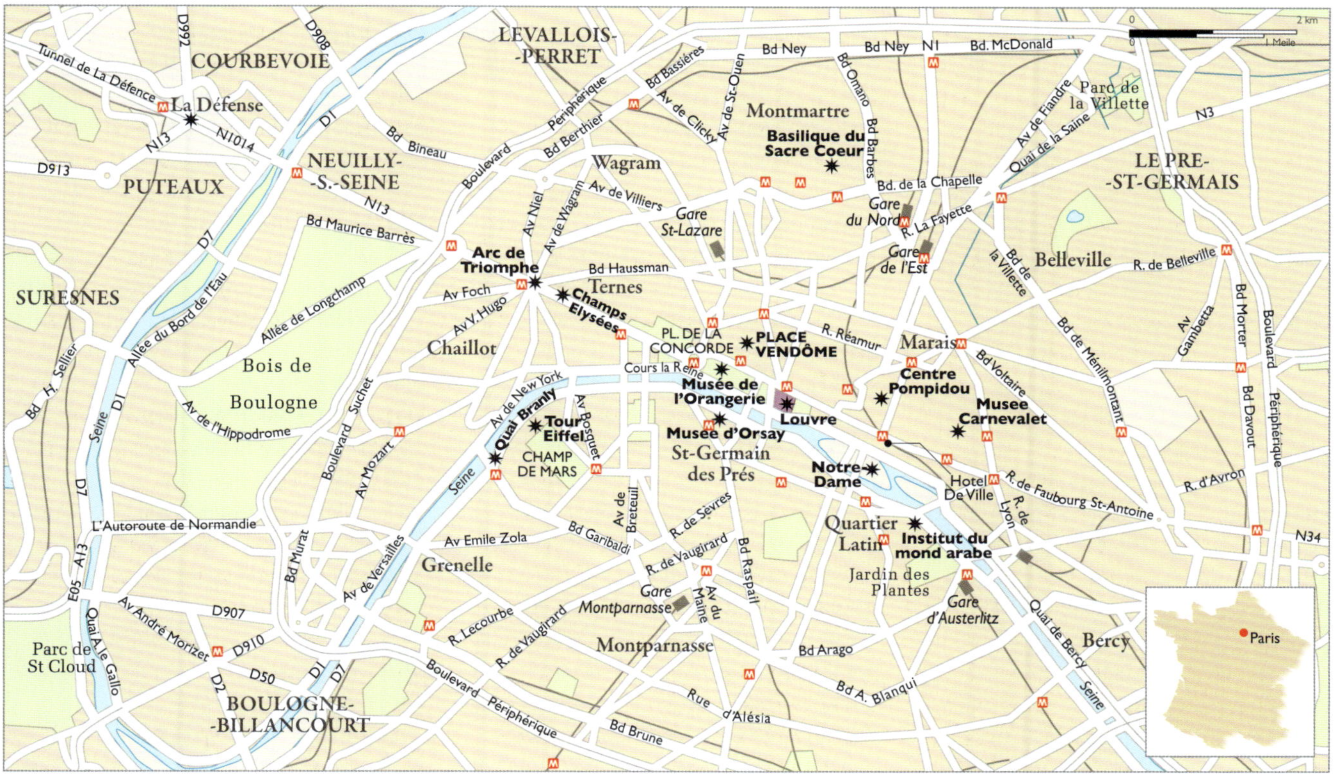

LEVALLOIS-
-PERRET
COURBEVOIE
La Défense
Tunnel de La Défense
NEUILLY-
-S.-SEINE
PUTEAUX
SURESNES
Bois de
Boulogne
Allée de Longchamp
Allée du Bord de l'Eau
Av de l'Hippodrome
Bd Maurice Barrès
Bd Bineau
Boulevard Périphérique
Bd Berthier
Bd Bessières
Av de Clichy
Av de St-Ouen
Bd Ney
Bd. McDonald
Montmartre
Basilique du
Sacre Coeur
Bd Ornano
Bd Barbès
Wagram
Av de Villiers
Gare
St-Lazare
Bd. de la Chapelle
Gare
du Nord
R. La Fayette
Gare
de l'Est
Parc de
la Villette
Av de Flandre
Quai de la Seine
LE PRE-
-ST-GERMAIS
Belleville
R. de Belleville
Bd de la Villette
Bd de Ménilmontant
Av Gambetta
Bd Mortier
Bd Davout
Boulevard Périphérique
Arc de
Triomphe
Av Niel
Av de Wagram
Bd Haussman
Ternes
Av Foch
Av V. Hugo
Champs
Elysées
Chaillot
PL. DE LA
CONCORDE
PLACE
VENDÔME
R. Réamur
Marais
Cours la Reine
Musée de
l'Orangerie
Louvre
Centre
Pompidou
Musee
Carnevalet
Bd Voltaire
Av de New York
Quai Branly
Tour
Eiffel
CHAMP
DE MARS
Av Bosquet
Musée d'Orsay
St-Germain
des Prés
Notre
Dame
Hotel
De Ville
R. de Lyon
R. de Faubourg St-Antoine
R. d'Avron
Bd H. Sellier
Seine
D1
D7
A13
E05
L'Autoroute de Normandie
Boulevard Suchet
Av Mozart
Bd Murat
Av de Versailles
Av Emile Zola
Grenelle
Bd Garibaldi
Av de Breteuil
R. de Sevres
R. de Vaugirard
Bd Raspail
Quartier
Latin
Institut du
mond arabe
Jardin des
Plantes
Gare
d'Austerlitz
Quai de Bercy
Bercy
Gare
Montparnasse
Av du Maine
Montparnasse
R. Lecourbe
Bd Arago
Bd A. Blanqui
Rue d'Alésia
Bd Brune
Av André Morizet
Quai Le Gallo
Parc de
St Cloud
BOULOGNE-
-BILLANCOURT
D2
D50
D907
D910
D992
D908
D913
N13
N1014
N1
N3
N34
0
2 km
1 Meile
Paris

Sehenswertes

EIFFELTURM: Als er von 1887-1889 erbaut wurde, fanden die Franzosen ihn hässlich. Aber sie waren beruhigt, denn das für die Weltausstellung 1889 vom Ingenieur Gustave Eiffel errichtete Bauwerk sollte nach der Ausstellung entfernt werden. Die Dinge liefen aber nicht planmäßig und der 320 m hohe Turm, damals der höchste der Welt, blieb nicht nur stehen, sondern wurde auch zum Symbol der Stadt. Hinauf gelangt man per Treppe oder Aufzug. Oben sind Souvenirläden, Aussichtspunkte und Les Jules Verne *(www.restaurants-toureiffel.com)*, eines der berühmten Restaurants von Alain Ducasse, das 2019 unter der Leitung des Sternekochs Frédéric Anton renoviert wurde.
Info: Avenue Gustave Eiffel, www.tour-eiffel.fr, Öffnungszeiten: 14. Jun.-30. Aug. 9-0.45 Uhr, restliches Jahr: über Treppe 9.30-18.30 Uhr, mit Aufzug 9.30-23.45 Uhr.

ARC DE TRIOMPHE: Napoleon ließ ihn 1806 anlässlich des Sieges über die Österreicher in der Schlacht von Austerlitz bauen. 1836 eingeweiht, ist er die klassizistische Version der römischen Triumphbögen. Er ist 50 m hoch, 45 m breit und birgt das Grab des unbekannten Soldaten sowie eine Aussichtsplattform.

Info: Place Charles-de-Gaulle, www.paris-arc-de-triomphe.fr, Öffnungszeiten: April-Sept. 10-23 Uhr, Okt.-März 10-22.30 Uhr.

CHAMPS-ÉLYSÈES UND DÉFENSE: Der Arc de Triomphe ist Trennlinie zweier symbolträchtiger Orte: Champs-Élysées und Avenue Charles de Gaulle, die bis zur Défense reicht. Ersterer, eine 2 km lange Allee mit weltbekanntem Blick, wurde im 17. Jh. auf Geheiß Ludwigs XIV. gebaut und bietet heute Kinos und Designerläden. La Défense hingegen ist das Wolkenkratzer- und Einkaufscenter-Viertel. Mit Baubeginn in den 1950er-Jahren wurde es erst in den 1980er-Jahren durch die Errichtung des damals größten Einkaufszentrums Europas (Quatre Temps) und dem Arche de la Défense (offizielle Bezeichnung Grande Arche de la Fraternité, im Volksmund Grande Arche) zum Anziehungspunkt: ein fast perfekter, innen hohler, 110 m hoher Kubus aus Carrara-Marmor, Glas und Granit mit Büros, Restaurants und Informatikmuseum, entworfen von dem dänischen Architekten Johann Otto von Spreckelsen. Und rings herum bestaunt man wie in einem Freilichtmuseum Skulpturen von Miró, Calder, Mitoraj. *Info: Grande Arche, 1 Parvis de la Défense, www.lagrandearche.fr, Öffnungszeiten: 10-19 Uhr.*

NOTRE-DAME: Die zwischen dem 12. und 14. Jh. erbaute Frauenkirche von Paris zählt mit ihrem fünfschiffigen gotischen Bau auf der Île de la Cité und der Fassade mit den zwei 69 m hohen Türmen zu den größten und schönsten Frankreichs. Ihre Schätze sind die zwei Querschiffrosetten von 13 m Durchmesser, die Statuen Ludwigs XIII. und XIV. aus dem frühen 18. Jh. und die herrliche Holzvertäfelung im Chor. Regelmäßig finden Messen und Konzerte geistlicher Musik statt. Im April 2019 hat ein Großbrand das Dach, eine der Fialen und Teile des Gewölbes im Mittelschiff zerstört. *Info: 6 parvis Notre-Dame, Place Jean-Paul II, www.notredamedeparis.fr, Besichtigungen sind derzeit nicht möglich.*

CENTRE POMPIDOU: Wegen der Straße, an der es liegt, wird es auch als Beaubourg bezeichnet und ist seit seiner Eröffnung 1977 eine Institution zeitgenössischer Kunst. Vom damaligen Präsidenten Pompidou wurden Richard Rogers und Renzo Piano beauftragt, die sich mit Glas, Stahl und farbigen, der Verwendungsart entsprechenden Röhrenkonstruktionen austobten: blau für Pneumatik, gelb für Elektrik. Der Bau umfasst die Bibliotèque

Kandinsky, das Dokumentations- und Forschungszentrum, das Restaurant Georges und das Musée National d'Art Moderne, mit 60.000 Werken die größte Sammlung Europas. *Info: Place Georges Pompidou, www.centrepompidou.fr, Öffnungszeiten: Museum 11-21 Uhr, Atelier Brancusi 14-18 Uhr, Bibliotèque 12-22 Uhr, Di. geschl.*

INSTITUT DU MONDE ARABE: Der Besuch gilt Ausstellungen, Kino und Forschungszentrum. Aber natürlich auch der Architektur, dem Glas- und Stahlcontainer, der 1987 von einer Gruppe Architekten, darunter Jean Nouvel, konzipiert wurde, um mit dem Licht zu spielen: Die Südfassade besteht aus 240 kleinen, von den Dekorationen islamischer Architektur inspirierter Stahlrosetten, die sich je nach Sonnenlichtintensität öffnen oder schließen. *Info: 1 Rue des Fossés-Saint-Bernard, www.imarabe.org, Öffnungszeiten: Di.-Fr. 10-18 Uhr, Sa.-So. 10-19 Uhr, Mo. geschl.*

QUAI BRANLY: Das Museum für Völkerkunde, 2006 von Architekt Jean Nouvel eingeweiht, stellt Stoffe aus Asien und Afrika, Masken aus Ozeanien, mehr als 8000

Musikinstrumente aus Europa und Afrika und 260.000 Gegenstände des Kunsthandwerks, die im Rotationsverfahren gezeigt werden, aus. Beliebt auch wegen des Waldparks von Gilles Clément und des vertikalen Gartens von Patrick Blanc. *Info: 37 Quai Branly, www.quaibranly.fr, Öffnungszeiten: Di., Mi., So. 11-19 Uhr, Do., Fr., Sa., 11-21 Uhr, Mo. geschl.*

DIE ORANGERIE: Dieses Museum lohnt einen Besuch und sei es nur um sein wichtigstes Werk zu sehen, die Seerosenbilder von Claude Monet (1927). Der Künstler selbst hängte das aus 8 Leinwänden bestehende Werk in den zwei Sälen des Gebäudes. Weitere ausgestellte Meisterwerke stammen u. a. von Cézanne, Renoir, Picasso, Matisse, Modigliani ... *Info: Jardin des Tuileries, www.musee-orangerie.fr, Öffnungszeiten: 9-18 Uhr, Di. geschl.*

70 OBEN – DIE KATHEDRALE NOTRE-DAME VOR DEM BRAND 2019.

70 UNTEN – CENTRE POMPIDOU VON RENZO PIANO UND RICHARD ROGERS.

70-71 – ARCHE DE LA DÉFENSE IM DÉFENSE-VIERTEL.

Shopping

Man kann nicht nach Paris fahren, ohne auf Flohmärkte zu gehen. Der berühmteste ist der ***Marché aux Puces di St-Ouen de Clignancourt*** (Avenue de la Porte de Clignancourt, www.marcheauxpuces-saintouen.com, Sa.-Mo. 10-13/14-17.30 Uhr). *Mit 1000 Mode- und rund 2500 Trödel- und Antiquitätenständen ist er eine Institution für Kleidung und Altes. Schön vor allem für Broschen und Antikes ist der Markt von* ***Montreuil*** (Porte de Montreuil, www.paris.fr/equipements/marche-aux-puces-de-la-porte-de-montreuil-4517, 7-19.30 Uhr). *Aber Paris ist auch die Stadt der Kaufhäuser, wie* ***Les Halles****, die alte überdachte Markthalle, die Napoleon errichten ließ, wo es heute, teilweise im Souterrain, viele Läden gibt* (www.forumdeshalles.com), *oder die historischen* ***Galeries Lafayette*** *auf dem Boulevard Haussmann* (www.galerieslafayette.com), *ein Tempel des Luxusshopping unter der historischen, denkmalgeschützten Kuppel aus dem frühen 20. Jh. Nicht verpassen sollte man die edle Parfüm-Boutique* ***Maison Guerlain*** *auf den Champs-Élysées* (www.guerlain.com), *die außer der Fläschchenkollektion ein von Andrée Putman entworfenes Spa für Behandlungen und Massagen bietet. Auf den Champs-Élysées findet man auch die großen Modelabels, wie* ***Louis Vuitton****, das 2014 die neue Sammlung zeitgenössischer Kunst der Fondation Louis Vuitton nach Plänen von Frank Gehry fertiggestellt hat* (8 Avenue du Mahatma Gandhi 8, Bois de Boulogne, Tel. 1.40699600, Mi.-Mo. 10-20 Uhr, Di. geschlossen, Fr. bis 21 Uhr, www.fondationlouisvuitton.fr). *Gönnen Sie sich eine Naschpause in der Konditorei* ***Pierre Hermé*** (72 Rue Bonaparte, www.pierreherme.com), *dem besten Konditor Frankreichs. Schokolade allerdings genießt man bei* ***Jean-Paul Hévin*** (231 Rue St. Honoré, www.jphevin.com). *Er hat die Schokoladenbonbons mit Käse und die lustigen Schokoladenschühchen erfunden.*

MUSÉE D'ORSAY: Der ehemalige Bahnhof Orsay, von Gae Aulenti in ein Museum verwandelt, zeigt berühmte Werke des Impressionismus und Postimpressionismus. Jeder bleibt vor den Werken von Monet, Renoir, Cézanne, Degas, Gauguin (Polynesische Epoche) und Delacroix stehen, doch das Haus bietet auch Architektur, Fotografie und Kunsthandwerk, wie Gefäße von Gallé und Lalique und Möbel von Gaudí und Mackintosh. *Info: Rue de la Légion d'Honneur, www.musee-orsay.fr, Öffnungszeiten: Di.-So. 9.30-18 Uhr, Do. bis 21.45 Uhr, Mo. geschl.*
PLACE VENDÔME: Der „Platz der Diamanten" im 1. Arrondissement, 1699 von Mansart (Namensgeber der Mansarden) erbaut, hat seinen Namen von den vielen Schmuckgeschäften, die im Second Empire hier ansässig waren. Schön symmetrisch steht in der Mitte die Säule, die Napoleon aus den 1200 in der Austerlitz-Schlacht erbeuteten österreichischen Kanonen gießen ließ (1806). An dem Platz liegen das Justizministerium, die Juweliere Cartier, Chaumet, Van Cleef & Arpels, Buccellati und das berühmte Hotel Ritz von 1898.
SACRÉ-COEUR: Die Basilika von Montmartre in weißem Marmor liegt auf dem gleichnamigen Hügel und war vor dem Eiffelturm das höchste Bauwerk der Stadt. Seit 1877 in romanisch-byzantinischem Stil mit 4 Kup-

Louvre

Ein perfekter Ort für das Stendhal-Syndrom: 35.000, in acht Abteilungen ausgestellte Werke und eine Besucherzahl von fast 10 Mio. jährlich. Mit dem von dem damaligen Präsidenten Mitterrand initiierten Projekt „Grand Louvre“, erhielt der ursprünglich im 12. Jh. als Festung errichtete und im Laufe der Jahrhunderte in ein Museum umgewandelte Bau 1988 mit der Glas- und Stahlkuppel des Stararchitekten Ieoh Ming Pei einen neuen Eingangsbereich. Aber Schlange steht man hier immer. Lieber sollte man das Ticket online kaufen und die „kleineren“ Eingänge benutzen. Und man sollte den Rundgang gut planen. Der Louvre rühmt sich der zweitgrößten Gemäldesammlung weltweit (in Teilen seit 2012 in den Louvre-Lens ausgelagert) und ist eines der größten Museen der Welt, es ist unmöglich, sich alles anzuschauen; für die wichtigsten Werke kann jedoch ein halber Tag ausreichen. Der Rundgang umfasst die Venus von Milo *(2. Jh. v. Chr.),* Amor und Psyche *von Canova (1788-93),* Die Freiheit führt das Volk an *von Eugène Delacroix (1830),* Mona Lisa *(1503-1506) und* Jungfrau der Felsen *von Leonardo da Vinci (1483-1486),* Die Hochzeit zu Kana *von Paolo Veronese (1562-63),* Das türkische Bad *von Ingres (1862), und* Das Floß der Medusa *von Géricault (18190).* Info: Haupteingang (Pyramide), www.louvre.fr, Öffnungszeiten: 9-18 Uhr, Mi. u. Fr. bis 22 Uhr, Di. geschl.

peln in Kreuzform erbaut, war sie stets ein Ort der Einkehr, der gesungenen Messen und wichtiges Pilgerziel.
Info: 35 Rue Du Chevalier-De-La-Barre, www.sacre-coeur-montmartre.com, Öffnungszeiten: 6-22.30 Uhr.

72-73 – Die Pyramide mit dem Louvre.

72 Unten – Die Basilika Sacre-Cœur in Montmartre.

73 Oben – Das Musée d'Orsay im früheren Bahnhof.

73 Unten – Place Vendôme, die „gute Stube“ von Paris.

Bootsfahrt auf der Seine

Perspektivwechsel. Statt in Paris herumzulaufen kann man auch eines der Seine-Schiffe (bateaux) nehmen und die wichtigsten Baudenkmäler vorbeiziehen lassen. Mit Bateaux Mouches (www.bateauxmouches.com) *startet man vom Pont de l'Alma, und in gut einer Stunde sieht man den Eiffelturm, das Musée du Quai Branly, den Invalidendom mit der Grabstätte Napoleon Bonapartes, das Musée d'Orsay und die Tuilerien, den schönen Park zwischen Place de la Concorde und Louvre. Das Museum im Rücken, fährt man unter dem Pont-Neuf durch, der dank des Films „Die Liebenden von Pont-Neuf" mit Juliette Binoche und Denis Lavant berühmt gewordenen Brücke zur Île de la Cité. Übertroffen werden kann dieser Zauber nur durch eine Nachtfahrt mit Abendessen an Bord. Paris bei Nacht gleicht einem romantischen Gedicht, das sich im Wasser spiegelt.*

DISNEYLAND PARIS:
Es ist der berühmteste (und größte) Vergnügungspark Europas und gefällt nicht nur Kindern. 1992 eröffnet, umfasst er zwei Parks, Disneyland Park und Walt Disney Studios Park, die ihrerseits unterteilt sind. Im ersten befindet sich die Main Street USA (angelehnt an die Geburtsstadt Walt Disneys) mit dem Dornröschenschloss, Frontierland (der Wilde Westen) und den Dampfschiffen, Adventureland, Fantasyland (das Märchenland) und Discoveryland (Reisen durch Zeit und Raum). Der Walt Disney Studios Park hingegen umfasst Filmstudios, Filmmusik und Spezialeffekte, Kulissen im Hollywood-Stil und als echte Attraktion die Begegnung mit Minnie, Micky Maus, Goofy und den anderen Disney-Helden. Der Park liegt ca. 30 km von Paris entfernt. Die Anlage umfasst auch das Disney Village mit Geschäften und Restaurants sowie die Disney Hotels. Erreichbar mit der U-Bahnlinie A der RER. Per Auto: A4, Ausfahrt Parcs Disney. *Info: www.disneylandparis.com, Öffnungszeiten: Disneyland Park 10-23 Uhr, Walt Disney Studios 10-19 Uhr.*

VERSAILLES: Non plus ultra aller Königspaläste ist das absolute Meisterwerk des Sonnenkönigs, Ludwigs XIV. Er ließ ihn im 17. Jh. errichten, um mit seinem Hof Paris den Rücken zu kehren. Versailles erstreckt sich über eine Fläche von 67.000 m² mit 700 Zimmern, rund 2500 Fenstern und 483 Spiegeln (die meisten im berühmten Spiegelsaal). Die 800 ha Park und 600 Fontänen sind ein Glanzstück des Garten- und Wasserbaus. Ab dem 17. Jh. war eine Riege Architekten, Maler und Wissenschaftler, die die Landschaft urbar machte, damit befasst, einen Park mit perfekter Geometrie zu schaffen, mit Brunnen und optisch vergrößernden Wasserspiegeln. Zu den schönsten Gebäuden zählen Grand Trianon und Petit Trianon, das Refugium Marie-Antoinettes. Für den Besuch sollte man einen ganzen Tag einkalkulieren. Per Auto: über die A13, Ausfahrt Versailles Château. Mit dem Zug: Linie C der RER C und SNCF-Züge. *Info: Place d'Armes, Versailles, www.chateauversailles.fr, Öffnungszeiten: Palast 9-18.30 Uhr, Mo. geschl., Park 7-20.30 Uhr.*
LES HALLES: Historischer Sitz des ehemaligen Großmarktes. Das Viertel wurde im Laufe der Jahre mehrmals erneuert: über die Pavillons der 1970er-Jahre hin zum neuen Forum des Halles, einem modernen unterirdischen Einkaufszentrum. Letzte Neuerung ist die Canopée, eine enorme Überdachung aus 18.000 Glasbauteilen in Form eines Blattes. *Info: 101 Rue Berger, forumdeshalles.com/centre*

Übernachten

€€€€€ Hôtel Ritz 5 Sterne (Luxus). Das Pariser Hotel schlechthin. Hier wohnten u. a. Hollywood-Stars, Könige und VIPs wie Coco Chanel, Marcel Proust, Hemingway. Ein Mythos der Hotellerie. *Info: 15 Place Vendôme, Tel. 1.43163030, www.ritzparis.com*

€€€€€ Disneyland Hotel (Atmosphäre). Zimmer und Suiten dieses Megahotels am Parkeingang in viktorianischem Stil mit Restaurants, Pool, Spa und obligatorischer Märchenatmosphäre. *Info: Rue de la Marnière, Chessy, Tel. 2.75419755, www.disneylandparis.com*

€€€€€ Banke Hôtel, 4 Sterne (Boutique-Hotel). Eine feine Adresse in einem Gebäude aus dem 20. Jh. im Eiffel-Stil, früher eine Bank. 94 Zimmer, zwei Restaurants, ein Spa und viel Atmosphäre. *Info: 20 Rue La Fayette, Tel. 1.55332222, www.hotelbanke.com*

€€€€ Hôtel Amour, 3 Sterne (Design). Ein Hotel im Pariser Stil in Pigalle: individuell gestaltete Zimmer zwischen Kunst und Design. Testen Sie auch das Restaurant. Es ist nicht nur für Hotelgäste. *Info: 8 Rue Navarin, Tel. 1.48783180, www.hotelamourparis.fr*

Restauranttipps

€€€ Le Meurice (Sternelokal). Sehr elegantes Lokal mit Stuck und Spiegeln in dem gleichnamigen Gebäude aus dem 18. Jh. Die Weinkarte umfasst 600 Weine, und die vom Küchenchef Alain Ducasse angebotenen Gerichte sind köstlich (2 Michelin-Sterne). *Info: 228 Rue de Rivoli, Tel. 1.44581055, www.dorchestercollection.com/en/paris/le-meurice/restaurants-bars/restaurant-le-meurice-alain-ducasse*

€€ Au Petit Riche (traditionell). Eines der ältesten und authentischen Restaurants in Paris, 1854 eröffnet. Die Einrichtung entspricht dem Art-Nouveau-Stil, das Restaurant bietet eine köstliche und großzügige traditionell französische Küche mit ganzen Menüs und bester Weinauswahl. *Info: 25 Rue le Peletier, Tel. 1.47706868, www.restaurant-aupetitriche.com*

€€ Chez Janou (Bistro). Ein provenzalisches Bistro im 3. Arrondissement, bekannt für Ratatouille, Gaspacho, Entenbrustfilets in Rosmarin; Weine aus Südfrankreich. *Info: 2 Rue Roger Verlomme, Tel. 1.42722841, www.chezjanou.com*

Nightlife

Crazy Horse. Nackheit als Kunstform! Die raffinerten, unverhohlenen Shows dieses historischen Kabaretts sind wie das Lido auf den Champs-Élysées und das Moulin Rouge am Pigalle eine Institution. Mehr für Touristen als für Pariser, doch lohnenswert! *Info: 12 Avenue Georges V, Tel. 1.47233232, www.lecrazyhorseparis.com*

Le Bar. Ins elegante Hotel Plaza Athénée kommt man nicht nur zum Übernachten oder Speisen im edlen Restaurant von Alain Ducasse. Die jungen Leute lieben Le Bar mit Elektrorock als Untermalung, farblich wechselnder Beleuchtung und von 18 bis 2 Uhr den besten Cocktails der Stadt. *Info: 25 Avenue Montaigne, Tel. 1.53676600, www.dorchestercollection.com/fr/paris/hotel-plaza-athenee/restaurants-bars/le-bar*

Buddha-Bar. Und noch eine Institution: Dieses schummrige, östlich geprägte Lokal war Geburtsstätte der berühmten Compilations, die um die Welt gingen. *Info: 8/12 Rue de Boissy d'Anglas, Tel. 1.53059000, www.buddhabar.com*

Weitere Informationen:
Französisches Fremdenverkehrsamt:
www.atout-france.fr, de.franceguide.com

74 Oben – Eine romantische Bootsfahrt auf der Seine.

74 Unten – Beleuchtung und Dekoration in Eurodisneyland.

75 – Die Prachtfassade des königlichen Schlosses von Versailles (oben) und der berühmte Spiegelsaal im Schloss (unten).

Bretagne – *Frankreich*

Das bis zur Heirat Karls VIII. von Frankreich mit Anne de Bretagne (1491) eigenständige Herzogtum Bretagne war durch seine Kultur, seine Traditionen und seine Sprache seit jeher eine Welt für sich. Eine Welt, in der die Gestalten des bretonischen Sagenkreises, der „Matière de Bretagne", zu Hause sind, aber auch starke Kräfte der Natur: das Meer und der Wind, der über die feinen Sandstrände weht und die Wellen an den Leuchttürmen brechen lässt, über Heide und Wälder pfeift, durch kleine Dörfer mit Häusern aus Granit und Schiefer, aus deren Kaminen Rauch zum Himmel steigt. Wo man heute wie damals auf die Rückkehr der Fischer wartet, die ihren Fang verkaufen, so wie sie es seit Jahrhunderten getan haben. Die Strecke, eine Küstentour zwischen Tréguier und Mont-St-Michel ist herrlich im Frühling und im Sommer, wenn die Landschaft in Blüte steht, hat aber auch im Herbst und Winter einen besonderen Reiz; dann aber sollte man auf die Öffnungszeiten achten, viele Sehenswürdigkeiten und Lokalitäten sind nur an den Wochenenden und Feiertagen geöffnet.

Die Smaragdküste mit ihren steilen Felsen und kleinen Buchten zeigt sich zuweilen in unerwarteten, fast mediterranen Farben. Die Route startet in **Tréguier**, macht einen Abstecher zur küstennahen **Île de Bréhat** und endet in **Paimpol** mit der sehenswerten **Abtei von Beauport**, die schon im Mittelalter Ziel von Pilgern war. Weiter geht es in Richtung **Cap Fréhel**, hier ist die Küste aus Granit (viele Seevogelarten nisten dort), und zur Burg **Fort la Latte**, wo wir einen kurzen Halt einschieben. Von hier aus geht es nun durch gepflegte landwirtschaftliche Nutzflächen mit Viehherden auf den Weiden in das Landesinnere nach **Dinan**. Und wieder zurück an die Küste zum mondänen **Dinard** und dem großartigen **St-Malo**, einem berühmten Badeort und Geburtsort von Chateaubriand, bevor man schließlich an der zerklüfteten Küste entlang nach **Cancale** gelangt, bekannt durch seine Austernzucht. Die Route führt auch nach **Mont-St-Michel**, dies liegt zwar in der Normandie, aber man kann nicht in dieser Gegend gewesen sein, ohne die „pyramide merveilleuse" zu sehen, wie Victor Hugo sie nannte.

Unterwegs an der Smaragdküste: *Die Fahrt mit dem Auto geht von Tréguier nach Mont St-Michel. Mit Stopps an der Abtei von Beauport (Paimpol), Île de Bréhat, Cap Fréhel, Dinan, Dinard, St-Malo, Cancale*

76-77 – Ein typisch bretonisches Dörfchen auf der Île de Bréhat.

und Mont-Saint-Michel sind es insgesamt 170 km, die in zwei Stunden machbar wären, schöner ist es aber über die Panoramastraßen zu fahren (3,5 Std.).
*(16 km): von **Tréguier** nimmt man die D786 nach **Paimpol**. (7 km): man verlässt **Paimpol** und fährt über die D789 bis Pointe de l'Arcouest, von dort mit der Fähre zur autofreien **Île de Bréhat**.*
*(92 km): von **Paimpol** über die D786 zum **Cap Fréhel**. (49 km): vom **Cap Fréhel** auf der D786 nach **Dinan**. (11 km): vom **Cap Fréhel** auf der D34 und D786 nach **Dinard**. (21 km): von **Dinan** nach **Dinard** über die D766. (11 km): von **Dinard über die D168 nach Saint Malo**. (16 km): von **Saint Malo** nach **Cancale** über die D355. (58 km): von **Cancale** nach **Mont St-Michel** über die D155 und D797 (das letzte Stück über den Damm).*

TRÉGUIER: In der Bischofsstadt kam Mitte des 8. Jh. Yves Hélory zur Welt, Schutzheiliger der Juristen. Am dritten Sonntag im Mai findet das Fest *Pardon de Saint Yves* mit einer feierlichen Prozession statt. Eine der Sehenswürdigkeiten ist die **Kathedrale St-Tugdual,** gebaut zwischen dem 13. und 15. Jh., die in der Sakristei die Reliquien des Heiligen bewahrt und im dreischiffigen Inneren 46 Chorstühle aus dem 16. Jh.; die Portale auf der rechten Seite hingegen sind Meisterwerke im Flamboyant-Stil. Der hinter der Kathedrale liegende Weg führt zur *Maison de Renan (Info: 20 Rue Ernest Renan: www.maison-ernest-renan.fr, Öffnungszeiten: 10.30-13/14-17 Uhr, im Sommer bis 18 Uhr, Mo. u. Di. geschl.)*, dem Geburtshaus des Schriftstellers und Philosophen Ernest Renan (1823-1892) mit Exponaten aus seinem Nachlass. Schön ist ein Spaziergang zwischen den alten Häusern hindurch rings um die **Place du Martray**. 16 km östlich liegt die **Abtei von Beauport** *(Info: Paimpol, Tel. 2.96551855, www. abbayebeauport.com, Öffnungszeiten: März, Okt., Nov. 14-18 Uhr; April-Juni u. Allerheiligen 10.30-12.30/14-18 Uhr; Juli-Sept. 10.30-19 Uhr; Weihnachtsferien 15-19 Uhr)*, die um 1250 fertiggestellt wurde, eine Klosterruine ohne Dach, aber mit intaktem **Kapitelsaal** in gotisch-normannischem Stil sowie Bögen des **Kreuzgangs**. Im Mittelalter rasteten die aus Schottland und Irland kommenden Pilger hier, bevor sie auf dem Jakobsweg nach Spanien zogen.

ÎLE DE BRÉHAT: In Pointe de l'Arcouest, 7 km von Paimpol, legt die Fähre ab zur **Île de Bréhat** *(Info: Pointe de l'Arcouest – Bréhat Port-Clos, Tel. 2.96557950, www. vedettesdebrehat.com, im Sommer halbstündlich, im Winter seltener)*. Die nur zehn Bootsminuten von der Küste entfernte Insel hat eine außergewöhnliche Flora mit auch exotischen Blumen und Sträuchern, die Seeleute hierherbrachten. Wandernd erschließen sich die wilden Felsen und die kleinen bretonischen Dörfer.

CAP FRÉHEL: Von Paimpol bis Cap Fréhel geht es 92 km vorbei an herrlicher Küste. Das wegen seiner felsigen Klippen, dem smaragdfarbenen Meer und den zahllosen Seevögeln fotografierte Cap Fréhel wird gerne in Bildbände aufgenommen, wo Leuchttürme der Kraft der Wellen ausgesetzt sind, die sich bei Sturm mit unglaublicher Wucht an der Küste brechen. Ist der Sturm vorüber, ziehen sich die mit Gummistiefeln und Regenjacken ausgerüsteten Sturmtouristen wieder zurück. Das Kap ist auch im Frühling ein Spektakel, wenn in der bretonischen Heide der Ginster blüht. 4 km südlich von Fréhel bietet sich eine lohnende Etappe an dem auf einer Klippe gelegenen **Fort la Latte** (auch Château de la Roche Goyon nach den ersten Besitzern) aus dem 14. Jh. Schon um das Jahr 1000 stand hier eine Festung zum Schutz der Küste vor den Überfällen normannischer Piraten. Eine Zugbrücke führt in den von Mauern aus rosa Sandstein umfassten Burghof, an dem die Wohngebäude, die Kapelle und die Zisterne liegen. Man kann die **Échauguette** – den Scharwachtturm – und den Donjon besuchen. Der Aufstieg auf den Wehrgang lohnt sich bei jedem Wetter, um von dort die Aussicht auf die roten Felsen und das weite Meer zu genießen *(Info: www.castlelalatte.com, Öffnungszeiten: Apr.-Sept. 10.30-18 Uhr, Juli-Aug. 10.30-19 Uhr; in der Nebensaison nur nachmittags am Wochenende)*.

DINAN: Der bretonische Schriftsteller Pierre-Jakez Hélias beschrieb in *Cheval d'orgueil* das ländliche Leben im letzten Jahrhundert. Durch eine noch heute landwirtschaftlich genutzte Gegend gelangt man knapp 50 km nach Cap Fréhel in ein kleines befestigtes Städtchen oberhalb der Rance; durch seine günstige Lage zwischen

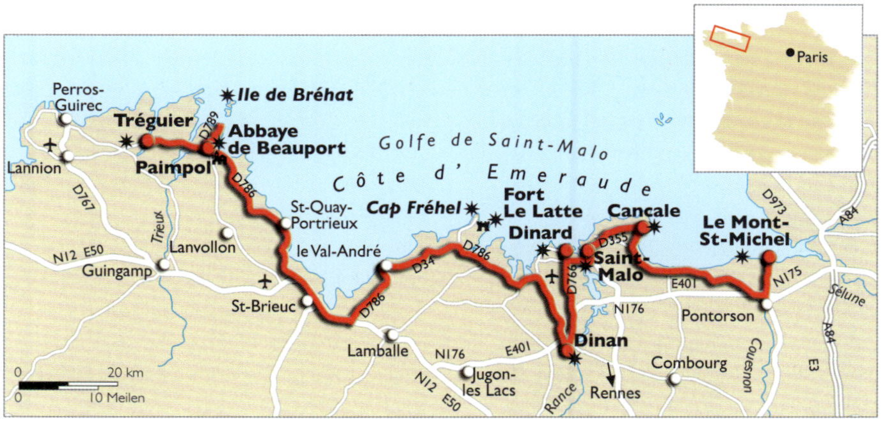

78-79 – Der französische Badeort Saint-Malo, umgeben von Mauern und Bastionen.

der Normandie und Rennes wurde es im 14. Jh. zum Zentrum des Handels zwischen Flandern und England. Die mittelalterliche Stadtmauer hat vier Stadttore: im Süden St-Louis und Guichet, im Norden St-Malo und Jerzual. Weithin sichtbar ist der große Donjon mit seiner doppelten Funktion als Festung und als Residenz. Darin befindet sich das **Museum der Burg** *(Öffnungszeiten: 10.30-19.30 Uhr)* mit Arbeiten hiesiger Künstler, Erzeugnissen des Kunsthandwerks und einer Sammlung von „coiffes", den Kopfbedeckungen aus weißer Spitze, die zur traditionellen bretonischen Tracht gehören. Nach dem Museum kann man sich die ursprünglich romanische, aber im gotischen Stil umgebaute Kirche Saint Sauveur anschauen. Von den aus dem 15. und 16. Jh. stammenden Häusern der Altstadt sollte man das **Hotel Kératry** und den **Tour de l'Horloge** mit einer Uhr von 1498 anschauen, außerdem die Fachwerkhäuser mit hübschen Trödelläden in der **Rue du Jerzual**, wo einst Handwerker und Kaufleute lebten. Während der *Fête des Remparts* im Juli finden in Dinan Turniere und Umzüge in Trachten statt.

DINARD, ein eleganter, gut ausgestatteter Badeort an der Mündung der Rance, war schon während der Belle Epoque äußerst gefragt. An den goldfarbenen Sandstränden stehen Hotels im Jugend- und im Kolonialstil neben prächtigen Villen vom Anfang des 20. Jhs. (einen schönen Blick hat man vom Damm aus über die Rance). Es besteht die interessante Möglichkeit, den Ortskern von **Pointe du Moulinet** aufzusuchen, die Promenade umläuft das gesamte Kap und bietet eindrucksvolle Panoramen und eine herrliche Aussicht auf Saint-Malo. Der Ort ist bekannt für seine herrlichen Strände – Plage de l'Ecluse, de Saint-Enogat, Plage du Port Blanc und Plage du Prieuré – und die beeindruckenden Klippen. Charakteristisch für die romantische Atmosphäre Dinards ist die in den Felsen gehauene **„promenade du Clair de Lune"** . Von dem kleinen, nahe der Küste gelegenen Ort **Saint-Lunaire** hat man einen wundervollen Blick auf die **Pointe du Decollé**.

SAINT-MALO: Nicht weit entfernt, auf der gegenüberliegenden Seite der Rance-Mün-

Meerwasser-Wellness in der Bretagne

Zu einem Urlaub im Zeichen des Wohlbefindens könnte eine Thalasso-Kur passen. Sie beruht auf den wohltuenden Eigenschaften dieses maritimen Reizklimas, das den gesamten Organismus stärkt; vor allem durch Bewegung an der jodreichen Meerluft und durch Bäder im Meerwasser. Das sich auf dem Sand abgelagerte Jod aus der Luft wirkt sich sehr positiv bei Sandbädern aus (Psammotherapie, nur möglich in den sehr warmen und trockenen Jahreszeiten), vor allem bei Menschen mit Arthrose, Sehnenscheiden- und Muskelentzündungen und Osteoporose. Das Meerwasser wird außerdem auch für Inhalations-, Aerosol- und Dampfbehandlungen verwendet. Meerwasserkuren in auf 38° erwärmtem Wasser schließlich wirken sich positiv auf die Durchblutung und die Versorgung des Gewebes mit Sauerstoff und Mineralstoffen aus, vor allem wenn auch Meeresalgen zugesetzt werden. Von den vielen Einrichtungen der Region seien hier einige herausragende genannt: die exklusiven ***Thermes Marins*** *von Saint-Malo* (Grande Plage du Sillon, www.thalassotherapie.com), ***Agapa Hôtel-Spa*** *in Perros-Guirec* (12 Rue de Bons Enfants, www.lagapa.com) *und* ***Le Coq Gadby*** *in Rennes* (156 Rue d'Antrain, www.lecoq-gadby.com) *– dies liegt zwar nicht auf der Strecke, ist aber ein Vorschlag für die, die per Flugzeug anreisen – das luxus- und umweltbewusste Haus ist das erste Viersternehotel Frankreichs mit dem Europäischen Öko-Label.*

79 – Ein Blick auf die Altstadt von Dinan mit ihren alten Häusern über dem Fluss Rance.

dung liegt an der Küste St-Malo. Eine einst wirtschaftlich blühende Stadt mit einer großen Vergangenheit als Korsaren-Stadt, die einige große Persönlichkeiten hervorgebracht hat, darunter Jacques Cartier, jenen Seefahrer, der 1534 auf der Suche nach einem Seeweg nach China in der Region von Neufundland Kanada entdeckte. Heute ist dies ein berühmter Badeort mit eleganten Wohngebäuden, viele davon sind nach den Bombardierungen von 1944 neu aufgebaut worden, bewahren aber den Charme von einst. Schön ist ein Spaziergang über den Wehrgang auf der Befestigung, deren Baubeginn im 13. Jh. liegt, und die bis zum 18. Jh. nach Plänen von Baumeister Sébastien Vauban umgestaltet wurde.
In jeder der vier Ecken erhebt sich ein Turm, im Donjon kann man das **Musée de la Ville et du Pays Malouin** besuchen *(Öffnungszeiten: Okt.-März 10-13/14-18 Uhr, Mo. geschl.; Apr.-Sept. 10-12.30/14-18 Uhr)*, das der Seefahrertradition gewidmet ist. Ins Zentrum der Stadt gelangt man über das Tor St-Vincent, über dem die beiden Wappen von St-Malo und der Bretagne angebracht sind. Hier befindet sich die im 18. Jh. fertiggestellte **Kathedrale St-Vincent**, in deren Glasfenstern sich das Licht bricht. In dieser Kirche kann man das Grab von Jacques Cartier besichtigen (s.o.). Schön ist auch ein Gang durch die **Rue du Pélicot** mit ihren alten Häusern aus dem 17. Jh. Von der Plage Éventail aus erreicht man bei Ebbe zu Fuß die Gezeiteninsel **Grand Bé**, wo sich das Grab von **Chateaubriand** befindet, dem hier geborenen Begründer der französischen Romantik, und das im Jahr 1689 auf der Felsinsel errichtete **Fort National** *(www.fortnational.com)*. In **Rothéneuf**, 6 km nördlich, findet man eine ungewöhnliche Touristenattraktion: die **Rochers Sculptés**, etwa 300 Figuren von Piraten, Dämonen und Meerungeheuern, die ab 1870 in die Klippen gehauen wurden.

CANCALE: Eine Atmosphäre vergangener Zeiten strahlt der von alten Häusern umgebene Hafen von **La Houle** aus, der für seine Fischspezialitäten berühmt ist. Allen voran die Austern, die frisch direkt von den Karren der Fischer angeboten werden. Sehenswert ist es auch, wenn früh am Morgen, kaum dass die Fischerboote

zurückgekehrt sind, der Verkauf und die Preisverhandlungen losgehen. Im Austernpark von **Saint-Kerber**, die sowohl „huîtriers plats" als auch „creuses" produzieren, kann man an einer Führung teilnehmen *(Les Parcs Saint-Kerber, L'Aurore, Tel. 02.99896529, www.saintkerber.com)*, dort befindet sich auch das **Musée de l'Huitre et du Coquillage** *(Tel. 2.99896999, www.ferme-marine.com, Führungen: Juli-15. Sept. um 11, 15 und 17 Uhr, 15. Feb.-15. Juni und 15. Sept.-Okt., Mo.-Fr. um 15 Uhr)*, in dem die Austernzucht und der Beruf des Austernzüchters über die Jahrhunderte dokumentiert wird. Das **Musée des Arts et Traditions populaires** *(Tel. 6.85481112, www.museedecancale.fr, Öffnungszeiten: Juni-Okt. 10-12.30/14.30-19 Uhr)* in der alten Kirche von St-Méen aus dem 18. Jh. bietet einen Überblick über Arbeit, Sprache, Kunst und Traditionen der Region. Bliebe vielleicht noch die **La Halle à Marée expositions d'art** *(48, Rue du Port, Cancale, www.halleamaree.com)*, eine interessante Ausstellung zeitgenössischer Kunst von Künstlern der Region.

MONT-SAINT-MICHEL: Der Überlieferung zufolge soll Erzengel Michael Anfang des 8. Jhs. im Traum dem Bischof Aubert erschienen sein und ihm befohlen haben, an der Stelle des Mont-St-Michel eine Gebetsstätte zu errichten. So wurde auf dem kargen Inselchen eine Abtei gebaut, der Weg dorthin führt über den kleinen Ort unterhalb mit Häusern aus dem 15. und 16. Jh., Souvenirläden und kleinen Restaurants. Die Insel kann zu Fuß nur bei Ebbe erreicht werden (mithilfe eines Führers) oder über die neu errichtete Fußgängerbrücke; es gibt auch einen Shuttle-Service und Pferdekutschen, die vom Parkplatz aus starten (ca. 2,5 km). Von April bis Oktober kann man täglich ab Genêts oder Vains mit einer Führung über das Wattenmeer zum Kloster wandern *(organisiert von Découverte de la Baie, Maison di Guide de Genêts, Tel. 03.3708349, online buchbar auf: www.decouvertebaie.com)*. Dabei werden verschiedene Schwerpunkte angeboten: Natur, Geschichte, Kinder, auf Pferderücken ... Achtung! Es ist sehr gefährlich, sich allein auf das Wattenmeer hinauszuwagen, vor allem des Treibsands wegen. Die Wanderungen dauern zweieinhalb bis fünf Stunden, nach dem Besuch des Klosters fährt ein Minibus die Gruppe zurück. Empfohlene Kleidung: Shorts, warme Kleidung zum Umziehen und Regenkleidung. Besonders schön ist eine Wattwanderung bei Sonnenuntergang und gegen Abend. Am besten kann man die ansteigende Flut beobachten, wenn man zwei Stunden vor der angegebenen Hochwasserzeit am Meer ist.
Das spektakuläre Bauwerk von St-Michel kann man mit einem gewagten Hochhaus unserer Tage vergleichen, allerdings im Mittelalter erbaut. Kurz vor Erreichen der Flut bricht unter den Besuchern eine fieberhafte Suche nach dem besten Platz aus, um dem Schauspiel der die Insel umspülenden Wellen beizuwohnen. Ein wundervolles, viel fotografiertes Spektakel, das niemanden unberührt lässt. Den Zugang in die Umfassungsmauer bildet die **Porte de l'Avancée**, danach folgt man den alten Gassen und gelangt zur Großen Treppe (Grand Degré), die innerhalb der Mauern der Klosterkirche und der Mönchsunterkünfte liegt. Dann besucht man im oberen Bereich die ab dem 11. Jh. errichtete Kirche, die im Inneren die verschiedenen Phasen ihrer Baugeschichte aufzeigt: normannisch, gotisch, Flamboyant und 19. Jh. Von der Westlichen Plattform aus hat man einen schönen Blick über die Bucht und auf die klassizistische Fassade der Kirche; darüber der spitze Turm mit der goldenen **Statue des Hl. Michael**. Die Abtei *(www.abbaye-mont-saint-michel.fr, Öffnungszeiten: 9-18 Uhr, Mai-Aug. bis 19)* besteht aus drei übereinander gebauten Ebenen, der Besuch erfolgt von oben nach unten und umfasst die gotischen Bauteile des Klosters, **„La Merveille"** genannt, den von zierlichen Arkaden aus rosafarbenem Granit umgebenen **Kreuzgang**, das weiträumige **Refektorium** mit den hohen Fensterschlitzen und, auf der untersten Ebene, den **Gästesaal** mit zwei Kaminen. Der **Rittersaal**, in dem 1469 der **Ritterorden des Hl. Michael** gegründet wurde, war eigentlich das *Scriptorium* der Abtei, das früher den Mönchen zum Kopieren der alten Schriften diente. Darunter gelangt man zum einstigen **Almosensaal** (Aumônerie), heute eine Buchhandlung, zu den Vorratsräumen und schließlich zu den Krypten romanischen Ursprungs. Ein letzter Tipp: Nach dem Besuch der Abtei können Sie einen Rundgang um die Mauern und die acht zwischen dem 8. und 15. Jh. gebauten Bastionen machen, dabei erhält man wundervolle Ansichten auf die Bucht und die Insel. *Info: Office de Tourisme du Mont Saint-Michel: www.ot-montsaintmichel.com*

Übernachten

€€€€€ L'Auberge Saint Pierre (Mont-Saint-Michel). Auf der Insel Mont-St-Michel mit nur 20 (kleinen) Zimmern in einem Gebäude aus dem 15. Jh. und einigen Nebengebäuden. Hier kann man die Klosterinsel genießen, wenn die anderen Touristen aufs Festland zurückgekehrt sind. Mit gutem Restaurant. *Info: Intra Muros, Le Mont-Saint-Michel, Tel. 02.33601403, www.auberge-saint-pierre.fr.*

€€€ Le Manoir Saint Michel (Fréhel). Nur 20 romantische Zimmer in einem Gutshaus aus dem 16. Jh., ca. 300 m vom Strand von Sables d'Or entfernt mit eigenem See. Gemütlicher Aufenthaltsraum mit großem Kamin. *Info: 38 Rue de la Carquois, Fréhel, Tel. 02.96414887, www.manoirstmichel.com*

€€€ Bellevue Le Port Clos (Ile de Bréhat). Ein traditionsreiches Hotel auf der Île de Bréhat, 17 Zimmer mit Meerblick, einige mit großen Balkonen, von denen man einen außergewöhnlichen Blick auf das Festland hat. Schlicht, aber elegant. *Info: Ile de Bréhat, Tel. 02.96200005, www.hotel-bellevue-brehat.fr*

Restauranttipps

€€€ Les Maisons de Bricourt (Cancale). Meeresfrüchte und orientalische Gewürze in historischem Gebäude, das früher einer Familie gehörte, die Eigner einer Handelsflotte war. Empfehlenswert ist der Saint Pierre „Retour des Indes" mit Currysoße und Mangopüree. Im nahe gelegenen Chateau werden auch Zimmer angeboten. Geschl. 9. Jan. bis 9. Feb. und 27. Feb. bis 15. März. Für Feinschmecker. *Info: 1 Rue du Guesclin, Cancale, Tel. 02.99896476, www.maisons-de-bricourt.com*

€€ Ty Breizh (Cancale). Ein kleines bretonisches Restaurant, Küche auf Basis von Meeresfrüchten – auch roh – und Fisch, im Hafengebiet, nicht weit von den Ständen der Austernverkäufer. *Info: 13 Quai Gambetta, Cancale, Tel. 02.99896026.*

€€ Brasserie du Lion D'Or (Saint-Malo). Eine echte Institution im Leben von Saint-Malo, am Eingang der Altstadt, ist das Lokal, das für seine Fleisch-Spezialitäten berühmt ist (Charolais-Rind). Optimale Weinkarte mit einer sehr sorgfältigen Auswahl. *Info: 1 Place Chateaubriand, Saint-Malo, Tel. 02.99563602, liondorstmalo.com*

Weitere Informationen:
Atout France, www.atout-france.fr, www.france.fr und www.bretagne-reisen.de

80 – MONT-SAINT-MICHEL BEI SONNENUNTERGANG.

Flandern – *Belgien*

Die romantische Atmosphäre der belgischen Städte mit ihrer hübschen mittelalterlichen Architektur, die sich mit den avantgardistischen Linien der modernen Gebäude vereint, die zauberhaften Landschaften, das Bier und die Schokolade sind nur einige der Gründe, nach Flandern zu reisen, jener Region Belgiens, die der Nordsee zugewandt ist und im Süden an Frankreich, im Norden an die Niederlande grenzt. Ein besonders in der Weihnachtszeit reizvolles Ziel, wenn die flämischen Städte festlich beleuchtet sind und schöne Weihnachtsmärkte, Skulpturen aus Eis und Eisbahnen die nach Glühwein duftenden Plätze der Städte beleben. **Antwerpen**, am rechten Ufer der Schelde gelegen, die größte Stadt Flanderns und nach Brüssel zweitgrößte Belgiens, ist Industriestandort, Universitäts- und Handelsstadt. Diese seit jeher kreative und weltoffene Stadt, berühmt für ihre Handelsaktivitäten (zweitgrößter europäischer Hafen nach Rotterdam), außerdem weltweit bekannt durch Rubens, einen Sohn der Stadt, und vor allem durch ihr allgemein bekanntes Geschick im Umgang mit Diamanten, hat in den letzten Jahren auch eine ihr eigene Berufung zur Mode, zur zeitgenössischen Kunst und zum Design zum Ausdruck gebracht. Etwa 60 km entfernt liegt **Gent** (Gand auf Französisch), ein hübsches Städtchen auf einer Handvoll Inseln am Zusammenfluss von Schelde und Leie, Heimat des Kaisers Karl V. von Habsburg, eine angesehene Universitätsstadt und faszinierende, lebenswerte Metropole, die es verstanden hat, ihre wirtschaftlichen Ambitionen mit dem kostbaren Gut einer langen Geschichte und vielfältiger kultureller Initiativen in Einklang zu bringen. Das wahre Juwel der Region aber ist **Brügge** (Bruges auf Französisch), meistbesuchter Ort des Landes wegen seines fast intakten mittelalterlichen Stadtkerns, dem am besten erhaltenen ganz Europas und seit 2000 UNESCO-Weltkulturerbe. Die Stadt ist 56 km von Gent und ca. 10 km von der Nordseeküste entfernt, mit der sie aber verbunden ist durch eine Reihe zauberhafter Kanäle – die sogenannten Reien –, die früher dem Warentransport dienten und heute, um vom Wasser aus die alten Gebäude bewundern zu können, auf deren Schwellen die Spitzenklöpplerinnen ihre Klöppel tanzen lassen.

Unterwegs in Flandern: *Das sehr gut ausgebaute belgische Autobahnnetz ist kostenlos und verbindet auf schnellem Weg alle Städte Flanderns untereinander. Von Antwerpen bis Gent dauert die 59 km lange Fahrt über die A 14/E19 etwa 45 Minuten. Dieselbe Zeit braucht man von Gent bis nach Brügge (56 km auf der E40/A10). Der Zug ist eine sehr gute Alternative, von Antwerpen bis Gent benötigt man ca. 50 Minuten, von Gent nach Brügge 25 Minuten. Informationen und Fahrpläne online auf* www.b-rail.be/main/ index.html.
Die Städte kann man gut mit dem Fahrrad erkunden. Mietstationen findet man am Bahnhof. Nicht verzichten sollte man auf einen Ausflug über die Kanäle, die an verschiedenen Stellen der einzelnen Altstädte starten.

82-83 – Der Kanal Damme-Brügge mit einer Windmühle aus dem 18. Jh.

83 unten – Alte Spitzen, wie sie in Brügge verkauft werden.

Shopping

Shopping in Flandern steht im Zeichen der Mode, der Spitzen, der Schokolade, des Antiquariats und des Designs. Der Fashion District ist eine der wichtigsten Anziehungspunkte in Antwerpen, europäische Mode-Metropole wie Paris und Mailand. Viele Trendshops befinden sich im Viertel ModeNatie Modemuseum und -werkstatt auf der ***Nationalestraat****, wo sich die Schaufenster der Mode-Avantgarde aneinanderreihen. Ein Must ist in Nr. 16 das* ***Modepaleis*** *von Dries Van Noten* (www.driesvannoten.be), *einem der sechs Modeschöpfer von Antwerpen, die die „Belgian vogue" weltweit bekannt gemacht haben. Weiter geht es mit dem Mode-Shopping in der abgelegeneren, alternativen* ***Kammenstraat****, nur wenige Schritte vom Fashion District, wo sich kleine Sneaker-Shops, Tattoo-Studios und ausgesuchte Boutiquen befinden. Weitere intensive Einkaufserlebnisse finden sich in der Fußgängerzone* ***Meir****, auch ein idealer Ort für eine Kaffeepause; hier lassen sich Kleinode entdecken wie der Stadsfeestaal, ein eleganter Festsaal vom Anfang des 20. Jhs., der heute ein Einkaufszentrum beherbergt. Kunsthandwerk und typisch flämische Erzeugnisse sowie ein großes Sortiment an flämischen Wandteppichen findet man z.B. bei* ***Belgian Treasures*** *im Zentrum von* ***Gent*** (Sint Baafsplein 6, www.belgiantreasures.be), *geklöppelte Spitzen hingegen in etwa 80 Spezialgeschäften im Zentrum von* ***Brügge****. Samstags und sonntagnachmittags sind auf dem* ***Dijver****, einer Straße am Fluss, und dem nahe gelegenen* ***Vismarkt*** *des kleinen flämischen Venedigs die Stände der Antik- und Trödelmärkte aufgebaut. Und schließlich sollte in der Stadt, die der Schokolade sogar ein Museum der* ***Choco-Story*** *gewidmet hat* (Wijnzakstraat 2, choco-story-brugge.be, Öffnungszeiten: 10-17 Uhr, Juli-Aug. bis 18), *ein Besuch bei* ***Pralines Verheecke*** *nicht fehlen* (Katelijnestraat 22, Tel. 50349747), *eine der besten Chocolaterien der Stadt.*

ANTWERPEN

Jener Glanz und Reichtum, den diese Stadt im 16. und 17. Jh. erlebte, konzentriert sich am **Grote Markt**, dem zentralen, von prunkvollen Zunfthäusern aus dem 16. Jh. gesäumten Platz, die gekennzeichnet sind von großen Fenstern, aufwendigen Giebeln und vergoldeten Giebelfiguren. Eines davon ist das **Stadhuis**, das Rathaus, eine gelungene Verschmelzung nordisch-flämischer und italienischer Architektur des Rinascimento. In der Mitte des Platzes steht der **Brabobrunnen** (1887), er ist dem römischen Centurio Silvius Brabo gewidmet, der der Legende nach den Riesen Druon Antigon herausforderte, ihm die Hand abschlug und sie in die Schelde warf. Von diesem „Hand werfen" nämlich soll sich der Name Antwerpen ableiten. Südlich davon steht die **Liebfrauenkathedrale** *(Handschoenmarkt, www.dekathedraal.be, Öffnungszeiten: Mo.-Fr. 10-17 Uhr, Sa. 10-15, So. 13-16 Uhr)*, ein Schmuckstück Brabanter Gotik, gebaut in den Jahren 1352 bis 1521. Der gewaltige Bau ragt aus den umgebenden Häusern heraus und präsentiert sich mit Dächern, Türmen und Fialen, die im 123 m hohen, spätgotisch-filigranen Turm gipfeln, der berühmt ist für sein Glockenspiel mit 47 Glocken. Im monumentalen Inneren der siebenschiffigen Kirche kann man eine barocke Kanzel und einige Meisterwerke von Rubens besichtigen, darunter die Kreuzaufrichtung, die Himmelfahrt, die Auferstehung und die Kreuzabnahme, die als eines der „Sieben Wunder Belgiens" gilt. Weitere Gemälde von Rubens befinden sich zusammen mit denen von Van Dyck, Jordaens anderen flämischen Meistern des 17 Jhs. in der **Paulskirche** aus dem 16. Jh. und in der **Jakobskirche** (1491-1656) mit einer üppigen Barockausstattung im Inneren. Die aus dem 17. Jh. stammende jesuitische Karl-Borromäus-Kirche hat eine klassizistische Fassade nach dem Vorbild römischer Kirchen, aufgrund derer sie üblicherweise Rubens zugeschrieben wird, aus der Zeit nach seinem langen Aufenthalt in Italien. Die schönsten Zeugnisse des großen flämischen Malers befinden sich im **Rubenshaus** *(Wapper 9-11, www.rubenhuis.be Öffnungszeiten: 10-17 Uhr, Mo. geschl.)*, in dem der Künstler ab 1610 bis zu seinem Tod (1640) lebte – ein außergewöhnliches Atelier mit vielen Malereien, Skulpturen und barocken Verzierungen. Besonders interessant ist der sorgsam angelegte Garten mit Pavillon und dem barockem Portikus, einem der wenigen original erhaltenen Abschnitte des Komplexes, der von Rubens entworfen wurde und von einem Fries mit mythologischer Szenenfolge verziert ist. Das innovative Projekt „Rubens Experience Center" soll bis 2022 fertiggestellt sein und ein umfassendes und mitreißendes Besuchserlebnis bieten. Unter den Museen der Stadt kommt dem **Museum Plantin-Moretus** ein Ehrenplatz zu (*Vrijdagmarkt 22, Tel. 3.2211450, www.museumplantinmoretus.be, Öffnungszeiten: 10-17 Uhr, Mo. geschl.*), es ist in einem wundervollen, flämisch geprägten Renaissance-Bau eingerichtet, der ab 1549 Residenz des französischen Buchdruckers Cristophe Plantin war. Dieses zur Liste des Weltkulturerbes gehörende Museum ist mit seiner Sammlung an Druckerpressen und originalen Drucktypen eines der wichtigsten europäischen Museen der Druckkunst. Außerdem befinden sich hier wundervolle alte Bände, darunter auch die berühmte **Bibel mit 36 Zeilen** von Johannes Gutenberg von 1461, und die 1568-72 gedruckte **Biblia Polyglotta** auf Lateinisch, Griechisch, Hebräisch, Syrisch und Chaldäisch. Dem Sammler und Akademiker Fritz Mayer von den Bergh ist das **Museum Mayer van den Bergh** in einem neogotischen Gebäude von 1901 gewidmet *(Lange Gasthuisstraat 19, www.museummayervandenbergh.be, Öffnungszeiten: 10-17 Uhr, Mo. geschl.)*. Hier werden die 3098 von van den Bergh Ende des 19. Jhs. gesammelten Kunstwerke ausgestellt: Gemälde, Skulpturen, Keramiken, Münzen, Silber und einige Höhepunkte wie **Die Sprichwörtertafel** (1558) und **De Dulle Griet** (1564) von Pieter Bruegel d.Ä., eine dramatische Darstellung des Kriegs. Das moderne und kreative Gesicht der Stadt hingegen zeigt sich im **MuHKA, Museum für zeitgenössische Kunst**, in einem umgebauten Getreidesilo (*Leuvenstraat 32, www.muhka.be, Öffnungszeiten: Di.-So. 11-18 Uhr, Do. 11-21 Uhr*) und im spannenden **MoMu - Mode Museum** *(Nationalestraat 28, www.momu.be, wegen Renovierung geschlossen bis Herbst 2020)*, dem **ModeMuseum**, wo sich alles um Kleidung in den verschiedenen Epochen der Geschichte der Mode dreht. Alte und neue Gebäude reihen sich an der Einkaufsstraße **Meir** aneinander *(s. Infobox Shopping)*. Lebendig und elegant ist Het Zuid, der Süden der Stadt, mit seinen Glamourlokalen, Trendrestaurants und zahlreichen an der Schelde gelegenen Kunstgalerien. Zwischen der Altstadt und dem Hafen ist das zukunftsträchtige Viertel **Het Eilandje**, hier befindet sich das Zentrum für zeitgenössische Kunst **Extra City** und das neue **Museum aan de Stroom - MAS** *(Hanzestedenplaats 1, www.mas.be, variierende Öffnungszeiten)*, entworfen von den holländischen Architekten Neutelings und Riedijk. Das auf dem Gebiet der einstigen Hansekontore eingeweihte Museum vereint die Sammlungen des Ethnographischen Museums, des Nationalen Schifffahrtsmuseums und des Volkskundemuseums und zeigt somit auf, wie die Stadt durch ihren Hafen über die Jahrhunderte hinweg wirtschaftliche und kulturelle Beziehungen zum Rest der Welt aufgebaut hat. In der Nähe des MAS erhebt sich das **Port House**, ein architektonisches Werk von Zaha Hadid: Sie hat die Hafengebäude neu gestaltet, indem sie ihnen eine Glaskonstruktion aufgesetzt hat, unter der das ursprüngliche Gebäude sichtbar bleibt. *Info: Grote Markt 13, Tel. 03.2320103, www.visitantwerp.be*

84 – Der Brabobrunnen im Zentrum des Grote Markt in Antwerpen.

85 – Der kühne Bau des Port House.

Die Diamantenstadt

*Wenn Sie in **Antwerpens** Straßen den Ausdruck „Mazal u'Bracha" hören sollten, dann befinden Sie sich vermutlich im Diamantenviertel. Diese beiden Worte, die im Hebräischen „Glück und Segen" bedeuten, besiegeln seit jeher in Verbindung mit einem Handschlag den Abschluss eines Geschäftes. Seit dem 16. Jh., als 40% des Welthandels über den Hafen von Antwerpen abgewickelt wurde, ist die flämische Stadt die Welthauptstadt des Diamantenhandels, dabei waren die Juden stets die besten Diamantenschleifer, auch wenn in den letzten Jahren Inder und Fachleute anderer Nationalitäten einen großen Marktanteil erobern konnten. Weltweit werden fast acht von zehn Rohdiamanten über Antwerpen gehandelt, und einer von zwei wird im Diamantenviertel rings um den Hauptbahnhof zwischen **Jezusstraat** und **Appelmanstraat** geschliffen. Außer den Geschäften und Werkstätten gibt es hier vier Diamantenbörsen, mittlerweile findet der Handel hauptsächlich online statt. Um eine einmalige Erfahrung im direkten Kontakt mit der Welt der Juwelen zu erleben, empfiehlt es sich, das **DIVA - Antwerp Home of Diamonds** zu besuchen* (Suikerrui 17, Antwerpen, www.divaantwerp.be)*: Das Museum bietet eine aufregende Reise in das Kunsthandwerk, den Handel und die Nutzung dieser wertvollen Schätze. In den Ausstellungsräumen kann man allerlei Geheimnisse und Wissenswertes über die Arbeit von Goldschmieden und Diamantenschleifern erfahren und erhält Zugang zur Diamanten- und Goldschmiedesammlung; eine einzigartige Gelegenheit, die berühmtesten, in Antwerpen geschliffenen Diamanten vom 16. Jh. bis heute zu bewundern.*

86 – Eine romantische Aufnahme der Kanäle von Gent.

GENT / GAND: Die mittelalterlich geprägte Altstadt mit ihren blumengeschmückten Balkonen und romantischen Ansichten auf die Kanäle entwickelt sich rings um die kurze, breite **Limburgstraat**, an der die architektonischen Schmuckstücke der Stadt liegen. Wie etwa der **Geeraard de Duivelsteen**, der Steen (Herrensitz) von Gerhard dem Teufel, Sohn des Burgvogts von Gent, und die **St.-Baafskathedral** *(www.sintbaafskathedraal.be, Öffnungszeiten: April-Okt. 8.30-18 Uhr, So. 10-18 Uhr; Nov.-März 8.30-17 Uhr, So. 10-17 Uhr)*, eine der großartigsten gotischen Kathedralen Flanderns. Hier kann man den Genter Altar (1432) von Jan van Eyck und das wundervolle Gemälde **Eintritt des hl. Bavo ins Kloster** von Peter Paul Rubens bewundern. Der **Belfried** von Gent wurde gemeinsam mit weiteren in Belgien und Frankreich als Gruppe zum Weltkulturerbe erklärt *(Öffnungszeiten: 10-18 Uhr)*. Der schlanke Turm von Gent, ein Profanbau, erhebt sich zwischen Kathedrale und Rathaus, sein Glockenspiel besteht aus 54 Glocken, die alle 15 Minuten die Zeit läuten. Mit seiner Höhe von 91 m herrscht der Turm über die Stadt – die Aussicht ist einfach umwerfend! An den beiden gegenüberliegenden Uferstraßen **Graslei** und **Korenlei** am alten Handelshafen reihen sich die historischen Giebelhäuser der Gilden aneinander. In Nr. 14 zeigt das **Gildehaus der Freien Schiffer** seine gotische Renaissance-Fassade, danach, Nr. 10, das romanische Stapelhaus **Spijker**, das erste Beispiel einer Fassade mit dem für die flämische Architektur typischen Treppengiebel. Am Ende der Graslei, am Zusammenfluss von Leie und Lieve, steht **Gravensteen** (Burg der Grafen), gebaut 1180 nach dem Vorbild der syrischen Kreuzfahrerburgen, erst Residenz der Grafen von Flandern, dann Münze, Gefängnis und Baumwollspinnerei. Unvergesslich ist der Blick auf die Stadt von der **Michaelsbrücke**. Nach einer Bootsfahrt durch die Kanäle lohnt es sich, eine Stunde dem Besuch des **Design Museums** zu widmen *(Jan Breydelstraat 5, Tel. 9.2679999, www.designmuseumgent.be, Öffnungszeiten: 9.30-17.30 Uhr, Sa.-So. 10-18 Uhr, Mi. geschl.)*. In einem Privatgebäude aus dem 18. Jh. werden Sammlungen aus der Zeit des Jugendstil und des Art Déco gezeigt, ebenso wie zeitgenössische Arbeiten von Künstlern wie **Pieter De Bruyne** und **Emiel Veranneman**. Ein *Must* ist auch das **Museum voor Schone Kunsten** *(Hofbouwlaan 29, www.mskgent.be, Öffnungszeiten: 9.30-17.30 Uhr, Sa.-So. 10-18 Uhr, Mo. geschl.)*, ein klassischer Tempel mit einer reichhaltigen Sammlung flämischer Kunst vom Mittelalter bis zur ersten Hälfte des 20. Jhs. Zu den bedeutendsten Stücken gehören die beiden Meisterwerke von Hieronymus Bosch, der *Kalvarienberg* und der *Hl. Hieronymus im Gebet*. Zeitgenössische Kunst hingegen wird im **Smak** zur Geltung gebracht *(Citadelpark, www.smak.be, Öffnungszeiten: 9.30-17.30 Uhr, Sa.-So. 10-18 Uhr, Mo. geschl.)*, eine der aktivsten europäischen Einrichtungen, wenn es um Avantgarde in der Kunst geht. *Info: Sint-Niklaasstraat 2, Gent, Tel. 09.2692600, www.tov.be*

BRÜGGE / BRUGES: Mit seinen zahllosen Gassen innerhalb der mittelalterlichen Stadtmauern stellt Brügge die romantische Seite Flanderns dar, die ihre vergangene Größe und heutige Pracht auf dem **Grote Markt** aus dem 13. Jh. zum Ausdruck bringt, seit jeher der Marktplatz der Stadt (auch heute noch, jeweils am Sonntagmorgen). Der große, rechteckige Platz ist gesäumt von den historischen Häusern mit typischen Giebeln, die mit ihren kräftigen Farben einen einzigartigen Rahmen bilden. Beherrscht wird das Bild des Platzes auch von der **Halle**, einer 1248 fertiggestellten Markt- und Lagerhalle mit einer lieblichen Madonna mit Jesuskind von 1523 in der Nische. Der **Belfried** aus dem 14. Jh., ein Profanbau von 83 m Höhe mit 366 Stufen, von dem aus man eine grandiose Aussicht auf Brügge hat, besitzt ein Glockenspiel aus 47 Glocken und ist bekannt für seine typisch flämischen Konzerte, die man das ganze Jahr über hören kann. Sehenswert ist auch der **Burgplatz** mit kostbaren Baudenkmälern wie die alte barocke **Proosdij** (Propstei), der **Gerechtshof** aus dem 18. Jh., der sich noch mit seiner Originalfassade zeigt, und das Stadthuis *(Öffnungszeiten: 9.30-17 Uhr)*, ein wahres Meisterwerk der Gotik, gebaut in den Jahren von 1376-1420 und ältestes Rathaus Belgiens. Besuchen sollte man auch die **Heiligblut-Basilika** (Heilig-Bloedbasiliek), eine Doppelkirche mit einer unteren, dem hl. Basilius geweihten Kirche romanischen Ursprungs, über die im 15. und 16. Jh. die eigentliche Basilika gebaut wurde. Jeden Freitag wird hier die Reliquie des Heiligen Blutes gezeigt, am Himmelfahrtstag wird sie von der Kapelle aus, in der sie aufbewahrt wird, in einer Prozession durch die Stadt getragen. Die gotische **Liebfrauenkirche** mit ihrem 122 m hohen, gemauerten Glockenturm bewahrt im Inneren die großartige Marmorgruppe der Madonna mit Kind von Michelangelo (1504). Gegenüber, im **St.-Janshospital**

(Mariastraat 38, Öffnungszeiten: 9.30-17.00 Uhr, Mo. geschl.), einem der ältesten erhaltenen Krankenhäuser Europas, befinden sich sechs Meisterwerke des großen deutschen Malers **Hans Memling**, der 1494 in Brügge starb, darunter der aus Eichenholz geschnitzte und vergoldete Ursulaschrein mit Miniaturen des Meisters. Versäumen Sie nicht das Zentrum für Spitze, **'T Apostelientje** *(Balstraat 11, Tel. 3250337860, www.apostelientje.be)*: Es erzählt die geschichtlichen und kulturellen Ereignisse rund um die Spitze auch mittels moderner Technologie. Hinter Plätzen und Kirchen liegen die Kanäle, an denen man zu Fuß oder im Boot ziellos umherstreifen und dabei immer wieder kurze Ansichten auf Türme, Häuser und die schönen Brücken genießen kann, die schon von berühmten Künstlern verewigt wurden. Ein von jedem Zeitbegriff losgelöstes Erlebnis – und fast unbewusst führt es zum kleinen, verträumten **Wijngaardplaats** (Weingartenplatz), der durch eine kleine Brücke mit dem beschaulichen **Beginenhof** verbunden ist *(Wijngaardplein 1)*, der 1245 von Gräfin Margarete von Flandern gegründet wurde. In den kleinen, weiß getünchten Gebäuden rings um einen zentralen Garten lebte die Gemeinschaft der Beginen, Witwen oder alleinstehende Frauen, oft aus wohlhabenden Verhältnissen, die außerhalb der hierarchischen Strukturen der Ordensgemeinschaft lebten und sich um karitative und künstlerische Aktivitäten kümmerten (heute leben hier Benediktiner-Schwestern). Man kann die kleine Kirche von 1602 besuchen und das Haus der *Grande Dame*, danach geht es im Süden des Parks weiter zum romantischen **Minnewater**, ideal für einen erholsamen Spaziergang. Die zeitgenössische Seele Brügges findet Ausdruck in der Triennale für Zeitgenössische Kunst und Architektur (erstmals veranstaltet 2017). *Info: In&Uit, Concertgebouw, 't Zand 34, Tel. 50.444646, www.visitbruges.be*

87 – Der Rozenhoedkaai an den Kanälen von Brügge.

Übernachten

€€€€ Firean Hotel (Antwerpen). Ein charmantes Hotel in einem Art-Déco-Gebäude von 1929, das in ganz Belgien einen ausgezeichneten Ruf genießt. *Info: Karel Oomstraat 6, Antwerpen, Tel. 03.2370260, www.hotelfirean.com*

€€€€ B&B Maison Le Dragon (Brügge). Ein Bed & Breakfast in einem rundum restaurierten Herrenhaus aus dem 16. Jh. mitten in der Altstadt. In der Gesellschaft von antiken Möbeln, Gemälden, Spiegeln und Konsolen in Hülle und Fülle werden Sie sich hier bestimmt schnell heimisch fühlen. *Info: Eekhoutstraat 5, Brügge, Tel. 05.0720654, www.maisonledragon.be*

€€€ Monasterium PoortAckere (Gent). Eine ruhige, friedliche Oase in den neogotischen Mauern eines ehemaligen Klosters. Die großen Zimmer sind behaglich eingerichtet. Wenn das Wetter es zulässt, wird das Frühstück im hübschen Innenhof serviert. *Info: Oude Houtlei 56, Gent, Tel. 09.2692210, www.monasterium.be*

Restauranttipps

€€ Het Pomphuis (Antwerpen). Ein Brasserie-Restaurant in den Hafendocks, etwa 2 km vom Zentrum entfernt, in einem Gebäude mit riesigen Pumpen, mit denen früher das Wasser aus den Trockendocks abgesaugt wurde. *Info: Siberiastraat, Antwerpen, Tel. 03.7708625, www.hetpomphuis.be*

€€ Café Théâtre (Gent). Weltstädtisches Ambiente und raffinierter Stil im Café des Opernhauses von Gent, das 1840 eröffnet, 1989 abgerissen und dann wiederaufgebaut wurde. Flämische Küche mit Abstechern in verschiedene Länder der Erde. *Info: Schouwburgstraat 5, Gent, Tel. 09.2650550, www.cafetheatre.be*

€€€ Patrick Devos (Brügge). Hinter der spätgotischen Fassade des Gebäudes verbergen sich die schönen Jugendstil-Räume dieses Restaurants, das unter der Führung eines der bekanntesten Küchenchefs Belgiens steht. Es gibt einen wundervollen Wintergarten. *Info: Zilverstraat 41, Brügge, Tel. 05.0335566, www.patrickdevos.be*

Nightlife

Café De Muze (Antwerpen). Dieses alte Café am Melkmarkt bietet ab 22 Uhr live Jazz und Blues. Sonntags steigt die Stimmung schon ab dem frühen Nachmittag. *Info: Melkmarkt 15, Antwerpen, Tel. 03.2260126*

'T Poatersgat (Brügge). Ein alter Keller mit Kreuzgewölben, wo man bei Kerzenlicht eine schier endlose Auswahl an belgischen Biersorten probieren kann, darunter auch die der Trappisten. Nicht umsonst bedeutet im örtlichen Dialekt der Name des Bierkellers „das Loch des Mönchs". *Info: Vlamingstraat 82, Brügge, Tel. 0495.22865*

Café Den Turk (Gent). Trotz seiner fast 700-jährigen Geschichte bleibt dieses Café ein klassischer Treffpunkt der Einheimischen, wo man gerne mal bei guter Musik ein paar Worte wechselt. *Info: Botermarkt 3, Gent, Tel. 09.2330197, www.cafedenturk.be*

Weitere Informationen: Belgien-Tourismus, Wallonie-Brüssel, Stolkgasse 25-45, 50667 Köln,www.belgien-tourismus.de

Amsterdam – *Niederlande*

Das Erste, was man tut, wenn man in Amsterdam ankommt, ist eine Radtour oder eine Bootstour mit einem der zahlreichen Schiffe, die die Kanäle abfahren. Tourismus pur, sicher. Aber auch gut, um den Geschmack von Freiheit und Nonkonformismus zu spüren, der in dieser Stadt, die nicht nur antike, kosmopolitische, erfrischende, unkonventionelle, progressive Faszination, sondern auch Ruhe und hohe Lebensqualität bietet, allgegenwärtig ist. Beim Radeln oder Dahingleiten auf dem Wasser, wo Fischer in früheren Jahrhunderten das erste Dorf auf Pfählen, später Hollands Hauptstadt errichteten, bekommt man einen Eindruck von den 1500 nachts erleuchteten Brücken und ca. 7000 Gebäuden der herrlichen bis heute mit Kunst verknüpften Fassaden. Im Zentrum liegt der Platz **Dam** mit dem **Königlichen Palast** und der **Nieuwe Kerk**, das erste Ziel der meisten Touristen. Östlich vom Dam, im alten Teil der Stadt, schlängelt sich **De Wallen**, das im Umbruch begriffene Rotlichtviertel. Weiter entfernt verlaufen die Viertel **Nieuwmarkt** und **Plantage** mit dem **Rembrandthaus** und dem **Hortus Botanicus**. Hier haben im 19. Jh. die Juden der Mittelklasse ihr Vermögen im Diamantengeschäft gemacht. Vom Werf 't Kromhout, ehemals eine florierende Werft, hat man einen tollen Blick auf die **De Gooyer-Mühle**, eine der wenigen erhaltenen. Nördlich des Hauptbahnhofs befindet sich die am **IJ** gelegene Front des alten Hafens, die sich mit neuen Avantgarde-Gebäuden, wie dem **NEMO** von Renzo Piano in Form eines futuristischen Schiffes ständig weiterentwickelt. Südlich der Kanäle liegt **Leidseplein**, ein Touristengebiet mit **Vondelpark** und dem **Museumsviertel (Museumplein)** in unmittelbarer Nähe. **De Pijp** im Osten ist eine lebhafte Gegend mit Läden und kleinen Ethno-Restaurants, wo man Gerichte aus aller Herren Länder probieren kann: indische, kurdische, türkische, kambodschanische, chinesische, syrische, um nur einige zu nennen.

Unterwegs in Amsterdam:
Die meisten Sehenswürdigkeiten der Stadt sind zu Fuß erreichbar. Doch am vergnüglichsten ist es, Amsterdam per Rad zu erkunden. Fahrradvermietungen (www.bike-city.nl), *Touren und Fahrradwege* (www.routecraft.com) *gibt es überall in der Stadt.*

88-89 – Luftaufnahme von Amsterdam.

Das exzellente öffentliche Verkehrsnetz umfasst Straßenbahn, U-Bahn und Busse. Die Kanäle werden mit drei Linien befahren, grün, rot und blau (www.stromma.com).

Sehenswertes

DAM: Der weitläufige, rechteckige Platz voller Tauben und Straßenkünstler ist der historische Kern der Stadt, wo die ersten Bewohner bereits im 12. Jh. einen Deich (Dam) am Fluss Amstel errichteten. In den 1970er-Jahren war er Treffpunkt der Hippies. Heute kreuzen Touristen diese große Geschäftsgegend. Dort liegen der klassizistische **Koninklijk Paleis (Königspalast)** und die **Nieuwe Kerk**, eine monumentale, spätgotische, protestantische Basilika, wo seit Jahrhunderten Krönungen und Hochzeiten der holländischen Herrscher zelebriert werden. Die weiße nüchterne Säule, ein beliebter Treffpunkt, die sich in seiner Mitte erhebt, gedenkt der Gefallenen des Zweiten Weltkrieges. Nebenan der Eingang zu **Bijenkorf** *(www.debijenkorf.nl)*, das angesehenste Kaufhaus der Niederlande, bekannt für extravagante Mode und Möbel in futuristischem Design. Von dem Platz geht eine Hauptverkehrsader ab, der **Damrak** (Rak bedeutet Hafen), die auf der anderen Seite **Rokin** (innerer Hafen) heißt. Das bedeutet, dass der Hafen früher bis hierher reichte und so dem Handel Auftrieb gab. Nahe dem Dam findet man einen weiteren Fashion-Tempel, das Einkaufszentrum **Magna Plaza** *(www.magnaplaza.nl)*, untergebracht im ehemaligen Hauptpostamt aus dem 19. Jh.

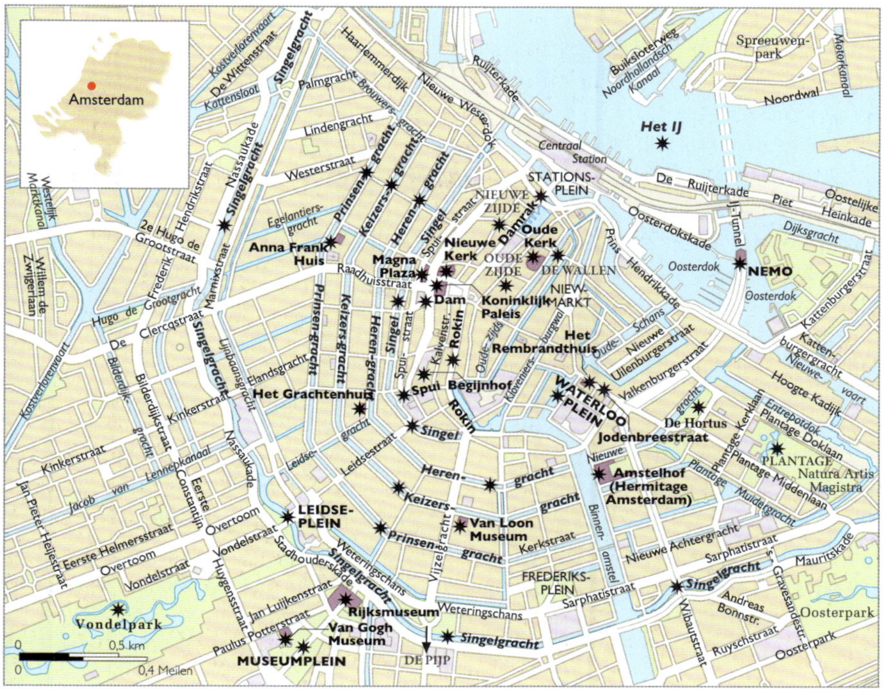

DE WALLEN, DAS ROTLICHTVIERTEL: Östlich der Damrak war De Wallen (die Dämme) eines der berühmtesten Vergnügungsviertel mit den Kammern und den typischen, rot beleuchteten Koberfenstern, hinter denen sich die Prostituierten den Kunden anbieten. Dank des neuen Bebauungsplanes mit dem Projekt 1012 verändert sich aktuell das Gesicht des Viertels: In den Gässchen, der ältesten Gegend der Stadt, ersetzen zunehmend Boutiquen, Trendbars und Bio-Restaurants die Sexläden, Coffeeshops und Erotikshows. Paradoxerweise steht in diesem Viertel auch die **Oude Kerk** (alte Kirche, *Info: Oudekerkplein 23, oudekerk.nl, Öffnungszeiten: Mo.-Sa. 10-18 Uhr, So. 13-17.30 Uhr*), das älteste Gebäude der Stadt, mit romanischen Wurzeln und spätgotischer Überarbeitung mit ihrem von kostbaren Renaissancefenstern erleuchtetem Innenraum, wo oft großartige Orgelkonzerte stattfinden. Für eine Pause ist das **Café Hofje van Wijs** *(Zeedijk 43, Tel. 020.6240436, cafewijs.nl)* eine gute Wahl. Es bietet hervorragenden Kaffee und Tee zusammen mit köstlicher appeltaart (Apfelkuchen).

BEGIJNHOF: Ein kleines Dorf in der Metropole (Eingang von der Spui), um am ruhigsten Ort der Stadt in die Vergangenheit einzutauchen. 1346 als Wohnstätte für ledige Frauen gegründet, die ihr Leben dem Gebet und der Wohltätigkeit verschrieben hatten, besteht der Begijnhof aus einem Hof mit bunten Blumen, einer mittelalterlichen katholischen Kirche und einer Reihe Häuser aus dem 17. Jh.; nur das älteste stammt von 1475 und ist noch aus Holz.

JODENBREESTRAAT: Die wichtigste Straße des alten jüdischen Viertels, die heute einen Bohème-Anstrich hat, war früher Zuflucht für religiös verfolgte Einwanderer. Hervorzuheben ist die Nr. 4, das Haus, wo Rembrandt von 1639 bis 1658 lebte (**Rembrandthuis**), heute ein Museum, dessen Sammlung 260 seiner Stiche umfasst *(Tel. 020.5200400, www.rembrandthuis.nl, Öffnungszeiten: 10-18 Uhr)*.

HERMITAGE AMSTERDAM: Peter der Große bewunderte das Amsterdam des Goldenen Jahrhunderts so sehr, dass er die Kanäle bei der Planung von St. Petersburg zum Vorbild nahm. Vielleicht ist genau dies der Grund dafür, dass in Amsterdam 2009 eine Nebenstelle der russischen Eremitage eröffnet wurde, mit der eine dauerhafte Zusammenarbeit entstand. Untergebracht ist sie im Amstelhof, ein ehemaliges Hospiz und Pflegeheim am Singel-Kanal, das zu einem angesehenen und pulsierenden Ort für Kunstausstellungen und Kulturzentrum wurde. Hier finden regelmäßig große, thematisch an die Meisterwerke der Eremitage angelehnte Ausstellungen statt. Zwei ständige Ausstellungen dokumentieren die Beziehungen zwischen den Niederlanden und Russland und Patientenpflege in Amsterdam, besonders die Altenhilfe im Amstelhof.
Info: Amstel 51, Tel. 020.5308755, www.hermitage.nl, Öffnungszeiten: 10-17 Uhr.
HORTUS BOTANICUS – BOTANISCHER GARTEN: Die Gründung dieser grünen Stadtoase geht sogar bis auf das Jahr 1638 zurück. Ursprünglich war er als Medizin- und Kräutergarten angelegt worden, heute zählt er mehr als 6000 Arten aus aller Welt. Sie sollten auf keinen Fall das Lehr-Treibhaus mit der Schmetterlingszucht verpassen.
Info: Plantage Midddenlaan 2, Tel. 020.6259021, www.dehortus.nl, Öffnungszeiten: 10-17 Uhr, So. im Juli-Aug. bis 19 Uhr.
DIE GRACHTEN (Singelgracht, Herengracht, Keizersgracht, Prinsengracht): als **Goldener Bogen** wurde der Teil der Herengracht bezeichnet, wo Mitte des 17. Jhs. von den besten Architekten der Zeit wie Philips Vingboons großherrschaftliche Kaufmannshäuser mit Fassaden im Louis-XIV-Stil oder im französischen Klassizismus errichtet wurden. Aber außergewöhnliche Häuser findet man überall in der Stadt. Wie in der Oude Hoogstraat Nr. 22 mit einem winzigen, nur zwei Meter breiten und sechs Meter tiefen Haus mit glockenförmiger Fassade. Nicht weit davon die Nr. 26 des Kloveniersburgwal, noch ein kleines, nur 2,44 m breites, als das **Kleine Trippenhuis** bekanntes und für den Kutscher des Herrn Trip erbautes Haus. Es befindet sich gegenüber des Trippenhuis (Nr. 29), dem breitesten Haus Amsterdams (22 Meter), das 1660 von den vermögenden Gebrüdern Lodewijk und Hendrick Trip, die mit Eisen, Kupfer, Waffen und Munition handelten, erbaut wurde. In der Keizersgracht 672 zeigt das in ein Museum umgewandelte van **Loon-Haus** seine elegante Architektur von 1672 *(Tel. 020.6245255, www.museumvanloon.nl, Öffnungszeiten: 10-17 Uhr)*. Im Innenbereich: Möbel der Zeit, Silber und Porzellan des 17. und 18. Jhs. zeigen die Üppigkeit eines Patrizierhauses im 17. Jh. Um die Geschichte des Amsterdamer Grachtengürtels von Grund auf zu erfassen, sollte man das neue, im April 2011 in der Herengracht 386 eröffnete **Het Grachtenhuis, Grachtenmuseum** *(Tel. 020.4211656, www.hetgrachtenhuis.nl, Öffnungszeiten: Di.-So. 10-17 Uhr)* mit seinem schönen Garten besuchen. Will man die schwimmenden Häuser der Prinsengracht auf einer schönen Terrasse in der Sonne sitzend anschauen, kann man eine Rast in **Het Molenpad Café** (Hausnummer 653, *Tel. 020.6259680, www.cafehetmolenpad.nl*) oder **'T Smalle Café** *(Egelantiersgracht 12, Tel. 020.6239617)* machen, das mit seiner Einrichtung aus dem 18. Jh. ideal ist für eine Pause, selbst im Winter.

Canal Bike

Der letzte Schrei für den selbstbestimmten Amsterdam-Besuch ist das ***Canal Bike****, damit man auf keines der beiden Trendtransportmittel, Schiff und Rad verzichten muss.*
Treten und gucken ist einfach und macht Spaß. Die Tretboote können bei den vier Bootsverleihen der Stadt gemietet und bei einem der vier wieder abgegeben werden.
Wer eine intimere und romantischere Bootsfahrt machen möchte, kann eine Nachtfahrt buchen, vielleicht mit einer Live-Jazzband mit Canals and All that Jazz Cruise (www.canal.nl).
Fahrten auf den die Stadt umgebenden Kanälen einschließlich ***Besuch von Höfen und Mühlen*** *bietet die Great Amsterdam Excursion Company an* (www. greatamsterdamexcursions.com), *die seit Kurzem auch eine zweieinhalbstündige Tour in einem Amphibienfahrzeug (Bus und Boot) vom Flughafen Schiphol und zurück offeriert.*

ANNE FRANK HUIS (ANNE-FRANK-HAUS): In ihrem Hinterhausversteck in der Prinsengracht 263 hinter einem Bücher-Schieberegal lebte die Jüdin Anne Frank mit ihren Angehörigen und einer anderen Familie mehr als zwei Jahre in völligem Schweigen, schrieb Erzählungen und sammelte in einem Heft Zitate anderer berühmter Autoren und notierte die Gedanken, Qualen und Hoffnungen einer Heranwachsenden in ihrem berühmten Tagebuch. Doch bevor sie das Geschriebene zur Veröffentlichung überarbeiten konnte, wurde sie verraten, von der Gestapo entdeckt und in das KZ Auschwitz und später nach Bergen-Belsen deportiert, wo sie im März 1945 fünfzehnjährig starb. In den leeren Räumen dieses dunklen Hauses, das 1957 Museum wurde, spürt man den Horror des Holocaust: Tagebuchzitate, Dokumentationen aus der Zeit, Fotos und persönliche Gegenstände der acht Versteckten, von denen nur Annes

Vater, Otto Frank, die Schrecken des Krieges überlebte. *Info: Westermarkt 20, Tel. 020.5567105, www.annefrank.org, Öffnungszeiten: Apr.-Mai u. Sept.-Okt. 9-22 Uhr; Juni-Aug. 8.30-22 Uhr; Nov.-März 9-19 Uhr; So. 9-22 Uhr.*

VAN GOGH MUSEUM: Die 200 Gemälde, 600 Zeichnungen und 700 im rationalistischen Bau von Gerrit T. Rietveld, wo das Van Gogh Museum seit 1973 untergebracht ist, ausgestellten Briefe zeigen das kurze, qualvolle, aber ebenso reiche und fruchtbare Künstlerleben des unglücklichen Malers, der sich mit nur 37 Jahren umbrachte. Ausgangspunkt ist die farblose Malerei der Holländischen Periode im väterlichen Haus, wo Vincent das tragische Bild *Die Kartoffelesser* (1855) malt. Es folgen die Jahre in Paris, wo der vom Bruder Theo aufgenommene Künstler japanische Kunst, die Impressionisten und die Anziehungskraft der Farben entdeckt *(Selbstbildnis mit Strohhut, Schuhe, Weizenfeld mit Lerche)*, und die Perioden in Arles und Saint-Rémy, wo die kraftvolle Sonne Südfrankreichs die Bilder des immer unglücklicheren und gequälteren Malers überfluten *(Der Säer, Sonnenblumen, Schlafzimmer, Die Ernte, Olivenbäume)*. Für den letzten tragischen Akt der Kunst van Goghs steht die Zeit in Auvers-sur-Oise, wo er sein letztes Werk, *Weizenfeld mit Raben* kurz vor seinem Tod malt. In der Museumserweiterung, dem Titaniumbau von Kisho Kurokawa, finden wechselnde moderne Ausstellungen statt. Anlässlich des 125. Todestages des Künstlers wurde 2015 ein neuer Museumseingang eingeweiht, der die vorangegangenen Projekte zur Umstrukturierung der Museen in der Stadt sehr passend aufgriff. *Info: Museumplein 6, www.vangoghmuseum.nl, variierende Öffnungszeiten.*

RIJKSMUSEUM: Hier finden Sie die Meisterwerke der goldenen Epoche holländischer Malerei, als das reiche Bürgertum und die Zünfte ihren eigenen Glanz mit offiziellen Porträts in herrlicher Ausführung zelebrierten. Der Großteil des Museums wird bis 2013 restauriert. Im Philips-Flügel kann man die Hauptwerke sehen, wie die berühmte *Nachtwache* von Rembrandt (1642), die Porträts von Frans Hals *(Der fröhliche Trinker, Maritge Voogt)*, die privaten Szenen häuslichen Lebens von Jan Vermeer *(Der Liebesbrief, Die kleine Straße, Das Milchmädchen)*,

90-91 – Schiffe auf den Amsterdamer Kanälen.

91 Unten – Van Goghs *Sonnenblumen* im Van Gogh Museum.

die berühmten Schiffe von Willem van de Velde und *Dorfhochzeit* von Jan Steen. Teil der Sammlung sind auch die herrlichen Delfter Fayencen, die König Wilhelm III. und Maria Stuart gehörten, und die Puppenhäuser aus dem 17. und 18. Jh., die den damaligen Reichtum widerspiegeln. *Info: Jan Luijkenstraat 1, www.rijksmuseum.nl, Öffnungszeiten: 9-17 Uhr.*

NEMO: Was dem Rumpf eines futuristischen Schiffes gleicht, ist das geistreiche Werk des italienischen Architekten Renzo Piano, der einen aus dem Wasser auftauchenden Schiffsbug als Metapher für das zu Tage tretende Wissen des menschlichen Geistes wählt. Im Hafen über dem **Tunnel des IJ** erbaut, begleitet das Museum den Besucher auf eine Entdeckungsreise in die Welt der Wissenschaft und Technik. Praxisorientierte Ausstellungen umfassen Chemie, Physik, Naturwissenschaften, menschliches Verhalten, Informations- und Kommunikationstechnologie. Besonders interessant sind die Ausstellung, die eine fiktive Reise zum menschlichen Verstand macht, und der interaktive Gang der Psychologie, Wahrnehmung und des Gehirns. Die obere Brücke wird im Sommer zum Strand. Eine perfekte Gelegenheit, um einen Cocktail zu trinken und Amsterdam von oben anzuschauen. Achten Sie beim Hinausgehen auf die alten, restaurierten Handelsschiffe und die originalgetreue Nachbildung der für Besuche offenen *Amsterdam*.
Info: Oosterdok 2, www.nemosciencemuseum.nl, Öffnungszeiten: Di.-So. 10-17 Uhr.

VONDELPARK: Der größte und schönste, 1860 errichtete Park der Stadt ist ideal für einen Sonnentag, um Musik zu hören, ein Buch am Ufer eines Sees zu lesen, die Skulpturen moderner Kunst zu bewundern, die sich auf den Grünflächen befinden, oder entspannt einen Kaffee zu trinken.

92 – Rijksmuseum und Umgebung (oben) und Die Nachtwache (1642) von Rembrandt, Meisterwerk des Rijksmuseums (unten).

Übernachten

€€€€€ Conservatorium Hotel (schick). Das eleganteste und schickste Hotel Amsterdams wurde im Mai 2011 an der berühmtesten Einkaufsmeile der Stadt, der Hoofstraat eröffnet. Es vereint die Faszination des historischen Gebäudes (ehemaliges Konservatorium) mit modernem Design, gestaltet von einem der wichtigsten (Innen-) Architekten Italiens, Piero Lissoni. Mit Spa, Hamam, Innenpool, Sauna und einem ganzheitlichen Wellness-Konzept. *Info: Van Baerlestraat 27, Amsterdam, Tel. 020.5700000, www.conservatorium hotel.com*

€€€€€ Ambassade (elegant).
In herrlicher Lage an der Herengracht liegt dieses aus zehn Häusern des 17. Jhs. bestehende Hotel mit traditionell-elegant eingerichteten Zimmern. Von Schriftstellern und Literaten wie John Le Carré und Umberto Eco frequentiert. *Info: Herengracht 341, Tel. 020.5550222, www.ambassade-hotel.nl*

€€€€ Canal House Hotel (Design).
Innovatives Boutique-Hotel der Curious Group an der berühmten Keizersgracht. Nahe des Anne-Frank-Hauses lebt dieses Hotel vom originellen Kontrast zwischen alter Geschichte der drei Wohnhäuser, die es umfasst, und modernem Design der 23 in schwarz, purpur, grau und kupferfarben gehaltenen Zimmer.
Info: Keizersgracht 148, Tel. 020.6225182, www.canalhouse.nl

Restauranttipps

€€€ La Rive (Sternerestaurant). Das beste Restaurant der Stadt mit Blick auf die Amstel. Es liegt im Amstel Hotel und hat die Michelin-Sterne für den Service und die unverbesserliche Aufmachung, für die reiche Weinauswahl und die feine Küche des Küchenchefs Rogér Rassin. *Info: Professor Tulpplein 1, Amstel InterContinental Amsterdam Hotel, Tel. 020.5203264, www.restaurantlarive.com.*

€€ Brasserie Ambassade (französisch). Im Herzen Amsterdams, bietet es klassische französische Küche und eine Aus-

93 OBEN – DAS NEMO VON RENZO PIANO.

93 UNTEN – DER PLATZ NIEUWMARKT.

wahl erlesener Weine. Raffiniertes Lokal, bereichert durch Kunstwerke, hervorragende Lage am Kanal. *Info: Herengracht 339, Tel. 020.5550255, brasserieambassade.nl*

€€ Dakba (ethnisch). Libanesisches Restaurant, das seinen Namen einem traditionellen Tanz verdankt. Einladende Atmosphäre und Herzlichkeit. Das Lokal bietet Gerichte aus Nahost: Vollkorngetreide, Obst und Gemüse, frischen Fisch und Meeresfrüchte. *Info: Oudezijds Kolk 69, Tel. 020.4200111, dabka.nl*

Nightlife

Glou Glou. Trendlokal mit ansehnlicher Karte natürlicher Weine. Serviert auch kleine Gerichte zum Probieren auf der Blumenterrasse oder in der gemütlichen Bar. *Info: Tweede van der Helststraat 3, Tel. 020.2338642, glouglou.nl*

't Arendsnest (Bierlokal). Ein Mekka für Liebhaber holländischen Biers. Man kann zwischen 350 Flaschen- und Fassbiersorten wählen. *Info: Herengracht 90, Tel. 020.4212057, www.arendsnest.nl*

Paradiso (Musik). Die entweihte, ehemalige Kirche ist eines der besten Livemusik-Lokale der Stadt. Das Programm reicht von Dance-Music über Jazz, Rock, Pop bis Rap. *Info: Weteringschans 6-8, Tel. 020.6268790, www.paradiso.nl*

Weitere Informationen:
Niederländisches Büro für Tourismus & Convention (NBTC):
www.niederlande.de und
Centraal Station,
Tel. 020.7026000,
www.holland.com/de

Shopping auf Märkten

Wahrscheinlich gibt es keine andere Metropole mit so vielen Freiluft- oder teilweise überdachten Märkten. Der größte ist der seit 1904 betriebene ***Albert Cuyp Markt*** *im Zentrum des multikulturellen Viertels De Pijp, das von Einwanderern, Künstlern, und jungen Paaren bewohnt wird* (Mo.-Sa. 9-17 Uhr). *Dort findet man von allem etwas, Kleidung, Lebensmittel, wie auch die unvergleichlichen Sirupwaffeln mit Zimt* (stroopwafel). *Entlang des malerischen Singel-Kanals, zwischen den Plätzen Koningsplein und Muntplein reihen sich die Stände des berühmten* ***Bloemenmarkt*** *aneinander* (Mo.-Sa. 9-17 Uhr, So. 11-17 Uhr), *einige auf großen schwimmenden Pontons, eines der beliebtesten Fotomotive Amsterdams. Dort gibt es eine große Auswahl frischer Blumen der Saison, Knollen und Pflanzen wie holländische Geranien und seltene Zimmerzypressen. Am besten verkaufen sich allerdings Tulpen. Spannend und faszinierend ist das* ***Antiekcentrum****, der überdachte Antiquitäten- und Sammlermarkt in einem alten Lager der Elandsgracht 109* (Mo. u. Mi.-Fr. 11-18 Uhr, Sa.-So. 10-17 Uhr, Di. geschl.). *Die Preise sind recht hoch, aber man kann auch ein gutes Geschäft machen. Auf dem* ***Waterlooplein****, dem berühmten Amsterdamer Flohmarkt, wird nur Gebrauchtes verkauft: Kleidung im Retro-Stil, Kunsthandwerk, Elektronik und Schmuck, alte Bücher, Schallplatten, Postkarten aus den 1920er-Jahren und sogar Theaterkostüme* (Mo.-Sa. 9-17 Uhr). *Für Bücherfreunde und Kunstliebhaber gibt es den* ***Kunstmarkt*** *und den* ***Art Plein Buchmarkt*** *von Spui. Auf dem gleichnamigen Platz (links, fast am Ende der Kalverstraat, wenn man vom Dam kommt) finden jede Woche zwei besondere Märkte statt: freitags der Buchmarkt, für diejenigen, die Bücher aus zweiter Hand oder alte Ausgaben suchen, und sonntags der Kunstmarkt, wo Künstler aus aller Welt ihre Werke ausstellen und verkaufen (Öffnungszeiten: Buchmarkt und Kunstmarkt, Fr. bzw. So. 10-18 Uhr).*

Dublin – *Irland*

Eine kulturelle Vergangenheit, angefangen beim Trinity College, das Literaturgenies wie Jonathan Swift und Samuel Beckett hervorgebracht hat, eine vor Energie strotzende Gegenwart, symbolisiert durch schicke Hotels und neue architektonische Impulse auf den alten Docks. Ein Mischung, die jedes Jahr über 10 Millionen Touristen anzieht. Dies sind die zwei Gesichter Dublins: einerseits Traditionen, andererseits mit Siebenmeilenstiefeln in die Zukunft. Und immer mit dabei, das legendäre Bier.

In der Stadt von James Joyce – dem gedacht wird mit der von Santiago Calatrava entworfenen Brücke über den Liffey **(James Joyce Bridge)** und den kulturellen Initiativen des **James Joyce Centre** *(35 North Great George's Street, jamesjoyce.ie, Öffnungszeiten: 10-17 Uhr, So. 12-17, Okt.-März Mo. geschl.)*, das auch den **Bloomsday** organisiert (den Umzug auf den Spuren der *Ulysses*, jeweils im Juni) sowie Führungen zu den Gedenkstätten des Schriftstellers – beginnt der Stadtrundgang unweigerlich beim **Trinity College**, der berühmtesten Universität der Insel, die schon Generationen von Schriftstellern gesehen hat (nicht aber Joyce, der seinen Abschluss am University College machte). Historische Wahrzeichen sind auch die **Kathedrale** und das anglo-normannische **Dublin Castle**; eine ganz andere Rolle spielt **Temple Bar**: Als dieser Stadtteil durch ein bedeutendes Sanierungsprojekt neu entstand, entwickelte er sich mit seinen vielen Pubs und Vorführungen des **Irish Film Institute** sogleich zum Wahrzeichen einer jungen, unternehmungslustigen Stadt. Temple Bar, jahrelang das beliebteste Ziel der Dubliner, konkurriert heute mit den Docks, besser gesagt den **Docklands**, um diese Führungsrolle: Aus den alten Kaianlagen wurde ein Trendviertel, das um den Grand Canal Square nur so vor Leben strotzt, mit Wohnungen für junge Manager und künstlerischen Open-Air-Installationen, die, nicht ganz ohne Stolz, von den dunklen Jahren des Elends erzählen, die diese Stadt heimgesucht haben.

Unterwegs in Dublin: *Die Stadt hat ein gut ausgebautes Linienbusnetz. Das Straßenbahnsystem* (www.luas.ie) *teilt sich auf in die Green Line, die Sandyford und Stephen's Green verbindet, und die Red Line, mit der man von Tallaght nach Connolly Station gelangt. Von dort fahren die Züge zur Küste ab.*

Sehenswertes

TRINITY COLLEGE: Wer sich von dieser am Ende des 16. Jhs. unter Queen Elizabeth I. gegründeten Universität viel erwartet, wird kaum enttäuscht werden, angefangen von der **Old Library** mit dem **Book of Kells**, den prachtvoll illuminierten Evangelien aus dem 9. Jh., das als eine der wertvollsten Ausgaben der Welt gilt. Die Old Library bewahrt auf ihren antiken Eichenregalen über eine Million von Schriften, die zur Ausbildung zahlreicher Studenten beigetragen haben, von Oscar Wilde über Samuel Beckett zu Jonathan Swift. Auf dem Campus der ältesten Universität Irlands gibt es rings um den **Parliament Square** und den **Library Square** noch weitere sehenswerte Gebäude: die **Kapelle** von 1789 und die **Berkeley Library**, benannt nach dem großen Philosophen, der zuerst hier selbst studierte und dann lehrte *(College Green, www.tcd.ie/library, variierende Öffnungszeiten)*. Die

Universität beherbergt auch die moderne Science Gallery *(The Naughton Institute, Pearse Street, dublin.sciencegallery.com)*. **ST PATRICK'S CATHEDRAL:** Die ab 1191 zu Ehren des irischen Nationalheiligen errichtete anglikanische Kirche verdankt ihren Ruhm Jonathan Swift, dem Dekan, Schriftsteller und Satiriker, der hier von 1713-1745 tätig war. Ein schönes Erlebnis sind die Konzerte, die hier zuweilen stattfinden; unvermeidlich ist beim Eingang ein verweilender Blick auf die Swift-Gedenktafel, deren Inschrift der Schriftsteller selbst auf Latein diktiert hat. Ein Muss ist auch die Lady Chapel *(Saint Patrick's Close, Verbindung zwischen Patrick Street und Upper Kevin Street, www.stpatrickscathedral.ie, variierende Öffnungszeiten)*.

94 – Die Old Library im Trinity College.

94-95 – Das Trinity College ist die renommierteste Universität Irlands.

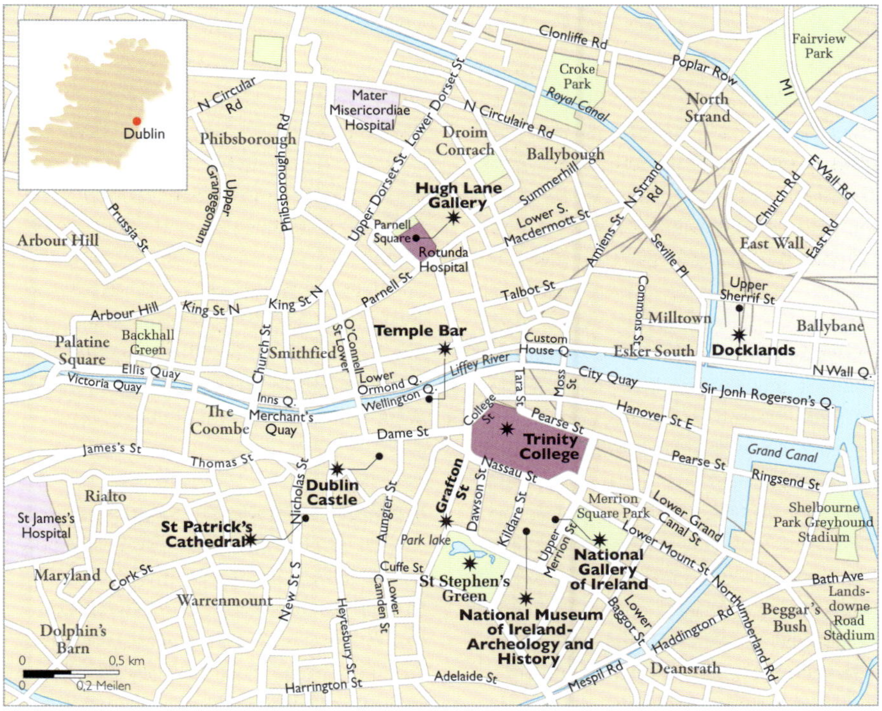

TEMPLE BAR: Das Kulturviertel zwischen dem Fluss Liffey im Norden und der Dame Street im Süden hat sich in den 1990er-Jahren zum angesagtesten Viertel entwickelt. Eine Zusammenballung von Bars, Pubs *(s. Infobox Die Pubs und das Bier)*, Restaurants, Kulturzentren und typischen Backsteingebäuden: vom **Irish Film Institute** *(6 Eustace Street, ifi.ie)*, das trotz seines Namens Filme aus allen Teilen der Welt vorführt, zum **Olympia Theatre** *(72 Dame Street, www.mcd.ie)*, wo Rock- und Pop-Konzerte stattfinden. Irgendetwas findet im Kulturviertel immer statt, von der *Culture Night* im September *(culturenight.ie)* über die Wochenmärkte, einer für Obst und Gemüse, einer für Bücher und sogar ein Designer-Markt, bis hin zu den Initiativen von über 50 künstlerisch-kulturell aktiven Organisationen.
Info: www.lovetemplebar.com

NATIONAL MUSEUM OF IRELAND: Die Sammlungen dieses Museums verteilen sich auf vier Standorte (Archäologie in der Kildare Street, **Decorative Arts & History** in Collins Barracks-Benburb Street, **Country Life** im Turlough Park-County Mayo und **Natural History Museum** in Merrion Street), die Exponate überspannen einen weiten zeitlichen Bogen. Ein absolutes Muss ist im Archäologischen Museum die Ausstellung **Ór – Ireland's Gold** mit prähistorischen Goldartefakten aus der Zeit von 2200 bis 500 v. Chr. und die **Schatzkammer** (mit kostbaren Exponaten von goldenem Schmuck und Kelchen aus keltischer Zeit bis zum Mittelalter). Außerdem Funde aus dem Alten Ägypten, der Wikingerzeit und der römischen Welt *(Tel. 01.6777444, www.museum.ie, Öffnungszeiten: 10-17 Uhr, So.-Mo. 13-17)*.

NATIONAL GALLERY OF IRELAND: Mehr als 14.000 Exponate, Gemälde, Zeichnungen, Skulpturen, Kunstgegenstände vom frühen 13. Jhs. bis zur Mitte des 20. Jhs. Eine der bedeutendsten Kunstsammlungen Europas, die sich nicht zufällig herausragender Werke rühmen kann wie *Christus im Hause von Maria und Martha* von Jan Brueghel d.J. und Rubens (1628), *L'Amorino* von Canova (1789), die *Jungfrau mit dem Kind* von Paolo Uccello (1435-1440). Die Liste der Meisterwerke ließe sich fortführen mit Gemälden von Caravaggio, Goya, Monet, Picasso, Rembrandt, Vermeer und Tizian *(Merrion Square West, Tel. 01.6615133, www.nationalgallery.ie, Öffnungszeiten: 9.15-17.30 Uhr, So.-Mo. 11-17 Uhr)*.
DUBLIN CASTLE: Das Schloss, das im 13. Jh. auf den Überresten einer alten Wikingersiedlung gebaut wurde, war Fes-

Die Pubs und das Bier

Die Grand Tour des Biers beginnt in der St. James's Gate Brewery, wo das **Guinness Storehouse** *liegt* (www.guinness-storehouse.com, Öffnungszeiten: 9.30-17 Uhr, Juli und Aug. bis 19 Uhr)*: das Zuhause des legendären Schwarzbiers, das durchschnittlich 800.000 Besucher anlockt. Hier erfährt man etwas über die Geschichte und die Herstellung des Guinness (mit Pause in der Gravity Bar im 7. Stock, herrliche Aussicht über die Stadt), dann geht es weiter nach* **Temple Bar**, *wo sich die kultigsten Adressen für Freunde des pints befinden: historische Pubs wie jenes, das seit 1840 denselben Namen des Viertels trägt* (47/48 Temple Bar, www.thetemplebarpub.com), *das* **Oliver St John Gogarty**, *sehr gut besucht um die Mittagszeit und nach Sonnenuntergang, wenn dort die besten Lokalbands auftreten* (58/59 Fleet Street, www.gogartys.ie), *die* **Palace Bar**, *ebenfalls in der Fleet Street, sehr beliebt bei Journalisten und Schriftstellern. Außerhalb des Viertels ist* **The Brazen Head** (20 Bridge Street Lower, www.brazenhead.com) *das älteste Pub Dublins (und, wie sie selbst versichern, ganz Irlands): Es wurde auch von Joyce in* Ulysses *erwähnt. In diesem Hauptwerk des Schriftstellers ist auch von* **Mulligan's** *die Rede* (8 Poolberg Street, www.mulligans.ie), *ein Pub in viktorianischem Stil, in dem seit 1782 ausgeschenkt wird. Im* **Toners Pub** *hingegen* (139 Lower Baggot Street, www.tonerspub.ie), *kehrte Yeats gerne ein. Für ein Glas Bier? Nein, Sherry.*

tung, Gefängnis, 700 Jahre lang Sitz der englischen Verwaltung von Irland ... Heute zeigt es sich im Gewand der Residenz des 18. und 19. Jhs. mit dem Clock Tower vom Ende des 17. Jhs., der Chester Beatty Library mit einer der größten Manuskriptsammlungen der Welt und den State Apartments: mit wundervollen Stuckdecken verzierte Repräsentationsräume, in denen bedeutende Gäste untergebracht wurden. Unter den Gemälden befindet sich auch ein Porträt von Van Dyck *(Castle Street, Tel. 01.6458813, www.dublincastle.ie, Öffnungszeiten: 9.45-17.45 Uhr).*

96-97 – Die Brücken über den Fluss Liffey.

97 Oben – Die Guinness-Fabrik.

97 Unten – Eines der zahlreichen Pubs in Temple Bar.

DOCKLANDS: Das Dublin der Zukunft nimmt Form an im alten Hafengebiet mit seinen Arbeiterhäusern und Speichern; ein gewaltiges Umbauprojekt verwandelte es in ein Trendviertel mit zahlreichen Festivals (im Juni das Irish Maritime Festival, *www.dublindocklands.ie/maritimefestival*) und Weihnachtsmärkten. Dort ist auch das **Famine Memorial**, eine Reihe von Bronzestatuen, die an die furchtbare Hungersnot im 19. Jh. erinnern, durch die viele Familien zur Auswanderung in die Neue Welt gezwungen waren, und die **3Arena**, eine Event-Arena in einem viktorianischen Gebäude *(North Wall Quay, Tel. 01.8198888, 3arena.ie)*. Es gibt Fünfsternehotels wie das Merrion *(www.merrionhotel.com)* und natürlich Bars, Restaurants, Kunstgalerien, **The Dublin Wheel**, von dessen 60 m Höhe aus man einen wundervollen Blick auf die Stadt hat *(in Betrieb von 10 Uhr morgens bis 10 Uhr abends)*, und auf dem Liffey kann man mit einem feuerroten Allwetterboot einen **Bootsausflug** machen *(www.dublindiscovered.ie)*. Das eigentliche Schmuckstück aber ist das nach Entwürfen des Architekten Daniel Libeskind gebaute **Grand Canal Theatre** mit seinen gewagten Formen *(Grand Canal Square, Tel. 01.6777999, bordgaisenergytheatre.ie)*. *Info: www.dublindocklands.ie*

ST. STEPHEN'S GREEN: Zwischen zwei Besichtigungen kann man sich mitten im Zentrum in diesem 9 Hektar großen Park zwischen Seen, Brücken, Statuen und Beeten entspannen; hier befinden sich auch die medizinische Hochschule **Royal College of Surgeons**, das **Shelbourne Hotel**, schon seit dem 19. Jh. das Wahrzeichen für Luxushotels in der Stadt *(heute Marriott, www.marriott.co.uk)*, und das **Newman House** aus dem 18. Jh. *(85-86 St. Stephen's Green, Tel. 01.4779811, moli.ie/ucd-newman-house, variierende Öffnungszeiten)*, benannt nach Kardinal John Henry Newman, dem Rektor der katholischen Universität, an der Joyce studierte. Gleich außerhalb seiner Tore liegt die **National Concert Hall**, unverzichtbare Adresse für Freunde klassischer Musik *(Eingang an der Earlsfort Terrace, Tel. 01.4170000, www.nch.ie)*.

HUGE LANE GALLERY: Diese neue, ganz der Kunst gewidmete Einrichtung mit sonntäglichen Konzerten und einer Dauerausstellung von 2000 Werken (darunter Arbeiten von Manet, Monet, Renoir, Degas) beherbergt auch das **Francis Bacon's Studio** und zählt 7000 Exponate, Gemälde, Bücher, Fotografien, Pinsel und sonstige Utensilien aus dem Besitz des großen und umstrittenen Dubliner Malers. Es wäre schade, dies zu verpassen *(Charlemont House, Parnell Square North, Tel. 01.2225550 www.hughlane.ie, Öffnungszeiten: Di.-Do. 9.45-18 Uhr, Fr. 9.45-17 Uhr, Sa. 10-17 Uhr, So. 11-17 Uhr)*.

Übernachten

€€€€ The Clarence (VIP). Hierher kommen Schauspieler, Schriftsteller, Musiker: Nicht zufällig gehört es Bono und The Edge von den U2. Der Look wirkt fast klösterlich streng, die Atmosphäre aber ist grandios. Zum Beispiel in der mit Ledersesseln und Tischen aus den nahe gelegenen Klöstern eingerichteten Bibliothek. *Info: 6-8 Wellington Quay, Tel. 01.4070800, www.theclarence.ie*

€€€ Aberdeen Lodge (behaglich). Es steht auf der Liste der 100 besten Hotels Irlands, hat Zimmer mit Baldachinbetten und ein sehr lohnendes Restaurant. Sehr hübsch ist der Garten. *Info: 53-55 Park Avenue, Tel. 01.2838155, aberdeenlodgedublin.com*

€€€ Hampton Hotel (Design). Ein nettes Design-Hotel, wo man für eine Übernachtung kein Vermögen aufbringen muss. Die angeschlossene Bistro-Bar ist absolut hip bei den Dubliners. *Info: 19-29 Morehampton Road, Tel. 01.6680995, www.hamptonhotel.ie*

Restauranttipps

€€€ Patrick Gilbaud (Sternerestaurant). Ein mit zwei Michelin-Sternen ausgezeichnetes Restaurant für Freunde der kreativen und modernen Küche. Von Wachteleiern mit Foie gras bis zu Ravioli mit Langusten, jedes Gericht eine Versuchung. Mittagskarte mit Zwei-Gänge-Menü zu annehmbaren Preisen. *Info: 21 Upper Merrion Street, Tel. 01.6764192, www.restaurantpatrickguilbaud.ie*

€€ The Winding Stair (elegant). Ein zauberhaftes Restaurant: über eine Buchhandlung und eine Treppe gelangt man zum Restaurant mit Blick auf den Fluss. Die Gerichte entstammen der irischen Küche, sind aber leichter und phantasievoller. Es ist abends nicht gerade günstig, aber mittags kann man hier preiswert essen. *Info: 40, Ormond Quay, Tel. 01.8727320, www.windingstair.com*

€€ Ely Gastro Pub (Weinlokal). Nach dem Vorbild der Londoner Gastro Pubs ist dies eine trendige Adresse, um gut zu essen und zu trinken, teilweise auch Bio-Küche. Es gibt neun verschiedene Speisekarten, für mittags und abends, für Kinder, mit Angeboten vor und nach dem Theater. Zur selben Kette gehört auch Ely Bar & Brasserie und Ely Winebar. *Info: Grand Canal Square, Tel. 01.6339986, www.elywinebar.ie*

Nightlife

Tripod. Eine Art Vielzweck-Club in industriellem Chic mit Bar und Livemusik aufstrebender Gruppen. *Info: Old Harcourt Station, Harcourt Street, www.pod.ie*

Abbey Theatre. Eine historische Adresse, gegründet von Nobelpreisträger W. B. Yeats. Auf dem Spielplan bemerkenswerte Theaterstücke, nationale Premieren und (manchmal) Weltpremieren. *Info: 26 Lower Abbey St, www.abbeytheatre.ie*

Club M. Gepflegtes und elegantes Ambiente. Themenabende, Freitag Glam und Samstag Dance. Es gibt auch einen VIP-Bereich. *Info: Cope St, Temple Bar, Tel. 353.16715622, clubm.ie*

Weitere Informationen: www.ireland.com/de, www.visitdublin.com

98 – Grafton Street, die elegante Einkaufsmeile.

99 – Das Clarence Hotel, im Besitz der Popgruppe U2.

Shopping

In Dublin gehören Shoppen und ***Grafton Street*** *untrennbar zusammen, die Fußgängerzone, an der sich* ***Brown Thomas*** *befindet* (Hausnummern 88-95, Tel. 01.6056666, www.brownthomas.com), *das edelste Kaufhaus des Landes. Das* ***Powerscourt Centre*** (59 South William Street, powerscourt.odonnell.nu) *vereint 42 Boutiquen und Dutzende von Cafébars in einem gregorianischen Gebäude aus dem 18. Jh., gleich hinter Grafton Street. In der Nähe ist das* ***Stephen's Green Shopping Centre****, der örtliche historische Markt, der sich heute durch seine Bogenkonstruktion aus Stahl und Glas auszeichnet* (www.stephensgreen.com). *Angesagt ist das* ***Design Centre*** *mit Kollektionen der wichtigsten irischen Designer* (Powerscourt Centre, Tel. 01.6795718-01.6795863, designcentredublin.com). *Eine Neuheit in den Docklands ist der* **Point Village Market** (North Wall Quay, www.pointvillagemarket.ie), *ein Shoppingzentrum im Zeichen der neuen Trends, mit Marken-Vintage und Bioprodukten auf dem Farmer's Market.*

Die Küste

Ein schönes Ziel im Norden ist ***Skerries****, mit kleinem Hafen und bunt getünchten Häusern; bei Ebbe gelangt man z.B. zu Shenick's Island, die sich am Horizont abzeichnet. Aber auch* ***Malahide****, ein Hafenstädtchen 16 km von der Hauptstadt entfernt mit einem Schloss aus dem 12. Jh. Südlich liegt der Seeort* ***Dùn Laoghaire*** *mit dem* ***National Maritime Museum of Ireland*** *(Tel.* 01.2800969, www.mariner.ie, 11-17 Uhr*). Von diesem Hafen, der 1996 in einer Szene des Films* Michael Collins *mit Liam Neeson verewigt wurde, setzen Fähren nach Wales hinüber. Sie alle sind mögliche Ziele für einen Tagesausflug und mit öffentlichen Verkehrsmitteln von der Connolly Station aus gut mit dem* DART (www.irishrail.ie) *zu erreichen, der umweltfreundlichen Schnellbahn, die die Hauptstadt mit ihrem Umland verbindet, oder mit den Railcars. Weitere Stopps sind Sandycove, die kleine Stadt 14 km südlich von Dublin mit ihrem Martello-Turm – heute ein Museum –, in dem das erste Kapitel von Ulysses von Joyce spielt, daher der Name* ***James Joyce Tower*** (www.joycetower.ie, 10-16 Uhr, im Sommer bis 18 Uhr), *und das nahe gelegene Dorf* ***Dalkey****, mit mittelalterlichen Häusern, die früher von sieben Burgen verteidigt wurden. Heute stehen noch zwei davon, das nicht öffentlich zugängliche* ***Archbold's Castle*** *und* ***Dalkey Castle & Heritage Centre*** (Tel. 01.2858366, www.dalkeycastle.com, Mo.-Fr. 10-18 Uhr, Sa.-So. 11-18 Uhr), *in dem die Geschichte des Dorfes aufgezeigt wird. Auch dieses spielt, wie Sandycove, eine Rolle in* Ulysses.

Edinburgh – *Schottland*

Aristokratisch und mysteriös, traditionell und dynamisch, Theater-, Musik- und Literaturstadt, aber auch moderne, multiethnische Metropole. Mit 482.000 Einwohnern ist Edinburgh, nach London, mit etwa 2 Mio. Touristen jährlich eine der am meisten besuchten Städte Großbritanniens.

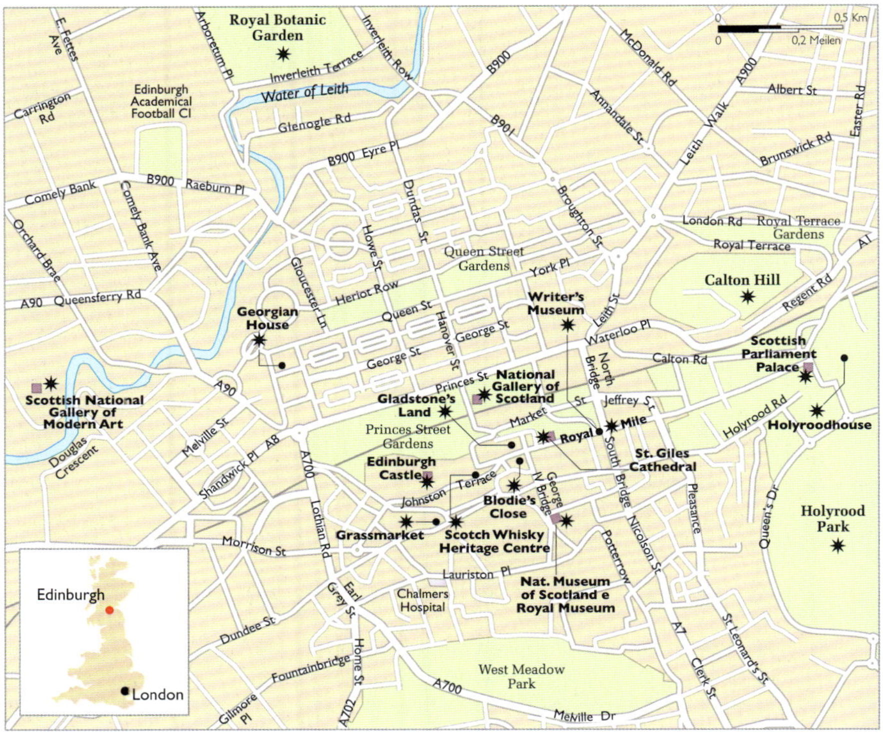

Spektakulär seine geografische Lage zwischen Vulkanhügeln und der großen Bucht des Firth of Forth, den man von unvergleichlichen Aussichtspunkten bewundern kann. Einladend und geheimnisvoll das historische Zentrum, das mit seinen dunklen Gässchen und seiner ereignisreichen Geschichte voller Lieben, Intrigen und Schlachten Dutzende von Schriftstellern von Robert Louis Stevenson bis Irvine Welsh, J.K. Rowling und Arthur Conan Doyle (Vater des berühmtesten Detektivs der Literatur, Sherlock Holmes) inspiriert hat. Der älteste Teil gliedert sich in die schroffe, felsige **Old Town** mit Königsresidenzen, Felsnadeln und Bastionen und die **New Town**, Ergebnis der Stadtplanung des 18. Jhs. mit der georgianischen Häuserzeile und dem **Georgian House** im **Charlotte Square** Nr. 7, das noch mit Möbeln, Geschirr und Bildern des ausgehenden 18. Jhs. eingerichtet ist und einen schönen Einblick bietet *(Tel. 0131.2252160, www.nts.org.uk/visit/places/georgian-house, Öffnungszeiten: März u. Nov, 11-15.15 Uhr; April-Okt. 10-16.15 Uhr; Dez. 11-15.15 Uhr; Jan.-Feb. geschl.)*. Keimzelle der mittelalterlichen Stadt ist die **Royal Mile**, die vom **Edinburgh Castle**, dem Schloss, das die Stadt von einem alten Vulkan aus beherrscht, bis zum **Holyrood Palace**, dem früheren Sitz der schottischen Monarchie hinunterführt. In der Neustadt ist die **George Street**, inmitten des 1767 von James Craig entworfenen Viertels die traditionelle Geschäftsstraße. **Princes Street** ist die Hauptverkehrsader und eine der spektakulärsten Einkaufsmeilen der Welt. Etwas vom Zentrum entfernt sollte man **Leith** besuchen. In diesem Hafenviertel fand in den letzten Jahren eine radikale Neuordnung statt und es ist eines der Trendviertel. Hier gibt es die besten Fischrestaurants der Stadt, Markenläden und avantgardistische Galerien. Und vor dem Shoppingcenter des **Ocean Terminal** liegt die **königliche Yacht Britannia**, das ehemalige Schiff der königlichen Familie, das die Königin 44 Jahre zu 968 Staatsbesuchen begleitet hat *(Tel. 0131.5555566, www.royalyachtbritannia.co.uk, Öffnungszeiten: Nov.-März 10-15.30 Uhr, April-Juni u. Okt. 10-16 Uhr, Juli-Sept. 9.30-16.30 Uhr, die Busse der Majestic Tour starten von der Waverley-Brücke im Zentrum Edinburghs)*.

Unterwegs in Edinburgh: *Der öffentliche Nahverkehr wird in Edinburgh von Bussen abgedeckt, die gute Anbindung garantieren. Alternativ kann man zu Fuß gehen oder Rad fahren. Die Entfernungen sind gering und die Radwege gut gekennzeichnet.*

Währung: *Die offizielle Währung im Vereinigter Königreich ist das* ***Britische Pfund****.*

Sehenswertes

EDINBURGH CASTLE: Das Wahrzeichen von Edinburgh und von Schottland insgesamt. Auf der Felsbastion vulkanischen Ursprungs, von deren Gipfel man über Wälle, Festungen und Gräben, die vom 12.-18. Jh. errichtet wurden, die ganze Stadt überblickt, ziehen 500 Jahre Geschichte vorüber. Hier findet man die **St. Margaret's Chapel**, die kleine normannische Kapelle, die König David I. seiner Mutter, der hl. Margareta widmete, das **Scottish National War Museum**, das die militärische Geschichte der Nation illustriert, den strengen, on der Renaissance geprägten **Palast** mit dem großen Saal, wo das schottische Parlament bis 1639 tagte, den kleinen Raum, in dem Maria Stuart den zukünftigen englischen König George I. gebar, und den **Crown Room**, wo die schottischen **Reichsinsignien** (Krone, Zepter , Schwert und der berühmte Stein von Scone, ein Steinquader, auf dem die Könige von Schottland gekrönt wurden) untergebracht sind. Vor dem Schloss, auf der **Esplanade** findet im August das **Military Tattoo**, die festliche Militärmusikparade statt *(siehe Infobox). Info: Castle Hill, Tel. 0131.2259846, www.edinburghcastle.scot, Öffnungszeiten: April-Sept. 9.30-18 Uhr, Okt.-März 9.30-17 Uhr, letzter Einlass 1 Stunde vor Schließung.*

100-101 – Ansicht von Edinburgh in einzigartiger Lage zwischen Vulkanhügeln.

101 unten – Das auf einer Bastion vulkanischen Gesteins erbaute Schloss.

DIE ROYAL MILE: Eine Meile lang und leicht abschüssig, bekam die berühmte Straße, die die gesamte Altstadt durchzieht, im 16. Jh., als die Herrscher sie benutzten, um vom Schloss zum Holyrood Palace zu gelangen, den Beinamen „royal" *(siehe weitere Infos)*. Die Straße hat in ihrem Verlauf unterschiedliche Namen und heißt von der Esplanade aus *Castle Esplanade, Castlehill, Lawnmarket, High Street, Canongate* und *Abbey Strand*. Es gibt viele Arten, sie zu erkunden, wie Shopping in Antiquitäten oder Souvenirläden-, in Geschäften mit lokalen Qualitätsprodukten, - wie Whisky oder Kaschmir *(siehe Infobox Shopping)*, ein Bummel entlang der Gebäude und Bürgerhäuser angrenzender Gässchen auf der Suche nach den charakteristischen *closes* (Höfe), ein Besuch historischer Bauten und kleiner Museen oder im **Scotch Whisky Heritage Centre**, das die weltgrößte Sammlung von Scotch Whisky hat, im **Gladstone's Land**, Modell eines Bürgerhauses aus dem 18. Jh., früher Eigentum eines reichen Kaufmanns, oder im **Writer's Museum**, das drei literarische Größen ehrt, die in Edinburgh gelebt haben, Sir Walter Scott, Robert Louis Stevenson und Robert Burns. In der Nähe liegt das bekannte **Brodie's Close**, dem legendären Stadtrat William Brodie gewidmet, der 1788 gehängt wurde und der Stevenson wohl als Vorlage für seinen Roman *Dr. Jekyll und Mr. Hyde* diente. Vorn an der High Street erhebt sich auf dem behaglichen Parliament Square die gotische **St. Giles Cathedral**, umgeben von den Parlamentsgebäuden des 17. Jhs., heute Justizpalast und Schottische Nationalbibliothek. Normannischen Ursprungs (12. Jh.) und vielfach restauriert, symbolisiert dieses Gebäude die schottische Geschichte. Innen befinden sich die Statue von John Knox, dem Gründer der presbyterianischen Kirche, und die reich geschmückte neogotische Kapelle des Distelordens, des höchsten schottischen Ritterordens, der jeden 30. November in Ordenstracht defiliert.

Info: Scotch Whisky Experience, 354 Castlehill, Tel. 0131.2200441, www.scotchwhiskyexperience.co.uk, variierende Öffnungszeiten. Gladstone's Land, 477 Lawnmarket, Tel. 0131.2265856, www.nts.org.uk/visit/places/gladstones-land, Öffnungszeiten: 10-17 Uhr. Writer's Museum, Lady Stairs House, Lawnmarket, Tel. 0131.5294901, www.edinburghmuseums.org.uk/venue/writers-museum, Öffnungszeiten: Juni-Sept. Mo.-Sa. 10-18 Uhr, Okt.-Mai Mo-Sa. 10-17 Uhr. St. Giles Cathedral, High Street, Tel. 0131.2260677, www.stgilescathedral.org.uk, Öffnungszeiten: Mai-Sept. Mo.-Fr. 9-19 Uhr, Sa. 9-17 Uhr, So. 13-17 Uhr, Okt.-April Mo.-Sa. 9-17 Uhr, So. 13-17 Uhr.

Eine Festivalstadt

Ein großes Freilichttheater. Es gibt keine bessere Bezeichnung für Edinburgh, eine Stadt mit rauschartigem Kulturleben, wo Musik und Bühnenaufführungen keine Grenzen kennen. Während der Sommermonate verwandeln sich die Gebäude, Höfe, Gärten und das Schloss in eine einzige große Bühne für Musikgruppen, Akrobaten, Straßenkünstler Kinovorführungen und Performances. In dieser Zeit finden inzwischen weltweit bekannte Veranstaltungen und Kulturevents statt, vom ***International Festival*** (www.eif.co.uk) *mit Lyrik, Klassik, Jazz und Theater, bis zum nicht klassifizierbaren* ***Fringe*** (www.edfringe.com), *mit Ausgefallenem und Experimentellem, vom* ***International Book Festival*** (www.edbookfest.co.uk) *mit Lesungen und Diskussionen mit Autoren, die literarische Neuheiten vorstellen, bis zum* ***International Film Festival***, (www.edfilmfest.org.uk), *mit Schwerpunkt auf dem britischen Kino, aber auch auf neuen internationalen Talenten. Und natürlich das* ***Military Tattoo*** (www.edintattoo.co.uk), *die traditionelle Parade der Militärmusikgruppen, die das kosmopolitische Publikum vor dem zauberhaften Hintergrund des erleuchteten Schlosses mitreißt.*

GRASSMARKET: Der alte Platz des Gemüsemarktes, am Fuße des Schlosses, heute das pulsierende Herz der Old Town, war früher die schaurige Bühne für Hinrichtungen, wie das den 100 Covenanters (Anhänger der schottischen Presbyterianerkirche) gewidmete Denkmal bezeugt, die während der Herrschaft Charles II. und Jacobs VII. hier gerichtet wurden.

HOLYROOD PALACE: Die eindrucksvolle offizielle Residenz der schottischen Könige, architektonisch an die französischen Renaissance-Schlösser angelehnt, ist untrennbar mit Maria Stuart verknüpft. Die besonderen Ereignisse ihres Lebens, die hier ihren Lauf nahmen, die Heirat mit Herzog von Bothwell, der dramatische Dialog mit John Knox, der Mord an ihrem italienischen Sekretär David Rizzio, der von ihrem zweiten Ehemann, dem eifersüchtigen Lord Darnley, in Auftrag gegeben wurde, werden hier beim Besucher wachgerufen, während er historische Gemächer mit Königsbildern, Stuckdecken und wertvollen Wandteppichen aus dem 18. Jh. aus Brüssel und der Gobelin-Manufaktur durchquert. In **Queen Mary's Apartments** sieht man persönliche Gegenstände aus dem Besitz der Königin, wovon einige aus der Zeit ihrer Gefangenschaft vor ihrem frühen Tod stammen. *Info: Conongate, www.rct.uk, Öffnungszeiten: April-Okt. 9.30-18.00 Uhr, Nov.-März 9.30-16.30 Uhr.*

HOLYROOD PARK: Holyrood Park, ein weitläufiges Areal im Herzen der Stadt, früher Jagdgebiet der schottischen Herrscher, erstreckt sich über eine Fläche von 263 ha abwechslungsreicher Landschaft, mit Heide, Seen und Felsgipfeln, von denen der **Arthur's Seat** (Arthurs Thron, 45 Min. Fußweg), der sagenumwobene Berg der Kelten mit vulkanischem Ursprung, von wo aus der Blick bis zum Meer und den Highlands reicht, hervorsticht. Im Park wurde 2004 das neue **Scottish Parliament Building** eröffnet, ein moderner Bau aus Stahl, Eiche und Granit, der sich in seinem avantgardistischen Design an das Natur- und Kulturerbe Schottlands anlehnt *(www.parliament.scot)*.

102 – Teilansicht der Stadt mit Arthur's Seat.

103 oben – Der königliche Holyrood Palace.

103 unten – Die gotische St. Giles Cathedral.

MUSEUM OF SCOTLAND UND ROYAL MUSEUM: Mit gemeinsamem Eingang in der Chambers Street, unterscheiden sich die Sammlungen dieser beiden Institutionen grundlegend. Die erste, auf sechs Ebenen chronologisch aufgebaut, von der Vorgeschichte bis ins 20. Jh., unternimmt eine Zeitreise in die schottische Geschichte. Die zweite, in einem eleganten viktorianischen Bau aus Stahl und Glas, ist wegen ihrer kostbaren Kunsthandwerksammlung (Porzellan, Goldschmiedearbeiten, Schmuck, Kostüme und Waffen) eines der reichsten Museen Großbritanniens. *Info: Chambers Street, Tel. 0300.1236789, www.nms.ac.uk, Öffnungszeiten: 10-17 Uhr.*

NATIONAL GALLERY OF SCOTLAND: In einem riesigen, klassizistischen, 1849 eröffneten Gebäude untergebracht, ist ihr Aushängeschild die Sammlung englischer und schottischer Maler des 19. und 20. Jhs., wie Mc Taggart, Henry Raeburn und zeitgenössischer wie Peter Howson und Ken Currie. Unter den wohlklingenden Namen europäischer Malerei sind Raffael, Tizian, Rubens, van Dyck, Hals und Rembrandt. Beachtlich auch die Kollektion französischer Impressionisten und Postimpressionisten. *Info: The Mound, Tel. 0131.6246200, www.nationalgalleries.org, Öffnungszeiten: 10-17 Uhr, Do. bis 19 Uhr.*

CARLTON HILL: Im äußersten Osten der Princess Street liegt dieser erloschene Vulkan, ein einzigartiger Aussichtspunkt der Stadt. Auf der Hügelspitze stehen klassizistische Bauten, darunter das National Monument von 1822 zu Ehren in den Napoleonischen Kriegen gefallener Schotten.

SCOTTISH NATIONAL GALLERY OF MODERN ART: Bietet eine Auswahl der wichtigsten Kunstrichtungen des 20. Jhs., Surrealismus, Expressionismus, Abstraktion und Pop Art. Protagonisten aber sind schottische Maler, von Koloristen des frühen 20. Jhs. bis zu zeitgenössischen, wie Peter Howson und Ken Currie. Die in der **Dean Gallery**, ebenfalls Belford Road, ausgestellte Dadaismus- und Surrealismussammlung mit Werken von Dalì, Duchamp, Magritte, Giacometti usw. ist lückenlos.
Info: Belford Road, Tel. 0131.6246200, www.nationalgalleries.org, Öffnungszeiten: 10-17 Uhr.

ROYAL BOTANIC GARDEN: Eine Insel des Friedens und der Ruhe, weniger als 2 km vom Stadtzentrum entfernt, wo man seit 1670 gesammelte Pflanzen aus jedem Erdwinkel bestaunen kann. Das Treibhaus hat die höchsten Palmen des Königreichs, Pflanzen aus dem Regenwald Amazoniens und von chinesischen Hügeln, Heilpflanzen und den Riesenmammutbaum von Woodland Garden.
Info: 20a Inverleith Row, Tel. 0131.2482909, www.rbge.org.uk, Öffnungszeiten: März-Sept. 10-18 Uhr, Okt. u. Feb. 10-17 Uhr, Nov.-Jan. 10-16 Uhr.

Shopping

Symbol für Qualitätsshopping sind in Edinburgh die Bis Stores, eine wahre Bürgererrungenschaft. Beherrscht werden die Einkäufe in der Neustadt von ***Jenners*** (48 Princes Street), *ein historisches, 1838 gegründetes Kaufhaus und eines der ältesten im Königreich* (www.houseoffraser.co.uk). *Sechs Ebenen Mode, Wohnaccessoires, Kosmetik- und Geschenkartikel und ein kleines Geschäft, das Whisky verkauft. Voll mit Kleidung und Modeaccessoires sind auch die Schaufenster des 2002 in St. Andrew Square eröffneten Geschäfts* ***Harvey Nichols*** (www.harveynichols.com/stores/edinburgh). *Der Juwelier* ***Alistir Wood Tait*** *ist spezialisiert auf Schmuck in schottischem Design, von Broschen in „plaid" (typisch schottischer Stoff) bis zum silbernen „quaich" (zweigriffiges Gefäß zum Whiskytrinken,* 116a Rose Street, www.alistirtaitgem.co.uk). *Wenn Sie samstags in der Stadt sind, machen Sie unbedingt einen Schlemmerspaziergang zum* ***Castle Terrace Farmers' Market*** (www.edinburghfarmersmarket.co.uk), *mit 70 Ständen und lokalen Bio-Köstlichkeiten, wie schottischem Honig, pikantem Chutney, Käse und scharfer Wurst. Das bevorzugte Geschäft der Malzliebhaber, allerdings ist der alte* ***Royal Mile Whiskies-Shop*** *in der Altstadt, ein Geschmacksimperium mit 300 Single Malts, Blended Whiskys und Bourbons* (379 High Street, www.royalmilewhiskies.com). *Getreu der lokalen Tradition ist* ***Geoffrey (Tailor)***, 57-59 High Street, *der Ort, um einen Kilt zu kaufen: Sie haben die Qual der Wahl zwischen den unübertroffenen Modellen aus Wolle und Kaschmir oder den frechen der neuen 21st Century Kilts-Kollektion aus Leder oder Jeansstoff* (www.geoffreykilts.co.uk).

104 – Das Balmoral Hotel rechts mit dem Schloss bei Dämmerung.

105 – Das Cafe Royal in New Town.

Übernachten

€€€€€ Radisson Collection (Design). Ein Hauch von Glamour mit raffiniertem Italian Style inmitten der schottischen Hauptstadt, nahe dem Schloss. Das Design der 136 Zimmer ist ganz in Schwarz und Weiß gehalten, mit üppigen Farbtupfern. Zum Entspannen ein Fitnesscenter. *Info: 1x George IV Bridge, Tel. 0131.2206666, www.radissonhotel.com*

€€€€€ Balmoral Hotel (Luxus). Im Einkaufsgebiet von New Town liegt dieses Luxushotel, das der Bezeichnung gerecht wird. Einrichtung aus dem 18. Jh. und einzigartiger Blick. Das Restaurant Number One mit einem Michelin-Stern ist eines der besten der Stadt. Pool, Spa und Fitness, um in Form zu bleiben.
Info: 1 Princes Street, Tel. 020.35192700, www.grandluxuryhotels.com

€€€ Parliament House Hotel (Comfort). Gebäude in georgianischem Stil auf dem Panorama-Hügel von Edinburgh. *Info: 15 Calton Hill, Tel. 0131.4784000, www.parliamenthouse-hotel.co.uk*

Restauranttipps

€€€ Martin Wishart (raffiniert). Ein Michelin-Stern im Hafengebiet von Edinburgh. Die Gerichte französischer Küche werden mit den besten schottischen Zutaten bereitet. Sehr rechtzeitige Reservierung nötig!
Info: 4 The Shore – Leith, Tel. 0131.5533557, www.martin-wishart.co.uk

€€ Wildfire (traditionell). Dieses kleine Restaurant, ein typischer Familienbetrieb, ist auf die Zubereitung der schottischen Rinderrasse Aberdeen Angus sowie auf Wildbret spezialisiert. Die Karte umfasst ein reichhaltiges Angebot traditioneller Gerichte. Schlichte Küche, es wird größte Sorgfalt auf Einfachheit und die Qualität der Produktkette gelegt.
Info: Rose Street 192, Tel. 0131.2253636, wildfirerestaurant.co.uk

€€ The Stockbridge (romantisch). Ein gemütliches und edles Stadtteilrestaurant, ideal für ein romantisches Dinner bei gedämpftem Licht. An den schwarzen Wänden Gemälde schottischer Künstler. *Info: 54 St Stephen Street, Tel. 0131.2266766, www.thestockbridgerestaurant.co.uk*

Nightlife

The Liquid Room. Im Souterrain bei der Victoria Street liegt dieser mitreißende Club, berühmt wegen der ersten Auftritte von Coldplay, den Smashing Pumpkins und Moby. *Info: 9C Victoria Street, Tel. 0131.2252564, www.liquidroom.com*

The Royal Oak. Direkt an der Royal Mile, ist dies der ideale Treffpunkt für einige der wichtigsten Namen der schottischen Folkmusik.
Info: 1 Infirmary Street, Tel. 0131.5572976, www.royal-oak-folk.com

The Port O' Leith Bar. Ein Pub aus vergangenen Zeiten in Hafennähe mit guter Auswahl an schottischem Whisky. An Decke und Wänden eine tolle Sammlung von Flaggen und nautischen Geräten.
Info: 58, Constitution Street, Leith, Tel. 0131.5555503

Filmhouse. Für Kinoliebhaber eine Institution. Während des Edinburgh's International Film Festival im Sommer auch Festspielort.
Info: 88 Lothian Road, Tel. 0131.2282688, www.filmhousecinema.com

Weitere Informationen:
Edinburgh Centre, High Street 249, Edinburgh, EH1 1YJ, Tel. 0131.4733868
www.edinburgh.org/german, www.visitscotland.com/de

Ausflug nach St. Andrews

Das als Mekka der Golfspieler, die ihr Können auf die Probe stellen wollen, ca. 90 km entfernte, per Auto erreichbare **St. Andrews** *ist vor allem wegen seiner Golfplätze bekannt, die fast bis an den Strand reichen. Aber die aristokratische Atmosphäre dieser am Meer erbauten kleinen Stadt im äußersten East Neuk in Fife geht über das rein Sportliche hinaus. Bedeutend ist ihre zu Beginn des 15. Jhs. gegründete Universität, die als eine der besten im Königreich gilt, und bemerkenswert die Ruine der Kathedrale* (www.historicenvironment.scot/visit-a-place/places/st-andrews-cathedral), *mit deren Bau 1160 begonnen wurde, damals die größte Schottlands. Abgesehen von dem British Golf Museum* (Öffnungszeiten: im Sommer 9.30-17 Uhr, So.10-17 Uhr; im Winter 10-16 Uhr, www.britishgolfmuseum.com) *und dem historischen Old Course, ein Juwel der 7-Loch-Plätze, ist der lange, verlassene Strand von West Sands, Kulisse einer der bewegendsten Strandläufe der Kinogeschichte, durch* Die Stunde des Siegers *von Regisseur Hugh Hudson unsterblich geworden.*

Die Schlösser Schottlands – V.K.

Eine Route im Grenzland, den Scottish Borders, einer Region, die in der Geschichte von Schottland und England schon mehrfach hart umkämpft war. Eine ungebändigte Landschaft (weniger als eine Stunde Autofahrt von Edinburgh entfernt), die aus mit Erika und wilder Heide bewachsenen Hügeln, kleinen Dörfern mit weiß getünchten Häusern und den Tälern mit den fischreichen Flüssen Tweed und Teviot besteht. Es gibt Klosterruinen zu besichtigen, errichtet vom schottischen König David im 12. Jh. und im 16. Jh. von Heinrich VII. zerstört, aber auch Schlösser und wundervolle Landsitze des Adels, Zeugnisse sagenumwobener Ereignisse. Nach und nach nehmen einen die finster wirkenden, im Nebel versunkenen Landschaften gefangen, ebenso die Erzählungen über furchtlose Helden und die lokalen Überlieferungen, die die Romane von Sir Walter Scott in Erinnerung rufen.

Unterwegs in den Scottish Borders: *Die etwa 130 km lange Tour mit dem Auto beginnt in* ***Hawick****, einer kleinen, für ihre Wollproduktion bekannte Stadt; nach einem kurzen Umweg zum* ***Hermitage Castle*** *(25,5 km südlich über die kurvenreiche B6399), führt sie uns weiter über die A698 nach* ***Jedburgh*** *(19 km) und* ***Kelso*** *(14 km). Das nächste Ziel, nachdem man auf der A6089 mit einem kleinen Umweg nach Norden gefahren ist, heißt* ***Mallerstain-House*** *(11 km), dem nach 10 km*

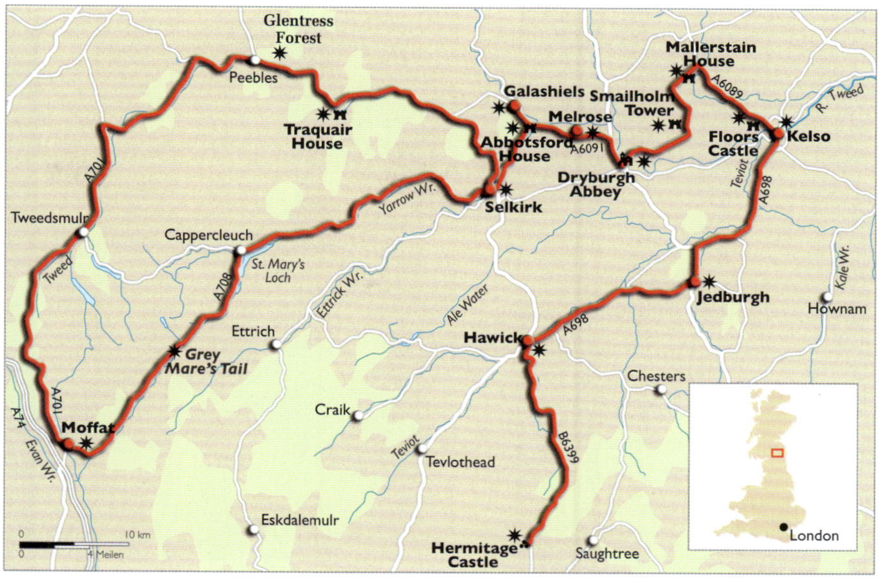

kurvenreicher, aber gut ausgeschildeter Straßen der ***Smailholm Tower*** *folgt, sowie, nicht weit davon,* ***Dryburgh Abbey*** *(8 km). Biegt man dort nach rechts auf die A6091, erreicht man nach 3 km* ***Melrose*** *und gleich darauf* ***Abbotsford House*** *in der Nähe von Galashiels. Von hier aus führt die A7 in 8 km nach* ***Selkirk****, wo die 56 km lange Panoramastrecke auf der A708 beginnt, die uns nach* ***Moffat*** *bringt. Letzte Etappe ist* ***Traquair House*** *(23 km auf der A701), nur 9,5 km vom ruhigen Dörfchen* ***Peebles*** *entfernt.*
Währung: *Die offizielle Währung im Vereinigten Königreich ist das* ***Britische Pfund****.*

HERMITAGE CASTLE: Direkt an einem reißenden Wasserlauf erhebt sich Hermitage Castle *(www.historicenvironment.scot/visit-a-place/places/hermitage-castle, Öffnungszeiten: Apr.-Sept. 9.30-17.30 Uhr; Okt.-März geschl.)*, eine wundervolle Ruine aus dem 13. Jh., wiederaufgebaut im 15. Jh. Ihre gewaltigen Steinmauern tragen in sich die Erinnerungen an die Geschichte der Borders während der Unabhängigkeitskriege, aber auch an einige romantische Episoden, wie die von Maria Stuart, Königin der Schotten, die im Jahr 1566 30 km bis zum Schloss geritten kam, um ihren zukünftigen Gatten, den Earl of Bothwell, zu besuchen, der bei einem Kampf an der Grenze zwischen Schottland und England verletzt worden war. Geister leben in der Vorstellung der Menschen noch heute in den Ruinen der Burg, die sich von ihrer schönsten Seite zeigt, wenn der Himmel strahlend blau ist oder aber wenn sich ein Gewitter ankündigt.

JEDBURGH: An einer Flussschleife des Jed Water liegt das Städtchen Jedburgh, eine historische Royal Burgh, mit einer gepflegten Altstadt aus bunt getünchten Häusern, über denen das **Castle Jail**, ein 1820 eingerichtetes Gefängnis in den Mauern einer früheren Burg thront *(Tel. 01835.864750, www.liveborders.org.uk/culture/museums/our-museums/jedburgh-castle-jail-and-museum, Öffnungszeiten: Apr.-Okt. 10-16.30 Uhr)*. Wer etwas über das Leben von Maria Stuart erfahren möchte, kann das **Mary Queen of Scots' House** besuchen *(Tel. 01835.863331, www.liveborders.org.uk/culture/museums/our-museums/mary-queen-of-scots-visitor-centre, Öffnungszeiten: März-Nov. 10-15 Uhr)*, in dem sich die nach dem historischen Ritt nach Hermitage Castle im Jahr 1566 (s.o.) erkrankte Königin aufhielt. Beherrscht wird die Silhouette des Städtchens von der Abteikirche **Jedburgh Abbey** *(Tel. 01835.863925, www.historicenvironment.scot/visit-a-place/places/jedburgh-abbey/prices-and-opening-times, Öffnungszeiten: Apr.-Sept. 9.30-17.30 Uhr; Okt.-März 10-16 Uhr)*. Sie wurde im Jahr 1138 durch König David I. gegründet, der damit seinen Untertanen und den englischen Feinden gegenüber seinen Glauben und seine Größe zum Ausdruck bringen wollte. Das Bauwerk aus Sandstein wurde bis zur Reformation von Augustinermönchen bewohnt und dann aufgegeben. Heute ist die Kirche ohne Dach, was aber ihre Ausstrahlung keineswegs mindert, die auf den Proportionen des romanisch-gotischen dreischiffigen Kirchenbaus mit Turm über dem Gewölbe

106-107 – Jedburgh Abbey im gleichnamigen Ort.

107 unten – Hermitage Castle aus dem 13. Jh.

The Riding of the Marches

So heißen die im Frühsommer in den größeren Städten der Borders stattfindenden Reiterfestivals. Sie erinnern an die Zeiten, als die schottischen Reiter zum Schutz vor englischen Übergriffen durch die Gemeindegebiete ritten. In traditioneller Kleidung galoppieren sie an den Grenzen entlang, begleitet von Gesängen, Konzerten und Sportveranstaltungen, und folgen einer symbolischen Standarte. Besonders beeindruckend ist in ***Selkirk*** *das* ***Jethart Callant Festival*** (www.jethartcallantsfestival.com), *das am zweiten Freitag im Juli im Anschluss an die dortigen Ritte stattfindet. Den Abschluss bildet auf dem Market Place das festliche Fahnenschwenken und eine Gedenkveranstaltung für die Gefallenen.*

und einem meisterhaft bemalten Portal beruht. Probieren Sie vor der Weiterfahrt die **Jethart Snails**, kleine schneckenförmige Gebäckstücke.

KELSO: Ein romantischer Marktort am Zusammenfluss von Tweed und Teviot. In der Altstadt stehen elegante georgianische Wohnhäuser. Die größte Sehenswürdigkeit ist die Ruine der 1128 von französischen Benediktiner-Mönchen gebauten **Abtei** *(www.historicenvironment.scot/visit-a-place/places/kelso-abbey, variierende Öffnungszeiten)*, von der nur noch der normannische Turm der Kirche erhalten ist. Gut einen Kilometer nordwestlich davon erhebt sich **Floors Castle** *(Tel. 01573.223333, www.floorscastle.com, Öffnungszeiten: Ostern-Sept. 10.30-17 Uhr, Okt. Sa.-So. 10.30-17 Uhr)*, Residenz des Duke of Roxburghe. Das 1721 erbaute Schloss mit seiner aus unzähligen Türmchen, Fialen und Kuppeln bestehenden Dachsilhouette bewahrt in seinen Räumen flämische Wandteppiche, antike Möbel, wundervolle Porzellan- und Silberwaren und eine Sammlung britischer Porträtmaler, darunter Hogart, Gainsborough und Reynolds. Im Park befindet sich der **Millenium Garden**, ein in Form der Initialen der Besitzer angelegten Garten.

MELLERSTAIN HOUSE: Dieses 1778 errichtete Haus gilt als die herausragendste Arbeit des schottischen Architekten William Adam, auch wenn das Projekt letztlich von seinem Sohn Robert zu Ende geführt wurde. Eine klassische Eleganz durchströmt die Innenräume, die ausgestattet sind mit antiken Möbeln und Gemälden von van Dyck, Gainsborough und den besten schottischen Landschaftsmalern: Ramsay, Aitken und Naismith. Bemerkenswert ist vor allem die **Bibliothek** und die originelle Marionetten- und Puppensammlung in der Gallerie. Die Terrassen des nach italienischer Art angelegten **Gartens** fallen sanft zum See hin ab. *Info: Gordon, Tel. 0157.3410225, www.mellerstain.com, Öffnungszeiten: Im Sommer, Palast 12-17 Uhr, Garten 11-17 Uhr.*

SMAILHOLM TOWER: Der Besuch dieses **steinernen Turms**, der auf einer Felsenanhöhe oberhalb eines Sees liegt, ist ein Abstecher auf den Spuren des schottischen Schriftstellers Sir Walter Scott (1771-1832, s.u., *Tel. 01573.460365, www.historicenvironment.scot/visit-a-place/places/smailholm-tower, Öffnungszeiten: Apr.-Sept. 9.30-17.30 Uhr, Okt.-März geschl.*). Wer die Mühe des Aufstiegs auf sich nimmt, wird belohnt mit einem traumhaften Blick über diese einsame Landschaft. Die nahe gelegene **Sandyknowe Farm** gehörte dem Großvater von Scott. Nicht weit von dem Turm befindet sich der nach ihm benannte Aussichtspunkt **Scott's View**, von wo aus der Autor besonders gerne seinen Blick über diese Landschaft schweifen ließ.

DRYBURGH ABBEY: Folgt man dem Verlauf des Tweed River, gelangt man nach St. Boswells, wo diese **Abtei** liegt, die 1150 von Mönchen des Prämonstratenser-Ordens gegründet wurde. Unter den Überresten lassen sich noch die alten Klosterräume erkennen: das Refektorium, der Kapitelsaal und die Kirche mit romanischer Fassade, das Querschiff und der Chor mit den Grabstätten von Walter Scott, seiner Gemahlin und ihres Schwiegersohnes. *Info: Tel. 01835.822381, www.historicenvironment.scot/visit-a-place/places/dryburgh-abbey, Öffnungszeiten: Apr.-Sept. 9.30-17.30, Okt.-März 10-16 Uhr.*

108 OBEN – DAS DORF KELSO AM UFER DES TWEED.

108 MITTE – FLOORS CASTLE, RESIDENZ DES DUKE OF ROXBURGHE.

108 UNTEN – DIE GÄRTEN VON MALLERSTAIN HOUSE.

109 – DRYBURGH ABBEY, GEGRÜNDET IM JAHR 1150.

Kaschmir und Tweed

Der ganze Stolz der Industrie in den Scottish Borders ist die berühmte Produktion von Kaschmir und Tweed. Zentrum der Fertigung ist ***Hawick****, nur wenige Kilometer von der englischen Grenze entfernt. Für Einkäufe stehen Verkaufsstellen verschiedener Manufakturen zur Wahl. Einen guten Start bietet das* ***Cashmere Visitor Centre*** *in der 1874 gegründeten* ***Hawick Cashmere Company*** (Arthur Street, Hawick, Tel. 01450.371221, www.hawickcashmere.com, Mo.-Sa. 9.30-17), *wo man nicht nur einkaufen kann, sondern auch einen Eindruck von der Herstellung des kostbaren Erzeugnisses bekommt. Weiter geht es auf dem Cashmere Trail in* ***Galashiels*** (25,5 km von Hawick entfernt über die A7), *wo man eine der renommiertesten schottischen Manufakturen besichtigen kann, das* ***Lochcarron Cashmere and Wool Centre*** (Waverly Mill, Huddersfield Street, Galashiels, Tel. 01896.752091) *mit großem und gut sortiertem Shop sowie angrenzendem Museum. Bei* ***Eribé Knitwear Design****, ebenfalls in Galashiels, verschmelzen Tradition und Innovation* (Bylands 2, Manse Street, Galashiels, Tel. 01896.755540, www.eribe.co.uk). *Zu ihrer Kollektion gehören ökologische Modelle in reinstem schottischen Stil, aber auch ausgefallenere Linien. Der Trail schließt mit einem Besuch im* ***Lochcarron Visitor Centre*** *ab, bestens ausgerüstetes Zentrum in* ***Selkirk*** (Waverley Mill, Dunsdale Road, Tel. 01750.726100, www.lochcarron.co.uk/lochcarron-visitor-center).

MELROSE: Ein zauberhaftes, kleines Dorf, der Zeit enthoben, mit niedrigen, weiß getünchten Häusern mit schwarzen Dächern und einem klassischen Marktplatz. Das ist Melrose, bekannt vor allem für seine wundervolle gotische Abtei *(Tel. 01896.822562, www.historicenvironment.scot/visit-a-place/places/melrose-abbey, Öffnungszeiten: Apr.-Sept. 9.30-17.30, Okt.-März 10-16 Uhr)*, einst die wohlhabendste ganz Schottlands. Von der 1136 von Zisterzienser-Mönchen gegründeten Abtei sind heute außer dem Kreuzgang noch der Chor, das Querschiff und die Apsis erhalten. Es heißt, in einem der Gräber rings um die Kirche soll das einbalsamierte Herz von Robert the Bruce bestattet sein, jenes Königs, der 1314 nach der Schlacht von Bannockburn Schottland zur Unabhängigkeit führte. In der Nähe der Abtei kann man zwei romantische **Gärten** besuchen, die sich auf den Anbau von Blumen und Trockenblumen spezialisiert haben, die im angrenzenden Laden verkauft werden. Ein knapp einstündiger Spaziergang am Ufer des Tweed entlang (oder wenige Autominuten) führt zum gut 3 km westlich gelegenen **Abbotsford House** *(Tel. 01896.752043, Öffnungszeiten: März-Apr. u. Nov. 10-16 Uhr, Apr.-Okt. 10-17 Uhr, Dez.-Feb. geschl.)*, der vor Sammelstücken überquellenden Residenz am Ufer des Tweed, wo Sir Walter Scott von 1812 bis 1832 lebte. Aus Orten wie diesem zog der beliebteste schottische Romanschriftsteller, Autor von *Ivanhoe*, die Inspiration zur Beschreibung der Figuren und Stimmungen seiner Bücher, von *Waverley* (1814) bis *Guy Mannering* (1815), dessen Protagonist ein Bauer aus der Borders-Region ist.

BOWHILL HOUSE: Fünf Kilometer westlich der Stadt **Selkirk** liegt Bowhill House *(Tel. 01750.22204, www.bowhillhouse.co.uk, variierende Öffnungszeiten, Nov.-März geschl.)*, die Residenz der Familie Scott Duke of Buccleuch, deren ehrenwerter Vorfahr Walter Scott, der erste Lord Scott of Buccleuch, im 16. Jh. von Königin Elisabeth I. zum Ritter geschlagen wurde, die bei dieser Gelegenheit gesagt haben soll: „Mit zehntausend solchen Männern könnten unsere Brüder von Schottland auch den sichersten Thron Europas zum Schwanken bringen." Das Gebäude aus dem 19. Jh. inmitten eines Parks birgt im Inneren beachtliche Schätze: Porzellan, Möbel, eine Küche aus viktorianischer Zeit, eine Sammlung an Miniaturporträts und Gemälde von Gainsborough, Canaletto, Van Dyck, Reynolds, Guardi und Lorrain. Von hier aus führt eine 56 km lange aussichtsreiche Straße (die A708) nach **Moffat**, einer Thermalstadt umgeben von einer sanft gewellten Hügellandschaft mit Häusern aus viktorianischer Zeit. Was man sich auf der Strecke durch das Tal des Yarrow Water unbedingt ansehen sollte, bevor man das gewundene Tal des Moffat Water hinabfährt, ist der spektakuläre Wasserfall **Grey Mare's Tail**, der vom Visitor Centre aus über einen Fußweg erreichbar ist.

TRAQUAIR HOUSE: Am südlichen Ufer des Tweed liegt einer der größten Adelssitze Schottlands, bis zum 13. Jh. Jagdresidenz der schottischen Könige und seit dem 15. Jh. im Besitz der katholischen Familie Stuart. Im Inneren ist die Bibliothek zu besichtigen, der Speisesaal, das Schlafgemach, in dem Maria Stuart ihren Sohn Jakob wiegte, und der Raum, wo sich vor dem Catholic Emancipation Act von 1829 die Geistlichen versteckt hielten. Unter der Kapelle stellt eine **Brauerei** das ausgezeichnete, bei Kennern sehr beliebte Ale her. *Info: Tel. 01896.830323, www.traquair.co.uk, Öffnungszeiten: Apr.-Juni u. Sept. 11-17 Uhr, Juli-Aug. 10-17 Uhr, Okt. 11-16 Uhr, Nov. Sa.-So. 11-15 Uhr, Dez. geschl.*

Übernachten

€€€€€ Stobo Castle Health Spa (Peeblesshire). Wundervolles schottisches Schloss in den Scottish Borders, inmitten eines Kiefernwaldes mit japanischem See, bietet dieses Spa-Hotel seinen Gästen mehr als 80 Anwendungen, um sich zu verwöhnen, zu entspannen und der Muße der ewigen Jugend hinzugeben. Die gesunden und raffinierten Gerichte stellen nicht nur die Linie, sondern auch den Gaumen zufrieden. *Info: Stobo, Peeblesshire, Tel. 01721.725300, www.stobocastle.co.uk*

€€€€ Auchen Castle Hotel (Moffat). Sollten Sie auf der Suche nach einem romantischen Urlaub in einem echten schottischen Schloss sein, dann hat die Suche hier ein Ende. Eleganz, Komfort und etwa 15 Hektar Land und Wald in Privatbesitz, wo man sich sogar im Tontaubenschießen oder der Falkenjagd üben kann. Auch der Küchenchef ist erstklassig. *Info: Beattock, bei Moffat, Dumfriesshire, Tel. 01683.300407, www.auchencastle.net*

€€€€ Allerton House (Jedburgh). Dieses einladende Haus im georgianischen Stil, an der Abfahrt der A68 und nur 5 Minuten zu Fuß vom Zentrum Jedburghs, liegt mitten in einem reizvollen Garten. Es hat sechs

Gästezimmer, die in eine Atmosphäre aus vergangenen Zeiten entführen, obgleich alle Annehmlichkeiten der Moderne zur Verfügung stehen. Frühstück ist inbegriffen. *Info: Oxnam Road, Jedburgh, Tel. 01835.869633, www.allertonhouse.co.uk*

€€€ Townhouse (Melrose). Im zauberhaften Ortskern von Melrose liegt diese feine Hotel, das viel Wert auf Stil und harmonische Farbgebung legt. Das mehrfach ausgezeichnete Restaurant ist das beste der Umgebung. *Info: Market Square, Melrose, Tel. 01896.822645, www.thetownhousemelrose.co.uk*

Restauranttipps

€€ Nightjar (Jedburgh). Innovative Küche auf der Basis von Fisch, mit thailändischen Spezialitäten. Bei den schottischen Gästen sehr beliebt. *Info: Abbey Close, Jedburgh, Tel. 01835.862552*

€€ Osso (Peebles). Elegantes und einladendes Restaurant mit dynamischem, unternehmerischem Personal. Bietet Gerichte für die Pause oder auch Komplettmenüs an mit dem Willen, auch zu einem vernünftigen Preis zu überraschen. *Info: 4 Bridgegate, Peebles, Tel. 1721 724 477, www.ossorestaurant.com*

€€ Marmion Brasserie (Moffat). Brasserie Scottish Style, gemütliches Ambiente mit Holzvertäfelung und einer großen Auswahl an lokalen Spezialitäten wie Lammbraten oder Kabeljau mit Krabbensauce. *Info: Buccleuch St, Melrose, Tel. 0189.6822245, www.marmionsbrasserie.co.uk*

Informationen: www.visitscotland.com/de

110 Oben – Ein Saal in Abbotsford House, das heute ein Museum ist.

110 Unten – Die gotische Abtei von Melrose.

110-111 – Das Landgut Abbotsford House war die vielgestaltige Residenz des Schriftstellers Sir Walter Scott.

Wanderungen und Fahrradtouren

Die wenig befahrenen Straßen und die ursprüngliche und wilde Natur machen die Borders zu einem perfekten Ziel für mehr oder weniger lange Wanderungen und Fahrradtouren. Der ***Borders Abbey Way*** *ist ein mehr als 100 km langer Rundwanderweg, der die Sehenswürdigkeiten der Region miteinander verbindet. Geübtere Wanderer können auch den* ***St Cuthbert's Way*** *laufen, eine etwa 100 km lange Panoramastrecke von Melrose zur Insel Lindisfarne in England, vorbei an Burgruinen, Türmen und Abteien, inspiriert durch die Wallfahrten des heiligen Cuthbert. Es gibt aber auch kürzere Rundstrecken von Melrose, Jedburgh und Kelso aus (Info bei den örtlichen Fremdenverkehrsbüros). Attraktive und anspruchsvolle Moutainbike-Routen bietet* ***Glentress Forest*** *im Tweed Valley. Im nahe gelegenen Peebles ist ein Informationszentrum (The Hub), wo man man Fahrräder mieten kann und sowohl als Anfänger als auch als Fortgeschrittener Information zu geeigneten Touren erhält* (www.glentressforest.com). *Flacher und weniger anstrengend ist der* ***Tweed Cycle Way*** *am Fluss entlang, in dem man 16 verschiedene Fischarten angeln kann.*

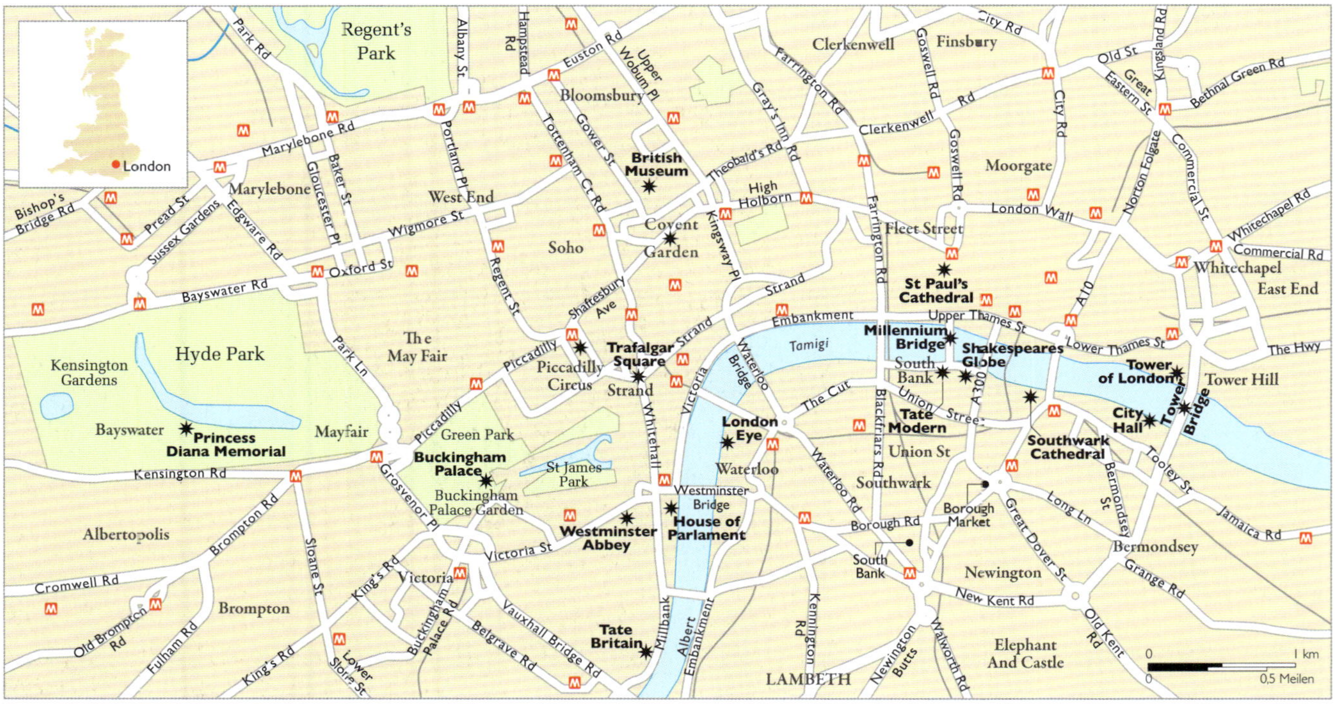

London
Regent's Park
Park Rd
Albany St
Hampstead Rd
Euston Rd
Upper Woburn Pl
Bloomsbury
Gower St
Tottenham Ct Rd
Portland Pl
Marylebone Rd
Baker St
Gloucester Pl
Marylebone
Edgware Rd
Bishop's Bridge Rd
Praed St
Sussex Gardens
West End
Wigmore St
Oxford St
Bayswater Rd
Regent St
Soho
British Museum
Theobald's Rd
Gray's Inn Rd
Farringdon Rd
Clerkenwell
Clerkenwell Rd
Goswell Rd
Finsbury
City Rd
Old St
Great Eastern St
Kingsland Rd
Bethnal Green Rd
City Rd
Moorgate
Norton Folgate
Commercial St
Whitechapel Rd
Commercial Rd
Whitechapel
East End
London Wall
Fleet Street
High Holborn
Kingsway
Covent Garden
Farringdon Rd
St Paul's Cathedral
Upper Thames St
Lower Thames St
A10
Strand
Shaftesbury Ave
Embankment
Tamigi
Millennium Bridge
South Bank
Shakespeares Globe
Tower of London
Tower Hill
The Hwy
Hyde Park
Kensington Gardens
Park Ln
The May Fair
Piccadilly
Piccadilly Circus
Trafalgar Square
Strand
Whitehall
Victoria Embankment
Waterloo Bridge
The Cut
Blackfriars Rd
Union Street
Tate Modern
A300
City Hall
Tower Bridge
Tooley St
Southwark Cathedral
Bayswater
Princess Diana Memorial
Mayfair
Green Park
Buckingham Palace
St James Park
London Eye
Waterloo
Union St
Southwark
Kensington Rd
Grosvenor Pl
Buckingham Palace Garden
Westminster Bridge
House of Parlament
Westminster Abbey
Waterloo Rd
Borough Rd
Borough Market
Great Dover St
Long Ln
Bermondsey St
Jamaica Rd
Bermondsey
Grange Rd
Albertopolis
Brompton Rd
Sloane St
Victoria St
Victoria
South Bank
Newington
New Kent Rd
Cromwell Rd
Old Brompton Rd
Fulham Rd
Brompton
King's Rd
Buckingham Palace Rd
Belgrave Rd
Vauxhall Bridge Rd
Tate Britain
Millbank
Albert Embankment
Kennington Rd
Newington Butts
Walworth Rd
Elephant And Castle
Old Kent Rd
Lower Sloane St
LAMBETH
0 1 km
0 0,5 Meilen

112-113 – Die Themse mit Westminster, Big Ben und London Eye.

London – *England*

Die mitreißendste Hauptstadt Europas zieht jährlich 15 Millionen Besucher an. Dies liegt an der generationsübergreifenden Faszination, der Kultur (ein Großteil der Museen ist kostenlos) und der sehr britischen Fähigkeit, immer Neues zu erfinden. Das heißt nicht, dass Tradition nicht zählt! Beweis dafür ist die Liebe der königlichen Untertanen zu den Pubs und dem zeitlosen Wachwechsel am Buckingham Palace (täglich im Sommer und jeden zweiten Tag im Rest des Jahres, zwischen 11 und 11.30 Uhr, wenn das Wetter es zulässt). Doch wenige Weltstädte verfügen über dieselbe Energie wie diese multikulturelle, multiethnische Metropole, in die es jeden früher oder später einmal verschlägt.

London an einem Wochenende ist natürlich unmöglich. Aber es gibt Viertel, die mehr als andere für die beiden Seelen der Hauptstadt stehen. Das erste ist **Westminster**, das Herz der Stadt, wo es eine Anhäufung historischer Gebäude gibt, von der gleichnamigen **Abtei** bis zu den **Houses of Parliament**. Im Norden, die beiden Rechtecke **Soho** und **Covent Garden**, neben dem **Piccadilly Circus** (ein Zentrum der Leuchtreklame mit seiner **Eros-Statue** aus dem 19. Jh. in der Mitte) sind die Vergnügungsviertel mit Theatern, dem historischen Twinings-Teeladen von 1717 *(216 Strand, www.twinings.com)*, dem berühmten **Covent Garden-Platz** und dem **Royal Opera House** *(Tel. 020.73044000, www.roh.org.uk, von 10 Uhr geöffnet, Führungen fast jede Stunde)*, dem **Central Market Building** aus dem 19. Jh. mit umliegenden Restaurants, Geschäften, improvisierten Performance-Locations von Künstlern, Chinaläden und den extravagantesten Boutiquen. Ganz anders ist die Atmosphäre am **East End**, dem östlich von Covent Garden gelegenen Stadtteil, wo die Engländer Tür an Tür mit östlichen Gemeinschaften leben, ein Viertel voller viktorianischer Häuser und in Treffpunkte umgewandelter Fabriken rings um den Mythos Brick Lane, wie die alte **Truman-Brauerei**, wo Läden, Restaurants und Galerien an die Stelle von Bierbänken und -kästen getreten sind *(91 Brick Lane, www.trumanbrewery.com)*. **Southbank**, südlich der Themse ist hingegen die Hochburg der Moderne. Hier ist die **Millennium Bridge** entstanden, die 2000 entworfene Fußgängerbrücke, die die **City** mit Börse, Banken, Büros und dem berühmten **Swiss Re Tower** (wird auch **30 St Mary Axe** oder vertraulicher **The Gherkin**, die Gurke, genannt: ein 180 m hohes Gebäude von Sir Norman Foster und Ken Shuttleworth) mit der renommierten **Tate Modern** verbindet. Und das **London Eye**, das berühmte Riesenrad, das **Shakespeare's Globe** für Theateraufführungen *(siehe Infobox Nightlife)*, und die anglikanische, ab 1106 in gotischem Stil erbaute **Southwark Cathedral** *(London Bridge, cathedral.southwark.anglican.org, Öffnungszeiten: So. 12.30-15/16-18 Uhr, Mo.-Fr. 9-17 Uhr, Sa. 9.30-15.45/17-18 Uhr)*, die ***City Hall***, ein Kuppelbau aus Glas und Stahl von Norman Foster, in dem seit 2002 die Stadtregierung sitzt *(The Queen's Walk, www.london.gov.uk/about-us/our-building-and-squares/how-find-city-hall, Öffnungszeiten: Mo-Do. 8.30-18 Uhr, Fr. bis 17.30 Uhr)*, der Wolkenkratzer **Shard** (Scherbe/Splitter), entworfen von Renzo Piano *(the-shard.com)*, und der Borough Market *(siehe Infobox Shopping)*, der sich für eine Schlemmerpause anbietet.

Unterwegs in London: *Busse, U-Bahnen (The Tube) und DLR (Docklands Light Railway) sind die besten Fortbewegungsmittel. Man kann Tages- oder Zeitkarten wie die Oyster Card erwerben* (www.tfl.gov.uk). *Um Anstehen zu vermeiden, kann der London Pass, der ebenfalls kostenlosen Eintritt zu vielen Sehenswürdigkeiten bietet, auch vom Ausland aus erworben werden* (www.londonpass.com).

Währung: *Die offizielle Währung im Vereinigten Königreich ist das* ***Britische Pfund***.

Bootsfahrten

Um London aus einer anderen Perspektive kennenzulernen, organisiert ***London Canal Cruises*** *private Bootsfahrten auf dem Regent's Canal mit Mittagessen an Bord. Auch wenn es nicht Venedig ist, so sehen die sich im Wasser spiegelnden viktorianischen Häuser sehr hübsch aus* (63 Salisbury Road, www.londoncanalcruises.com). *Alternativ gibt es die Boote der* ***London Waterbus Company****, die etwa dieselbe Strecke abfährt, die alten Wasserstraßen von Brownings Pool, Little Venice und den Regent's Canal* (58 Camden Lock Place, www.londonwaterbus.com).

114 Oben – Der Buckingham Palace, offizielle Residenz der Königin.

114 Unten – Westminster und Big Ben.

Sehenswertes

BUCKINGHAM PALACE: Der Amtssitz der Königin Elisabeth II. kann im Sommer und Winter besichtigt werden, allerdings nicht alle 775 Zimmer. Die Sammlungen der **Queen's Gallery** und die Kutschen und Automobile in den **Royal Mews**, die bei Krönungen, Hochzeiten und Staatsbesuchen eingesetzt wurden, sind ganzjährig zugänglich. Die Türen der **State Rooms** (die Staatsgemächer mit Bildern von Rubens, Rembrandt, Canaletto und Sèvres-Porzellan) und die Gärten öffnen sich nur im Sommer. *Info: Green Park, Victoria, www.royalcollection.org.uk, variierende Öffnungszeiten.*

LONDONER TOWER: Auf Wunsch von William I. als militärische Festung errichtet, wurde er von den nachfolgenden Herrschern bis ins 17. Jh. umgebaut und erweitert. Hier werden die **Kronjuwelen**, Ringe und mit Edelsteinen verzierte Kronen ausgestellt, über die ein spezielles Polizeikorps wacht, die Beefeater, die zu besonderen Anlässen noch heute ihre schwarz-roten Uniformen anziehen. Und dann natürlich die Kerker, die auf 1080 zurückgehende **St. John's Chapel**, ein Juwel christlicher Architektur, und der **White Tower**, der älteste Anlagenteil. Wegen des großen Besucherzustroms empfiehlt sich ein Besuch am frühen Morgen. *Info: Tower Hill, www.hrp.org.uk, Öffnungszeiten: Di.-Sa. 9-17.30 Uhr, So.-Mo. 10-17.30 Uhr.*

LONDON EYE: Das größte Panorama-Riesenrad Europas wurde zu Beginn des neuen Jahrtausends errichtet. Aus einer Höhe von 135 Metern bietet sich ein bis zu 40 km reichender, betörender Blick, den jährlich etwa 3,5 Millionen Menschen aus den 32 Glasgondeln genießen.
Info: South Bank, www.londoneye.com, variierende Öffnungszeiten.

TOWER BRIDGE: Symbol für das London des 19. Jhs., erhebt sie sich noch heute, um Schiffen Durchfahrt zu gewähren.
Im Inneren zeigt eine Ausstellung die Geschichte und Funktionsweise des Bauwerks. Vom Verbindungssteg zwischen den beiden Brückentürmen ist der Blick einzigartig. *Info: Tower Bridge Road, www.towerbridge.org.uk, Öffnungszeiten: 9.30-17 Uhr.*

115 – TOWER BRIDGE, DIE HÄNGEBRÜCKE ÜBER DIE THEMSE.

ST. PAUL'S CATHEDRAL: Die Kirche mit der zweitgrößten Kuppel der Welt – die größte hat der Petersdom in Rom – wurde 1710 fertiggestellt und dem Stadtpatron gewidmet. Die wichtigsten Werke sind die 111,5 m hohe Kuppel, das Kircheninnere in Form eines lateinischen Kreuzes, die größte Krypta Europas und der Chor mit Schnitzwerk am Chorgestühl. *Info: Selby Avenue, www.cathedralsaintpaul.org, Öffnungszeiten: Mo.-Sa. 8.30-16.30 Uhr.*

HOUSES OF PARLIAMENT: Eines der zahlreichen von der UNESCO zum Weltkulturerbe erklärten Bauwerke. Der aus dem 11. Jh. stammende Bau wurde im 19. Jh. durch einen Brand zerstört und im Stil der Neogotik wieder aufgebaut. Im Inneren gelangt man zu **Westminster Hall**, dem einzigen noch im Originalzustand erhaltenen Gebäudeteil (der Saal ist 72,5 m lang und 20,5 m breit), dem **House of Commons**, das nach den Bombardements des Zweiten Weltkriegs wiederaufgebaut wurde, und dem **House of Lords** mit königlichem Thron. Zu der Anlage gehört auch der Clock Tower, der berühmteste Glockenturm der Welt, der berühmte **Big Ben**, so benannt nach seiner größten, 13,5 Tonnen wiegenden Glocke. *Info: www.parliament.uk/visiting,, Besuche Sa., andere Tage nur im Sommer mit variierenden Öffnungszeiten.*

Parks und Landgüter

*Ein Drittel der Fläche Londons ist von Parks bedeckt und es gibt diverse City-Farmen, die Pferde, Kälber, Zicklein und einige exotische Tiere halten. Im **St. James's Park**, einem der ältesten der grünen Lunge der Stadt, kann man seine Decke auf dem Rasen ausbreiten und ein romantisches Familien-Picknick mit Blick auf den Buckingham Palace veranstalten. Der vom Architekten John Nash entworfene **Regent's Park** ist der Lieblingspark der Blumenliebhaber. Seit 1811 gibt es dort einen Rosengarten mit 30.000 Exemplaren und 400 verschiedenen Arten. **Greenwich Park** ist eine Institution. Der älteste königliche Park (1433), in der Vergangenheit Jagdgebiet der Monarchen, bietet heute Ausblicke auf die Themse und das **Old Royal Observatory**, wo Längengrad null verläuft, der den Zeitzonen zugrunde liegt* (www.rmg.co.uk/royal-observatory, 10-17.30 Uhr). *Schön auch ein Besuch in den **Kensington Gardens**, die mit dem Märchen Peter Pan verbunden sind, an den eine Statue erinnert, mit der **Serpentine Gallery**, wo regelmäßig Ausstellungen zeitgenössischer Kunst stattfinden* (www.serpentinegallery.org, Öffnungszeiten: 10-18 Uhr, Mo. geschl.). *Der berühmteste allerdings bleibt der **Hyde Park**. Diese enorme Stadtoase (142 ha), die in aller Welt wegen der Speaker's Corner bekannt ist, wo sich seit 1872 jeder als Redner versuchen und seine Meinung sagen kann, hat viel zu bieten. Die Londoner fahren hier auf dem See Boot, reiten aus, joggen, fahren Rad oder verweilen am **Princess Diana Memorial Fountain**, ein Lady Di gewidmeter Brunnen* (www.royalparks.org.uk, 5-24 Uhr). *Vierzig Metrominuten von London entfernt erreicht man die **Kew Gardens**, die zu den größten und bemerkenswertesten botanischen Gärten der Welt gehören* (www.kew.org, Mo.-Do. 10-19 Uhr, Fr.-So. 10-20 Uhr). *Ihr berühmtes tropisches Gewächshaus, das jedes erdenkliche natürliche Habitat beherbergt, sollte man mit einer botanischen Führung entdecken.*

WESTMINSTER ABBEY: Das Meisterwerk der Kirchengotik ist Ort aller feierlichen Zeremonien der Monarchie. Im 10. Jh. begründet, ist der Innenraum dreischiffig angelegt und mündet in ein Sanktuarium für Krönungszeremonien. In der Kirche befinden sich zahlreiche Königsgräber sowie der Schrein mit Heiligenreliquien. Rechts vom Kreuzgang erreicht man das Chapter House, ein mit Fresken bemalter Saal aus dem 13. Jh.

Info: 20 Dean's Yard, www.westminster-abbey.org, variierende Öffnungszeiten.

TRAFALGAR SQUARE: Der berühmteste Platz Londons, nach seiner Einweihung im 19. Jh. mehrfach umgestaltet, zeigt im Zentrum die **Statue** von **Horatio Nelson**, die nach dem Sieg des Admirals bei Trafalgar 1805 errichtet wurde. Rings herum die Bronzekanonen, die Löwen von 1867, wo die Touristen hinaufklettern, um Fotos zu machen, und die Brunnen von 1939. Vis-à-vis findet man die Kirche **St. Martin-in-the-Fields** von 1726, die nicht nur Jazz- und Klassikkonzerte bietet, sondern in der Krypta die Überreste des Philosophen Bacon birgt *(Tel. 020.77661100, www.stmartin-in-the-fields.org, Öffnungszeiten: Mo.-Fr. 8.30-18 Uhr, Sa.-So. 8-18 Uhr)* und ein herausragendes Museum, die **National Gallery**, ein Exkurs in die europäische Kunstgeschichte vom 12.-19. Jh. Auch wenn der Besuch einen ganzen Tag dauert, die Aufteilung der Säle ist gut. Wer es eilig hat, kann sich auf die wichtigsten Werke konzentrieren, wie *Die großen Badenden* von Cézanne, *Selbstbildnis* von Rembrandt, *Madonna in der Felsengrotte* von Leonardo da Vinci, *Charles I. zu Pferde* von van Deyk *(www.nationalgallery.org.uk, Öffnungszeiten: 10-18 Uhr, Fr. bis 21 Uhr)*.

VICTORIA AND ALBERT MUSEUM: Das Gebäude ist ein Kunst- und Designtempel. Geboten werden wechselnde und ständige Ausstellungen, Sammlungen von Porzellan, Mode, Gegenständen islamischer Kunst, Möbeln, Stoffen, Fotografien, grafischen Werken, Büchern, Gemälden und Design und die Raffael-Kartons, Vorlagen der Wandteppiche für die

Sixtinische Kapelle *(Cromwell Road, Tel. 020.79422000, www.vam.ac.uk, Öffnungszeiten: 10-17.45 Uhr, Fr. bis 22 Uhr)*.

TATE MODERN: Die meistbesuchte Sammlung moderner Kunst der Welt. Außergewöhnliche Werke, beeindruckende Location: Das ehemalige Elektrizitätswerk der Bankside, von den Architekten Herzog & De Meuron in ein Gebäude mit riesigen Fenstern umgewandelt, zeigt wechselnde Schauen und die großen Werke der Künstler des 20. Jhs., von Pollock bis Modigliani, Klee, Kandinsky, Picasso, Warhol u. a. m. Besuchen Sie auch das Café-Restaurant im obersten Stock mit Blick auf die Themse *(Bankside, Tel. 020.78878888, www.tate.org.uk/modern, Öffnungszeiten: 10-18 Uhr, Fr.-Sa. bis 22 Uhr)*.

TATE BRITAIN: Als Schwester der Tate Modern, wurde sie 1897 eröffnet und widmet sich den Meisterwerken englischer Kunst ab dem 16. Jh. mit Arbeiten u.a. von William Blake, John Constable und William Turner wie *Schneesturm auf dem Meer* von 1812 *(Millbank, Tel. 020.78878888, www.tate.org.uk/britain, Öffnungszeiten: 10-18 Uhr)*.

BRITISH MUSEUM: Ein Museum, das man nicht verpassen sollte! 1753 gegründet, kam 2000 der Great Court hinzu, das spektakuläre Entree von Norman Foster. Untergebracht sind hier 8 Millionen Objekte, archäologische Funde wie der Parthenonfries aus Athen (zweite Hälfte des 5. Jh.) und der Stein von Rosette (196 v. Chr.), der für die Archäologen der Schlüssel zur Entzifferung der Hieroglyphen war. Wer Eile hat, kann den einstündigen, vom Museum empfohlenen Rundgang machen. Außer den zwei genannten Werken beinhaltet dieser auch die Mumie von Katebet (ca. 1300-1280 v. Chr.) und den berühmten Oxus-Schatz, 170 Gegenstände aus dem 5-4. Jh. v. Chr. *(Great Russell Street, Tel. 020.73238000, www.britishmuseum.org, Öffnungszeiten: 10-17.30 Uhr, Fr. bis 20.30 Uhr)*.

116 OBEN – GREAT COURT, DER FASZINIERENDE EINGANG ZUM BRITISH MUSEUM.

116 UNTEN – EINER DER SÄLE DES VICTORIA AND ALBERT MUSEUMS.

116-117 – DER GROSSE BRUNNEN AM TRAFALGAR SQUARE UND DIE NATIONAL GALLERY (LINKS).

Das olympische London

*Großbritannien hat 2012 die Olympischen Spiele im Queen Elizabeth Olympic Park (queenelizabetholympicpark.co.uk) ausgerichtet, der zu diesem Anlass erbaut wurde und in dem heute Konzerte stattfinden und Restaurants und Geschäfte untergebracht sind. London wartet also mit vielen neuen Gebäuden im östlichen Teil der Stadt auf, die einen Besuch wert sind. Das spektakulärste ist **The Cloud**, ein 120 m hoher Turm, den man zu Fuß oder per Fahrrad erklimmen kann, aus dem Plastikblasen als Hintergrund für Lichtprojektionen und -spiele strömen* (www.raisethecloud.org). *Ferner gibt es den **Olympischen Park** mit dem **Wassersportzentrum** für Schwimmwettkämpfe von der Stararchitektin Zaha Hadid, **Eton Manor**, den neuen Tennispalast, der 10.500 Besuchern Platz bietet und das futuristische **Olympiastadion**, das **Velodrom** mit 80.000 Plätzen. Alle Gebäude bereichern seit dem Ende der Spiele das sportliche Leben und die Architektur der Stadt.*

Übernachten

€€€€€ Town Hall Hotel & Apartments (Design und Apartments).
2010 eröffnet, ist es viel mehr als nur ein Hotel. Außer den Zimmern gibt es auch Design-Apartments verschiedener Größe, damit man sich ganz zu Hause fühlt. Außerdem: Spa, Pool, Fitness mit Personal Trainer.
Info: 8 Patriot Square, *Tel. 20.78710460, www.designhotels.com/townhall, www.townhallhotel.com.*

€€€€€ The May Fair (Luxus). Mit seiner Eröffnung in den 1920er-Jahren wurde es umgehend zu einer Ikone der Luxushotellerie. Mit individuell gestalteten Suiten und einem ausgezeichneten Spa zum Relaxen wurde es restauriert.
Info: Stratton Street, Tel. 020.77698200, www.themayfairhotel.co.uk

€€€€ The Main House (Bed & Breakfast).
In diesem eleganten viktorianischen Gebäude in Notting Hill befindet sich auf jedem Stockwerk nur eine Suite. Zeitgemäße Zimmer mit einzelnen antiken Stücken, TV, Wireless-LAN. Eine gute Alternative zum Hotel!
Info: 6 Colville Road, Tel. 20.72219691, www.themainhouse.co.uk

€€€ The Coach House (Bed & Breakfast)
Reichhaltiges Frühstück und durchaus charmante Zimmer (in einem separaten Gebäude), auch Mansarden in diesem B&B fernab des Lärms und der Zentrumspreise.
Info: 2 Tunley Road, Tel. 20.87721939, www.coachhouse.chslondon.com

Restauranttipps

€€€ Gordon Ramsay (top).
Drei Michelin-Sterne und ein Haufen Preise für das wohl beste Restaurant der Stadt. Nur 45 Plätze. Reservierung empfohlen!
Info: 68 Royal Hospital Road, Tel. 20.73524441, www.gordonramsay.com

Shopping

Shopping in London beginnt bei ***Harrods****, dem berühmten Warenhaus mit großen internationalen Marken, einer Gourmetabteilung, die allein schon eine Reise wert ist, und einem Spa im fünften Stock für Kosmetik und Massagen zwischen den Einkäufen* (87-135 Brompton Road, www.harrods.com). *Ein Must auch* ***Selfridges****, eines der bekanntesten Warenhäuser der Stadt mit der weltgrößten Damenschuhabteilung, The Shoe Gallery, mit 6 Verkaufsräumen, 11 Boutiquen, 150 Marken, 5000 Modellen, mehr als 100.000 Schuhpaaren* (400 Oxford Street, www.selfridges.com). *Im traditionellen Sinne sind* ***Oxford Street*** *und* ***New Bond Street*** *die klassischen Einkaufsmeilen, während* ***Paul Smith****, Guru der Mode* made in Britain *sein Damenmodegeschäft in der Albemarle Street führt (in der Stadt gibt es jedoch weitere 13,* www.paulsmith.co.uk). *Aber London ist auch die Hauptstadt der Märkte. Die bekanntesten sind* ***Camden*** *für Kleidung, mit dem* ***Camden Lock Market*** *entlang des Kanals, der jedes Wochenende Massen von Besuchern anzieht* (Camden Town, tägl. 10-18 Uhr, www.camdenlock.net), *der* ***Greenwich Market*** *am Themseufer, ein klassischer Flohmarkt, wo das Angebot tagesbedingt wechselt* (Greenwich, 10-17.30 Uhr, www.greenwichmarket.london) *und der historische* ***Portobello****, Portobello Road* (tägl. außer So., der Top-Tag ist allerdings Sa., Öffnungszeiten: Mo.-Mi. 9-18 Uhr, Do. 9-13 Uhr, Fr.-Sa. 9-19 Uhr, www.portobelloroad.co.uk und www.portobellovillage.com). *Für die Liebhaber von Gaumenfreuden ist der* ***Borough Market*** (8 Southwark Street, www.boroughmarket.org.uk, Do. 11-17 Uhr, Fr. 12-18 Uhr, Sa. 8-17 Uhr) *mit frischen Produkten aus aller Welt, die auch bei den Restaurantbetreibern reißenden Absatz finden, die richtige Adresse. Schöne Location unter den Zugarkaden mit bestem* Street Food-*Angebot zum Verzehr vor Ort und den Kreationen von* **Artisan du Chocolat** (www.artisanduchocolat.com), *einer Boutique für feine Gaumen, wo man Schokolade „fresh made" genießt. Um in zu sein, sollte man auch die Charity-Shops nicht vergessen, wo das ausgegebene Geld humanitären Zwecken zugute kommt. Es gibt sehr viele, angefangen bei den* **Rote Kreuz**-*Läden* (www.redcross.org.uk) *bis hin zu den* **Marie-Curie**-*Geschäften* (www.mariecurie.org.uk/get-involved/charity-shops).

€€ The Eagle (Pub). Vorläufer des Gastropubs und vergleichbar mit den Pariser Bistrots, bot das mit Flohmarktmöbeln eingerichtete Pub als erstes elaboriertere Küche, die sich von den Traditionshäusern unterschied. *Info: 159 Farringdon Road, Tel. 020.78371353, www.theeaglefarringdon.co.uk*

€€ Café Spice Namasté (indisch). London verfügt über die beste indische Küche außerhalb des Mutterlandes. Hier bestellt man traditionelle Gerichte, wie das scharfe Tandoori-Lamm, das auf zehn verschiedene Arten serviert wird.
Info: 16 Prescot Street, Tel. 020.74889242, www.cafespice.co.uk

Nightlife

Shakespeare's Globe.
Die Londoner haben das Theater im Blut und für Shakespeare-Liebhaber ist dieses Theater goldrichtig. 1997 wiedereröffnet, ist es die Nachbildung des ursprünglichen, durch einen Brand zerstörten Gebäudes, wo die Gruppe des illustren William spielte.
Info: 21 New Globe Walk, Tel. 020.74019919, www.shakespearesglobe.com

Champagne Bar.
Auf Gleis 5 der Station St. Pancras, nahe dem Eurostar nach Paris, wurde eine 90 m lange Champagner-Bar mit Tropfen der besten Häuser eröffnet. Sie ist täglich bis 23 Uhr geöffnet und auch bei denen beliebt, die nicht Zug fahren. *Info: The Rendezvous, Tel. 0207.8709900, stpancrasbysearcys.co.uk/champagne-bar*

Notting Hill Arts Club.
Musik- und Kunstlokal im Zentrum Londons mit Themenabenden. Berühmt ist die Diskothek „Death Disco".
Info: Notting Hill Gate 21, www.nottinghillartsclub.com

Weitere Informationen: Britisches Fremdenverkehrsamt, www.visitbritain.com/de/DE

118-119 – Nächtliche Skyline der Themse.

118 Mitte – Der Ralph Lauren-Store in der New Bond Street.

118 Unten – Der berühmte Portobello-Flohmarkt.

119 Unten – Das Kaufhaus Harrods, Tempel des Luxusshoppings.

Lappland – *Finnland*

Im Winter liegt über Finnisch-Lappland die besondere Faszination des Mysteriösen und Unbekannten. Verborgen unter einer dicken Schneedecke, die die schwachen Sonnenstrahlen brechen kann, hat man den Eindruck, es wäre endlos. Tagsüber durchquert man die unendlichen Weiten der unter der Schneedecke gefrorenen Seen mit dem **Motor-, Rentier-** oder **Huskyschlitten** oder geht zu Fuß mit **Schneeschuhen durch schneebedeckte Wälder**. Die Bäume scheinen mysteriösen Märchengestalten zu gleichen, die, wenn man sie berührt, silberne Eissplitter in der Luft blitzen lassen. Und, wer es sich traut, wälzt sich abends im Schnee. Der würdige Abschluss eines **Saunagangs**! Doch die Nacht bietet ein unerwartetes und beeindruckendes Spektakel: Das Polarlicht, das sich mit seinem Opalschimmer in einem hypnotischen Tanz nähert, macht sogar die strengen Außentemperaturen vergessen. Im Frühjahr und Sommer sprießen aus der Erde Beeren und Blumen und die Hütten liegen wieder an lebhaften Seegewässern. Der Tagesrhythmus wird von **Ausritten, Kanutouren, Spaziergängen** und dem Ernten von Waldfrüchten bestimmt. Lappland erreicht man mit dem Flugzeug über **Helsinki**, die finnische Hauptstadt, der man mindestens einen Tag widmen sollte. Am Tag darauf fliegt man weiter nach **Kuusamo**, einem Städtchen vor den Südtoren Finnisch-Lapplands. Es liegt wenige Kilometer von **Ruka** entfernt, einem renommierten Wintersportzentrum mit Schwerpunkt Abfahrtski. Doch vor allem bekannt ist das Gebiet für die Wildnis des **Oulanka-Nationalparks** mit Seen, Flüssen und einer reichen Fauna. Wir befinden uns an der Grenze zum **nördlichen Polarkreis**, in der Nähe des **Yli-Kitka-Sees, Juuma, Tolva** und **Posio**. Es sind alles sehr kleine Orte – der Norden des Landes ist fast unbewohnt – und es macht Spaß, im Motorschlitten hinzufahren.

Unterwegs in Lappland: *Der Flug von Helsinki nach Kuusamo dauert ca. 2 Stunden* (www.finnair.com). *Ruka, der Yli-Kitka-See, der Oulanka-Nationalpark, Juuma, Tolva, Posio, alles liegt dicht beieinander. Im Winter bewegt man sich im Jeep oder Motorschlitten, den man über ein örtliches Tourismusunternehmen bekommt. Im Sommer ist die Fortbewegung unproblematisch. Hier die Kilometer- und Straßenangaben für die Route: Kuusamo – Ruka: 25 km auf der E63; Ruka – Yli-Kitka-See: 15 km auf der E63; Ruka – Oulanka-Nationalpark: 37 km auf der E36, dann 950; Ruka – Juuma: 21 km auf der E63; Juuma – Tolva: 48 km auf der 9471, dann E63; Tolva – Posio: 33 km auf der 9471, dann 81.*

HELSINKI

Helsinki gilt als eine der hipsten Städte Europas. Abgesehen von einer natürlich stark finnischen Prägung zeigen sich, auch in der Architektur, schwedische, russische und internationale Einflüsse. 1550 von Gustav I. Wasa als Gegenpol zu Tallinn gegründet, das direkt gegenüber liegt und leicht mit dem Schiff zu erreichen ist, hat Helsinki ein kleines historisches Zentrum, das gut zu Fuß und im Sommer per Rad erkundet werden kann. Lebhaftes Treiben gibt es am **Kauppatori**, dem von Gebäuden aus dem 19. Jh. umgebenen Marktplatz mit Ständen, die Leckereien und Kunsthandwerk anbie ten, von wo man zur **Seefestungsinsel Suo menlinna** fährt. Sie wurde in der zweiten Hälfte des 18. Jhs. zum Schutz der Haupt stadt errichtet und ist heute UNESCO-Welterbe *(Tel. 0295.338410, www.suomenlinna.fi/en/visitor/museums/suomenlinna-museum, Museumsöffnungszeiten von Suomenlinna: Okt.-April 10.30-16.30 Uhr, Mai-Sept. 10-18 Uhr)*. Den Hafen im Rücken sieht man auf dem Hügel die blitzenden Kuppeln der **orthodoxen Uspenski-Kathedrale** aus dem 19. Jh. *(Kanavakatu 1, variierende Öffnungszeiten)*, die die Jugendstil-Gebäude überragt. Auf der linken Seite die **Esplanadi**, das Herz der Stadt, wo man auf den Caféterrassen verweilt, während Besucher den nahe gelegenen **Senaatintori**, den erhabenen, klassizistischen Senatsplatz aus dem 19. Jh. bewundern. Etwas weiter entfernt, aber durchaus lohnenswert, die in den Felsen gebaute **Tempelkirche (Temppeliaukion kirkkom)** mit Kupferkuppel und Glasdach für schönen Lichteinfall. Zwar sind während des Gottesdienstes (protestantische Kirche) keine Touristen zugelassen, aber ein Besuch ist dann am beeindruckendsten *(Info: Lutherinkatu 3, Tel. 09.23406320, variierende Öffnungszeiten)*. Wer moderne Architektur und Alvaar Alto schätzt, darf die **Finlandia-Halle** nicht aussparen, ein Kongress-, Event- und Veranstaltungsgebäude aus weißem Marmor *(Info: Mannerheimintie, 13, Tel. 09.40241, Öffnungszeiten: Mo.-Fr. 9-17 Uhr)*. Zeitgenössische Kunst feiert

sich prunkvoll im **Museum Kiasma**, das vom amerikanischen Architekten Steven Holl entworfen und 1998 eröffnet wurde *(Info: Mannerheiminaukio 2, Tel. 0294.500501, www.kiasma.fi, Öffnungszeiten: Di. u. Sa. 10-18 Uhr, Mi.-Fr. 10-20.30 Uhr, So. 10-17, Mo. geschl.)*. Seine Sammlung umfasst mehr als 9000 Werke, vornehmlich finnischer und, in geringerem Maße, skandinavischer, baltischer und russischer Kunst. Besonders schön ist Helsinki im Winter, am 13. Dezember zum Luciafest, wenn Kerzen in den Fenstern der Häuser stehen und Tageslichtstunden knapp sind. Ebenfalls einen Besuch lohnt der Design District, ein modernes Modeviertel mit mehr als 200 Ateliers, Boutiquen, Museen und Galerien, die den internationalen Tourismus anziehen. *Info: Offizielle Touristikwebsite für Helsinki: www.myhelsinki.fi/de*

120 – DAS FINNISCHE NATIONALTHEATER IN HELSINKI.

120-121 – WINTERANSICHT VON HELSINKI.

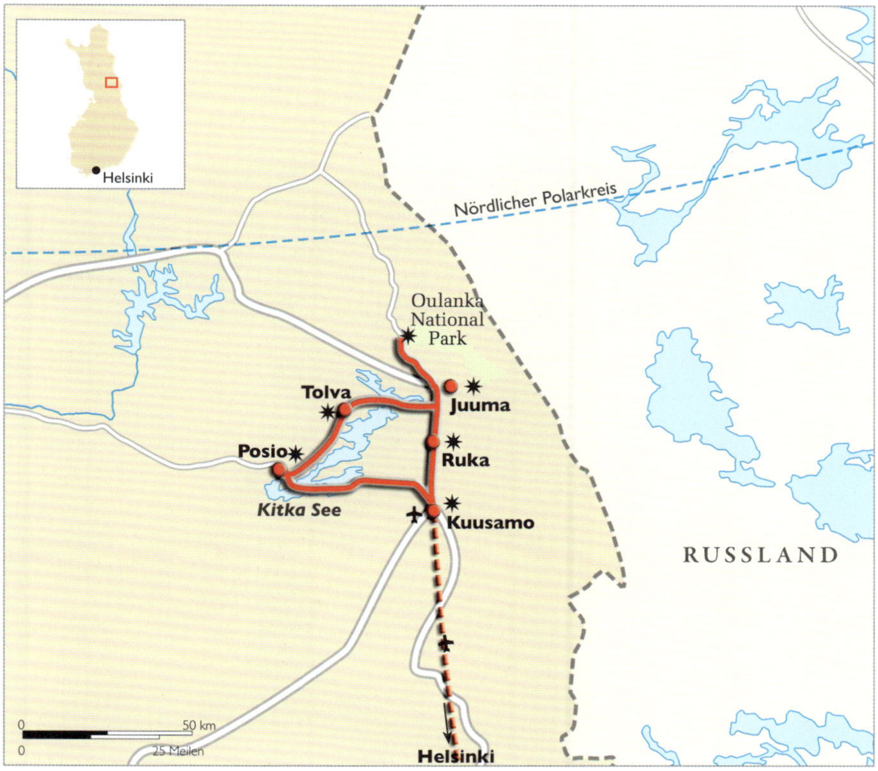

KUUSAMO

Der kleine Flughafen von **Kuusamo** ist das Tor zu einem der Wildnisgebiete Finnlands, das nicht nur hochwertige Infrastrukturen für Sportler, sondern auch unberührte Natur zu bieten hat, die man unbedingt entdecken sollte, wie den herrlichen **Oulanka-Nationalpark** mit ruhigen Seen, reißenden Flüssen, Wäldern und Forsten. Das Städtchen ist klein und bietet nicht besonders viel, da es 1944 dem Erdboden gleichgemacht wurde. Doch vor oder nach einer Nordpolsafari kann man hier bei **Bjarmia** *(Vienantie 1, mit Café im Obergeschoss, Tel. 08.853869, www.bjarmia.fi/en)* Andenken aus handgetöpferter Keramik kaufen. Feinkost und Wein findet man im Supermarkt direkt bei der Tourismusinformation. *Info: Kuusamo, Tourist Centre Karhuntassu, Torangintaival 2, Kuusamo, Tel. 040.8608365*

RUKA UND POSIO

Für Abfahrtski und Langlauf ist Ruka einer der beliebtesten Wintersportorte Finnlands. Er ist durch einen Shuttlebus mit Kuusamo verbunden *(Skianlagenöffnungszeiten: 9-19 Uhr, www.ruka.fi)*. Doch wer aus dem Ausland herkommt, möchte andere einzigartige Erfahrungen machen. Der Ort ist Ausgangspunkt für ein- oder mehrtägige Ausflüge mit dem Motorschlitten, die Verpflegung und Übernachtung, normalerweise in Waldhütten, beinhalten. Die Veranstalter vor Ort bilden kleine Gruppen und versorgen die Teilnehmer mit der nötigen Ausrüstung – Overall, Schuhe, Handschuhe und Helm – und dem Motorschlitten *Info: Stella Polaris, Kiririnteentie 1, Posio, Tel 040.8433425, www.stellapolaris.fi; Ruka Adventures, Rukanriutta 11, Rukatunturi, Tel. 08.8522007, www.rukaadventures.fi oder www.laplandfinland.com/Deutsch.iw3*

Nach einer kurzen Einweisung in die Motorschlitten – geht schnell, sie funktionieren wie Scooter – startet man mit den Führern in die unendlichen Weiten (allein die Gemeinde **Posio** verfügt über mehr als 200 Kilometer Strecke inmitten von Eiswüsten, Wäldern und dem **Canyon Korouma**, dem besten Ort für eine Kletterpartie in Finnland). Die Thermo-Overalls und die Schlitten mit heizbaren Sitzen und Griffen sorgen für Wärme. Abends, nach dem **Saunagang** bieten die Reiseführer **Polarlicht-Wanderungen in Schneeschuhen** an *(siehe Details)*. Tagsüber kann man die **lokalen Rentier- oder Pferdebetriebe** und die **Husky-Schulen** besichtigen und sich verschiedentlich sportlich betätigen (z. B. Eisklettern oder Fischen). Im Sommer kann man sich allein auf den Weg machen und sich nur an Veranstalter wenden, wenn man Besonderes plant.

Info: Ruka, c/o Shopping Centre Kumpare, Rukatunturintie 9, Ruka, Tel. 08.8600250, www.ruka.fi/en und Posio Tourist Information, Pentik Mäki, Maaninkavaarantie 5, Posio, Tel. 0447.674218, posiolapland.com

SCHNEESCHUHWANDERUNG

In Thermo-Overalls, Schneeschuhen und Taschenlampen zum Beleuchten des Weges bricht man im Gänsemarsch auf (diese Touren kann man auch separat oder im Hotel buchen). Es ist ein sanftes Auf und Ab, das häufig am Ufer eines gefrorenen Sees beginnt und weiter führt in die Wälder, an Flüssen entlang und unter vom Schnee geneigten Ästen hindurch. Mit Erstaunen vernimmt man in völliger Stille das Plätschern des Flusswassers, das zu kleinen Wasserfällen anschwillt und ein vollkommenes Bild bietet, wenn es beim Gefrieren erstarrt. Die roten Rettungsringe rings um die Seen, wo man im Sommer baden kann, sind schneebestäubt. Es gibt kaum Tageslichtstunden, doch der matte Schimmer bricht sich im Schnee, sodass man nicht das Gefühl ewiger Nacht hat.

SCHNEESAFARI MIT RENTIEREN UND HUNDEN

Auch wenn sie oft gleichgesetzt werden, sind es doch gänzlich andere Erfahrungen. Wenn **Rentiere den Schlitten ziehen** – es sind extrem sanftmütige Tiere und ein weißes gilt als Glücksbringer –, so laufen sie ganz leise in völlig entspannter und romantischer Atmosphäre durch Wälder und über schneeverschneite Wiesen und versenken die Hufe kaum merklich in der „Wattelandschaft". Besonders schön ist es im Januar mit dem Dämmerlicht *(kamos)*, einem seltenen, pastellfarbenen Licht. Die **Huskys** hingegen sind sehr viel zäher und warten heulend auf die Abfahrt der Schlitten, während der Schlittenführer die Touristen zum Halten der Zügel und zur Gewichtsverlagerung auf der Fahrt anhält. Nicht selten streiten sich Huskys während der Fahrt. Man kann kurze, aber auch ganztägige Fahrten unternehmen. Am Ende erhält man einen **Rentier- oder Husky-Führerschein**. Diese Ausflüge beinhalten oft eine Rast in einem Samen-Zelt, wo man Einblick in die Lebensweise der Ethnie und ein heißes Getränk bekommt. Im Sommer finden auch Kanutouren auf den Flüssen und Seen des Oulanka-Nationalparks statt. Wichtig: Einen Samen fragt man nicht, wie viele Rentiere die Familie besitzt. Das wäre, als würde man nach dem Kontostand fragen!

Info: Salla Reindeer Park, Hautajärventie 111, Salla, Tel. 040.3524248, www.sallareindeerpark.fi

Sauna ... und dann im Schnee wälzen

Das Saunaritual kann privat oder mit Freunden stattfinden. Die Sauna betritt man nackt, aber für schamhaftere Naturen ist Badekleidung erlaubt. Zwischen den Saunagängen geht man ins Freie und wälzt sich im Schnee oder auf dem gefrorenen See. (Wenn Sie das nicht wollen, sollten Sie sich nicht einer Gruppe Einheimischer anschließen. Sie würden keine gute Figur machen.) Abgesehen von dem Anfangsschock verspürt man ein angenehmes Kribbeln am ganzen Körper. Beendet wird das Ritual im Ruheraum, wo man in der Regel Bier trinkt, aber auch Tee erhält. Die Hütten oder Hotelzimmer haben oft eine individuelle, wenn auch kleine Sauna, die man ausprobieren sollte. Bitte beachten: Bei Herz- oder Kreislaufproblemen ist Sauna nicht angezeigt!

122-123 – Schneesafari mit Husky-Schlitten.

122 Unten – Schneeschuhwandern.

123 Oben – – Samen in traditioneller Kleidung.

123 Unten – Verschneiter Wald in Lappland.

Gastronomie

Obwohl die Bilanz skandinavischer Küchenchefs mittlerweile sehr gut ist – dies bestätigt die Anerkennung auf internationaler Ebene – beschränkt sich dieses Phänomen, zumindest in Finnland, vorwiegend auf die Hauptstadt. In Helsinki findet man leicht ein gutes Restaurant. Dort hat man die Qual der Wahl. Doch in den entlegenen Nordgebieten ist die Küche zwar wohlschmeckend, aber einfacher und eintöniger. Es gibt viele Suppen mit Kartoffeln und Pilzen oder Rentier (porokeitto) mit Zwiebeln, Gemüse und Kartoffeln und Hauptgerichte mit Fleisch, auch mit Elch oder Lachs und Süßwasserfisch kombiniert mit Marmelade oder saurer Sahne, dazu Reisplätzchen oder Kartoffelbrot (peruna rieska). Und wundern Sie sich nicht, wenn es abends ein kaltes Büfett mit eingelegtem Fisch und Aufschnitt vom Wild gibt. Das ist keinesfalls selten. Wunderbar ist das Frühstück mit Schwarzbrot, Marmelade und Eingemachtem. Fast immer biologisch.

DER NÖRDLICHE POLARKREIS: OULANKA-NATIONALPARK
Der Park gilt mit einer Ausdehnung von 270 km² als eines der wichtigsten Naturreservate des Landes. Vom Winter zum Sommer verändert sich die Landschaft komplett. Hat sie sich aus der Umklammerung von Eis und Schnee gelöst, machen Seen, Flüsse und Licht sie zu einem behaglichen Ort. Doch der Reiz des Winters, der sie fast unzugänglich macht, ist einzigartig.

Übernachten

€€€€€ Hotel Kämp. 1887 erbaut ist dies die exklusivste Adresse Helsinkis. Es liegt im Stadtzentrum und hat die Originalarchitektur des auslaufenden 19. Jhs. wie die breite, zu den Zimmern führende Treppe bewahrt. Man sollte es unbedingt besuchen, auch wegen dem herzlichen Ambiente in Restaurant und Pub. Es ist allabendlicher Treffpunkt der Stadtelite. *Info: Pohjoiesplanadi 29, Helsinki, Tel. 09.576111, www.hotelkamp.fi*

€€€€ Oivangin Lomakartano. Versteckt inmitten des Waldes liegen diese drei eleganten aus kostbarem Kiefernholz gebauten Hütten, die ideal für ein oder zwei Familien sind. Im Wohnzimmer der Kamin, im Obergeschoss großzügige Zimmer mit Sauna. Eine exklusive Unterkunft! *Info: Mäkelänharjuntie 5, Kuusamo, Tel. 0405284787, www.oivanginlomakartano.fi*

€€€ Lomakeskus Himmerki. Die Skier vor dem Eingang in den Schnee gespießt, helle Holzwände und im Inneren wohlige Wärme. Hier fühlt man sich zu Hause. Die Hütten liegen nebeneinander am Ufer des Sees, der im Winter gefroren ist. Jede mit eigener Sauna. *Info: Lomakeskus Himmerki, Posio, Tel. 044.016352602, www.himmerki.com*

Restauranttipps

€€€ Savoy (Helsinki). Eine klassische Adresse in der Hauptstadt mit Gourmetküche und einem herrlichen Blick auf die orthodoxe Kathedrale. Nicht leicht zu finden, obwohl sehr zentral, ist seine Bekanntheit auch der Einrichtung von Alvar Aalto geschuldet. *Info: Eteläesplanadi 14, Helsinki, Tel. 09.61285300, www.royalravintolat.com/savoy/en*

€€ Konstan Möljä (Helsinki). Eines der wenigen Restaurants mit typisch finnischer Küche. Ganz skandinavisch, mit großen Büfett, wo man wählen kann. Eine gute Gelegenheit, um die zahlreichen Spezialitäten zu probieren. Maritime Einrichtung und rustikales Ambiente. *Info: Hietalahdenkatu, 14, Helsinki, Tel. 09.6947504, www.konstanmolja.fi/english*

€€ Korpi Hilla (Tolva-Posio). Dieses Restaurant in der alten Dorfschule verkauft auch biologische Spezialitäten. Ritva Kokko, die Eigentümerin, empfängt Sie in ihrer Wunderwelt mit köstlichen Gerichten, die nach Wald duften. Man kann nicht nach Hause, ohne sich mit Süßigkeiten, Marmeladen und Likör einzudecken.
Info: Holtinojantie 5, Tolva-Posio, Tel. 0400.901910, www.korpihilla.fi

Weitere Informationen: Finnisches Fremdenverkehrsamt, www.visitfinland.com/de

124 – Zarte Reflexe auf dem Eis in Lapplands Oulanka-Nationalpark.

125 Oben – Ein verwunschener Wald in Finnisch-Lappland.

125 Unten – Das Nordlicht.

Polarlicht

Die Einheimischen nennen es revontulet, „Feuerfuchs", denn der Legende nach entsteht es aus Funken, die aus dem Fell dieser Tiere herausschießen. Und tatsächlich gleicht das Polarlicht einem bunten Schweif, der im nächtlichen Himmel hypnotisch wie ein Zauberwesen tanzt, sich nähert, abwendet, verschwindet und zurückkehrt, früher eben Anlass zu Mythen und Legenden. Aber noch heute, wo man weiß, dass das Phänomen dem Kontakt elektrisch aufgeladener Teilchen mit dem Magnetfeld Erde zuzuschreiben ist, besteht der Zauber weiter. Man sieht das Polarlicht nur in klaren, sehr kalten Nächten, vielleicht bei einem Waldspaziergang, vielleicht auch einfach, wenn man es am wenigsten erwartet, vom Fenster der eigenen Hütte.

Stockholm – *Schweden*

Stockholm ist zum einen die Stadt des Nobelpreises und eine der grünsten Städte in Europa. Aber ein Kurztrip auf ihre Inseln (14 sind dies, die zwischen den Mälaren und der Ostsee liegen) steht nicht nur im Zeichen von Kultur und Umweltverträglichkeit. Stockholm lockt auch mit Design, Secondhand-Läden mit Vintage-Kleidung und Bars im SoFo-Viertel, man wird mal typische Gerichte wie Heringsspezialitäten probieren, mal eine Schiffstour durch das Archipel machen; man besucht den Park von Schloss Rosendal, macht dort eine schöne Pause und pflückt sich zum Picknick Obst vom Baum – mit dem Segen der Gemeinde.

Indigoblau und Smaragdgrün: Die Stadt ist auf dem Wasser gebaut (sowohl Süß- als auch Salzwasser), das, zusammen mit dem Grün von Parks und Gärten, etwa zwei Drittel der Stadtfläche ausmacht. Die Mälaren reichen bis an das **Rathaus**, das Wahrzeichen der Hauptstadt; die Ostsee dagegen erstreckt sich bis an die Grenzen des **Königlichen Palastes**, der öffentlichen und privaten Residenz der Monarchie. Stockholm hat den ersten Nationalstadtpark der Welt, ein Mosaik aus Grünflächen, zusammengeschlossen im 2700 Hektar großen **Kungliga nationalstadsparken**, wo die Einheimischen gerne picknicken, reiten, fischen und Vögel beobachten *(www.nationalstadsparken.se)*. Den Spuren des Nobelpreises hingegen folgt man in den pastellfarben gestrichenen Räumen des **Grand Hotel**, wo alle Preisträger der Geschichte übernachteten *(Södra Blasieholmshamnen 8, www.grandhotel.se)* und in der Bellman-Etage im Restaurant **Den Gyldene Freden** (The Golden Peace) von 1722, einem mit Spiegeln und Holzver-

126-127 – Luftansicht von Stockholm mit dem Rathaus im Vordergrund.

127 unten – Detail der Brücke Skeppsholmsbron.

täfelungen verzierten Speiseraum, wo sich jeden Donnerstag die Mitglieder der Schwedischen Akademie der Wissenschaften treffen *(Österlänggatan 51, www.gyldenefreden.se)*. Nicht versäumen sollte man das Stadshuset, das bereits erwähnte Rathaus, wo am 10. Dezember in der Blauen Halle das Nobel-Bankett stattfindet, sowie das **Konzerthaus**, in dem die Nobelpreise verliehen werden (und während des Jahres Konzerte stattfinden, *Hötorget 8, Tel. 08.7860200, www.konserthuset.se, Öffnungszeiten: Mo.-Fr. 10-18 Uhr, Sa. 10-15 Uhr)* und das Nobel-Museum, eine Gedenkstätte sowohl für Leben und Werk von Alfred Nobel als auch für Träger des begehrten Preises *(Börshuset, Stortorget, Tel. 08.53481800, www.nobelmuseum.se, Öffnungszeiten: 11-18 Uhr, Mo. geschl.)*. Die gewisse Prise Extravaganz findet man in **SoFo**, einem Viertel voller Lokale und Vintage-Boutiquen. Oder im Cityspa im **Clarion Hotel**, dies ist nicht nur das exklusivste Spa der ganzen Stadt, sondern bietet sogar ein Fitness-Studio mit Personal Trainer und Pool auf dem Dach *(Östra Järnvägsgatan 35, www.selmacityspa.se)*. Das romantische Stockholm hingegen findet man in **Gamla Stan**, der auf einer kleinen, malerischen Insel gelegenen Altstadt mit ihren leicht ansteigenden Gassen, charmanten Hotels, Antiquitätenläden, funkelnden Schaufenstern der Glas- und Kristallgeschäfte *(siehe Infobox Shopping)*. Außerdem findet man hier zahlreiche Bauwerke wie das bereits erwähnte Königliche Schloss, die im 18. Jh. umgebaute **Kathedrale** aus dem 13. Jh., den malerischen Platz Stortorget. Eine Welt aus alten Häusern in sanften Farben, in der einzig das **Riksdagshuset** ein relativ modernes Gebäude ist, das von Aaron Johansson Anfang des 20. Jhs. entworfene Reichstagsgebäude. Hier gibt es Führungen durch den halbrunden Plenarsaal, wo der Wandteppich von Elisabet Hasselberg-Olsson mit dem Titel *Erinnerungen einer Landschaft* hängt (54 m² groß, 100 kg schwer, *Riksgatan 3, www.riksdagen.se, variierende Öffnungszeiten)*.

Unterwegs in Stockholm: *Diese Stadt kann man wunderbar zu Fuß oder mit dem Fahrrad erkunden (empfehlenswert ist die 3-Tages-Karte von* www.citybikes.se/en), *oder mit der U-Bahn: 90 der 100 Bahnhöfe sind die reinsten Kunstwerke mit Gemälden und Installationen, die eines Museums würdig wären* (sl.se/en). *Für eine Tour zu den Inseln gibt es einen guten Bootsservice (siehe Infobox Inseln).*

Währung: *Die offizielle Währung in Schweden ist die* ***Schwedische Krone.***

Sehenswertes

Stockholm zu erkunden ist, als wäre man in unterschiedlichen kleinen Städten unterwegs, jede mit ihrem eigenen Charme. Am Beginn eines Stadtrundgangs steht **Gamla Stan**, ältester Teil der Stadt mit bedeutenden Bauwerken. Eines davon ist das **Stockholmer Schloss**: Die vier symmetrischen Gebäude, die im 18. Jh. auf den Überresten eines mittelalterlichen Palastes gebaut wurden, sind seit Jahrhunderten die Residenz des Königs. Man besichtigt den Thronsaal von 1755, die königlichen Appartements, die Bernadotte-Bibliothek, die Königliche Kapelle, den Waffensaal, die Schatzkammer mit den Königsinsignien sowie das Antikenmuseum von Gustav III., das älteste Museum Schwedens *(Slottsbacken 1, Tel. 08.4026100, www. kungligaslotten.se/english/royal-palaces-and-sites/the-riddarholmen-church.htm, variierende Öffnungszeiten)*.

RIDDARHOLMSKYRKAN: Die Kirche der Franziskaner vom Ende des 13. Jhs. wurde nachfolgend umgebaut und vergrößert. In ihr werden die Grabmale zahlreicher Könige bewahrt: von König Magnus, der sie erbauen ließ, bis Karl XIV. Johann. Sie gilt nicht zufällig als Kirche der schwedischen Monarchen. *Info: Kungliga Slottet, www.royalcourt. se, Öffnungszeiten: 10-16 oder 10-17 Uhr, je nach Jahreszeit, geschl. vom 15. Sept. bis 14. Mai.*

STORKYRKAN (Kathedrale): Ihr heutiges Aussehen entspricht dem von 1736-45, mit einem fünfschiffigen, überwölbten Innenraum, einem bedeutenden Kruzifix aus dem 15. Jh. vom Lübecker Meister Bernt Notke und, ebenfalls von ihm, der Skulpturengruppe des *Hl. Georg mit dem Drachen* sowie *Die Prinzessin mit dem Lamm* von 1489. Der Dom ist nicht nur ein architektonisches Juwel, sondern auch Veranstaltungsort von Konzerten für Orgel und Orchester mit einem dicht gefüllten Veranstaltungskalender über das ganze Jahr. *Info: Trångsund 1, www. stockholmsdomkyrkoforsamling.se, Öffnungszeiten: Okt.-Apr. 9-16 Uhr, Mai/Sept. 9-17 Uhr, Juni-Aug. 9-18 Uhr.*

STORTORGET: Dieser Platz war 1520 Schauplatz des *Stockholmer Blutbads*, der Hinrichtung von etwa 80 Nationalisten, heute aber erfreuen sich die Touristen an den umliegenden Adelspalästen, die vorwiegend aus dem 17. Jh. stammen, darunter auch die **Stockholmer Börse** (Sitz der Schwedischen Akademie).

SERGELS TORG: Der moderne, zentral gelegene Platz (in der Neustadt, nördlich von Gamla Stan) ist zweigeschossig gebaut. Im unteren Bereich befinden sich Geschäfte und die U-Bahn, im oberen der Springbrunnen aus Kristall, 37,5 m hoch, gebaut 1974 von Edvin Öhrström.

STADSHUSET: Das Rathaus, Wahrzeichen der Stadt, wurde Anfang des 20. Jhs. auf der Insel Kungsholmen gebaut, ein Meisterwerk des Jugendstils. Die repräsentativsten Räume wie die Blaue Halle (in der alljährlich am 10. Dezember das Nobel-Bankett abgehalten wird) und der Goldene Saal (dessen Wände ein Mosaik aus 18 Mio. goldfarbenen Mosaiksteinen bedeckt) haben jährlich 400.000 Besucher. *Info: Hantverkargatan 1, Tel. 08.50829058, international.stockholm.se/the-city-hall, nur Führungen, variierende Öffnungszeiten.*

DJURGÅRDEN: Die Parkinsel, auf der einst die Könige zur Jagd gingen, gehört zu den Lieblingszielen der Stockholmer. Im **Park von Schloss Rosendal**, im 19. Jh. königlicher Landsitz, pflücken die Stockholmer Blumen und machen Picknick. Der Anbau vieler Pflanzen erfolgt nach biodynamischen Methoden *(Rosendalsterrassen 12, www.rosendalstradgard.se, Öffnungszeiten: Apr.-Sept. 11-17 Uhr, im Winter bis 16 Uhr)*. Die Insel ist auch berühmt für die Museen, vom **Vasa-Museum**, dem maritimen Museum mit dem Kriegsschiff Vasa, Prunkstück des Schiffsbaus im 17. Jh. *(Djurgården, Tel. 08.51954880, vasamuseet.se, variierende Öffnungszeiten)*, bis zum **Skansen**, einem Freilichtmuseum mit Gebäuden aus allen Landesteilen sowie einem Zoo mit der landestypischen Tierwelt *(Djurgårdsslätten 49-51, Tel. 08.4428200, www.skansen.se, variierende Öffnungszeiten)*. Das **Nationalmuseum** ist das wichtigste

Kunstmuseum Schwedens mit über 16.000 Gemälden und Skulpturen, darunter Meisterwerke von Rembrandt, Rubens, Goya, Renoir und die Porzellansammlung Gustavsberg mit 35.000 Exponaten *(Södra Blasieholmshamnen, Tel. 08.51954300, www.nationalmuseum.se, Öffnungszeiten: 11-17 Uhr, Do. 11-21 Uhr, Mo. geschl.)*.

FOTOGRAFISKA: Dieses ganz der Fotografie gewidmete Museum liegt an der Uferstraße Stadsgårdshamnen. Im Durchschnitt finden jährlich vier große und zehn kleinere Ausstellungen statt *(Stadsgårdshamnen 22, Tel. 08.50900500 en.fotografiska.eu, Öffnungszeiten: So.-Mi. 9-23 Uhr, Do.-Sa. 9-1 Uhr)*.

HISTORISCHE SCHWIMMBÄDER: Als Erstes sei hier das Sturebadet genannt *(Sturegallerian 36, Tel. 08.54501500, www.sturebadet.se)*, ein Bad unter einer Glaskuppel mit Wänden im Jugendstil. Es ist noch heute eine Trendadresse, wenn man in der Stadt schwimmen gehen möchte. Über die Jahre ist ein Türkisches Bad hinzugekommen, ein Fitnessraum, ein Restaurant. Nach dem Erfolg des Sturebadet versuchte sich das **Centralbadet** an einer Nachahmung, auch dies ein charmantes Bad in einem Jugendstilhaus. Ein Besuch lohnt schon wegen der großen Glaswand auf den Park, die auch Literaten lockte *(Drottninggatan 88, Tel. 08.54521300, www.centralbadet.se)*.

STOCKHOLM GLOBE CITY: Ein Abstecher in die Zukunft, im Außenbezirk mit Einkaufszentrum und Anlagen für Sportereignisse und andere Events *(Globen, stockholmlive.com)*.

128 OBEN – SERGELS TORG BEI NACHT.

128 UNTEN – SCHLOSS DROTTNINGHOLM, RESIDENZ DER KÖNIGLICHEN FAMILIE.

129 OBEN – DAS BERÜHMTE SCHIFF AUS DEM VASA-MUSEUM.

129 UNTEN – SEGELBOOTE UNTERWEGS IM ARCHIPEL.

Mit dem Boot unterwegs

Rings um die Hauptstadt erstreckt sich ein Archipel aus 24000 Inseln, eine Welt im Wasser, die man zum Teil in schönen Tagesausflügen erkunden kann. Organisiert werden diese von Djurgårdsfärjan-Waxholmsbolaget (www.waxholmsbolaget.se) und Ressel (www.ressel.se). Vom Zentrum aus erreicht man nach nur 20 Minuten Fahrt ***Fjäderholmarna****, die am nächsten gelegene Insel der Schären, wo Kunsthandwerker Holzsouvenirs herstellen. Hier befindet sich auch eines der besten Restaurants von Stockholm und Umgebung mit schöner Terrasse am Wasser, Fjäderholmarnas krog (Tel. 08.7183355, www.fjaderholmarnaskrog.se), das etwa 20 Heringsgerichte anbietet. Die Insel* ***Vaxholm*** *(eine Stunde von Stockholm entfernt) ist eine nostalgische Welt alter, typischer Holzhäuser mit einem historischen Hotel, dem Vaxholm (wie die Insel), das zum reichhaltigen Weihnachtsbuffet viele Gäste anlockt (Tel. 08.54130150, www.waxholmshotell.se), mit Meerblick. Nach* ***Sandhamm*** *kommen die Segler (Touristen nach 2,5-stündiger Bootsfahrt): Sie liegt ganz am Rand des Schärengartens, ideal um hart am Wind zu segeln, im Hintergrund wieder die idyllischen, bunten Holzhäuser und der hiesige Sitz des Royal Swedish Yacht Club (www.ksss.se), die 1830 gegründete Institution schlechthin für diese Sportart. Beliebt ist auch* ***Grinda****, eine kleine idyllische, grüne Insel mit Bauernhöfen, Kühen auf der Weide, Restaurant und Stränden, an denen die Schweden gerne baden gehen. 1906 kaufte Henrik Santesson, der erste Direktor der Nobelstiftung, die Insel und baute dort ein Haus im Jugendstil. 1944 wurde die Insel von der Stadt Stockholm gekauft und 1988 von der Schärenhof-Stiftung übernommen. Das Haus von Santesson wurde in ein Hotel umgewandelt, Grinda Wärdshus (www.grindawardshus.se), interessant für alle, die nicht sofort wieder die 1,5-stündige Bootsfahrt nach Stockholm auf sich nehmen wollen.*

Home

Übernachten

€€€€€ Nobis Hotel (Design). Eine der Neuheiten in Stockholms Hotellerie: Das charmant geschmackvolle Nobis hat im Dezember 2010 mitten in der Stadt eröffnet und gehört einem Italiener (Alessandro Catenacci). Die Inneneinrichtung stammt vom mehrfach ausgezeichneten Designstudio Claesson Koivisto Rune. *Info: Norrmalmstorg 2-4, Tel. 08.6141000, www.nobishotel.se und www.designhotels.com*

€€€€€ Hotel Skeppsholmen (romantisch). Eine romantische Adresse auf der Insel Skeppsholmen, die durch eine Brücke mit der Stadt verbunden ist. Die 81 wundervollen Zimmer (fragen Sie nach denen mit Meerblick) verteilen sich auf zwei historische Gebäude von 1699, die Inneneinrichtung dagegen ist ultramodern. *Info: Gröna Gången 1, Tel. 08.4072300, www.hotelskeppsholmen.se und www.designhotels.com*

€€€€ Hotel Rival (jugendlich). Für alle, die der Meinung sind, ein Hotel sei nicht nur zum Schlafen da: Dieses hier bietet hypermoderne Zimmer, ein Trend-Bistro, jeden Sonntag Brunch, eine Cocktailbar im Jugendstil, ein Theater für Shows und Konzerte. *Info: Mariatorget 3, Tel. 08.54578900, www.rival.se*

Restauranttipps

€€€ Operakällaren. Das Reich der Brüder Catenacci vor der Eröffnung ihres neuen Nobis Hotels. Eine besondere Location: der Speisesaal des Opernhauses, kunstvoll mit Fresken und Holzvertäfelungen verziert. Es gibt auch eine Musikbar (allerdings in einem anderen Saal). *Info: Operahuset, Karl XII:s torg, Tel. 08.6765801, www.operakallaren.se*

€€€ Pontus by the Sea. Im Sommer kommt die ganze Stadt hierher: Das Restaurant liegt gegenüber der Mole am Meer und ist eine ausgezeichnete Adresse für Fisch. Gerichte aus frischesten Zutaten, die täglich aus Gotland, dem Gemüsegarten Schwedens, geliefert werden. *Info: Tullhus 2, Tel. 08.202095, www.pontusfrithiof.com*

€€ Gondolen (Essen mit Aussicht). Schwedische Küche und zeitgenössisches Dekor für eines der renommiertesten Restaurants der Stadt. Besonderes Kennzeichen? Seine Lage: Wie eine Brücke schwebt das Lokal hoch über der Straße und bietet eine atemberaubende Aussicht über die Stadt. *Info: Stadsgården 6, Tel. 08.6417090, www.eriks.se*

Nightlife

Wallmans Salonger. Restaurant, aber auch Theater: Während des Essens werden Musicals der größten Komponisten (und besten Darsteller) geboten. *Info: Teatergatan 3, Tel. 08.6119038 www.wallmans.se*

Spy Bar. Die Bar öffnet spät und schließt früh am Morgen. Die angesagteste Tanzadresse der Stadt, beliebt bei Yuppies ebenso wie bei einem alternativeren Publikum. *Info: Birger Jarlsgatan 20, Tel. 08.54507600, stureplansgruppen.se/en/nightlife/spy-bar*

Berns Salonger. Unter der Führung von Sir Terence Conran wurde das Gebäude umgewandelt zu einem angesagten Szene-Treffpunkt (ohne die Dekoration aus dem 19. Jh. zu verändern) mit Hotel, Restaurant, Nachtclub und Konzertsaal (im schönsten Ballsaal der Stadt). *Info: Berzelii Park, Tel. 08.56632200, www.berns.se*

Weitere Informationen: Schwedisches Fremdenverkehrsamt, www.visitsweden.com/de und www.stockholmtown.com/de

130 – Das Nobelgeschäft Nordiska Kristall.

131 – Östermalms Saluhall, die Markthalle für Lebensmittel und Delikatessen.

Shopping

Ostermalms Saluhall: *Die Markthalle vom Ende des 19.Jhs. in einem Jugendstilgebäude ist das Reich von Marktständen aus Holz, an denen regionale Käse, Gemüse, tagesfrischer Fisch, aber auch feine Küche zum Verzehr am Tisch angeboten werden. Der richtige Ort, um den legendären Hering zu kosten* (Östermalmstorg, www.saluhallen.com, 9.30-19 Uhr, Sa. 9.30-17 Uhr, So. geschl.). *Bei den Schweden sind Versteigerungen beliebt und um Designerstücke der 1920er- und 30er-Jahre, Schmuck der Jahrhundertwende und gustavianische Möbel zu erwerben, versuchen sie ihr Glück bei* ***Bukowskis Auktioner*** (Arsenalgatan 4, www.bukowskis.com). *Wenn es um Design geht, kann man zwischen* ***Modernity*** (Sibyllegatan 6, Tel. 08.208025, www.modernity.se), *einem Tempel voller Kultobjekte von Alvar Aalto und anderen,* ***Design House Stockholm****, einem Concept Store mit dem Besten, was junge Kreative zu bieten haben* (Stadsgården 6, Tel. 08.50908100, www.designhousestockholm.com), *und den traditionellen* ***Design Torget*** *wählen, in denen man alles rund um Geschenk- und Haushaltsartikel sowie Einrichtung findet, mit zahlreichen Shops in Stockholm* (www.designtorget.se). ***Nordiska Kompaniet*** *ist ein historisches großes Warenhaus, das 1902 eingeweiht wurde und US-amerikanische Einkaufszentren zum Vorbild hat. Es ist viel besucht und mit seinen großen Labels und der riesigen Auswahl ein wahres Luxusparadies* (Hamngatan 18-20, www.nk.se).

Kopenhagen – *Dänemark*

Eine Stadt, die Umweltschützern standhält. Stets wachsam in Umweltdingen, hat sich Kopenhagen ehrgeizige Ziele in Sachen Nachhaltigkeit und Energieverbrauch gesetzt: Verdopplung des Verbrauchs umweltkompatibler Erzeugnisse in den öffentlichen Behörden, Ausbau des „langsamen Verkehrssystems", allen voran das Fahrrad als Verkehrsmittel (ein Lieblingskind der Stadt mit kilometerlangen Fahrradwegen und Free-Sharing-Systemen), Ausweitung der städtischen Grünflächen mit dem Ziel, weltweit die erste „CO_2-neutrale" Hauptstadt (mit null Prozent Treibhausgasemissionen) zu werden. Diese umweltfreundliche Politik steckt auch Touristen an, die hier Fahrrad fahren, biologisch essen und in einem CO_2-neutralen Hotel schlafen können.

Neben historischen Gebäuden, wie dem **Runden Turm** und dem malerischen Kanal von **Nyhavn**, 1673 als Hafen entstanden und noch heute von den schönen bunten Häusern umgeben (H. C. Andersen bewohnte Nummer 67), bietet die dänische Hauptstadt provokative Architektur, wie den **Schwarzen Diamanten**, den neuen Flügel der Königlichen Bibliothek, der die experimentell-kreative Urbanistik beflügelt hat, wie das dem Holocaust gewidmete **Dansk Jødisk Museum** von Daniel Libeskind, die Erweiterung des Museums **Ordrupgaard** von Zaha Hadid, das **Opernhaus** von Henning Larsen und das **Koncerthuset** von Jean Nouvel. Das Viertel **Christiania**, ehemals Hochburg der größten europäischen Hippie-Gemeinde, ist heute Geschichte *(www.christiania.org)*: Zwar leben die Flower-Power-Kinder noch hier, aber der Reiz vergangener Zeiten ist hin. Jetzt ist das Viertel **Vesterbro** in, eine Kleinformatkopie des New Yorker Meatpacking, rings um **Øksnehallen**, das zur Ausstellungs-, Party- und Messe-Location umgebaute Schlachthaus *(Halmtorvet 11, Tel. 3329.8060, www.dgi-byen.com/*

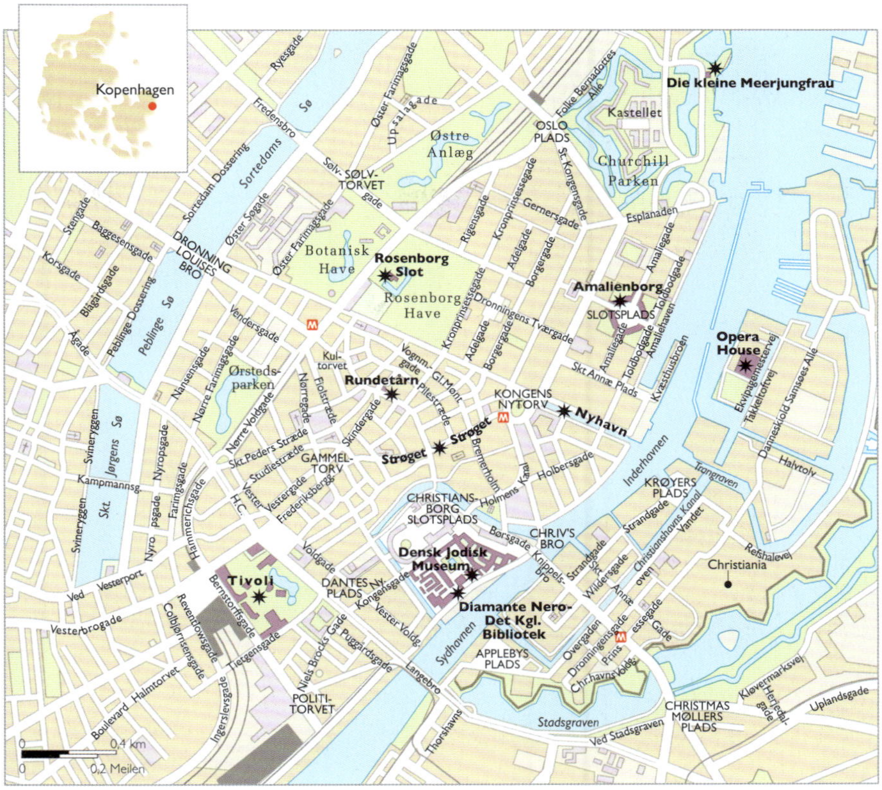

oeksnehallen, variierende Öffnungszeiten). Bei einem Wochenende in Kopenhagen darf der Spaziergang auf dem **Strøget**, einer Reihe von Straßen, die die längste Fußgängerzone Europas bilden *(siehe Infobox Shopping)*, und der Besuch der Design-Kultstätten nicht fehlen. Wie das **Dansk Design Centre** *(Bryghuspladsen 8, danskdesigncenter.dk, variierende Öffnungszeiten)* im **BLOX**, einem modernen, vielseitigen Dienstleistungs- und Wohnzentrum. Und das 1895 zur Unterbringung der Bilder, Poster und Stoffkollektionen der ständigen Sammlungen des 20. Jhs. errichtete ***Museum Danmark*** *(Bredgade 68, Tel. 33.185656, designmuseum.dk, Öffnungszeiten: 10-18 Uhr, Mi. 11-21 Uhr, Mo. geschl.)*. Oder das berühmte, von Arne Jacobsen, der sogar die Kaffeelöffel entworfen hat, eingerichtete **SAS Royal Hotel** (die Suite 606 ist noch vollständig erhalten). Es gehört heute zur Hotelkette Radisson Blue *(www.radissoncollection.com/en/royalhotel-copenhagen)* und liegt am Hammerichsgade 1, nahe dem Vergnügungspark **Tivoli**.

Unterwegs in Kopenhagen: *Zu Fuß, mit öffentlichen Verkehrsmitteln und dem Fahrrad. In Kopenhagen gibt es 110 Stationen, wo man ein Rad ausleihen oder abgeben kann. Die Ausleihe ist auch online buchbar, der Preis ist streckenabhängig (www.bycyklen.dk).*

Währung: *Die offizielle Währung in Dänemark ist die* ***Dänische Krone****.*

Sehenswertes

PALAST AMALIENBORG: Der imposante Königspalast ist während der Wintermonate Residenz der Königin. Dieser schöne, aus vier dem achteckigen Platz zugewandten Rokokogebäuden bestehende Komplex mit dem Reiterstandbild von König Frederik V. (1754-71) in der Mitte, wurde im 18. Jh. erbaut und nach der Monarchin Sophie-Amalie benannt. *Info: Amalienborgmuseet, Tel. 3315.3286, www.kongernessamling.dk/amalienborg, Öffnungszeiten: Nov.-Feb. 10-15 Uhr, Mo. geschl.; März-Mai u. Sept.-Okt. 10-16 Uhr; Juni-Aug. 10-17 Uhr; variierende Öffnungszeiten an Feiertagen.*

NYHAVN-KANAL: 1673 als Hafen erbaut, ist er der malerischste Stadtkanal mit 3-4-stöckigen Häusern (das älteste ist Nummer 9 von 1681). Nördlich durch das Waffenlager aus dem 17. Jh. und südlich durch den Leuchtturm am Ufer begrenzt, wimmelt es hier im Sommer von Außenbestuhlung. Der Kanal ist aber auch bekannt für sein Kunst- und Musikprogramm und die bunten, am Ufer ankernden Schiffe.

DIE KLEINE MEERJUNGFRAU: Hans Christian Andersen hat ihr ein Märchen

132-133 – Der pittoreske Kanal von Nyhavn.

133 Unten – Der Rathausplatz.

gewidmet und Disney einen Film: Die kleine Meerjungfrau ist längst Teil der europäischen und globalen Vorstellungswelt. Die berühmte Statue der kleinen Meerjungfrau in der Hafeneinfahrt *(Den Lille Havfrue, Langelinie Allé*

17) wurde 1909 vom Bildhauer Edward Eriksen geschaffen. Im Laufe der Jahre mehrfach beschädigt, steht dort heute eine originalgetreue Kopie.

TIVOLI: In diesem 1843 mitten im Zentrum eröffneten Vergnügungspark, dem drittgrößten Europas mit jährlich ca. 4 Mio. Besuchern, erahnt man die Seele der Stadt. Mit der alljährlichen Eröffnung im Frühling begrüßt er die schöne Jahreszeit, ist aber im Winter nicht komplett geschlossen: An Halloween und Weihnachten geöffnet *(Vesterbrogade 3, www.tivoli.dk, geöffnet von April bis September, variierende Öffnungszeiten wegen der Brückentage an Allerheiligen und Weihnachten)*. Selbst wenn die Fahrgeschäfte stillstehen, hat man Zugang zu den Lokalen, Restaurants und zum Megahotel **The Nimb**: In der Anlage finden sich eine Brasserie, eine Cocktailbar, eine avantgardistische Bäckerei und viel anderes Ausgefallenes im Zeichen des Designs und des Wohlgeschmacks.

RUNDER TURM: Das älteste noch betriebene Observatorium Europas befindet sich im von König Christian IV. in Auftrag gegebenen Runden Turm (Rundetårn). Seit 1642 in Betrieb, wird die Anlage heute von Hobbyastronomen genutzt, während Besucher sich einen Spaß daraus machen, beim Erklimmen der Wendeltreppe die Schritte zu zählen. Läuft man an der Innenwand, kommt man auf 85,5 m, an der Außenwand sind es rund 268,5 m. Der Turm ist 34,8 m hoch. *Info: Købmagergade 52a, Tel. 33.730373, www.rundetaarn.dk, Öffnungszeiten: 10-20 Uhr.*

KÖNIGLICHE BIBLIOTHEK: Der „schwarze Diamant" (treffender Spitzname für einen schwarzen Granit- und Glasbau, der in der Sonne wie ein Brillant glitzert) ist der 1999 von den Architekten Schmidt, Hammer und Lassen entworfene jüngste Flügel der Königlichen Bibliothek. Im Innenbereich mit Bookshop, Restaurant und Deckenbemalung verbindet ihn eine Treppe mit der „alten" Nationalbibliothek *(Søren Kierkegaards Plads 1, Tel. 33.474747, www.kb.dk, Öffnungszeiten: 8-21 Uhr, im Sommer bis 19 Uhr, Sa. 9-19 Uhr, So. geschl.)*.

KOPENHAGEN KONCERTHUSET: Ein blaues, halbtransparentes Gebäude am Kanal, entworfen vom Stararchitekten Jean Nouvel. Es verfügt über verschiedene Auditorien und nachts wird es mit Bildprojektionen zur Leinwand. Man kann Konzerte besuchen und den Musikern des Nationalen Dänischen Symphonieorchesters bei der Arbeit zusehen *(Emil Holms Kanal 20, www.dr.dk/koncerthuset, variierende Öffnungszeiten)*.
OPERNHAUS: 2005 eröffnet, sorgte das Nationaltheater zu Beginn wegen seiner außergewöhnlichen Form (Spitzname „Toaster") für Erstaunen. Heute aber gilt es als Werk zeitgenössischer Architektur, das nicht wegzudenken ist, zur großen Freude des Architekten, des Dänen Henning Larsen (1925-2013), und der Musiker und Künstler, die hier ganzjährig auftreten. Die Akustik ist phänomenal und der Innenbereich in nordischem Design birgt das dem Wasser zugewandte große Foyer mit Café und Restaurant *(Ekvipagemestervej 10, Tel. 33.696969, www.kglteater.dk, variierende Öffnungszeiten)*.

JØDISK MUSEUM: Nach Daniel Libeskinds Plänen 2004 eröffnet, widmet sich dieses Museum dem Holocaust. Den Gärten der Königlichen Bibliothek zugewandt, zeigt es Objekte, Gemälde, Bücher, Schallplatten. Aber auch das Gebäude selbst mit seinen Lichtspielen und beeindruckenden Formen lohnt einen Besuch.
Info: Proviantpassagen 6, Tel. 33.112218, www.jewmus.dk, Öffnungszeiten: Di.-Fr. 13-16 Uhr, Sa.-So. 12-17 Uhr, im Sommer: Di.-So. 10-17 Uhr, Mo. geschl.
SCHLOSS ROSENBORG: Ein im Stile der Renaissance von Christian IV. zwischen 1606 und 1633 errichtetes Gebäude. Ein Märchenschloss mit vielen Meisterwerken, so die Gemächer von Königen Louise, die gotische Bibliothek und die Kronjuwelen. Schön auch die ebenfalls vom Monarchen in Auftrag gegebenen umliegenden Gärten, die ältesten der Hauptstadt.
Info: Østre Voldgade 4a, Tel. 33.153286, www.kongernessamling.dk/rosenborg, variierende Öffnungszeiten.

134 Oben – Das Kunstindustrimuseet von innen.
134 Unten – Die kleine Meerjungfrau.
135 Oben – Schloss Rosenborg mit Gärten.
135 Unten – Ein Saal des Thorvaldsens Museums.

Shopping

*Der **Strøget**, ein Must! Die längste Flaniermeile Europas (länger als 1 km) füllt sich mit Menschen jeden Alters, die die Bars und Läden der großen Modehäuser bevölkern. Wie **Royal Copenhagen**, unübertroffener Tempel dänischen Porzellans, das seit 1775 absolute Meisterwerke herstellt, von Retro bis Design, früher für das Königshaus, heute für Liebhaber* (Amagertorv 6, Tel. 3313.7181, www.royalcopenhagen.com).

*Eine weitere gute Adresse für Traditionelles ist **Danish Silver*** (Bredgade 12), *das Mekka für Silberservice und Schmuck der berühmtesten skandinavischen Designer, allerdings nicht zu Spottpreisen. Nationales Design auch bei **Illum*** (Tel. 3314.4002, www.illum.eu), *dem elegantesten dänischen Geschäft für Mode, Feinkost und Einrichtungsgegenstände* (Østergade 52).

*In Einklang mit der grünen, nachhaltigen Seele der Stadt kann auch Shopping ökologisch sein. Bei **Aniel** kann man Kinderkleidung, Holzspielzeug, Einrichtungs- und Gartenartikel, alles aus biologisch unbedenklichem Material, erwerben* (Frederiksberg Allé 70, Tel. 44.250250, www.anielgardiner.dk).

*Im **Pure Shop*** (Grønnegade 35, Tel. 33.170070, www.pureshop.dk) *gibt es Naturparfüms und Naturkosmetik; im **Eco Ego** finden Sie Artikel für einen nachhaltigen Lebensstil, von Bekleidung über Hautpflegeprodukte bis hin zu Kinderspielzeug* (Nørre Farimagsgade 82, Tel. 32.120612, www.ecoego.dk).

Übernachten

€€€€€ Kong Arthur (ökologisch). Gehört zur Brøchner-Hotelkette, die sich für die Reduzierung der CO_2-Emissionen einsetzt. Wer hier schläft, kann einen Teil der Ausgaben in den Kauf von CO_2-Quoten umwandeln. Die Thematik ist kompliziert. Aber vor Ort erklärt man gern, wie es funktioniert.
Info: Nørre Søgade 11,
Tel. 33.111212, www.kongarthur.dk

€€€€ Hotel Alexandra (Bio-Design). Von Möbeln der berühmtesten dänischen Designer wie Arne Jacobsen, Ole Wanscher, Finn Juhl bis zu Allergiker-Zimmern. Zur Entspannung das Spa mit frischem Obst und italienischem Spumante. *Info: H. C. Andersens Boulevard 8, Tel. 33.744444, www.hotel-alexandra.dk*

€€€€ Axel Hotel Guldsmeden (Boutique-Hotel). Boutique-Hotel mit Spa, indonesischen Möbeln und Accessoires, mexikanischer Keramik, japanischen Kimonos und Bio-Frühstück.
Info: Colbjørnsensgade 14, Tel. 33.313266, www.hotelguldsmeden.dk

Restauranttipps

€€€ Noma (top). Feinschmecker kennen es wegen seiner Reputation: 2010 und 2011 wurde es zum weltbesten Restaurant gewählt. Nur 12 Tische und Gerichte mit nationalen Zutaten. *Info: Strandgade 93, Tel. 32.963297, www.noma.dk.*

€€€ Geranium (biodynamisch). Die beiden Top-Küchenchefs Dänemarks Rasmus Kofoed und Søren Ledet servieren in ihrem Restaurant Geranium nur biodynamische Produkte, internationale Weine eingeschlossen. *Info: Per Henrik Lings Allé 4-8, Tel. 69.960020, www.geranium.dk*

Museen im Umland

Das 35 km von der Stadt entfernte ***Louisiana*** *ist das bekannteste. Ein Vorbild für die gelungene Synthese von Architektur, Kunst und Natur. Die nach 1945 angelegte, rund 3000 Werke umfassende Sammlung sichert ihm eine Spitzenposition in moderner Kunst.* Info: Gl. Strandvej 13, Humlebæk, Tel. 49190719, www.louisiana.dk, Öffnungszeiten: 11-18 Uhr, Di.-Fr. 11-22 Uhr, Mo. geschl. *Erreichbar mit dem Auto über die E47/E55 und vom Bahnhof mit dem Zug (35 Min.). Ca. 10 km nördlich von Kopenhagen sollte man das* ***Ordrupgaard Art Museum*** *nicht verpassen, das nicht nur Gemälde französischer Impressionisten, sondern im Park zwei Highlights bereithält: das 1942 von Designer Finn Juhl erbaute Haus und den Glas- und Betonmonolithen von Zaha Hadid.* Info: Vilvordevej 110, Tel. 3964.1183, Charlottenlund, www.ordrupgaard.dk, wegen Renovierung geschlossen bis Ende 2020. Erreichbar mit dem Auto oder den Bussen 169, 179 und 185. *Interessant auch das* ***Museum für Moderne Kunst Arken****, 18 km südwestlich von Kopenhagen. 1996 eingeweiht, gleicht es einem Schiff, das zwischen dem Yachthafen Ishøj und dem Strand ankert. Es zeigt eine ständige Ausstellung und das ganze Jahr über wechselnde Schauen.* Info: Skovvej 100, Ishøj, Tel. 43.540222 www.arken.dk, Öffnungszeiten: 10-17 Uhr, Mi. 10-21 Uhr, Mo. geschl. Erreichbar über die E20, Ausfahrt 26, mit der S-Bahn mit den Linien A und E.

€€ Nimb (Brasserie). Im Tivoli-Park befinden sich eine Brasserie, eine Vinothek und ein kleines Hotel mit 13 Suiten. *Info: Bernstorffsgade 5, Tel. 88.700010, www.nimb.dk*

Nightlife

Ruby. Die ideale Adresse für Barkeeper: draußen kein Schild, drinnen Cocktails für Kenner, (auch) mit Produkten der Saison. *Info: Nybrogade 10, Tel. 33.931203, www.rby.dk*

Rust. Eine Institution im Nachtleben Kopenhagens in einem lebhaften und bunten Viertel, bekannt sowohl als Diskothek als auch für Livemusik. Auf den verschiedenen Ebenen des Lokals werden unterschiedliche Musikerlebnisse geboten, von Soul bis und Hip Hop. *Info: Guldbergsgade 8, www.rust.dk*

Reflections Ice Bar. Im IceHotel. Eine der wenigen Bars der Welt, wo man sich beim Eintreten nicht aus-, sondern anzieht. Bei einer Temperatur von -5° C ist hier alles gefroren. Auch die Gläser. *Info: Adelgade 5/7*

Culture Box. Eine der ersten Diskotheken in Kopenhagen, die alternative Musik bietet. Ein 350 m² großes Lokal für Liebhaber von Techno, House, Elektromusik, Elektronik-Pop, Dubstep, Drum'n'Bass. *Info: Kronprinsessegade 54, Tel. 3332.5050, www.culture-box.com*

Weitere Informationen: Dänisches Fremdenverkehrsamt, www.visitdenmark.de und www.visitcopenhagen.com

136 – Das Nimb im Tivolipark.

137 Oben – Eine kleine Bahn auf der Shoppingmeile Strøget.

137 Unten – Museum für Moderne Kunst Arken.

Sankt Petersburg – *Russland*

Peter dem Großen musste Sankt Petersburg wie eine Wunderkammer vorgekommen sein, diese Stadt an der Ostsee, genauer gesagt am Finnischen Meerbusen, mit Steinhäusern, breiten und regelmäßig angelegten Straßen, Brücken und Kanälen. Er war es, der als Zar die Stadt bis ins kleinste Detail am grünen Tisch plante, mit der Hilfe ausländischer Architekten, die ab 1703 in wenigen Jahren aus dem Nichts eine große westliche Metropole auf russischem Boden errichteten, eine Stadt, die zweifellos mit den größten europäischen Hauptstädten mithalten konnte. Noch heute, mehr als 300 Jahre nach ihrer Gründung, hat die Zarenstadt (4,5 Mio. Einwohner) nichts von ihrem Reiz eingebüßt. Man denke nur an die architektonische Einheit ihrer Altstadt mit ihren prächtig und farbenfroh verzierten Palästen aus dem 18. und 19. Jh. Einzigartig ist aber auch ihre Lage – zwischen Land und Wasser. Gebaut wurde sie nämlich auf etwa 40 Inseln in der Mündung des Flusses Newa, der über 32 km in einem Geflecht aus Brücken und Kanälen die Stadt durchzieht, weshalb sie auch als „Venedig des Nordens" bezeichnet wird. Wo fängt man hier an? Ein Bummel über den **Newski-Prospekt**, die Hauptstraße der Stadt, eine 4,5 km lange Schneise durch ein Gebiet, in dem es vor gut 300 Jahren nur Wald und Sumpf gab, führt den Besucher sogleich in das pulsierende Herz des städtischen Lebens ein, aber auch in eine Art etappenweises Museum russischer Geschichte. Am besten beginnt man auf der Höhe der alten **Admiralität**, deren vergoldete, nadelartige Spitze ein unverwechselbares Wahrzeichen der Stadt ist. Ganz in der Nähe steht auf dem Dekrabistenplatz zum Fluss hin gewandt die große Statue von **Peter dem Großen**, die Puschkin zu seinem Gedicht *Der Eherne Reiter* inspirierte. Danach gelangt man

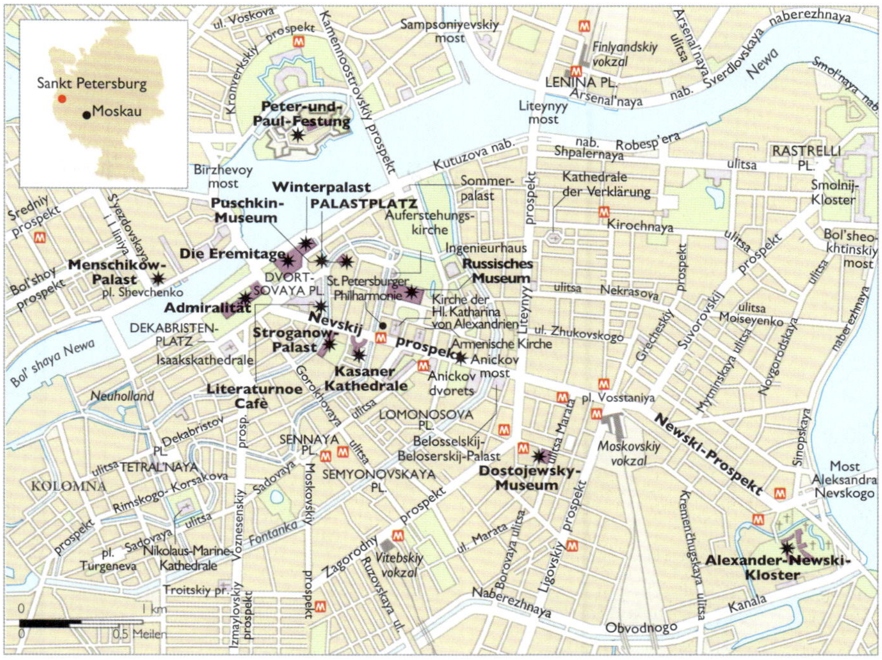

zum **Schlossplatz** mit Palästen und der **Eremitage**, einem der größten und bedeutendsten Kunstmuseen überhaupt. Auf dem anderen Ufer der Newa, der Wassiljewski-Insel, steht der **Menschikow-Palast**; die **Peter-und-Paul-Festung** dagegen wurde wie ein uneinnehmbares Bollwerk in die Flussmündung gesetzt.

Unterwegs in Sankt Petersburg: *Das Zentrum der Stadt kann man gut zu Fuß erkunden; komfortabel ist alternativ dazu auch der öffentliche Nahverkehr, vor allem die U-Bahn.*

Währung: *Die offizielle Währung in Russland ist der* ***russische Rubel****.*

Sehenswertes

NEWSKI-PROSPEKT: Die „Schönheitskönigin" Sankt Petersburgs, nicht nur Gogol zufolge, ist der großartige **Newski-Prospekt**, die Hauptschlagader der Stadt, die über eine Länge von 4,5 km die vom linken Ufer der Newa begrenzte Halbinsel teilt und die Admiralität mit dem Alexander-Newski-Kloster verbindet. Was sie so lebendig macht, sind außer den Kirchen und Palästen die Restaurants, Kinos, Theater und Läden. Ein *Must* ist in Nr. 18 das **Literaturnoe kafe** *(Tel. 812.3126057, litcafe.su/en)*, das ehemalige Café Wolff & Beranger, Stammlokal von Puschkin, der hier am 27. Januar 1837 seine letzte Mahlzeit einnahm, bevor er im Duell mit Baron d'Anthès, dem vermeintlichen Liebhaber seiner Frau, der schönen Natalia Gontscharowa, tödlich verletzt wurde. Genaueres erfährt man darüber im nahe gelegene **Puschkin-Museum** *(Naberezhnaya Reki Moika 12, Tel. 812.5713531, www.museumpushkin.ru, Öffnungszeiten: 10.30-18 Uhr, Di. geschl.)*, in dem neben Büchern und Gegenständen des berühmtesten russischen Dichters auch das beleidigende Schriftstück aufbewahrt wird, das zum tödlichen Duell führte. Ein Stück weiter bei Nr. 17 steht man vor dem überladenen, vom italienischen Architekten Rastrelli entworfenen Barockbau des **Stroganow-Palastes**, heute Bestandteil des Russischen Museums *(Tel. 812.5954248, Öffnungszeiten: Mi.-Mo. 10-17 Uhr)*, in dessen prächtig dekorierten Räumen kostbare Porzellanwaren aus der Zarenzeit aufbewahrt werden. Auf der rechten Seite folgt dann die **Kasaner Kathedrale** aus dem 19. Jh., ein Werk von Woronichin, einem der größten russischen Architekten des Klassizismus, der sich beim Bau durch den Petersdom in Rom inspirieren ließ *(Öffnungszeiten: 9-20 Uhr, So. 7-20 Uhr)*. Am Ende der Prachtstraße hält das **Alexander-Newski-Kloster** – gegründet 1710 von Peter dem Großen an der Stelle, an der Alexander Newski, Fürst von Nowgorod, im Jahr 1240 die Schweden besiegt haben soll – auf den beiden Friedhöfen *(Öffnungszeiten: Nekropolis 9.30-18 Uhr, Lazarev-Friedhof 10-16 Uhr, Nekropolis der Künstler 9.30-21 Uhr)* einen Moment der Stille und Besinnung bereit. Auf dem Tichwiner Friedhof (rechts), der auch als „Nekropole der Künstler" bekannt ist, ruhen beispielsweise Tschaikowski, Rimski-Korsakow und Dostojewski, auf

138-139 – Gesamtansicht des Gebäudekomplexes der Eremitage.

139 unten – Die Kanäle der Stadt.

dem Lazarus-Friedhof, links, befinden sich die Gräber der Architekten, die die Stadt so groß gemacht haben, von Starow zu Woronichin, von Quarenghi bis Rossi.
EREMITAGE: Auch wer schon den Film *Russische Arche* von Alexander Sokurow gesehen hat, der in 33 Räumen des Winterpalastes im Russland des 18. Jhs. spielt, wird angesichts des Gebäudekomplexes der Eremitage noch sprachlos sein. Mehr als ein Museum im eigentlichen Sinn ist die Eremitage eine der bedeutendsten und umfangreichsten Kunstsammlungen der Welt: 3 Mio. Werke, ausgestellt in gut fünf Palästen (Kleine Eremitage, Alte und Neue Eremitage, Eremitage-Theater und Winterpalast). Zu verdanken ist dies vor allem der Sammelleidenschaft von Peter dem Großen und Zarin Katharina von Russland, die das Museum 1794 gründete. Es empfiehlt sich, die Eremitage mindestens zweimal zu besuchen. Beim ersten Besuch schaut man sich die Bereiche an, die einen am meisten interessieren (antike griechische und römische Kunst, mittel- und westeuropäische Kunst und Kultur, russische und fernöstliche Kunst, Goldschmiedekunst, Numismatik; Karten und Audioguides für Themenführungen sind am Eingang erhältlich), beim zweiten Besuch konzentriert man sich dann mehr auf die wundervolle Architektur der Gebäude, insbesondere des spätbarocken **Winterpalastes** (Meisterwerk von Bartolomeo Rastrelli), der Hauptresidenz der Zaren. Die Palastsäle erzählen von Prunk und Pracht an einem der bedeutendsten Herrscherhöfe im 18. und 19. Jh. Die prächtige Jordan- oder Gesandtentreppe, der Malachitsaal mit Säulen, Schalen und Vasen aus grünem Stein, der Große Saal, in dem die Bälle stattfanden, der Peter-Saal mit dem Zarenthron aus Eiche und Silber. Den **Pavillon-Saal**, einen der prunkvollsten des Museums, gestützt von korinthischen Marmorsäulen und beleuchtet von 28 riesigen Leuchtern, zieren Wasserspiele. Es ist unmöglich, alle Meisterwerke dieser enzyklopädischen Sammlung internationaler Kunst aufzuzählen, nicht versäumen sollte man aber die *Madonna Litta* von Leonardo da Vinci, *Amor und Psyche* von Canova, *Bündnis der Erde mit dem Wasser* von Rubens, die *Rückkehr des verlorenen Sohnes* von Rembrandt, die Skulptur des *Kauernden Knaben* von Michelangelo, der *Lautenspieler* von Caravaggio, *Badende* von Cézanne und *Ballerina* von Matisse. *Info: Dvortsovaya Ploshchad 2, Tel. 812.7109079, www.hermitagemuseum.org, Öffnungszeiten: 10.30-18 Uhr, Mi. u. Fr. bis 21 Uhr. Um lange Wartezeiten zu vermeiden, empfiehlt es sich, an einer englischen Führung teilzunehmen oder den Museumsbesuch online zu buchen.*

DOSTOJEWSKI-MUSEUM: Fjodor Dostojewski (1821-1881) wohnte nie länger als drei Jahre im selben Haus und wählte immer Wohnungen an Straßenecken mit Fenstern zu beiden Seiten und in der Nähe einer Kirche, damit er die Glocken läuten hören konnte, ein Geräusch, das seinen Geist besänftigte. Das letzte Haus, in dem er wohnte und wo er 1881, kurz vor seinem 60. Geburtstag starb, bot all dies, und noch heute kann der Besucher die Glocken der nahe gelegenen orthodoxen Wladimir-Kirche hören. Das Museum rekonstruierte einige Räume, in denen der Schriftsteller die letzten drei Jahre seines Lebens mit seiner Familie verbrachte. Besonders interessant ist das Arbeitszimmer, in dem er nächtelang an seinem Roman *Die Brüder Karamasow* schrieb, einem seiner wichtigsten Werke. *Info: Kuznechny pereulok 5/12, Tel. 921.9774300, www.md.spb.ru, Öffnungszeiten: Di.-So. 11-18 Uhr, Mi. bis 20 Uhr.*
RUSSISCHES MUSEUM: Im **Michailowski-Palast** befindet sich das Haupthaus des Russischen Museums, das alle Kapitel russischer Geschichte vom 10. Jh. bis heute umfasst: Ikonen, Malerei, Druckerei, Skulptur, dekorative und an-

gewandte Kunst, Folklore, Numismatik, Avantgarde etc. Eine einmalige Chance, die Werke außergewöhnlicher Künstler der traditionellen russischen Malerei kennenzulernen wie Repin, Schischkin, Lewitan, Fedotow, Kripenski, Bruni, Gontscharowa u.a. *Info: Inzhenernaya Ulica 4, Tel. 812.5954248, www.rusmuseum.ru, variierende Öffnungszeiten.*

ISAAKSKATHEDRALE: Eigens konstruierte Schiffe und eine spezielle Eisenbahnlinie waren nötig, um den Granit aus Finnland herzuschaffen, mit dem die gigantischen Säulen errichtet wurden, die die vergoldete Kuppel der Kathedrale tragen, die mit 111,2 m Länge, 97,6 m Breite und einem Fassungsvermögen von 14.000 Menschen eine der größten Kirchen der Welt ist. Den Bau der Kirche, die zwischen dem Dekabristenplatz und dem Isaaksplatz errichtet werden sollte, übertrug Zar Alexander I. 1819 dem französischen Architekten Auguste de Montferrand, der sie 1858 auch fertigstellte. Der prunkvolle Innen raum ist verkleidet mit 600 m^2 Mosaiken, 16.000 kg Malachit und 14 verschiedenen Marmorarten. *Info: Isaakievskaya pl, eng. cathedral.ru, Öffnungszeiten: 10.30-18 Uhr, Mi. geschl., Mai-Sept. bis 21 Uhr.*

PETER-UND-PAUL-FESTUNG: Die Festung wurde 1703 im Auftrag Peters des Großen auf einer kleinen Insel im Newa-Delta errichtet, um den Kern der entstehenden Stadt vor eventuellen Angriffen des schwedischen Feindes zu schützen. Nachdem sie schon bald ihre militärische Funktion eingebüßt hatte, wurde sie zur „Russischen Bastille", in der verschiedene politische Häftlinge einsaßen, darunter Dostojewski, der Bruder Lenins, Gorki, Bakunin und Trotzki. Im Zentrum der Festung steht die **Peter-und-Paul-Kathedrale** (1712-1732) mit ihrem einzigartigen, 122 hohen Glockenturm. In der prächtig ausgestalteten Kirche befinden sich zahlreiche Gräber der Zarenfamillie, darunter auch das von Nikolaus II. und seiner Familie, die 1918 ermordet wurde. Zum Rundgang gehört auch das **Kommandantenhaus**, das die Geschichte der Stadt bis zur dramatischen Revolution von 1917 aufrollt, das **Ingenieurhaus** mit temporären Ausstellungen und das **Newski-Tor**, wo die zum Tode Verurteilten vor der Hinrichtung auf die Boote geladen wurden. Lassen Sie sich nach der Besichtigung nicht einen schönen Spaziergang am Ufer der Insel entgehen. *Info: Öffnungszeiten: Do.-Mo. 11-18 Uhr, Di. 11-17 Uhr, Höfe tägl. geöffnet bis 22 Uhr. Der Zugang erfolgt über das Johannestor.*

MENSCHIKOW-PALAST: Fürst Alexander Menschikow war der engste Freund Peters des Großen und einer der mächtigsten Männer im Zarenreich, erster Generalgouverneur von Sankt Petersburg. Sein weißer und ockerfarbener Palast auf der Wassiljewski-Insel war der erste große Steinbau der Stadt. Seine großen Säle und die zentrale, zweiläufige Treppe, anmutig und elegant wie ein italienischer Hof, drücken in der Einrichtung die Vorlieben und Moden des russischen Adels des 18. Jhs. aus, der westeuropäischen Einflüssen gegenüber besonders empfänglich war: Aubusson-Wandteppiche, englische Pendeluhren, Delfter Keramik, alles vom Feinsten. *Info: Universiteskaya naberezhnaja 15, Tel. 812.3231112, www.hermitagemuseum.com, Öffnungszeiten: Insel 6-22 Uhr, Denkmäler variierende Öffnungszeiten, engl. Führung nach Anmeldung.*

LAKHTA CENTER: Der höchste Wolkenkratzer Europas (462 Meter), in dem ein modernes Mehrzweckzentrum mit

140 OBEN – MONUMENTALE MARMORTREPPE IM PALAIS DER EREMITAGE.

140 UNTEN – DIE ISAAKSKATHEDRALE.

141 – DIE PETER-UND-PAUL-FESTUNG AM UFER DER NEWA.

Mit dem Boot durch Kanäle und Brücken

Zwischen Mitte April und Ende Oktober fahren vom Newski-Prospekt, auf der Höhe von Gribojedow-Kanal und Fontanka, Boote ab, die eine einstündige Fahrt durch die wichtigsten Kanäle der Stadt bieten. Eine Tour der besonderen Art, bei der man auch vom Wasser aus einige der 80 Brücken bewundern kann, die seit den 1870er-Jahren gebaut wurden, um die einzelnen Stadtteile zu verbinden. Wie die Bankbrücke über den Gribojedow-Kanal, verziert mit vier geflügelten Greifen (1826), oder die Anitschkow-Brücke mit ihren von Peter Klodt Mitte des 19. Jhs. aus Bronze gefertigten Pferdebändigern.

Um Mitternacht kann man hier ein besonderes Schauspiel beobachten: Dann öffnen sich die beiden großen Brücken über die Newa eine nach der anderen wie bei einem Triumphzug, um die großen Fracht- oder Kreuzfahrtschiffe passieren zu lassen. Einzigartig ist dieses Schauspiel vor allem in den Weißen Nächten von St. Petersburg, in der Zeit vom 11. Juni bis zum 2. Juli, wenn die Dämmerung nur 40 Minuten anhält und alle Paläste sich in zarte und kostbare Porzellangebilde unter einem Perlmutthimmel zu verwandeln scheinen (Anglotourismo Boat Tours, Fontanka Embankment 21, www.anglotourismo.com).

142 – Die Grosse Kaskade in Schloss Peterhof.

unterschiedlichen Dienstleistungen sowie Firmensitze untergebracht sind. Er ist das Symbol für den innovativen Schub im städtischen Aufbau Moskaus in jüngster Zeit.

TAGESAUSFLUG NACH SCHLOSS PETERHOF

Ein „russisches Versailles am Meer": Das sollte das 1723 eingeweihte Schloss Peterhof 29 km westlich von St. Petersburg am Finnischen Meerbusen nach dem Willen Peters des Großen werden. Von allen Gebäuden des Palastkomplexes inmitten einer grandiosen Umgebung aus Parks, Alleen, Kaskaden, monumentalen Springbrunnen, Höhlen und Wasserspielen, bevorzugte der Zar das Schlösschen **Monplaisir** *(Öffnungszeiten: Juni-Sept. 10.30-18 Uhr)*, ein Ziegelbau, der ihn vermutlich an Holland erinnerte, ein Land, das er sehr liebte. Noch heute ist eine der größten Attraktionen die **Große Kaskade**, eine wundervolle Komposition aus 64 Fontänen und 37, teilweise vom Zar selbst entworfenen Bronzeskulpturen *(Öffnungszeiten: Mai-Okt. 11-20.15)*. Zwischen dem Unteren und dem Oberen Park steht der **Große Palast** *(Di.-So. 10.30-21 Uhr, geschl. am letzten Di. des Monats)*, das Interieur stammt von Katharina der Großen: Ehrentreppen, kaiserliche Räume, Ballsäle. Aus der Zeit Peters I. ist nur noch das mit geschnitzten Holzpaneelen getäfelte Kabinett. *Info: peterhofmuseum.ru, die Sommerresidenz des Zaren erreicht man in 30 Minuten mit dem Tragflügelboot Meteor (nur Mai-Sept, Abfahrt alle 30 Min. vom Anleger gegenüber der Eremitage) oder mit Linienbussen in ca. 50 Minuten.*

TAGESAUSFLUG NACH ZARSKOJE SELO

Das „Zarendorf", wie der Name übersetzt heißt, befindet sich in der sehenswerten Stadt Puschkin, 25 km südlich von Petersburg. Diesen Namen erhielt sie 1937 in Erinnerung daran, dass der berühmteste russische Schriftsteller hier das kaiserliche Lyzeum besuchte. Die Hauptattraktion des Ortes ist der von Baumeister Rastrelli entworfene barocke **Katharinenpalast** mit Innenräumen im klassizistischen Stil. Unter all den glanzvollen Räumen stechen vor allem der Große Saal, der größte des Palastes, hervor, außerdem der Porträtsaal und vor allem das Bernsteinzimmer, dessen Wände mit einer kompletten Vertäfelung aus Bernstein gestaltet sind, einem Geschenk Friedrichs I. von Preußen an Peter den Großen (Rekonstruktion). Die **französischen Gärten**, die den 560 Hektar großen Park bilden, zeigen bizarr anmutende, architektonische „Spielereien" im Stil der Zeit: die Pyramide, wo Katharina ihre Lieblingshunde begrub, die Turmruine, der Chinesische Pavillon, eine mit Muscheln ausgekleidete Grotte und ein Türkisches Bad in reinstem maurischen Stil. Der nahe gelegene, vom italienischen Architekten Quarenghi zwischen 1792 und 1796 gebaute **Alexanderpalast**, ein Geschenk Katharinas II. an ihren Enkel Alexander I., war eine der bevorzugten Residenzen des letzten Zaren, Nikolaus II. *Info: tzar.ru/en. Man erreicht die Residenz mit Linienbussen in ca. 40 Minuten (tzar.ru/en/visitors/directions).*

Übernachten

€€€€€ Grand Hotel Europe (historisch). Mehr als ein Hotel von 1875, dem Jahr seiner Gründung, ist dies ein städtisches Denkmal. Tschaikowski verbrachte hier seine Flitterwochen, George Bernard Shaw und Gorki aßen gemeinsam zu Abend. Neben Eleganz und tadellosem Service bekommt man hier Läden, Bars und fünf Restaurants geboten. *Info: Mikhailovskaya Ulitsa 1/7, Tel. 800.780700, www.belmond.com*

€€€€€ Hotel Taleon (opulent). Ein Palast aus dem 19. Jh. im prächtigen Stil der Zarenzeit, nicht weit vom Newski-Prospekt. Das Haus war einst Residenz der vermögenden Kaufmannsfamilie Eliseev. Spa, Pool und Fitnessbereich. *Info: 59 Naberezhnaya reki Moyki 59, Tel. 812.3249911, www.taleonimperialhotel.com*

143 – Der Katharinenpalast aus dem 18. Jh. in Zarskoje Selo.

€€€€ Alexander House (Themenhotel). Jedes Zimmer in diesem Boutique-Hotel orientiert sich an einer der großen Metropolen der Welt. In der Nähe vom Mariinski-Theater.
Info: Kryukov Canal Embankment 27, Tel. 812.3343540, www.a-house.ru/en

Restauranttipps

€€€ Mechta Molokhovets (romantisch). Wenn Sie eine hochwertige Speisekarte, tadellosen Service und eine romantische Umgebung bei Kerzenlicht suchen, dann kommen wenige Lokale an das Mechta Molokhovets heran (Molokhovets Traum). Die Spezialität des Hauses ist Kulebjaka, eine Pastete, gefüllt mit Fisch oder Kaninchen und Kohl. *Info: Radisheva Ulitsa 10, Tel. 812.2792247*
€€ Kokoko (traditionell). Ein traditionelles Lokal, in dem man das Beste der russischen Küche neu interpretiert genießen kann: geräucherte Makrelen, Salzgurken, Dessert mit Rüben. Saisonale Produkte und Freundlichkeit sind garantiert. *Info: Voznesenskij prospekt 6, Tel. 812.4182060, kokoko.spb.ru*
€€ MamaLiga (georgisch). Liegt hinter der Kathedrale von Kazan und bietet eine gemütliche Atmosphäre mit der Möglichkeit, im Freien zu essen. Große Auswahl an Speisen und Weinen. *Info: Kazanskaya 2, Tel. 812.6401616, mamaliga-mamaliga.ru*

Nightlife

Das Opern- und Balletthaus Mariinski-Theater. Auf dieser Bühne standen schon die berühmtesten Dirigenten und Balletttänzer der Welt. *Info: Teatralnaya ploshchad 1, Tel. 812.7485182, www.mariinsky-theatre.com*
Gribojedow. Trendige Atmosphäre in einem Luftschutzbunker unter der Leitung von Dva Samoleta („zwei Flugzeuge"), einer Ska-Musikgruppe aus Sankt Petersburg. Am frühen Abend ideal für einen Drink, nach Mitternacht Diskothek.
Info: Radisheva Ulitsa 2, Tel. 812.7644355, www.griboedovclub.ru/en
Fidel. Legendäre Bar in der Dumskaya mit exotischer Atmosphäre und guter Musik. Gut besucht, hauptsächlich von Studenten, die Einrichtung ist thematisch an das Alte Havanna angelehnt. *Info: Dusmkaya Ulitsa 9, fidel-club.ru*
JFC Jazz Club. Klein, ausgefallen und im New Yorker Stil, hier spielen Jazzbands aus der ganzen Welt. *Info: Sytninskaya Ulitsa 33, Tel. 812.2729850, www.jfc.sp.ru*

Weitere Informationen: Fremdenverkehrsamt, Ulitsa Sadovaya 14/52, Tel. 812.2423909, eng.ispb.info.

Shopping

Wenn es ums Shoppen geht, ist der von Läden aller Art wimmelnde Newski-Prospekt die richtige Adresse. Bei Nr. 51 steht man vor den Schaufenstern der Designerin ***Tatjana Parfionova****, die ihre Kollektionen mittlerweile auf allen Laufstegen der Welt vorgeführt hat* (Tel. 812.7133669, parfionova.ru/en). *Handschuhe und Hüte in großer Auswahl findet man in Nr. 74 bei* ***Toto*** (Tel. 812.5793590); *in Nr. 20 Souvenirs jeder Art bei* ***Souvenir Boutique*** (Tel. 812.4244328, souvenirboutique.com): *lackierte Holzarbeiten, Matroschkas und andere handgefertigte Stücke. Von den Kaufhäusern und Einkaufspassagen ist* ***Bolshoi Gostiny Dvor*** *in Nr. 35 einen Besuch wert, ein historischer Handelshof, gebaut in der zweiten Hälfte des 19. Jhs. von Rastrelli und Vallin de La Mothe mit der dichtesten Konzentration an Läden in der ganzen Stadt* (Tel. 812.1105408). *Und schließlich befindet sich etwas außerhalb vom Zentrum, aber mit U-Bahn-Linie 3 gut erreichbar, der Sitz der historischen* ***Porzellanmanufaktur Lomonosov*** (Prospekt Obuchovskoj Oborony 151, Tel. 812.3262672, www.hermitagemuseum.org, Di.-Sa. 10-18 Uhr), *mit öffentlichem Museum und Verkaufsstelle.*

Moskau – *Russland*

Ein Slogan für Moskau könnte wohl lauten: „Im Laufschritt in die Zukunft". Die Stadt, mit 12 Mio. Einwohnern und Lebenshaltungskosten, die weiterhin jedes Jahr mit zu den höchsten der Welt gehören, ist in der Tat eine einzige Baustelle. Es entstehen gläserne Wolkenkratzer, Kunstzentren, Designhotels, Restaurant, Clubs, Disco Bars. Die russische Hauptstadt verfolgt einen ehrgeizigen Städtebauplan, der durch den neuen zukunftsweisenden Hochhauskomplex Moscow International Buisness Center (MIBC) symbolisiert wird.

Ein Stadtrundgang beginnt am **Kreml**. Dieser berühmtesten Stadtfestung der Welt muss man mindestens einen halben Tag widmen: Das ist das absolute Minimum für eine Besichtigung der Highlights wie Kathedralen und **Rüstkammer**. Weniger Zeit in Anspruch nimmt die Besichtigung des **Roten Platzes**, dort stehen zwei Wahrzeichen der Stadt: das **Lenin-Mausoleum** und die **Basilius-Kathedrale**, außerdem das **Warenhaus GUM** *(s. Infobox Shopping)*. Nicht weit davon entfernt liegt eines der edelsten Viertel der Stadt. Hier war im 19. Jh. das Herz Moskaus mit feinen Palais an den Straßen **Preăistenka** und **Ostoĭenka** (an denen es auch hervorragende Restaurants gibt) und dem **Puschkin-Museum** der Bildenden Künste. Sehenswert ist auch die **Christ-Erlöser-Kathedrale** *(Volkhonka Ulica 15, www.xxc.ru, Öffnungszeiten: 10-17 Uhr, Mo. 13-17 Uhr)*, die eine außergewöhnliche Geschichte hat: Die 1837 aus Carrara-Marmor gefertigte Kirche war die größte orthodoxe Kirche weltweit; unter Stalin wurde sie entweiht und zerstört wie viele andere russische Sakralbauten auch; an ihrer Stelle wurde ein Freibad gebaut. In den 1990er-Jahren wurde sie nach Vorlage der ursprünglichen Kirche originalgetreu wiederaufgebaut und im August 2000 geweiht. Hier wurde der Leichnam von Präsident Boris Jelzin aufgebahrt, bevor er auf dem **Nowodewitschi-Friedhof** beigesetzt wurde, dem wichtigsten Friedhof der Hauptstadt in der Nähe des zum Weltkulturerbe zählenden Nowodewitschi-Klosters. Gegenüber der Kathedrale auf dem anderen Ufer der Moskwa befindet sich **Strelka**, ein der zeitgenössischen Kunst und dem Design gewidmetes Zentrum an einem außergewöhnlichen Ort: einer ehemaligen Schokoladenfabrik *(Bersenevskaya Naberezhnaya 14/5, strelka.com)*. Eine weitere, in eine kreative Ideenfabrik umgewandelte Industrieanlage ist Winzavod *(4-Y Syromyatnicheskiy Pereulok 1, Tel. 495.9174646 und 495.9171799, www.winzavod.ru, die Ausstellungsorte sind zu unterschiedlichen Zeiten zwischen 12 und 20 Uhr geöffnet)*: ein Zentrum zeitgenössischer Kunst, das Kunstgalerien, Bars und Läden beherbergt.

***Unterwegs in Moskau:** Am besten mit der U-Bahn (das Moskauer U-Bahn-Netz gehört zu den besten des gesamten Planeten), aber auch Taxis sind empfehlenswert, es gibt viele und sie sind nicht teuer. Ein Problem könnte allerdings die Sprache sein: Viele Taxifahrer sprechen nur Russisch.*

***Währung:** Die offizielle Währung in Russland ist der **russische Rubel**.*

Sehenswertes

DER MOSKAUER KREML: Kreml bedeutet Zitadelle. Alle wichtigen russischen Städte haben einen solchen, der wichtigste von allen aber ist der in Moskau: eine im 15. Jh. befestigte Zitadelle an der Moskwa mit einem dreieckigen Grundriss, umfasst von einer mehr als 2 km langen Mauer mit 20 Türmen. Der mehrfach zerstörte und wiederaufgebaute Kreml verdankt sein heutiges Aussehen Zar Iwan III., dem Großen. Zu dem riesigen Gebäudeensemble gehören neben den Zentren der politischen Macht wie dem Senat und dem Großen Kremlpalast auch Kirchen und Museen. Das bekannteste davon ist die **Rüstkammer** *(Eingang vom Kutafiya-Turm aus, dort gibt es auch Tickets, Einlass von 9.30 bis 18 Uhr)* mit Paramenten, Wandteppichen, Elfenbein- und Diamantthronen, Kutschen, Kleidung, Schmuck und Kronen von Zaren und Zarinnen sowie den berühmten Fabergé-Eiern.

144-145 – Die Moskwa mit dem Kreml im Hintergrund.

144 Matroschkapuppen, Wahrzeichen des russischen Kunsthandwerks.

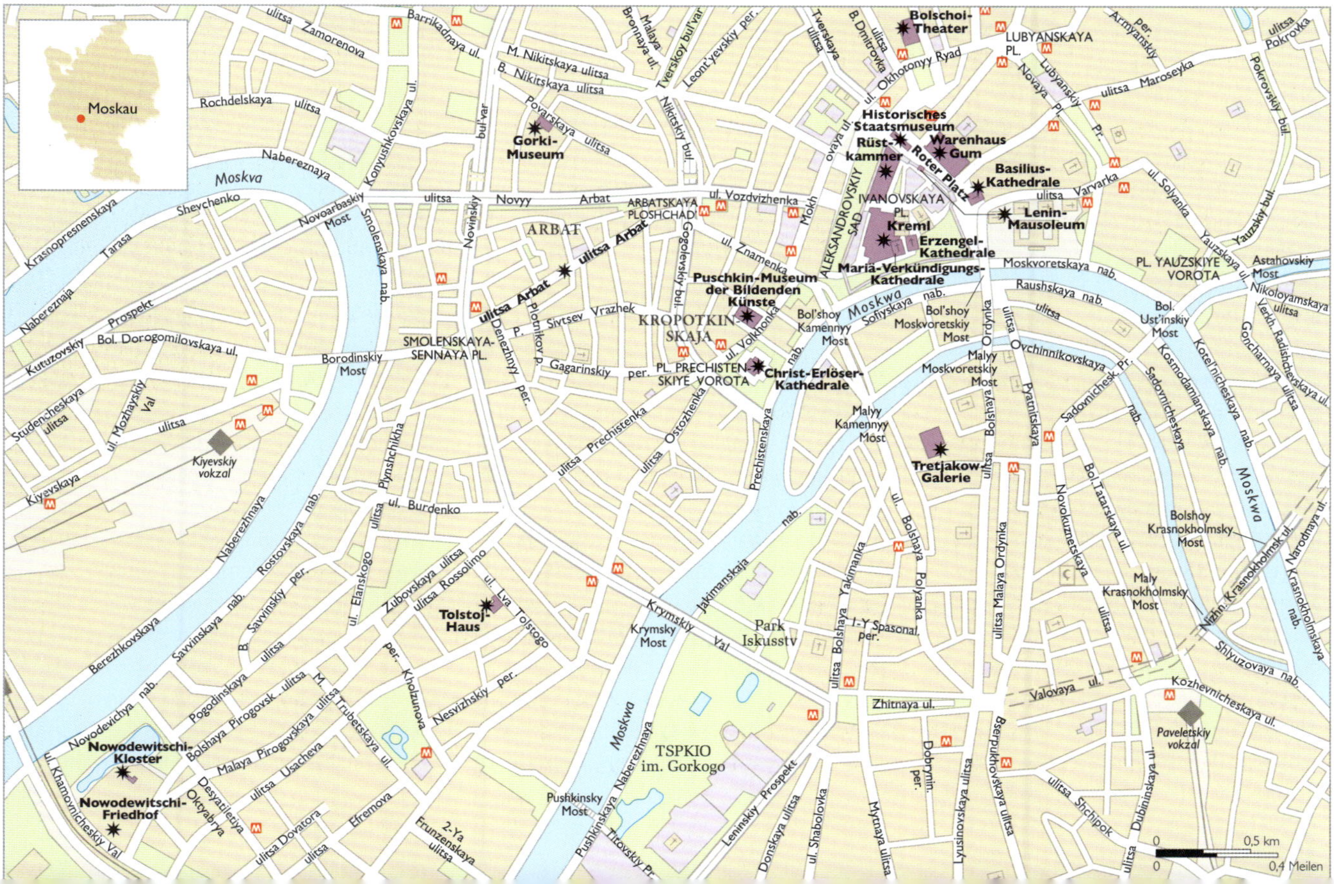
Moskau
Bolschoi-Theater
LUBYANSKAYA PL.
Historisches Staatsmuseum
Rüstkammer
Warenhaus Gum
Roter Platz
Basilius-Kathedrale
Lenin-Mausoleum
IVANOVSKAYA PL.
Kreml
Erzengel-Kathedrale
Maria-Verkündigungs-Kathedrale
ALEKSANDROVSKIY SAD
Gorki-Museum
ARBAT
ARBATSKAYA PLOSHCHAD'
ulitsa Arbat
Puschkin-Museum der Bildenden Künste
KROPOTKINSKAJA
PL. PRECHISTENSKIYE VOROTA
Christ-Erlöser-Kathedrale
SMOLENSKAYA-SENNAYA PL.
Moskva
Moskwa
Kiyevskiy vokzal
Borodinskiy Most
Novoarbatskiy Most
Bol'shoy Kamennyy Most
Bol'shoy Moskvoretskiy Most
Malyy Moskvoretskiy Most
Malyy Kamennyy Most
Tretjakow-Galerie
PL. YAUZSKIYE VOROTA
Bol. Ust'inskiy Most
Bolshoy Krasnokholmsky Most
Maly Krasnokholmsky Most
Tolstoj-Haus
Krymsky Most
Park Iskusstv
TSPKIO im. Gorkogo
Pushkinsky Most
Nowodewitschi-Kloster
Nowodewitschi-Friedhof
Paveletskiy vokzal
0 0,5 km
0 0,4 Meilen

Nach dem Museum geht es weiter zum **Kathedralenplatz**. Als Erstes trifft man auf die 1547 nach einem Brand errichtete **Mariä-Verkündigungs-Kathedrale** mit neun vergoldeten Kuppeln. Im Inneren sind Fresken aus dem 16. Jh. zu bewundern, das eigentliche Hauptwerk aber ist die Ikonostase von 1405 (die für den Vorgängerbau angefertigt worden war). Gegenüber steht die **Erzengel-Kathedrale**, sie wurde zwischen 1505 und 1508 unter der Leitung des italienischen Architekten Aloisio dem Neuen auf den Überresten einer zerstörten Kirche gebaut. Von den vorwiegend aus dem 17. Jhs. stammenden vergoldeten Ikonen ist die des Erzengel Michaels, des Namensgebers der Kirche, die schönste. Beeindruckend ist auch die dritte Kathedrale, die 1475-79 unter der Leitung von Aristotele Fioravanti gebaute **Mariä-Entschlafens-Kathedrale**, in der alle russischen Zaren gekrönt wurden. Zu den kostbarsten Ikonen gehören die der Gottesmutter von Wladimir (12. Jh.) und des Heiligen Georg (12. Jh.), aber auch das Südportal aus getriebenem Kupfer- und Goldblech, in das 20 biblische Szenen graviert sind, sollte man sich näher ansehen. Wieder draußen angelangt bewundert man den **Glockenturm „Iwan der Große“** aus dem 16. Jh., mit der berühmten, 64 t schweren Glocke aus dem 19. Jh. Und gleich daneben die 1856 gegossene, 40 t schwere **Zarenkanone**, die größte der Welt, eine Kugel wurde allerdings daraus nie abgefeuert. *Info: Alexandrovsky sad, www.kreml.ru/en-Us/museums-moscow-kremlin, Öffnungszeiten: 9.30-18 Uhr, Do. geschl.*

DER ROTE PLATZ: Einer der größten Plätze des Planeten, 695 m lang, 130 m breit und, zusammen mit dem Kreml Weltkulturerbe. Der Ende des 15. Jh. angelegte Platz trug diesen Namen auch schon vor dem Kommunismus (*krasny* bedeutete im alten Russisch sowohl „rot“ als auch „schön“): Hier steht das Lenin-Mausoleum, gebaut aus rotem Granit aus der Ukraine, in dem 1930 der Leichnam Lenins beigesetzt wurde (*www.lenin.ru, Öffnungszeiten: 10-13 Uhr, Mo., Fr. u. So. geschl.*), und der elegante Gebäudekomplex des GUM (1888-93), eines der teuersten und edelsten Einkaufszentren der Welt *(s. Infobox Shopping)*. An diesem Platz befindet sich auch das **Historische Museum** aus dem 19. Jh. *(en.shm.ru/museum/gim, variierende Öffnungszeiten)* mit Funden aus der Vorgeschichte bis zum 17. Jh., und die **Basilius-Kathedrale**: ein Ensemble aus neun miteinander verbundenen Gebäudeteilen mit Kuppeln, die aussehen, als seien sie mit Zuckerguss überzogen. Die 1561 fertiggestellte Kathedrale wurde einmal von Napoleon geplündert und wäre beinahe von Stalin zerstört worden. Heute ist dies die bedeutendste Kathedrale der russischen Kirche: Sie bewahrt die Gebeine des Heiligen, der ihr den Namen gab, sowie

Ikonen aus dem 16. Jh. Ihre vier größten Kirchtürme weisen in die vier Himmelsrichtungen *(en.shm.ru/museum/hvb, Öffnungszeiten: 11-18 Uhr, Nov.-Apr. 11-17 Uhr)*.

PUSCHKIN-MUSEUM DER BILDENDEN KÜNSTE: Eine wahre Institution. Neben den Abteilungen mit impressionistischen und post-impressionistischen Gemälden finden sich auch ägyptische, griechische und römische Fundstücke sowie Nachbildungen italienischer Skulpturen der Renaissance. Meisterwerke, die man gesehen haben muss: Canaletto, Renoir, Gauguin, van Gogh, Matisse, Picasso, Kandinsky, *Die blauen Tänzerinnen* von Degas, der *Mardi Gras* von Cézanne *(Volkhonka Ulica 12, Tel. 495.6979578, pushkinmuseum.art, Öffnungszeiten: Di., Mi., Sa., So. 11-20 Uhr, Do.-Fr. 11-21 Uhr, Mo. geschl.)*.

NOWODEWITSCHI: Das Kloster, auch Neujungfrauenkloster genannt, in das die Zaren unbequeme Gemahlinnen und Schwestern verbannten, beeindruckt durch seine Gärten und die barocke Architektur des 17. Jhs. Das unter Großfürst Wassili III. 1524 errichtete Gebäude ist heute zum Teil ein Museum. Die inmitten des Komplexes liegende Smolensker Kathedrale von 1524-25 hat eine großartige, von 50 Künstlern erstellte Ikonostase, die wichtigste Ikone daraus ist die Gottesmutter von Smolensk von 1564. Nebenan, auf dem gleichnamigen Friedhof, finden sich die Gräber illustrer Persönlichkeiten: von Tschechow über Gogol bis Bulgakow, dem Autor von *Der Meister und Margarita (Novodeviãij proezd 1, Tel. 499.2468526, ndm-museum.ru, Öffnungszeiten: 9-17 Uhr)*.

METRO MOSKAU: Die 1935 eingeweihte U-Bahn mit ihren 14 Linien und 222 Bahnhöfen (Gesamtlänge 298,2 km) ist eine der größten und großartigsten der Welt *(mos-metro.ru)*. In den Spitzenzeiten fährt alle 45 Sekunden ein Zug (die durchschnittliche Wartezeit beträgt ansonsten 1,5 Minuten) und einige Stationen sind wahre künstlerische und architektonische Highlights. So etwa die 1952 in Betrieb genommene Station Komsomolskaja mit einem zentralen Bahnsteig von 190 m Länge und 72 Marmorpfeilern, in der Halle hängen Kronleuchter, die auch in einem Schloss nicht fehl am Platz wirken würden. Oder aber die Stationen Kiewskaja mit Marmorsäulen und Kassettendecke und Arbatskaja mit stuckverzierten Decken und Lampen in traditionellem russischen Stil. Andere Stationen, die man anschauen sollte, sind Krasnye Vorota, Lubjanka, Kropotkinskaja, Avtozavodskaja, Novoslobodskaya und Majakovskaja, benannt nach dem berühmten Dichter Majakowski.

146-147 – Der Rote Platz.

147 – Die Mariä-Verkündigungs-Kathedrale am Kreml.

BOLSCHOI-THEATER: Momentan handelt es sich dabei eigentlich um zwei Theater, das aus der Mitte des 19. Jhs. und ein neues Gebäude, das 2011 in Betrieb genommen wurde, damit es während der Umbauten der historischen Spielstätte zu keiner Unterbrechung kommt. Hier arbeiteten Komponisten von Weltruhm, von Tschaikowski bis Rachmaninow und Prokofjew, große Tänzer und Choreografen wie Pawlowa, Ulanowa und Fokin. Tickets für die Aufführungen sind direkt über das Internet erhältlich *(Teatralnaya Ploshad 1, Tel. 495.4555555, www.bolshoi.ru)*.

GORKI-MUSEUM: In diesem Jugendstilhaus lebte der berühmte Schriftsteller von 1931 bis 1935. Es ist eines der schönsten Häuser der Stadt, entworfen 1900 von Fjodor Schechtel, dem bekanntesten Architekten des russischen Jugendstils *(Malaya Nikitskaya 6/2, Tel. 495.6973241, museum.imli.ru, Öffnungszeiten: 11-17.30 Uhr, Mo. und Di. geschl.)*.

TOLSTOI-HAUS: Hier lebte der berühmte Schriftsteller von 1882 bis 1901, seit 1921 ist es ein Museum. Im Erdgeschoss sind der Speisesaal und die Kinderzimmer zu besichtigen, im Obergeschoss die Empfangsräume und sein Arbeitszimmer mit Blick auf den Garten *(Lva Tolstogo Ulica 21, Tel. 495.6377410, www.tolstoymuseum.ru,variierende Öffnungszeiten)*.

TRETJAKOW-GALERIE: Dieses Museum gibt einen guten Einblick in die russische Kunst vor und nach der Revolution, es enthält zahlreiche Ikonen, Gemälde, Skulpturen und Zeichnungen, auch Einzelausstellungen finden hier statt. Nicht versäumen sollte man Meisterwerke wie die *Ikone der Dreifaltigkeit* von Andrej Rubljow, die als eine der wichtigsten russischen Ikonen überhaupt gilt (erste Hälfte 15. Jh.), und das *Bad des Roten Pferdes* von Kusma Petrow-Wodkin von 1912 *(Lavrushinsky Lane 10, Tel. 495.9570701, www.tretyakovgallery.ru, variierende Öffnungszeiten)*.

LOMONOSSOW-UNIVERSITÄT: Gegründet wurde sie 1755, seit 1953 hat sie ihren Sitz in einem Gebäude sowjetischen Stils (www.msu.ru/en), in einer der Sieben Schwestern, wie die im Auftrag von Stalin im sogenannten „Zuckerbäckerstil" errichteten Hochhäuser genannt werden.

DER GOLDENE RING

Im Nordosten Moskaus liegen einige Städte von großem historischen und architektonischen Interesse, die unter dem Begriff *Goldener Ring* zusammengefasst werden. Die Orte selbst bilden zwar nicht wirklich einen kreisförmigen Ring, dafür passt aber der Begriff „Golden" umso besser zu den vergoldeten Kuppeln und der herausragenden Rolle, die diese Städte als geistliche und politische Zentren vom 13. bis zum 17. Jh. spielten. Für einen Tagesausflug emp-

fiehlt sich der Besuch von **Sergijew Possad**: Die Stadt ist etwa 70 km von Moskau entfernt und bewahrt ein wahres Juwel, das **Dreifaltigkeitskloster des Heiligen Sergius**, eines der bedeutendsten russisch-orthodoxen Zentren des Landes. Kurz nach dem Eintrittstor in die befestigten Schutzmauern kann man das barocke Refektorium bewundern, die Heilig-Geist-Kirche von 1476, die Mariä-Entschlafens-Kathedrale, gebaut 1559 unter Iwan dem Schrecklichen. Vor der Kirche steht der 88 m hohe Glockenturm, der in den Jahren von 1740-70 unter der Leitung von drei Architekten errichtet wurde. Der wichtigste Kirchenbau der Klosteranlage ist die Dreifaltigkeitskathedrale (1422-23): In ihr wird die Silberurne des Heiligen Sergius aufbewahrt und die wundervolle Ikonostase von 1425-27. Zum Kloster, das zum UNESCO-Weltkulturerbe erklärt wurde, gehören auch die Schatzkammer der Sakristei und ein Museum mit kostbaren Ikonen und dem *Abendmahl* von Simon Uschakow (1685). Etwa 60 km weiter nördlich von Sergijew Possad ist **Pereslawl-Salesski** einen Besuch wert. Auch hier ist das Highlight ein sakraler Ort, das **Kloster Gorizky** mit einer barocken Ikonostase von 1759 (16x19 m) und einer Sammlung von Schnitzereien lokaler Kunsthandwerker. Die anderen Städte des Goldenen Rings hingegen sind weiter entfernt. Für die vollständige, 700 km umfassende Tour sollte man vier Tage einplanen. Dies sind **Rostow** am Nerosee (73 km nordöstlich von Pereslawl-Salesski) mit der **Mariä-Entschlafens-Kathedrale** aus dem 15. und 16. Jh. (schön sind die Glocken, die Fresken aus dem 17. Jh. und daneben der Glockenturm) sowie das **Rostow-Museum** mit wundervollen alten Ikonen; **Jaroslawl**, 53 km weiter nördlich, eine der ältesten Städte Russlands; **Kostroma** mit dem Revolutionsplatz, Wahrzeichen der Stadtplanung unter Katharina II.; **Iwanowo**, berühmtes Zentrum der Textilindustrie; **Susdal,** sehenswert der **Kreml** mit der **Geburts-Kathedrale**; **Wladimir** mit der **Mariä-Himmelfahrts-Kathedrale** (1158-60), die das Fresko des *Jüngsten Gerichts* von Andrej Rubljow (1408) bewahrt.

Für den Goldenen Ring oder auch nur einen Besuch in Sergijew Possad mietet man am besten ein Auto an einer der vielen Vermietstationen der Hauptstadt (Informationen liefern die Rezeptionen der Hotels). Es gibt aber auch organisierte Fahrten, wie sie z.B. von Intourist angeboten werden, www.intourist.ru

148 OBEN – DER HOCHHAUSKOMPLEX MOSCOW CITY (MIBC), DAS MODERNE GESICHT DER STADT.

148 UNTEN – DER INNENRAUM DER HEILIG-GEIST-KIRCHE IN SERGIJEW POSSAD.

149 OBEN – MAUERN UND KUPPELN DER KATHEDRALE VON SUSDAL.

149 UNTEN – DIE MARIÄ-HIMMELFAHRTS-KATHEDRALE IN WLADIMIR.

СКОРО ОТКРЫТИЕ
INTERSPORT
INTERSPORT

Übernachten

€€€€€ Swissôtel Krasnye Holmy (Design). Eines der elegantesten Hotels in einem Turm aus Stahl und Glas. Neben dem Spa gibt es im obersten Stockwerk einen Club mit großen Fensterfronten: die beste Aussicht auf die Stadt. *Info: Kosmodamianskaya nab. 52, bld. 6, Tel. 495.7879800, www.swissotel.com/moscow*

€€€ Hotel Ukraina (Retro). Sowjet-Nostalgie: Dieses gigantische Gebäude ist eine der Sieben Schwestern von Stalin. Die Zimmer sind im Retro-Stil eingerichtet und bieten einen schönen Blick über die Dächer. *Info: Kutuzovsky prospect, 2/1 build. 1, Tel. 495.2215555, www.ukraina-hotel.ru*

€€€ Spa Hotel Pokrovka (Boutique-Hotel). Das erste All-Suite-Hotel der Hauptstadt. Spa mit Pool, Sauna, Hamam, Banja (russisches Bad): Ein Bereich von 760 m² auf zwei Etagen des Hotels. *Info: Pokrovka Ulitsa 40, Tel. 495.2295757, www.mamaisonpokrovka.com*

Restauranttipps

€€€ Turandot (eine Institution). Die Säle erinnern an eine Wunderkammer, verziert im Stil Ludwigs XVI. und mit Ming-Vasen. Die Gerichte der asiatischen Fusionsküche werden von Bedienungen im Seidenkostüm serviert. Zweifellos teuer, aber lohnenswert. *Info: Tverskoy Bulvar 26/5, Tel. 495.1263290, www.turandot-palace.ru*

€€ Mari Vanna (russisch). Die Gerichte sind traditionell, von den Vorspeisen mit Käse und Gemüse bis zum gebeizten Lachs, wirklich erstaunlich aber ist das Lokal selbst. Man hat fast das Gefühl, bei irgendjemandem zu Hause zu sitzen. *Info: Spiridonevsky Per 10a, Tel. 495.6506500, en.ginza.ru/msk/restaurant/marivanna*

Russische Bäder

So wie man in Istanbul das Türkische Bad besucht, sollte man hier ein Russisches Bad, ein Banja ausprobieren. Die angesagteste Adresse ist ***Sanduny****, eine Einrichtung aus dem 19. Jh., sehr beliebt bei Anhängern des Wellness im Zeichen der Tradition. Ein wenig Spa, ein wenig Club und Treffpunkt, vor allem eine Vielzahl von Räumen zum Schwitzen und Abkühlen in eiskaltem Wasser. Männer und Frauen sind dabei getrennt. Info:* Neglinnaya 14, www.sanduny.ru

€€ Bjorn (skandinavisch). Die skandinavische Küche ist auch in Moskau in. Hier findet man Heringe, Thunfisch, Lachs mit Dill oder mit Zucker und Senf in einem Trendambiente. *Info: Pyatnitskaya 3/4, Tel. 495.9539059, bjorn.rest*

Nightlife

Propaganda. Setzt seit über zwanzig Jahren Maßstäbe im Moskauer Nachtleben, bietet elektronische Musik und wird von einem heterogenen Publikum aufgesucht. *Info: Zlatoustinskiy Bol'shoy Perulok 7, propagandamoscow.com*

Gipsy. Einer der populärsten Clubs der Hauptstadt. Wird hauptsächlich von Fremden und Touristen besucht, tendenziell eher junges Publikum. *Info: Rochdelskaya Street 15, www.bargipsy.com*

City Space Bar & Lounge. Im 34. Stock des Swissôtel Krasnye Holmy, der angesagteste Club der Stadt – wegen der atemberaubenden Aussicht zum einen und der Cocktails von Andrey Zastavnyuk zum andern, die als die besten ganz Russlands ausgezeichnet wurden. *Info: Kosmodamianskaja nab. 52, bld. 6, Tel. 495.2215357, cityspacebar.com*

Weitere Informationen: www.russlandinfo.de oder beim Russian National Tourist Office in Russland www.russia-travel.com

150 – Das Warenhaus GUM, das Shopping-Paradies Moskaus.

151 – Hotel Ukraina, eine der unter Stalin errichteten sogenannten „Sieben Schwestern".

Shopping

Zeitlos ist der Einkaufsbummel auf dem ***Arbat****, der Straße, die im 15. Jh. angelegt wurde und später ein Wohnviertel für das reiche Bürgertum wurde, heute Fußgängerzone. Souvenirs von Babuschka-Puppen zu Uschankas oder aber kommunistisch angehauchte Souvenirs wie eine Lenin-Büste kauft man im* ***Izmailovsky-Markt*** (Ul. 3 Parkovaya 24, Tel. 495.1632176, 9-18 Uhr) *mit denkwürdigen Erinnerungsstücken und Kunstgegenständen, Freunde guten Essens dürfen sich nicht den* ***Eliseevskiy Store*** *entgehen lassen* (Tverskaya 14, Tel. 495.6504643, www.kupetzeliseevs.ru), *in diesem barocken Palais werden ganz besondere Gebäck- und Schokoladesorten, Kaviar, tagesfrischer Fisch und Fertiggerichte angeboten (von Borschtsch bis marinierte Pilze). Man kann Moskau nicht verlassen, ohne einmal nur die Schaufenster des berühmten Warenhauses* ***GUM*** *angeschaut zu haben* (Roter Platz, www.gum.ru). *Es entstand 1888-93 als staatliches Hauptkaufhaus (und genau dies bedeuten die drei Buchstaben), heute ist es der Tempel der internationalen Marken. Das Gebäude ist beeindruckend: Die drei, jeweils 250 m langen Längspassagen sind mit Gewölben aus Glas und Eisen überspannt. Sehenswert ist die kulinarische Abteilung im 1. Stock, wo Langusten, französische Käsesorten, kalifornische Erdbeeren, indischer Tee und tropische Früchte angeboten werden. Das Fünfsternereich der Globalisierung.*

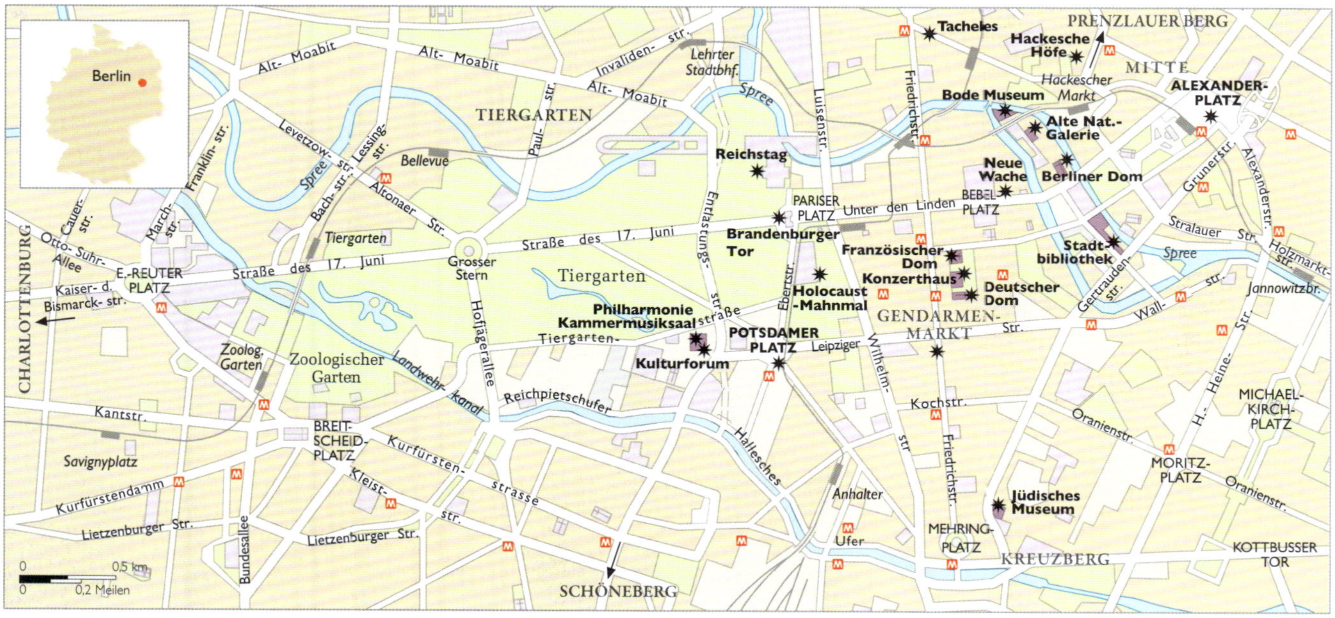
Berlin
Tacheles
Hackesche Höfe
PRENZLAUER BERG
MITTE
Hackescher Markt
Bode Museum
ALEXANDER-PLATZ
Alte Nat.-Galerie
Neue Wache
Berliner Dom
BEBEL PLATZ
Unter den Linden
PARISER PLATZ
Reichstag
Brandenburger Tor
Französischer Dom
Konzerthaus
Deutscher Dom
Stadt-bibliothek
Holocaust -Mahnmal
GENDARMEN-MARKT
POTSDAMER PLATZ
Philharmonie Kammermusiksaal
Kulturforum
Jüdisches Museum
MEHRING-PLATZ
KREUZBERG
KOTTBUSSER TOR
MORITZ-PLATZ
MICHAEL-KIRCH-PLATZ
Jannowitzbr.
Spree
Stralauer Str.
Holzmarkt-str.
Alexanderstr.
Grunerstr.
Gertrauden-str.
Wall-str.
H.-Heine-Str.
Oranienstr.
Kochstr.
Friedrichstr.
Wilhelm-str.
Leipziger Str.
Ebertstr.
Entlastungs-straße
Luisenstr.
Lehrter Stadtbhf.
Invaliden-str.
Alt-Moabit
TIERGARTEN
Paul-str.
Bellevue
Levetzow-str.
Lessing-str.
Bach-str.
Altonaer Str.
Franklin-str.
Tiergarten
Straße des 17. Juni
Grosser Stern
Hofjägerallee
Tiergarten-straße
E.-REUTER PLATZ
Otto-Suhr-Allee
Cauer-str.
March-str.
Kaiser-d. Bismarck-str.
CHARLOTTENBURG
Zoolog. Garten
Zoologischer Garten
Landwehr-kanal
Reichpietschufer
Kantstr.
BREIT-SCHEID-PLATZ
Savignyplatz
Kurfürstendamm
Kurfürsten-strasse
Kleist-str.
Lietzenburger Str.
Bundesallee
Hallesches Ufer
Anhalter
SCHÖNEBERG
0 0,5 km
0 0,2 Meilen

Berlin – *Deutschland*

Fünf Städte entsprechen mindestens einer Hauptstadt. Bevor Berlin zu Berlin wurde, gab es nämlich die Orte Cölln, Friedrichswerder, Dorotheenstadt, Friedrichstadt und Berlin, die Friedrich I. von Preußen 1710 zu einer Stadt zusammenführte: der Hauptstadt des Königreichs Preußen und Brandenburgs. Aufgrund seiner Geschichte wurde Berlin im 20. Jh. weltweit einzigartig, und auch wenn die Spuren des Dritten Reichs und der Ost/Westteilung heute fast unsichtbar sind, zieht diese 3,5 Millionen Einwohner zählende Metropole nach wie vor Gegensätze an: modernste Architektur und Lokale der Subkultur einerseits, außergewöhnliche kulturelle Cluster und Traditionsverhaftung andererseits.

Wenn **Mitte** das monumentale Herz der Hauptstadt ist, dann ist das **Brandenburger Tor** das Herz Mittes, mit dem angrenzenden **Reichstag**, dem von Norman Foster umgebauten Parlamentsgebäude und der großen Allee **Unter den Linden**. Ganz nah, in der Ebertstraße wurde das **Holocaust-Mahnmal** errichtet. Es liegt zwischen Brandenburger Tor und **Potsdamer Platz**, ein ödes Gelände, durch das bis 1989 die Mauer verlief. Zwei weitere Highlights des Viertels sind die **Museumsinsel**, fünf außergewöhnliche Gebäude auf winziger Fläche, umgeben von der Spree, und das Kunsthaus **Tacheles**, besser bekannt nur als Tacheles, das wichtigste soziale Zentrum Europas, unumstrittene Ikone des jungen, unkonventionellen Berlin, heute mit neuem Standort in Marzahn. Wenn Mitte die ehemalige Teilung zwischen Ost und West symbolisiert, dann gilt im nahegelegenen **Kreuzberg**, Klein-Istanbul mit etwa 150.000 Bewohnern und größte türkische Gemeinde außerhalb der Türkei, das Motto „Orient trifft Okzident“. Ein Gebiet, das gerade saniert wird und viele Berliner veranlasst hat, dort hinzuziehen. Auch der **Prenzlauer Berg** ist im Umbruch: In den 1980er-Jahren Hochburg der Punks, ist er heute Trendviertel, mit seinen Fabriken aus dem 19. Jh., in heute Kultureinrichtungen wie die **Kulturbrauerei** (früher Brauerei, heute Kunst- und Designzentrum: *www.kulturbrauerei.de*) oder das **Humboldt-Umspannwerk**, ein ehemaliges, in ein Ausstellungs- und Eventzentrum umgewandeltes Elektrizitätswerk, untergebracht sind. Dasselbe gilt für **Friedrichshain**, früher ein Viertel des Volkes, heute wegen der preiswerten Wohnungen von Studenten und Künstlern bewohnt. Außerdem befindet sich hier die **East Side Gallery** (*siehe Infobox Mauertour*), das wichtigste Mauerdenkmal. Und das ehemalige Westberlin mit **Charlottenburg** und **Schöneberg**? Es ist immun gegen den frischen Wind, der in den Vierteln der ehemaligen DDR weht, und glänzt nach wie vor mit seinen historischen Ikonen, der **Gedächtniskirche**, die zwischen 1891 und 1895 in neoromantischem Stile erbaut, während des Zweiten Weltkriegs bombardiert und nie wieder aufgebaut wurde (eine Art Ruine als Friedensymbol) und seinen Einkaufsstraßen, wie dem **Ku'damm** (kurz für Kurfürstendamm) in der Nähe des großen Luxuskaufhauses **KaDeWe** *(s. Infobox Shopping)*. Bestechend auch die Läden und Restaurants der **Kantstraße**, die **Siegessäule** mit der Siegesgöttin Victoria auf der Straße des 17. Juni, die durch Wim Wenders' „Himmel über Berlin“ unsterblich wurde *(www.monument-tales.de, Öffnungszeiten: Apr.-Okt. 9.30-18.30 Uhr, Sa.-So. 9.30-19 Uhr; Nov.-März tägl. 9.30-17.30 Uhr)*. Auch die Begeisterung der Berliner für Grünflächen hält unverändert an. Die Stadt hat viele Parks und einen Grünflächenanteil von etwa einem Drittel. Der wichtigste „Garten“ allerdings ist der **Tiergarten** im gleichnamigen Viertel. Um den größten außerstädtischen Park zu besuchen, muss man allerdings etwa 40 km südwestlich, in Richtung Potsdam zurücklegen.

Unterwegs in Berlin:

Berlin ist mit einem optimalen U-Bahn- und öffentlichem Nahverkehrsnetz versehen: Busse, Straßen- und S-Bahnen. Mit der Berlin Welcome Card (berlin-welcomecard.de) *können die Verkehrsmittel zu einem vergünstigten Preis genutzt werden.*

152-153 – Luftansicht der deutschen Hauptstadt.

153 Unten – Das Brandenburger Tor, Wahrzeichen der Stadt

154 – Der Gendarmenmarkt, ein Platz aus dem 18. Jh.

155 – Das Kunsthaus Tacheles.

Sehenswertes

DER BERLINER DOM: Als wichtigster Ort des städtischen Protestantismus wurde er 1822 von Karl Friedrich Schinkel umgebaut und ist Mausoleum der preußischen Königsfamilie. Er beherbergt rund 90 Gräber und Sarkophage. Hier finden Gottesdienste, Orgelkonzerte und Führungen statt. Info: *Lustgarten 1*, Tel. *030.20269136, www.berlinerdom.de, Öffnungszeiten: 9-20 Uhr.*

ALEXANDERPLATZ: Der Alex, wie er von den Berlinern genannt wird, verdankt seinen Namen dem Besuch des russischen Zaren Alexander I. im Jahr 1805. Viele Stadtereignisse sind mit diesem, vielleicht etwas trostlosen Platz verbunden, wo heute das Verlagsgebäude der Redaktion der Berliner Zeitung steht, das von Josef Paul Kleihues umgebaute Gebäude des Kaufhof-Konzerns (früher ein großes Ostberliner Kaufhaus) und der 368 m hohe Fernsehturm (der höchste Turm Berlins) mit Drehcafé, das einen herrlichen Ausblick bietet. *Info: Panoramastraße 2, www.tv-turm.de, Öffnungszeiten: 9-24 Uhr, Nov.-Feb. 10-24 Uhr.*

DAS BRANDENBURGER TOR: „Herr Gorbatschow, reißen Sie diese Mauer nieder!", forderte Ronald Reagan am 12. Juni 1987 in seiner denkwürdigen Rede vor dem Brandenburger Tor. Als Sinnbild und Denkmal des wiedervereinigten Berlin, während der Feierlichkeiten zum Mauerfall beschädigt und am 3. Oktober 2002 wieder eingeweiht, ist es das wichtigste von ursprünglich 18 Stadttoren. Zwischen 1788 und 1791 erbaut, wird es überragt von der Quadriga-Skulptur mit der geflügelten Viktoria.

DER GENDARMENMARKT: 1700 erbaut, ist der Gendarmenmarkt einer der elegantesten Plätze und verdankt seinen Namen dem französischen „gens d'armes", der Bezeichnung für ein preußisches Hugenottenregiment. Hier stehen sich drei Architekturschätze gegenüber: der Deutsche Dom von 1708 mit einer ständigen Ausstellung des Deutschen Bundestages *(Tel. 030.22730431, Öffnungszeiten: Di.-So. 10-18 Uhr, Mai-Sept. 10-19 Uhr)*, der Französische Dom, 1672 von den Hugenotten erbaut, in dem das Hugenottenmuseum untergebracht ist *(Tel. 030.20649922, Öffnungszeiten Di.-Sa. 12-17 Uhr, So. 11-17 Uhr)*, und das 1821 eingeweihte **Konzerthaus** vom Architekten Karl Friedrich Schinkel, dessen musikalischer Kalender etwa 550 Events jährlich umfasst *(Tel. 030.203092343, www.konzerthaus.de, Führungen auf Anfrage)*.

DAS HOLOCAUST-MAHNMAL: Nach dem Haus am Checkpoint Charlie *(s. Infobox Mauertour)* mit dem Mauermuseum Berlin hat Peter Eisenman mit diesem Denkmal überrascht: Durchschreitet man das Labyrinth der 2711 Betonstelen, kommt man um ein starkes Unwohlsein nicht herum. Ein mehr als lobenswerter Ansatz, um die Schrecken der Geschichte wachzuhalten *(Cora-Berliner-Straße 1, Tel. 030.2639430, www.stiftung-denkmal.de, Öffnungszeiten: Apr.-Sept. 10-20 Uhr; Okt.-März 10-19 Uhr; Mo. geschl.)*.

DAS PARLAMENT (REICHSTAG): Berlins Riesenkuppel, 1999 von dem Briten Sir Norman Foster entworfen, um dem alten Gebäude neuen Glanz zu verleihen, ist eine Art Aussichtspunkt geworden, der jedes Jahr Tausende Besucher anzieht. Man erklimmt den „Gipfel" des Gebäudes mit Panoramaterrasse, um Stadt und Kuppel selbst zu bestaunen, in der sich ein trichterförmiger Konus mit Spiegeln befindet. Bei Dunkelheit reflektiert das Licht nach außen, sodass die Berliner stets wissen, ob das Parlament tagt. *Info: Platz der Republik 1, www.bundestag.de, frei Eintritt auf Anfrage (letzter Einlass um 21.45 Uhr).*
DER POTSDAMER PLATZ: Die Entwürfe für das pulsierende Herz Berlins gehen u.a. auf die Architektenriege Renzo Piano, Arata Isozaki, Richard Rogers, Helmut Jahn zurück. Derartige Bemühungen konnten nur Großartiges, oder vielmehr ein großartiges Viertel hervorbringen, das sich um den kristallglitzernden Platz legt und in drei Bereiche untergliedert ist: **Daimler City** (1998), **Sony Center** (2000) und **Beishein Center** (2004). Die Hauptattraktionen dieses Viertels, das aus dem Nichts im Niemandsland entstanden ist, sind der Debis-Turm von Renzo Piano, das Daimler Chrysler-Areal (mit Ausstellungsräumen und einem künstlichen Wasserbecken), das Sony-Center, mit Filmhaus und der Deutschen Kinemathek, dem Shopping-Center Arkaden, dem iMax-Kino mit 3D-Projektionen, dem Theater, dem Kasino und dem Weinhaus Huth, dem einzigen historischen Gebäude am Platz.
Info: www.potsdamerplatz.de
DIE MUSEUMSINSEL: Sie ist eine der weltgrößten Museumskonzentrationen; von der UNESCO zum Weltkulturerbe erklärt. Sie umfasst fünf Museen, die zwischen 1824 und 1930 auf der Stadtinsel, die von der Spree umgeben ist, erbaut und 2015 von David Chipperfield umgebaut wurden. Ein Ort der kulturellen Avantgarde. Zuerst wurde das **Neue Museum** für Vorgeschichte und Antike, das das Ägyptische Museum mit der Nofretete-Büste enthält, umgebaut. Das **Pergamonmuseum**, das sich antiken Sammlungen und islamischer Kunst widmet, verfügt über einzigartige Werke wie den Pergamonaltar, das Ischartor von Babylon und das römische Tor von Milet. Das **Alte Museum**, das älteste deutsche Museum, wurde von Friedrich Schinkel in klassizistischem Stil für antike Sammlungen erbaut. Im **Bodemuseum** sind Sammlungen der Renaissance, in der **Alten Nationalgalerie** die des 19. Jhs. untergebracht. *Info: Neues Museum, Bodestraße 1-3, www.smb.museum, Öffnungszeiten: 10-18 Uhr, Do. 10-20 Uhr. Pergamonmuseum, Am Kupfergraben 5, www.smb.museum, Öffnungszeiten: 10-18 Uhr, Do. 10-20 Uhr. Altes Museum, Am Lustgarten, www.smb.museum, Öffnungszeiten: 10-18 Uhr, Do. 10-20 Uhr. Alte Nationalgalerie, Bodestraße 1-3, www.smb.museum Öffnungszeiten: 10-18 Uhr, Do. 10-20 Uhr, Mo. geschl. Bodemuseum, Am Kupfergraben 1, www.smb.museum, Öffnungszeiten: 10-18 Uhr, Do. 10-20 Uhr, Mo. geschl.*
TACHELES: Einst das bekannteste alternative Kulturzentrum Europas, befindet sich das Areal an der Oranienburger Straße derzeit im Umbau. Bis 2023 soll hier nach Plänen des Schweizer Architekturbüros Herzog & de Meuron ein neues Quartier entstehen, in dem auch die Kultur wieder ihren festen Platz haben wird. *Info: www.amtacheles.de*
HACKESCHE HÖFE: Aus dem aus acht zusammenhängenden Höfen bestehenden Innenhof dieses Arbeiterkomplexes, der Handwerksbetriebe, Geschäfte und Wohnungen gleichermaßen umfasste, wurde ein lebhafter Ort. Hinter Jugendstilmauern aus Ziegeln und Glasuren findet man auf dem Areal Cafés, Spielplätze, Galerien, ein Varieté und Geschäfte wie Ampelmann *(siehe Infobox Shopping). Info: Rosenthalerstraße 40/41, www.hackesche-hoefe.de*

Mauertour

Zu verdanken ist alles Keith Haring, dem amerikanischen Künstler, der wenige Jahre vor der deutschen Wiedervereinigung ein Stück der 155 km langen Mauer bemalte, die das ehemalige Ostberlin umgab. Dieser eiserne Vorhang, der 28 Jahre (1961-1989) Symbol nicht nur der Teilung Berlins, sondern auch der Teilung Deutschlands und der ganzen Welt war, existiert heute nicht mehr. Oder zumindest nicht mehr vollständig. Es gibt noch Fundstücke, Mauerteile, wie den Wachturm ***Kieler Eck an der Kieler Straße*** *(einer der wenigen noch erhaltenen von 320 Originaltürmen) und Kontrollpunkte, wie den berühmten* ***Checkpoint Charlie in der Friedrichstraße****, die wichtigste Grenzkontrolle zwischen den beiden Teilen Berlins mit dem* ***Mauermuseum*** *zur Mauergeschichte (*Tel. 030.253725-0, www.mauermuseum.de Öffnungszeiten: 9-22 Uhr).
Das Highlight der Tour ist allerdings die ***East Side Gallery*** (www.eastside-gallery-berlin.com), *ein 1,3 km langer Mauerabschnitt am Spreeufer in der Mühlenstraße mit Friedensgraffitis von mehr als 100 internationalen Künstlern. Eine Kunstgalerie im Freien, die seit 1991 unter Denkmalschutz steht.*

Shopping

Auch Berlin hat sein Harrods. Wie jedes große Luxuskaufhaus verkauft das ***KaDeWe*** (www.kadewe.de) *Markenkleidung und Designobjekte. Wahre Klasse allerdings hat die mehr als 7000 m² große Schlemmerabteilung mit etwa dreißig Ständen, wo es u.a. Käse aus aller Welt, Sushi, Tee und eine Champagner-Bar gibt. Auch für Häppchen zu empfehlen! Die Einkaufsmeile schlechthin ist der* ***Ku'damm****, eine riesige Allee mit Boutiquen der renommiertesten Designer. Mehr Kreativität findet man in Mitte in den Ateliers von Modedesignern und Galerien, wie* ***Eigen+Art*** (www.eigen-art.com), *wo eine Generation heute hoch bezahlter ostdeutscher Maler gepusht wurde, oder im* ***Bunker*** (www.sammlung-boros.de), *einer ehemaligen Kriegszuflucht, heute Treffpunkt vieler junger Künstler. Noch eine besondere Adresse in Mitte ist* ***Ampelmann*** (www.ampelmann.de/shops-cafes). *Dort findet man Ampeln, oder vielmehr Gegenstände in Form der roten und grünen Ampelmännchen aus Ostberlin, die in der Stadt so hip sind wie venezianische Gondeln in Italien. Nach einem Schaufensterbummel in der* ***Friedrichstraße*** *betritt man das* ***Quartier 206****, eine der exklusivsten Adressen der Stadt, vor allem in Sachen Mode. Hier stellen die exklusivsten Labels in hochgradig faszinierendem Retro-Ambiente aus.*

KREUZBERG: Kreuzberg ist das multikulturellste Viertel Berlins. Dies liegt an den anatolischen Spezialitätenrestaurants, Märkten und Basaren wie dem Türkenmarkt mit Obst, Gemüse, Gewürzen und Käse, ganz wie in Istanbul *(entlang dem Maybachufer, www.tuerkenmarkt.de, Di. u. Fr. 11-18.30 Uhr)*. Aber auch an den ehemaligen, in Kulturzentren verwandelten Fabriken, den belebten Plätzen, wie das **Kottbusser Tor**, wo man würziges Street Food oder Döner probieren kann, und den Kulturattraktionen wie dem **Jüdischen Museum**. Das nach Entwürfen des Architekten Daniel Libeskind erbaute Museum wurde zu einem Bezugspunkt deutsch-jüdischer Kultur *(Tel. 030.25993300, www.jmberlin.de, Öffnungszeiten: 10-20 Uhr)*.
SCHLOSS CHARLOTTENBURG: Zwischen 1695 und 1699 als Sommerresidenz für die Gemahlin Friedrichs III., Sophie Charlotte (Namensgeberin) erbaut, ist es wegen der reich ausgestatteten Räume und dem Park in barockem Stil einen Besuch wert. Ein Must sind die Königsgemächer mit dem Porzellankabinett und seinen chinesischen und japanischen Stücken. *Info: Spandauer Damm 10-22, www.spsg.de, variierende Öffnungszeiten.*
POTSDAM: Der Besuch gilt dem Schloss (1745-47) und der Parkanlage von Sanssouci, Sommerresidenz Friedrichs II. von Preußen. Ein romantisches Postkartenmotiv mit Rasen, Bäumen, Brunnen und barocken Bauten, das als Tagungsort der Siegermächtekonferenz des Zweiten Weltkriegs vom 17. Juli bis 2. August 1945 Geschichte geschrieben hat. *Info: Potsdam, www.spsg.de, www.potsdamtourismus.de; erreichbar von Berlin mit dem Zug oder der S-Bahn (S7). Mit dem Auto ca. 40 km (A 100 und A 115).*

Übernachten

€€€€€ Adlon Kempinski Berlin (Luxus) Eine Institution! Früher einmal das Lieblingshotel von Greta Garbo, heute das einzige mit drei Restaurants mit Michelin-Sternen. Eine außergewöhnliche Location, direkt neben dem Brandenburger Tor. *Info: Unter den Linden 77, Am Pariser Platz, Tel. 030.22610, www.kempinski.com*
€€€€ Lux Eleven (Design) Design-Inneneinrichtung in einem historischen Gebäude, wo es keine Zimmer, sondern richtige Apartments mit Küche gibt. Lohnenswert ein Besuch im Fashion Store und dem Spa. *Info: Rosa-Luxemburg-Straße 9-13, Tel. 030.9362800, www.lux-eleven.com*
€€€ Arte Luise (Kunst). Mehr als ein Hotel. Es scheint, als wäre man in einer Galerie. Jedes Zimmer wurde von einem anderen Künstler gestaltet.

Info: Luisenstraße 19, Tel. 030.284480, www.luise-berlin.com

Restauranttipps

€€€ Tausend Cantina (trendy). Der letzte Schrei in der Gastroszene: 2009 unter den Arkaden der S-Bahn eröffnetes Bar-Restaurant, das Sie als Geheimtipp entdecken sollten. Fusionsküche mit asiatischen und iberoamerikanischen Anklängen. Hervorragende Champagner- und Sakeauswahl. *Info: Schiffbauerdamm 11, Tel. 030.27582070, www.tausendberlin.com*

€€ Borchardt (Promis). Während der Filmfestspiele einen Tisch zu ergattern ist ein schwieriges Unterfangen. Das Lieblingsrestaurant der Kinostars bietet Berliner, französische und italienische Gerichte. Die Küche ist sehr gut, die Kundschaft noch interessanter. *Info: Französische Straße 47, Tel. 030.81886230, www.borchardt-catering.de*

€ Max und Moritz (traditionell). Deutsche und Berliner Küche (wie Berliner Eisbein mit Salzkartoffeln); sehr gutes Bier. Der Name geht natürlich auf die Bildergeschichte von Wilhelm Busch zurück. *Info: Oranienstraße 162, Tel. 030.69515911, www.maxundmoritzberlin.de*

Nightlife

Berghain (Panorama-Bar). Eine alte, stillgelegte Fabrikhalle mit erstklassigem Musikprogramm (House, Techno und Elektro-Pop). *Info: Am Wriezener Bahnhof, Tel. 030.29360210, www.berghain.de*

SO 36. Dieser historische Club in Kreuzberg mit Wurzeln im Punk bietet heute Events und Performances diverser Musikgenres: Heavy Metal, Hip-Hop, Crossover, Techno, Drum. Und Partys für Schwule und Lesben. *Info: Oranienstraße 190, Tel. 030.61401306, so36.com*

Clärchens Ballhaus. Traditionelles Tanzlokal mit Küche, die Einrichtung suggeriert einen typischen Tanzsaal vom Anfang des 20. Jhs., sehr beliebt die Themenabende Tango und Salsa. *Info: Auguststaße 24, Tel. 030.2829295, ballhaus.de*

Weitere Informationen:
Deutsche Zentrale für Tourismus, www.deutschland-tourismus.de

156 OBEN – DAS SONY CENTER AM POTSDAMER PLATZ.

156 UNTEN – DAS SCHLOSS CHARLOTTENBURG VON INNEN.

157 OBEN – DAS „UNTER DEN LINDEN" GELEGENE HOTEL ADLON.

157 UNTEN – DAS SCHWIMMENDE SCHWIMMBAD „BADESCHIFF".

Der Stadtstrand

Strandliegen, Sonnenschirme, (künstliche) Palmen und Sand von der Ostsee: Im Sommer findet man an der Spree eine große Anzahl an Strandbädern, wo man sich entspannt, sonnt und die nach Sonnenuntergang zu kultigen Locations des Nachtlebens werden. Dieser Trend ist nicht neu: Er geht auf das 19. Jh. zurück. Die Lieblingsadresse der Berliner ist das ***Badeschiff Arena*** *(www.arena-berlin.de), ein Schwimmbad inmitten des Flusses mit zwei schwimmenden Saunen, die im Sommer offen und im Winter überdacht sind. Weitere Strände sind das* ***Capital Beach*** *(www.capital-beach.eu), das* ***Deck 5*** *mit 80 Tonnen Sand auf dem Dach eines Parkhauses, die* ***Strandbar Mitte*** *(www.strandbad-mitte.de), das* ***Kiki Blofeld*** *mit viel Billard und zwischen den Sträuchern in die Hügel geschnittenen Sesseln (www.kikiblofeld.de).*

München – *Deutschland*

Die beliebteste deutsche Stadt der Italiener und die „nördlichste Stadt Italiens" für die Deutschen. Aber München ist auch die Hauptstadt des Biers, die Heimat des berühmten Königs Ludwig II. von Bayern ... Eine europäische Metropole – nur einen Sprung von Österreich und der Schweiz entfernt – mit definitiv eher südländischem als deutschem Flair.

Der Stadtrundgang beginnt in der **Altstadt**, wo vom Rathaus am Marienplatz her das **Glockenspiel** erklingt. Seit 1500 wird hier Bier getrunken (das Hofbräuhaus ist das älteste Brauhaus). Der Königspalast der **Residenz** beeindruckt durch seine üppigen Säle und Stuckarbeiten. Diese Stadt hat aber auch ultramoderne Architektur hervorgebracht wie etwa die Allianz Arena, das Stadion von den Architekten Herzog & de Meuron im Stadtviertel Fröttmaning (nicht zu verwechseln mit dem Olympiastadion), das nachts in wechselnden Farben erstrahlt *(www.allianz-arena.de)*. Kürzlich entstanden noch das neue, ebenfalls in farbenfroher Architektur gehaltene **Museum Brandhorst** sowie die **Platform 3**, ein Bereich mit 22 Ateliers im dritten Stock einer stillgelegten Fabrik, die fest an etwa 30 Künstler vermietet sind *(Kistlerhofstraße 70, Tel. 089.32490090, www.muffatwerk.de, variierende Öffnungszeiten)*. Das frühere städtische Elektrizitätswerk beherbergt nun **Ampere**, einen der angesagtesten Clubs des Münchner Nachtlebens *(Zellstraße 4, Tel. 089.45875010, www.muffatwerk.de)*.

Unterwegs in München:
Mit den Zügen der U- und S-Bahn, die bis in die Außenbezirke fahren, sowie mit Straßenbahn und Bus. Nachts gilt ein spezieller Fahrplan für Nachtlinien, die praktisch das gesamte Gebiet, einschließlich der Diskotheken, abdecken. Alle Informationen unter www.mvv-muenchen.de

158-159 – Der Marienplatz in München mit dem Rathaus.

159 unten – Das berühmte Glockenspiel auf dem Marienplatz.

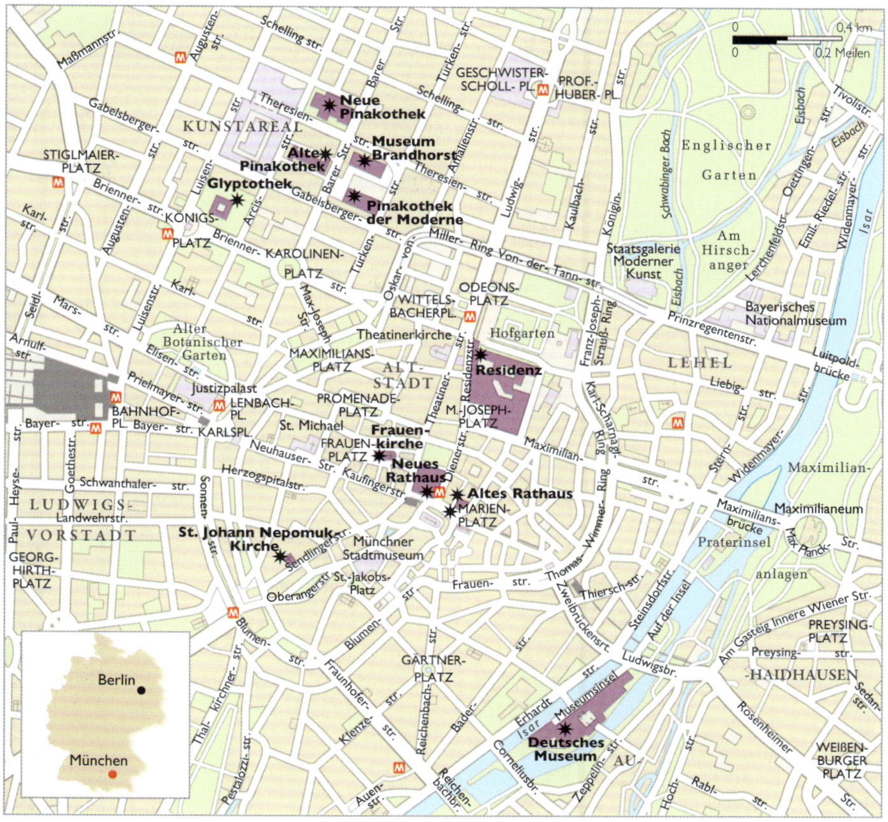

Sehenswertes

FRAUENKIRCHE: Die gotische Kathedrale aus dem 15. Jh. beherbergt das Grabmal von Kaiser Ludwig IV. dem Bayern (17. Jh.). Das Licht fällt durch die Bleiglasfenster aus dem 14.-16. Jh. Die beiden Türme mit ihren zwiebelförmigen Kuppeln aus dem 16. Jh. sind das Wahrzeichen der Stadt. Die Größe des Doms ist bemerkenswert: Etwa 20.000 Menschen können hier dem Gottesdienst beiwohnen. *Info: Frauenplatz, Tel. 089.2900820, www.muenchner-dom.de, Öffnungszeiten: im Sommer 7.30-20.30 Uhr, im Winter 7.30-20 Uhr.*

MARIENPLATZ: Dieser zentrale Platz lockt die Besucher wegen des **Glockenspiels** mit 43 Glocken und 32 Spielfiguren. Die Figuren auf der oberen Spielebene stellen die Vermählung von Herzog Wilhelm V. mit Prinzessin Renate von Lothringen (1568) dar. Die unteren Figuren führen in Erinnerung an die Pest des 16. Jhs. den Schäfflertanz auf. Zuerst läuten die Glocken (zwei Mal am Tag), dann erklingt die Melodie des Glockenspiels und die Figuren bewegen sich. Zum Schluss kräht noch drei Mal der goldene Hahn. Der Turm kann zusammen mit dem neugotischen **Neuen Rathaus** besichtigt werden, mit den Büros des Bürgermeisters und einer Folge von sechs Innenhöfen direkt am Platz *(Tel. 089.2330, variierende Öffnungszeiten)*. Dort befinden sich die Mariensäule, eine **Marmorsäule,** gekrönt von einer vergoldeten Bronzestatue der Jungfrau Maria (Schutzpatronin Bayerns), und das **Alte Rathaus** vom Ende des 15. Jhs., das nach Bombenangriffen teilweise wiederaufgebaut wurde und heute das **Spielzeugmuseum** beherbergt *(Tel. 089.294001, Öffnungszeiten: 10-17 Uhr)*.

RESIDENZ: Die bezauberndste und pompöseste Aufenthaltsstätte der bayerischen Könige. Erbaut ab dem 14. Jhs. mit einer Renaissancefassade, hinter der wahre Schätze verborgen liegen. Die 130 Zimmer anzusehen kostet viel Zeit. Empfehlenswerte Auswahl: das **Residenz Museum** mit dem Thronsaal, den Appartements und den Zeremonienzimmern, dem Antiquarium (dem ältesten Saal des Gebäudekomplexes mit einer Länge von 66 m), den Kapellen und dem Porzellankabinett sowie die **Schatzkammer** ganzer Herrscherdynastien mit edelsteinbesetzten Kronen und einem Ziborium von König Arnulf von Kärnten, wahrscheinlich aus dem 9. Jh. Außerdem das **Theater**, das Maximilian Joseph III. von 1751-55 erbauen ließ und in dem 1781 eine Oper Mozarts uraufgeführt wurde. *Info: Residenzstraße 1, www.residenz-muenchen.de, Öffnungszeiten des Museums: Apr.-20. Okt. 9-18 Uhr, 21. Okt.-März 10-17 Uhr.*

ASAMKIRCHE (ST.-JOHANN-NEPOMUK-KIRCHE): Eher eine Kapelle als eine Kirche, die als eines der herausragenden Beispiele für den Rokoko in Bayern gilt. Sie wurde von 1733-46 erbaut, ist mit Stuckarbeiten in den Farben Gold, Rot und Braun verziert und hat eine wunderschöne, mit Fresken bemalte Decke. Besonders nennenswerte Werke sind nicht vorhanden, aber in ihrer Gesamtheit ist diese Kirche äußerst beeindruckend. *Info: Sendlinger Straße 32, Tel. 089.23687989, Öffnungszeiten: Mo.-Do. u. So. 8-17.30 Uhr, Sa. 12-17.30 Uhr.*

DAS MUSEUMSVIERTEL: Das Münchner **Kunstareal** lädt zu einer kunsthistorischen Reise ein. Man kann mit der **Glyptothek** beginnen *(Königsplatz 3, Tel. 089.28927502, www.antike-am-koenigsplatz.mwn.de, Öffnungszeiten: Di.-So. 10-17 Uhr, Do. bis 20 Uhr, Mo. geschl.)*, die eine Sammlung antiker griechischer und römischer Skulpturen enthält, und dann weitergehen zur **Alten Pinakothek** *(Barer Straße 27, www.pinakothek.de/alte-pinakothek, Öffnungszeiten: 10-18 Uhr, Di. bis 20 Uhr, Mo. geschl.)* mit über 700 Meisterwerken der europäischen Malerei vom 14. bis 18. Jh., von Tizian bis Tintoretto, Botticelli, Leonardo Da Vinci, Van Dyck, einschließlich des berühmten *Selbstporträts* von Dürer und der *Heiligen Familie* von Raffael. Die **Neue Pinakothek** *(Barer Straße 29, www.pinakothek.de/neue-pinakothek)*, derzeit in Renovierung (Teile der Kunstwerke sind in der Alten Pinakothek ausgestellt), bietet einen Überblick über die europäische Kunst des 18.-19. Jhs. Höhepunkte sind die Werke der englischen Maler Constable und Turner, der französischen Maler Corot, Courbet, Delacroix, eine Skulptur von Antonio Canova und zwei Gemälde von Goya, die Gemälde von Klimt (z.B. das *Porträt von Margaret Stonborough-Wittgenstein* von 1905) und die *Agonie* von Schiele (1912). Die **Pinakothek der Moderne** *(Barer Straße 40, www.pinakothek.de/pinakothek-der-moderne, Öffnungszeiten: 10-18 Uhr, Do. bis 20 Uhr, Mo. geschl.)*, einer der größten Museumsbauten Europas, zeigt dagegen Sammlungen aus Kunst, Architektur und Design des 20. bis 21. Jhs. Im Jahr 2009 wurde das **Museum Brandhorst** eingeweiht, das neueste im Ausstellungsviertel des Kunstareals. Der nach Plänen des Architekturbüros Sauerbruch Hutton entworfene Museumsbau bietet einen Überblick über klassische und moderne Werke der zweiten Hälfte des 20. Jhs. und zeichnet sich aus durch seine mit 36.000 bunten Keramikstäbchen bedeckte Fassade, die so konstruiert ist, dass sie den Verkehrslärm dämmt. Die hier ausgestellten Meisterwerke reichen von Mario Merz (mit *Mai alzato pietra su pietra*) bis Andy Warhol mit seinem *Selbstporträt* von 1986 *(Theresienstraße 35a, Tel. 089.23805-2286, www.museum-brandhorst.de, Öffnungszeiten: 10-18 Uhr, Di. bis 20 Uhr, Mo. geschl.)*.

DEUTSCHES MUSEUM: Das naturwissenschaftlich-technische Museum zieht jährlich mehr als eine Million Besucher an. Auf einer Fläche von ca. 55.000 m² sind über 100.000 Exponate ausgestellt, per Knopfdruck kann man Experimente durchführen und die Geschichte der Automobile, Flugzeuge und Raumschiffe bis zum Aufkommen der Nanotechnologie verfolgen. Das Planetarium bietet einen Blick auf die Sterne *(Museumsinsel 1, Tel. 089.2179333, www.deutsches-museum.de, Öffnungszeiten: 9-17 Uhr)*.

OLYMPIASTADION: Hier fanden große Sportereignisse und unvergessene Konzerte statt. Die Architektur gehört zu den interessantesten bei dieser Art von Bauwerken.

160 – In der Pinakothek der Moderne.

161 – Das Hofbräuhaus, Münchens historische Brauerei.

Es gibt geführte Touren zum Besteigen der Zeltdachkonstruktion – sicher und bei den Touristen sehr beliebt. Es befindet sich zusammen mit dem BMW-Museum im **Olympiapark**, der anlässlich der olympischen Spiele 1972 angelegt wurde *(Spiridon-Louis-Ring 21, Tel. 089.30670, www.olympiapark.de, variierende Öffnungszeiten)*.
BMW MUSEUM: Dieses futuristisch anmutende und auf sieben thematischen Ebenen angelegte Museum gibt einen Einblick in die Firmengeschichte des berühmten Automobilherstellers. Neben den historischen Modellen und Oldtimern sind auch Motorräder, Turbinen sowie Renn- und Formel 1-Wagen ausgestellt *(Am Olympiapark 1, Tel. 089.125016001, www.bmw-welt.com, Öffnungszeiten: 10-18 Uhr, Mo. geschl.)*.
HOFBRÄUHAUS: In der Bierhauptstadt darf natürlich ein Besuch im ältesten und bekanntesten Brauhaus der Stadt nicht fehlen. In den mit Holztischen ausgestatteten Sälen (und im Biergarten) wird schon seit 1589 gegessen und Bier ausgeschenkt *(Platzl 9, Tel. 089.290136100, www.hofbraeuhaus.de)*.

Oktoberfest

Ein Fest in Erinnerung an eine Hochzeit. Das aus der Vermählung des Erbprinzen Ludwigs mit der Prinzessin Therese von Sachsen-Hildburghausen (12. Oktober 1812) heraus entstandene ***Oktoberfest*** *ist das größte Volksfest der Welt. Sechs Millionen Besucher bevölkern (durchschnittlich) jedes Jahr das dafür vorgesehene Gelände von der Größe eines Stadtviertels: die Theresienwiese. Das Volksfest findet im Herbst (zwischen September und Oktober) zwei Wochen lang statt. Jede Brauerei (die ältesten und bekanntesten sind Löwenbräu, Hofbräu und Augustiner) verfügt über ein Festzelt, das Platz für bis zu 7000 Personen bietet. Das Bier wird von Bedienungen im Dirndl serviert. Der Tradition gemäß bestellt man immer gleich einen ganzen Liter Bier. Zusätzlich gibt es noch Trachtenumzüge in der Münchner Innenstadt und in den Zelten spielen unterschiedliche Kapellen.*
Info: www.oktoberfest.de

Die Biergärten

Wer im Sommer nach München reist, kommt nicht an den Biergärten vorbei. Noch heute kann man, so wie es früher üblich war, in vielen Biergärten seine Brotzeit selbst mitbringen und dazu ein kühles Bier genießen (meist gibt es heute aber auch eine Küche).
Zu den bekanntesten gehört der ***Augustiner-Keller*** (Arnulfstraße 52, www.augustinerkeller.de), *der älteste Münchner Biergarten, in dem man mitten in einer grünen Oase mit 100 Kastanienbäumen genüsslich einen Krug frisch gezapften Augustiner Edelstoff genießen und günstig ein typisches Gericht zu sich nehmen kann.* ***Aumeister*** (Sondermeierstraße 1, www.aumeister.de) *bietet außer einem Restaurant auch einen herrlichen Biergarten am Rande des Englischen Gartens. Im* ***Taxisgarten*** (Taxisstraße 12, www.taxisgarten.de) *werden mitten in einem Park mit uralten Bäumen seit 1924 ausgezeichnetes Bier und bayerische Speisen serviert.*

162 – Schloss Nymphenburg.

AUSFLÜGE ZU DEN LANDSITZEN DER KÖNIGE

So wie man in der Stadt die Residenz besucht, sind außerhalb der Stadt zwei Schlösser einen Besuch wert. Das erste ist Schloss **Nymphenburg**, das bis 1918 die Sommerresidenz der bayerischen Herrscher war. Früher befand es sich auf dem Land, doch heute gehört es praktisch zur Stadt. Eigentlich stammt es aus dem 17. Jh., aber erst im 18. Jh. erhielt es, ergänzt durch den großen Park, sein königliches Erscheinungsbild, das es auch heute noch prägt. Um Nymphenburg in all seiner künstlerischen Pracht bewundern zu können, benötigt man einen ganzen Tag. Man konzentriert sich besser auf die Festsäle mit Stuckarbeiten und Wandmalereien von François Cuvilliés dem Älteren, in denen bereits Mozart im Alter von sechs Jahren spielte, auf die Schönheitsgalerie mit Porträts hübscher Damen, die Ludwig XIV. am Herzen lagen, sowie auf das Porzellanmuseum und das Kutschenmuseum mit den Lieblingsmodellen von Ludwig II. *(Nymphenburg Park, Tel. 089.179080, www.schloss-nymphenburg.de, Öffnungszeiten: Apr.-Mitte Okt. 9-18 Uhr; im Winter: Palast 10-16 Uhr, Park geschl.).* Auf jeden Fall sollte man die angrenzende, 1747 gegründete und noch immer in Betrieb befindliche **Porzellanmanufaktur** besichtigen, in der hochwertige Vasen und kleine Statuen verkauft werden *(Nördliches Schlossrondell 8, www.nymphenburg.com).* Das 24 km außerhalb von München gelegene **Schleißheimer Schloss** *(Oberschleißheim, www.schloesser-schleissheim.de, variierende Öffnungszeiten)* ist ein Komplex, der sich zusammensetzt aus dem Alten Schloss vom Ende des 16. Jhs. und einem neueren, das Kurfürst Max Emanuel im 18. Jh. bei dem Italiener Enrico Zuccalli als Nachahmung von Versailles in Auftrag gab. Sehenswert sind die mit Wandmalereien verzierten Salons und der französisch angelegte Park mit Schloss Lustheim, einem Hochzeitsgeschenk des Kurfürsten für Maria Antonia von Österreich. *Vom Münchner Hauptbahnhof aus per S-Bahn zu erreichen, Haltestelle Oberschleißheim.*

Übernachten

€€€€€ München Palace (Luxus). 74 Zimmer in klassisch-zeitgenössischem Dekor mit Einrichtung im Stile Ludwigs XVI., moderner Komfort. Lage: im eleganten Stadtviertel Bogenhausen, 15 Gehminuten vom Zentrum entfernt. Das Plus: Garten mit Pergola und Terrasse. *Info: Trogerstraße 21, Tel. 089.419710, www.hotel-muenchen-palace.de*

€€€€ Anna Hotel (Design). Modern mit einigen orientalisch anmutenden Details, vielen bunten Lichtern und Design: empfehlenswert auch die kreativen Menüs von Restaurant & Bar. *Info: Schützenstraße 1, Tel. 089.599940, www.annahotel.de*

€€€ Gästehaus Englischer Garten (familiär). Keine Sterne-Klassifizierung. Eine kleine Villa im Herzen des Englischen Gartens, in der man sich, umgeben von einem romantischen Garten, wie zu Hause fühlt. Zur Auswahl stehen Zimmer oder Appartements. *Info: Liebergesellstraße 8, Tel. 089.38394-10, www.hotelenglischergarten.de*

Restauranttipps

€€€ Alfons (traditionell). Küchenchef Alfons Schuhbeck bereitet klassische Gerichte in charmantem Ambiente zu.

163 – Der Viktualienmarkt ist der grösste Lebensmittelmarkt der Stadt.

Mittags gibt es ein 3-Gänge-Menü (zu annehmbaren Preisen) und abends ein 5-Gänge-Menü, serviert in den kleinen Sälen oder im beheizten Innenhof. *Info: Pfisterstraße 9, Tel. 089.221210, schuhbeck.de/en/gastronomy/alfons*

€€ Brenner (italienisch). Teils Bar, teils Restaurant. Die Küche ist italienisch und bietet hauptsächlich gegrillte Gerichte. Das Brenner befindet sich in einem renovierten Palast auf der Shoppingmeile Maximilianstraße. *Info: Maximilianstraße 15, Tel. 089.540474225, www.brennergrill.de*

€ Nürnberger Bratwurst Glöckl am Dom (bayrisch). Bayerische Küche (seit 1893): von Würstchen mit Kartoffelsalat und Schweinsbraten mit Knödeln oder Bratwürsten mit Kraut bis zur Dunkelbiersuppe mit Schwarzbrotwürfeln. *Info: Frauenplatz 9, Tel. 089.2919450, www.bratwurst-gloeckl.de*

Nightlife

Nektar. Eine ganz in Weiß gehaltene Lounge-Bar (mit Restaurant), gehobenes Publikum, hervorragende Cocktails, die man bei gedämpftem Licht und Hintergrundmusik genüsslich auf den Sofas schlürft. *Info: Stubenvollstraße. 1, Tel. 089.99736650, www.mux.de/Nektar*

Alter Simpl. Eine gute Adresse zu jeder Tageszeit: tagsüber Bier oder Kaffee, abends Cocktails. Eine herrlich literarische Atmosphäre, die der Vergänglichkeit von Zeit und Moden widersteht. Hier kamen einst Hermann Hesse und Thomas Mann her. *Info: Türkenstraße 57, Tel. 089.2723083, www.altersimpl.de*

Die Färberbar. Ein Club im trendigen Viertel Gärtnerplatz (perfekt um auszugehen), vorzügliche Cocktails bis 3 Uhr morgens mit DJs, die den Saal zum Vibrieren bringen. *Info: Corneliusstraße 34, Tel. 089.20180713, www.faerber-bar.de*

Informationen: Fremdenverkehrsamt, www.muenchen.de und www.germany.travel

Shopping

*Einkaufsmeilen sind die luxuriöse **Maximilianstraße** im Neo-Renaissancestil (für die großen Marken) und die elegante **Theatinerstraße** mit dem Einkaufszentrum **Fünf Höfe** auf einer Fläche von 17.500 m²* (www.fuenfhoefe.de). *Wer aber etwas Typisches sucht, sollte zum **Viktualienmarkt** gehen, dem 1807 eröffneten, größten Lebensmittel- und Blumenmarkt* (Am Viktualienmarkt 6, www.muenchen.de, variierende Öffnungszeiten). *Im Stadtviertel **Schwabing** wimmelt es nur so von Secondhandläden, glamourösere Kreationen hingegen tragen das Label **Marcel Ostertag**, des innovativen Haute Couture-Modeschöpfers mit vier Boutiquen in der Stadt* (wie etwa Theatinerstraße 7 und Westermühlstraße 3) *oder das von **Konstantin Grcic**, einem der derzeit angesagtesten Designer* (Schillerstraße 40, www.konstantin-grcic.com).

Die Romantische Straße – *Deutschland*

Eine Ferienstraße entsteht nicht alle Tage. Vor allem keine, die insgesamt 366 Kilometer lang ist, sich über Bayern und Baden-Württemberg erstreckt und Städte, Dörfer, Landkirchen und UNESCO-Welterbestätten streift. Wer der Begründer der Romantischen Straße war, ist unbekannt. Sicher ist aber, dass sie Anfang der 1950er-Jahre als touristisches Marketingexperiment ins Leben gerufen wurde; sie sollte dazu beitragen, ein anderes Bild von Deutschland zu zeigen, als man es nach dem Krieg kannte: Deutschland von seiner historischen und eben romantischen Seite.

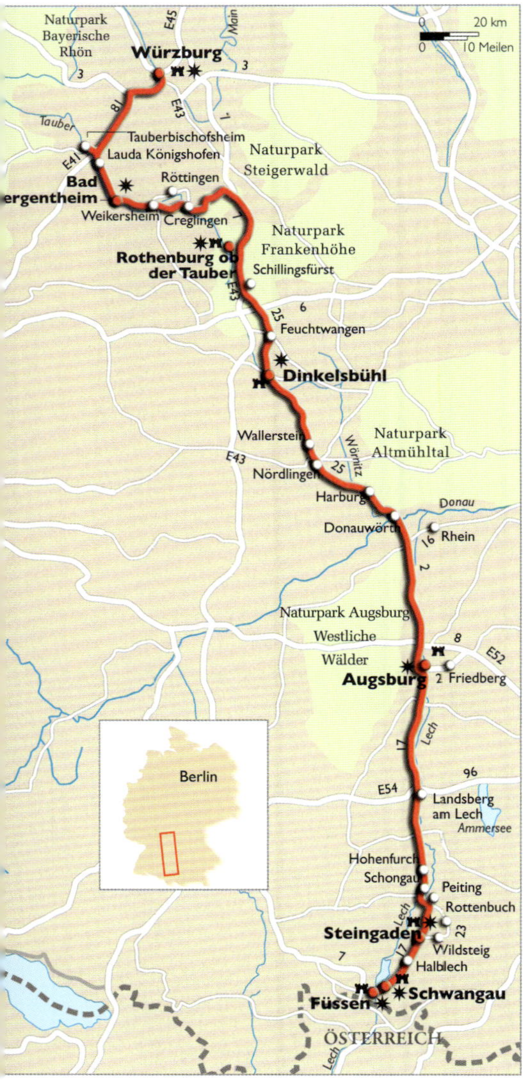

Man kann die Route sowohl von Norden nach Süden (von Würzburg nach Füssen) als auch umgekehrt fahren. Diese berühmte Ferienstraße hat an jedem Ort mehrere Partnerhotels mit Vorzugspreisen *(s. Übernachten)*. Und viele der an der Strecke liegenden Städte und Städtchen lohnten einen Besuch, selbst wenn sie nicht Teil der Route wären. Wie etwa **Füssen**: eine zauberhafte spätmittelalterliche Altstadt mit einem **Schloss**, das einen Vorgeschmack bietet auf die berühmteren Schlösser in **Schwangau (Neuschwanstein** und **Hohenschwangau**, 3 km entfernt). In **Steingaden** stattet man kurz der nahe gelegenen **Wieskirche** einen Besuch ab, eine wundervolle Rokokokirche aus dem Jahr 1730 (etwa 20 km von Schwangau entfernt), die ebenso schön und prächtig ist wie die **Kirche Maria Geburt** im Dorf **Rottenbuch**, das man nach 12 km erreicht. Die anderen Highlights sind **Landsberg am Lech** (45 km weiter nördlich), ein hübsches, mittelalterliches Städtchen am Lech, wo sich einst die Via Claudia und die Salzstraße kreuzten; **Augsburg**, die drittgrößte Stadt Bayerns, gegründet im Jahr 15 n. Chr. von Kaiser Augustus (nach etwa 40 km); das befestigte Städtchen **Harburg** (knapp 60 km); der Krater von Ries, der sich in dunkler Vorzeit durch einen herabgestürzten Meteoriten gebildet hat und in dem heute das mittelalterliche Juwel **Nördlingen** liegt (15 km). Zauberhaft sind auch die mittelalterlichen Silhouetten von Dinkelsbühl und Rothenburg (etwa 90 km von Nördlingen entfernt), die vor drei weiteren Etappen liegen, die man nicht auslassen sollte: **Creglingen** nach 18 km, das **Schloss** von **Bad Mergentheim** nach 30 km und 50 km weiter nördlich **Würzburg**, von der UNESCO zum Weltkulturerbe erklärt.

Unterwegs auf der Romantischen Straße: *Ideal mit dem Auto, die gesamte Strecke ist sehr gut ausgeschildert. Es gibt aber auch gut ausgebaute Fahrradwege und Züge mit Dampflokomotive* (www.bayerisches-eisenbahnmuseum.de), *die einen Teil der Route befahren, sowie Autobusse mit täglichen Fahrten zwischen den einzelnen Orten* (www.touring-travel.eu und www.www.romantischestrasse.de).

164-165 – Das weltberühmte Schloss Neuschwanstein.

164 unten – Der Lechfall bei Füssen.

FÜSSEN
Eine märchenhafte Altstadt in idyllischer Umgebung. Füssen mit seinen mittelalterlichen Häusern, umgeben von Hügeln, Seen und Bergen, strahlt eine zeitlose Atmosphäre aus; die Stadt hat eine lange Geigenbauertradition, die offiziell bis in das Jahr 1562 zurückreicht, als sich hier die erste Lautenbauerzunft Europas zusammenschloss. Die alten Instrumente sind im **Museum der Stadt** *(www.stadt-fuessen.de/museum.html, Öffnungszeiten: Nov.-März Fr.-So. 13-16 Uhr; Apr.-Okt. Di.-So. 11-17 Uhr)* zu bewundern, zu hören sind sie auf sommerlichen Konzerten, Musiktagen im Herbst und Orgelmessen im **Kloster von St. Mang**, das seit dem 18. Jh. eines der interessantesten Beispiele des deutschen Barock ist. Die wichtigsten Räume sind die Bibliothek, der von dem Architekten Andrea Maini entworfene Kaisersaal und die Annakapelle, in der der berühmte Füssener Totentanz von Jakob Hiebeler (1602) ausgestellt ist *(Luitpoldstraße 20, Tel. 083.629031-45, www.fuessen.de/kultur/romantische-altstadt/museum-der-stadt-fuessen.html, variierende Öffnungszeiten)*. Nicht entgehen lassen sollte man sich das **Hohe Schloss**, ein spätgotisches Schloss der Bischöfe von Augsburg, mit mehr als 500 Jahre alten Illusionsmalereien *(Magnusplatz 10, www.fuessen.de/kultur/romantische-altstadt/dashoheschloss.html, variierende Öffnungszeiten)*.

SCHWANGAU
Ludwig II. von Bayern, der unvergessliche König, der im Starnberger See (möglicherweise) durch Selbstmord ums Leben kam, der Cousin (und vielleicht Liebhaber) von Prinzessin Sisi, Gemahlin des österreichischen Kaisers Franz Josef, hat im Herzen der Bayern einen ganz besonderen Platz. Er wuchs in **Hohenschwangau** auf, dem mittelalterlichen, im 19. Jh. von Ludwigs Vater restaurierten Schloss nur wenige Kilometer von Füssen entfernt. Bei einer Führung besichtigt man den großen Helden- oder Rittersaal mit Stuckdecken, die Räume der königlichen Familie und das mit Motiven aus dem Gedicht *Das befreite Jerusalem* von Torquato Tasso ausgestaltete Schlafzimmer *(Hohenschwangau Ticket-Center Alpseestraße 12, Tel. 083.62930830, www.hohenschwangau.de, Öffnungszeiten: Apr.-Mitte Okt. 7.30-17 Uhr, Mitte Okt.-März 8.30-15 Uhr)*. Um seine Traumvorstellungen zu verwirklichen, ließ er zwischen 1869 und 1886 ein eigenes Schloss in mittelalterlichem Stil errichten: **Neuschwanstein**, auf einem fast 1000 m hohen Felsen, *„einer der schönsten, die zu finden sind, heilig und unnahbar"*, schrieb der König 1868 an seinen Freund Richard Wagner, *„im echten Stil der alten deutschen Ritterburgen"*. Man sieht den nach byzantinischem Vorbild gestalteten Thronsaal, die Türme, das Speisezimmer, das Schlafzimmer mit dem geschnitzten Eichenbett, die Höhle mit Stalaktiten und Stalagmiten ... Jede Ecke des Schlosses ist mit Gemälden verziert, die inspiriert sind durch die Werke Wagners. Walt Disney war so begeistert, dass er das Schloss 1959 als Vorbild für seinen Zeichentrickfilm Aschenputtel nahm. Es ist das meist besuchte Bauwerk des ganzen Landes: etwa 1,5 Mio. Touristen jährlich *(Eintrittskarten sind im selben Ticket-Center wie für Hohenschwangau erhältlich, www.neusch-*

wanstein.de, Öffnungszeiten: Apr.-Mitte Okt. 9-18 Uhr, Mitte Okt.-März 10-16 Uhr).

WIESKIRCHE

Diese zum Welterbe der Menschheit gehörende Kirche von 1730 wurde im Jahr 1738 „Zeuge" eines Wunders: Das Gesicht der Holzstatue des Gegeißelten Heilands soll plötzlich von Tränen überströmt gewesen sein. Seit damals ist die Kirche eine Wallfahrtsstätte, allerdings erwies sich die Kapelle, in der das Gnadenbild aufbewahrt wurde, rasch als zu klein, um alle Besucher aufzunehmen. So entstand eine größere Kapelle im Rokokostil, ausgestaltet mit Stuck, Gemälden und Verzierungen, in der auch Konzerte stattfinden *(Wies 12, Steingaden, Tel. 0886293293-0, www.wieskirche.de, Öffnungszeiten: 8-20 Uhr, im Winter 8-17 Uhr).*

AUGSBURG

Die Stadt hat eine sehr alte Geschichte. Gegründet wurde sie vor über 2000 Jahren durch den römischen Kaiser Augustus (daher der Name), während der Renaissance erlebte sie dank der Handelsaktivitäten der einflussreichen Familie Fugger ihre größte wirtschaftliche Blüte. Von jener Größe zeugt noch heute die Altstadt mit der **Maximilianstraße**, die gesäumt ist von Renaissance- und Barock-Palästen der reichsten Familien: der **Fuggerpalast** in Nummer 36 mit dem Damenhof von 1515 und einem Restaurant, das wie der Hof nur im Sommer geöffnet ist (Apr.-Sept.), und vor allem das **Schaezlerpalais** mit Hausnummer 46. Das zwischen 1765 und 1770 im Rokokostil erbaute Palais beherbergt einen historischen Garten, den mit weißem und goldenem Stuck verzierten Festsaal, die Staatsgalerie Alte Meister in der Katharinenkirche sowie Sammlungen von Meisterwerken von Tiepolo bis van Dyck und Veronese *(Tel. 0821.3244102, www.kunstsammlungen-museen.augsburg.de, Öffnungszeiten, 10-17 Uhr, Mo. geschl.).* In der **Frauentorstraße** kam im Haus mit der Nummer 30 am 14. November 1719 Leopold Mozart zur Welt, der Vater des berühmten Amadeus. Das Haus ist heute eine Gedenkstätte für die Familie Mozart; das ganze Jahr über finden Konzerte rund um das Musikgenie statt *(Tel. 0821.4507945, kunstsammlungen-museen.augsburg.de/mozarthaus, nach aufwendiger Renovierung seit Anfang 2020 wieder geöffnet).* Durch eine Stiftung der Fugger entstand 1514 das Viertel der **Fuggerei**, hier fanden arme Menschen eine Unterkunft *(Öffnungszeiten: Apr.-Sept. 8-20 Uhr, Okt.-März 9-18 Uhr)*: 67 Häuser mit 147 Wohnungen, die älteste bestehende Sozialsiedlung der Welt, die noch heute von Architekten und Städteplanern besichtigt wird. Ebenfalls den Fuggern zu verdanken ist das Meisterwerk der **St.-Anna-Kirche** (aus dem 15. Jh., allerdings im 18. Jh. zur Barockkirche umgebaut): Die Renaissance-Kapelle wurde maßgeblich von Albrecht Dürer geplant *(Im Annahof 2, www.st-anna-augsburg.de, variierende Öffnungszeiten).* Den besten Überblick über die Geschichte der Familie erhält man bei einer Führung *(www.fugger.de).* Bevor man Augsburg aber wieder verlässt, muss man den aus dem 10. Jh. stammenden **Augsburger Dom** anschauen, der im Laufe der Jahrhunderte durch die beiden Zwillingstürme und die ältesten erhaltenen Bleiverglasungen Deutschlands ergänzt wurde (1130) *(Hoher Weg 30, Tel. 0821.31668511, bistum-augsburg.de/Pfarreien/Zum-Hlgst.-Herzen-Jesu_Augsburg-Dom/Der-Dom, Öffnungszeiten: 7-18 Uhr)*; den **Rathausplatz**, wo sich der **Goldene Saal** aus dem 17. Jh. befindet *(Öffnungszeiten: 10-18 Uhr)*; das **Brechthaus**, wo Bertolt Brecht am 10. Februar 1898 zur Welt kam und das heute Sitz einer Brecht-Forschungsstelle ist *(Auf dem Rain 7, Tel. 0821.4540815, Öffnungszeiten: Di.-So.).* Die **Augsburger Puppenkiste**, wo seit der Premiere von *Der gestiefelte Kater* 1948 Marionettentheater gespielt wird, hat heute auch ein Museum, einen Museumsshop und ein Bistro *(Spitalgasse 15, Tel. 0821.4503450 www.augsburger-puppenkiste.de, Öffnungszeiten des Museums: Di.-So. 10-19 Uhr).*

Kleine romantische Ortschaften an der Romantischen Straße

***Harburg** ist ein Ort zum Verweilen, das Städtchen ist klein (weniger als 6000 Einwohner). Hier muss man weder Bauwerke anschauen noch Museen besichtigen ... Man schlendert einfach durch die alten Gassen, vorbei an Fachwerkhäusern, Barockgebäuden, der Steinernen Brücke, der Bruckmühle, dem weißen Glockenturm der Kirche St. Barbara, dem Marktplatz. Alles in Sichtweite der **Harburg** aus dem 11.-12. Jh. Auch **Nördlingen**, etwa 15 km entfernt, hat alte Fachwerkhäuser innerhalb einer Stadtmauer. Im Schatten des 90 m hohen Glockenturms der spätgotischen **St. Georgs-Kirche** lohnt auch das **Rieskrater-Museum** einen Besuch. Dieses geologische Spezialmuseum verdeutlicht die Entstehung jener Ebene, auf der heute Nördlingen steht, durch einen Meteoriteneinschlag* (Hintere Gerbergasse 3, Tel. 09081.84710, www.rieskrater-museum.de, variierende Öffnungszeiten). *In **Creglingen**, 4800 Einwohner, steht 1 km südlich des Ortes die **Herrgottskirche**: Der aus Holz geschnitzte **Marienaltar** von Tilman Riemenschneider (zwischen 1505 und 1510) ist den Stopp wert.* (Tel. 079.33338, www.herrgottskirche.de).

DINKELSBÜHL

Eine der am besten erhaltenen mittelalterlichen Städte ganz Deutschlands. Ein Märchen aus Stein im Tal der Wörnitz, geschützt von einer Stadtmauer mit 16 **Türmen und Stadttoren**: Die interessantesten davon sind das **Rothenburger Tor** vom Ende des 16. Jhs., der **Faulturm** mit dem einstigen Wächterhäuschen aus Fachwerk, das **Segringer Tor**, wiederaufgebaut im Barock von dem italienischen Architekten Antonio Don, das **Nördlinger Tor** von 1400, gleich daneben eine Mühle, die wie eine kleine, über dem Wasser schwebende Festung wirkt, und der **Bäuerlinsturm** mit Giebeldach (16. Jh.), der als Wahrzeichen der Stadt gilt. Hübsch sind auch die Patrizierhäuser aus dem 15. und 16. Jh., die hohen Giebelhäuser mit Fachwerk schmücken die ganze Altstadt, die schönsten aber stehen am früheren **Weinmarkt**. Nicht versäumen sollte man das **Münster St. Georg** mit seinem romanischen Turmportal, es ist einer der bedeutendsten gotischen Kirchenbauten Süddeutschlands *(Marktplatz 1, Tel. 09851.2245, variierende Öffnungszeiten.)*

166 OBEN – DER AUGSBURGER DOM.

166 UNTEN – DIE DIÖZESE VOM AUGSBURGER DOM.

167 OBEN – ELEGANTE PALAIS IM HERZEN AUGSBURGS.

167 MITTE – FACHWERKHÄUSER IN DINKELSBÜHL.

167 UNTEN – DETAIL EINES HAUSES IN DINKELSBÜHL.

168 – Das historische Rathaus in Rothenburg ob der Tauber.

ROTHENBURG

Ein weiteres Schmuckstück aus dem Mittelalter. Verschachtelte, geschichtsträchtige Gassen, Fachwerkhäuser, Wachtürme in der Stadtmauer (z.B. das **Rödertor** und das majestätische **Burgtor** aus dem Jahr 1360), das **Plönlein**, der dreieckige, mittelalterliche Platz, der als einer der schönsten Plätze Deutschlands gilt, und der nahe gelegene **Marktplatz** mit dem **Rathaus**, einem seltenen Beispiel für ein „zweigeteiltes" Gebäude: Der am Platz liegende Teil zeigt eine Renaissance-Fassade, der Gebäudeteil an der **Herrngasse**, der schönsten Straße Rothenburgs, ist gotisch. Im Rathaus, das öffentlich zugänglich ist, findet man Räume sowohl im Stil der Gotik als auch der Renaissance, einen Lichthof, der zu den historischen Läden führt und die Meistertrunk-Uhr aus dem 17. Jahrhundert mit Glockenspiel *(Tel. 09861.404800, variierende Öffnungszeiten)*. Der letzte Stopp ist an der gotischen **Jakobskirche** mit zwei viereckigen Türmen, Glasfenstern aus dem 14. Jh. und dem *Heilig-Blut-Altar*, einem Meisterwerk von Riemenschneider (1505). *Info: Klingengasse 1, Tel. 09861.700620, www.rothenburgtauber-evangelisch.de, variierende Öffnungszeiten.*

BAD MERGENTHEIM

Auch hier findet man Fachwerkhäuser und Barockpaläste, Wohnhäuser und Kirchen neben einem mittelalterlichen Schloss, das einst Residenz des Hochmeisters des Deutschen Ordens war, der nach der Herrschaft über Preußen im Jahr 1525 sein Hauptquartier hierher verlegte. Im Deutschordensschloss befindet sich ein Museum zu seiner Geschichte *(Schloss 16, www.deutschordensmuseum.de, variierende Öffnungszeiten)*. Bad Mergentheim ist aus einem anderen Grund berühmt: seiner Thermen und des Kurparks wegen, die jährlich Tausende Besucher anlocken *(s. Infobox Die Thermen)*.

WÜRZBURG

130.000 Einwohner, eine Universität, an der schon mehrere Nobelpreisträger studiert und gearbeitet haben, eine im Zweiten Weltkrieg zerbombte und an derselben Stelle wiederaufgebaute Stadt. Und dies nicht zum ersten Mal: Nach dem Dreißigjährigen Krieg war die Stadt im Barockstil wieder aufgebaut worden. Nach 1945, als 90% der Gebäude zerstört waren, wurde jedoch ein Plan zum Wiederaufbau der gesamten Altstadt entwickelt. Im **Stift Haug**, der von Antonio Petrini entworfenen Kirche, kann man die *Kreuzigung* von Tintoretto bewundern (1585) *(Haugerpfarrgasse, Tel. 0931.54102, Öffnungszeiten: 8-18.30 Uhr)*. Der **St. Kiliansdom**, das viertgrößte romanische Kirchengebäude Deutschlands, nach dem Krieg nur noch ein Trümmerhaufen, wurde wiederaufgebaut und neu geweiht und ist häufig Veranstaltungsort für Konzerte *(Kiliansplatz, Tel. 0931.38662900, www.dom-wuerzburg.de, Öffnungszeiten: 9.30-17.30 Uhr)*. Die **Festung Marienberg** *(www.schloesser.bayern.de)*, die zwei Museen beherbergt (eines ist das ganze Jahr geöffnet, das andere nur im Sommer), war vor der Fertigstellung der **Würzburger Residenz**, dem Prachtbau der Stadt und UNESCO-Weltkulturerbe, die Bischofsresidenz. Die Residenz, deren Bau 1720 begonnen wurde, umfasst 300 Räume und riesige Kellerräume zur Lagerung von Wein (Würzburg liegt in der wichtigen Weinregion Franken). Bei der Bombardierung waren die bedeutendsten Gebäudeteile verschont geblieben: das Treppenhaus des Hofarchitekten Neumann mit einem Gewölbe, das Tiepolo mit einem 600 m^2 großen Deckenfresko schmückte; der Kaisersaal mit Fresken von Tiepolo und Bossi; die Staatsgalerie mit den venezianischen Barockgemälden *(Residenzplatz 2, www.residenz-wuerzburg.de, Öffnungszeiten: 9-18 Uhr, im Winter 10-16.30 Uhr)*. Ganz anderer

169 – Zauberhafte Ansicht von Würzburg.

Art ist das Museum im **Kulturspeicher**, den ehemaligen Getreidespeichern aus dem frühen 20. Jh. Hier gibt es eine Dauerausstellung zeitgenössischer Kunst, eine Cafeteria und einen Buchladen *(Oskar-Laredo-Platz 1, Tel. 0931.322250, www.kulturspeicher.de, variierende Öffnungszeiten)*. Werfen Sie einen Blick auf die Veranstaltungen: Würzburg kann ein erstklassiges Kulturprogramm aufweisen, vom Mozart- zum Barockfest *(www.wuerzburg.de)*.

Übernachten

€€€€ Hotel Luitpoldpark (mit Spa). Ein auf der Website der Romantischen Straße angegebenes Hotel: Neben schönen Zimmern und Suiten bietet es einen Wellnessbereich und verschiedene Restaurants (von bayerischer bis mexikanischer Küche). *Info: Bahnhofstr. 1-3, Füssen, Tel. 08362.9040, www.luitpoldpark-hotel.de*

€€€ Hotel Eisenhut (romantisch). Eine Adresse, die perfekt zur Romantischen Straße passt. Zum einen, weil es eines jener Hotels mit Vorzugspreisen ist, vor allem aber wegen seiner Geschichte: vier Patrizierhäuser aus dem 16. Jh. im Herzen Rothenburgs. *Info: Herrngasse 3-5/7, Rothenburg ob der Tauber, Tel. 09861.7050, www.eisenhut.com*

€€€ Grüner Baum (familiär). 24 gemütliche, mit Holzmöbeln eingerichtete Zimmer, zum Teil unter dem Dach, reichhaltiges Frühstücksbuffet mit frischen Zutaten. Familiäre Atmosphäre im Herzen von Würzburg. *Info: Zeller Straße 35/37, Würzburg, Tel. 0931.450680, www.gruener-baum-wuerzburg.de*

Restauranttipps

€€€ August (August). Das edelste Restaurant von Augsburg, ausgezeichnet mit zwei Michelin-Sternen. Es ist klein (ca. 20 Plätze, für eine ganz private Atmosphäre) und vom Fenster hat man einen Blick auf den Dom. Reservierung empfohlen. *Info: Johannes-Haag-Straße 14, Augsburg, Tel. 0821.35279*

€€€ Schloss Steinburg (Würzburg). Man kann hier auch übernachten, aber vor allem gut zu Abend essen. Das elegante Schloss kann sich einer der besten Küchen – international und kreativ – der Romantischen Straße rühmen. An bestimmten Tagen wird auch ein Gourmetbrunch angeboten. *Info: Würzburg, Tel. 0931.97020, www.steinburg.com*

€ Zur Höll (Rothenburg). Eine Trinkstube in historischem Gebäude, das schon im Jahr 900 erwähnt wurde; neben den typisch regionalen Gerichten (vor allem Bratwurst mit Kartoffeln, Sauerkraut, Schinken, Käse ...) gibt es eine ausgezeichnete Weinkarte (und gutes Bier). *Info: Burggasse 8, Rothenburg, Tel. 09861.4229, www.hoell-rothenburg.de*

Info: Deutsche Zentrale für Tourismus, www.germany.travel/de www.romantischestrasse.de

Die Thermen

***Bad Mergentheim** liegt nicht nur an der Romantischen Straße, die Stadt gilt auch als die größte Kurstadt von ganz Baden-Württemberg, mit einem Kurpark, der zu den schönsten Deutschlands zählt:*

Auf 30 Hektar Grünfläche finden sich Wasserspiele, die zu klassischer Musik tanzen, ein Klang- und Lesegarten, ein Trimm-Dich-Parcours, Rosengarten, Japanischer und botanischer Garten. Das Thermalbad wartet mit einem reichen Angebot aus Wassermassagen Gegenstromanlage, Saunalandschaft und Wellnessbereich auf.

Info: Kurverwaltung Bad Mergentheim, Lothar-Daikes Straße 4, www.deutscher-heilbaederverband.de

Deutsche Alpenstraße – *Deutschland*

Von den 2962 Metern Höhe der Zugspitze, dem höchsten Berg Deutschlands, schweift der Blick über mehr als 400 Gipfel, über die einzigartige Landschaft dieses von den Alpen durchzogenen Streifens Bayerns. Die rauen Konturen der unwegsamen Felsen und die sanften Profile der Hügel, wo Kühe weiden, die lautlos fließenden Flüsse, die stillen Seen und wilden Schluchten, in denen das Hinabstürzen von Wasserfällen widerhallt, machen diese Landschaft wunderschön, an einigen Stellen sogar wild leidenschaftlich. Der gut 450 Kilometer kurvige Verlauf der Deutschen Alpenstraße, die 1927 mit dem Anliegen entstanden ist, alle Alpenorte Deutschlands, vom Allgäu bis Oberbayern, von Lindau am Bodensee bis Schönau am Konigssee an der österreichischen Grenze durch einen roten Faden miteinander zu verbinden. Unterwegs hat man Gelegenheit, das Auto stehen zu lassen und stattdessen die Skier anzuziehen, an den Seeufern ein Schiff zu besteigen oder gemächlich am Ufer entlangzuradeln. Man kann auch an einem Volksfest mit Gesang, Musik, Tanz, gutem Essen und Unmengen von Bier teilnehmen und die typisch bayerische Kleidung wie Lederhosen, Lodenjacken und Gamsbärte bestaunen.

Unterwegs auf der Deutschen Alpenstraße: *Ein großer Abschnitt der vorgeschlagenen Autoroute führt über die Deutsche Alpenstraße (etwa 260 km). Startpunkt ist* ***Oberammergau****, eines der ursprünglichsten Traditionsdörfer der Bayerischen Alpen, wo die Einwohner seit Jahrhunderten das Holzschnitzhandwerk pflegen. 20 km entfernt (auf der B23) liegt* ***Garmisch-Partenkirchen****, der berühmteste Wintersportort Deutschlands und einer der renommiertesten weltweit. Von hier aus geht es weiter auf der B11 in Richtung* ***Tegernsee*** *(76 km), einem See mit leuchtend blauem Wasser, den bereits Könige und Diplomaten Anfang des 19. Jhs. zu schätzen wussten. Große Abhänge in der Gebirgslandschaft und Wintersportorte gliedern die Deutsche Alpenstraße bis zur Autobahn A93, auf der man bis Rosenheim fährt. Dann wechselt man auf die A8 Richtung Salzburg und pausiert am* ***Chiemsee*** *(70 km), der wegen seiner Größe von 82 km^2 auch „Bayerisches Meer“ genannt wird. Der Verlauf der Deutschen Alpenstraße deckt sich mit dem der B305, die nach Süden in Richtung* ***Bad Reichenhall*** *führt, ein für seine Salinen bekannter Kurort (61 km) und durchquert dabei den* ***Chiemgau****, eine Region, die von kleinen, durch die bukolische Landschaft von Wiesen und sanften Hängen fließenden, Bächen und Flüssen sowie Seen durchzogen ist. Die letzte Etappe auf der historischen Straße ist das bezaubernde* ***Berchtesgaden*** *(36 km), wenige Kilometer von Österreich entfernt.*

170-171 – Das Schloss Linderhof, architektonische Vision Ludwig II.

171 Links – Fassadenmalerei in Oberammergau.

171 Rechts – Szene aus den Passionsspielen.

Sehenswertes

OBERAMMERGAU

Seit über 500 Jahren ist das Schnitzhandwerk für den inmitten von Wäldern und Almen der Ammergauer Alpen gelegenen Ort Oberammergau der wichtigste Wirtschaftszweig der Einwohner, die Spielzeug, Statuen und Krippen aus Holz fertigen. Im Laufe der Zeit kamen Wachsarbeiten und Hinterglasmalerei hinzu, die im **Museum Oberammergau** ausgestellt werden, das eine Vielzahl an Kirchenkrippenexponaten sowie Möbel und archäologische Fundstücke zeigt *(Tel. 08822.94136, , www.oberammergaumuseum.de, Öffnungszeiten: Di.-So. 10-17 Uhr, in der Nebensaison geschl.)*. Die „Lebende Werkstatt" kann man im **Pilatushaus** besuchen *(Öffnungszeiten: Di.-So. 15-17 Uhr)* und sich so zu einem Ferienschnitzkurs anregen lassen *(www.ammergauer-alpen.de/oberammergau/ferienschnitzkurs.html)*. Das Pilatushaus ist aber auch lebendiges Beispiel für eine andere, jahrhundertealte lokale Kunstform, die sogenannte Lüftlmalerei, benannt nach dem Haus „zum Lüftl" des Malers Franz Seraph. So bezeichnet wird illusionistische Fassadenmalerei, die an die Wandmalerei des Barock und Rokoko in Italien und Süddeutschland anknüpft. Die Fresken zeigen überwiegend religiöse Motive, vor allem das Passionsthema, für welches das Dorf weltbekannt ist *(siehe Infobox)*, doch man findet auch Darstellungen der Jagd, von Banketten und sogar Grimm'scher Märchen. Das Image des verwunschenen Ortes, ein wahrer Hort von Kunstschätzen, setzt sich auch auf den schneebedeckten Langlaufpisten fort, die sich auf 150 Kilometern durch das Ammertal winden. Die bekannteste Strecke, die König-Ludwig-Loipe, kreuzt den Park des Schlosses Linderhof vor unvergesslicher Kulisse (15 km von Oberammergau entfernt). Der Besuch des Schlosses, dem bevorzugten Aufenthaltsort des Königs Ludwig II. und Umsetzung seiner träumerischen Architekturvisionen, beeindruckt durch das Rokoko-Interieur mit vergoldetem Stuck und Kristallleuchtern. Im ganz und gar blauen Schlafzimmer prangt das Deckenfresko „Apoll im Sonnenwagen" *(Schloss- und Gartenverwaltung Linderhof, Tel. 08822.92030 u. 08822.920349, schlosslinderhof.de, Öffnungszeiten: Apr.-Mitte Okt. 9-18 Uhr, Mitte Okt.-März 10-16.30 Uhr)*. Aber der Ort verzaubert vor allem mit seinen Gärten, eine Art naturalistischer Inszenierung einer Wagneroper mit kleinen Wasserfällen, Brunnen, Tempeln, der vergoldeten Kuppel des Maurischen Kiosks, der alten Hundinghütte und der an eine Bühnenkulisse angelehnte Venusgrotte, die man nur durch einen Felsspalt sieht.

Die Passionsspiele

Seit 1680 gedenkt man im historischen Zentrum von Oberammergau im Zehnjahresrhythmus der Passion Christi. Aufgrund eines Gelübdes während einer schweren Pestepidemie, die die Bevölkerung monatelang dezimiert hatte, gelobten die der tödlichen Krankheit Entkommenen regelmäßig des Herrn zu gedenken. Und daraus wurde eine mittlerweile international berühmte, gigantische Veranstaltung, an der über 2000 Künstler und Techniker beteiligt sind. Fünf Monate lang, von Mai bis Oktober, finden im ***Passionstheater****, das 1930 eigens für das Mysterienspiel errichtet wurde, täglich Aufführungen statt, die über den ganzen Tag gehen* (http://passionstheater.de).

172 Oben – Das Wettersteingebirge.

172 Unten – Winteransicht von Garmisch-Partenkirchen.

GARMISCH-PARTENKIRCHEN

High Society, Sport, Ökologie, internationales Publikum und die atemberaubende Wand der olympischen Kandahar-Strecke, wo alljährlich einer der namhaftesten Skiwettkämpfe des Weltcups ausgetragen wird, haben dazu geführt, dass Garmisch-Partenkirchen als renommiertester deutscher und einer der nobelsten Skiorte europaweit gilt. 1935 aus dem Zusammenschluss zweier kleiner Dörfer am Zusammenfluss der Flüsse Partnach und Loisach entstanden, war Garmisch-Partenkirchen bereits ein Jahr später Gastgeber der **Olympischen Winterspiele** und 1978 und 2011 der **Alpinen Skiweltmeisterschaften**. Im eindrucksvollen Wettersteingebirge und auf der riesigen Zugspitze (2962 m), dem höchsten Berg des Landes, der auch per Seil- oder Standseilbahn erreicht werden kann *(siehe Infobox)*, kann man Ski fahren, bergsteigen oder wandern. Aber das Sportangebot geht weit über den Skisport hinaus und umfasst Rafting, Drachenfliegen, Mountainbiking, Schlittschuhlaufen, Heißluftballonfahr-

Nachtausflüge in Garmisch-Partenkirchen

Wer die Dunkelheit nicht scheut, kann an einer der von der Gemeinde Garmisch-Partenkirchen angebotenen Fackelwanderungen zur Partnachklamm oder am Nachtrodeln im Mondlicht teilnehmen. Für die Liebhaber der Einsamkeit bietet sich abendliches Skitourengehen am Hausberg.
Info: Garmisch-Partenkirchen Tourismus, Richard-Strauss-Platz 1, www.garmisch-partenkirchen.de

173 – Der Gipfel der Zugspitze.

ten, Gleitschirmfliegen, Sommer-Curling bis hin zu Kajak- und Kanutouren. Außer zahlreichen Sportveranstaltungen, die vor allem auf der berühmten 2007 modernisierten **Sprungschanze** im nahe gelegenen **Olympiastadion**, dessen Bauten nach 1936 nicht verändert wurden, stattfinden, ist Garmisch-Partenkirchen bekannt für sein jährlich im Juli veranstaltetes **Richard-Strauss-Festival**, das dem Komponisten und Dirigenten gewidmet ist, der hier bis zu seinem Tod 1949 lebte. Das Auto sollte man am Ortseingang stehen lassen und sich zu Fuß oder mit den öffentlichen Bussen fortbewegen und die Hauptstraßen des Ortes mit den Blumenkaskaden von den Häuserbalkonen und der bäuerlich-religiösen Fassadenmalerei anschauen. Das älteste Gebäude ist die **Alte Pfarrkirche St. Martin** *(Marienplatz 6, Tel. 08821.6863360, pv-zugspitze.de/st-martin-garmisch)* in gotischem Stil mit Wandmalerei derselben Epoche *(Szenen aus Passion und St. Martinslegende)*, Fenstern aus dem 15. Jh. und einer großen Statue des 14. Jhs. An früher erinnert auch **Konditorei & Kaffeehaus Krönner**, bekannt für die bayerischen Torten *(Achenfeldstraße 1, www.kroenner.com)*. Über Partenkirchen thront die 1704 in barockem Stil errichtete **Wallfahrtskirche St. Anton**. Gegenüber der Kirche, Ludwigstraße 49, sollte man eine Teepause im alten **Posthotel**, heute **Atlas Grand Hotel** machen, wo der Apfelstrudel rekordverdächtig ist. Vom Olympiastadion kann man die schöne Wanderung zur Schlucht der 100 m tiefen **Partnachklamm** unternehmen (25 Minuten Fußweg), von dort über die **Graseck-Alm** laufen und schließlich mit der Seilbahn zurück ins Tal fahren. Einen herrlichen Rundblick über die gesamte Stadt und die sie umgebende Berge hat man vom Wankgipfel auf 1780 m Höhe.

Hoch zur Zugspitze

*Siebzig Minuten geht es mit der Zahnradbahn, die sich an den Hängen der Zugspitze hochhangelt, steil bergauf und dann erreicht man den höchsten deutschen Berggipfel. Auf der Bergfahrt mit der historischen, 1928-30 eingeweihten Bahn schaut man gebannt aus dem Fenster, so spektakulär ist die an den Besuchern vorbeiziehende Landschaft. Es geht vorbei am **Eibsee** (972 m), in dem sich verschneite Gipfel spiegeln, und weiter in den 4,4 km langen Tunnel mit 25-prozentiger Steigung, was dafür sorgt, dass die Reisenden förmlich in die Sitze gepresst werden. Eine Kabinenseilbahn führt direkt zum Gipfel, während die Zahnradbahn zum **Schneefernerhaus** (2650 m), dem Panoramabalkon, fährt, von wo aus eine zweite Seilbahn auf den Gipfel und weiter auf die bereits österreichische **Zugspitzklamm** (2085 m) führt. Eine dritte Seilbahn geht auf den Gipfel der **Zugspitze** (2962 m), gleichzeitig Grenze zu Österreich, von dem man einen wunderbaren Blick auf Hohe Tauern, Silvrettahorn und Dolomiten genießt.*

TEGERNSEE

Die Ersten, die die stille Schönheit und das mondäne Potenzial dieses ungetrübten Sees an den Hängen der Bayerischen Alpen Anfang des 19. Jhs. erkannten, waren die königlichen Wittelsbacher, denen andere Adelsfamilien und hochrangige Vertreter europäischer Diplomatie folgten wie heute der Jet-Set des bayerischen Bürgertums. Das größte Städtchen am Ostufer des Sees ist **Rottach-Egern**, ein idealer Ort, um sommers auf den 50 km langen befestigten, in die Wälder hineinreichenden Wegen zu wandern oder zu radeln oder winters Abfahrtsski oder besser noch Langlauf zu machen. **Tegernsee** ist bekannt für sein **Benediktinerkloster**, das 1817 zur Sommerresidenz umgebaut wurde. Der See ist ideal, um die bayerische Küche zu entdecken, da es hier eine große Auswahl an Gourmet-Restaurants und regionalen Spezialitätenlokalen gibt. Berühmt sind auch die Beauty-Farmen und Spas der Mehrsternehotels.

CHIEMSEE

Die Orte am „Bayerischen Meer", mit seinen 84 km² das größte Seebecken des Freistaates, verfügen über Wassersportangebote, Wander- und Radwege. Im Winter gibt es schöne Pisten für Abfahrtsski und Langlauf. Es bietet sich auch ein Ausflug zu einer der bezaubernden Seeinseln an, mit Abfahrt von **Prien** *(www.chiemsee-schifffahrt.de, Abfahrt 7.30 bis 19.30 Uhr, in der Hochsaison ca. alle 30 Min.)*, dessen barocke Pfarrkirche innen mit illusionistischen Wandmalereien und reichen Stuckarbeiten versehen ist. In 15 Min. erreicht man die **Herreninsel** oder Herrenchiemsee, benannt nach dem im Mittelalter erbauten **Stift der Augustinerchorherren**, das damals wirtschaftliche, politische und kulturelle Bedeutung hatte. Heute gilt es als einer der erstaunlichsten Barockbauten des 17./18. Jhs. Die Hauptattraktion der Insel ist das **Schloss Herrenchiemsee**, eine Art bayerisches Versailles, das der exzentrische König Ludwig II. 1878 mit einem noch größeren Spiegelsaal (98 m Länge) als dem in der Residenz des Sonnenkönigs erbauen ließ *(www.herrenchiemsee.de, der letzte Dampfer im Sommer: 19.10 Uhr, im Winter 18.10 Uhr, Besucherführungen alle 30 Min., Apr.-Okt. 9-18 Uhr, Nov.-März 9.40-16.15 Uhr, letzter Einlass etwa 1 Stunde vor Schluss)*. Die 1848 Kerzen, 52 Kandelaber und 33 Kristalllampen, die ihr Licht in den 17 über die Saallänge verteilten Spiegeln reflektieren, wurden nur in der Gegenwart des Königs angezündet. In Erstaunen versetzt einen die prachtvolle Einrichtung des Schlafzimmers mit dem Prunkbett. Es geht die Legende, dass allein an der Tagesdecke 30 Frauen über sieben Jahre gearbeitet hätten. Die nächste Station ist die **Fraueninsel**, ein von deutschen Künstlern und Malern wegen ihres besinnlichen Zaubers und der Abgelegenheit frequentierter Ort. Dort besucht man das **Fischerdorf** und die **Frauenabtei**, deren Baubeginn auf das 8. Jh. zurückgeht, mit ihrem allein stehenden, orientalisch inspirierten Turm aus dem 13./14. Jh. *(www.frauenwoerth.de)* und der romanischen **Kuratiekirche Mariä Opferung**, deren Portal mit Löwenköpfen und Fresken der Salzburger Schule von 1120-30 geschmückt ist. Links von der Kirche sieht man die Reste der karolingischen **Torhalle** mit Fresken aus dem 11. Jh.

174 – Kloster Seeon am Klostersee, 10 km nördlich vom Chiemsee.

175 oben – Das bukolische Tegernseeufer.

175 unten – Das Nonnenkloster auf der Fraueninsel.

BERCHTESGADEN

Am Ende der Deutschen Alpenstraße liegt Berchtesgaden: ein zauberhaftes Städtchen, das sich die Atmosphäre eines Bergdorfes bewahrt hat. Bevor mit der Eisenbahn Ende des 19. Jhs. auch die Touristen kamen, verewigten die naturalistischen Maler in ihren Bildern die bukolische Landschaft am Fuße des **Watzmanns** (2712 m), des zweithöchsten Berges Bayerns. Bei einem Spaziergang durch die Fußgängerzone des Ortes, der sich ökologischem Tourismus verschrieben hat (das Auto stellt man auf den entsprechenden Parkplätzen außerhalb des Zentrums ab und fährt mit den leisen Elektrobussen hinein), kann man die im Salzburger Stil bemalten Häuser bestaunen, wie das alte **Hirschenhaus**, das mit bizarren Affenszenen bemalt ist, die die menschlichen Laster repräsentieren. Nördlich des historischen Ortskerns, auf dem **Schlossplatz**, lohnt sich der Besuch der **Augustinerchorherrenkirche St. Peter und Johannes der Täufer** mit romanischer Fassade, einem Chor aus dem 13. Jh. und Kreuzgang von 1220-50, einem der schönsten Deutschlands. Im nahe gelegenen **Schloss der Wittelsbacher**, einer alten romanischen Fürstprobstei, im 20. Jh. zu einer Privatresidenz umgebaut, sollte man den mittelalterlichen Kreuzgang, das gotische Dormitorium, die Familienpinakothek und den wunderschönen Hanggarten mit Alpenpanorama besuchen *(Tel. 08652.947980, www.schloss-berchtesgaden.de, nur Führungen, Öffnungszeiten: Mitte Mai-Mitte Okt. So.-Fr. 10-13/14-17 Uhr, Mitte Okt.-Mitte Mai Mo.-Fr. 11 und 14 Uhr)*. Nördlich des Zentrums am Fluss liegt das außergewöhnliche **Salzbergwerk**, das den Reichtum des Ortes in den letzten Jahrhunderten erklärt. Mit dem entsprechenden Overall ausgerüstet geht es mit einer Elektrobahn unter Tage. Man überquert den Salzsee in einer Schute und gelangt in die Grotte, wo ein Film gezeigt wird, der Förderungs- und Bearbeitungsmethoden des weißen Goldes dokumentiert *(Tel. 07131.9590, www.salzwelt.de, variierende Öffnungszeiten im Sommer, im Winter geschl.)*. Zum Baden und für Wellness gibt es die **Watzmann Therme** *(Bergwerkstraße 54)*, ein 900 m² großes Wasserparadies mit 5 Innen- und Außenbecken, Sauna, türkischem Bad und vielem mehr.

NATIONALPARK BERCHTESGADEN

Im Umland, 5 km südlich von Berchtesgaden an der B20 inmitten einer wilden und wunderbaren Landschaft, erreicht man den Nationalpark Berchtesgaden, ein 210 km² großes Naturschutzgebiet (Busanbindung in die Stadt). Hier liegt **Schönau am Königssee**, das Ziel der Deutschen Alpenstraße. Juwel des Parks ist der **Königssee**, ein 8 km langer und 2 km breiter See, der einem Fjord gleicht mit einmaligem Blick auf die Ostwand des Watzmanns, das „Steinerne Meer“. Um Ruhe und ökologisches Gleichgewicht zu bewahren, fahren auf dem See nur Elektromotorschiffe. Am Fuße des Berges, bei der Wallfahrtskirche **St. Bartholomä**, Patron der Schäfer und Senner, von 1697 geht man an Land. Wegen ihrer roten Kuppeln, die auf der Drei-Konchen-Anlage thronen, ist sie zum Symbol des Sees geworden. Daneben befindet sich eine alte Jagdhütte, heute ein Hotel-Restaurant, wo der wohlschmeckende Seefisch *Schwarzreiterl* zubereitet wird. Von hier aus kann man zwei Stunden zu Fuß weiterlaufen bis zur „Eiskapelle“ oder man nimmt das Schiff bis **Salet** (1 Std. Fahrt), von wo aus ein 15-minütiger Fußweg zum herrlichen **Obersee** führt, einem kleinen Bergsee vor einer Felskulisse, von der ein 400 m hoher Wasserfall herunterbricht. Absolut sehenswert!

Übernachten

€€€€€ Intercontinental Berchtesgaden Resort (Berchtesgaden). Auf 1000 Metern Höhe mit einem außergewöhnlichen Blick über die Alpen, ist das Hotel eine Wellness-

Oase, elegant und nobel, mit Außen- und Innenpool und verschiedenen Saunen. Es hat vier Restaurants, zwei davon mehrfach prämiert. Die Bayernstube und Vinothek vervollständigen das Angebot. *Info: Hintereck 1, Berchtesgaden, Tel. 08652.97550, www.kempinski.com/en/berchtesgaden/kempinski-hotel-berchtesgaden*

€€€€€ Seehotel Überfahrt (Rottach-Egern). Am Ufer des Tegernsees liegt dieses Hotel mit Charme, Liebe zum Detail und exquisit ausgestatteten Zimmern. Küchenchef des Restaurants ist Christian Jürgens, der den Ruf eines der besten Deutschlands hat. Zum Entspannen zwei Pools und verschiedene Saunen. *Info: Überfahrtstraße 10, Rottach-Egern, Tel. 08022.6690, www.seehotel-ueberfahrt.com*

€€€ Hotel Aschenbrenner Garni (Garmisch-Partenkirchen). Gemütliches und elegantes Ambiente in einem Adelssitz aus dem frühen 20. Jh. 23 helle Zimmer mit spektakulärem Bergblick. *Info: Loisachstraße 46, Garmisch-Partenkirchen, Tel. 08821.95970, www.hotel-aschenbrenner.de*

Restauranttipps

€€€ Le Ciel (Berchtesgaden). In diesem Restaurant des **Berchtesgaden Resort** hat man das Gefühl, man könnte den Himmel berühren. Die Karte offeriert edle Feinschmeckergerichte, wie gebratenen Hummer mit Apfelpüree und Kokosschaum. Der runde Restaurantraum ist sensationell. *Info: Hintereck 1, Berchtesgaden, Tel. 08652.97550, www.kempinski.com/en/berchtesgaden/kempinski-hotel-berchtesgaden/dining/le-ciel*

€€ Braustüberl (Garmisch-Partenkirchen). Eine mit Lüftlmalerei verzierte Außenfassade, ein Gastraum mit Ahornholztischen und mehr als ein Jahrhundert alte Kachelöfen. Ein seit über 350 Jahren in aller Welt beliebtes Lokal, das auch schon Kulisse bekannter Heimatfilme war. Auf der Karte Bayerisches Gröstl mit Krautsalat und Hirschgulasch mit Preiselbeeren und Semmelknödeln. *Info: Fürstenstraße 23, Garmisch-Partenkirchen, Tel. 08821.2312, www.braeustueberl-garmisch.de*

€€ Chiemseer Wirtshaus (Chieming). Originalrezepte, zubereitet mit Zutaten aus Wäldern, Seen und lokalen Gemüsegärten. Spezialitäten sind die „Bayerische Creme mit Himbeerspiegel" (aus Eiern, Vanille, Sahne), Kompott von Früchten oder Schokoladendesserts. Man kann auch in einem einfachen, bäuerlichen Zimmer, wo es nach frischer Wäsche duftet, übernachten. *Info: Hauptstraße 32, Chieming, Tel. 08664.2040247, www.chiemseer-wirtshaus.de*

Der Adlerhorst (Kehlsteinhaus)

So wurde das Panorama-Festungshaus mit atemberaubendem Blick über die Bayerischen Alpen genannt, das die NSDAP Adolf Hitler 1938 zu dessen 50. Geburtstag schenkte. Auf dem 1834 m hohen Kehlstein errichtet, wurde das Haus von Hitler selbst nicht sonderlich geschätzt. Wegen der „dünnen Luft", soll er nicht öfter als 15-mal dort gewesen sein. Man erreicht es mit dem Auto über den **Obersalzberg** *(ca. 4 km östlich von Berchtesgaden, auf etwa 1000 m Höhe), dessen liebliche Landschaft Hitler bereits in den 1920er-Jahren faszinierte und wo er mit anderen hochrangigen Parteimitgliedern wie Göring, Hess, Bormann, Speer und Goebbels eine Art Hauptquartier mit unterirdischen Bunkeranlagen für die Ferien errichtete. Weiter geht es dann mit einem Shuttle 7 km über die extrem steile Straße, die auf den 700 m hohen Hang mit einer einzigen Haarnadelkurve unten an den Adlerhorst führt, der in 30 Min. zu Fuß oder mit dem luxuriösen, in Messing ausgekleideten und mit Ledersitzen ausgestatteten Fahrstuhl, der noch im Originalzustand ist, zu erreichen ist. Von den Bombardements des Zweiten Weltkriegs verschont (heute ein Aussichtsrestaurant), ist das Kehlsteinhaus mit kostbarem Marmor, Holz und einem dunkelroten Marmorkamin ausgestattet, ein Geschenk Mussolinis an Hitler. Ein Besuch lohnt sich vor allem wegen der herrlichen Aussicht auf Königssee und Watzmann.* Öffnungszeiten: Mitte Mai-Okt. 9-16 Uhr, www.kehlsteinhaus.de

Nightlife

Spielbank. Vielleicht haben Sie Glück, in der edlen Atmosphäre des eleganten Casinos von Garmisch-Partenkirchen. *Info: Am Kurpark 10, Garmisch-Partenkirchen, Tel. 08821.95990, www.spielbanken-bayern.de*

Music Cafe Garmisch. Synonym für Exklusivität: eines der bekanntesten In-Lokale in Garmisch, zusammen mit der Cocktailbar Peaches. VIPs und Vergnügen in angenehmer Feststimmung. *Info: Marienplatz 17, Garmisch-Partenkirchen, Tel. 08821.18727, www.musife.de*

Peaches Cocktailbar. Eine der ältesten und beliebtesten Cocktailbars in Garmisch-Partenkirchen, bekannt für ihre exotischen Drinks und Mega Zombies. Karibik-Atmosphäre durch die Einrichtung in Exotenholztönen und mit Palmen. *Info: Rathausplatz 7, Garmisch-Partenkirchen, Tel. 08821.18727, www.peaches.de*

Weitere Informationen: Deutsche Alpenstraße, Tourismusverband München-Oberbayern, München, Tel. 08025.9244952, www.deutsche-alpenstrasse.de

176 Oben – Das zauberhafte Städtchen Berchtesgaden.

176 Unten – Alpinski in den Bayerischen Alpen.

177 – Blick vom Adlerhorst auf die Bayerischen Alpen.

Krakau – *Polen*

Dynamisch, gebildet, elegant, eine ruhmvolle Vergangenheit und eine der lebendigsten Kulturszenen Polens der Gegenwart: Das Krakau von heute (800.000 Einwohner) hat die graue Patina des Eisernen Vorhangs abgestreift und ist in der europäischen Beliebtheitsskala weit nach oben geklettert. Mit Stolz nähert es sich Barcelona, Prag und Rom.

Aus dem ganzen Land kommen junge Leute nach Krakau, um an der renommierten Jagiellonen-Universität zu studieren, eine der ältesten weltweit; in der Adventszeit strömen die Touristen in Massen zum **Rynek Glówny**, dem Hauptmarkt, wenn auf diesem gewaltigen, historischen Platz der Weihnachtsmarkt stattfindet. Nach dem Aufstieg des jüdischen Stadtteils **Kazimierz** zu einem angesagten Viertel werden nun auch die am Ufer der Weichsel vor Anker liegenden Boote immer beliebter, aber auch das Arbeiterviertel von **Podgórze** mit seinen Grünflächen und sogar das inzwischen in das städtische Gefüge eingebundene realsozialistische **Nowa Huta**, ein Stadtteil, der unter den Kommunisten in der frühen Nachkriegszeit bei einem Eisenhüttenkombinat errichtet wurde, um die gepflegte und bürgerliche Seele der Stadt zu „tarnen". Kirchen im Stil der Gotik, der Renaissance, des Barock und Jugendstilhäuser sind in der mittelalterlichen Altstadt **Stare Miasto** zu finden, deren 4 km lange Stadtmauer im 19. Jh. abgerissen wurde, um – nach dem Vorbild des Wiener Rings – Platz zu schaffen für den grünen Gürtel **Planty**. In die Stadt gelangt man über die **Barbakane**, einen zylindrischen Wehrtum aus roten Ziegeln, der Krakau seit dem 14. Jh. verteidigt. Ein paar Schritte weiter steht man vor dem **Czartoryski-Museum**, und hier beginnt die **Florianska-Straße** mit den Schaufenstern der trendigsten Geschäfte der Stadt. Folgt man den vornehmen Straßen **ulica Grodzka** und **Kanonicza** wandelt man auf den Spuren des **Königsweges**, den einst Monarchen, Königinnen und Würdenträger des Hofes beschritten auf dem Weg zum legendären **Wawel**, der an der Weichsel gelegenen Königsresidenz. Westlich vom Marktplatz befindet sich das **Collegium Maius**, das älteste und renommierteste Gebäude der Krakauer Universität *(Info: Ul. Jagiellofska 15, Mo.-Fr. variierende Öffnungszeiten)*, zu deren berühmtesten Studenten Nikolaus Kopernikus und Karol Wojtyla zählen.

Unterwegs in Krakau: *Die Stadt lässt sich sehr schön zu Fuß erkunden, auch weil im Zentrum viele Bereiche für den Autoverkehr gesperrt sind. Als Alternative bieten sich Bus oder Straßenbahn an.*

Währung: *Die offizielle Währung in Polen ist der* ***Zloty****.*

Sehenswertes

DER HAUPTMARKT: Der im Mittelalter größte Platz Europas ist noch heute beliebt bei Straßenkünstlern, Musikern, Pilgern und natürlich bei den Krakauern, die sich am Fuß der Bronzestatue aus dem 19. Jh. verabreden, die dem polnischen **Romantiker Adam Mickiewicz** gewidmet ist. In der Mitte des Halbrunds erhebt sich die mächtige Silhouette der **Tuchhallen**, die nach einem Brand im 16. Jh. von dem Italiener Giovanni Mosca wieder aufgebaut und am Ende des 19. Jhs. teilweise in neugotischem Stil umgebaut wurden. Im Durchgang in der Mitte des

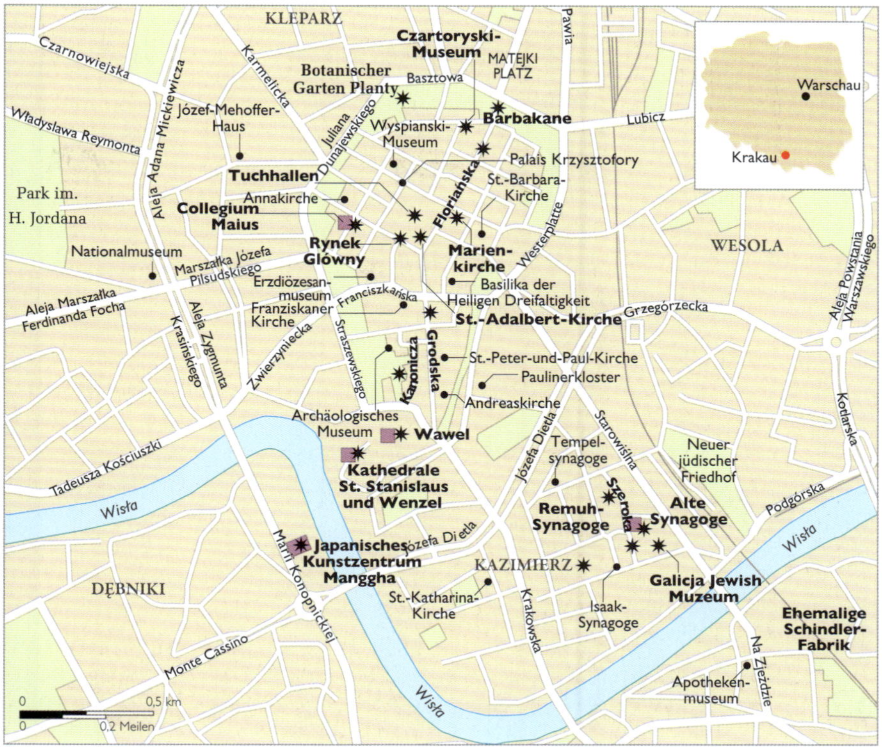

178-179 – Rynek Glówny, der Hauptmarkt, ist das Herz der Stadt.

179 Links – Das Königsschloss Wawel.

179 Rechts – Das Innere der Marienkirche.

Gebäudes befinden sich Buden, an denen Produkte des lokales Kunsthandwerks angeboten werden, im 1. Stock hingegen ist die **Galerie der Polnischen Malerei des 19. Jhs.** untergebracht *(mnk.pl/exhibitions/the-gallery-of-19th-century-polish-art-in-the-sukiennice, Öffnungszeiten: Di.-Fr. 9-17 Uhr, Sa. 10-18 Uhr, So. 10-16 Uhr)*. So bietet ein Besuch dort eine hervorragende Gelegenheit, das Gebäude der alten Markthalle zu erleben und gleichzeitig die Meister der polnischen Malerei im 19. Jh. kennenzulernen, darunter Piotr Michalowski, der häufig Pferde zu seinen Motiven machte. Nicht weit von den Tuchhallen steht die wunderschöne **Marienkirche** *(Eingang zum Chor von Pl. Mariacki aus, auf der rechten Seite, Tel. 12.4220521, mariacki.com, Öffnungszeiten: 11-18 Uhr)*, die geprägt ist durch gotische und neugotische Kunst und wundervolle Glasfenster aus dem 14. Jh. oberhalb des zu Ende des 19. Jhs. mit Gemälden von Jan Matejko gestalteten Chors. Das bedeutendste Kunstwerk aber ist der Hochaltar von Veit Stoß (1477-1489), ein beeindruckener, hoch aufragender Flügelaltar, dessen Schnitzwerk bemalt und vergoldet ist. Von einem der beiden Kirchtürme erklingt das *Hejnal*, ein melancholisches Trompetensignal, das mitten im Spiel abbricht, womit an den Wachposten erinnert werden soll, der im 13. Jh. von einem Tartarenpfeil getötet wurde, als er durch eben dieses Signal die Bevölkerung vor dem bevorstehenden Angriff warnen wollte. Am Hauptmarkt liegen auch die kleine überkuppelte **Adalbert-Kirche**, die erste Kirche der Stadt, errichtet im 10. Jh. (die im Laufe der Zeit beträchtlich umgebaut wurde), und der mittelalterliche **Rathausturm** *(Öffnungszeiten: Mai-Okt. 10.30-18 Uhr)*, in dessen großzügigen Kellerräumen sich heute das Volkstheater Ludowy befindet sowie eine Cafeteria. Und schließlich wurde acht Meter unterhalb des Platzes vor Kurzem eine Dauerausstellung mit Multimedia-Installationen eingerichtet, die durch die Geschichte Krakaus von der Gründung bis in die heutige Zeit führt *(Tel. 12.4265060, www.podziemi-arynku.com, Öffnungszeiten: im Sommer Mo. 10-20 Uhr, Di. 10-16 Uhr, Mi.-So. 10-22 Uhr; im Winter Mi.-Mo. 10-20 Uhr, Di.10-16 Uhr)*.

Die Krakauer Krippen

Seit 1937 schon lässt Krakau alljährlich eine besondere Weihnachtstradition aus Formen und Farben unter dem Himmel des Hauptmarkts wieder aufleben. Dann nämlich versammeln sich hier am ersten Donnerstag im Dezember die Teilnehmer des Krippenbauwettbewerbs, der zahllose Fans und Neugierige anlockt. Die Krakauer Krippen, szopki, *mit Kirchen und Kathedralen, Türmen, Fialen, barocken Kuppeln und oft sogar Figuren, die durch einen ebenso pfiffigen wie einfachen Mechanismus beweglich sind, greifen die Baustile der Stadt auf und vervielfältigen mit unerschöpflicher Fantasie deren Formen, Linien und Farben. Die dabei verwendeten Materialien sind einfach: Holz, Pappe, Stoff, Perlen und vor allem Gold- und Silberfolie, die dem Ganzen den Glanz verleihen. Manche Krippen sind nur wenige Zentimeter hoch, andere mehr als zwei Meter. Am Ende des Tages werden die besten Arbeiten von einer Jury gekürt, die bis Februar in einer Ausstellung des Museums für Stadtgeschichte gezeigt werden und dann in dessen ständige Sammlung übergehen.* Info: www.muzeumkrakowa.pl

CZARTORYSKI-MUSEUM: Zwar genießt dieses Museum nicht den Ruhm des Louvre oder der Uffizien, aber diese Sammlung aus dem 19. Jh. bewahrt solch bedeutende Werke wie *Dame mit dem Hermelin* (ca. 1482), das erst 1992 mit Sicherheit Leonardo da Vinci zugeschrieben werden konnte, und *Der Barmherzige Samariter* von Rembrandt (1638). Ein Besuch lohnt sich am Sonntag, da der Eintritt frei ist. Das Museum ist seit Ende 2019 nach seiner Renovierung wieder für Besucher geöffnet. *Info: Ul. św. Jana 19, Tel. 12.3705460, mnk.pl/branch/the-princes-czartoryski-museum, variierende Öffnungszeiten.*

DIE BURGANLAGE WAWEL: Der Gebäudekomplex des Wawel *(Tel. 12.4225155, wawel.krakow.pl)*, hoch auf einem Kalksteinhügel über einer Schleife der Weichsel gelegen, ist nicht nur eine Ikone der Geschichte der Stadt, sondern ganz Polens. Der Wawel war Königsresidenz bis zum Jahr 1595, als Sigismund III. die Hauptstadt nach Warschau verlegte. Der heute noch zu besichtigende, ursprüngliche Teil besteht aus den ersten Befestigungen aus dem 11. Jh.; besondere Beachtung verdienen innerhalb der Anlage die **Wawelkathedrale** und das **Schloss** im Renaissance-Stil mit einem eleganten Hof mit zweigeschossigem Portikus, ein Werk des italienischen Architekten Bartolomeo Berrecci. Die **Privatgemächer des Königs** *(variierende Öffnungszeiten)* im ersten Stock spiegeln die Vorlieben der Jagiellonen-Dynastie wider, die die Palastwände mit einer wunderbaren Sammlung von Wandteppichen nach Entwürfen der Maler Willem Tons und Michiel Coxcie dekorierten, der auch als „flämischer Raffael" bezeichnet wird. Die **Repräsentationssäle** *(variierende Öffnungszeiten)* im zweiten Stock sind jeweils nach

den Friesen und Verzierungen benannt, die an der Decke zu sehen sind: der Rittersaal, der Audienzsaal mit einer ungewöhnlichen Verzierung in Form von holzgeschnitzten Köpfen, die Säle des Tierkreises, der Planeten und der Senatoren, mit wundervollen Wandteppichen, die Szenen der Schöpfungsgeschichte abbilden. Die **Kathedrale St. Stanislaus und Wenzel** *(Öffnungszeiten: Nov.-März Mo.-Sa. 9-16 Uhr, So. 12.30-16 Uhr; Apr.-Okt. Mo.-Sa. 9-17 Uhr, So. 12.30-17 Uhr)* aus dem 14. Jh. ist das bedeutendste religiöse Wahrzeichen des Landes, hier ließen sich Könige krönen und bestatten. Im Inneren reihen sich mehrere prächtige Kapellen aneinander, Grabmale der wichtigsten polnischen Regenten, darunter die von Sigismund dem Alten, eine wundervolle Renaissance-Kapelle, und die von König Jan Olbracht, der in einem roten Marmorsarkophag unter einem gotischen Tonnengewölbe bestattet wurde. Die Glocke des gewaltigen Sigismundturms aus dem Jahr 1512 erklingt

180 – Farbenfrohe Krakauer Pappmaché-Krippen.

181 – Die Markthallen am Rynek Główny.

Shopping

„Mir gebührt eure Bewunderung und euer Geld", so scheint der wundervolle ***Hauptmarkt****, der Rynek Główny, zu den Besuchern zu sprechen. Beim Bummeln von einem Stand zum anderen, zwischendurch gestärkt von einem Glas Grzaniec, dem typischen Glühwein, kann man unzählige pfiffige und preiswerte Geschenkideen finden, von Weihnachtsschmuck über Kunsthandwerk aus Holz, Wolle und Leder bis zu Schmuck aus dem in Polen häufig vorkommenden „Gold der Ostsee", dem Bernstein. Über eine Treppe bei Nr. 7 des Platzes betritt man Calik* (www.calik.pl)*, wo an jedem Tag des Jahres Weihnachten ist: Angesichts all dieses Schmucks, der handbemalten Glaskugeln, des Lamettas und der Holzpuppen bleibt nur noch die Qual der Wahl. Nebenan, in Nr. 5, ist* **Empik** (www.empik.com)*, ein Megastore für Bücher, CDs und DVDs in vielen Sprachen, in dem man einen kleinen Einblick in die kulturelle Landschaft Polens erhält, die in Europa noch wenig bekannt ist. Modefans dürfen den Besuch in der* **Galeria Krakowska** *nicht versäumen* (Ul. Pawia 5, www.galeria-krakowska.pl)*, eine gewaltige Shopping Mall in der Nähe des Hauptbahnhofes mit 270 Markenshops und allen großen Namen der internationalen Mode. Die* **Kazimierz Galerie** (Podgórska 34, galeriakazimierz.pl) *ist ein großes Einkaufszentrum, das im Grzegórzki Viertel von Krakau liegt, dem Jüdischen Viertel: Es umfasst auch Geschäfte der großen Labels und ein Kino mit mehreren Sälen. Wenn man Antiquitäten und* **Flohmärkte** *mag, könnte auch* **Plac Nowy**, *der Neue Platz, in Kazimierz und* **Hala Targowa** *im nahe gelegenen Viertel Grzegorzki von Interesse sein, wo jeden Sonntagvormittag Märkte stattfinden.*

Die ehemalige Schindler-Fabrik als Museum

Als das Viertel Podgórze in ein jüdisches Ghetto umgewandelt wurde, in das die bevölkerungsreiche jüdische Gemeinde Krakaus umgesiedelt wurde, siedelten sich viele deutsche Industrielle in der Stadt an, getrieben durch wirtschaftliches Interesse. Oskar Schindler war einer davon, aber die Umstände der Zeit führten dazu, dass er unter Einsatz seines Vermögens mehr als 1100 Juden, die in seiner Fabrik arbeiteten, vor der Vernichtung retten konnte, wobei er auch sein eigenes Leben aufs Spiel setzte. Seit Juni 2010 erzählt eine Dauerausstellung in der ehemaligen Emaillefabrik von Oskar Schindler, der durch Spielbergs Film „Schindlers Liste" weltweit bekannt wurde, von dem Leben in der Fabrik und im Ghetto während des Krieges, von den Ängsten, Schmerzen und Schrecken, mit denen nicht nur die Juden, sondern alle Einwohner der Stadt leben mussten. Der Rundgang führt in verschiedene Räume, in denen Fotos, Kleider, sogar Spielzeug aus der damaligen Zeit ausgestellt sind, und man bekommt einen Eindruck, wie die Arbeiter untergebracht waren. Im selben Gebäude wurde 2010 auch das neue ***Museum für zeitgenössische Kunst*** *eröffnet, das* ***MOCAK****, dafür wurden die ehemaligen Fabrikgebäude nach einem Entwurf des italienischen Architekten Claudio Nardi umgebaut, der sich zwischen Erinnerung und futuristischen Visionen, zwischen architektonischer Tradition und neuen Technologien bewegt.* Info: Ul. Lipowa 4, Tel. 12.2571017, 12.2570095, 12.2570096, ww.muzeumkrakowa.pl/branches/oskar-schindlers-factory, variierende Öffnungszeiten.

nur zu besonderen Anlässen, wie etwa der Wahl eines Papstes.

KAZIMIERZ: Das am Ufer der Weichsel gelegene Kazimierz hat sich im letzten Jahrzehnt zum lebendigsten Viertel entwickelt. Gegründet wurde es 1335 von Kasimir III. als selbstständige Gemeinde. Vom 14. Jh. bis zum Zweiten Weltkrieg lebte hier eine große jüdische Gemeinde, bis sie im Zweiten Weltkrieg in das Ghetto von Podgórze umgesiedelt und seine Bewohner in den nationalsozialistischen Vernichtungslagern Auschwitz und Birkenau umgebracht wurden *(etwa eine Autostunde von Krakau entfernt, die Besichtigung ist empfehlenswert)*. Heute leben hier nur noch ein paar Hundert Juden, es gibt zwei alte Friedhöfe und einige Synagogen, die teilweise in Museen umgewandelt worden sind. So auch die **Alte Synagoge** *(Ul. Szeroka 24, muzeumkrakowa.pl/oddzialy/stara-synagoga, variierende Öffnungszeiten)*, das ursprünglich gotische Gebäude wurde 1557 von Matteo Gucci im Renaissance-Stil umgebaut und ist das älteste erhaltene jüdische Bauwerk in Polen. Nicht weit davon entfernt ist die berühmte **Remuh-Synagoge** *(Ul. Szeroka 40, Öffnungszeiten: Nov.-Apr. 9-16 Uhr, Mai-Okt. 9-18 Uhr, Sa. geschl.)*, die zwischen 1556 und 1558 gebaut wurde. Ein Besuch umfasst auch den angeschlossenen **Friedhof** (1551), der wiederholt während des Zweiten Weltkriegs von den Nazis geschändet wurde, wobei aber das Grab von Rabbi Moses Remuh verschont blieb. Wer den Spuren jüdischer Kultur in Galizien nachgehen möchte, die sich über einen Zeitraum von zehn Jahrhunderten entwickelte und dann in unglaublich kurzer Zeit verschwand, sollte das **Galicja Jewish Muzeum** besuchen *(Ul. Dajwór 18, Tel. 12.4216842, www.galiciajewishmuseum.org, Öffnungszeiten: Juni-Aug. 10-19 Uhr, Sept.-Mai 10-18 Uhr)*, das durch Erzählungen und Fotografien die Bedeutung von Erinnerung bewusst macht. Ohne einen Bummel auf der geschichtsträchtigen **Szeroka-Straße** mit ihren unzähligen prächtigen Wohnhäusern, Lokalen und Restaurants, die streng jiddische Gerichte koschere Küche anbieten, ist ein Besuch des Viertels nicht vollständig. Alljährlich zieht Ende Juni, Anfang Juli in Kazimierz das **Festival der Jüdischen Kultur** *(www.jewishfestival.pl)* unzählige Besucher und Künstler aus der ganzen Welt an.

JAPANISCHES KUNSTZENTRUM MANGGHA: Dieses futuristische Gebäude nach Entwürfen des Architekten Arata Isozaki (1994) gibt einen Einblick in die japanische Kultur und umfasst die Privatsammlung des polnischen Kunstsammlers und Kritikers Feliks „Manggha" Jasien´ski, die er 1920 dem Nationalmuseum von Krakau geschenkt hatte. *Info: Ul. Konopnickiej 26, Tel. 12.2672703 u. 12.2673753, manggha.pl, Öffnungszeiten: Di.-So. 10-18 Uhr.*

PODGÓRZE: Das von den Nazis in ein Ghetto für 15.000 Juden umgewandelte Arbeiterviertel ist heute ein Ort der Erinnerung. Auf dem **Platz der Ghettohelden**, wo die Juden zusammengetrieben wurden, steht ein Mahnmal von Piotr Lewicki und Kazimierz Latak: 70 leere, teilweise beleuchtete Stühle erinnern daran, wie die Bevölkerung ihr Hab und Gut zurücklassen musste. Auf dem Platz steht die **Apotheke unter dem Adler**, damals die einzige im

Ghetto, der Besitzer, Tadeusz Pankiewicz, setzte sich als Nicht-Jude für viele Juden ein, heute ist hier das Ghettomuseum *(Plac Bohaterów Getta 18, Tel. 12.6565625, www.muzeumkrakowa.pl/branches/eagle-pharmacy, Öffnungszeiten: Mo. 10-14 Uhr, Di.-Sa. 9-17 Uhr)*. Nicht weit davon weist eine Gedenktafel auf die Reste der Ghettomauer hin, und 400 m von hier stand die Emaillefabrik von Oskar Schindler *(s. Infobox)*.

Übernachten

€€€€€ Bonerowski Palace (historisch). Noch heute strahlt dieses Palais aus dem 16. Jh., das zum Weltkulturerbe erklärt wurde, eine königliche Atmosphäre aus. Alle Zimmer und Suiten sind hier vom Feinsten. Am historischen Hauptmarkt. *Info: Rynek Glowny 42 / w. Jana 1, Tel. 12.3741300, www.palacbonerowski.pl*

€€€€€ Hotel Copernicus (historisch). Ein zu einem charmanten Hotel umgebautes Renaissance-Palais in der ältesten Straße der Stadt: Fresken und Porträts an den Wänden und ein Pool in den alten gotischen Kellergewölben. Auch schön für einen Kaffee auf der Terrasse mit Blick auf den Wawel. *Info: Ul. Kanonicza 16, Tel. 12.4243400, copernicus.hotel.com.pl*

€€€€ Hotel Grodek (romantisch). Wenn es draußen schneit und der Kamin brennt, dann ist dies einer der romantischsten Orte der Stadt, ideal für ein Candle-Light-Dinner. *Info: Na Gródku 4, Tel. 12.4214865, www.hotelgrodek.com*

Restauranttipps

€€€ Wierzynek (fürstlich). Eines der besten Restaurants ganz Polens. Hier speiste 1364 König Kasimir mit Kaiser Karl IV., fünf Königen und einer ganzen Schar an Prinzen. Empfehlenswert ist z.B. Hirsch mit Piroggen (Teigtaschen) und Wacholder oder Lachs in Weißwein mit Dillsoße. *Info: Rynek Glówny 15, Tel. 12.4249600, wierzynek.pl*

€€ Alef (koscher). Im Alef in Kazimierz gibt es nicht nur Gerichte traditioneller jüdischer Küche, sondern auch Livekonzerte mit jüdischer oder Zigeunermusik. Im Hof sieht man die alten Mauern der Popper-Synagoge aus dem 17. Jh., heute ein auch von Touristen besuchtes Kulturzentrum. *Info: Âwi´tej Agnieszki 5, Tel. 12.4243131, alefhotel.pl/en/restauracja*

€€ Goscinna Chata (traditionell). Traditionelle Zubereitung und natürliche Zutaten: glückliche regionale Küche. *Info: Sławkowska 10, Tel. 12.4237676, goscinnachata.com*

Nightlife

Alchemia. Das meistbesuchte Club-Café von Kazimierz: Livemusik, Filme, Ausstellungen, Aufführungen usw. *Info: ul. Estery 5, Tel. 12.4212200, www.alchemia.com.pl*

Frantic Club. Eine der besten und bekanntesten Diskotheken im Zentrum Krakaus, ein paar Schritte vom Marktplatz entfernt. Die Räumlichkeiten sind nicht sehr groß, aber gut aufgeteilt, es gibt Bereiche für die Bar und Ruhezonen *Info: Szewska 5, Tel. 12.4230483, franticclub.business.site*

Klub U Louisa. Ein gotischer Keller aus dem 14. Jh., umgewandelt zu Jazzclub und Internetcafé mit einem umfangreichen Programm aus Konzerten, Ausstellungen und kulturellen Veranstaltungen. *Info: Rynek Glówny 13, Tel. 012.617022213, louisclub.pl*

Informationen: Polnisches Fremdenverkehrsamt, Hohenzollerndamm 151, 14199 Berlin, www.polen.travel/de zu Krakau: www.krakow.pl

182 – Café Ariel in Kazimierz.

183 – Das Club-Café Alchemia.

Ausflug zum Salzbergwerk in Wieliczka

Manch einer kommt nach Polen, nur um das Salzbergwerk von Wieliczka zu besichtigen (10 km südöstlich von Krakau), wo seit 700 Jahren Salz gewonnen wird und das, ebenso wie die Altstadt von Krakau, zum Weltkulturerbe der UNESCO gehört. Es ist eines der ältesten noch arbeitenden Salzbergwerke der Welt, mit einem Labyrinth aus ca. 300 km Stollen und Tunneln bis in eine Tiefe von 327 m. Auf den drei öffentlich zugänglichen Kilometern gibt es viel Interessantes zu sehen: Schächte, Salzseen, von den Bergleuten in das Salz gehauene Skulpturen und die Kapelle der Hl. Kinga, der Schutzheiligen der Grube, eine unterirdische, in das Salz gehauene Kathedrale, angestrahlt von Kronleuchtern aus Salz und verziert mit Statuen und Reliefs mit biblischen Motiven. Es gibt sogar einen Heilstollen, in dem Patienten mit rheumatischen Beschwerden oder Atemwegserkrankungen Linderung finden können. Info: Das 10 km südöstlich von Krakau gelegene Bergwerk ist mit dem Taxi oder städtischen Bussen zu erreichen, die am Hauptbahnhof abfahren. Ul. Danilowicza 10, Tel. 12.2787302/33/66, www.kopalnia.pl Öffnungszeiten: Apr.-Okt. 7.30-19.30 Uhr, Nov.-März 8-17 Uhr.

Prag – *Tschechische Republik*

Auf der einen Seite das Flair des „alten Prag", mit dem Kafka-Mythos auf den Spuren literarischer Nostalgie. Auf der anderen die Trendlokale, Designboutiquen, symbolträchtigen Luxushotels, die an die Stelle der alten Hotels sowjetischer Prägung getreten sind. In der aus jahrelanger Erstarrung aufgewachten Metropole ist die unaufhaltsame Energie des Neuen greifbar. Vom historischen Prag mit Karlsbrücke und Schloss bis Nové Město (Neustadt) und Holešovice (das Trendviertel) findet sich hier alles, was es zu sehen, zu erkunden, zu unternehmen gibt.

Prag zu besichtigen ist nicht schwer, die Stadtviertel sind nämlich gut auseinanderzuhalten. Los geht es in **Staré Město**, der Altstadt, mit dem **jüdischen Viertel**, der **Astronomischen Aposteluhr im Rathaus**, der gotischen **Teynkirche** und dem **Klementinum**. Das ist das ehemalige Jesuitenkolleg mit der Kapelle aus dem 18. Jh., hier gibt es Konzerte, die barocke Bibliothek und den astronomischen Turm *(Křižovnická 190, Karlova 1, Mariánské nám. 5, Tel. 222.220879, www.klementinum.com, variierende Öffnungszeiten)*. Auf der anderen Seite der **Karlsbrücke** gelangt man zur **Malá Strana** (Prager Kleinseite) mit ihren barocken Gebäuden rings um die **St.-Nikolaus-Kirche** (auch hier finden Konzerte statt, *Malostranské náměstí, Tel. 257.534215, www.psalterium.cz, Öffnungszeiten 9-16 Uhr, März-Okt. 9-17 Uhr*), dem **Kafka Museum** *(Cihelná 2b, Tel. 257.535373, www.kafkamuseum.cz, Öffnungszeiten 10-18 Uhr)*, der besonderen Atmosphäre der **Halbinsel Kampa** zwischen dem Čertovka-Kanal und der Moldau, wo man tagsüber das **Kampa Museum** ein Gebäude aus dem 14. Jh., das zeitgenössische Kunst des östlichen Mitteleuropas zeigt *(Ul. Sovových mlýnů 2, Tel. 257.286144, www.museumkampa.cz, Öffnungszeiten: 10-18 Uhr)*, besuchen und sich dann abends in den zahlreichen Lokalen gut entspannen kann. Es sei denn, man fährt mit der Drahtseilbahn auf den **P-Berg** *(in Betrieb bis 23.20 Uhr)*, wo sich die

184-185 – Luftaufnahme der tschechischen Hauptstadt.

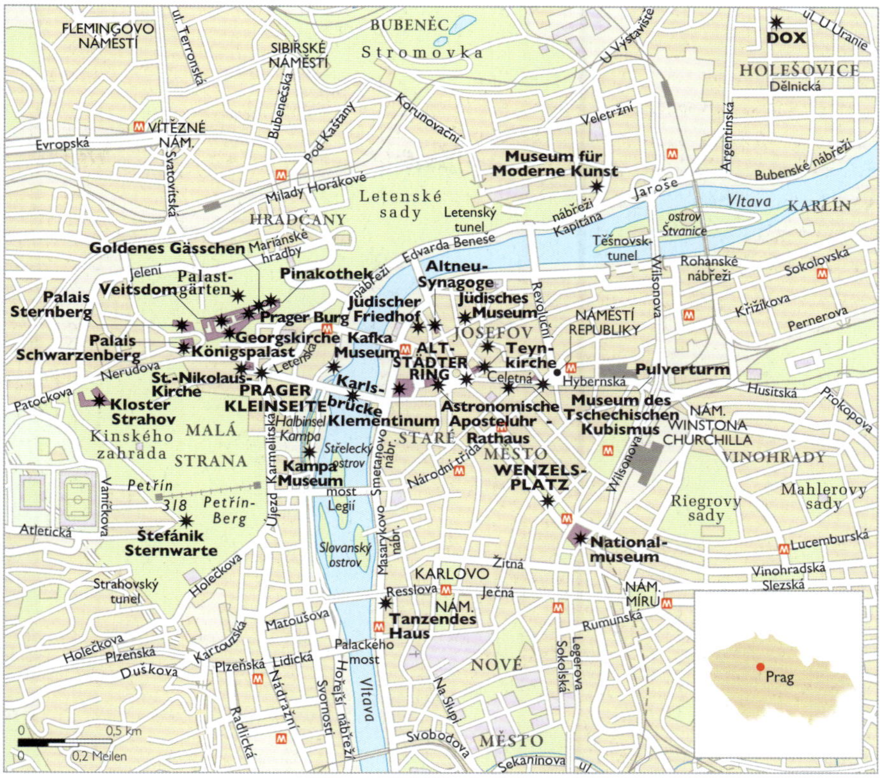

Štefánik Sternwarte befindet *(Petřín 205, Tel. 257.320540, www.planetum.cz, variierende Öffnungszeiten)* und der an den Eiffelturm erinnernde Aussichtsturm *(Petřínské sady, www.prazskeveze.cz, Öffnungszeiten: Nov.-Feb. 10-18 Uhr, März u. Okt. 10-20 Uhr, Apr.-Sept. 10-22 Uhr)*. Über Malá Strana gelangt man auch hoch zur **Prager Burg**, ein riesiges Areal mit Gebäuden, die von 1200 Jahren Geschichte erzählen, hier ist der den drei Heiligen Veit, Wenzel und Adalbert geweihte **Veitsdom**, und das berühmte **Goldene Gässchen** mit seinen kleinen, buntgetünchten Häusern, heute Souvenirläden, aber einst bewohnt von Goldschmieden, Handwerkern und der Familie Kafka (Nr. 22). Bleibt noch **Nové Město**, die Neustadt südlich von Staré Město, die trotz ihres Namens gar nicht so neu ist. Sie wurde 1348 von Karl IV. gegründet, heute findet man hier wundervolle Jugendstilhäuser, historische Plätze wie den **Wenzelsplatz** und geschichtsträchtige Cafés: **Café Louvre** *(www.cafelouvre.cz)*, ein Haus vom Anfang des 20. Jhs. in Národní 22, strahlt noch heute die Atmosphäre der Zeit aus, als Franz Kafka und Albert Einstein hier verkehrten, der von 1911 bis 1912 in Prag lebte. Nur etwas für Freunde von Novitäten: das ehemalige Industrieviertel **Holešovice**, im Norden der Stadt, hier haben sich verschiedene kreative Experimente angesiedelt wie das **Dox** *(Poupětova 1, Tel. 295.568123, www.dox.cz, Öffnungszeiten: Sa.-Mo. 10-18 Uhr, Mi.-Fr. 11-19 Uhr)*, das erste große Zentrum für zeitgenössische Kunst, mit außergewöhnlichen Ausstellungen vor allem tschechischer Künstler und, im Café, Autorenlesungen.

Unterwegs in Prag: *Vom Auto ist abzuraten, Parken im Zentrum ist schwierig. Ratsamer sind die öffentlichen Verkehrsmittel, von der U-Bahn bis zur Drahtseilbahn auf den Petřín-Berg. Eine romantische Alternative bieten die Dampfschiffe auf der Moldau, auf denen man auch essen kann* (www.paroplavba.cz).

Währung: *Die offizielle Währung in Tschechien ist die* ***tschechische Krone***.

Sehenswertes

KARLSBRÜCKE: Dieses einzigartige Baudenkmal ist eine über 500 m lange, gotische Brücke über die Moldau, die die Altstadt und Malá Strana verbindet. Ihr Name geht zurück auf Kaiser Karl IV., der sie 1357 errichten ließ: 16 Brückenbögen, 3 Türme, 30 Statuen – um ihren Zauber wirklich in allen Facetten wahrzunehmen, sollte man sie mehrmals überqueren; mindestens einmal tagsüber und einmal abends, wenn die Souvenirhändler weg sind und die Brücke in ihrem unvergleichlichen Glanz erstrahlt. **PRAGER BURG (HRADSCHIN):** eine Burg, aber auch ein Stadtviertel. Dieser Name bezeichnet den Teil der Stadt zwischen der eigentlichen Burg, den Palästen der Adligen, dem **Goldenen Gässchen** und dem im Jahr 1143 gegründeten **Kloster Strahov** im Barockstil mit bedeutender Bibliothek *(Strahovské nádvoří 1/132, Tel. 233.107718, www.strahovskyklaster.cz, Öffnungszeiten: 9-12 und 13-17 Uhr)*. Zur mittelalterlichen Burg, seit 1140 Residenz der Könige von Böhmen, seit 1918 Amtssitz des Präsidenten der Republik, gehören die **Pinakothek** mit den Sammlungen Rudolfs II., die im 19. Jh. angelegten **Palastgärten**, der **Königspalast** mit dem wundervollen Wladislaw-Saal, die **St.-Georgs-Basilika** und deren **Kloster** mit den Sammlungen böhmischer Kunst des 19. Jhs., und der **Veitsdom**: eine

186-187 – Elegante Gebäude am Altstädter Ring.

Reihe von Gebäudeteilen, die das Mausoleum der Habsburger aus dem 16. Jh. bewahren, das spätgotische Oratorium, die Wenzelskapelle, von der aus man zur Kronkammer mit der Krone Karls IV. gelangt. *Info: www.hrad.cz/en/prague-castle-for-visitors, Öffnungszeiten des Schlosses: 6-22 Uhr; der historischen Gebäude: im Sommer 9-17 Uhr, im Winter 9-16 Uhr.*

ALTSTÄDTER RING (STAROMESTSKÉ NÁMĚSTÍ): In diesem Salon der Stadt befinden sich viele Sehenswürdigkeiten, vom **Jan-Hus-Denkmal** von 1900-15 (entworfen von Ladislav Saloun) bis zum gotischen **Rathaus** mit Renaissance-Elementen. Zu diesem Gebäudekomplex gehört ein wahres Meisterwerk: die **Astronomische Aposteluhr** aus dem 15. Jh. mit bemalten Skulpturen und einem doppelten Zifferblatt, das neben der Zeit auch die Bewegung der Planeten und Sterne anzeigt. Das Rathaus sollte man auch besichtigen wegen seiner mit Mosaiken bedeckten Vorhalle (1937), der unterirdischen Räume, die früher als Gefängnis genutzt wurden, der gotischen Kapelle und des Ratssaals mit Holzverzierungen in spätgotischem Stil *(www.prague.eu, variierende Öffnungszeiten)*. Weitere Meisterwerke am Altstädter Ring sind die berühmte **Teynkirche**, ein wunderbares, dreischiffiges Beispiel tschechischer Gotik, mit Altarbildern von Karel Skréta, dem Grabmal des Astronomen Tycho de Brahe und den beiden, 1469 bzw. 1511 errichteten, 80 m hohen Türmen *(www.tyn.cz, Öffnungszeiten: Di.-Sa. 10-13 und 15-17 Uhr)*. Bedeutend sind außerdem der Prager **Pulverturm** aus dem 15. Jh. und das **Palais Goltz-Kinský** von 1755-65, eines der interessantesten Rokokogebäude der Stadt. Es gehört zur Nationalgalerie und seit 2011 ist hier eine ständige Ausstellung über antike Kunst zu sehen *(www.ngprague.cz, Tel. 224.301122, variierende Öffnungszeiten)*.

JÜDISCHES VIERTEL: In der **Josefstadt**, einst eine der bevölkerungsreichsten Judenstädte

Tagesausflüge

Ein schönes Ziel ist ***Kutnà Hora****, die zum UNESCO-Weltkulturerbe gehörende Stadt zieht nach der Hauptstadt die meisten Besucher an. Nicht versäumen sollte man hier den* ***Palackého Náměstí****, den großen, von alten historischen Häusern umgebenen Platz, das* ***„Steinerne Haus"*** *aus dem Jahr 1490, eines der wichtigsten gotischen Wohnhäuser* (Václavské nám. 183, www.cms-kh.cz, variierende Öffnungszeiten), *den spätgotischen* ***Steinernen Brunnen*** *in Rejskovo Náměstí, den* ***Vlašský Dvůr*** *(Welscher Hof), ein Gebäudekomplex, dessen Anfänge im 13. Jh. liegen. Er war Sitz der Münzstätte des böhmischen Königreichs und beherbergt heute die Galerie des Malers* ***Felixe Jenewein*** (www.gfj.kh.cz, Öffnungszeiten: 9-12 und 12.30-17 Uhr). *Ebenfalls nicht versäumen darf man die Kathedrale* ***St. Barbara****, eine der imposantesten gotischen Kirchen ganz Europas mit fünf großen Schiffen* (Jakubská ulice, www.chramsvatebarbory.cz, variierende Öffnungszeiten). Info: Kutnà Hora liegt knapp 80 km östlich von Prag. Man ist mit dem Auto über die D11-E67 nach etwa einer Stunde und 20 Minuten dort. *Eine weiteres Ausflugsziel könnten die Burgen von* ***Karlstejn*** *und Krivoklàt darstellen: die erste liegt 40 km südwestlich von Prag* (Straßen D5-E50, Fahrzeit 50 Min.), *Kaiser Karl IV. ließ sie ab 1348 zur Aufbewahrung des Kronschatzes bauen, im Hauptgebäude ist ein Freskenzyklus von Meister Theodorik* (www.hradkarlstejn.cz, variierende Öffnungszeiten). *Burg* ***Krivoklàt****, 55 km westlich von Prag* (Straßen D5-E50, Fahrzeit ca. eine Stunde), *eine der ältesten Burgen in ganz Böhmen (Baubeginn im 13. Jh.), lohnt wegen der gut erhaltenen Innenausstattung, dem als Gefängnis genutzten Turm und der Bibliothek der Familie Fürstenberg* (www.hrad-krivoklat.cz, variierende Öffnungszeiten).

187 – Ausschnitt der Astronomischen Aposteluhr am Altstädter Ring.

Europas, sind nur noch einige Synagogen, das Rathaus und der alte Friedhof erhalten. Die Häuser erzielen astronomische Preise und die Hauptschlagader **(Pařižská)** hat sich zur Einkaufsmeile internationaler Marken entwickelt. Unbedingt sehenswert ist die **Altneusynagoge** (Staronová), das älteste Gebäude, erbaut zwischen 1270 und 1275 in romanisch-gotischem Stil *(Červená 2, www.prague.eu, Öffnungszeiten: im Sommer 9-18 Uhr, im Winter 9-17 Uhr, geschl. Sa. und an hebräischen Feiertagen)*, sowie in der Nähe das **Jüdische Rathaus** vom Ende des 16. Jhs., das allerdings nicht öffentlich zugänglich ist *(Maiselova 18)*. Die Geschichte der Judenstadt wird erzählt im **Jüdischen Museum** in U Staré školy 1 *(Tel. 222.749211, www.jewishmuseum.cz, Öffnungszeiten: Nov.-März 9-16.30 Uhr, Apr.-Okt. 9-18 Uhr)*: Hier findet man eine der weltweit größten Sammlungen jüdischer Kunst; das Museum erstreckt sich über verschiedene Synagogen und den Alten Jüdischen Friedhof aus der ersten Hälfte des 15. Jhs. Dieser hat 12.000 Grabstellen, das älteste Grab ist auf 1439 datiert.

WENZELSPLATZ: An dem einstigen Pferdemarkt stehen Jugendstilbauten mit Läden und Geschäftspassagen. Im Zentrum steht das **Wenzelsdenkmal** vom Ende des 19. Jhs.; um den Platz herum sieht man die Jugendstilfassaden des **Grand Hotel Europa** und des **Palais Koruna** sowie des **Nationalmuseums** im Stil der Neurenaissance, das außer an diesem Ort auch in anderen Gebäuden der Stadt über Dauerausstellungen verfügt *(Tel. 224.497111, www.nm.cz, Öffnungszeiten: 10-18 Uhr)*.

TANZENDES HAUS: Ein von den Architekten Frank Gehry und Vlado Milunic entworfenes, ausgefallenes Gebäude aus Glas und Stahl an der Rašínovo nábřeží 80; wegen seiner an zwei Tänzer erinnernden Form wird es oft auch Fred und Ginger genannt (von Fred Astaire und Ginger Rogers). Der **Goldene Engel** ist ein modernes, geschwun-

REGNI BOHEMIAE

genes Eckgebäude, auf seiner Glasverkleidung sind Verse zu lesen.
NATIONALGALERIE: Die Nationalgalerie ist über mehrere Gebäude verteilt. Die interessantesten sind **Palais Sternberg** mit Sammlungen europäischer Kunst von der Antike bis zum Barock *(Hradčanské náměstí 15)*; **Palais Schwarzenberg** mit einer Dauerausstellung zum Barock in Böhmen *(Hradčanské nám. 2)*; das **Museum für Moderne Kunst** *(Dukelských hrdinů ů 47)*, das des **tschechischen Kubismus** *(Ovocný trh 19)* und das bereits erwähnte **St.-Georgs-Kloster** in der Prager Burg *(Jiřské náměstí 33). Info: www.ngprague.cz, Öffnungszeiten: 10-18 Uhr, Do. bis 20 Uhr, Mo. geschl.*

Übernachten

€€€€€ The Augustine (historisch).
Ein ehemaliges Kloster, das 2009 zu einem Luxushotel umgebaut wurde: 101 Zimmer (darunter 16 Suiten), ein überwältigender Blick über die Dächer von Prag, im Spa kann man eine Ganzkörperanwendung in weißer Schokolade genießen. *Info: Letenská 12/33, Tel. 266.112233, www.marriott.com*
€€€€€ Buddha-Bar Hotel Prague (orientalisch). Originell und pompös, aber die Idee ist gut: Es ist das erste Hotel der Buddha-Bar-Kette im Herzen der Altstadt mit 36 Zimmern und 3 Suiten.
Info: Jakubská 649/8, Tel. 221.776300, www.buddhabarhotelprague.com
€€€ Hotel Antik (romantisch).
30 romantische Designzimmer in einem historischen Gebäude im Herzen der Stadt.
Info: Dlouhá 22, Tel. 222.322288, www.hotelantik.cz

Restauranttipps

€€€ Francouzska (im Museum). In einem Flügel des historischen Rathauses isst man zwischen Jugendstil und Holzvertäfelung französisch inspirierte Gerichte oder das tschechische Gourmetmenu.
Info: Náměstí republiky 5, Tel. 222.002770, www.francouzskarestaurace.cz
€€€ CottoCrudo (italienisch vom Feinsten). Ein italienisches Restaurant der Oberklasse im luxuriösen Four Seasons Hotel, das neben traditionellen Gerichten auch eine Live Crudo Bar umfasst, die frischen Fisch vor den Augen der Gäste zubereitet.
Info: Veleslavínova 2a, Tel. 221.426880, www.fourseasons.com
€€ Aquarius (international). Restaurant, einladend und elegant, reichhaltiges Angebot französischer, italienischer und mediterraner Gerichte, das auch mit tschechischem Menü überrascht. Herrliche Aussicht auf Hof und Brunnen. *Info: Tržiště 19, Tel. 257.286019, www.aquarius-prague.com*

Nightlife

Mecca Club. Der angesagteste Club für Techno-Fans. Der Club in einem ehemaligen Fabrikgebäude wird von Models und modebewussten jungen Leuten besucht.
Info: U Průhonu 799/3, Tel. 734.155300, www.mecca.cz
Reduta Jazz Club. Was Jazz betrifft, so steht Prag den anderen Metropolen in nichts nach. In diesem Club sind die besten Musiker der internationalen Szene aufgetreten. *Info: Národní třída 20, Tel. 224.933487, www.redutajazzclub.cz*
U Fleků. Bier ist das Nationalgetränk, unverzichtbar ist ein Besuch in einem städtischen Brauhaus wie dem U Fleků. Hier kommen auch sehr viele Touristen her, aber die Geschichte (seit 500 Jahren wird hier Bier gebraut) und die Speisekarte des Lokals lohnen allemal. *Info: Křemencova 11, Tel. 224.934019/020, www.ufleku.cz*
Bier Spa Pivní lázně Zoto. Ein Getränk, aber nicht nur: Aus den Zutaten von Bier – Wasser, Malz und Hopfen – hat man hier entspannende Anwendungen entwickelt; ein Bad in einem Holzzuber etwa, in dem diese für die Haut wohltuende Mischung auf 36° erhitzt wird, während man gleichzeitig ein kühles Blondes genießt. *Info: Fügnerovo nám. 1, Karoliny Světlé 20, Štěpánská 33, Týn 10 (nádvorˇ í Ungelt), Masná 5, Tel. 777.001818, www.pivnilaznebernard.cz*

Weitere Informationen: www.czechtourism.com und www.prague.eu

Shopping

Shopping in Prag heißt vor allem zweierlei: Böhmisches Glas und Kreationen der jungen Designer. Ersteres kauft man in historischen Geschäften wie ***Moser*** *in* Kpt. Jaroše 46/19, *wo man auch das Glasmuseum besichtigen kann* (Tel. 353.416242, www.moser-glass.com), *oder bei* ***Arzenal*** (Tel. 296.373111, Strakonická 2860/4, erpet.cz), *einer Institution mit über zwanzigjähriger Tradition im Zentrum Prags, die eine bedeutende Stellung unter den Glasereien einnimmt und sich an Einheimische und Besucher richtet. Am besten besucht man die Lounge in Valentinská 11, um von dort aus die Trendadressen in der ehemaligen Judenstadt aufzusuchen. Wie z.B.* ***Navarila Design*** *(Haštalská 8/939, Tel. 222.311748,* www.navarila.cz*), eine der angesehensten Designerinnen für Damenmode, oder* ***Material*** (Tyn 1, Tel. 608.664766, www.i-material.com), *wo Böhmisches Glas in faszinierenden zeitgenössischen Formen angeboten wird.*

188 – Das Reiterdenkmal auf dem Wenzelsplatz.

189 – Die Cafeteria im Museum des tschechischen Kubismus.

Budapest – *Ungarn*

Der Charme von Budapest, der großen Hauptstadt, die auch „Perle der Donau" oder „Paris des Ostens" genannt wird, liegt begründet in seiner schwierigen Geschichte: die Spaltung zwischen Ost und West, die Erinnerung an das große Habsburger Reich, die Hinterlassenschaft der kommunistischen Unterdrückung und die Widersprüche des modernen Ungarns. Doch sein Zauber ist älter. Er reicht zurück in die Zeit, als Buda und Pest, Hügel und Ebene noch nicht eins waren, als die breite, erhabene Donau, mit einer Reihe romantischer Brücken, die die beiden Orte wie ein unlösbares Band verbinden, sie noch trennte. Wie die berühmte 1839-49 erbaute **Kettenbrücke**, mit zwei Löwenstatuen an den Brückenköpfen und die **Margaretenbrücke** von 1872, die aus zwei Teilen besteht, die sich in der Mitte, auf der **Margareteninsel**, dem früheren königlichen Jagdgebiet und heute schönsten Stadtpark, dem Ziel von Sportlern, Spaziergängern und Thermenliebhabern treffen. **Buda** ist die antike Hügelstadt mit dem **mittelalterlichen Viertel** des **Burgpalastes** und der **Matthias-Kirche**. Nördlich, im Bezirk **Óbuda**, verbirgt sich die alte und besterhaltene romanische Stadt Ungarns, **Aquincum** mit **Park** und dem **Museum**, das vom religiösen, militärischen und künstlerischen Leben erzählt, als es unter Trajan Hauptstadt Unterpannoniens war *(Szentendrei út 139, Tel. 1.4301081, www.aquincum.hu, Öffnungszeiten: Apr.-Okt. 10-18 Uhr, Nov.-März 10-16 Uhr, Mo. geschl., Park bei Regen geschl.)*. Am Fuße von Buda, jenseits des Flusses, liegt das moderne **Pest** mit Geschäften, Hotels, Restaurants und Nachtlokalen. Hier stehen das **Parlament** und die **St.-Stephans-Basilika**, benannt nach dem ersten ungarischen König. Geschichtskapitel, die man lieber vergessen möchte, bewahrt das **Haus des Terrors**, die Folterstätte der früheren Geheimpolizei. Und im **Memento Park**, einer Art „Open-Air-Abstellkammer", findet man Skulpturen aus kommunistischer Zeit, die nach dem Sturz des Regimes verschwanden, wie Béla Kun, Lenin, Marx, Engels *(Ba-*

190-191 – Nachtansicht des Burgviertels mit erleuchtetem Burgpalast.

latoni utca & Szabadkai utca, Tel. 1.4247500, www.mementopark.hu, Öffnungszeiten: 10 Uhr bis Sonnenuntergang). Budapester Attraktionen sind die **Donaufahrten** und die zahlreichen **Thermalquellen der Stadt**. Glanzstücke von Stil und Eleganz sind die alten **Konditoreien**, wo ständig Unmengen traditioneller ungarischer Gebäckvariationen frisch aus dem Ofen kommen, wie die Esterházy- und Dobostorte. Probieren Sie diese Leckereien in der Konditorei **Gerbeaud** auf dem zentralen **Vörösmarty** – im Dezember Veranstaltungsort des traditionellen Weihnachtsmarkts – auch bekannt für ihre große Auswahl gefüllter Pralinen *(www.gerbeaud.hu)*.

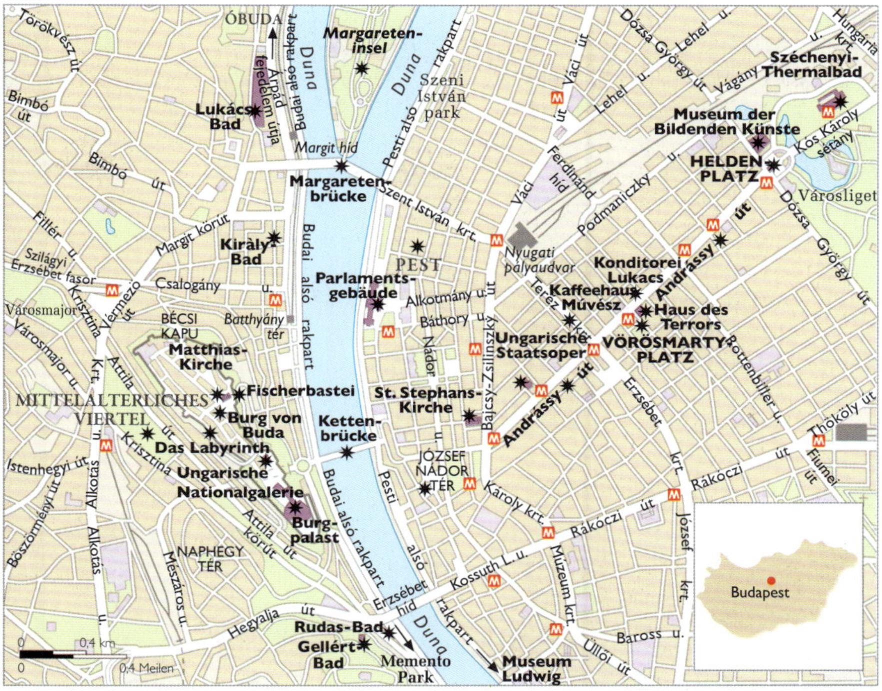

__Unterwegs in Budapest:__ Das Zentrum von Budapest erschließt man angenehm zu Fuß, vor allem, da es viele Fußgängerzonen gibt. BuBi, das in den öffentlichen Nahverkehr integrierte Bike-Sharing, kann für kurze Entfernungen zusammen mit den traditionellen Verkehrsmitteln Bus, Straßenbahn, Trolleybus und U-Bahn genutzt werden. Das Burgviertel erreicht man auch mit der Standseilbahn (siklo), die 1870 gebaut und 1986 wieder in Betrieb genommen wurde.

__Währung:__ Die offizielle Währung in Ungarn ist der __Ungarische Forint__.

Sehenswertes

DER BURGHÜGEL: Burgviertel und Burgpalast (Várhegy e Király Palota)

Wegen der vielen Museen und Gebäude aus Mittelalter und Barock ist der Festungshügel oder das Burgviertel auf dem 1,5 km langen und höchstens 500 m breiten Hochplateau aus Kalkstein in Buda oberhalb der Donau idealer Ausgangspunkt für den Stadtbesuch. Seine wechselvolle Geschichte, die eng mit der Stadtgeschichte verknüpft ist, setzte ein, als nach der Zerstörung der ersten Siedlungen durch die Mongolen auf Geheiß von Béla IV. 1241-42 mit dem Burgbau auf dem Hügel begonnen wurde. Matthias Corvinus holte sich im 15 Jh. italienische Künstler an den Hof und machte ihn so zu einem Hort der humanistischen Renaissance. Erstmals im 17. Jh. von den Türken und dann im Zweiten Weltkrieg von den Deutschen zerstört, zeigt sich der Burghügel heute mit restaurierten Gebäuden. Darunter, am Südhang des Hügels, der **Burgpalast**, dessen klassizistische Bauten, von der orientalisch anmutenden Kuppel überragt, verschiedene Museen und Institute beherbergen. Und die **Ungarische Nationalgalerie (Magyar Nemzeti Galéria)**, deren Meisterwerke lokaler Kunst vom 11. Jh. bis heute die Heldenbilder des Romantikmalers Gyula Benczúr und die bewegenden Kriegsszenen von László Rippl-Rónai umfassen *(Tel. 20.4397331, www.mng.hu, Öffnungszeiten: Di.-So. 10-18 Uhr, Mo. geschl.)*. Unter dem Burgviertel gibt es ein ca. 16 Meter tiefes Höhlensystem, das dank seiner Struktur und Beschaffenheit ein besonderes Erleben der ungarischen Geschichte – vom Paläolithikum bis zur Neueren Geschichte – ermöglicht. Es heißt auch **„Das Labyrinth"** und wird gern von Verliebten besucht, die bei Sonnenuntergang durch zwei verschiedene Eingänge hineingehen, einem vorgegebenen Weg folgen und sich nach 20 Minuten an einem besonderen, außerordentlich romantischen Punkt treffen *(Informationen und Voranmeldung unter: www.labirintus.com)*. Ein weiteres Kuriosum des Viertels ist die hier ansässige älteste Konditorei der Hauptstadt **Ruszwurm**, 1827 gegründet, die Königin Sisi während ihres Aufenthalts in Budapest besucht hat *(Szentháromság u. 7, Tel. 1.3755284, www.ruszwurm.hu)*.

DIE MATTHIAS-KIRCHE UND DIE FISCHERBASTEI: In der Mitte des Festungsareals öffnet sich der **Dreifaltigkeitsplatz (Szentháromság tér)** mit dem alten **Rathaus** und der barocken **Dreifaltigkeitssäule**, 1713 nach dem Versiegen der Pest errichtet. Auf dem Platz steht auch die Matthias-Kirche *(Mátyás-templom, Tel. 1.4890716, www.matyas-templom.hu, Öffnungszeiten: Mo.-Fr. 9-17 Uhr, Sa. 9-12 Uhr, So. 13-17 Uhr)*, deren Besuch einer Reise durch die Jahrhunderte gleicht: von der Zeit ihres Baus im 13. Jh. in romanischem Stil, ins 15. Jh., als sie zur gotischen Hallenkirche mit Glockenturm wurde (1470), ins Jahr 1541, als sie unter ottomanischer Besatzung zur Moschee geweiht und schließlich ins Jahr 1896, als sie vom Architekten Frigyes Schulek neogotisch umgebaut wurde. Am Südportal kann man die herrlichen Flachrelief-Skulpturen der Marientod-Darstellung bewundern, im Innenraum hingegen lichtdurchflutete neogotische Fenster und ornamentale Fresken derselben Zeit von den Romantikmalern Károly Lotz und Bertalan Székely. Zum Gedenken an die 1867 von Franz Liszt nach der Krönung des ungarischen Königspaares Franz Joseph I. und Elisabeth komponierte Messe finden heute in der Kirche viele Musikveranstaltungen statt. Hinter der Kirche erhebt sich die **Fischerbastei** in neoromanischem Stil mit Treppchen, Türmchen und Wegen, ein im frühen 20. Jh. von Frigyes Schulek als Besucheraussichtsterrasse mit Blick auf Donau und Pest geschaffener Bau *(Halászbástya, www.budavar.hu/halaszbastya-belepodijai, variierende Öffnungszeiten)*. Sie ist nach der Zunft der Fischer benannt, die die Aufgabe hatten, diesen Festungsabschnitt zu verteidigen.

PARLAMENT (ORSZÁGHÁZ): Um diese Unmengen an Wandteppichen, Gemälden und Wandmalereien herzustellen, die die Innenräume dieses Prunkgebäudes, selbst ein Stadtsymbol, schmücken, verpflichtete man Anfang des 20. Jhs. die berühmtesten ungarischen Künstler wie Milhály Munkácsy, Károly und Gyula Rudnay. Ebenso grandios ist das neogotische Äußere des Gebäudes am Donauufer mit 233 Statuen, Fialen, Fenstern, gekrönt von einer grandiosen Kuppel. Seit 2000 wird hier ein Teil des **Schatzes** des ersten christlichen ungarischen Königs, des Heiligen Stephan I. ausgestellt, darunter Krone, Reichsapfel und persisches Zepter aus dem 10. Jh. mit Kristallknauf in Löwenform.
Info: 1-3, Kossuth tér, www.parlament.hu/, Öffnungszeiten: Mo.-Fr. 8-18 Uhr, Sa 8-16 Uhr, So. 8-14 Uhr.

ST.-STEPHANS-KIRCHE (SZENT ISTVÁN BAZILIKA): Ein weiteres Heiligtum Budapests ist die St. Stephans-Kirche (Szent István Bazilika), die größte Kirche der Stadt, zwischen 1851 und 1905 mit Mosaiken, Gemälden und 15 verschiedenen Marmorarten errichtet. Die wichtigste Reliquie des heiligen Herrschers und Kirchengründers ist seine rechte Hand, die sogenannte „heilige Rechte", die in der gleichnamigen Kapelle aufbewahrt wird und am 20. August die Prozession zum ältesten und beliebtesten ungarischen Fest begleitet. Es lohnt sich, mit dem Fahrstuhl hochzufahren und die 146 Stufen bis zur Kuppel zu gehen: Aus 65 m Höhe bietet sich eines der schönsten Stadtpanoramen.
Info: V. Szent Istávn tér 33, Tel. 1.3382151, bazilika.biz, variierende Öffnungszeiten.

HAUS DES TERRORS (TERROR HÁZA): Am Eingang das Gebäudes, früher Hauptsitz erst der faschistischen, dann der kommunistischen Geheimpolizei, wo Dissidenten verhört und gefoltert wurden, liest man: „Wir können die Gräuel des Terrors nicht vergessen. Doch die Opfer werden wir ewig in Erinnerung behalten!" In diesem Geiste wurde 2002 das Museum „Haus des Terrors" begründet, das mit ständigen und wechselnden Ausstellungen, Workshops und Präsentationen die Absurdität totalitärer Regime aufzeigt. Der im Hof aufgestellte Panzer und die mit Fotos von Opfern übersäten Wände sagen mehr als tausend Worte. *Info: 60, Andrássy utca, Tel. 1.3742600, www.terrorhaza.hu, Öffnungszeiten: Di.-So. 10-18 Uhr.*

HELDENPLATZ (HÖSÖK TERE): Der spektakuläre Heldenplatz mit den im Viertelkreis angeordneten Kolonnaden und der schlanken Säule, auf der sich Erzengel Gabriel mit der Stephanskrone in der Hand erhebt – das **Milleniums-**

denkmal, 1896 zum Gedenken an die von den Magyaren begründete Nation errichtet – symbolisiert pathetisch das Nationalgefühl. In der Mitte ein schlichter Monolith aus Stein mit dem Grab des Unbekannten Soldaten, mit dem der Nationalhelden gedacht wird. Durch die eleganten klassizistischen Gebäude, die das Museum der Bildenden Künste und die **Kunsthalle** von 1895 beherbergen, wirkt der Platz noch würdevoller.

MUSEUM DER BILDENDEN KÜNSTE (SZÉPMÜVÉSZETI MÚZEUM): Untergebracht in einem Gebäude, das wie ein griechischer Tempel aussieht, bietet das Museum eine der kostbarsten Sammlungen figurativer europäischer Kunst mit Werken von der griechisch-römischen Antike bis ins 20. Jh. Im ersten Stock kann man u. a. Arbeiten von Giorgione *(Bildnis eines jungen Mannes)*, Tizian *(Marcantonio Trevisan und Pietro Bembo)*, Leonardo da Vinci *(Der Budapester Reiter)* und die herrliche *Esterhàzy-Madonna* von Raffael anschauen. Bedeutend ist auch die flämisch-niederländische und spanische Sammlung mit dem Triptychon *Kreuzigung Christi* von Memling, Rembrandts Darstellung von Josephs Traum und sein *Geschlachteter Ochse*. Außerdem findet man El Grecos *Christus wird seiner Kleider beraubt* und *Verkündigung* sowie Goyas *Wasserträgerin* und moderne französische Künstler, wie Rodin, Gaugin, Manet und Cézanne. *Info: Dözsa György út 41, Tel. 1.4697100, www.szepmuveszeti.hu, Öffnungszeiten: Di.-So. 10-18 Uhr.*

ANDRÁSSY ÚT: Kein Tourist verzichtet auf einen Bummel entlang der Andràssy -Straße. Der zweieinhalb Kilometer lange, prachtvolle, nach der Volksrepublik benannte Boulevard (UNESCO-Weltkulturerbe) reicht vom Pester Zentrum über den Heldenplatz bis ins Stadtwäldchen **(Városliget)**, dem Freizeittreff mit einem kleinen See, Zoo und Thermalbad im Belle-Époque-Stil. Unter den Gebäuden, die in vorbildhafter Neorenaissance-Architektur 1872-1876 nach Plänen von Miklós Ybl erbaut wurden und heute unter Denkmalschutz stehen, sticht die Nr. 22, die **Ungarische Staatsoper (Magyar Állami Operaház)** mit ihrer prachtvollen mit Statuen geschmückten Säulengangfassade und dem vornehmen, mehrrangigen Zuschauerraum hervor *(Tel. 1.3328197, Führungen auf Englisch 14-15-16 Uhr, www.operavisit.hu)*. Man kann sie in ihrer vollen Pracht von der Terrasse des **Caffè Múvész** *(Andrássy út 29, Tel. 1.3433544, muveszkavehaz.hu)* bestaunen, das Ende des 19. Jhs. mit einem herrlichen Teeraum voller Spiegel, Statuen und Gemälden eröffnet wurde. Der ideale Ort, um den Gaumen, bei klassischer Hintergrundmusik mit Käse-, Apfel-, Vanille-, Nusstorte, Tiramisù oder den wunderbaren Strudeln zu verwöhnen.

192 – DER GROSSZÜGIGE, SPEKTAKULÄRE HELDENPLATZ.

192-193 – DAS PARLAMENTSGEBÄUDE.

Die Thermalbäder

Eine „Brunnenkur" in den Thermalbädern ist einer der schönsten Zeitvertreibe in Budapest. Aus den 123 Thermalquellen der Stadt sprudeln täglich 30.000 m³ Mineralwasser, von warm bis kochend. Die eleganteste Einrichtung der Stadt ist zweifelsohne das ***Gellért-Bad*** *in einem Jugendstilgebäude an der Donau, das sich seinen ursprünglichen Glanz bewahrt hat. Die mit acht Thermalbecken bei einer Temperatur zwischen 26°C und 38°C, einem Außenschwimmbecken inmitten eines Parks und einem Hallenbad ausgestattete Einrichtung gleicht ihrer Größe wegen einer Kathedrale* (XI. Kelenhegyi út 4-6, gellertspa.com, Männer und Frauen in separaten Bereichen). *Bemerkenswert wegen seiner riesigen Dimensionen (12 Thermalbäder und 5 Schwimmbecken) ist das* ***Széchenyi-Bad*** *in neoklassizistischem Stil am Nordende des Stadtwäldchens mit Statuen und Glasmosaiken der bekanntesten ungarischen Künstler* (Állatkerti krt. 11, szechenyispabaths.com, Männer und Frauen gemischt). *Orientalische Atmosphäre herrscht im* ***Kiràly-Bad*** *mit authentischen türkischen Bädern von 1570 und achteckigem Becken unter der Lichtbündel durchlassenden Kuppel* (FŒ utca 84, Tel. 1.2023688, en.kiralyfurdo.hu, Männer und Frauen tageweise abwechselnd, außer sonntags). *Im selben Stil ist das* ***Rudas-Bad****, das 1566 unter türkischer Besatzung erbaut wurde* (I Döbrentei tér 9, Tel. 1.3561322, en.rudasfurdo.hu, Fr., Sa. und So. am Abend gemischtgeschlechtlich, Fr. und Sa. nachts geöffnet, von 22-4 Uhr). *Schon im Mittelalter war das* ***Lukács-Bad*** *für seine therapeutische Wirkung bekannt. Davon zeugen, als Zeichen des Danks der hier geheilten Kranken die Marmortafeln an den Außenmauern. Im letzten Jahrhundert wieder aufgebaut, garantiert das neue Bad Entspannung und Fitness in den Außenbecken, dem Becken mit sieben Wassermassagearten oder im Natursee mit heißem Wasser und Fango* (Frankel Leo ut 25, Tel. 1.3261695, en.lukacsfurdo.hu, Männer und Frauen gemischt).

MUSEUM LUDWIG (FÜR MODERNE KUNST): Im Kunst-Avantgarde-Museum kann man die Privatkollektion von Peter und Irene Ludwig bewundern: moderne Werke ungarischer, tschechischer, slowakischer, polnischer, amerikanischer und französischer Künstler, Picasso und Warhol inbegriffen. Es befindet sich im Millennium Kulturzentrum, einem Komplex aus Ausstellungsräumen, das auch den **Palast der Künste** (MÜPA) mit seinem weltberühmten Konzertsaal und das **Nationaltheater** (Nemzeti Színház) umfasst. *Info: Komor Marcell utca 1, Tel. 1.5553444, www.ludwigmuseum.hu, Öffnungszeiten der Ausstellung Di.-So. 10-20 Uhr, Dauerausstellung 10-18 Uhr, Mo. geschl.*

Übernachten

€€€€ Continental Hotel (Design). Ein Design-Thermalhotel im jüdischen Viertel Budapests mit einem architektonischen Juwel: das Jugendstil-Gebäude des ehemaligen Thermalbads Hungaria aus dem frühen 20. Jh. *Info: Dohány utca 42-44, Tel. 1.8151000, continentalhotelbudapest.com*

€€€€ Buda Castle Hotel (elegant). Neu eröffnetes Fashion-Hotel auf dem Burghügel. In einem Gebäude aus dem 15. Jh. untergebracht, dominieren sachliche Braun- und Beigetöne.
Die Zimmer liegen entweder zur gepflasterten Straße oder auf den schönen Innenhof hinaus.
Info: Úri utca 39, Tel. 1.2247900, www.mellowmoodhotels.com

€€€ Art'otel Budapest (zentral). In bester Lage, in der Nähe der Kettenbrücke und gegenüber dem Parlamentsgebäude, sind die Räume mit den lebendigen Bildern des Malers Donald Sultan gestaltet. Mit Fitnessraum und großzügigen Suiten.
Info: 1011 Bem Rakpart 16-19, Tel. 1.4879487, artotelbudapest.com

Restauranttipps

€€€ Gundel (historisch). In einem historischen Gebäude aus dem frühen 20. Jh. nahe dem Pester Stadtwäldchen Városliget haben hier Berühmtheiten wie Königin Elisabeth II. und Johannes Paul II. gespeist. Bietet ein raffiniertes, ungarisches Menü, begleitet von lokalen Weinen, wie Eger oder Tokajer aus eigener Herstellung. Die Dessertkarte enthält ungarische Palatschinken, flambierte, gefüllte Pfannkuchen mit Schokoladensoße. *Info: 2, Állatkerti út, Tel. 1.8898111, www.gundel.hu*

€€ Spoon Café und Lounge (mit Aussicht). Ein Lounge-Restaurantschiff auf dem Wasser mit Blick von der Kettenbrücke bis zum Burgpalast. Vor allem von Einheimischen frequentiert. Elegantes Ambiente, ungarische und internationale Küche und Livemusik.
Info: gegenüber dem Hotel Intercontinental H, Tel. 1.4110933, www.spoon.restaurant

€€ Hungarikum Bisztró (traditionell). Ein kleines Lokal mit reizvoller Atmosphäre, das traditionelle ungarische Gerichte und unverfälschte Küche bietet. Reservierung obligatorisch.
Info: Steindl Imre u. 13. Tel. 30.6616244, www.hungarikumbisztro.hu

Nightlife

Szimpla Kert. Weitläufiger Pub mit vielen Räumen und zahlreichen Einrichtungsobjekten. Ein ganz besonderes Erlebnis mit Musik, Speisen, Markt und Garten.
Info: Kazinczy u. 14, Tel. 20.2618669, szimpla.hu

Oscar American Bar. Ein Lokal mit Filmatmosphäre, Leinwand, alten Filmplakaten an den Wänden und Regiestühlen aus dunklem Leder. Sehr gute Cocktails und jeden Abend Musik.
Info: Ostrom utca 14, Tel. 70.7000222, oscarbarbudapest.hu

Morrison's 2. Nachtlokal mit Bar, vier Tanzflächen mit Technomusik und Karaoke sowie einem ganzjährig beheizten Garten.
Info: Szent István krt. 11, Tel. 1.3743329, morrisons2.hu

Weitere Informationen:
Tourinform Deák tér/Sütő utca 2,
Tel. 01.4388080
www.budapestinfo.hu/de

194 – Das Széchenyi-Bad im Stadtwäldchen.

195 oben – Ein bunter Stand mit Gewürzen und typischen Produkten.

195 unten – Die grosse Markthalle von Budapest.

Shopping

Zu den elegantesten und kostbarsten, traditionell in Ungarn hergestellten Artikeln gehört Porzellan, wie z. B. die Erzeugnisse des Hauses ***Herend****, dessen Gold- und Blumenmotive von englischen und österreichischen Herrschern überaus geschätzt wurden* (József nádor tér 11, www.herend.com). *Eine ebenso angesehene Manufaktur ist die 1853 gegründete* ***Zsolnay****, deren Serien vom Jugendstil bis in die Gegenwart reichen (auch Porzellan-Museum,* Rákóczi út 4-6, Tel. 20.4183110, www.zsolnay.hu). *Für die neuste Mode international bekannter ungarischer Designer ist* ***Katti Zoób*** *der richtige Laden. Die wunderschöne Damenkleidung wird aus italienischen Stoffen gefertigt* (Szent István Körút 17, www.kattizoob.hu). *Stilvolles Einkaufen umfasst in jedem Fall auch ungarische Weine, den samtigen „Erlauer Stierblut", die robusten regionalen Weine von Villàny-Siklòs, die Balaton-Weine und den berühmten „Tokaji aszù" oder „Szamorodni", ein wunderbarer Dessertwein. Man bekommt sie bei* ***Taste Hungary*** (Bródy Sándor utca 9, tastehungary.com), *einer vielseitigen Institution, die auch Weinproben anbietet. Wer Antiquitäten, aber auch Modernes liebt, sollte die* ***Flohmärkte Ecseri*** *im Randbezirk XIX besuchen* (Nagykörösi út 156, Öffnungszeiten: Mo.-Fr. 8-16 Uhr, Sa. 8-15 Uhr, So. 8-13 Uhr). *Man kann gute Käufe machen und findet auch Andenken an die Zeit des Kommunismus, wie Medaillen und russische Puppen.*

Wien – Österreich

Theater, Kunstgalerien, Null-Energie-Hotels, ein breitgestreutes Experimentierfeld für Kreative … Aber Wien, eine der lebenswertesten Städte der Welt, hat auch 850 Parks und 1100 km Fahrradwege (51% des Stadtgebiets bestehen aus Grünflächen), 35% der knapp 2 Mio. Einwohner nutzen öffentliche Verkehrsmittel zur Fortbewegung, ein Rekord, den noch keine andere europäische Hauptstadt erreicht hat. Tatsächlich kann man hier die wichtigsten Bauwerke bequem mit der Vienna Ring Tram erkunden: Ausgestattet mit mehrsprachigen Kopfhörern und Bildschirmen fährt die Bahn die Ringstraße entlang an den wichtigsten Sehenswürdigkeiten vorüber. Und währenddessen wird die Geschichte Wiens erzählt (www.wienerlinien.at).

Die meistbesuchte Sehenswürdigkeit ist **Schloss Schönbrunn** mit durchschnittlich 4 Mio. Besuchern im Jahr. Danach folgen die **Hofburg** (1,5 Mio. Besucher) und das **MuseumsQuartier**, mit fast 1 Mio. verkaufter Tickets. Wer das kreative Wien sucht, das Wahrzeichen der neuen Design- und Modeentwicklungen, besucht den **7. Bezirk** *(siehe Infobox Shopping)*. Beim ersten Besuch der Stadt stehen allerdings noch andere klassische Ziele an, der zentral gelegene **Stephansdom**, bedeutendster Kirchenbau ganz Österreichs, der **Graben**, halb Straße, halb Platz, seit fünf Jahrhunderten schon das Handelszentrum der Hauptstadt, mit Brunnen aus dem 19. Jh. und, in der Mitte, der **Pestsäule**, der barocken Gnadensäule, die im 17. Jh. zum Ende der Pest errichtet wurde. Am Graben steht der Barockbau **Palais Bartolotti-Partenfeld**, die **Peterskirche** mit der Fassade aus dem 17. Jh., in der neben der Messe auch Orgelkonzerte abgehalten werden *(Tel. 1.5336433, www.peterskirche.at, Öffnungszeiten: Mo.-Fr. 7-20 Uhr, Sa.-So. 9-21 Uhr)*, und einige symbolträchtige Gebäude der Wiener Secession, jener Kunstströmung, die Ende des 19. und Anfang des 20. Jhs. die Stadt um einige Meisterwerke berei-

196-197 – Die Gärten in Schloss Schönbrunn.

197 unten – Das Denkmal für Kaiser Franz Josef in der Hofburg.

chert hat. Weitere Sehenswürdigkeiten sind die Fassade des **Ankerhauses**, einem von Otto Wagner konzipierten Wohnhaus (1893-95), die von Josef Hoffmann 1932 entworfene **Confiserie Altmann & Kühne** oder das Mode-Atelier **Kniľe & Co.**, das 1910-13 von Adolf Loos gestaltet wurde.

***Unterwegs in Wien:** Die Lösung schlechthin sind die öffentlichen Verkehrsmittel (Tram, U-Bahn, Bus). Mit der bei der Tourist-Info erhältlichen Wien City-Karte hat man auf diesen 72 Stunden freie Fahrt (www.wien.info/it/travel-info/vienna-city-card).*

Sehenswertes

SCHLOSS SCHÖNBRUNN: das berühmteste aller Bauwerke des österreichischen Kaiserreichs. Das von der UNESCO zum Weltkulturerbe erklärte Schloss ist ein Mosaik kaiserlicher Wohnräume, in denen die wichtigsten gekrönten Häupter Österreichs gelebt haben, von Maria Theresia bis Sisi. Das Mitte des 16. Jhs. als Jagdhaus errichtete Gebäude wurde im 17. Jh. zu einer Sommerresidenz umgebaut, von den Türken in Brand gesetzt und entstand im Rokoko-Stil wieder neu. Für den Besuch sollte man mindestens einen halben Tag einplanen, vor allem im Sommer, um auch den 120 Hektar großen Park aus dem 18. Jh. genießen zu können. *Info: Tel. 1.811130, Schönbrunner Schlossstraße 47, Tel. 1.811130, www.schoen-brunn.at, variierende Öffnungszeiten.*

HOFBURG: Die Wiener Residenz der Habsburger von 1283 bis 1918 besteht aus Gebäuden unterschiedlicher Epochen; für eine Besichtigung sollte man mindestens einen halben Tag einplanen. Die drei wichtigsten Ziele: die **Kaiserappartaments**, eine der Winterresidenzen von Kaiser Franz Josef und Elisabeth (Sisi), reich ausgestaltet mit Möbeln und Verzierungen aus der zweiten Hälfte des 19. Jhs. Das **Sisi Museum** zu Ehren der beliebtesten Kaiserin der österreichischen Geschichte mit über 300 Gegenständen, von Sonnenschirmen zu Handschuhen, von Fächern zu **Seidenkleidern**. Die Silberkammer mit 7000 Exponaten wie Besteck, Geschirr und anderen Tafelrequisiten. Insgesamt aber ist die Sammlung des Hofsilbers sehr viel umfangreicher und umfasst gut 150.000 Stücke. Um Wartezeiten am Eingang zu vermeiden, lohnt es sich, das Ticket online zu kaufen: *www.imperialtickets.com. Info: Hofburg – Michaelerkuppel, www.hofburg-wien.at, Tel. 1.5337570, Öffnungszeiten: Sept.-Juni 9-17.30 Uhr, Juli-Aug. 9-18 Uhr.*

BELVEDERE: Dieses Schloss ist eine der elegantesten Residenzen Europas. Es wurde in der ersten Hälfte des 18. Jhs. als Sommerresidenz für Prinz Eugen von Savoyen gebaut und besteht aus mehreren Einzelgebäuden: Im **Oberen Belvedere** befinden sich Kunstwerke des 20. Jhs., darunter auch die weltweit größte Gustav-Klimt-Sammlung. Im **Unteren Belvedere** sind die Wohnräume und repräsentativen Säle von Prinz Eugen zu besichtigen. In der **Orangerie** finden wechselnde Ausstellungen statt, während im **Prunkstall**, einst der Stall der Leibpferde des Prinzen, mittelalterliche Kunst gezeigt wird. Der Besuch endet im Garten aus dem 18. Jh. zwischen Skulpturen, Wasserspielen und Terrassen, die streng stereometrisch angeordnet sind. *Info: Prinz Eugen-Straße 27, Tel. 1.795570, www.belvedere.at, Öffnungszeiten: 9-18 Uhr, Fr. bis 21 Uhr.*

MUSEUMSQUARTIER: 60.000 m² Kunst und Kultur, eines der größten Kulturareale der Welt. Das MuseumsQuartier Wien ist eine Hochburg der Kunst, die sich absoluter Meisterwerke rühmen kann, vom **Leopold Museum** *(Tel. 1.525701584, www.leopoldmuseum.org, Öffnungszeiten: 10-18 Uhr, Mi. 10-21 Uhr, Di. geschl. außer Juni-Aug.)* mit österreichischen Werken des 19. und 20. Jhs., darunter Klimt und Schiele, über das **MUMOK**, das wichtigste Museum moderner und zeitgenössischer Kunst ganz Österreichs *(Tel. 1.525000, www.mumok.at)*, bis zur **Kunsthalle Wien** *(www.kunsthallewien.at, Öffnungszeiten: Di.-So. 11-19 Uhr, Do. bis 21 Uhr)*, experimenteller Werkstatt der zeitgenössischen Kunst. Außerdem gibt es Bühnen für Tanzperformances, verschiedene Bereiche für Kinder, Cafés, Restaurants. *Info: www.mqw.at, variierende Öffnungszeiten.*

STEPHANSDOM: Dieses prächtige Beispiel gotischer Architektur, errichtet ab 1304 in mehreren Stufen auf den Resten einer vorherigen romanischen Kirche, wurde 1945 zum Teil zerstört. Der an den zerstörtesten Abschnitten getreu wiederaufgebaute Stephansdom, von den Wienern liebevoll Steffl genannt, zeichnet sich aus durch den 136,7 m hohen Südturm (1359-1433) mit seinen zahlreichen Fialen sowie die gotische Kanzel, gebaut 1514-15 von Franz Anton Pilgram. Sehenswert ist auch das Grabmal Kaiser Friedrichs III. aus rotem Marmor (1467-1513), ein gotischer Flügelaltar (1447) und das Dom- und Diözesanmuseum mit bedeutenden Werken. Um die Gläubigen nicht zu stören, sollte man die Zeiten der Messe umgehen oder sich einer Führung anschließen *(Stephansplatz 3, Tel. 1.51552-3054, www.stephanskirche.at, Öffnungszeiten: 6-22 Uhr, Sa.-So. 7-22 Uhr).*

SECESSION: Das Gebäude wurde 1898 von Joseph Maria Olbrich, Schüler von Otto Wagner, als Ausstellungshaus für die Künstler des österreichischen Secessionstils gebaut. 1985-86 wurde die Kuppel aus vergoldeten Lorbeerblättern restauriert, zu diesem Anlass wurde auch ein neu eingerichteter Raum mit dem Beethovenfries von Klimt eingeweiht. *Info: Friedrichstraße 12, Tel. 1.5875307, www.secession.at, Öffnungszeiten: 10-18 Uhr, Mo. geschl.*

PRATER: Star des berühmten Wiener Vergnügungsparks ist das Riesenrad aus dem Jahr 1897: Aus einer Höhe von 65 m hat man einen wundervollen Blick über die Stadt. Der Prater, der auch für einen einfachen Spaziergang schön ist, bietet um

198 – Schloss Belvedere.

die 250 Attraktionen, darunter viele Restaurants, den Praterdome – die größte Diskothek Österreichs *(Tel. 1.90811920, www.praterdome.at)* – und das Pratermuseum im Planetarium, das mit alten Fotografien, Schildern und Exponaten einen Einblick in die Geschichte des alten Wurstelpraters bietet, dem eigentlichen Vergnügungspark, der in den letzten Tagen des Zweiten Weltkriegs zerstört wurde *(Prater, Oswald Thomas Platz 1, Planetarium www.wienmuseum.at, Öffnungszeiten: Fr.-So. 10-13 Uhr und 14-18 Uhr). Info: Prater 9, www.praterwien.com, variierende Öffnungszeiten, Hauptsaison vom 15. März bis zum 31. Oktober, Attraktionen 10-24 Uhr.*

THERME WIEN: nach Umbau 2010 wieder eröffnet, die größte Thermenanlage des Landes. Sie erstreckt sich auf 75.000 m^2 und umfasst 26 Becken, 24 Saunen auf einer Fläche von 3000 m^2, einen Sprungturm, Bistro, Bar, Restaurants, einen künstlichen Wildwasserkanal, ein Solebecken mit musikalischen Klängen unter Wasser, den Wellnessbereich von 6000 m^2. *Info: Kurbadstraße 14, Tel. 1.68009, www.thermewien.at, Öffnungszeiten: 9-22 Uhr, So. 8-22 Uhr.*

HAAS-HAUS: Das bizarre Gebäude am Stephansplatz, entworfen 1990 von Architekt Hans Hollein, ist eine Provokation aus Stahl und Glas in der Nähe des Doms mitten in der von der UNESCO geschützten Altstadt. Im Inneren gibt es ein Hotel, ein Restaurant, ein Café und Modegeschäfte.

WIENERWALD: Dieser 105.000 Hektar große Wald, der von der UNESCO 2005 zum Biosphärenreservat erklärt wurde, erstreckt sich über sechs Bezirke und 51 Gemeinden Niederösterreichs. Man kann sich auf die Entdeckung der Hügel rings um die Hauptstadt beschränken, oder aber die Abteien und Klöster der Umgebung erkunden. Und dies nicht zwangsläufig mit dem Auto: Zur Verringerung der CO2-Emissionen wurde ein gutes öffentliches Nahverkehrsnetz ausgebaut *(www.vor.at). Info: Biosphärenpark Wienerwald Management, www.bpww.at www.wienerwald.info*

DIE KAFFEEHÄUSER: Für die Wiener sind sie Kult. Hierher kommen sie zum Plaudern, zum Zeitunglesen, zum Kucheessen – um in der nostalgischen Atmo-

Veranstaltungen

Der Veranstaltungskalender der österreichischen Hauptstadt ist dicht gefüllt. Im Dezember begeistern die Weihnachtsmärkte, wie der ***Christkindlmarkt*** *auf dem Rathausplatz mit Buden voller Süßigkeiten und Weihnachtsbaumschmuck* (www.wienerweihnachtstraum.at). *Das* ***Neujahrskonzert*** *bedarf keiner Vorstellung: Das aus einem künstlerischen Bündnis von Strauss und den Wiener Philharmonikern hervorgegangene Konzert fand 1939 erstmals statt. Tickets sind schwer zu bekommen, aber man kann es online versuchen* (www.wienerphilharmoniker.at). *Im Oktober steht die* ***Vienna Design Week*** *an* (www.viennadesignweek.at)*: 10 Tage lang dreht sich alles um Neuheiten in Sachen Design, z.B. Möbel-, Produkt- und Industriedesign. Die ganze Stadt ist (mit jährlich wechselndem Stadtviertel als Schwerpunkt) mit Ausstellungen und Sonderverkäufen daran beteiligt.*

199 – Der Stephansplatz mit dem Haas-Haus links und dem Dom rechts.

sphäre von einst zu schwelgen. Aristokratisches Flair strahlt **Café Schwarzenberg** aus, das elegante Kaffeehaus am Kärntner Ring *(Tel. 1.5128998, www.cafe-schwarzenberg.at)* mit Marmortischen und Jugendstildecke. Und natürlich **Demel** *(Tel. 1.53517170, www.demel.at)*, der ehemalige Hofzuckerbäcker am Kohlmarkt, mit einem Angebot von Katzenzungen bis zu einer Riesenauswahl an Kuchen. Schön ist auch das **Café Central** *(Herrengasse/Strauchgasse, Tel. 1.5333763-61, www.cafecentral.wien)*, das 1860 als Künstlertreff entstanden war, seit seiner Neueröffnung in den 1980er-Jahren wieder Zentrum des intellektuellen Lebens in Wien.

Übernachten

€€€€€ Sofitel Vienna Stephansdom, (modern). Ein Gebäude in reinstem Stil des 21. Jhs., entworfen von Architekt Jean Nouvel. Das am 14. Dezember 2010 eingeweihte Hotel zeigt Videoinstallationen an der Decke und hat einen vertikalen Garten, eine lebende Wand mit 20.000 Pflanzenarten (Landschaftsplaner: Patrick Blanc), ein Wellnesscenter mit Spa und Fitnessbereich, ein Gourmetrestaurant im 18. Stock vom 3-Sterne-Koch Antoine Westermann. *Info: Praterstraße 1, Tel. 1.906163100, so-vienna.com*

€€€€ Rathaus Wein & Design (Wein und Design). In diesem Design-Hotel dreht sich alles um das Thema Wein: Jedes Zimmer ist einem speziellen Winzer gewidmet, zum Frühstück wird Käse und Wein gereicht und natürlich gibt es Degustationen. *Info: Lange Gasse 13, Tel. 1.4001122, www.hotel-rathaus-wien.at*

€€€ Stadthalle (ökologisch). Von den 81 Zimmern befinden sich 38 im neuen Passivhaus. Es ist das erste Hotel Wiens mit einer Null-Energie-Bilanz, u.a. mit Solar- und Photovoltaikanlage und einer Regenwassersammelanlage zur Bewässerung des Gartens. *Info: Hackergasse 20, Tel. 1.9824272, www.hotelstadthalle.at*

Restauranttipps

€€€ Steirereck (top). Ein Wiener Klassiker – weniger der Rezepte wegen, die traditionell, aber gleichzeitig

Shopping

*Im **7. Bezirk**, dem innovativsten Viertel Wiens, werden geführte Shopping-Touren in 36 empfohlenen Shops angeboten* (www.facebook.com/shopmapvienna.at). *Im Jahr 2009 hat in der Kärntnerstraße 24 der **Swarovski-Megastore** eröffnet* (kristallwelten.swarovski.com)*: Auf einer Fläche voller optischer Effekte präsentieren Künstler und Designer in Installationen das Feinste des Tiroler Kristallherstellers. Für alle Naschkatzen ist dies ein Pflichtbesuch: die **Sacher Confiserie**. Hier wurde die berühmte Sacher-Torte erfunden, die seit 1832 mit immer denselben Zutaten zubereitet wird: Kakao und Marillenmarmelade* (Philharmonikerstraße 4, Tel. 1.514560, www.sacher.com). *Das Hotel bietet auch den „Sacher Spa", die besondere Attraktion sind dort, wie kann es anders sein, die Schokoladenbehandlungen. Ein weiterer Klassiker ist **Lobmeyr*** (Tel. 1.5120508-88, www.lobmeyr.at)*: In seinem Geschäft auf der Kärntnerstraße bietet er Design vom Feinsten, von Trinkservices, entworfen von Adolf Loos bis zum letzten Schrei junger Designer. Nicht versäumen darf man den **Naschmarkt**, von den Wienern liebevoll „Bauch der Stadt" genannt: an 120 Marktständen werden auch Delikatessen wie Sushi oder persischer Kaviar angeboten, umgeben ist der Platz von kleinen, feinen Restaurants. Auch der nahe Flohmarkt, der jeweils samstags stattfindet* (6.30-14 Uhr)*, ist legendär für seine besonderen Schnäppchen.* Info: Wienzeile, www.wienernaschmarkt.eu, Mo.-Fr. 6-21 Uhr, Sa. 6-18 Uhr, Gastronomiestände Mo.-Sa. 6-23 Uhr.

200-201 – Ausflugsschiffe auf der Donau durchqueren die Stadt.

201 unten – Die ehemalige Hofzuckerbäckerei auf dem Kohlmarkt.

Donaufahrten

Ganz neu sind Fahrten mit dem Schnellkatamaran von Twin City Liner, der von der neuen Anlegestelle Wien City aus über den Donaukanal die österreichische Hauptstadt mit dem ca. 60 km entfernten Bratislava verbindet (www.twincityliner.com). *Für Donaufahrten in der Stadt gibt es die Boote von DDSG an den Anlegestellen Reichsbrücke und Schwedenplatz* (www.ddsg-blue-danube.at).

auch sehr kreativ sind, als wegen des superschicken Ambientes. Die Küche ist allerdings hoch prämiert: 19 Punkte bei Gault Millau, 2 Michelin-Sterne. *Info: Heumarkt 2a, Tel. 1.7133168, www.steirereck.at*

€€ Hansen (ausgefallen). Kultadresse im Souterrain des Wiener Börsengebäudes: Die Gerichte sind light, die Preise weniger. Aber die Location und die Qualität der Rezepte der Haute Cuisine lohnen den Besuch. *Info: Wipplingerstraße 34, Tel. 1.5320542, www.hansen.co.at*

€€ Alte Taverne (traditionell). Dieses Lokal setzt auf traditionelle österreichische Küche und außerdem auf reichhaltige Portionen. Die Einrichtung entspricht einer Taverne mit sehr gutem Preis-Leistungsverhältnis, beides angemessen. *Info: Lindengasse 3, Tel. 1.9237808, www.altetaverne.at*

Nightlife

Q[kju:] Bar. Eines der In-Lokale in den Wiener Stadtbahnbögen, den Jugendstil-Viadukten unterhalb der alten Stadtbahn, die zum Herzen des Wiener Nachtlebens avanciert sind. *Info: Währinger Gürtel 9/Stadtbahnbögen 142-144, Tel. 660.3774648, www.kju-bar.at*

Der Donaukanal. Im Sommer angesagt ist ein Besuch der Lokale am Donaukanal: vom **Badeschiff**, mit angehängtem, schwimmendem Pool, Restaurant und Disco-Club *(zwischen Schwedenplatz und Urania, www.badeschiff.at)*, zum **Sand in the City** *(Lothringerstraße 22, www.sandinthecity.at)* mit Beachclub, wo man mit musikalischer Untermalung Cocktails und Aperitifs trinken kann. Sehr beliebt ist auch das **Flex**: Hier schallen die Bässe vom Soundsystem und nicht zufällig finden sich hier die Stars der Techno- und Drum 'n' Bass-Szene ein. Im Sommer kann man auch die in Wassernähe aufgestellten Tische nutzen *(Augartenbrücke, www.flex.at)*.

Weitere Informationen:
Österreichischer Tourismusverband, www.austriatourism.com, www.austria.info/de, www.wien.info

Entlang der Donau – *Österreich*

Wenn am späten Vormittag der Nebel seinen Schleier hebt, dann offenbart sie sich in ihrer stillen Schönheit, die Donau, die breit und ruhig vorbei an jahrhundertealten Reben, Brücken und Arkaden aus dem frühen 20. Jh. fließt, vorbei an antiken Stiften. Das ist Niederösterreich, das Land der Fleißigen, wo schon zu Zeiten der Römer auf terrassierten Steinhängen mühsam Wein angebaut wurde. Und es ist das Land der Weine von Format, dem Riesling und Grünen Veltliner. Doch Niederösterreich ist auch die romantische Schatzkammer architektonischer Glanzstücke wie die Stifte **Klosterneuburg, Göttweig, Melk, St. Florian, Kremsmünster**, wahre von den Habsburgern zur Verteidigung des Flusses erbaute Festungen des katholischen Glaubens. Die Stiftsbibliotheken, die in ihrem Prunk den alten Königspalästen in nichts nachstehen, bewahren die Geschichte einer Kultur, die über Jahrhunderte entstanden und weitergegeben worden ist.

Unterwegs in Niederösterreich: *Unsere ca. 300 Kilometer umfassende Autoroute beginnt in* ***Klosterneuburg****, 13 km nördlich von Wien, dem auch als Wienerwald bekannten Gebiet, von wo aus es in die märchenhafte* ***Wachau*** *geht. Dies ist der schönste Teil der Donau, die hinter Krems in ihrem Bett zwischen sanften, terrassierten Hängen fließt, wo nicht nur Reben, sondern auch die Wachauer Marille, eine exquisite von der Europäischen Union als regionale Spezialität anerkannte Aprikosensorte wächst.* ***Stift Göttweig*** *liegt etwa 10,5 km südlich. In Krems sollte man das Auto stehen lassen und mit dem Rad die Donau entlangfahren. Auf diese Weise erreicht man leicht viele Ziele am Flussufer, wie das noch von antiken Mauern umgebene* ***Dürnstein*** *und* ***Melk****, Sitz des herrlichen Stifts. Um Anstrengung zu vermeiden, sind* ***elektrische Mountain-Bikes*** *der neueste Trend. Sie stehen für Wachaubesucher an den entsprechend gekennzeichneten Fahrradvermietungen bereit (www.donau.com). Aber man kann auch mit dem* ***Schiff*** *fahren. Verschiedene Gesellschaften bieten die Panoramastrecke von Krems nach Melk an (www.donau.com). Die nächste Etappe ist die bezaubernde Stadt* ***Steyr,*** *von wo aus*

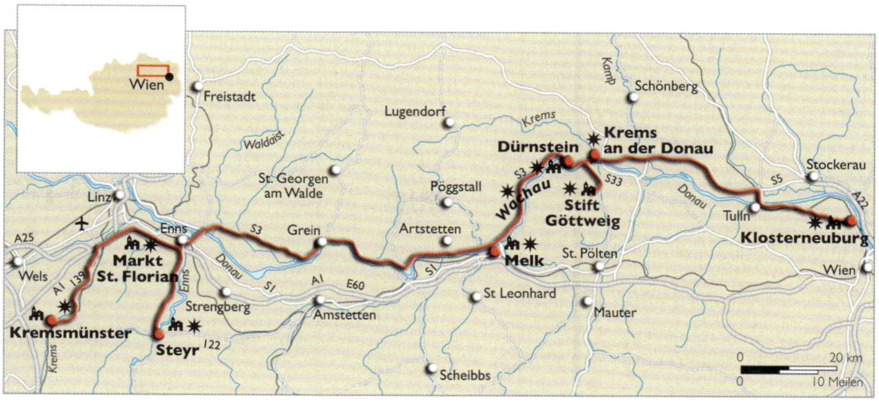

die ***Stifte Kremsmünster*** *und* ***St. Florian*** *bereits vor den Toren von Linz schnell zu erreichen sind.*
Hier die Kilometerangaben für die Route: Klosterneuburg – Krems: 80 km auf der B14, A22, S5, B3; Krems – Stift Göttweig: 10 km auf der S33; Krems – Dürnstein: 7,5 km auf der B35, B3; Dürnstein – Melk: 30 km auf der B3, B3A; Melk – Steyr: 84 km auf der B3A, A1, E60, B42, B122; Steyr – Kremsmünster: 28 km auf der B122; Kremsmünster – St. Florian: 30 km auf der B139.

KLOSTERNEUBURG

Klosterneuburg am rechten Donauufer, an den Hängen des Weinanbaugebietes Weinviertel vereint Glauben und alte Winzertradition, die auf das 12. Jh. zurückgeht. 1106 von Augustinermönchen gegründet, ist seine Grundform noch immer romanisch, wurde aber über die Jahrhunderte mehrfach angepasst. Das zeigen die beiden im 19. Jh. erbauten Türme, die die Fassade der **Stiftskirche** einrahmen, und die massiven Barockumbauten des Baumeisters Giovanni Battista Carlone. Die Kirche hütet rare mittelalterliche Schätze: einen **römischen Kandelaber** aus vergoldeter Bronze, **Fenster aus dem 14. Jh.** und den **Verduner Altar**, ein aus 51 Emailletafeln bestehendes Meisterwerk mit alt- und neutestamentarischen Darstellungen. Prächtig sind auch die Stiftsgebäude, die Kaiser Karl VI. von Habsburg, Maria Theresias Vater, sich ebenso prunkvoll wünschte wie den Escorial. Auch die Kellereien aus dem 11. Jh., wo man Wein kaufen kann und die Geheimnisse des etwa 900 Jahre lang von den Mönchen auf einem der ältesten österreichischen Weingüter praktizierten Weinbaus gehütet werden, sind herrlich.
Info: Stiftsplatz 1, Tel. 02243.411212, www.stift-klosterneuburg.at, Öffnungszeiten: im Winter 10-16 Uhr, im Sommer 9-18 Uhr.

KREMS AN DER DONAU

Sanft wird der Blick des Betrachters von diesem in alten Mauern eingeschlossenen, friedlichen Städtchen in der Wachau, das als Weinhauptstadt Niederösterreichs gilt gebannt. Die Weine aus den Reben, die hier auf den Flussterrassen angebaut werden, haben ein würziges, sehr eigenes Aroma *(siehe Infobox)*. Unbedingt probieren sollte man in einem der zahlreichen Weinlokale *(Heurige)* ein Gläschen Grünen Veltliner, der am besten zu hausgemachten Wurstspezialitäten oder dem *Frischen Landkäse*, dem exquisiten jungen Käse der Region schmeckt. Nachdem der Gaumen verwöhnt wurde, geht es in das historische Ortszentrum durch das Steiner Tor, das einzige noch erhaltene Stadttor mit Barockturm. Die eleganten Läden liegen in der **Oberen Landstraße**, einer wunderschönen Aneinanderreihung von Gebäuden mit Ornamenten und Stuck aus Gotik, Renaissance und Barock. Darunter das **Rathaus** aus dem 18. Jh. mit den eleganten Renaissance-Arkaden und etwas weiter rechts *(Täglicher Markt 3)* das **Göglhaus** aus dem späten 14. Jh. mit Fassadenmalerei und spätgotischem Kapellenerker. Die **Pfarrkirche St. Veit** ist heute ein Barockbau mit rotem Marmor, Deckenmalerei und vergoldetem Holzchorgestühl. Einen Besuch lohnen auch die **Piaristenkirche**, die im 15./16 Jh. erbaut wurde, und das **Weinstadtmuseum** *(Körnermarkt 14, Tel. 02732.801571, www.museumkrems.at.at, Öffnungszeiten: 10-18 Uhr)*, das einen interessanten, dem Weinkult gewidmeten Bereich mit Informationen zu Wein, Eichenfasslagerung, Geräten für Weinbau und Lese bereithält.

202-203 – Das mittelalterliche Zentrum von Krems.

203 Unten – Hausboot in der Nähe von Steyr.

STIFT GÖTTWEIG

Auf der anderen Donauseite, 10 km südlich von Krems, thront majestätisch auf einem Hügel das **Stift Göttweig**, das auch als „österreichisches Montecassino" gilt, da es nach seiner Gründung durch die Augustiner um das Jahr 1000 von Benediktinern geleitet wurde, die es zur Verteidigung vor Türkenangriffen erst befestigen, dann vergrößern und nach dem Diktat der Römischen Kirche, die sich der Reformation widersetzte, verschönern mussten. Die Höhe seines Ruhmes erreichte es im 18. Jh., als das von Abt Gottfried Bessel geführte Stift durch das Schaffen des Baumeisters Johann Lukas von Hildebrandt fast zu einem himmlischen Jerusalem geworden wäre. Die Entwürfe konnten aus Geldmangel nicht abgeschlossen werden. Geblieben aber ist fast byzantinischer Prunk in der **Kirche**, bei der ***Kaiserstiege*** mit doppeltem Aufgang und Deckenfresko von Paul Troger und den ebenfalls **kaiserlichen Räumen** des Bischofspalasts mit Gobelins, Öfen und holländischen Schränken. Bemerkenswert ist die **Bibelsammlung**. *Info: Tel. 02732.855810, www.stiftgoettweig.at, Öffnungszeiten: 10-18 Uhr. Führungen: 11 und 15 Uhr; Sa., So. u. Feiertage 11-12-14-15 Uhr.*

DÜRNSTEIN

Ein bezauberndes Museumsdorf auf der linken Donauseite und viel besungenes Ziel in der Wachau. Bummelt man die **Hauptstraße** mit den alten Häusern und typischen Erkern entlang, vorbei am **Rathaus** aus dem 16. Jh., stößt man bei Hausnummer 4 auf den schönen Renaissance-Eingang der **Kuenringer Taverne**. In die **Kirche Mariä Himmelfahrt im Augustiner-Chorherrenstift**, 1721-25 in barockem Stil umgebaut und von ihrem unverwechselbaren blau-weißen Turm beherrscht, gelangt man durch ein mit Statuen und Fialen geschmücktes Portal. Um die Ruine und die Panoramastraßen des Kuenringerburgfelsens, der das Dorf beherrscht, zu erklimmen, muss man sich etwas anstrengen. Es heißt, dass Herzog Leopold V. von Österreich, wegen eines Disputs mit Richard I. Löwenherz auf dessen drittem Kreuzzug beleidigt war und ihn einige Monate hier gefangen gehalten habe. Für den Weinkauf empfiehlt sich die **Domäne Wachau**, eine großzügige und moderne Winzergenossenschaft mit großer Auswahl *(Dürnstein 107, Tel. 027.11371, www.domaene-wachau.at)*. Die **Bäckerei & Konfiserie Schmidl** ist in der gesamten Wachau bekannt, weil sie ein besonderes Rezept erfunden hat, das untrennbar mit dem Tal verbunden ist: das „Wachauer-Laberl", ein rundes Brötchen aus Weizen- und Roggenteig, das am besten zu den lokalen Spezialitäten passen soll *(Dürnstein 21, Tel. 027.11224, www.schmidl-duernstein.at)*.

STIFT MELK

Erinnern Sie sich an die Hauptperson in Umberto Ecos Roman *Der Name der Rose*, der in Jean-Jacques Annauds Kinofilm von Christian Slater dargestellt wurde? Es ist der Benediktiner-Novize Adson aus Melk, der am Ende seines Lebens (die Geschichte spielt im späten 14. Jh.), in der Stiftsbibliothek das mysteriöse Manuskript, auf dem der Roman basiert, hinterlässt. Noch heute ist der Flussblick von diesem herrlichen Stift, das sich seit 1089 an diesen 60 m hohen Felsausläufer klammert, die Donaureise wert. Die in Weiß und Habsburgergelb (nach dem Herrschergeschlecht benannte Farbe) gestaltete Fassade ist ein Meisterwerk österreichischer Barockkunst, geschaffen von Jakob Prandtauer. Im Innenbereich findet man Skulpturen, Obelisken, Balkone, Stuck und Brunnen. Ein Kompendium der Barockkunst! Hier besucht man den Kaisertrakt, heute ein Museum, wo sich das **Melker Kreuz** befindet, Glanzstück mittelalterlicher Goldschmiede-

kunst, den Marmorsaal für Zeremonien und kaiserliche Feste und natürlich die Bibliothek, eine der prunkvollsten Österreichs mit 85.000 Büchern, 1200 Handschriften aus dem 9.-15 Jh. und einer Reihe wertvoller, prächtig intarsierter Regalschränke. Die Stiftskirche mit ihren vollendeten Fresken und Vergoldungen, die bei Sonnenuntergang von Goldreflexen erleuchtet wird, ist ebenso erhaben wie der Blick über die Donau, den man von der Terrasse in Stille genießt, wie einst die Mönche, bevor sie sich ihren Studien widmeten. Unbedingt ansehen sollte man auch die Stiftsgärten mit den jahrhundertealten Linden, das Dorf mit den antiken Schrägdachhäusern, die alte Post mit der bemalten Fassade und die mehr als 300 Jahre alte Apotheke.

Info: Tel. 02752.5550, www.stiftmelk.at, Öffnungszeiten: Apr.-Okt. 9-17.30 Uhr, Nov.-März nur Führungen 11 und 14 Uhr.

204 Oben – Stift Göttweig.

204 Unten – Der zauberhafte Ort Dürnstein.

205 – Das beeindruckende Benediktinerstift Melk und die Stiftskirche von innen, Barockkunst wie im Bilderbuch.

Die Weine Niederösterreichs

Über 50% der österreichischen Weinherstellung erfolgt in Niederösterreich, wo fünf regionale Weinbaugebiete liegen. Darunter das große ***Weinviertel****, mit 400 km über sanfte Hügellandschaft verteilte Reben, wo sich die Goldtöne der Getreidefelder mit dem Grün und Rot der Weinberge abwechseln und auf seltene Weise vermischen. Und diese Schönheit bringt renommierte Weißweine hervor:* ***Grüner Veltliner, Müller-Thurgau, Welschriesling*** *und* ***Sauvignon Blanc****. Noch bekannter für seine Weine ist das kleine Gebiet* ***Wachau****, wo die Steinterrassen an der Donau durch Trockenmauern begrenzt werden, die einen hervorragenden, edlen und ausgewogenen Riesling hervorbringen. Der Grüne Veltliner mit seiner besonderen Note nach weißem Pfeffer geht auf autochthone österreichische Rebsorten zurück. Um vollends in die Welt des Weins einzutauchen, bietet sich ein erlebnisreicher Besuch bei* ***Loisium*** *in Langenlois an, einem kleinen Ort unweit von Krems* (Loisum Kellerwelt Betriebs GmbH & Co KG, Loisiumallee 1, Langenlois, Tel. 02734.322400, www.loisium.at). *Der kalifornische Architekt Steven Holl hat einen kubusförmigen, geneigten Stahlbetonbau geschaffen, der ein* ***Weinzentrum*** *mit Spa, exklusivem Hotel und Restaurant (siehe Adressen) enthält, wo der Besucher mit einem Audio-Guide auf mystische Weise die 900-jährige Kellerei-Geschichte von Steininger durchlebt. 3,5 km von Krems entfernt, auf der rechten Flussseite, hinter der Brücke, liegt das historische* ***Weingut Nikolaihof*** *in Mautern, das bekannt ist für seine antiken Fässer und die älteste Kelter der Welt* (Nikolaigasse 3, Mautern, Tel. 02732.82901, www.nikolaihof.at).

STEYR

In den ruhigen Kopfsteinpflastergässchen Steyrs wandelte 1819 Franz Schubert, der hier sein berühmtes Forellenquintett schrieb und den Ort als überaus angenehm pries. Ein Gefühl, das man gut nachvollziehen kann, wenn man ins historische Zentrum kommt, das am linken Enns-Ufer beim Zusammenfluss mit der Steyr liegt. Läuft man heute über den **Stadtplatz**, der bereits im Mittelalter pulsierendes Ortszentrum war, scheint die Melodie des Quintetts zu erklingen, ein Wechsel aus ruhigen Tönen und Explosionen der Freude, ganz wie die sanften Pastelltöne, die die reich bemalten und mit Stuck, Wappen und Skulpturen verzierten Fassaden der Gotik-, Renaissance- und Barockhäuser rings um den **Leopoldibrunnen** zieren. Auf dem Platz stehen auch die barocke **Marienkirche** von 1647, Klosterkirche der Dominikaner mit Rokoko-Einrichtung und Fenstern aus Gotik und Renaissance, und das **Rathaus** (Nummer 27) mit zentralem Turm, der die Rokokofassade von 1778 überragt. Gegenüber, Hausnummer 32, das spätgotische **Bummerlhaus** mit Pultdach (1497), eines der besterhaltenen österreichischen Bürgerhäuser Österreichs der Zeit, das im 18. Jh. zum Gasthof wurde. Viele dieser eleganten Spätbarockhäuser, wie das **Sternhaus** (Nr. 12) gehörten den reichen Eisenhändlern von Steyr, deren Industrie- und Handwerksgeschichte im Museum für Arbeit, **Arbeitswelt** *(Wehrgrabengasse 7, museum-steyr.at, Öffnungszeiten: März-Dez., Di-So. 9-17 Uhr)*, und in den kleinen Läden der zentralen Gassen erzählt wird. **Bei Schmollgruber**, Grünmarkt 2 *(Tel. 07252.5309116, www.schmollgruber.at, Öffnungszeiten: Mo.-Fr. 8.45-12/14.15-18 Uhr, Sa. 9-12.30 Uhr)*, wo bereits seit 400 Jahren Eisenuhren hergestellt werden, führt eine neue Uhrmacherei die alte Handwerkstradition fort und zeigt im angegliederten Museum die antiken Exemplare Steyrer Uhren. Nach dem steilen Arkadenaufgang geht man die Berggasse hoch und gelangt zum Schloss Lamberg, einer Festung aus dem 10. Jh., die einen herrlichen Blick über die Stadt bietet. Auf der rechten Flussseite spiegeln sich im Wasser die Türme der Michaelerkirche aus dem 18. Jh., die mit Fresken und einem prunkvollen Portal glänzt. Weihnachtliche Tradition mit Lichtern, Musik, Leckereien und Märkten wird in der Wallfahrtskirche Christkindl gepflegt, die 1708 am westlichen Stadtrand von dem Italiener G. B. Carlone erbaut wurde. Jedes Jahr im Dezember erreichen die dem Jesuskind geweihte Kirche Tausende von Briefen aus aller Welt.

STIFT KREMSMÜNSTER

Schlichte gotische Häuser und ein spätgotisches Rathaus bestimmen das Bild dieser Ortschaft, die erhöht über dem linken Kremsufer liegt und vor allem wegen ihres eindrucksvollen, 777 von Tassilo III. von Bayern begründeten **Benediktinerstifts** bekannt ist. Dank ihrer zwei Zwiebeltürme, die das Profil der Stiftskirche prägen und die Ende des 17. Jh. mit den Baumaßnahmen von C.A. Carlone und J. Prandtauer geschaffene Barockarchitektur hervorheben, ist die Abtei nicht zu übersehen. Vom Eingang aus gelangt man in den Hof der Kellereien, wo sich links ein großer **Fischbehälter** *(Fischkalter)* mit fünf zur Fischzucht bestimmten Becken befindet, wo noch immer Karpfen, Hechte und Forellen schwimmen. Geballten Prunk und Barockdekorationen findet man im **Kaisersaal**, der langen und niedrigen **Stiftsbibliothek** und der **Schatzkammer** mit wertvollen Wandteppichen und dem berühmten **Tassilokelch** aus vergoldetem Kupfer, ein Meisterwerk mittelalterlicher Goldschmiedekunst. Die Waffenkammer enthält Waffen und Rüstungen, die den Türken im Laufe des Dreißigjährigen Krieges abgenommen wurden. Weißer Stuck, Fresken und flämische Wandteppiche schmücken das Innere der Stiftskirche, die nach 1709 ebenfalls in barockem Stil umgebaut wurde. Im Park steht der **Mathematische Turm** (1748-58), der als Sternwarte und meteorologische Beobachtungsstation benutzt wird, ein Vorläufer des Hochhauses, der auf sieben Ebenen verschiedene Sammlungen zeigt: Mineralien und Versteinerungen, Objekte aus Botanik und Zoologie und Versuchsinstrumentarium. *Info: Tel. 07583.5275-150, www.stift-kremsmuenster.net, Führungen: Nov.-Jan. u. März 11-14-15.30 Uhr; Apr.-Okt. 10-11.30-14-16 Uhr.*

STIFT ST. FLORIAN
Zum Gedenken an den Komponisten Anton Bruckner, der lange erster Organist des Stifts war und hier begraben ist, erklingen die feierlichen Töne der herrlichen Stiftskirchenorgel täglich um 14.30 Uhr (außer dienstags und samstags). Die wunderbare Barockumgestaltung des auf 1071 zurückgehenden Stifts verdanken wir Carlo Antonio Carlone, dem ersten und besten einer Reihe lombardischer Baumeister, die im 17. und 18. Jh. in Österreich gewirkt haben. Hinter der breiten, beeindruckenden Fassade liegt der Stiftshof mit einem Zierbrunnen aus dem 16. Jh. und dem schmiedeeisernen Wasserbrunnen von 1603, dem der Klosterbau nach Plänen von Jakob Prandtauer zugewandt ist. Im Inneren wird der Besucher von der riesigen **Bibliothek** voller Manuskripte, Fresken und den von österreichischen Meistern geschnitzten Schränken, dem **Marmorsaal** (Festsaal) mit großem Fresko von B. Altomonte, der Porträtgalerie und dem Raum mit dem **Sebastians-Altar**, dem Meisterwerk von Albrecht Altdorfer überwältigt. Ein endloser Gang führt im zweiten Stock in die **kaiserlichen Gemächer**: 16 Räume voller Fresken, Möbel, Stukkaturen, kostbarer Gegenstände und Brüsseler Wandteppiche. Prächtig sind in der Stiftskirche die weißen Stuckarbeiten, Wandmalereien (die kostbarsten des österreichischen Barocks), Gemälde, das geschnitzte Chorgestühl und eine der größten Orgeln des Landes mit 7343 Pfeifen. *Info: Stiftstraße 1, www.stift-st-florian.at, variierende Öffnungszeiten, Führungen: Mai-Okt. 11-13-15 Uhr.*

Übernachten

€€€€€ Hotel Schloss Dürnstein.
Der Donauwalzer von Johann Strauss bekommt in diesem elegant, wenn nicht gar fürstlich eingerichteten Schloss aus dem 17. Jh. eine ganz neue Bedeutung. Sauna, Hammam, Innen- und Außenpool und unvergessliche Abendessen auf der Terrasse mit Donaublick. *Info: Tel. 027.11212, Dürnstein, www.schloss.at*

€€€€ Hotel Minichmayr (Steyr).
Ein romantisches Hotel voller Atmosphäre in bester Lage im historischen Zentrum, dort wo Enns und Steyr zusammenfließen. Ein Genuss, wenn man Ruhe, Charme und gute Küche sucht. *Info: Familie Viertler, Haratzmüllerstr. 1-3, Steyr, Tel. 07252.53410, www.hotel-minichmayr.at*

€€ Hotel Wachau (Melk).
Etwas abseits vom Zentrum, in ruhiger Lage und dennoch in der Nähe der Abtei. Ein optimaler Ausgangspunkt, um Melk anzuschauen, einladendes Ambiente, familienfreundlich. Zum Service gehören auch eine Sauna und ein Restaurant. *Info: Am Wachberg 3, Melk, Tel. 2752.52531, www.hotel-wachau.at*

Restauranttipps

€€€ Kloster Und (Krems).
Eine einzigartige Location im historischen Kloster Und: Das stilvolle Restaurant wird von Charly Teuschl geleitet. Kreative Gerichte, die auf regionaler und mediterraner Tradition basieren. Optimale Weinkarte. *Info: Undstraße 6, Krems, Tel. 0664.9112121, www.klosterund.at*

€€ Wirtshaus Knapp am Eck (Steyr).
Ein richtiges Gasthaus, wenige Schritte von der Steyr entfernt mit einem herrlichen Rosengarten. Die Karte bietet lokale Saisonprodukte, wie Schwein mit Polenta und gefülltes Lamm mit Kräutern. *Info: Wehrgrabengasse 15, Steyr, Tel. 07252.76269, www.knappameck.at*

€€ Hotel-Restaurant zur Post (Melk).
Das Haus mit regionaler Saisonküche liegt im Zentrum von Melk. *Info: Linzerstraße 1, Melk, Tel. 02752.52345, www.post-melk.at/kulinarik*

Weitere Informationen: Österreichisches Fremdenverkehrsamt, www.austria.info/de und Tourismus Donauregion/Niederösterreich, Schlossgasse 3, 3620 Spitz an der Donau, Tel. 02713.3006060, www.donau.com

206 – Ansicht von Steyr am linken Enns-Ufer.

207 – Das Stift St. Florian.

Glacier Express – *Schweiz*

291 Brücken, 91 Tunnel, 7 Täler, schwindelerregende Viadukte, tiefe und enge Schluchten: Vom Piz Bernina zum Matterhorn, von St. Moritz/Davos bis nach Zermatt schlängelt sich der Glacier Express acht Stunden lang über 300 km durch eine atemberaubende, einzigartige Berglandschaft in der Zentralschweiz. Der 1930 in Betrieb genommene Glacier Express, entstanden durch die Tatkraft von Pionieren der Eisenbahn, denen es mit zukunftsträchtigen, technischen Finessen gelang, die unzugänglichsten Berge zu „zähmen", ist heute das Aushängeschild der Schweizer Eisenbahngesellschaften mit Panoramawägen, Klimaanlage, Komfortsitzen in der 1. und 2. Klasse, Infosystem in sechs Sprachen und einem Restaurantservice, der anbietet, am eigenen Sitzplatz am fein gedeckten Tisch die Spezialitäten des Küchenchefs zu genießen. Die Reise beginnt in der Märchenlandschaft des Oberengadin, in **St. Moritz**, oder im Tal von Davos, das Thomas Mann zu seinem berühmten Roman *Der Zauberberg* inspirierte. Von St. Moritz geht es über die **Albula-Strecke** weiter, die 2008 zusammen mit der Bernina-Strecke zum UNESCO-Weltkulturerbe ernannt wurde. Auf nur 5 km überwindet die Lokomotive über 400 m Höhenunterschied. Ab **Davos** folgt die Strecke auf dem ersten Abschnitt dem Verlauf des Flusses Landwasser, überquert die Zügenschlucht und dann das Wiesener Viadukt. Gleich hinter dem Dorf **Filisur** – mit Häusern im Engadiner Baustil aus dem 18. Jh. und einer Burgruine aus dem 13. Jh. – wo die beiden Anfangsstrecken zusammengeführt werden, gelangt der Zug zum 65 m hohen Landwasserviadukt. Danach fährt der Zug zwischen Festungen und alten Wehrtürmen durch die unwegsame Schyn-Schlucht und erreicht die historische Stadt **Chur**, die mit ihren 600 m über NN den tiefsten Punkt der Strecke darstellt. Von den Tälern Graubündens geht es weiter zu den Felswänden der Rheinschlucht – dem Grand Canyon der Schweiz mit beeindruckend tiefen Klammen – bis man das mächtige weiße Bauwerk des **Benediktinerklosters**

Die Zahnradbahn am Matterhorn

Um die Bergwelt in ihrer unübertroffenen Pracht zu erleben, lohnt sich eine Fahrt mit der Zahnradbahn hinauf zum ***Gornergrat*** (www.mgbahn.ch), *eines der beliebtesten Ausflugs- und Wanderziele, umgeben von 29 Viertausendern, vom höchsten Berg der Schweiz (Dufourspitze, 4634 m) bis zum drittlängsten Gletscher der Alpen (Gornergletscher).*
Die Bahn fährt gleich neben der Matterhorn Gotthard Bahn in Zermatt ab. Mehrmals täglich – meistens im 24-Minuten Rhythmus – macht sie sich auf zu Brücken, die beeindruckende Abgründe überwinden, durch Tunnel und idyllische Wälder, entlang an tiefen Schluchten und Bergseen. Und immer das Matterhorn im Blick.

208-209 – Die Zahnradbahn von Zermatt zum Gornergrat hinauf.

209 unten – Der Glacier Express gleitet über eine Brücke.

Disentis am Fuße des Lukmanierpasses erreicht. Ab hier wird es immer steiler und schwindelerregender, der Zug wird an eine moderne Zahnradlokomotive angehängt, die sich langsam bis zum höchsten Punkt der Strecke hocharbeitet: dem 2043 m hoch gelegenen **Oberalppass** inmitten einer Landschaft von verschneiten Bergen. Mit seinem stahlblauen Bergsee ist der Pass im Sommer Ausgangspunkt einer schönen zweistündigen Wanderung zu den Quellen des Vorderrheins am Fuß des Piz Paduz (2928 m), der aus zahlreichen Quellarmen gespeist wird. Nächstes Ziel ist **Andermatt** inmitten ursprünglicher Natur, strategisch gelegen an der Kreuzung von Straßen und Bergpässen auf der alten Nord-Süd-Handelsroute. Zwanzig Minuten dauert die Fahrt durch den 1982 fertiggestellten, 15 km langen Furka-Basistunnel, an dessen Ende man sich am Taleingang der Rhone wiederfindet. Durch das Tal geht es weiter vorbei an Lärchenwäldern und Dörfern mit hübschen Holzhäusern im Walliser Stil, bis man **Brig** erreicht. Die kleine Stadt in der Nähe der italienischen Grenze, die schon zu römischer Zeit ein Verkehrsknotenpunkt war, bewahrt das Andenken an ihre blühende Vergangenheit in ihren mit Türmen versehenen Häusern, den Barockkirchen und dem ungewöhnlichen **Stockalperschloss** *(Alte Simplonstrasse 28, Tel. 027.9216030, www.brig-simplon.ch, Führungen Mai-Okt., Di.-So. 9.30-16.30 Uhr)*, das im 17. Jh. von dem einflussreichen Geschäftsmann Kaspar von Stockalper an der alten Simplonstraße errichtet wurde, um Wanderern und Handelswaren Schutz zu bieten. Hinter Brig geht es steil bergauf, vorbei an idyllischen Bergdörfern und alten Steinbrücken nach **Zermatt**, der Endstation des Glacier Express, weithin angekündigt durch den mächtigen Kegel des Matterhorns.

Währung: *Die offizielle Währung in der Schweiz ist der* ***Schweizer Franken****.*

210 – Der Engadin Skimarathon auf den vereisten Seen von St. Moritz.

ST. MORITZ

Dieser Startpunkt des Glacier Express, Königin unter den Städten in den Bergen Europas, steht mit seinem kosmopolitischen Ambiente seit 50 Jahren in der Rangliste der Wintersportziele der VIPs ganz weit oben. Ausschlaggebend für den frühen internationalen, bis heute nicht nachlassenden Erfolg als Urlaubsziel sind die zauberhafte Lage der Stadt am nordöstlichen Ufer des gleichnamigen Sees auf einer Höhe von 1856 m, das wundervolle Alpenpanorama im Hintergrund, eine erstklassige Hotellerie, ein beeindruckendes Angebot an modernsten Sportanlagen und natürlich die renommierten Kureinrichtungen. Der eigentliche Kern des Ortes, wo sich die großen Hotels und das mondäne Leben konzentrieren, ist **St. Moritz-Dorf** mit der historischen **Via Maistra**, gesäumt von den historischen Bauwerken der Stadt: dem **Mauritiusbrunnen** von 1910, dem **Rathaus** und der **Reformierten Kirche** aus dem 18. Jh. mit ihrem neugotischen Glockenturm. Das **Engadiner Museum** auf der Via dal Bagn 39 *(Tel. 081.8334333, www.museum-engiadinais.ch, Öffnungszeiten: im Sommer 10-18 Uhr, Di. geschl., im Winter 14-18 Uhr)* in einem Gebäude vom Anfang des 20. Jhs. mit verzierten Holzfensterläden bietet einen Einblick in das Handwerk, die Einrichtung und den Lebensstil dieser Bergwelt. Den Gemälden von Giovanni Segantini, einem Poeten des Lichts und der Landschaften der Alpenwelt, ist das **Segantini Museum** gewidmet *(Via Somplaz 30, www.segantini-museum.ch)*, in dem sich unter anderem auch das großartige Alpentriptychon (1899) befindet, das nicht vollendete Meisterwerk des Malers. Am westlichen Ende des Sees, am Fuß des Piz Rosatsch (3123 m) liegt das Zentrum von **St. Moritz-Bad**, wo sich auch das elegante, 1854 gebaute Gebäude des **Kurhauses** befindet. Die Heilwirkungen des eisenhaltigen Wassers, der Packungen und Thermalbäder kann man im Medizinischen Therapiezentrum erleben *(Plazza Paracelsus 2, Tel. 081.8333062, www.heilbad-stmoritz.ch)*. Die erste Skischule der Schweiz wurde 1929 in St. Moritz eröffnet. Heute erstreckt sich das gewaltige Skigebiet über die drei Gebiete **Corviglia** – unterhalb der Berninagruppe gelegen –, **Corvatsch** und **Diavolezza**, bevorzugtes Ziel von Freunden des Freeride und atemberaubender Abfahrten. Auch Langläufer kommen hier bei 160 km gespurten Loipen durch weiß verschneite Wälder und weite Ebenen auf ihre Kosten. Aber auch im Sommer gibt es unzählige Freizeitmöglichkeiten: Wanderungen, Rafting, Segeln, Kanu, Paragliding, Eislaufen, Schwimmwettkämpfe in den Bergseen, Golf, Mountainbiking im nahe gelegenen Nationalpark. Auch Wanderfreunde finden hier ein immenses Angebot vor, den romantischen „Wasserweg" von Corvatsch, der zu sechs Bergseen führt, aber auch die **Clean Energy Tour** *(www.clean-energy.ch)*, ein Ausflug auf den Piz Nair (3057 m) auf den Spuren der vielfältigen Ressourcen erneuerbarer Energien in direktem Kontakt mit der Natur. Wer die neuen städtischen Gebäude von Stararchitekt Norman Foster bewundern möchte, sollte unbedingt an der **Chesa Futura** entlang gehen, die den innovativen Einsatz von Holz als Baumaterial zeigt.

CHUR

Die älteste Stadt der Schweiz, besiedelt schon seit 3000 v. Chr., ist umgeben vom wundervollen natürlichen Amphitheater der Alpen; sie bilden den Hintergrund für das hübsche mittelalterliche Viertel mit

210-211 – Winter in St. Moritz.

Wohnhäusern aus dem 16. Jh., Springbrunnen und den Silhouetten der hoch aufragenden Türme, Reste der mittelalterlichen Befestigungen. Im Zentrum des alten Stadtkerns erhebt sich die **St. Martinskirche** aus dem 15. Jh., die als besondere Verzierung Glasfenster von Augusto Giacometti aufweist, dessen Werke eines der Highlights des **Bündner Kunstmuseums** sind *(Postplatz, Tel. 081.2572870, www.buendner-kunstmuseum.ch, Öffnungszeiten: 10-17 Uhr, Do. bis 20 Uhr, Mo. geschl.)*, das in der klassizistischen Villa Planta aus dem 19. Jh. untergebracht ist. Das Museum zeigt Werke aus dem 18. bis 20. Jh., vor allem von Künstlern, die aus Graubünden stammten oder hier arbeiteten, darunter eben auch die Familie Giacometti und die in Chur geborene Angelika Kauffmann, außerdem Ernst Ludwig Kirchner und Giovanni Segantini. Am **Hofplatz**, der auf dem Gebiet einer römischen Festung liegt, erhebt sich das **Bischöfliche Schloss** aus dem 18. Jh. und die romanisch-gotische **Kathedrale St. Maria Himmelfahrt**, die Kunstschätze von außergewöhnlichem Wert bewahrt, darunter schöne Glasmalereien und der wundervolle, von dem Bildschnitzer Jakob Russ Ende des 15. Jhs. gefertigte Hochaltar. Für einen schönen Spaziergang kann man mit der Bergbahn nach **Brambrüesch** hinauffahren, ein zauberhaftes Hochplateau auf 1600 m Höhe, wo im Sommer zahlreiche Wildblumen wachsen (im Winter gibt es hier einige einfache Skipisten). Wer am Felsen klettern möchte, kann zuvor in der **Kletterhalle Ap'n Daun** üben *(Pulvermühlestrasse 8, Tel. 081.2840284, www.kletterzentrumchur.ch)*, hier kann man sowohl Kletterkurse machen als auch Ausrüstung mieten.

212 – Der renommierte Wintersportort Zermatt.

DISENTIS

Umgeben von bewaldeten Tälern ist Disentis am oberen Vorderrhein ein angenehmes Urlaubsziel im Sommer ebenso wie im Winter, ein idealer Ausgangspunkt für Wanderungen oder Fahrradtouren. Seinen Namen verdankt es dem Benediktinerkloster, das im 8. Jh. gegründet und im 17. Jh. im Barock umgestaltet wurde und noch heute das geistliche Zentrum des Tals darstellt. Unmittelbar links von der Kirche, deren einschiffiger Innenraum zwischen zwei überkuppelten Türmen liegt, befindet sich der Eingang zum **Klostermuseum** *(Öffnungszeiten: Juni-Okt. Di., Do. und Sa. 14-17 Uhr, von Weihnachten bis Ostern Mi. 14-17 Uhr)*, in dem interessante Dokumente zur Geschichte des Klosters aufbewahrt sind, sakrale Gegenstände und eine Sammlung mit Mineralien und Kristallen aus der Region. An den Wänden der **Marienkirche**, einer Kapelle romanischen Ursprungs, hängen die unzähligen Votivbilder, die Gläubige von überallher über die Jahrhunderte der Muttergottes darbrachten.

ANDERMATT

„Mir ist's unter allen Gegenden, die ich kenne, die liebste und interessanteste", sagte einst Johann Wolfgang von Goethe, als er zum dritten Mal durch das Urserental zog. Der größte Ort im Hochtal von Ursern am Fuß des Sankt Gotthard ist ein renommiertes Wintersportzentrum und Startpunkt der **Dreipässefahrt** (Furka, Grimsel, Susten), einer der spektakulärsten Alpenstrecken der Schweiz. Entlang der Dorfstraße reihen sich schöne Holzhäuser aus dem 18. Jh. mit schmiedeeisernen Verzierungen, nennenswert ist vor allem das 1767 umgebaute **Rathaus** und die barocke **Pfarrkirche St. Peter und Paul** von 1602. Romanischen Ursprungs ist die auf dem Weg nach Altdorf liegende **Kirche St. Kolomban**. Die Gotthardregion stellt die größte Wasserreserve Europas dar: Mehr als 40 Bergseen glitzern wie Perlen im Urserental und einige der größten Flüsse – Rhein, Rhone, Reuss und Ticino – entspringen auf dem Gotthard. Ein Wegenetz von über 60 km im Tal der Göscheneralp widmet sich unter dem Aspekt Umweltbildung dem Thema „Wasserwelten".

ZERMATT

Dieser renommierte Wintersportort am Fuß des 4478 m hohen Matterhorns, in dem seit 1947 nur Elektrofahrzeuge verkehren, bedarf wohl keiner Vorstellung. Zermatt ist seit 1931 für den privaten Autoverkehr gesperrt, zur Fortbewegung kann man eines der Elektrotaxis, den Elektrobus oder sogar die romantische Pferdekutsche nehmen. Die Chalets und Heuspeicher im Ortskern von Zermatt lassen noch den Charme des Bergdorfs erkennen. Supermodern dagegen ist das **Matterhorn Museum** *(Kirchplatz, Tel. 081.9296904, www.zermatt.ch, Öffnungszeiten: 8.30-17 Uhr)*, das den Besucher in modernster musealer Inszenierung zurückführt in das alte walisische Bauerndorf Zermatt und von den spannenden Besteigungen des Matterhorns erzählt. Auch der **Matterhorn Glacier Ride** ist jüngeren Datums, eine Panorama-Seilbahn, die auf 3.821 Höhenmetern ankommt *(matterhornparadise.ch)*. Das 300 Pistenkilometer umfassende Skigebiet von Zermatt erstreckt sich über die drei Gebiete **Rothorn, Stockhorn** und **Klein Matterhorn**, auf dessen Gipfel sich die Zielstation der höchsten Seilbahn Europas befindet (3820

213 – Berglandschaft bei Zermatt.

m), von hier gelangt man zum Sommerskigebiet am Theodul-Gletscher und zu dem auf italienischer Seite gelegenen Ort Cervinia. Die Region ist auch bei Bergsteigern und Wanderern legendär, sie haben die Qual der Wahl unter den zahllosen Routen, die sich durch das Mattertal winden und zum Teil alten Eselspfaden aus dem 13. Jh. folgen.

Übernachten

€€€€€ Romantik Hotel Julen (Zermatt). Dass dies ein romantischer Ort ist, sagt ja schon der Name, aber die großen Kachelöfen, die Einrichtung in hellem Holz und das Restaurant mit den Spezialitäten der walisischen Küche schaffen eine wirklich einzigartige Atmosphäre. Wenn Sie einmal richtig Energie tanken möchten, lassen Sie sich nicht die dreistöckige Wasser-Wunder-Welt entgehen mit allem was das Herz begehrt: Pool, Spa, Heublumenbäder und Ganzkörper-Ziegenbutter-Cremepackung. *Info: Riedstrasse 2, Zermatt, Tel. 027.9667600, www.julen.com*

€€€€ The River House Boutique-Hotel (Andermatt). Eine Atmosphäre vergangener Zeiten und modernste Technik in diesem am Fluss gelegenen Hotel, das auf 250 Jahre Geschichte zurückblicken kann. *Info: Gotthardstrasse 58, Andermatt, Tel. 041.8870025, www.theriverhouse.ch*

€€€€ Hotel Languard (St. Moritz). Ein kleines, familiäres Juwel im Zentrum von St. Moritz mit Blick auf den See und Zimmern im Engadiner Stil. Ab zwei Übernachtungen sind die öffentlichen Verkehrsmittel und Bergbahnen im Oberengadin im Zimmerpreis eingeschlossen. *Info: Via Veglia 14, St. Moritz, Tel. 081.8333137, www.languard-stmoritz.ch*

Restauranttipps

€€€ Veranda im Hotel Mirabeau (Zermatt). Erleben Sie die Highlights der Gastronomie mit der exquisiten Küche von Alain Kuster. Aus Produkten seines eigenen Gartens, den er mit Leidenschaft bewirtschaftet, zaubert er die tollsten Chutneys und Saucen. Das Restaurant hat im Gault Millau 14 Punkte erhalten. *Info: Untere Mattenstrasse 12, Zermatt, Tel. 027.96626, www.hotel-mirabeau.ch*

€€ Des Alpes (Fiesch). Einladendes Ambiente, das von essenziellen, puristischen Linien geprägt ist (es zeigt aber auch Fotos, die an das frühere Hotel des Alpes erinnern). Das Hotel-Restaurant bietet alpine Spezialitäten und eine ausgezeichnete Auswahl an Bieren mit Beratung von Sommelier Fabian Albrecht. *Info: Furkastrasse 33, Fiesch, Tel. 027.9711506, www.des-alpes.ch*

€€ 3 Könige & Post (Andermatt). Das gemütliche Restaurant des Hotels 3 Könige & Post liegt ruhig im Herzen von Andermatt, nicht weit von der historischen Brücke. Hier legten früher die Postkutschen vor ihrem Aufstieg zum Gotthard eine Rast ein. Im Angebot schmackhafte Spezialitäten der Gotthard-Region. *Info: Gotthardstrasse 69, Andermatt, Tel. 041.8870001, www.3koenige.ch*

€€ Chesa Veglia (St. Moritz). Dieses schiefergedeckte, gemütliche Bauernhaus aus dem Jahr 1658 mit einer Terrasse, von der man einen atemberaubendem Blick hat, und drei verschiedenen Restaurants und zwei Bars ist das älteste Restaurant von St. Moritz. Im Angebot überwiegend regionale Gerichte. *Info: Via Serlas 27, St. Moritz, Tel. 081.8372800, www.badruttspalace.com/de/restaurants-bars-club/chesa-veglia*

Weitere Informationen: www.glacierexpress.ch, www.myswitzerland.com/de

Genf – *Schweiz*

Das multikulturelle, multiethnische und vielsprachige Genf besitzt die Faszination einer kleinen kosmopolitischen Metropole. Die Stadt – in der Vergangenheit Zufluchtsstätte zahlreicher Religionsflüchtlinge – ist heute die Wahlheimat vieler Ausländer, die mehr als 40% der Einwohner ausmachen.

Die Stadt der Musik, des Theaters, vor allem aber der großen Denker und Gelehrten, von Calvin bis Rousseau, De Saussure bis Piaget, liegt an der Einbuchtung, an der die Rhone aus dem Genfersee hinausfließt. Am Horizont erheben sich die Alpengipfel und die Hügel des Juras. Die **Horloge Fleurie** im **Jardin Anglais**, das Symbol der Genfer Uhrenindustrie, ist die meistfotografierte Uhr der Stadt: Die aus 6500 Blütenpflanzen geformte Uhr besitzt den längsten Sekundenzeiger der Welt, der 2,5 Meter misst. Dieser am linken Rhoneufer direkt vor dem Wasserstrahl des **Jet d'Eau** gelegene Garten aus dem 19. Jh. ist ideal für einen Spaziergang, den man fortsetzen kann bis zum Rosengarten des nahen **Parks La Grange**, der bei den Genfern wegen seiner 12.000 Rosenstöcke so beliebt ist. Vom Seeufer aus gelangt man in die Altstadt hinauf, über der die **Cathédrale de St. Pierre** thront. Das eigentliche Herz ist aber der älteste Platz der Stadt, die **Place du Bourg-de-Four**. Die Atmosphäre vergangener Zeiten atmet man bei einem Bummel durch die **Grand-Rue**, in der es von Antiquitätengeschäften und Antiquariaten nur so wimmelt. Hier wurde 1712 im Haus Nr. 40 Jean-Jacques Rousseau geboren. Zum Gedenken an den großen Philosophen der

214-215 – Luftaufnahme von Genf mit dem Jet d'Eau im Vordergrund.

215 Unten – Die Seepromenade in Genf.

Aufklärung wurde hier das **Maison de Rousseau et de la Littérature** eingerichtet *(m-r-l.ch, wegen Renovierung geschlossen bis September 2020)*. Auch im **Parc des Bastions** findet man Geschichtsträchtiges wie das große Reformationsdenkmal, **Mur des Réformateurs**, das 1909 in Erinnerung an die Persönlichkeiten der Genfer Reformation aufgestellt wurde. Zeitgenössische Kunst ist in der zur Kunstgalerie **MAMCO** umfunktionierten Fabrik von Plainpalais ausgestellt. Am rechten Seeufer lohnt sich noch ein Besuch im **Palais des Nations** und im **Musée International de la Croix-Rouge**, bevor man sich dann am Kai von **Bains des Pâquis** entspannt.

Unterwegs in Genf: *Die Altstadt ist größtenteils verkehrsberuhigt und kann zu Fuß erkundet werden. Alternativ dazu stellt aber auch das Fahrrad ein ideales Fortbewegungsmittel dar. Fahrräder können gegenüber vom Hauptbahnhof oder am Quai du Mont-Blanc in der Nähe der Bains des Pâquis gemietet werden. Mit den „Mouettes", einer Art Wassertaxi, gelangt man von einem Rhoneufer zum anderen.*

Währung: *Die offizielle Währung in der Schweiz ist der* ***Schweizer Franken****.*

Sehenswertes

JET D'EAU: Dieser Wasserstrahl, der mit einer Geschwindigkeit von 200 km/h bis zu 140 m aus dem See in die Höhe schießt und dabei spektakuläre Lichteffekte entstehen lässt, nimmt im Herzen der Genfer einen ganz besonderen Platz ein. Ursprünglich war er 1886 zu dem Zweck installiert worden, den Wasserdruck beim städtischen Wasserwerk zu regulieren, entwickelte sich aber schon bald zum Wahrzeichen der Stadt.

ESPACE SAINT-PIERRE: Die majestätische **Cathédrale de St. Pierre** *(Cour St-Pierre, Tel. 022.3117575, www.cathedrale-geneve.ch, Öffnungszeiten: Juni-Sept., Mo.-Fr. 9.30-18.30 Uhr, Sa. 9.30-17 Uhr, So. 12-18.30 Uhr, Glockenkonzert 17 Uhr, Orgelkonzert 18 Uhr; Okt.-Mai, Mo.-Sa. 10-17.30 Uhr, So. 12-17.30 Uhr)* wurde zwischen 1160 und 1232 in schlichter romanisch-gotischer Form erbaut. 1752-56 erhielt sie noch eine klassizistische Fassade mit einem Portikus aus griechisch-römischen Säulen, die an den Pantheon in Rom erinnert. Steigt man die 157 Stufen zum alten **Nordturm** hinauf, bietet sich ein fantastischer Ausblick auf die Stadt. Seit der Reformationszeit ist dies eine protestantische Kirche, was auch das nüchterne Kircheninnere verdeutlicht, mit Figurenschmuck an den Kapitellen, der **Kanzel** von 1535, von der Calvin predigte, einem **Chorgestühl** aus dem 15. Jh. und dem schwarzen **Marmorgrab** des **Herzogs von Rohan**, dem Hauptvertreter der französischen Protestanten unter Heinrich IV. und Ludwig XIII. Die nach neugotischer Art üppig verzierte **Makkabäer-Kapelle** aus dem 15. Jh. entstand im Zuge der von Viollet-le-Duc durchgeführten Erneuerungen. Bei Ausgrabungen unter der Kirche wurden interessante Funde gemacht, die im dort eingerichteten **Site Archéologique** besichtigt werden können *(Cour St. Pierre 6, Tel. 022.3117574, www.site-archeologique.ch, Öffnungszeiten: 10-17 Uhr)*, der die Geschichte der seit der Römerzeit hier errichteten Kultstätten aufzeigt. Nur ein paar Schritte weiter wurde im Palais Maison Mallet das **Musée International de la Réforme** eröffnet *(Rue du Cloître, Tel. 022.3102431, www.musee-reforme.ch, Öffnungszeiten: Di.-So. 10-17 Uhr)*, und zwar genau dort, wo die Bürger Genfs am 21. März 1536 für die Einführung der durch Calvin in Genf angestoßenen Reformation gestimmt hatten.

PLACE DU BOURG DE FOUR: Dieser älteste Platz von Genf strahlt eine besonders einladende Atmosphäre aus. Um den Brunnen aus dem 18. Jh. drängen sich kleine Antiquitätengeschäfte, Bars und Cafés. Einige Häuser aus dem Mittelalter erinnern daran, dass hier einst der Korn- und Viehmarkt abgehalten wurde. Am nordöstlichen Rand des Platzes steht der im 18. Jh. ursprünglich als Krankenhaus erbaute Justizpalast.

HÔTEL DE VILLE: Bei einem Spaziergang durch die pittoreske **Rue de l'Hôtel de Ville** im Herzen der Altstadt gelangt man zum Hôtel de Ville aus dem 15. Jh., Sitz des Parlaments des Kantons Genf. Bemerkenswert ist die Rampe, die zu den oberen Stockwerken des **Turms** hinaufführt und einst von hochrangigen Beamten zu Pferde benutzt wurde. Der **Alabama-Saal** im Erdgeschoss trägt seinen Namen nach einem 1872 ausgetragenen Konflikt zwischen Großbritannien und den Vereinigten Staaten. Vor dem Rathaus erhebt sich das alte **Arsenal**, das im 15. Jh. als Korn-

216-217 – Die Kathedrale St. Pierre.

217 – Das romanisch-gotische Innere der Kathedrale St. Pierre.

In Schokolade baden

*Es nennt sich **„After the Rain"**, befindet sich mitten im Zentrum von Genf und ist ein Spa, das auch spezielle „Schokoladenbäder" anbietet, die, wie man herausgefunden hat, eine positive Wirkung sowohl auf die Haut (macht sie geschmeidiger und schützt vor Hautalterung) als auch auf das Herz-Kreislaufsystem haben sollen. In dieser Oase der Ruhe und Wonne kann man wählen zwischen einer cremigen Milchschokoladepackung und der Erfüllung eines alten Kindheitstraumes, nämlich einem Vollbad in einer bis zum Rand mit Schokolade gefüllten Badewanne. Nach dieser Verwöhnkur sind Körper und Seele regeneriert.* Info: Passage des Lions 4, Mo.-Sa. 9-21 Uhr, www.spa-aftertherain.ch

speicher gebaut und dann im 18. Jh. zu einem Waffenarsenal umfunktioniert wurde. Auf der Wand im Hintergrund sind drei Mosaike des Genfer Künstlers Alexandre Cingria, die die Ankunft Julius Cäsars in Genf, die mittelalterlichen Märkte und die Aufnahme der hugenottischen Flüchtlinge in der Stadt abbilden.

MAMCO - MUSEUM FÜR MODERNE UND ZEITGENÖSSISCHE KUNST: Das in einer Fabrik aus den 50er-Jahren untergebrachte Museum vereint Überraschung und Forschung, Provokation und Reflexion in einer Art, die keinen Besucher gleichgültig lässt. Die Sammlung selbst ist mit 2500 Exponaten auf einer Fläche von 4000 m² mit Installationen u.a. von Siah Armajani, Sylvie Fleury, Claudio Parmiggiani und Martin Kippenberger äußert beeindruckend. Seit der Eröffnung im Jahr 1994 organisierte das Mamco bereits viele Ausstellungen, ein Beleg für die Vielfältigkeit und Dynamik der schweizerischen und internationalen Kunstszene. *Info: Rue des Vieux-Grenadiers 10, Tel. 022.3206122, www.mamco.ch, Öffnungszeiten: Di.-Fr. 12-18 Uhr, Sa.-So. 11-18 Uhr, erster Mi. des Monats 12-21 Uhr.*

BAINS DES PÂQUIS: Einer der legendärsten Orte Genfs schlechthin sind zweifellos die **Bains des Pâquis**, das **öffentliche Bad von Pâquis** am Quai du Mont-Blanc. Das aus dem Jahr 1889 stammende und ursprünglich für Arbeiter gebaute Bad ist derzeit ganz en vogue bei den „mondänen Genfern", die hier relaxen möchten. Im Winter geht man in die Trocken- oder Dampfsauna und gönnt sich eine Massage, einen Pfefferminztee und ein „Fondue au Crémant" (Käse-Weißweinfondue). Im Sommer ist ein Sonnenbad auf dem Kieselstrand angesagt. Aber „aux bains" (ins Bad) geht man zu jeder Tages- und Nachtzeit einfach auch nur, um etwas zu trinken. *Info: Quai du Mont-Blanc 30, Tel. 022.7381616, www.bains-des-paquis.ch*

MUSÉE D'ART ET D'HISTOIRE: In einem Palais von 1910 mit einer durch Halbsäulen betonten Fassade, einem Garten, in dem eine Statue von Henry Moore aufgestellt ist, die größte Kunsteinrichtung Genfs und umfasst archäologische Sammlungen von der Vorzeit zur Welt der Griechen. Interessant ist die Sammlung angewandter Kunst, mit einer Rekonstruktion von Räumen antiker Wohnhäuser und Schlösser, Stoffen und Wandteppichen aus Tournai aus dem 16. Jh. und Porzellan aus Limoges. In der Galerie für Malerei und Skulptur des 15. Jhs. bis zur Moderne sind die Meisterwerke schweizerischer Künstler ausgestellt, wie etwa *Die Enthauptung Johannes' des Täufers* von Konrad Witz, *Madame d'Épinay* von J.E. Liotard, *Blick in die Unendlichkeit* von F. Hodler sowie von Augusto und Alberto Giacometti. *Info: Rue Charles Galland 2, Tel. 022.4182600, www.ville-geneve.ch/mah, Öffnungszeiten: 10-187 Uhr., Mo. geschl.*

DIE UHRENMUSEEN: Die Stadt der großen Luxusuhren-Manufakturen mit den besten Uhrmachern und Boutiquen mit den neuesten Modellen würdigt die alte Kunst der Zeitmessung mit zwei privaten Museen, die wohlklingende Namen tragen. Das auf dem linken Rhoneufer gelegene **Musée Patek Philippe** *(Rue Des Vieux-Grenadiers 7, Tel. 022.7073010, www.patek.com, Öffnungszeiten: Di.-Fr. 14-18 Uhr, Sa. 10-18 Uhr)* zeigt die Geschichte der Zeitmessung vom 16. Jh. bis in die heutige Zeit mit repräsentativen Stücken der Marke Patek Philippe von 1839 bis heute und einer außergewöhnlichen, seltenen Sammlung von Meisterstücken und Kuckucksuhren. Die anderen Museen sind **La Cité du Temps** *(Pont de la Machine 1, Tel. 032.3438900, www.citedutemps.com, Öffnungszeiten: Di.-Fr. 11-18 Uhr, Sa.-So. 10-17 Uhr)* auf dem rechten Flussufer und der **Planet Swatch** *(www.swatch.com)*, in dem 1700 seit 1983 hergestellte Uhren zu sehen sind, darunter auch die neuesten Kreationen zeitgenössischer Künstler und Designer, wie etwa die Kreation des indischen Künstlers Manish Arora, oder das Modell des chilenischen Bildhauers und Künstlers Iván Navarro, das einen Totenkopf mit zwei dahinter gekreuzten Knochen auf dem Zifferblatt zeigt.

DIE INTERNATIONALEN ORGANISATIONEN: Genf wird mit seiner humanitären Tradition und kosmopolitischen Atmosphäre zu Recht als „Hauptstadt des Friedens" bezeichnet, denn 200 internationale Organisationen haben ihren Sitz hier, darunter auch die UNO, die in einem Gebäude aus den 1930er-Jahren, dem **Palais des Nations** *(Av. de la Paix 14, Tel. 022.9174896/022.9174539, www.unog.ch, Öffnungszeiten: 9.45-11.45/13.45-15.45 Uhr)* untergebracht ist. Der Eintrittspreis umfasst neben einer Führung durch die Konferenzräume auch den Zutritt zum Garten, von dem aus man einen herrlichen Blick auf die Stadt, den See und die Alpen genießt. Verlässt man das Gebäude durch die „Porte Pregny" steht man einem sehr modernen Gebäude gegenüber, dem **Musée international de la Croix-Rouge et du Croissant-Rouge** *(Ave de la Paix 17, Tel. 022.7489511, www.redcrossmuseum.ch, Öffnungszeiten: Apr.-Okt. 10-18 Uhr, Nov.-März 10-17 Uhr)*, das man über einen engen, an einen Schützengraben erinnernden Gang erreicht. Im Inneren des Museums dokumentieren sehr beeindruckende Filmaufnahmen, Fotografien, Audioaufnahmen und Skulpturen (darunter *Die Versteinerten* von Carl Bucher, die die Verletzung der Menschenrechte versinnbildlichen) die Schrecken des Krieges und der Auseinandersetzungen zwischen den Völkern, denen die noblen Ziele der 1864 von den Genfer Philanthropen Henry Dunant und Henri Dufour gegründeten Organisation entgegenstehen.

Shopping

Auf dem linken Rhoneufer reihen sich exklusive Geschäfte aneinander. In der Rue du Rhône Nr. 45 ist seit 1845 der berühmte Uhrenhersteller und Juwelier ***Bucherer*** (Tel. 022.3196266, www.bucherer.com) *zu Hause, eine exklusive Adresse für Luxus made in Switzerland. Nicht weit entfernt findet man bei* ***Les Ambassadeurs****, dessen Schaufenster vor Gold und Edelsteinen nur so glitzern, luxuriöse Uhren und Schmuck* (Tel. 022.3186222, www.lesambassadeurs.ch). *Das glamouröseste Einkaufszentrum der Stadt,* ***Globus*** (www.globus.ch), *befindet sich in Nr. 48-50. Auf fünf Stockwerken ist von modischer Bekleidung bis Spielzeug, von Einrichtung bis zu Delikatessen so ziemlich alles zu finden. Von Rosenparfüms und Düften mit großen Namen angezogen sind die Kunden der* ***Parfümerie Theodora****, die zwischen den großen Gebäuden der Grand Rue* (Grand Rue 38, Tel. 022.3103875, parfumerietheodora.com) *versteckt ist. Schließlich gibt es noch den im Künstlerviertel von Carouge versteckten und vielfach ausgezeichneten Chocolatier* ***Philippe Pascoët****, der die Liebhaber süßer Köstlichkeiten mit seinen Pralinen und Trüffeln mit Thymian-, Basilikum-, Anis-, Tabak-, Tee- und Safrangeschmack betört* (Rue de la Cité 15, Tel. 022.8108189, www.pascoet.ch). *Samstags und sonntags ist* ***Flohmarkt*** *im Stadtviertel Plainpalais; die Stände sind vollgepackt mit Trödelware, alten Kleidungsstücken, Schallplatten und mehr oder weniger echten Antiquitäten.*

AUSFLUG NACH CAROUGE UND ZUM MONT SALÈVE: Absolut lohnenswert ist ein Abstecher in den etwa 4 km von Genf entfernten Vorort **Carouge**, ein bezauberndes Städtchen, das durch den Fluss Arve von Genf getrennt ist. Carouge gehört zwar seit über zweihundert Jahren nicht mehr zum Haus Savoyen, sondern zur Schweiz, hat aber seinen piemontesischen Charme beibehalten, der ihm im 18. Jh. von den italienischen Architekten verliehen wurde, die von den Herzögen von Savoyen mit der radikalen Erneuerung der Stadt beauftragt worden waren, um Genf Konkurrenz zu machen. Viele der in klassizistischem Stil errichteten Gebäude und Gärten in den Innenhöfen sind gut erhalten und bieten jetzt ein wunderbares Ambiente für Restaurants, Modeboutiquen, Büros, Ateliers und Antiquitätengeschäfte. Unbedingt einen Besuch wert ist der am Mittwoch- und Samstagmorgen auf dem Markplatz stattfindende Wochenmarkt – eine gute Gelegenheit, um kunsthandwerkliche Erzeugnisse aus der Region zu erstehen. 4 km südöstlich davon erreicht man in der Nähe von **Veyrier** eine Seilbahnstation. In den Kabinen (in denen Fahrräder kostenlos befördert werden) gelangt man bequem hinauf zu **Treize Arbres**, eine optimale Ausgangsbasis für eine Wanderung durch die Wiesen und Wälder auf dem Bergkamm des **Mont Salève** (1375 m Höhe), von wo aus man eine herrliche Aussicht auf Savoyen und den Lac d´Annecy hat.

Übernachten

€€€€€ Hôtel Beau-Rivage (historisch). Angefangen von Prinzessin Sisi sind schon viele bekannte Persönlichkeiten der europäischen Geschichte in diesem prächtigen Hotel abgestiegen, das bereits seit 1865 von Familie Mayer geführt wird. Luxus, Tradition, Charme und Diskretion: Das Beau-Rivage ist eine der exklusivsten Adressen der Schweiz. Von den Zimmern aus sieht man über den Genfersee bis hin zu den Alpen. *Info: Quai du Mont Blanc 13, Tel. 022.7166666, www.beau-rivage.ch*

€€€€ Edelweiss (zentral). In diesem charakteristischen Hotel im Stadtzentrum fühlt man sich wie in den Bergen: Im Kamin knistert stets ein Feuer und die Kopfteile der Betten sind mit Blumen bemalt. Das im Chaletstil gehaltene Restaurant ist in Genf sehr renommiert. *Info: Place de la Navigation 2, Tel. 022.5445151, www.manotel.com, www.hoteledelweissgeneva.com*

€€ Hotel Jade (orientalisch). Dieses von der chinesischen Lehre der Energie-Harmonisierung inspirierte Hotel bietet Entspannung in zentraler Lage in Seenähe. Die Räume sind in den Farben der fünf Elemente Holz, Feuer, Erde, Metall und Wasser nach Entwürfen von zwei Feng Shui-Meistern gestaltet. *Info: Rue Rothschild 55, Tel. 022.5443838, www.manotel.com, www.hoteljadegeneva.com*

Restauranttipps

€€€ Olivier de Provence (Flair). Es lohnt sich, die paar Kilometer nach Carouge zu fahren, um in diesem Restaurant, dessen Ambiente an einen alten Landsitz erinnert, köstlich zu speisen. Typische Saisongerichte sind zum Beispiel flambierter Wolfsbarsch und Perlhuhn mit Morcheln. Das Highlight im Sommer ist ein Abendessen auf der Terrasse im Schatten der Bäume. *Info: Rue Jacques-Dalphin 3, Carouge, Tel. 022.3420450, olivier-de-provence.ch*

€€ Café des Bains (modern). Dieses Bistro im Stil des 21. Jahrhunderts gegenüber der Galerie MAMCO im Stadtviertel Plainpalais bietet internationale Gerichte. Brillante Fotodrucke, Lampen und Fusion-Atmosphäre schaffen ein ideales Ambiente für den Genuss der leichten, auch von Vegetariern geschätzten Gerichte. *Info: Rue des Bains 26, Tel. 022.32021, www.cafedesbains.com*

€ Chez Ma Cousine. Das einzige Gericht, nämlich Brathähnchen am Spieß, ist wirklich köstlich: knusprig, zart und mit provenzalischen Kartoffeln als Beilage. *Info: Place du Bourg-de-Four 6, Tel. 022.3109696, www.chezmacousine.ch*

Nightlife

Le Palais Mascotte. Gönnen Sie sich einen etwas anderen Abend in diesem Lokal, in dem es von allem etwas gibt, aber immer mit Klasse und Qualität: Im obersten Stock befindet sich ein trendiges Restaurant, im ersten Stock ein Kabarett mit Musik der 1970er- und 80er-Jahre und im Souterrain gibt's Livemusik der 90er-Jahre. Ein Besuch lohnt sich. *Info: Rue de Berne 43, Tel. 022.7413333, www.palaismascotte.ch*

Le Chat Noir. Ein Lokal in Carouge, das von Musikliebhabern wegen der Rock-, Jazz- und Blues-Livekonzerte sehr geschätzt wird. Hier traten bereits Roy Ayers und Pink Martini auf. *Info: Rue Vautier 13 Carouge, Tel. 022.3434998, www.chatnoir.ch*

L'Usine. Ein Kulturzentrum in einer ehemaligen Goldschmiedewerkstatt, in dem Konzerte, Theateraufführungen, Programmkino und Tanzabende stattfinden. *Info: Place des Volontaires 4, Tel. 022.7813490, www.usine.ch*

Nützliche Informationen: Genève Tourism & Congrès, Rue du Mont-Blanc 18, Tel. 022.9097000, www.geneva-tourism.ch

218 – Blick auf die Stadt.

219 – Mit dem Schiff über den Genfersee.

Mit dem Schiff über den Genfersee

Die Compagnie Générale de Navigation bietet das ganze Jahr über verschiedene Schifffahrten auf dem Genfersee an; je nach Jahreszeit können Ausflüge verschiedener Länge mit unterschiedlichen Zielen ausgewählt werden. Im Sommer ist die Rundfahrt „Petit Lac" (3,5 Stunden) zu empfehlen, die nach Nyon und zu dem bezaubernden Dorf Yvoire in Frankreich führt, einer mittelalterlichen Festung, wo man einen historischen Garten auf dem Gelände der Burg besichtigen kann (www.jardin5sens.net, Mitte Apr.-Mitte Sept. 10-18.30 Uhr, Mitte Sept.-Mitte Okt. 10-17.30 Uhr). Info: CGN – Quai du Mont Blanc, Tel. 0900.929929, www.cgn.ch; Abfahrt vom Jardin Anglais.

Turin und die Lustschlösser – Italien

Das Detroit Italiens, die Fiat-Stadt! Jahrzehntelang war Turin Synonym für die Automobilindustrie, für eine mit der Modellfabrik verschmolzene Stadt. Aber die jahrhundertealte Geschichte Turins hat mehr zu bieten. Es ist die Hauptstadt Savoyens, eine Stadt von architektonischem Wert, ein barockes Juwel, das erstaunt und überrascht. Es ist die Stadt der Königsresidenzen, der Brücken über den Po, des Alpenpanoramas am Horizont, der Arkaden im Stadtzentrum. Eine Stadt, der es gelungen ist, sich in den letzten Jahren, nach der erfolgreichen Olympiade 2006 in eine Ideen- und Innovationsschmiede zu verwandeln, in zeitgenössischer Architektur und Film, in Gastronomie, ökologischer Architektur und Design.

Zwischen **Piazza San Carlo, Via Roma** und **Piazza Castello**, wo sich die wichtigsten Paläste, Geschäfte, Kirchen und Museen der Stadt befinden, taucht der Spaziergänger ein in die klassisch-königliche Atmosphäre. Die **Arkaden der Via Po** führen zur **Mole Antonelliana** und der **Piazza Vittorio Veneto**, wo man traditionell Samstagabend den Aperitif einnimmt, unweit der **Murazzi**, den Ufern des Po und, vor allem im Sommer, dem Mekka des Turiner Nachtlebens. Folgt man dem Flussufer, gelangt man zum **Parco del Valentino**, einem romantischen Ort mit anmutigem botanischem Garten, der Burg aus dem 17. Jh., heute Sitz der Architekturfakultät und einem nachgebauten mittelalterlichen Dorf. Unweit davon, in der Via Nizza, liegt die von Renzo Piano umgebaute, frühere Fiat-Fabrik **Lingotto**, Symbol städtischer Umstrukturierung, wo sich heute die Pinacoteca Gianni Agnelli *(Via Nizza 230, Tel. 011.0062713, www.pinacoteca-agnelli.it, Öffnungszeiten: Di.-So. 10-19 Uhr, Mo. geschl.)* mit Meisterwerken großer Künstler von Canaletto bis Picasso befindet. Ein

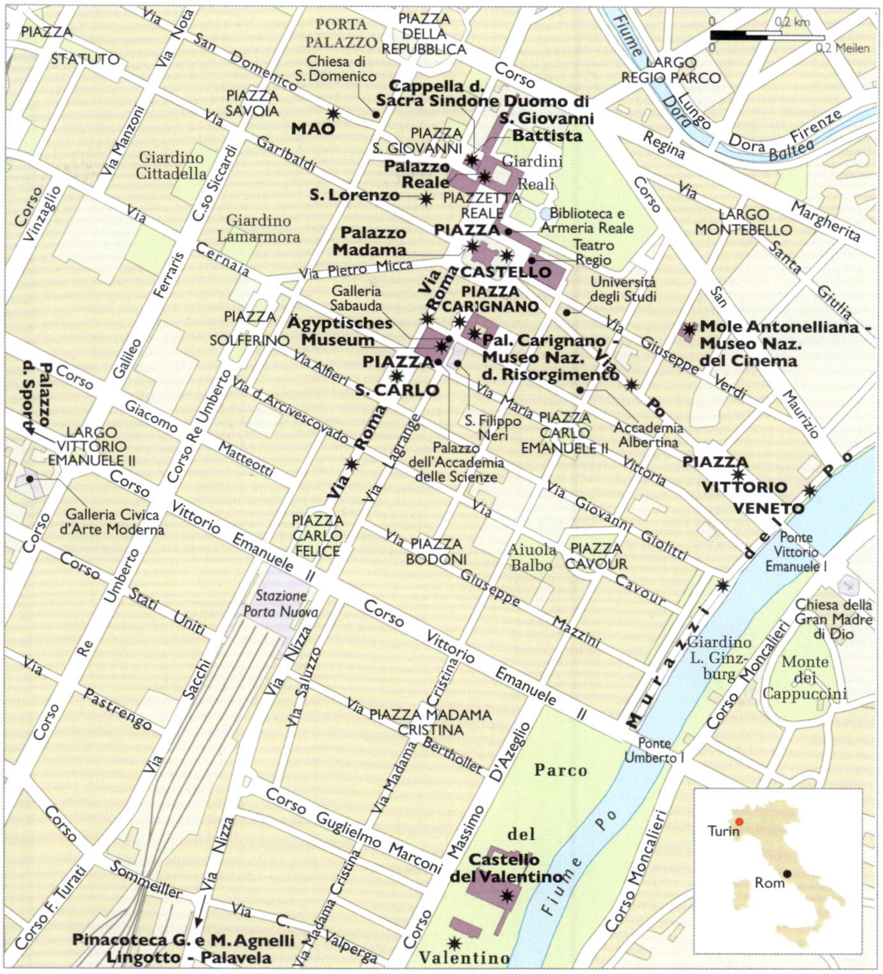

220-221 – Ansicht der Stadt mit der Mole Antonelliana im Vordergrund.

221 unten – Das Reiterstandbild Emanuele Filibertos I. auf der Piazza S. Carlo.

Blick aus der Vogelperspektive auf das heutige Turin streift den **Palazzo dello Sport** von Arata Isozaki und Pier Paolo Maggiora *(Via Filadelfia 82)*, die von Gae Aulenti und Arnaldo De Bernardi neu gestaltete **Palavela** *(Via Ventimiglia 145)* und die futuristische **Chiesa del Santo Volto** von Mario Botta, im Viertel Spina 3 *(Via Valdellatorre, 11, Öffnungszeiten: 8-12 Uhr und 15-19 Uhr)*.

Unterwegs in Turin:
Trotz der großen Ausdehnung der Stadt kann das historische Zentrum zu Fuß besucht werden, da die interessanten Ziele nicht mehr als 20 Min. voneinander entfernt liegen. Ein zweckmäßiges Straßenbahn-, Bus- und U-Bahnnetz verbindet das Zentrum mit den Außenbezirken und dem Turiner Stadtgürtel. Von Juni bis September verbinden Linienboote die Murazzi am Po mit dem Borgo Medievale. Derzeit ist der Verkehr ausgesetzt, er soll aber wieder aufgenommen werden. Weitere Informationen unter: www.gtt.to.it/cms

Sehenswertes

PIAZZA S. CARLO: Zwischen 1642 und 1650 vom königlichen Architekten Carlo di Castellamonte nach dem Vorbild der Pariser *Places Royales* erbaut, war er stets die „gute Stube" der Stadt, ein Ort der Feste, Ereignisse und Riten. Aus der Mitte der in eleganter Symmetrie einheitlich aneinandergereihten aristokratischen Wohnhäuser aus dem 17. Jh., erhebt sich das berühmte **Reiterstandbild Emanuele Filibertos I.** von Carlo Marocchetti (1838), das den König zeigt, als er nach der Schlacht von Saint-Quentin 1557 das Schwert zurücksteckt. Der auffällige Hintergrund des Platzes mit den Zwillingskirchen **S. Carlo** und **S. Cristina**, deren Fassade ursprünglich konkav war, wurde 1716-18 von Filippo Juvarra mit prunkvoll drapierten Statuen veredelt. Unter den Arkaden reihen sich Tische der berühmtesten historischen Cafés Turins aneinander, wie das **Caffè San Carlo**, das 1842 eröffnete Caffè Torino und die **Confetteria Stratta**, deren Interieur aus dem Jahr 1836 stammt.

MUSEO EGIZIO: Bereits 1824 schrieb der Ägyptologe Jean-François Champollion: „Der Weg nach Memphis und Theben führt über Turin". Und noch heute sind Archäologieliebhaber von der umfassenden Sammlung des Ägyptischen Museums zu Turin, nach Kairo dem zweitwichtigsten der Welt, überrascht. Seit 1824 in dem von Guarino Guarini im 17. Jh. entworfenen Palazzo dell'Accademia untergebracht, wurde es in den letzten Jahren umgebaut und neu konzipiert, um die kostbaren Funde, die die Kultur des antiken Ägypten in allen ihren Aspekten (Arbeit, Totenkult, Religion, Ernährung, Alltag) von 4000 v. Chr. bis zur Spätantike dokumentieren, besser zur Geltung zu bringen. Zu den Meisterwerken zählen der königliche Papyrus mit der vollständigen Liste der ägyptischen Pharaonen, der felsige Ellesija-Tempel, das Grab des Kha und seiner Frau Merit und die eindrucksvolle vom Bühnenbildner Dante Ferretti neu inszenierte Statue Ramses II. *Info: Via Accademia delle Scienze 6, Tel. 011.5617776, www.museoegizio.it, Öffnungszeiten: Mo. 9-14 Uhr, Di.-So. 9-18.30 Uhr.*

PALAZZO CARIGNANO UND MUSEO NAZIONALE DEL RISORGIMENTO ITALIANO: Am 17. März 2011, 150 Jahre nach Ausrufung der Einheit Italiens, wurde das neu gestaltete **Museo nazionale del Risorgimento italiano** eröffnet, das die europäische, italienische, piemontesische und Turiner Geschichte vom 18. Jh. bis zum Zweiten Weltkrieg wachhält. Filmbeiträge auf großen Bildschirmen, avantgardistische Multimedia-Techniken, interaktive Schalttafeln für Detailinfos, dies sind einige der Neuheiten, die den Besucher einbeziehen und ihm erlauben, die Etappen der italienischen Einheit hautnah mitzuerleben. Sehr eindrucksvoll die Nachbildung der Zelle von Silvio Pellico in der Festung Spielberg, der Saal, wo die Verfassung 1848 erlassen wurde, zu Ehren von Carlo Alberto und den Savoyern ganz in Blau gehalten, und der festliche Saal der piemontesischen Abgeordnetenkammer, seit 1848 unter Denkmalschutz. Draußen bewundert man die wellenförmige Originalfassade des barocken, von Architekt Guarini 1679 entworfenen **Palazzo Carignano**, der damals wegen der Backsteinoptik in Turin für Aufsehen sorgte. *Info: Via Accademia delle Scienze 5, Tel. 011.5621147, Vorverkauf: Tel. 011.5624695, www.museorisorgimentotorino.it, Öffnungszeiten: Di.-So. 10-18 Uhr (letzter Einlass 17 Uhr).*

PIAZZA CASTELLO: Der historische Kern der piemontesischen Hauptstadt mit der charakteristischen nüchternen, eleganten Harmonie der Stile (1584 von Ascanio Vitozzi entworfen) ist umgeben von Arkaden und den barocken und klassizistischen Fassaden der ehemaligen Residenzen des Hauses Savoyen. In seiner Mitte erhebt sich Palazzo Madama (s. u.), das alte Castello und Namensgeberin des Platzes. Ein Gitterzaun aus dem 19. Jh. trennt es vom Eingang der **Gärten** und des **Palazzo Reale**, dessen prächtige Räume daran erinnern, dass er von 1563-1865 Residenz des Savoyer Hofes war *(Piazzetta Reale, Tel. 011.19560449, www.museireali.beniculturali.it, Öffnungszeiten: Di.-So. 9-19 Uhr)*. Am Ausgang ist man gebannt vom Anblick eines Teils der unvergleichlichen Kuppel von **S. Lorenzo**, die Lichtstrahlen ins Innere lenkt und diese so zum Teil der baulichen Komposition macht. Vollendete Barockarchitektur von Guarino Guarini (1666)! Es folgen die klaren Glockenturmkonturen des Renaissance-Doms **San Giovanni Battista** *(Piazza S. Giovanni, Tel. 011.4361540, www.duomoditorino.it, Öffnungszeiten: 9-12.30 u. 15-19 Uhr)* und der **Cappella della S. Sindone** *(Via S. Domenico 28, Tel. 011.4365832, www.sindone.it/museo, Öffnungszeiten: 9-12 u. 15-19 Uhr)*, ein großer Ring einander überlappender Bögen (Guarino Guarini, 1668-94), innen mit schwarzer Marmorverkleidung, als wolle man daran erinnern, dass hier das heilige Grabtuch aufbewahrt wird, in das einigen Evangelien zufolge der Leib Christi vor der Grablegung gehüllt war. Hat man durch die Arkaden rechts vom Palazzo Reale das aus dem 18. stammende und im 20. Jh. umgebaute **Teatro Regio** hinter sich gelassen, sollte man sich bei Hausnummer 27 in den verspiegelten und

holzverkleideten Räumen eine königliche Pause mit Schokolade und Sahne in der **Confetteria Baratti&Milano** gönnen, seit 1885 Treffpunkt der Turiner High Society. Nebenan das kleine **Caffè Mulassano**, bekannt als Erfinder der Tramezzini, die hier Haute Cuisine-Niveau erreichen.
PALAZZO MADAMA – MUSEO CIVICO D'ARTE ANTICA: Genau in der Mitte der Piazza Castello gelegen birgt er in seinen historischen Mauern die lange Stadtgeschichte: Auf den Fundamenten eines antiken römischen Tors errichtet, sollte er im 10. Jh. Festung und Wohnsitz der Acaia-Prinzen sein, wurde im Mittelalter zu einer Burg und im 15. Jh. von den Savoyern mit zweibogigen Ecktürmen erweitert. Vom fantasievollen Architekten Juvarra stammen der Treppenaufgang und die monumentale Barockfassade, auf dem Sims von Statuen, Töpfen und Trophäen geziert. Im Innenbereich, wo 1848 die Eröffnungssitzung des piemontesischen Senats stattfand, das **Museo Civico d'Arte Antica** mit Meisterwerken wie dem berühmten *Porträt eines unbekannten Mannes* von Antonello da Messina, *Les très belles heures du duc de Berry* (1380-1450), einem Stundenbuch mit Miniaturen u.a. von Jan van Eyck, und der großen Sammlung an Gemälden, Gobelins, Glas, Keramik, Elfenbein, Stickereien. Im Hof wurde 2011 der erste Standort des **Museo Torino** eröffnet, ein innovatives Museumsangebot, wo in einer Mischung aus Realem und Virtuellem 12.000 Jahre Stadtgeschichte erzählt werden. *Info: Piazza Castello, Tel. 011.4433501, www.palazzomadamatorino.it, Öffnungszeiten: 10-18 Uhr, Di. geschl.*

222 OBEN – DAS ÄGYPTISCHE MUSEUM VON TURIN.

222 UNTEN – PALAZZO CARIGNANO.

223 – PALAZZO MADAMA UND DER TREPPENAUFGANG VON JUVARRA AUS DEM 18. JH.

Shopping

Shopping schmeckt in Turin nach Schokolade. Als Pilgerziel von Leckermäulern hat Turin in der Chocolatier-Kunst eine jahrhundertelange Tradition. Unbedingt besuchen sollte man die Chocolaterie ***Guido Gobino*** *in der zentral gelegenen Via Lagrange 1/A* (www.guidogobino.it), *deren Degustationsraum sogar Video- und Geruchsinstallationen bietet.* ***CioccolaTò*** *ist die berühmteste Messe Italiens für handwerklich hergestellte Schokolade, die im November auch Touristen mit den Verführungen der Schokolade anlockt* (www.cioccola-to.eu).
Gastronomisch ist **Eataly** *ein Must, der weltgrößte Wein- und Feinkost-Megastore für feine Gaumen und Slow Food-Produkte* (Via Nizza 224; www.eataly.net). *Haute Couture und traditionelle Geschäfte findet man in der Via Roma und der Via Bruno Buozzi, Antiquitäten hingegen in der exklusiven Via Maria Vittoria und Via Principe Amedeo. Doch in Sachen Mode und Einrichtung schlägt das Turiner Herz für Antikes. Von den vielen Läden mit Accessoires und trendigen Old Fashion-Stücken sollte man* ***Pandora Vintage Shop*** (Via Giolitti 49b, www.pandoratorino.com) *besuchen. Dort findet man faszinierende Second-Hand-Artikel, und zwar Kleidung wie auch prestigeträchtige Accessoires: die besten Marken zu erschwinglichen Preisen.*
Sind Sie samstags in Turin, sollten Sie den wunderschönen ***Flohmarkt il Balon*** *von Porta Palazzo nicht versäumen, der kosmopolitischsten Gegend Turins, wo man einfach alles findet: Kunst, Antiquitäten, Accessoires, Kleidung. Für Liebhaber von Antiquitäten und alter Kunst ist der gleichnamige* ***Showroom Il Balon*** *von Claudio Fornasieri eine tolles Abenteuer* (Via Bernardino Lanino 5, Tel. 011.5213270, www.ilbalon.it). *Dort kann man stundenlang zwischen Haufen von Möbeln, Gemälden und Antiquitäten aus piemontesischen Landhäusern, England oder Frankreich und sogar dem Fernen Osten herumschlendern.*

MAO – MUSEO D'ARTE ORIENTALE: Ein Museum, das dazu beiträgt, ferne Welten zu verstehen und kennenzulernen und beim Besucher neue Gedanken und Vorstellungen weckt. Im eleganten Palazzo Mazzonis mit fließenden Linien, Stuck und barocken Treppenaufgängen untergebracht, umfasst die Sammlung des Turiner MAO etwa 1500 Werke, fast alle aus den großen Regionen Asiens: aus Indien und Südasien, China und Japan, der Himalaja-Region und den islamischen Ländern, Zeugnisse einer außergewöhnlichen künstlerischen Blüte, die von Zentralasien bis in den Mittelmeerraum reicht. Mit schmeichelnder Musik und Klanguntermalung verzaubern die sandsteinerne Vischnu-Büste aus Angkor (Kambodscha), der *Unbekannte aus Terrakotta mit verhülltem Gesicht* aus der Tang-Dynastie und der *Japanische Tempelwächter* aus bemaltem Zypressenholz. *Info: Via San Domenico 11, Tel. 011.4436932, www.maotorino.it, Öffnungszeiten: Di.-Fr. 10-18 Uhr, Sa.-So. 11-19 Uhr.*

MOLE ANTONELLIANA – MUSEO NAZIONALE DEL CINEMA: Im futuristischen Bau des 19. Jhs., der **Mole Antonelliana**, dem bizarren und faszinierenden Entwurf von Alessandro Antonelli (1863), hat der Schweizer Bühnenbildner **François Confino** mit Geist und Fantasie das einzige dem **Kino** gewidmete **Museum** Italiens und eines der wichtigsten seiner Art weltweit ausgestattet. Ein gänzlich vertikal angeordnetes Museum auf sechs Ausstellungsebenen, das mit Skizzen, Bühnenbildern, Kostümen, Set-Requisiten und Filmvorführungen die Geschichte des Kinos von der Laterna magica bis zum digitalen Zeitalter rekonstruiert. In der Mitte, der große Saal des „Tempels", der spektakuläre Filmvorführraum, umgeben von „Kapellen", die den großen Filmgenres, wie Western, Horror-Musical und Science-Fiction gewidmet sind. Mit dem Panorama-Aufzug gelangt man in die Spitze der Kuppel, die nachts von der Lichtinstallation von Mario Merz rot erleuchtet wird. *Info: Mole Antonelliana, Via Montebello 20, Tel. 011.8138563, www.museocinema.it, Öffnungszeiten: 9-20 Uhr, Sa. 9-23 Uhr, Di. geschl.*

Übernachten

€€€€ Art Hotel Boston (Design). Ein dynamisches Hotel, fast ein „Museum in Bewegung" in einem historischen Palast vom Beginn des 20. Jhs. im eleganten Viertel Crocetta. Innovativ, überraschend, stylisch: ein Hotel, aber zugleich Kunstgalerie mit ausgestellten Werken zeitgenössischer Künstler, wie Carla Accardi, Lucio Fontana, Andy Warhol. Natürlich sind auch die Zimmer „Unikate". *Info: Via Massena 70, Tel. 011.0361400, www.hotelbostontorino.it*

€€€€ NH Santo Stefano (mit Spa). Vier Sterne mit minimalistischem Hauch im lebendigen Viertel Quadrilatero romano. Ein Besuch lohnt sich, und sei es wegen des Hafa Hamam, der Avantgarde mit marokkanischer Tradition verbindet. *Info: Via Porta Palatina, 19, Tel. 011.5223311, www.nh-hotels.it/hotel/nh-torino-santo-stefano*

€€€ Hotel Genio (zentral). Elegantes Hotel im Herzen Turins, ein historisches Gebäude aus der zweiten Hälfte des 19. Jhs. am Corso Vittorio Emanuele II. Neben den modern oder historisch eingerichteten Zimmern bietet das Hotel auch einen Spa- und Fitnessbereich. *Info: Corso Vittorio Emanuele 47, Tel. 011.6505771, www.hotelgenio.it*

Restauranttipps

€€€ Combal.zero (innovativ). Ein mit 2 Michelin-Sternen und 3 Gambero Rosso-Gabeln ausgezeichnetes Lokal im bezaubernden Ambiente des Museo di Arte contemporanea des Schlosses von Rivoli. Das Geheimnis? Projektdesgin und lange Erfahrung mit Nahrungsmitteln und Temperaturen. *Info: Piazza Mafalda di Savoia, Rivoli (TO), Tel. 011.9565225, www.combal.org*

€€ Magorabin (Terroir-Küche). Als Küchenchef mit Kunstdiplom, der das Kochen im Blut hat, ist Marcello Trentini der „Zauberer" in diesem angenehmen Lokal, das mit persönlicher Note verfeinerte Terroir-Küche bietet. *Info: Corso San Maurizio 61b, Tel. 011.8126808, www.magorabin.it*

€€ Capannina (traditionell). In einem Gebäude des späten 19. Jhs.Treffpunkt für Liebhaber traditioneller Küche, vor allem aus Alba, mit Pilzen, weißen Trüffeln, Kalbfleisch Alba-Art, handgehacktem Fleisch, reicher Auswahl an gekochten Fleischgerichten und Nachspeisen. *Info: Via V. Donati 1, Tel. 011.545405, www.lacapanninatorino.com*

Nightlife

Discoteca Life. Im Herzen des Valentino ein Lokal, wo das Leben pulsiert. Heiße und elegante Stimmung, eingerichtet im New York-Style. Gute Musik und gute Drinks. *Info: Corso Massimo D'Azeglio 3, Tel. 392.6938894*

Drogheria. Wie ein Apartment konzipierte Bar: Esszimmer mit großem Gemeinschaftstisch, Fernsehzimmer mit Sofa, Kaminzimmer und Bar. Reichhaltiges Frühstück, heiße und kalte Gerichte zur Mittagszeit. Highlight ist allerdings der Aperitif (19 bis 22 Uhr) mit großer Auswahl an Häppchen, Pizza und Gemüsetempura.
Info: Piazza Vittorio Veneto 18, Tel. 011.8122414, www.la-drogheria.it

Astoria. Trendlokal mit musikalischen Experimenten im Viertel San Salvario: Cocktailbar, Konzertsaal und DJ Set (im Untergeschoss). *Info: Via Claudio Luigi Berthollet 13, Tel. 346.8476451, www.astoria-studios.com*

Charlie Bird. In diesem einladenden, familiären Lokal dreht sich alles um Jazz. Beppe, der Besitzer, duldet keine andere Musik. Zeitschriften, Monografien und Comics zur Geschichte des Jazz oder Musiknews können kostenlos durchgeblättert werden. An den Wänden Schwarz-Weiß-Aufnahmen von Größen der Black Music. Von 22 Uhr bis Mitternacht ist Happy Hour mit Cocktails. *Info: Via Vincenzo Gioberti 1, Tel. 392.7783218.*

Weitere Informationen: Fremdenverkehrsamt Italien, www.enit-italia.de und Piazza Castello, Ecke Via Garibaldi, Tel. 011.535181, www.turismotorino.org

224 – Das in der spektakulären Mole Antonelliana untergebrachte Kinomuseum.

225 oben – Die Gärten des Schlosses Venaria Reale.

225 unten – Die Diana-Galerie im Königspalast Venaria Reale.

Ein Kranz aus Lustschlössern rings um die Stadt

Während ihrer Herrschaft haben die Savoyer das Gebiet um die Hauptstadt mit einem von Hof und Adel bewohnten Ring aus Lustschlössern mit Palästen, Stätten für Feste und Jagden, aber auch konkretem Ausdruck der absoluten Macht der Dynastie verschönert. Von besonderem historischen, künstlerischen und architektonischen Reiz ist die 10 km vom Stadtzentrum entfernte Anlage ***Venaria Reale****, bestehend aus* ***Dorf, Diana-Palast*** *und* ***Gärten****, die dem Besucher nach langen Restaurationsarbeiten vielfältige Kultur bieten, aber zugleich für Erstauen und Abwechslung sorgen. Besucht man die Säle des von Carlo Emanuele II. im 17. Jh. in Auftrag gegebenen Jagd- und Lustschlosses, woran Filippo Juvarra und Benedetto Alfieri arbeiteten, so kann man den von Regiegenie Peter Greenaway neu erfundenen Hofstaat treffen, dem Wasserspektakel des größten Brunnens Europas beiwohnen, sich von den weißen Stuckaturen der Galleria di Diana, den Lichtspielen der Cappella di Sant'Uberto, dem eindrucksvollen auf den Park gerichteten Zitronengarten und den unumstrittenen Meisterwerken von Filippo Juvarra verzaubern lassen* (www.lavenaria.it, Öffnungszeiten: Di.-Fr. 9-17 Uhr, Sa., So. u. Feiertage 9-18.30 Uhr, Mo. geschl. Mit öffentlichen Verkehrsmitteln: von Turin mit der Linie GTT Venaria Express, Endhaltestelle Corso Stati Uniti, Ecke Corso Re Umberto. Mit dem Auto: über die Tangenziale (Torino Nord), Ausfahrt Venaria oder Savonera/Venaria). *18 km vom Stadtzentrum entfernt, erhebt sich das zwischen dem 16. und 17. Jh. mit Beteiligung Filippo Juvarras auf einem Hügel errichtete* ***Castello di Rivoli****. Heute bieten die Schlossräume aus dem 18. Jh. und die auffällige Manica Lunga, die ehemalige Pinakothek Carlo Emanueles, den vornehmen Rahmen für Italiens ersten Ort, der sich nur zeitgenössischer Kunst widmet. Einbezogen wird das Publikum beim Besuch des Museums, das Werke von Meistern wie Sol Lewitt, Richard Long, Maurizio Cattelan und Vanessa Beecroft zeigt, nicht nur durch die Ausdruckskraft der Installationen, sondern durch deren Bezug zur historischen Schlossarchitektur, die ein betörendes Spiel des Widerhalls schafft* (Piazza Mafalda di Savoia, Rivoli, Tel. 011.9565222, www.castellodirivoli.org, Öffnungszeiten: Di.-Do. 10-17 Uhr, Fr.-So. 10-21 Uhr, Mo. geschl.) Mit öffentlichen Verkehrsmitteln von Turin: ab den Haltestellen Porta Nuova und Porta Susa mit der U-Bahn Richtung Fermi. Per Auto: über die Tangenziale Richtung Frejus Moncenisio, Monginevro, Ausfahrt Rivoli).

Mailand – *Italien*

Mailand wird gemeinhin als Geschäfts- und Modestadt bezeichnet, doch die „Stadt der Polizisten und des Panettone", die dank der EXPO 2015 neue Vitalität erhielt, hat viel mehr zu bieten, darunter reges Treiben an den Navigli und der Corso Como sowie neue Bauten von Stararchitekten. Blicken wir rasch auf alte und neue Schätze der lombardischen Hauptstadt. Und ein Abstecher darf nicht fehlen: der zum von Manzoni gerühmten Comer See, Inspiration vieler Kavaliersreisender.

Erst wurde nach Plänen von Renzo Piano das **Teatro dell'Arcimboldi** *(Viale dell'Innovazione 20, Tel. 02.641142200, www.teatroarcimboldi.it)* erbaut, um die Mailänder während der Scala-Restaurierung nicht ihrer Opernmusik zu berauben. Dann kamen **Hangar Bicocca** *(Via Privata Chiese 2, Tel. 02.66111573, pirellihangarbicocca.org, variierende Öffnungszeiten)*, eine in ein Event- und Ausstellungszentrum umgewandelte Industriehalle, das **Museo del Design**, das **Museo del Novecento** neben dem **Palazzo Reale** *(Tel. 02.88445181, www.palazzorealemilano.it, variierende Öffnungszeiten)*, der Ausbau des **Museo Archeologico** *(Corso Magenta 15, Tel. 02.88445208, Öffnungszeiten: 9-17.30 Uhr, Mo. geschl.)* und seit Neuem das **Mudec, Museo delle Culture** *(Via Tortona 56, Tel. 02.54917, www.mudec.it)*, das den Kulturen der Welt gewidmet ist. Hinzu kommen Symbol-Bauten, wie der **PAC** *(Tel. 02.88446359, www.pacmilano.it, variierende Öffnungszeiten)*, der Pavillon für moderne Kunst vor den historischen **Gärten** der **Via Palestro**, das **Wissenschafts- und Technikmuseum** *(Via S. Vittore 21, Tel. 02.485551, www.museoscienza.org, Öffnungszeiten: Di.-Fr. 9.30-17 Uhr, Sa. u. So. bis 18.30 Uhr)*, die **Pinacoteca Ambrosiana** mit der kostbaren Sammlung Kardinal Borromeos und Raffaels Karton zur *Schule von Athen (Piazza Pio XI 2, Tel. 02.806921, www.ambrosiana.it, Öffnungszeiten: Di.-So. 10-18 Uhr)*, und zwei der wertvollsten Museen Italiens, das **Poldi-Pezzoli** *(Via Manzoni 12, Tel. 02.794889, www.museopoldipezzoli.it, Öffnungszeiten: 10-18 Uhr, Di. geschl.)* und das **Bagatti-Valsecchi** *(Via Gesù 5, Tel. 02.76006132, www.museobagattivalsecchi.org, Öffnungszeiten: Di.-So. 13-17.15 Uhr)*. Ganz mailändisch ist das Ritual eines **Galleria-Bummels**, das Treiben an den Navigli *(siehe Infobox)* oder im Stadtviertel **Corso Como-Garibaldi**, das in ein modernes Modezentrum verwandelt wurde (um die runde **Piazza Gae Aulenti** herum, entworfen vom argentinischen Architekten César Pelli). Versäumen Sie nicht die **Terme Milano** *(Piazzale Medaglie d'Oro 2, Tel. 02.55199367, www.qcterme.com)*, eine Wohlfühloase im spanischen Garten eines 2500 m² großen Jugendstilkomplexes mit der ersten Biosauna in einer Straßenbahn. Mailand hat nach der Expo 2015 eine intensive städtische Aufwertung erlebt, angefangen beim **City Life**, dem Symbolviertel der Wiederbelebung auf dem ehemaligen Messegelände mit großflächiger Parkanlage und der Zierde der **Tre Torri** (Wolkenkratzer der Stararchitekten Isozaki, Hadid und Libeskind).

Unterwegs in Mailand: *Es gibt vier U-Bahnlinien (die fünfte wird gerade fertiggestellt) und außer den Verbindungszügen aus dem Umland mit Haltestellen an den Bahnhöfen und Anschluss an die Metro ein gutes Netz an Bussen und Straßenbahnen* (www.atm.it). *Bequem ist Bike Sharing* (www.bikemi.com), *das Touristen gefällt und in der Stadt verbreitet ist.*

Sehenswertes

DER DOM: Eine Kirche, die man nicht vergisst! Seit 1386 im Bau und noch immer unvollendet, bildet sie mit ihrer Fassade aus Candoglia-Marmor, reich verziert mit Statuen und Fialen, mit Portalen aus dem 17. Jh., gotischen Fenstern, Dachterrassen,

die bis zur Madonnina von 1769-1774 reichen, die fast 4,5 m misst und 6 Zentner wiegt und als Symbol der Stadt gilt, die Kulisse der Piazza Duomo. Der **Domschatz** umfasst Goldschmiedearbeiten und liturgische Geräte *(Tel. 02.361691, www.duomomilano.it, Öffnungszeiten: 8-19 Uhr)*.
GALLERIA VITTORIO EMANUELE: In der guten Stube der Stadt flaniert man, bummelt entlang der Schaufenster der schicken Geschäfte, bestaunt die Glas- und Eisenkuppel, die sich über dem achteckigen Platz erhebt und dessen Stier im Mosaik am Schnittpunkt der vier Achsen jedermann dazu veranlasst, sich umzudrehen und das Tier mit der Hacke zu treten, weil dies angeblich Glück bringt. Bombardiert und 1955 getreu dem Original aus dem 19. Jh. wieder aufgebaut, verbindet die Galleria Piazza Duomo und Piazza della Scala, wo auch **Palazzo Marino**, das Rathaus, liegt.

226 – Teilansicht der Galleria Vittorio Emanuele.

226-227 – Der Dom im Herzen der lombardischen Hauptstadt.

DIE SCALA: Das wichtigste italienische Theater ist keineswegs monumental. 1778 nach Plänen Piermarinis eröffnet, haben hier die weltgrößten Künstler gesungen und getanzt. Die Restaurierung 2004 mit dem ellipsenförmigen Bau und dem Kulissenturm von Mario Botta hat die Stadt allerdings geteilt: Einige finden sie unübertroffen, andere entsetzlich. Innen befindet sich das **Museum** mit den Preziosen, die das Theater groß gemacht haben, wie Musikinstrumente, und die Gemäldegalerie mit Achille Scaleses Bild von Giuseppe Verdi.
Info: Piazza della Scala, www.museoscala.org, Öffnungszeiten: 9-17.30 Uhr.
CASTELLO SFORZESCO: Am Parco Sempione gelegen, wurde es im 15. Jh. erbaut und im 19. und 20. Jh. von Luca Beltrami restauriert. Das Symbol für das Mailand der Sforza ist heute Museumszitadelle mit der **Pinakothek** (230 Werke, *darunter Madonna in gloria e santi Giovanni Battista, Gregorio Magno, Benedetto e Gerolamo* von Mantegna), dem **Möbel- und Holzskulpturenmuseum**, den **Kunsthandwerksammlungen** und dem **Musikinstrumentenmuseum**, dem **Ägyptischen Museum** und den **Museen für Antike Kunst** *(Piazza Castello, www.milanocastello.it, Öffnungszeiten des Schlosses: 7-19.30 Uhr; der Museen: Di.-So. 9-17.30 Uhr).*
SANTA MARIA DELLE GRAZIE UND DA VINCIS „ABENDMAHL": Die Kirche aus rotem Backstein von 1482 von Bramante, vermutlich 1492 „überarbeitet", ist das Glanzstück Mailänder Renaissance. Bekannt ist sie vor allem wegen Leonardo da Vincis *Abendmahl* (1495-97) im ehemaligen Refektorium, die wohl weltweit berühmteste Abendmahlsdarstellung. *Info: Piazza Santa Maria delle Grazie 2, www.leonardoamilano.org und www.cenacolovinciano.net, Besuch mit Anmeldung.*
BASILIKA SANT'AMBROGIO: Dem Schutzpatron Mailands gewidmet, ist sie ein wunderbares Zeugnis lombardischer Romanik. 379 begründet, im 9.-12. Jh. umgebaut und nach dem Krieg restauriert, hat sie eine typische Vorhallenfassade aus Backstein, flankiert von zwei Glockentürmen. Sehenswert ist das Fest *Fiera degli Oh bei Oh bei!*, das alljährlich um den Namenstag des Hl. Ambrosius (7. Dez.) rings um die Kirche stattfindet.
Info: Piazza Sant'Ambrogio 15, www.basilicasantambrogio.it, Öffnungszeiten: Mo.-Sa. 10-12 u. 14.30-18 Uhr, So. 15-17 Uhr.

PINACOTECA DI BRERA: Im gleichnamigen Viertel (einem der schicksten Mailands) liegt die berühmte Pinakothek, wie die Akademie der Künste auch aus napoleonischer Zeit, mit einer der wichtigsten Kunstsammlungen Italiens, darunter Werke wie *Die Hochzeit der Jungfrau* von Raffael, die Flügelaltäre von Gentile da Fabriano, die Porträts von Lorenzo Lotto und Tizian und *Der tote Christus* von Andrea Mantegna. In der Abteilung für Moderne Kunst findet man indes Namen wie Boccioni, Braque, Carrà, Morandi.
Info: Via Brera 28, Tel. 02.72001140, pinacotecabrera.org, Öffnungszeiten: Di.-So. 8.30-19.15 Uhr.
TRIENNALE UND MUSEO DEL DESIGN: 1923 eröffnet und 1994 nach Plänen von Gae Aulenti teilweise neu gestaltet, spielt der Palazzo dell'Arte, besser bekannt als Triennale, eine wichtige Rolle in der modernen Kunst und Architektur. Als wichtiger Ausstellungsort mit Design-Café am Parco Sempione, beherbergt er seit 2007 im Südflügel das **Museo del Design**, das erste dieser Art in ganz Italien. Um einen lückenlosen Überblick über Künstler und Werke zu geben, wechseln die ausgestellten Installationen und Arbeiten ständig. *Info: Viale Alemagna 6, Tel. 02.724341, www.triennale.org und www.triennaledesignmuseum.it, Öffnungszeiten: Di.-So. 10.30-20.30 Uhr, Mo. geschl.*
MUSEO DEL NOVECENTO: Der Palazzo dell'Arengario aus den 1930er-Jahren eröffnete 2010 mit großer Neuheit: 5000 m² Ausstellungsfläche (den angebauten Flügel des Palazzo Reale, mit dem er durch einen verglasten Steg verbunden ist, mitgerechnet), wo Mailänder und italienische Meisterwerke des Novecento gezeigt werden. 350 Meisterwerke auf 4000 m² – ein Rundgang, der mit *Der vierte Stand* von Pellizza da Volpedo beginnt und im Ehrensaal für Lucio Fontana, auch vom Domplatz aus sichtbar, endet. Dazwischen der Boccioni-Saal, Werke von Giacomo Balla, Carlo Carrà, Gino Severini, Fortunato

Depero, Mario Sironi, die monografischen Säle für Giorgio Morandi, De Chirico, Manzoni, Marino Marini u. a. Besuchen Sie das Restaurant im Art-déco-Stil, mit Traditionsgerichten. *Info: Piazza Duomo, Tel. 02.88444061, www.museodelnovecento.org, Öffnungszeiten: 9.30-19.30 Uhr, Do. u. Sa. bis 22.30 Uhr, Mo. 14.30-19.30 Uhr.*

AUSFLUG NACH COMO

Eine Autostunde von Mailand entfernt und man ist am Ufer eines der schönsten Seen Europas. Seine erhabene Faszination inspirierte Schriftsteller wie Manzoni, Stendhal, Flaubert. Doch dem dekadenten Charme dieses dreiarmigen Wasserbeckens, das von den Bergen der Lombardei bis an den Stadtrand von **Como** reicht, konnten selbst Aristokraten und Musiker wie Liszt, Rossini, Bellini nicht widerstehen. Das historische Zentrum, das nur zu Fuß erkundet werden kann (fast ausschließlich Fußgängerzone), ist rings um die **Piazza del Duomo** mit der **Kathedrale**, 1396 im Stil der Gotik und Renaissance erbaut, mit Luinis Meisterwerk *Sacra conversazione*, einem Must, und dem **Broletto** in mehrfarbigem Marmor von 1215, einem Kunst- und Geschichtsjuwel. Die nahe gelegene **Chiesa di San Fedele** auf dem gleichnamigen Platz hat ein kostbares Portal aus dem 13. Jh. Doch die schönste Kirche ist **S. Abbondio** aus dem 6. Jh. (in der Via Regina Teodolinda 35, nicht unmittelbar im Zentrum), reich an Fresken und virtuoses Beispiel lombardischer Romanik. Der **Lario**, wie der See auch heißt, trennt **Villa Geno**, wo die Seilbahn nach **Brunate** *(www.funicolarecomo.it)* hinauffährt, vom **Tempio Voltiano** neben dem Stadion, Viale Guglielmo Marconi, einem klassizistisch anmutenden Gebäude von 1927, das Erinnerungsstücke an den berühmtesten Sohn der Stadt, den Physiker Alessandro Volta enthält. Etwas weiter am Seeufer entlang steht die neoklassizistische **Villa Olmo** *(www.villaolmo-como.it)*, heute Ausstellungsforum, und die berühmte, prächtige, Ende des 19. Jhs. erbaute **Villa d'Este** *(www.villadeste.com)*, zu der man keinen Zutritt hat, es sei denn, man übernachtet dort (exklusives Hotel mit herrlichem italienischen Garten und internationalen VIP-Gästen). Doch dies ist nicht mehr Como, sondern **Cernobbio**, der erste Ort am Außenufer in Richtung **Menaggio**. Hier reihen sich nun Orte und Dörfer aneinander, einer schöner als der andere, wie **Moltrasio** mit der **Villa Passalacqua** aus dem 18. Jh., **Carate-Urio** mit der auch Schloss genannten Villa aus dem 17. Jh., der Ort **Argegno** vor der winzigen **Isola Comacina**, der einzigen Insel im See, der **Villa del Balbianello** in **Lenno**, Eigentum des Italienischen Umweltfonds FAI *(www.fondoambiente.it)*, direkt am See mit Terrassengarten und innen mit antiken Möbeln und Kollektionen chinesischer, afrikanischer und präkolumbianischer Kunst. Auch die **Villa Carlotta** aus dem 18. Jh. in **Tremezzo** *(www.villacarlotta.it)* ist berühmt wegen ihres Parks. Dank der Rhododendronblüte und den 150 Azaleenarten ist sie eines der romantischsten grünen Paradiese Italiens. Am Innenufer des Sees, die Orte Blevio, Torno, Nesso, Lezzeno im Rücken, sollte man das Kleinod **Bellagio** mit seinen reizenden Bergsträßchen, in herrlicher Lage auf dem Gipfel des Seedreiecks, seit 1800 ein romantischer Ferienort mit Jugendstilhotels und historischen Villen am Seeufer, keinesfalls auslassen. Auch nicht die neoklassizistische **Villa Melzi** mit filmreifer Freitreppe aus Azaleen, antiken Möbeln und Museum mit napoleonischen Andenken *(www.giardinidivillamelzi.it)*. Oder die **Villa Serbelloni** aus dem 18. Jh., 1870 in ein Hotel umgewandelt, *(www.villaserbelloni.com)* mit ihrem herrlichen Park und exotischen Pflanzen, wo Berühmtheiten von Churchill bis Kennedy flaniert sind.

Informationen unter: www.lakecomo.it und www.turismo.como.it.
Erreichbar über die A9 (Seen-Autobahn), mit der Staatsbahn (www.trenitalia.it) und den Ferrovie Nord (www.lenord.it).
Für die Seeschifffahrt: www.navlaghi.it und www.comoeilsuolago.it/navigazioneorari.htm

228 OBEN – ANSICHT VOM CASTELLO SFORZESCO.

228 UNTEN – LEONARDO DA VINCIS MEISTERWERK DAS ABENDMAHL.

229 OBEN – DIE MODERNE SKYLINE DER LOMBARDISCHEN HAUPTSTADT.

229 UNTEN – TEILANSICHT DES COMER SEES.

Shopping

In der Modestadt sind ***Via della Spiga*** *und* ***Via Montenapoleone*** *unerlässlich. Sie stehen für die Designervitrinen mit unerschwinglichen Preisen. Ebenso zwei historische Design-Kaufhäuser, das* **10 Corso Como**, *das nebenan im Garten ein Bar-Restaurant und ein kleines 3-Zimmer-Hotel mit Ausstellungsfläche für Fotografie bietet* (www.10corsocomo.com), *und das* **High Tech**, *auf der* Piazza XXV Aprile, *ergänzt durch eine zweite, spannende Verkaufsfläche am Stadtrand* (**Cargo**, www.cargomilano.it). *Traditionell shoppt man am historischen Sitz der* **Rinascente** *in der Via Santa Redegonda* (www.rinascente.it), *deren Name eine Eingebung Gabriele D'Annunzios war. Immer beliebt die Kleidermärkte, wie der Mercato Papiniano, Viale Papiniano, der jeden Dienstag- und Samstagmorgen den Verkehr zwischen Sant'Ambrogio und Via Tortona lahmlegt. Für Köstlichkeiten sind die* **Pasticceria Gattullo**, *Piazzale di Porta Lodovica 2* (www.gattullo.it), *ausgezeichnet für ihren typisch Mailänder Panettone, das* **Peck**, *Tempel hochwertiger Feinkost* (Via Spadari 9, www.peck.it) *und schließlich der* **Salumaio**, *seit 2011 im Palazzo Balgatti Valsecchi, ein Must. Hier kann man einkaufen und vor Ort genießen* (www.ilsalumaiodimontenapoleone.it).

Übernachten

€€€€€ Milano Scala (Kunst). Ein Hotel mit aussagekräftigem Namen mitten im Zentrum, das auf Tradition und Moderne setzt. Innovativer Gebäudestandard, ökologischer Bau ohne umweltbedenkliche Stoffe; Zimmergestaltung in Anlehnung an die Oper (Suiten La Boheme, Turandot, Aida, Madama Butterfly usw.).
Info: Via dell'Orso 7, Tel. 02.870961, www.hotelmilanoscala.it

€€€ B&B Trovailtempo (mit Garten). Das Haus zweier Mailänder Schwestern mit vier geschmackvollen, französisch gestalteten Zimmern auf den Garten in einem ruhigen Wohnviertel nahe dem San Siro-Hippodrom. *Info: Via Novara 216, Tel. 339.5021730, www.trovailtempo.it*

€€€ B&B Porta Garibaldi (Design). Zwei Schritte vom geschäftigen Corso Como entferntes, zwischen den Trendvierteln Brera-Garibaldi-Isola gelegenes Apartment für zwei Personen mit Internet und Küche. Fahrräder sind vorhanden.
Info: Viale Pasubio 8, Tel. 02.29061419, www.portagaribaldi.it

Restauranttipps

€€€ Il Foyer (top). Der Tempel von Gualtiero Marchesi für jede Tageszeit: vom ersten Frühstück bis zum Abendessen vor und nach dem Theater. Traditionelle Mailänder Gerichte, denen der Chef mit unvergleichlicher Kreativität die persönliche Note verleiht. *Info: Piazza della Scala Ecke Via Filodrammatici 2, Tel. 02.72094338, www.marchesi.it*

€€ Gattò (Mittelmeerküche). Teilweise Bekleidungsgeschäft, teilweise Reisebüro, vor allem aber Restaurant. Saal mit wenigen Tischen, Büchern für Leseratten, Wireless LAN und gutem Wein. Authentische neapolitanische Küche. *Info: Via Castel Morrone 10, Tel. 02.70006870, www.gattomilano.com*

€€ Officina del pesce (Fisch).
Halb Fischgeschäft und halb Restaurant, ein originelles Lokal, in dem man sich auch zum Aperitif trifft. Hohe Qualität und nur wenige Plätze. *Info: Via Varese 14, Tel. 02.62064325, officinadelpesce.it*

Nightlife

Il Bar (La Rinascente).
Rein kommen alle, die letzte Etage aber, wo die Food-Abteilung nie vor Mitternacht schließt, bleibt echten Bonvivants vorbehalten. Hier ist Il Bar: Cocktailbar und Cafeteria mit Panoramaverglasung und Terrasse mit Blick auf den Dom.
Info: Via Santa Redegonda 1, www.ilbarmilano.it/location/milano

Old Fashion. Seit Jahren eine Adresse in der Szene der italienischen Happy-Hour-Hauptstadt: Das Lokal wurde von der Stadt als „Geschäft mit historischer Bedeutung" anerkannt und ist heute ein schickes Dancing-Restaurant. Auf der großen Terrasse bietet es italienische und internationale kulinarische Erlebnisse.
Info: Palazzo dell'Arte, Viale Luigi Camoens, Tel. 02.8056231, oldfashion.it

Hollywood. Historischer Sitz des Amüsements in Mailand (1986 eröffnet). Mit prominenten Besuchern und internationalen Beziehungen bestimmte es Trends und Moden der Mailänder Nächte. Wählen Sie die Party, die Ihnen am meisten Spaß macht, und toben Sie sich bis zum Morgengrauen aus. *Info: Corso Como 15, Tel. 02.36524405, discotecahollywood.com*

Weitere Informationen:
www.turismo.milano.it/wps/portal/tur/de

230 – Feinkostladen und Restaurant *Il Salumaio di Montenapoleone.*

230-231 – Navigli, Zentrum des Mailänder Nachtlebens.

Tortona und Navigli

Tortona *ist das Terrain der Kreativen. Es ist in den letzten Jahren zum Symbol städtischer Erneuerung geworden, mit City Life und Porta Nuova Viertel. In der Via Bergognone findet man die* ***Bühnenwerkstätten der Scala*** (Besuch mit Voranmeldung, Tel. 02.43353521), *in der Via Savona 101 die* ***Gogol & Company*** *(zum Stöbern in Büchern und um einen Happen zu essen,* www.gogolandcompany.com), *in der Via Solari die* ***Fondazione Arnaldo Pomodoro*** (Tel. 02.89075394, www.fondazionearnaldopomodoro.it, Öffnungszeiten: Mi.-Fr. 11-13 u. 14-18 Uhr), *in der Via Tortona 35 das von Matteo Thun entworfene* ***Hotel Nhow*** (www.nh-hotels.it) *und in der Nr. 27* ***Superstudio Group*** *mit Events, Fotoateliers, Ausstellungsräumen* (www.superstudiogroup.com). *Und alles nahe der historischen Eisenbahnbrücke von Porta Genova, die das Viertel mit einem weiteren symbolträchtigen Stadtteil des trendigen Mailand verbindet:* ***Navigli****. Im 12. Jh. mit dem ersten schiffbaren Flussabschnitt entstanden, verbanden die Wasserstraßen jahrhundertelang Mailand mit Pavia und dem Po, dem Lago Maggiore, dem Tessin. Und dies dank des von Leonardo da Vinci 1482 entwickelten Schleusensystems. Im 19. Jh. ließ Napoleon den* ***Naviglio Pavese*** *– der andere heißt* ***Naviglio Grande*** *– fertigstellen. Heute gibt es dort unzählige Lokale, Restaurants und Antiquitätenläden. Doch auch ein Spaziergang, vorbei an den case di ringhiera, Häuser mit Wohnungszugang über den Gemeinschaftsbalkon, den Backsteinkirchen und dem* ***Vicolo delle Lavandaie****, wo früher im Naviglio Grande Wäsche gewaschen wurde, ist reizvoll. Von Mailand aus finden regelmäßig Bootsfahrten in die angrenzenden Gemeinden statt* (www.naviglilombardi.it).

Die Dolomiten – *Italien*

Im Winter sind sie eine weiße Märchenlandschaft, beherrscht von den gezackten Pyramiden des Langkofels, den Spitzen der Geislergruppe, der Felsfestung des Sellamassivs und allen Berggruppen, die wie die anderen Highlights der Dolomiten UNESCO-Welterbe wurden. Mit der Blüte der niedrigen Hochgebirgsflora, die den Wiesen neue Farbe verleiht, explodiert im Sommer die Natur. Gröden, das berühmteste der Dolomitentäler, ist zu jeder Jahreszeit von außerordentlichem Reiz. Der Tourismus hat hier eine lange Tradition, und der Trend zum Wintersport, der Anfang des 20. Jhs. mit den ersten Holzskiern in den Alpen einsetzte, hat Spitzensportler wie Carlo Senoner und Isolde Kostner hervorgebracht. Das Tal zwischen den beiden Dolomitenpässen Sella- und Grödnerjoch beginnt bei Waidbruck in Südtirol, erstreckt sich über 25 km Länge und erhebt sich bis zur Sellagruppe auf 3152 m. **St. Ulrich in Gröden**, der Hauptort, **St. Christina in Gröden** und **Wolkenstein in Gröden** sind die wichigsten Zentren des Tals entlang des Grödnerbaches. Und sie sind stolz auf ihre ladin sche Bevölkerung, der es gelungen ist, Sprache, Kultur, Bräuche, Feste und die alte Holzschnitzkunst zu bewahren. An der Nordseite des Tals, auf 2500 m Höhe, liegt der Naturpark Puez-Geisler mit einer Reihe geologischer Besonderheiten: Naturbrücken, Karstformationen, die an Amphitheater erinnern, steile Gebirgskämme und gefährliche Abhänge, wo man oft Hasen, Eichhörnchen, Gämsen und Murmeltiere sieht.

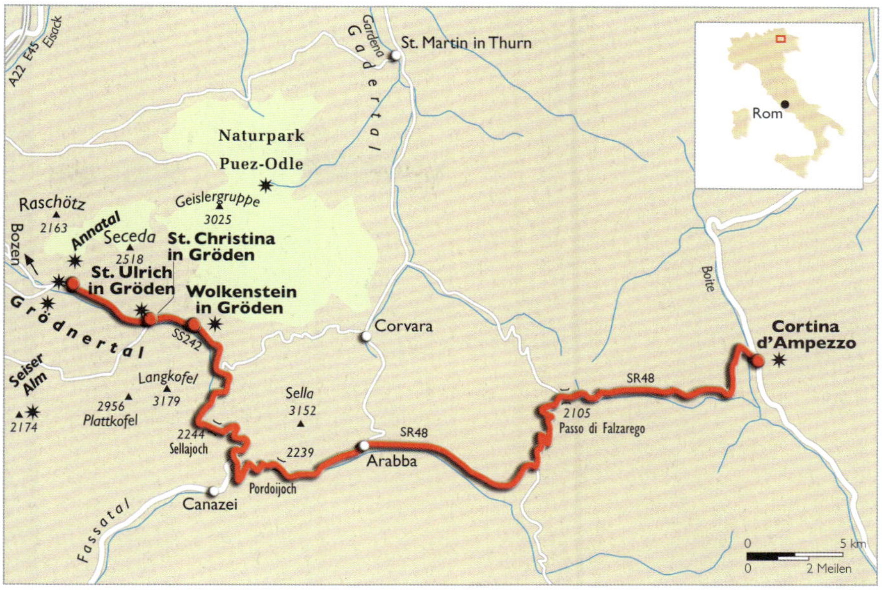

Unterwegs in Gröden: *Das Grödener Straßennetz hat direkte Anbindung an die Brenner-Autobahn (A22) mit der Ausfahrt Klausen-Gröden. Folgt man der **SS242** von **Waidbruck**, erreicht man nach 13 km **St. Ulrich**, nach weiteren 5 km **St. Christina** und nach abermals 3,5 km **Wolkenstein**. Fährt man weitere 11 km auf derselben Straße, gelangt man zum **Sellajoch**, der Verbindung zwischen Gröden und Fassatal.*
Am Zielort angelangt, kann man das Auto stehen lassen und die guten öffentlichen Verkehrsmittel (alle 15 Min. fährt ein Skibus, der die Talorte verbindet) und Seilbahnen und Skilifte benutzen, die einen direkt nach oben bringen.

ST. ULRICH IN GRÖDEN

Mit seinen im Jugend- oder Tiroler Stil bemalten Häusern, hat sich das ladinische St. Ulrich auf 1236 m Höhe seit dem 17. Jh. der Holzschnitzerei verschrieben *(siehe Infobox)*, die seit dem 19. Jh. den Tourismus in dem herrlichen Berggebiet beflügelt. Im historischen Zentrum kann man zwischen traditionellen Gebäuden und netten Cafés das Heimatmuseum, **Museum Gherdëina** in der **Cësa di Ladins**, dem Haus ladinischer Kultur, besuchen, das interessante Sammlungen von Holzskulpturen, archäologischen Funden und Spielzeug bereithält *(Via Rezia 83, Tel. 0471.797554, www.museumgherdeina.it, Öffnungszeiten: Mitte Mai-Mitte Oktober Mo.-Fr. 10-12 u. 14-18 Uhr, Juli-Aug. Mo.-Sa. 10-18 Uhr, Mitte Dez.-6. Jan. 10-12.30 u. 14-18 Uhr, 7. Jan.-Mitte Apr. Di.-Fr. 14-18 Uhr)*. Schwerpunkt der ständigen Sammlung liegt auf faszinierenden Geologiefunden der Dolomiten und der Prähistorie Grödens, wie der spektakuläre Fund des Fischsauriers vom Seceda dokumentiert. Seit 2004 gehört auch der Nachlass Luis Trenkers, des berühmten Bergsteigers, Architekten, Regisseurs und Schauspielers aus Gröden, der viele Bergfilme gedreht hat, zum Museum. Um die älteste Kultstätte des Tals zu besuchen, kann man eine 40-minütige Wanderung von der spätbarocken Pfarrkirche über die Sacunstraße zum **Kirchlein S. Giacomo** aus dem 12. Jahrhundert (im gotischen Stil) machen. Im Presbyterium findet man Wandmalereien mit Szenen aus dem Leben Jakobs, dem Patron der Pilger und Wanderer. Eine besondere Kostbarkeit ist der geschnitzte Hauptaltar mit Nachbildungen der Statuen aus dem 18. Jh., die Kirchenfürsten, Apostel und Engel zeigen (Originale im Museum). Ein weiterer einfacher, eineinviertelstündiger Ausflug von der Seilbahnstation Seceda ist der **Weg ins Annatal**, der zur Hütte am Ende des Tals führt. Der Rückweg ins Zentrum des Ortes kann über den Tri de Gola bis zum Col de Flam führen.

232-233 – Die kleine Kirche S. Giacomo aus dem 12. Jh. in der Nähe von St. Ulrich.

233 unten – Bunte Häuser im Herzen von St. Ulrich.

ST. CHRISTINA IN GRÖDEN

Inmitten von Grün, im Heuduft der Almwiesen liegt auf 1428 m Höhe in wahrhaft märchenhafter Umgebung St. Christina auf dem majestätischen Wall von Langkofel und Plattkofel. Am Höhenweg „Troi Paian" besucht man die **Pfarrkirche St. Christina** mit dem unteren Glockenturmabschnitt aus romanischer Zeit und dem 1690 von der berühmten lokalen Vinazer-Dynastie errichteten Hauptaltar. **Die ehemalige Eisenbahnstrecke des Grödnertals**, während des Zweiten Weltkriegs zur Versorgung der Front in den Dolomiten erbaut, ist zu einem schönen zweistündigen Fußweg geworden, der St. Christina mit St. Ulrich verbindet. Von den Wäldern außerhalb des Ortes erkennt man die Fischburg, die 1681 errichtete Sommer- und Jagdresidenz der Grafen zu Wolkenstein-Trostburg, die allerdings nicht besichtigt werden kann.

WOLKENSTEIN IN GRÖDEN

Im angesehenen Skiort am Ende des Tales auf 1563 m Höhe findet jährlich am ersten Sonntag im August „Gröden in Tracht" statt, ein Defilee mit Pferdeschlitten und **traditionellen Trachten**. Es gibt keine bessere Gelegenheit, die kostbarsten und begehrtesten Trachten des gesamten Alpenraums von Nahem zu sehen. Sie wurden über Jahrhunderte von den Talbewohnern gefertigt und da sie allerorts als Holzschnitzmeister galten, bereisten sie die Welt und brachten Dekorationen und wertvolle Stoffe, wie Seide, Bänder, Spitzen und Juwelen heim. Aufgrund dieser Tradition wurden die Kleider des Grödnertals wahre Kunstwerke, die noch heute zu Prozessionen, großen Kirchenfesten und Trachtendefi-

Skifahren in Gröden

*Mit 175 Pistenkilometern und 83 Seilbahnen und Skiliften ist Gröden der weitläufigste Skiort des Gebiets Dolomiti Superski, das seinerseits 12 Skigebiete mit insgesamt 1220 km Ski- oder Snowboard-Abfahrtspisten verbindet. Wintersport gibt es hier seit vielen Hundert Jahren und bei den Skirouten hat man die Qual der Wahl. Die bekannteste ist die des Sellamassivs, eine unvergessliche Abfahrt, für die man einen ganzen Tag braucht (ca. 6 Std.). Man sollte rechtzeitig starten, damit man den letzten Lift vor Pistenschließung um 17 Uhr erwischt. Legendär ist die Weltcup-Abfahrtspiste **Saslong**, die kurvenreich die steilen Abhänge des **Ciampinoi** hinunterführt, anspruchsvolles Terrain für Abfahrt und SuperG. Von St. Ulrich führt eine Seilbahn mit neuer Technik in nur 8 Minuten auf die Hänge des **Raschötz** in 2163 m Höhe, dem Ausgangspunkt der neuen 6 km langen Schlittenpiste, die mit einer Kunstschneeanlage ausgestattet ist. Andere Lifte und Bahnen führen auf den **Seceda** (2518 m) und die herrlichen Weiden der **Seiser Alm**, die bekannt ist für die lange Sonneneinstrahlung, das sanfte Auf und Ab und die wunderbar weite Sicht und hin und wieder ein Zirbelkiefer- und Tannenwäldchen. Ein auch von Langläufern geschätzter Ort, die sich hier auf ca. 60, eigens für sie gespurten Loipenkilometern vergnügen können (abgesehen von den 30 km für Schneeschuhgeher). Die letzte Neuheit der Seiser Alm ist das brandneue **Nordic Ski Center** in der Nähe der Ankunftshaltestelle oberhalb der Kabinenbahn von Compatsch.*

lees getragen werden. Die Wolkensteiner Handwerker sind sogar auf der Fassade der **Casa Sartëur**, die mit einem Glockenspiel und einer aus neun wertvollen Glocken bestehenden Uhr verziert ist, verewigt. Zweimal täglich erklingen verschiedene Melodien *(11 und 18 Uhr, im Winter 17 Uhr)*, während die zwei geschnitzten mittelalterlichen Holzfiguren, die sich gleichzeitig kreisartig bewegen, den Betrachter in die Vergangenheit versetzen. Von Wolkenstein kann man der alten **Via Crucis** folgen, an der sich drohend die Steilwände des Stevia-Gebirgsstocks erheben. Nach angenehmer, leichter Wanderung erreicht man auf ca. 1800 m Höhe die letzten Häuser von **Daunëi** in einer intakten Landschaft mit Heuböden, Weidevieh und einzelnen Bäumen.

DAS SELLAJOCH

Schon die Anreise, entweder auf der Staatsstraße oder per Seilbahn mit Zwischenstopp auf 2290 m Höhe an der **Cirspitze,** ist schön. Das Passpanorama mit den schönsten Gipfeln dieses Teils der Alpen ist wunderbar. Vom Sellajoch startet der **Langkofelrundweg**, eine herrliche Wanderung von 6-7 Std. auf dem legendären **Friedrich-August-Weg**. Man überquert die steilen Wiesen der Südseite der Langkofelgruppe und läuft mit kleinen Steigungen zwischen den Felsen bis zur Uridlspitze. Weiter geht es zum Ciaulonchsattel (2113 m), dann zur „Steinernen Stadt" und schließlich zurück zum Sellajoch.

234 – Langlaufloipe in Gröden.

235 – Das Sellamassiv.

Holzschnitzkunst

Die antiken Wurzeln der Holzschnitzkunst von Gröden gehen auf das 16. Jh. und auf Künstler zurück, die sich bereits im 17. und 18. Jh. behaupten konnten. Was anfangs nur eine Ablenkung in den langen Schneewintern war, wurde mit der Zeit eine richtige Kunstform, die für dieses kleine ladinische Tal große Bedeutung gewann. Zu Beginn wurden nur Spielzeuge, Tierchen, Werkzeuge und Haushaltsgeräte geschnitzt. Dann kamen allmählich Kunstobjekte, sakrale und profane Skulpturen hinzu, die auf den Frühjahrsmärkten verkauft wurden, um die mageren Erträge aus der Landwirtschaft aufzubessern. 1872 wurde die ***Staatliche Kunstschule*** *in* ***St. Ulrich*** *und 1907 die in* ***Wolkenstein*** *gegründet. Heute lassen die Kunsthandwerker diese alten Traditionen in ihren Arbeiten, die historisch inspiriert sind, aber gleichzeitig den Zeitgeschmack treffen, wieder aufleben. Die größten Holzschnitzer des Tals stellen ihre Werke bei der angesehenen Kunstmesse Grödnertal in* ***St. Ulrich*** *vor Liebhabern und Kennern aus* (Tenniscenter Roncadizza, St. Ulrich, Tel. 339.4156755, www.unika.org). *Ständige Ausstellungen sind bei* ***Art 52*** *im Kongresshaus zu sehen: Dort bietet man einen weitreichenden Einblick in alte Bearbeitungstechniken mit Handkoloration, Blattgoldaufbringung sowie in die Herstellung von Möbeln und modernen Designobjekten, die Ergebnis der Kreativität der Bildhauer, Maler, Vergolder und Kolorierer aus Gröden sind. In* ***St. Christina*** *hingegen kann man im Sportzentrum* ***Iman*** *die* ***größte Krippe*** *der Welt begutachten, die Holzschnitzer des Ortes hergestellt haben, die dem heiligen Ensemble jedes Jahr zu Weihnachten eine neue Figur in Lebensgröße hinzufügen.*

AUSFLUG NACH CORTINA D'AMPEZZO

Die Straße ist steil und kurvenreich. Für die Strecke, 70 km von Wolkenstein in Gröden nach Cortina, braucht man ca. eineinhalb Stunden Autofahrt und muss drei Gebirgspässe, Sellajoch, Pordoijoch und Folzaregopass überqueren. Doch das Ziel lohnt die Mühen. Cortina, Königin der Dolomiten, einer der nobelsten Skiorte der Welt und Austragungsort für die Olympischen Winterspiele 2026, mit dem unwiderstehlichen Reiz von Sport, Mode, Luxusshopping und charmanter Gastlichkeit, zieht seit mehr als einem Jahrhundert den Elitetourismus an: Mit den mächtigen Gipfeln der Tofanen und des Monte Cristallo, den 120 Pistenkilometern, die Skigeschichte geschrieben haben (mit Slow Ski und Freestyle, für diejenigen, die innehalten wollen oder Todessprünge von Schneetrampolinen lieben), den 300 Kilometern Wanderwege, die vom Valle d'Ampezzo ausgehen, und den fast 300 Läden und Werkstätten, die außer bester italienischer Mode wie Schuhe, Kleidung, Schmuck auch Antiquitäten, Kunstgalerien und Meisterwerke lokalen Kunsthandwerks bieten. Wenn man das Auto auf einem der vielen Parkplätze in Zentrumsnähe abgestellt hat, ist ein Spaziergang auf dem **Corso Italia**, der Hauptstraße der Stadt und seit nunmehr 20 Jahren Fußgängerzone, Pflicht. Vor allem am späten Nachmittag ist er sommers wie winters voller Touristen, die hier auf der Suche nach berühmten Gesichtern oder den edelsten und elegantesten Schaufenstern flanieren. Etwas hinter dem Rathaus erhebt sich mit Formen des 18. Jhs. die **Pfarrkirche der Hl. Philipp und Jakob** mit einem kostbaren Tabernakel von Andrea Brustolon und dem Glockenturm von 1858. Dort, wo die Straße breiter wird, hinter der Kirche steht die **Ciasa de ra Regoles**, Sitz der Verwaltung zum Umgang mit gemeinschaftlichem Eigentum und des interessanten **Museums für Moderne Kunst „Mario Rimoldi"** *(Corso Italia 69, Tel. 0436.2206, www.musei.regole.it, variierende Öffnungszeiten)*, das mit etwa 400 Werken über eine der größten Privatsammlungen figurativer italienischer Kunst des 20. Jhs. verfügt, die im Rotationsverfahren mit den größten Malern des frühen 20. Jhs. wie Campigli, De Chirico, De Pisis, Sironi, Guttuso, Morandi, Music, Savinio und Tomea gezeigt werden. In diesem Haus ist auch die **Geschäftsstelle der Alpenführer**, die ganzjährig Touren organisiert *(www.guidecortina.com)*. Eine Shoppingadresse für Authentisches ist die Nr. 40, die **Cooperativa di Cortina**, wo man etwas von allem findet, von Kleidung zu Stoffen, Sportartikeln und ausgewählten Hauhaltsgegenständen. Zwei Läden mit langer Tradition im lokalen Kunsthandwerk, die auf Artikel aus Schmiedeeisen und Holz spezialisiert sind, auf kunstvolle Öfen und Webarbeiten sind **Fabbri Zardini** *(Loc. Brite de Val, Tel. 0436.867735, www.fabbrizardini.it)* und **De Bernardo Carlo** *(Loc. Pian da Lago 34, Tel. 0436.5824)*, Hersteller von Keramik-, Kachel-, und gemauerten Öfen, die nur in Handarbeit verziert werden. Die Happy Hour tagsüber und abends ist ein Ritual, dem man im **LP 26** frönen kann, einem Lokal, das für das mondäne Cortina steht und das fast jeden Abend Livemusik zu Schinken und Wein bietet *(Largo Poste 26)*.

Übernachten

€€€€€ Alpina Dolomites Gardena Health Lodge & Spa (Seiser Alm).
Vor der herrlichen Kulisse der Seiser Alm wird in diesem jüngst eröffneten 5-Sterne-Etablissement besonderer Wert auf Design und natürliche Materialien gelegt. Großes Spa mit Innen- und Außenpool, Saunabereich und Relaxzone, Fitness-Center und Beauty Farm. Die Lage mit direktem Blick auf Langkofel und Plattkofel ist unüberbietbar. *Info: Compatsch 39040, Seiser Alm, Tel. 0471.796004, www.alpinadolomites.it*

€€€€ Hotel Grien (St. Ulrich). Ein typisches, gepflegtes und familienbetriebenes Bergchalet mit großen Panoramazimmern auf den Privatgarten oder Balkon. Wunderbar das Wellness- und Schönheitscenter. Einfach alles hinter sich lassen und total relaxen ...
Info: Mureda Str. 178, St. Ulrich (BZ), Tel. 0471.796340, www.hotel-grien.com/deu
€€ Smart Hotel Saslong (St. Christina). „Große Ferien zu smarten Preisen" ist der Slogan dieses neuen Hotels in St. Christina im Herzen von Gröden und den Dolomiten, das Stil und Atmosphäre, italienisches Design und herzliche Südtiroler Gastlichkeit zu besonders günstigen Preisen bietet.
Info: Palua Straße, 40, St. Christina, Tel. 0471.774444, www.saslong.eu/de

Restauranttipps

€€€ Anna Stuben (St. Ulrich). Dies ist das Reich des Küchenchefs Armin Mairhofer, einem wahren Meister der Kochkunst, dessen raffinierte Kreationen alte Traditionen der Region subtil mit Mittelmeerinspirationen verschmelzen. *Info: Hotel Gardena-Grödnerhof, Vidalong Str. 3, Tel. 0471.796315, www.gardena.it*
€€ Tubladel (St. Ulrich). Dieses auf einem alten Heuboden entstandene rustikale und gemütliche Lokal hat einen schönen Garten, wo man im Sommer isst. Die traditionelle Küche Südtirols reicht von Fisch bis Wild. Keller mit großer Weinauswahl. *Info: Trebinger Str. 22, St. Ulrich, Tel. 0471.796879, www.tubladel.com*
€€ Restaurant Stube – Hotel Uridl (St. Christina). Das älteste Restaurant im Tal in einer Tiroler Holzstube mit Kachelofen aus dem 19. Jh. Seit 400 Jahren in Familienbesitz. *Info: Chemun Str. 43, St. Christina, Tel. 0471.793215, www.uridl.it/ristorante*

Nightlife

LaBetula Pub (St. Ulrich). Diese Bierstube in einer Brauerei bietet eine großes Sortiment von über 70 nationalen und internationalen Biersorten kleiner Brauereien. *Info: Via J. B. Purger 181, St. Ulrich, Tel. 342.6741322, www.monpier-gherdeina.it*
L Rujin (St. Christina). Kleines, aber renommiertes Weinlokal in rustikalem, kultiviertem Ambiente mit einer sorgfältigen Auswahl an Weinen und Grappas aus Südtirol und ganz Italien. Serviert auch Gin. *Info: Dursanstr. 47, St. Christina, Tel. 338.1810599*
Luislkeller (Wolkenstein). Um bis spät in die Nacht zu feiern, ist dieser Après-Ski mit seiner großen Auswahl an Aperitifs, Cocktails, Long Drinks und Grappas, aber auch Snacks und Appetithäppchen ideal. *Info: Mëisulesstr. 270, Wolkenstein in Gröden, Tel. 0471.794596, www.luislkeller.com*

Weitere Informationen:
Fremdenverkehrsamt Gröden,
Tel. 0471.777777, www.valgardena.it/de

236 – Die goldene Bergwand der Tofana di Rozes.
236-237 – Cortina, die „Königin der Dolomiten".

Venedig – *Italien*

Besteigen Sie ein Linienboot, nehmen Sie auf den Hecksitzen Platz und lassen Sie sich von diesem einmaligen Schauspiel überwältigen: venezianisch-byzantinische, Renaissance und Barockpaläste, Plätze, Kanäle, Brücken. Die berühmteste Route auf dem ca. 4 km langen Canal Grande, der das Zentrum Venedigs, auch Serenissima genannt, durchzieht, reicht von der modernen Ponte della Costituzione (vom Spanier Calatrava) zu Ca' d'Oro, Rialtobrücke, Ca' Rezzonico, Palazzo Grassi, San Marco etc. Aber richtig lernt man Venedig erst kennen, wenn man an Land geht und alles zu Fuß erkundet. Nur so findet man typische Ecken und Lokale, spürt die rar gewordene Atmosphäre dieser einmaligen Stadt. Reich an Jahren, aber ebenso reich an Neuem.

In Venedig heißen die Stadtteile „sestieri" und darauf legt der Venezianer wert. Der beeindruckendste ist **Cannaregio**, nördlich des **Canal Grande** mit dem im 16. Jh. entstandenen, ersten europäischen **Ghetto**, der **Ca' d'Oro**, *(Cannaregio 3932, Tel. 041.5200345, www.cadoro.org, Öffnungszeiten: Di.-So. 9-19 Uhr, Mo. bis 14 Uhr)*, dem gotischen Adelssitz, wo sich die **Galleria Franchetti** u. a. mit Werken wie dem *Hl. Sebastian* von Mantegna befindet, der Kirche **Madonna dell'Orto** am gleichnamigen Platz, reich verziert mit Arbeiten von Cima da Conegliano, Bellini, Van Dyck und vor allem Tintorettos berühmtem *Jüngsten Gericht (www.madonnadellorto.org, Öffnungszeiten: 13-17 Uhr, feiertags 10-17 Uhr)*. **Santa Croce**, jenseits des Canal Grande,

238-239 – Luftaufnahme von Venedig.

239 unten – Der Glockenturm von San Marco und der Dogenpalast.

hinter der **Ponte degli Scalzi**, ist zwar der kleinste Stadtteil Venedigs, aber einer der ursprünglichsten. Das Stadtgebiet geht ohne genau festgelegte Grenzen in **San Polo** über und gemeinsam bieten beide Glanzstücke, wie den **Palazzo Mocenigo** mit dem **Stoff- und Kostümmuseum** *(Santa Croce 1992, Tel. 041.721798, mocenigo.visitmuve.it, Öffnungszeiten: Nov.-März 10.30-16.30 Uhr, Apr.-Okt. 10.30-17 Uhr)*, die **Scuola Grande di San Rocco** *(San Polo 3052, Tel. 041.5234864, www.scuolagrandesanrocco.org, Öffnungszeiten: 9.30-17.30 Uhr)* mit drei komplett von Tintoretto ausgemalten Räumen (die sogenannte Sixtinische Kapelle Venedigs) und die Kirche **Santa Maria Gloriosa dei Frari**. Südlich von San Polo und Santa Croce liegt **Dorsoduro** mit seinen eleganten Gebäuden **Ca' Rezzonico**, dem **Guggenheim-Museum** und den **Gallerie dell'Accademia**. Vor Kurzem wurden die Museen des französischen Milliardärs François Pinault eröffnet: das in Schiffsbugform im ehemaligen **Zollamt (Punta della Dogana)**, und das in den Salzlagern (Magazzini del Sale), das der Genueser Renzo Piano in eine Ausstellungsfläche des venezianischen Künstlers **Emilio Vedova** verwandelt hat *(Dorsoduro 266, Tel. 041.2410833, www.fondazionevedova.org, Öffnungszeiten: Mi.-So. 10.30-18 Uhr)*, das erste Museum, wo Bilder nicht an Wänden hängen, sondern, dank einer mechanischen Vorrichtung an der Decke plötzlich „auftauchen". Gegenüber, auf der anderen Seite des Canal Grande, liegt der **Markusplatz**. Namhaft sind Venedigs Schätze, **Markusdom** und **Dogenpalast** auf dem berühmten Markusplatz, das Theater **La Fenice** *(siehe Infobox Nightlife)*, der **Palazzo Grassi**, die Museen **Correr** und **Fortuny** in dem gotischen Palast, den der spanische Maler Mariano Fortuny mit seinen Bildern gefüllt und zu einem der schönsten Wohnhäuser der Stadt umgebaut hat *(San Marco 3958, Tel. 041.5200995, fortuny.visitmuve.it, variierende Öffnungszeiten)*. Es bleibt der letzte Stadtteil, der Sestiere **Castello**. Er beginnt unmittelbar hinter dem Dogenpalast, reicht bis zur **Lagune von Venedig** und birgt dazwischen viel Berühmtes, wie die **Fondazione Querini Stampalia**, die **Kirche SS. Giovanni e Paolo** mit Veroneses *Anbetung der Hirten* und den Dogendenkmälern *(Castello 6363, Tel. 041.5235913, www.basilicasantigiovanniepaolo.it, Öffnungszeiten: 9-18 Uhr, feiertags 12-18 Uhr)* sowie die **Gärten**, die Napoleon im 19. Jh. anlegen ließ. Hier findet auch **Venedigs Biennale** statt *(www.labiennale.org)*.

Unterwegs in Venedig: *Das Vaporetto ist das beste Verkehrsmittel in der Stadt* (actv.avmspa.it) *und auf der Homepage von Venice Connected* (www.veneziaunica.it) *kauft man online ermäßigte Fahrkarten. Andere, doch teurere Fortbewegungsmittel sind Wassertaxis mit der kleinen Flagge und gelben Stadtbanderole, die von den großen Hotels bereitgestellten Motorboote und die Gondeln* (www.gondolieritravel.com).

Sehenswertes

MARKUSPLATZ: Das „Wohnzimmer" der Stadt ist einer der berühmtesten Plätze der Welt. Hier stehen herrliche Bauten, wie der 99 m hohe **Glockenturm** quadratischen Grundrisses (16. Jh.), der **Markusdom** *(Tel. 041.2708311, www.basilicasanmarco.it, variierende Öffnungszeiten)*, die am stärksten orientalisch geprägte Kirche Europas in römisch-byzantinischem Stil nach dem Grundriss des griechischen Kreuzes, erbaut zur Aufbewahrung der Gebeine des Evangelisten Markus mit ihren berühmten fünf Kuppeln, den Bronzepferden, venezianischen Mosaiken, Fassadenlünetten und Marmor im Überfluss. Im Inneren, die **Pala d'Oro** (goldenes Altarbild) mit den Evangelistenreliquien und der **Kirchenschatz** mit Goldschmiedearbeiten, ursprünglich für Kirchen und Bauten in Konstantinopel. Neben der Kirche befindet sich der **Uhrenturm** mit den zwei Mohrenstatuen, die auf der Glocke die Stunden schlagen, und der astronomischen Uhr. Seit 500 Jahren verkündet er die Zeit *(torreorologio.visitmuve.it, Besuch mit Voranmeldung)*. Auf der anderen Seite, Richtung Canal Grande, bewundert man die gotische Fassade des Dogenpalasts, dessen Bau Jahrhunderte dauerte, mit Dekorationen von Tintoretto, Veronese, Tizian und Tiepolo. Man besucht die **Staatsräume**, das **Museo dell'Opera** mit seinen wertvollen Kapitellen und das **neue Staatsgefängnis**, das mit dem Palast durch eine Barockbrücke aus dem 17. Jh., die berühmte **Seufzerbrücke**, verbunden ist *(Tel. 041.2715911, palazzoducale.visitmuve.it, Öffnungszeiten: Apr.-Okt. So.-Do. 8.30-21 Uhr, Fr.-Sa. 8.30-23 Uhr; Nov.-März 8.30-19 Uhr)*. Bevor man den Platz verlässt, ist eine Pause im **Caffè Florian** ein Must *(www.caffeflorian.com)*. Seit 1720 ist es das berühmteste Kaffeehaus Venedigs und in seinen vergoldeten Räumen hängen Ölporträts von Goldoni, Tiziano, Palladio, Marco Polo u.a.

RIALTOBRÜCKE: Die berühmteste venezianische Brücke wurde Ende des 16. Jhs. von Antonio da Ponte anstelle der Vorgänger-Zugbrücke aus Holz erbaut. Mit drei Aufgängen und zwei Ladenreihen war sie bis Mitte des 19. Jhs. die einzige Brücke, die über den Canal Grande führte (heute gibt es weitere drei: **Ponte dell'Accademia, degli Scalzi und della Costituzione**).

SANTA MARIA GLORIOSA DEI FRARI: Sie ist Veranstaltungsort klassischer Konzerte und birgt Werke von Tizian, wie das Altarbild *Assunta*, das Canova als schönstes Bild der Welt bezeichnete, von Giovanni Bellini und Palma il Giovane, prunkt aber auch mit Skulpturen, wie dem Paolo Savelli 1405 von Jacopo della Quercia gewidmeten Reiterstandbild *(S. Polo 3072, Tel. 041.2728611, www.basilicadeifrari.it, Öffnungszeiten: Mo.-Sa. 9-18 Uhr, So. u. Feiertage 13-18 Uhr)*.

CORRER-MUSEUM: Der auf Napoleons Wunsch errichtete Bau wurde 1922 Museum und zeigt Plastiken von Canova, Bellinis *Der tote Christus von zwei Engeln gestützt* (1453-55), Tintorettos *Drei Schatzmeister und die hl. Justina* (1580) und Arbeiten venezianischer Werkstätten wie Tintenfässer und Kerzenleuchter *(San Marco 52, Tel. 041.2405211, correr.visitmuve.it, Öffnungszeiten: 10-17 Uhr, im Sommer bis 19 Uhr)*.

PALAZZO GRASSI: Dieser schöne Palast aus dem 18. Jh. am Canal Grande wurde dank des französischen Mäzens François Pinault zu einem der weltgrößten Zentren für moderne Kunst. Zusammen mit dem Museum der Punta della Dogana werden hier Künstler der Pinault-Sammlung gezeigt (Jeff Koons, Takashi Murakami, Jake & Dinos Chapman, Matthew Day Jackson, Richard Hughes etc.), aber mit

ständig wechselnden Veranstaltungen und Ausstellungen *(Campo San Samuele, Tel. 041.2401308, www.palazzograssi.it, Öffnungszeiten: 10-19 Uhr).*

PUNTA DELLA DOGANA: Um aus den alten Mauern von Benonis Gebäude aus dem 17. Jh. mit dem Turm und dem von zwei Atlanten gehaltenen goldenen Erdball den wichtigsten Ort der Nachkriegskunst zu machen, hat der französische Mäzen François Pinault das japanische Architekturgenie Tadao Ando verpflichtet, der bereits den Palazzo Grassi restauriert hatte. Außer den Werken, die wie im Palazzo Grassi ständig wechseln, ist auch das Gebäude sehenswert *(Dorsoduro 2, Tel. 041.2401308, www.palazzograssi.it, Öffnungszeiten: 10-19 Uhr).*

PEGGY GUGGENHEIM COLLECTION: In dem 1948 von der großen amerikanischen Sammlerin erworbenen Gebäude aus dem 18. Jh. sind viele Meisterwerke hervorzuheben wie die Bilder Picassos, *Die Klarinette* von Braque, die Kompositionen Mondrians, Margrittes *Reich des Lichtes* (alle aus der ständigen Sammlung), Werke der Sammlung Gianni Mattioli, aber auch ein seltenes Porträt von Modigliani, Boccionis *Dynamik eines Radfahrers* und Carràs *Interventionistische Manifestation.* Nicht verpassen sollte man den Nasher-Skulpturgarten mit Arbeiten von Calder, Giacometti, Marino Marini und das kompakte Programm wechselnder Ausstellungen *(Dorsoduro 701, Tel. 041.2405411, www.guggenheim-venice.it, Öffnungszeiten: 10-18 Uhr, Di. geschl.).*

CA' REZZONICO: Heute Sitz des **Museums für venezianische Malerei des 18. Jhs.** Man sieht Gemälde von Tiepolo wie die allegorische Darstellung des Verdienstes, Canalettos Ansichten vom Canal Grande und Werke von Guercino und Tintoretto. Bemerkenswert auch das Gebäude am Canal Grande, das ab 1649 nach Plänen von Baldassarre Longhena, angeblich der größte Vertreter des venezianischen Barocks, errichtet wurde und berühmt ist für seine Prunktreppe und den Ballsaal *(Dorsoduro 3136, Tel. 041.2410100, carezzonico.visitmuve.it, Öffnungszeiten: Nov.-März 10-16.30 Uhr, Apr.-Okt. 10.30-18 Uhr).*

GALLERIE DELL'ACCADEMIA: Die größte Sammlung von Gemälden aus dem Veneto und Venedig vom 14.-18. Jh. bestaunt man in diesem Museum im Dorsoduro. Die Liste der Meisterwerke ist endlos, von Mantegnas *Der Heilige Georg* (um 1460), Giorgiones *Das Gewitter* (1507-8) zu den Leinwänden von Bellini, Carpaccio, Veronese, Tintoretto, Tiepolo, Tizian und Canaletto *(Campo della Carità, Dorsoduro 1050, Tel. 041.5222247/041.2413942, www.gallerieaccademia.it, Öffnungszeiten: 8.15-19.15 Uhr, Mo. 8.15-14 Uhr).*

FONDAZIONE QUERINI STAMPALIA: Dieses Museum oder vielmehr Museumshaus im zweiten Stock eines Renaissance-Palasts ist für Kenner: 100 venezianische Gemälde des 18. Jhs. (30 von Pietro Longhi), inmitten von Originalmobiliar, Stuck, Spiegeln, Holzvertäfelungen, Wandteppichen und Porzellan. Nach dem Tod von Giovanni Querini Stampalia, 1868, entstand die Stiftung zur Förderung moderner Kunst. Sie hat ihren Sitz im von Carlo Scarpa restaurierten Palastflügel und umfasst Werke der größten internationalen Protagonisten *(Castello 5252, www.querinistampalia.org, Öffnungszeiten: Di.-So. 10-18 Uhr).*

240 Oben – Luftaufnahme vom Markusplatz.

240 Unten – Das prächtige Innere des Markusdoms.

241 Oben – Die berühmte Rialtobrücke.

241 Unten – Ansicht des Canale Grande.

BOOSTFAHRT ENTLANG DER BRENTA
Auf der einen Seite liegt die Lagune mit den Inseln Murano, Burano, Torcello usw., auf der anderen die **Riviera del Brenta**, der schiffbare Kanal zwischen Venedig und Padua, wo man eine Bootsfahrt entlang der Gärten und alten Villen machen kann *(www.rivieradelbrenta.com)*. Die Route, halb- oder ganztags, führt an **Mira, Dolo** und **Strà** vorbei mit herrlichem Blick (und Besuch) der absoluten Glanzstücke des 18. Jhs., wie der denkmalgeschützten **Villa Pisani** mit Fresken von Tiepolo *(www.villapisani.beniculturali.it)*, **Villa Widmann Rezzonico Foscari** *(villa-widmann.servizimetropolitani.ve.it)*, einem der repräsentativsten Gebäude des venezianischen Spätbarocks, **Villa Valmarana**, auch mit Tiepolo-Fresken *(www.villavalmarana.net)*, und **Villa Foscari-La Malcontenta** *(www.lamalcontenta.com)*, von Palladio entworfen und von Giambattista Zelotti mit Fresken geschmückt.
Für Bootsfahrten: **Il Burchiello**, *www.ilburchiello.it, Abfahrt: Pontile della Pietà-Riva degli Schiavoni.*

AUSFLÜGE ZU DEN LAGUNENINSELN
Die Laguneninseln kann man individuell mit Dampfern besuchen, die von unterschiedlichen Landungsbrücken starten. Wenn die Zeit ausreicht, sollte man alle besuchen, die kleineren **San Clemente** (mit dem Luxushotel **San Clemente Palace**, *www.kempinski.com/it/venice/san-clemente-palace-kempinski)* und Pellestrina und die größeren, berühmteren, wie den **Lido**, seit dem 19. Jh. Venedigs Hausstrand mit Jugendstilvillen, Kasino und alljährlichem Augustdefilee zu den *Filmfestspielen (www.labiennale.org/it/cinema)*. **Torcello**, die Insel, die Hemingway so liebte, der hier in der **Locanda Cipriani** Zuflucht fand *(Tel. 041.730150, www.locandacipriani.com)*, lohnt sich wegen der **Kathedrale** mit dem byzantinischen Mosaik *Das Jüngste Gericht* und der Kirche **Santa Fosca** aus dem 11.-12. Jh. **Murano**, das im 13. Jh. entstand, ist die Hauptstadt der Glasbläserkunst. Noch heute arbeiten viele Betriebe an den **Fondamenta** dei Vetrai nach diesem

alten Verfahren. Es gibt auch ein **Museum** im alten Bischofspalast *(museovetro.visitmuve.it, Öffnungszeiten: Nov.-März 10.30-16.30 Uhr, Apr.-Okt. 10.30-18 Uhr)*. Das nahe gelegene **Burano** hingegen ist bekannt für das **Museo del Merletto** *(museomerletto.visitmuve.it, Öffnungszeiten: Nov.-März 10.30-16.30 Uhr, Apr.-Okt. 10.30-17 Uhr)*.

242 OBEN – VILLA PISANI AN DER RIVIERA DEL BRENTA.

242 MITTE – DIE KIRCHE SANTA FOSCA AUF DER INSEL TORCELLO.

242 UNTEN – DIE LOCANDA CIPRIANI AUF TORCELLO.

242-243 – EINE BOOTSFAHRT AUF DEM BRENTA.

243 UNTEN – DAS MUSEO DEL MERLETTO (SPITZENMUSEUM) IN BURANO.

RECEPTION

Übernachten

€€€€€ Hotel Danieli (Luxus). Ein Symbol des venezianischen Gastgewerbes: Muranoglaslampen, Marmorsäulen, das Restaurant Terrazza Danieli. Unsterblich geworden durch viele Filme, Ziel durchreisender Stars. *Info: Riva degli Schiavoni 4196, Tel. 041.8620480, www.danieli.hotelinvenice.com*

€€€€ Ad Place Charming Hotel (Glamour). Elegant und extravagant: venezianische Barockmöbel in modernen Farben, Gemälde- und Fotoausstellungen, Wireless-LAN und DSL. *Info: San Marco Fondamenta della Fenice 2557/A, Tel. 041.2413234, www.adplacevenice.com*

€€€ B&B Domus Orsoni (Design). Ursprünglich eine Ziegelei, heute ein elegantes Bed & Breakfast mit Garten und Zimmern in gold/türkis, gold/rubinrot, gold/grün etc. Design-Möbel, alle unterschiedlich, alle von italienischen Künstlern. *Info: Cannaregio 1045, Tel. 041.2759538, www.domusorsoni.it*

Restauranttipps

€€€ Ai Gondolieri (kreative Küche). Sehr ausgefallene Fleisch- und Gemüsegerichte. Der Besitzer, Giovanni Trevisan, betreibt auch das Museumscafé in der Guggenheim Collection. *Info: Dorsoduro 366, Tel. 041.5286396, www.aigondolieri.it*

€€ Naranzaria (Fisch). In einem alten Lager für Südfrüchte befindet sich dieses Trendlokal, wo man (gut) trinkt und isst, vom Schwertfisch-Carpaccio bis zu Sushi. Der Fisch kommt vom nahen Rialtomarkt. *Info: San Polo 130, Tel. 041.7241035, naranzaria.it*

€€ Cantina Do Spade (venezianisch). In Venedig heißen sie bacari, die Lokale, wo sich die Lagunenbewohner auf ein Glas Wein mit dem obligatorischen Häppchen, dem stuzzichino, verabreden. Unbedingt probieren sollte man Sepia in Tinte mit Polenta und Dreierlei vom Stockfisch. *Info: Calle delle Do Spade 19, Tel. 041.5210583, cantinadospade.com*

Nightlife

Harry's Bar. Der Bellini im legendären Harry's Bar ist ein Must: Kreiert wurde er 1848 von Giuseppe Cipriani persönlich und ist seither einer der berühmtesten Cocktails der Welt. *Info: San Marco 1323, Tel. 041.5285777, www.cipriani.com*

Skyline Bar. Es gibt nichts Romantischeres als einen Cocktail auf dem Dach des Hotels Molino Stucky zu bestellen. Von dort sieht man die ganze Stadt. *Info: Giudecca 810, Tel. 041.2723316, www.skylinebarvenice.it*

Theater La Fenice. Eines der wichtigsten Theater Italiens. Hier fanden Premieren von Werken Bellinis, Rossinis, Donizettis und Verdis statt. *Info: Campo S. Fantin 1965, Tel. 041.2424, www.teatrolafenice.it*

Weitere Informationen: Fremdenverkehrsamt Italien, www.enit-italia.de, www.turismovenezia.it

244 UND 245 OBEN LINKS – DAS HOTEL DANIELI, SYMBOL VENEZIANISCHER GASTLICHKEIT.

245 OBEN RECHTS – DAS CAFÉ FLORIAN AUF DEM MARKUSPLATZ.

245 MITTE UND UNTEN – EIN GESCHÄFT MIT MURANOGLAS UND EIN LADEN MIT TYPISCHEN MASKEN UND BILDERRAHMEN.

Shopping

Venedig verbindet man sofort mit Murano. Das berühmteste Glas der Welt, das seit Jahrhunderten auf der gleichnamigen Laguneninsel hergestellt wird, findet man in vielen Geschäften. Aber vor Fälschungen sei gewarnt: Wenn es preiswert ist, kommt es aus China. Das echte hat das Siegel „Vetro Artistico di Murano" vom Konsortium Promoveneto. Und um sicher zu gehen, gibt es die Fabrik ***Carlo Moretti*** *mit Geschäft auf den Fondamenta Manin 3 in Murano* (www.carlomoretti.com) *und* ***Ercole Moretti*** (Fondamenta Navagero 42, www.ercolemoretti.it). *Die traditionellen Masken, ein weiteres Must-have, kauft man bei* ***Ca' Macana*** (Dorsoduro 3172, www.camacana.com), *Damast und Brokat bei* ***Lorenzo Rubelli*** (San Marco 3393, www.rubelli.com) *und die Perlenkreationen von* ***Antonio Vaccari****, wo Perlen zu Ketten, Ohrringen oder Armbändern verarbeitet werden, sieht man in der Oper* (S. Marcuola 1778, www.antoniovaccari.com). *Natürlich aus Muranoglas!*

Der Golf von Tigullien – *Italien*

Nur 30 Kilometer umfasst die empfohlene Route entlang der verschlungenen Straßen, die die Orte des Paradiesgolfes und des Golfes von Tigullien verbinden. Doch jeder ist es wert! Camogli, Santa Margherita, Portofino und Rapallo, vornehme Ziele eines Elitetourismus der im 19. Jh. entstanden ist, als die vom Meer gezeichneten Klippen und engen pastellfarbenen Häuser in den kleinen Häfen die romantischen Vorstellungen der fremden Reisenden bedienten. Im Hintergrund der Monte di Portofino, regionales Naturschutzgebiet *(www.parcoportofino.it)*, das zwischen der Wildnis des Apennins und duftender mediterraner Macchia liegt.

Unterwegs in Portofino und am Golf von Tigullien: *Wenn man auf der A 12 aus Genua kommt (Ausfahrt bei der Mautstelle Recco), ist die erste Etappe der Route* ***Camogli****, von wo aus man die S.P. 1/Aurelia in Richtung* ***Ruta*** *nimmt. Die Aurelia verlässt man direkt nach dem ersten Tunnel und fährt bis in das Dorf* ***San Rocco*** *oder in den Privatweg, der bis nach* ***Portofino Vetta*** *hochführt, Ausgangspunkt vieler Fußwege in Richtung* ***Punta Chiappa*** *und* ***San Fruttuoso****. Diese Orte sind auch per Schiff von Camogli aus erreichbar (im Sommer stündliche Abfahrten:* www.golfoparadiso.it/prodotto/linea-recco-camogli-san-fruttuoso-punta-chiappa)*, was sich vor allem in der warmen Jahreszeit empfiehlt, wenn die Aurelia verstopft ist und fast keine Parkplätze zu finden sind. Von Ru-*

246-247 – Ansicht von Portofino mit dem Castello Brown, dem Leuchtturm und der Kapspitze.

247 Unten – Der kleine Hafen von Camogli.

ta führt die S.P. 1/Aurelia weiter in Richtung ***Rapallo*** *und* ***San Michele di Pagana****, von wo aus die S.S. 227 nach* ***Santa Margherita Ligure****, der Haltestelle für den direkten Bus nach* ***Portofino****, geht.*

CAMOGLI

Im Westen des Kaps von Portofino gelegen, ist dieses kleine Dorf der Riviera di Levante ein Juwel, das über die Zeit hinweg intakt geblieben ist. Camoglis Geschichte ist eng mit seiner Segelflotte verbunden, die Mitte des 19. Jhs. doppelt so groß war wie die Hamburgs. Heute findet man Spuren der Camoglieser Segelschiffe nur noch im kleinen Meeresmuseum **„Gio Bono Ferrari"** *(Via Gio Bono Ferrari 41, Tel. 0185.729049, www.museomarinaro.it, Öffnungszeiten: Di.-Fr. 9-12 Uhr, Sa.-So. 9-12 u. 15-18 Uhr)*, das die goldene Zeit der lokalen Seefahrt (napoleonische Ära bis zum Ersten Weltkrieg) mit Schiffsmodellen, Nautikinstrumenten, Votivbildern und Sonnenuhren dokumentiert. Abgesehen vom Tourismus sorgt heute die Großfanganlage für Thunfische, ein System mit festen Netzen, das es seit dem 17. Jh. im Dorf gibt, für die enge Beziehung des Ortes zum Meer (die Camoglieser Anlage vor der Punta Chiappa ist eine der letzen fünf Italiens und die einzige in Ligurien und im nördlichen Tyrrhenischen Meer).
Empfangen werden die Besucher im Hafen von bunten Fischerbooten und Häusern, die sich die Küste hinaufschlängeln und in kräftigen Farben angestrichen sind, um das Verblassen durch Wind und Salz aufzuhalten. Im historischen Zentrum stehen die Kirche **S. Maria Assunta** aus dem 12. Jh. mit klassizistischer Fassade und der *Kreuzabnahme* von Luca Cambiaso in der Sakristei und das **Castel Dragone** aus derselben Zeit, erbaut auf einem steilen Felsen am Meer mit nur einem Wachtturm. Die Seepromenade entspricht der Fußgängerzone **Via Garibaldi**, wo es von Bars, Cafés und Konditoreien nur so wimmelt und wo sich eine Rast zum Probieren lokaler Spezialitäten lohnt, z. B. die kleinen Focacce mit Käse und die Camogliesi aus Brandteig mit Rum-Vanillecreme.
Ein von Camogli zu Fuß recht anspruchsvoller Ausflug von ca. 90 Min. für diejenigen, die gern langsam reisen und die Gegend Schritt für Schritt erkunden, folgt dem Weg, der am Rio Gentile in **Punta Chiappa** hochführt. Ein idealer Ort für ein Bad an den Felsen. Die Route steift die Ortschaft **San Rocco**, ein herrlicher Aussichtspunkt, und die kleine romanische **Kirche S. Nicolò di Capodimonte**.
Alternativ lässt sich der Ort auch mit einem der Linienschiffe vom Strand von Camogli aus erreichen, eine gute Lösung, um ebenfalls die Abtei von S. Fruttuoso di Capodimonte zu besichtigen *(siehe unten)*. Wer allerdings lieber allein auf und im Wasser ist, kann beim B&B Diving Center Kanus, Schlauchboote und kleine Motorboote bis 40 PS mieten. Keine Angst! Man braucht kein Kapitänspatent *(Diving Center, Via San Fortunato 7, Tel. 0185.772751, www.bbdiving.it)*.

248 Oben – Das Kloster S. Fruttuoso.

248 Unten – Die Statue *Cristo degli Abissi*.

249 – Die Burg von Rapallo.

S. FRUTTUOSO DI CAPODIMONTE

Der Zauber des kleinen, von Nonnen auf felsiger Reede begründeten Paradieses am Kap von Portofino steht außer Frage. Doch seine Geschichte ist bewegt: Benediktinerkloster, Zufluchtsort für Fischer, Unterschlupf von Piraten und seit 1275 Eigentum der Genueser Familie Doria, die das Vorrecht erhielt, hier ihre Toten zu bestatten. Vor einigen Jahren erhielt die Anlage dank der vom FAI (Italienischer Umweltfonds) durchgeführten Sanierung ihren alten Glanz zurück. Vom Meer aus sieht man sofort den quadratischen, zwischen den beiden Einbuchtungen 1562 von Andrea Doria errichteten Turm, der die Bucht vor barbarischen Angriffen schützen sollte. In der Abteianlage findet man die im 10. Jh. begründete **Kirche** mit der byzantinischen Kuppel, die später in den Bau integriert wurde, ein winziges **Kloster** rechts und eine **Abtei** aus dem 12. Jh. *(Loc. S. Fruttuoso, Tel. 0185.772703, www.fondoambiente.it/luoghi/abbazia-di-san-fruttuoso, Öffnungszeiten: 10-15.45 Uhr, Apr.-Mai u. zweiten Hälfte Sept. 10-16.45 Uhr, Juni-Mitte Sept. 10-17.45 Uhr)*. An der Einfahrt zur Bucht S. Fruttuoso steht in ca. 18 Metern Tiefe das Lieblingsziel von Tauchern, der **Cristo degli Abissi**. Die mannshohe Bronzestatue des Erlösers mit nach oben ausgestreckten Armen und nach oben gerichtetem Blick wurde 1954 von Guido Galletti zum Schutz der Seeleute im Meer versenkt. Ihr zu Ehren wird jedes Jahr am letzten Julisonntag im Dorf ein Fest mit Lichterprozession und Segnung der Gewässer veranstaltet. Aber man muss gar nicht tauchen. Auch ein Bad in dieser Bucht ist ein unvergessliches Erlebnis.

RAPALLO

Aufgrund der Einwohnerzahl (ca. 30.000), Hafengröße, Badestrände und Sporteinrichtungen für Urlauber (18-Loch-Golfplatz, Segelparcours, Yacht- und Reitclub sowie Tennis-

anlagen) wäre Rapallo Hauptstadt Tigulliens. Doch wie die namhaften Jugendstilhotels an der mit Palmen und Aussichtspunkten gesäumten Promenade **Vittorio Veneto** beweisen, blickt es auch auf eine Urlaubstradition zurück, die im späten 19./frühen 20. Jh. begann. Am östlichen Promenadenende erhebt sich die **Burg** aus dem 16. Jh., heute ein edler Rahmen für Ausstellungen und Kulturevents. Der übrige Ort, zwischen Mittelalter und Moderne der 1960er- und 70er-Jahre, konzentriert sich im sogenannten „borgo", den die charakteristischen Straßen **Via Mazzini, Magenta** und **Venezia** durchziehen, mit Bilddarstellungen der verschiedenen Viertel an den Häuserfassaden und den alten Schieferportalen, hinter denen steile Treppen liegen. Im Stadtzentrum erhebt sich die im 17. Jh. auf mittelalterlichen Resten erbaute **Kirche S. Stefano**. Daneben der Stadtturm von 1459 und unweit davon auf der Piazza delle Nazioni, das **Oratorio dei Bianchi** *(Vicolo della Rosa, Tel. 0185.52375, Besuche auf Anfrage)*, wo die silbernen Kruzifixe aufbewahrt werden, die bei Prozessionen zu feierlichen Anlässen durch die Straßen getragen werden. Die im Mittelalter begründete **Parochialkirche SS. Gervasio e Protasio** wurde im 17. und 18. Jh. wieder aufgebaut. Eine alte Handarbeitstradition des 16. Jhs. aus Rapallo ist die Spitzenklöppelei, die von Fischerfrauen betrieben wurde, während sie auf die Rückkehr ihrer Männer warteten. Wer neugierig ist und mehr über Techniken und Tradition der Klöppelei erfahren möchte, sollte das **Museo del Merletto** in der **Villa Tigullio** im großen Parco del Casale besuchen *(Tel. 0185.63305, www.comune.rapallo.ge.it/pagina516_il-museo-del-merletto.html, variierende Öffnungszeiten)*.
Ein schöner Ausflug von Rapallo in östliche Richtung führt nach 3 km nach **Zoagli**, einem ruhigen Urlaubsort, der nicht nur für seine romantischen Meerspaziergänge zwischen den beiden maurischen Türmen, sondern auch für sein exzentrisches Schloss, das einem Fantasy-Film entsprungen scheint, bekannt ist: Dieses Haus ließ der Dichter und Dramaturg Sem Benelli zu Beginn des 20. Jhs. von seinem Architekten und Bühnenbildner Giuseppe Mancini erbauen, der sich im Überfluss von Formen und kostbaren Materialien austobte, das Projekt aber wegen Geldmangels nicht beendete.
Um außerhalb der Strände von Rapallo zu schwimmen, lohnt sich ein Abstecher an das ruhige Meer von **S. Michele di Pagana** (2 km auf der S.P. 1 Richtung Santa Margherita Ligure), einem alten Fischerort, wo, so scheint es vom Wasser aus, die Zeit stehen geblieben ist. Die drei Buchten Prelo, Trelo und Pomaro untergliedern den Ort. Oberhalb der ersten liegt die **Parochialkirche S. Michele** mit einer *Kreuzigung* von Anthonis van Dyck und einer *Geburt*, die Luca Giordano zugeschrieben wird.

SANTA MARGHERITA LIGURE

Mit eleganter Anmut und ein wenig hochmütig ist Santa Margherita oder einfach nur „Santa", wie es hier genannt wird, mit den aneinandergereihten, gelben, roten, orangefarbenen Häusern, die den Hafen einrahmen, einer der trendigsten Orte der ligurischen Ostküste. Die schöne **Kirche**, die der Stadtpatronin **Margherita di Antiochia** gewidmet ist, befindet sich direkt im Dorfkern auf der Piazza Caprera. Ihre Ursprünge reichen sehr weit zurück, doch Mitte des 17. Jhs. wurde sie komplett rekonstruiert. Geht man rechts weiter, erreicht man den Stadtpark der **Villa Durazzo Centurione**, teils italienischer Garten mit exotischen Pflanzen, teils romantischer englischer Wald *(Piazzale S. Giacomo 3, Tel. 0185.472637, www.villadurazzo.it, Öffnungszeiten: 9-13 u. 14-18 Uhr, im Winter bis 17 Uhr)*. Erhaben steht die Villa auf dem baumbewachsenen Hügel und beherrscht die Seestraße. Sie wurde in der zweiten Hälfte des 17. Jh. als Sommersitz der Familie Durazzo erbaut und im Laufe der Zeit mit Stuck, Wandmalereien, Majolikaböden, Genueser Kies, Muranoglas und Chinoiserien überhäuft. Wenn man den Park verlässt, wo auch die beiden Bauten aus dem 19. Jh., **Villa del Nido und Villa di S. Giacomo** liegen, bemerkt man links die **Kirche S. Giacomo di Corte**, mit ihrer spektakulär dem Meer zugewandten Barockfassade. Besuchen sollte man auch die **Kapuzinerkirche** mit einer sehr alten Statue im Beichtraum, der *Madonna auf dem Thron* aus provenzalischer Schule (11. Jh.). Freie Strände mit Infrastruktur rahmen den **Lungomare Rossetti** ein, darunter Molo und Punta Pedale, von wo aus man schnell die frühere **Benediktinerabtei S. Girolamo della Cervara** erreicht, ein wunderschöner Komplex aus dem 14. Jh., umgeben von den am Meer liegenden Gemüse- und Ziergärten *(Via Cervara 10, Tel. 0185.293139, www.cervara.it, Führungen: März-Okt., erster u. dritter So. im Monat 10, 11 und 12 Uhr)*. Etwas weiter, nach einer Kurve, erblickt man **Paraggi** in voller Schönheit, mit goldenem Sandstrand, smaragdgrünem Meer und pinienbewachsenen Bergen. Früher einmal Dorf der Fischer und Müller, ist es heute ein bezaubernder Badeort mit bewachtem Strand, Luxushotels und Trendlokalen (auch mit einem schönen Spaziergang von Portofino zu erreichen).

PORTOFINO

Die Ansichtskarten mit seiner legendären **Piazzetta**, den Straßencafés, bunten Häusern und Yachten des internationalen Jetsets, die in dem winzigen Hafen ankern, sind vielfach um die Welt gegangen. Doch der Glanz dieses Diamanten an der Ostküste Liguriens ist durch seine Bekanntheit nicht verblasst. Dies ist größtenteils Verdienst des strengen Umweltschutzes, der sein Ansehen, die Landschaft und die herrliche Natur bewahrt hat. Wenn man ans Meer hinuntergeht, stößt man als Erstes auf das **Oratorio di S. Maria Assunta** aus dem 14. Jh., früher Sitz der Confraternita di Nostra Signora Assunta, woran das Lünettenrelief im Schieferportal aus dem 16. Jh. erinnert, das die *Jungfrau mit Kind*, umgeben von Ordensbrüdern mit Kapuze zeigt. Im Inneren, heute ein Forum für Kunstausstellungen, werden die zwei riesigen Holzkruzifixe aufbewahrt, die beim Fest des Stadtpatrons, des heiligen Georgs, am 23. April durch die Stadt getragen werden. Man kann auch die **Parochialkirche S. Martino** besuchen, ein im 19. Jh. umgestalteter romanischer Bau, und danach zum **Castello Brown** hochlaufen *(Via alla Penisola 13, Tel. 335.8371156, www.castellobrown.com, Öffnungszeiten: zweite Hälfte März 10-17 Uhr, Apr.-Mai u. Sept.-Okt. 10-18 Uhr, Juni-Aug. 10-19 Uhr, Nov.-Mitte März Sa.-So. 10-17 Uhr)*. Der Eigentümer, der illustre britische Konsul Yeats Brown ließ diese mittelalterliche Festung 1870 in ein Privathaus umwandeln. An der Kapspitze steht der **Leuchtturm**, der mit einem 15-minütigen, gemütlichen Spaziergang zu erreichen ist.

250 OBEN – DER TURM AUS DEM 16. JH. IN SANTA MARGHERITA LIGURE.

250 UNTEN – DAS CASTELLO BROWN IN PORTOFINO.

250-251 – DIE KLEINE PIAZZA UND DER HAFEN VON PORTOFINO.

Shopping

Kunsthandwerk und Starkochküche sind die Leitmotive, die sich durch eine Shoppingtour in Tigullien ziehen. Beginnen wir in ***Zoagli,*** *einem Zentrum mit langer Tradition in der Seiden-, Samt- und Damastherstellung. Eingekauft wird bei* ***Seterie dei Fratelli Cordani*** *im eleganten Showroom im Ort mit Blick auf Portofino* (Via San Pietro 21, Tel. 0185.259141, www.tessiturecordani.it, dem Handweben kann mit Führungen beigewohnt werden). *Oder in der* ***Tessitura Gaggioli****, wo der Damast noch heute auf Holzwebstühlen des 18. Jhs. hergestellt wird* (Via dei Velluti 1, Tel. 0185.259057, www.tessituragaggioli.it). *In* **Rapallo** *hingegen findet man auf der zentralen Piazza Cavour Nr. 1* **Mario Gandolfi**, *ein seit 1920 alteingesessenes Geschäft mit herrlichen, vor Ort handgeklöppelten Spitzen* (Tel. 0185.50234). *Die Preise sind zwar hoch, die Artikel aber von seltener Qualität. Für einen kleinen kulinarischen Abstecher zur ligurischen Focaccia (fügassa) ist* **Il Focacciaio**, *Vicolo del Pozzo 30 einzigartig* (Tel. 0185.66459). *Beim* **Pastificio Dasso**, *Piazza Venezia 31 hingegen können Sie das berühmte Pesto und Pansotti mit Walnusssoße kaufen, die sie nie vergessen werden* (Tel. 0185.53309). *In* ***Santa Margherita Ligure*** *gibt es nur eine Adresse für Focaccia:* ***Pinamonti***, Via dell'Arco 24 (Tel. 0185.287552). *Seit über einem Jahrhundert Meister der Gemüsefladenzubereitung.*

TREKKING IN CINQUE TERRE
Vom Golf von Tigullien aus bietet sich für diejenigen, die gern mit Trekking-Schuhen und Rucksack unterwegs sind, ein Ausflug nach Cinque Terre an, dem magischen Küstenabschnitt zwischen Lèvanto und La Spezia und UNESCO-Weltkulturerbe. Einzigartig machen Cinque Terre die fünf alten am Meer „kauernden" Ortschaften Monterosso, Vernazza, Corniglia, Manarola und Riomaggiore mit ihren bunten Häuschen, eins neben dem anderen, und den unzähligen Panoramawegen und Saumpfaden, die sie miteinander verbinden, wie die berühmte Via dell'Amore, voller Inschriften und Schwüre ewiger Treue (seit dem Erdrutsch 2012 ist sie teilweise gesperrt). Hier lernt man das authentische Ligurien kennen, Berge und Meer, Landstriche, die steil zu den Gipfeln aufsteigen, Hunderte Kilometer von Trockenmauern, die von menschlichen Mühen erzählen, das Ligurien des Landbaus, der Gemüsegärten, Olivenbäume und vor allem der Reben, die seltene und kostbare Weine hervorbringen wie Sciacchetrà, ein Likörwein mit intensivem Bouquet. Es gibt drei Hauptwege im Naturschutzgebiet Cinque Terre: den **Sentiero Azzurro** (Nr. 2), der einfachste und gleichzeitig spektakulärste Weg, der auf 12 km entlang der Küste die fünf Orte am Meer verbindet, den **Sentiero Rosso** (Nr. 1), der auf 800 Meter Höhe ansteigt, also für geübtere Wanderer, und schließlich den auf halber Höhe, die **Via dei Santuari**, wo man in 8-9 Stunden die Kirchenanlage erreicht, die von den ersten Erhebungen des Hinterlandes aus die Küste überwacht. Alle Wege sind leicht bis mittelschwer. Man kann sie ganz oder abschnittsweise laufen, je nach Kondition oder Zeit, aber stets mit der gebotenen Aufmerksamkeit und, vor allem in den Wintermonaten, mit entsprechender Ausrüstung. Einige Abschnitte der alten Saumpfade der Cinque Terre taugen auch für Radtouren oder Ausritte.
Info: Nach Cinque Terre sollte man mit dem Zug fahren (35-40 Min. von Rapallo nach Monterosso) und vor allem im Sommer auf das Auto verzichten. Nach Monterosso, Vernazza, Manarola und Riomaggiore fahren außerdem Linienboote (Monterosso ist Endhaltestelle) und zwischen den Orten verkehrt ein Zug. Informationen zu Fahrradverleih, Wanderungen, Ausritten und Verkehrsmitteln auf folgender Homepage: www.parconazionale5terre.it.

Übernachten

€€€€€ Hotel Splendido (Portofino). In einem ehemaligen Kloster auf einem Felsvorsprung über dem Meer bietet das Hotel durch seinen antiken Reiz mehr als ein normales Luxushotel. *Info: Salita Baratta 16, Portofino (Ge), Tel. 0185.235300, www.belmond.com/it/hotels/europe/italy/portofino/belmond-hotel-splendido*

€€€€€ Best Western Hotel Regina Elena (Santa Margherita Ligure). Zwischen dem grünen Parco Naturale Regionale di Portofino und dem glasklaren Meer Tigulliens, bietet es jede Annehmlichkeit für einen Entspannungsurlaub: Garten, Privatstrand, Solarium mit beheiztem Pool, Fitnessbereich und Jacuzzi auf der Panoramaterrasse. *Info: Via Milite Ignoto 44, Santa Margherita Ligure, Tel. 0185.5287003, www.reginaelena.it*

€€€€ La Camogliese (Camogli). In einer komplett renovierten Jugendstilvilla ein Hotel mit familiärer Atmosphäre, gemütlich und einfach. Von den Zimmerfenstern sieht man die Wellen, die sich unten am Strand brechen. *Info: Via Garibaldi 55, Tel. 0185.771402, www.lacamogliese.it*

Restauranttipps

€€€ Puny (Portofino). Die Trattoria von Luigi Miroli, Puny genannt, auf dem berühmten Platz von Portofino hat weder Könige noch Finanzmagnaten enttäuscht. Spezialitäten sind Fischgerichte, von „Pappardelle alla Portofino al cappon magro" bis zum Fisch im Salzmantel. *Info: Piazza Martiri dell'Olivetta 5, Tel. 0185.269037, www.facebook.com/punyportofino*

€€€ DuCoq (Santa Margherita Ligure). Eine Nische der französischen Küche mit Austern höchster Qualität. Genießen Sie Muscheln, Schalentiere und Meeresfrüchte angenehm entspannt in feinem Ambiente. *Info: Via Cairoli, 11, Santa Margherita Ligure, Tel. 0185.293351, www.ducoq.it*

€€ Ostaia da ö Sigù (Camogli). Ligurische Küche mit Fischgerichten in intimer, zwangloser Atmosphäre: Korbstühle und Terrasse zum Meer.
Info: Via Garibaldi 82, Camogli, Tel. 0185.770689, www.ostaiadaosigu.com

Nightlife

Il Covo del Nord-Est (S. Margherita Ligure). Ein legendäres Lokal in S. Margherita, von Mina und Frank Sinatra geliebt, seit einigen Jahren mit neuem Look. Außer der Diskothek mit zwei Tanzflächen umfasst es einen Strand, zwei Restaurants (ein Fischrestaurant und ein ligurisches) und fünf Bars. *Info: Lungomare Rossetti, Santa Margherita Ligure, Tel. 0185.28655, www.covodinordest.it*

Capitan Hook (Camogli). Lokal mit Karibikatmosphäre und dem Zauberwort Rum. Schöner auf den Hafen gehender Außenbereich mit Cocktails und großer Auswahl an Fingerfood. *Info: Via al Porto 4, Camogli, Tel. 0185.770711.*

Le Carillon (Paraggi). Ein Lokal am Strand des kleinen Paraggi, im 1960er-Jahre-Retrodesign. Bietet bis Mitternacht romantische Abendessen mit Meerblick und wird dann zum Dancefloor.
Info: Via Paraggi a Mare 10, Paraggi, Tel. 0185.286721, www.lecarillon.it

Informationen: Fremdenverkehrsamt Italien, www.enit-italia.de, www.parcoportofino.com

252 – Die hohen, bunten Häuser von Riomaggiore.

253 – Sturmflut bei Manarola.

Florenz und der Chianti – *Italien*

Ein Ideal, ein privilegierter Ort der künstlerischen und geistigen Kreativität – Florenz galt jahrhundertelang als neues „Athen Italiens". Von hier stammen Brunelleschi, Donatello, Dante und Boccaccio und hier hielten im 15. Jh. Werte und Experimente mit republikanischer Freiheit Schritt mit der außergewöhnlichen künstlerischen Erneuerung, die als Renaissance bekannt ist. Noch heute verzaubert die Stadt mit ihren Meisterwerken der Architektur und Kunst Massen von Touristen. Und doch bewahrt sie sich in ihren Gärten am Arno, auf den olivenbaumbewachsenen Hügeln, die man oberhalb der Häuser findet, herrlich lauschige Plätze, „Zimmer mit Aussicht" auf die Wunder der Kunst, des Lebens und die harmonische Natur.

Das Stadtzentrum liegt südlich des **Bahnhofs**, einem von Giovanni Michelucci entworfenen Gebäude aus dem italienischen Rationalismus. Nicht weit entfernt steht die **Kirche S. Maria Novella** *(Piazza S. Maria Novella, variierende Öffnungszeiten)*, mit ihrer Marmorfassade, die im 13./14. Jh. von Dominikanermönchen errichtet und 1458 von Leon Battista Alberti fertiggestellt wurde. Im Innenbereich findet man die *Trinität* von Masaccio, Zeugnis perspektivischer Malerei, ein *Kruzifix* von Giotto und einen Freskenzyklus von Ghirlandaio. Östlich erstreckt sich das **Viertel S. Lorenzo** mit Ständen des historischen Marktes, der auf typisch florentinische Handwerkserzeugnisse wie Leder, Stickereien, Kleidung und Kulinarisches spezialisiert ist. Etwas weiter, in der **Galleria dell'Accademia** findet man Werke Michelangelos, auch den berühmten *David (Via Ricasoli 58-60, www.galleriaaccademiafirenze.beniculturali.it, Öffnungszeiten: Di.-So. 8.15-18.50 Uhr)*. Absolutes Muss für ein Wochenende in Florenz sind die beiden Hauptplätze, die **Piazza del Duomo**, religiöses Symbol, und **Piazza della Signoria**, seit dem Mittelalter Zentrum der Stadtpolitik und umgeben von prachtvollen Palästen, dem politischen Zeugnis der Medici-Dynastie: **Palazzo Vecchio**, **Galleria degli Uffizi** und jenseits des Arno **Palazzo Pitti**, Wohnsitz der Großherzöge von 1549 bis zum Aussterben der Dynastie (1737). Belebt und voller Lokale und Geschäfte ist das Viertel **Santa Croce**, das sich rings um den großen eleganten Platz erstreckt und dessen Patrizierpaläste die mehrfarbige Basilika einrahmen. Shoppingliebhaber sollten sich auch ins **Oltrarno** begeben, das eine Fülle von Geschäften und Werkstätten bietet, wo sich Handwerk und kreatives Design verbinden.

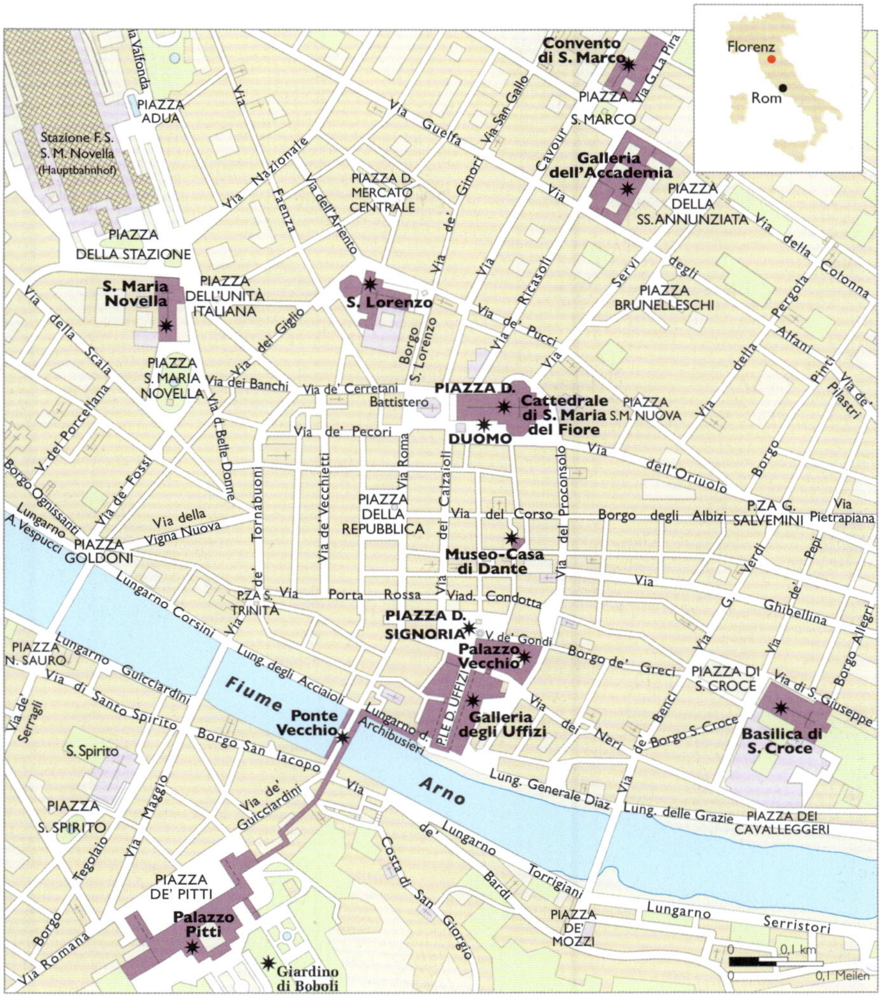

254-255 – Luftaufnahme von Florenz mit Ponte Vecchio und Arno-Promenade.

255 unten – Die Basilika S. Maria del Fiore, überragt von Brunelleschis Kuppel.

Unterwegs in Florenz: *Den Stadtbesuch macht man am besten zu Fuß. Jeder Winkel, jedes Gässchen, hält angenehme Überraschungen bereit. Alternativ kann man den Mobike Fahrrad-Sharing-Dienst nutzen (mobike.com).*

Sehenswert

PIAZZA DEL DUOMO: Geometrische Darstellungen und raffinierte Mehrfarbigkeit weißen, grünen und roséfarbenen Marmors sind das Leitmotiv, das die Denkmäler des Platzes vereint: das Baptisterium, die **Basilika S. Maria del Fiore** und den **Glockenturm von Giotto**. Das **Battistero** mit achteckigem Grundriss wurde in romanischer Form zwischen dem 11. und 12. Jh. erbaut. Seine Bronzeportale von Andrea Pisano und Lorenzo Ghiberti sind eine Art überlebensgroße Bibelabbildung (die Baptisteriumsportale sind Nachbildungen, die Originale hängen im Dommuseum). Gegenüber erhebt sich der **Dom S. Maria del Fiore**, der weltweit drittgrößte, nach dem Petersdom in Rom und der St. Paul's Kathedrale in London. 1296 von Arnolfo di Cambio begonnen, wurde er von Giotto, Francesco Talenti und anderen Künstlern fertiggestellt. Brunelleschi verdanken wir die riesige, 91 m hohe Kuppel, die das Jüngste Gericht von Giorgio Vasari und Federico Zuccari (1572-79) ziert *(nur im Sommer geöffnet, Mo.-Fr. 8.30-19 Uhr, Sa. 8.30-17 Uhr, So. 8.30-16 Uhr)*. Unter seinen Schätzen sind die Fenster von Lorenzo Ghiberti und das Reiterdenkmal John Hawkwoods, das 1436 von Uccello geschaffen wurde, hervorzuheben. Der frei stehende, schlanke **Glockenturm** in gotischer Architektur neben der Kirche wurde 1334 von Giotto entworfen und nach dessen Tod von Andrea Pisano fertiggestellt. *Info: Basilica di S. Maria del Fiore, Piazza del Duomo, Tel. 055.2302885, www.ilgrandemuseodelduomo.it/monumenti/1-cattedrale, Öffnungszeiten: Mo.-Sa. 10-16.30 Uhr, So. 13.15-16.30 Uhr. Battistero di San Giovanni, Piazza di S. Giovanni, www.ilgrandemuseodelduomo.it/monumenti/3-battistero, Öffnungszeiten: Mo.-Fr. 11.15-19.30 Uhr, Sa. 8.15-19.30, So. 8.15-13.30; im Sommer auch Mo.-Fr. 8.15-10.15 Uhr.*

PIAZZA DELLA SIGNORIA UND PALAZZO VECCHIO: Als Zentrum der politischen Macht und des bürgerlichen Lebens ist der Platz über sieben Jahrhunderte eine Galerie bildhauerischer Meisterwerke, den sich die Medici als Propaganda- und Prestigeinstrument zunutze machten. Darunter auch die Statue *Perseus* von Benvenuto Cellini (1554), der *Raub der Sabinerinnen* von Giambologna (1585), beide unter den luftigen Arkaden der **Loggia della Signoria**, die zwischen 1376 und 1382 für öffentliche Versammlungen und Zeremonien erbaut wurde und schließlich in eine Bildhauerwerkstatt verwandelt wurde. Als Prachtsymbol der Dynastie konkurrieren auch das **Reiterdenkmal Cosimos I.** von Giambologna (1594-98) und der **Neptunbrunnen** von Ammannati (1536-75), Sinnbild der maritimen Expansionsbestrebungen der Medici. Auf der Südseite des Platzes erhebt sich der **Palazzo Vecchio**, von außen streng wie eine bewehrte mittelalterliche Festung und innen luxuriöse Residenz des 16. Jhs., die mit jedem Detail den Ruhm Cosimos I. und seiner unumschränkten Herrschaft zelebriert. Es lohnt sich, den beeindruckenden **Salone dei Cinquecento** anzusehen, mit der 1533-34 von Michelangelo geschaffenen Skulptur *Genius des Sieges* und der von Vasari mit einem Gemäldezyklus geschmückten Decke, in dem der militärische Ruhm des Großherzogs gepriesen wird, darunter mittig die *Verherrlichung Cosimos I.* Es folgen der **Saal der Audienzen** mit vergoldeter Kassettendecke von Giuliano da Maiano und der **Saal der Lilien** mit Deckengestaltung desselben Künstlers, einem Wandfresko von Domenico Ghirlandaio und der Originalplastik der *Judith und Holofernes-Gruppe* von Donatello. Empfohlen wird ein Besuch mit den Animateuren des **Mus.e** (Museum für Kinder, *Tel. 055.2768224, musefirenze.it*), um neben den großen öffentlichen mit Fresken und geschnitzten Decken verzierten Sälen das Hofleben in sonst unzugänglichen Zimmern und Geheimgängen zu entdecken. *Info: Palazzo Vecchio, Piazza della Signoria 1, Tel. 055.2768325, musefirenze.it/musei/museo-di-palazzo-vecchio. Öffnungszeiten: Fr. -Mi. 9-19 Uhr, Do. geschl.*

MUSEUM CASA DI DANTE: Im Herzen des mittelalterlichen Florenz birgt das Museum, in dem man zahlreiche Reproduktionen von Unterlagen des Dichters, Modelle und Dioramen findet, die einige Aspekte seines Lebens und historische Ereignisse aus der *Göttlichen Komödie* beleuchten, eine aus dem 20. Jh. stammende Rekonstruktion der alten Gebäude. *Info: Via S. Margherita 1, Tel. 055.219416, www.museocasadidante.it., Öffnungszeiten: Nov.-März Di.-Fr. 10-17 Uhr, Sa.-So. 10-18 Uhr; Apr.-Okt. 10-18 Uhr.*

GALLERIA DEGLI UFFIZI: Als erstes europäisches Museum der Neuzeit (1581) und eines der beliebtesten und meist besuchten weltweit (mehr als 2 Mio. Besucher jährlich) enthält es großartige Meisterwerke italienischer und europäischer Malerei vom 12.-18. Jh., die zum Teil bereits in Schulbüchern bewundert wurden. Man beginnt mit den Altarbildern von Cimabue, Giotto, Duccio di Buoninsegna und Simone Martini und fährt fort mit den Meistern des Humanismus und der Renaissance: Masaccio, Paolo Uccello, Piero della Francesca, Fra Angelico. Von Sandro Botticelli sind hier die berühmtesten Werke ausgestellt: die *Geburt der Venus* und *Primavera*, Allegorien auf die Liebe als ordnende Kraft des Universums. Herausragende Werke sind die *Anbetung der Könige* von Leonardo da Vinci, Michelangelos Tondo *Die Heilige Familie*, Raffaels *Madonna del Cardellino* und Tizians *Venus von Urbino*. Nicht zu vergessen die visionären Träume El Grecos *(Hl. Johannes Evangelist und Hl. Franziskus)* und die unumschränkte Suche nach dem Authentischen bei Caravaggio

(Bacchus, Medusenhaupt, Opfer Isaaks). Info: Piazzale degli Uffizi, Tel. 055.2388651, www.uffizi.it/gli-uffizi, Öffnungszeiten: Di.-So. 8.15-18.50 Uhr. Es wird geraten, Eintrittskarten vorzubestellen (Tel. 055.294883), um die Wartezeit am Museumseingang zu reduzieren. Alternativ können Eintrittskarten online erworben werden: www.uffizi.it/biglietti

BASILIKA S. CROCE: Eines wegen der zahlreichen Kunstwerke und „illustren Grabstätten", wie von Foscolo in *Dei Sepolcri* besungen, wichtigsten Bauwerke der Stadt. Es wurde 1295 von Arnolfo di Cambio entworfen und vereint französische Gotik mit lokaler romanischer Tradition. Die heutige Fassade und der mehrfarbige Glockenturm wurden Mitte des 19. Jhs. in neogotischem Stil verändert. Der Innenraum, einfach und zugleich überwältigend, zeigt in der **Bardi- und Peruzzi-Kapelle** Giotto-Fresken von 1320-25 mit Episoden aus dem Leben des Hl. Franziskus, des Evangelisten Johannes und Johannes d. Täufers. Bemerkenswert auch die **Hauptchorkapelle** mit Fresken zur Kreuzlegende von Agnolo Gaddi (1380), deren Geschichten der *Legenda Aurea* von Jacopo da Varagine entstammen. Das rechte Seitenschiff fungiert als Pantheon der Berühmtheiten der Zeit, wo sich u. a. die Grabmäler von *Michelangelo, Galileo* und *Macchiavelli* befinden. Letzteres wurde von Innocenzo Spiazzi mit der berühmten Inschrift *Tanto nomini nullum par elogium* (Der Größe dieses Namens wird kein Lob gerecht) errichtet. *Info: Piazza Santa Croce, Tel. 055.2466105, www.santacroceopera.it, Öffnungszeiten: Mo.-Sa. 9.30-17 Uhr, So. u. Feiertage 14-17 Uhr.*

PONTE VECCHIO: Das Wahrzeichen von Florenz, stets voller Touristen, die Postkartenidylle suchen, ist als einzige Brücke von den Zerstörungen des Zweiten Weltkriegs verschont geblieben. Ihr Aussehen verdankt sie Neri di Fioravante, der ihr 1345 die dreibogige Struktur mit doppelreihig angeordneten Werkstätten verlieh, die einst von Woll-, Fisch- und Gemüsehändlern und heute von Schmuckhändlern genutzt werden. Genießen Sie von den Zentrumsterrassen aus den romantischen Blick über den Arno und den Ponte Santa Trinità.

256 OBEN – DIE UFFIZIEN.

256 UNTEN – *FRÜHLING* VON BOTTICELLI.

257 OBEN – DIE PIAZZA DI S. CROCE MIT DER BASILIKA.

257 UNTEN – DIE DREI BÖGEN DES PONTE VECCHIO.

Shopping

Von der Renaissance-Tradition der Handwerkszünfte bis zum innovativsten Design bietet Florenz einen unerschöpflichen Kosmos für alle, die gern durch neue Läden und Werkstätten alter Berufe bummeln. Große Auswahl findet man in den Gewölben des Ateliers **Loretta Caponi** (Via delle Belle Donne 28r, www.lorettacaponi.com). *Das Vermächtnis der Textilkunst der Renaissance mit Deko- und Haut-Couture-Stoffen findet man bei dem* **Antico Setificio Fiorentino**, *der den Amtssitz des italienischen Staatspräsidenten, den Kreml und die Paläste von Stockholm und Kopenhagen mit Seide und Brokat ausgestattet hat* (Via Bartolini 4, anticosetificiofiorentino.com). *Holzkunst- und Restaurierungsarbeiten finden sich in dem Werkstattladen* **Castorina** (Via S. Spirito, www.castorina.net), *der nicht nur auf Vergoldungs- und Beizarbeiten, sondern auch auf Marmorimitattechniken spezialisiert ist. Und dann gibt es noch* **Il Torchio** (Via de' Bardi 17, www.legatoriailtorchio.com) *für handbemalte Papierwaren,* **Il paralume** (Borgo S. Frediano 77-79r. www.ilparalume.it) *für Lampen aus Holz, Eisen und Messing und* **Bronzista Baldini** (Via Palazzuolo 101r, Tel. 055.210933, www.baldiniubaldo.it), *Meister der Verarbeitung von Bronze und Messing.*

PALAZZO PITTI: Für Niccolò Macchiavelli war es der bedeutendste bis dahin von einem Privatmann erbaute Palast. Und in der Tat spiegelt die elegante und vollendete Kubusstruktur des Gebäudes mit einer Vielzahl großzügiger Fassadenfenster die glanzvollen Träume ihres Auftraggebers, des reichen Bankiers Luca Pitti wider, der 1458 Brunelleschi und später seinen Schüler Luca Fancelli mit dem Bau beauftragte. Zwischen dem 16. und 18. Jh. wurde er zweimal erweitert, war seit 1549 Residenz der Großherzöge der Häuser Medici und Habsburg-Lothringen und nach der Einheit Italiens für kurze Zeit Residenz Vittorio Emanueles II. Über den imposanten Hof von Bartolomeo Ammannati (16. Jh.) gelangt man zu den verschiedenen, in den Palasträumen untergebrachten Museen: der **Galleria Palatina** in den prunkvollen von Pietro da Cortona mit Fresken verzierten Herzogengemächern mit Werken u. a. von Tizian, Raffael, Caravaggio, Botticelli und Veronese, der **Galleria d'Arte Moderna** und dem **Museo degli Argenti**, prächtiger Schrein der Preziosen des Medici-Besitzes. Die perfekte Fortsetzung des Palastes ist der **Giardino di Boboli** auf dem gleichnamigen Hügel, ein wahres Open-Air-Museum mit 45.000 m², bis hin zum Forte Belvedere. In den spektakulären von Niccolò Tribolo ab 1550 und Bernardo Buontalenti in der darauffolgenden Epoche erforschten perspektivischen Verkürzungen, verschmilzt die vielfältige Botanik mit plastischen Meisterwerken des Manierismus und des Klassizismus. Darunter das große mit dem ägyptischen Obelisken (1500) geschmückte Amphitheater des 16. Jhs., der Artischockenbrunnen, die Kolossalstatue des *Überflusses* von Giambologna (1608) und die Buontalenti-Grotte (1538-88), mit der Cosimo I. Michelangelos *Prigioni* wunderbar einrahmen wollte. *Info: Piazza Pitti 1, Tel. 055.294883, www.uffizi.it/palazzo-pitti, Öffnungszeiten: Di.-So. 8.15-18.50 Uhr.*

KLOSTER SAN MARCO: Im 13. Jh. begründet, wurde das Dominikanerkloster 1436 von Michelozzo umgebaut, der es zu einem kulturellen Zentrum machte, welches unter anderem Savonarola und Fra Angelico beherbergte. Spuren der Vergangenheit zeigen der Freskenzyklus, der die Lünetten im Kreuzgang des Hl. Antonius ziert, die Werke im Kapitelsaal *(Kreuzigung Christi)*, in der Pilgerherberge *(Kreuzabnahme)* und in den Mönchszellen, die der Künstler mit *Szenen aus dem Leben Christi* versah, um die Meditationen und Gebete der Ordensbrüder zu begleiten. Ergreifend auch die *Verkündigung* gegenüber der Treppe.
Info: Piazza S. Marco 3, Tel. 055.2388608, www.polomuseale.firenze.it/musei/sanmarco, Öffnungszeiten: Mo.-Fr. 8.15-13.50, Sa. und So. 8.15-16.50 Uhr. Geschl.: 1., 3., 5. So. und 2. und 4. Mo. jedes Monats.

Übernachten

€€€€€ Hotel Continentale (Boutique-Hotel). Ein raffiniertes Boutique-Hotel im Zentrum der Stadt im 1950er-Jahre-Stil, neu präsentiert in ausgewogenem Mix aus Hightech und Soft Design. *Info: Vicolo dell'Oro, 6r, Tel. 055.27262, www.lungarnocollection.com/continentale-hotel*

€€€€€ Villa I Barronci (Landvilla). Die Zeit langsam verstreichen lassen und sich der friedvollen Sanftheit der Hügel hingeben, das ist das Motto des Country Resort Villa I Barronci, nur 15 km von Florenz, im Herzen der Chiantiregion. Für ein komplett neues Styling von Körper und Geist in einer märchenhaften Landschaft. Mit Restaurant, Pool und Wellnessbehandlungen. Der Weinkeller bietet eine gute Auswahl an Chianti Classico, Chianti Riserva und Top-Weinen, wie Tignanello, Solaia und Sassicaia.
Info: Via Empolese, Loc. San Martino, San Casciano in Val di Pesa (FI), Tel. 055.820598, www.ibarronci.com

€€€€ B&B Locanda dei Poeti (romantisch). Ein romantisches Bed & Breakfast mit Gedichten an Wänden, auf Terrakottaböden und in den Hunderten von Büchern, die den Gästen zur Verfügung stehen. Praktisch auch zum Einkaufen: der historische Markt von San Lorenzo direkt vor der Tür. *Info: Via Guelfa 74, Tel. 055.488701, Mobil: 347.1114067, www.locandadeipoeti.com*

Restauranttipps

€€ Da Tito (toskanische Küche). Eines der traditionsreichsten Lokale in Florenz. In dieser alten Gaststätte spürt man die Atmosphäre von einst. Traditionelle Rezepte sowie eine Auswahl an Käse und Wurstwaren, frischer Pasta, Saucen, die stundenlang auf kleiner Flamme köcheln, und Suppen, dazu aber auch Geschnetzeltes, Kutteln und vielerlei Braten. *Info: Via San Gallo 112r, Tel. 055.472475 , www.trattoriadatito.it*

€€ La Giostra (elegant). Romantisches in königlicher Atmosphäre in dem von einem echten Prinzen geführten Lokal. Aromen der toskanischen Küche und traditionelle, lothringisch-habsburgische Gerichte. *Info: Borgo Pinti 10r, Tel. 055.241341, www.ristorantelagiostra.com*

€€ Nello (ursprünglich). Seit 1948 eine typisch toskanische Trattoria im historischen Zentrum von San Casciano Val di Pesa. Einige Gerichte, wie Beefsteak Florentiner Art, *Ribollita*, Kutteln, *Peposo* und das gegrillte Spanferkel gibt es immer. *Info: Via 4 novembre 66, San Casciano Val di Pesa (FI), Tel. 055.820163*

Nightlife

Yab. Die letzte historische, noch von Florentinern frequentierte Diskothek im Zentrum von Florenz. Berühmt für ihre Hip-Hop-Veranstaltungen und Glamour-Events. *Info: Via Sassetti 5 r, Tel. 055.215160, www.yab.it*

Oibò. Eine wegen ihrer unzähligen Cocktails bekannte Lounge und Bar auf der Piazza S. Croce, dem Herzen des Florentiner Nachtlebens. *Info: Borgo de greci 1r, Tel. 055.2638611, www.oibo.net*

Il Bovaro. Einer der ältesten Pubs in Florenz, in dem Craft-Bier ausgeschenkt wird. *Info: Via A. Magliabechi 7-9-11r, Tel. 055.2638357, www.ilbovaro.it*

Weitere Informationen: www.enit-italia.de und A.P.T Florenz, Via Cavour 1, Tel. 055.290832, www.firenzeturismo.it

258 Oben – Der monumentale Palazzo Pitti.

258 Unten – Teilansicht der Boboli-Gärten.

259 – Die Weinberge der Chiantiregion.

Chiantiregion

Kilometerlange Hügelketten mit Weinreben und Olivenbäumen, Dörfer hinter mittelalterlichen Mauern, Burgen und Pfarreien: So zeigt sich die Landschaft des Chianti, diesem zwischen Florenz und Siena liegenden Teil der Toskana, wo der berühmte Wein mit dem Symbol des schwarzen Hahns hergestellt wird. Macht man über die antike Via Chiantigiana, heute SS 22, einen Ausflug ins Umland, stößt man, wenn man kleine Schlenker macht, auf winzige Ortschaften, Klöster, bewehrte Dörfer, aber auch historische Residenzen und Höfe, die heute für ländlichen Tourismus und die weltbekannten Kellereien genutzt werden. Verweilen sollte man in ***San Casciano in Val di Pesa*** (etwa 23 km von Florenz entfernt und über die A 11 erreichbar)*, einem der wichtigsten Winzerorte der Chiantiregion. Dort findet man im Museum Santa Maria sul Prato das* Kruzifix *von Simone Martini* (Via Morrocchesi 72, Tel. 055.820023, www.misericordiasancasciano.it/index.php/chiesa-e-arte. Besuch mit Voranmeldung) *und im* ***Museum für Sakrale Kunst*** (Via Roma 37, Eingang durch die Stadtbibliothek, Tel. 055.8256385, www.chiantivaldarno.it/musei/museo-giuliano-ghelli-di-san-casciano-val-di-pesa.html, variierende Öffnungszeiten) *die* Madonna mit Kind *von Ambrogio Lorenzetti. 18 km entfernt* (größtenteils auf der SP92) *liegt* ***Greve in Chianti****, die klassische Hauptstadt des „Gallo nero“, ein wegen seines dreieckigen Platzes besonderer Ort, der seit dem Mittelalter Marktplatz der auf den umliegenden Hügeln befindlichen Dörfer, Burgen und Höfe ist. In der* ***Kirche S. Croce****, deren Ursprung aufs Mittelalter zurückgeht, wird das Triptychon* Madonna e santi *von Bicci di Lorenzo aufbewahrt, während es unter den Arkaden nach traditionellen Produkten der Region duftet. Eine Institution im Ort ist die* ***Antica Macelleria Falorni****,* (Piazza Giacomo Matteotti 66, Tel. 055.853029, www.falorni.it) *wo seit 1729 Spezialitäten aus lokaler Schweineschlachtung verkauft werden. Unbedingt probieren sollte man den* Prosciutto Saporito di Greve *und die Würste, die von vorm Aussterben bewahrten Schweinerassen stammen, wie* cinta senese *und* maiale grigio. *Alljährlich in der zweiten Septemberhälfte findet in Greve die wichtige Weinmesse* ***L'Expo del Gallo Nero*** *statt, die Gelegenheit, um einen der Top-Weine Italiens zu kaufen. Wer eine historische Kellerei besichtigen möchte, kann einen Abstecher nach* ***Castello di Uzzano*** (Via di Uzzano 23, Tel. 055.8544851, www.agricolauzzano.com) *mit einem schönen italienischen Garten oder zur* ***Fattoria-Castello di Verrazzano*** (Via Citille 32A, Tel. 055.854243, www.verrazzano.com) *machen, seit Jahrhunderten im Eigentum der Familie des Seefahrers Giovanni da Verrazzano: Die Verfahren zur Produktion der Weine, die nur aus besten Trauben gekeltert werden, schwanken zwischen Hochleistungstechnologie und Kunst.*

Rom – *Italien*

Rom kann man auf viele Arten entdecken. Wer es noch nicht kennt, muss sich die Sehenswürdigkeiten anschauen, wer schon einmal dort war, die Stadtviertel besuchen: Trastevere, Testaccio, Laterano mit der berühmten nach ihm benannten Basilika, und Gianicolense (benannt nach Gianicolo, einem der sieben Stadthügel) und die vornehmen, Parioli und Flaminio. Dieses aufstrebende Viertel stand im Zentrum der öffentlichen Aufmerksamkeit wegen der Vernissage des neuen (und mehrfach ausgezeichneten) Museums MAXXI. Und auch hier könnte man anknüpfen und ein ganz anderes Rom entdecken: auf den Spuren der großen internationalen Architekten.

Die Tour der großen Sehenswürdigkeiten in der Touristenstadt umfasst **Vatikan** mit **Petersdom, Kolosseum, Kaiserforen, Quirinalspalast, Engelsburg**, 123 n. Chr. als Grabstätte für Kaiser Hadrian errichtet *(Lungotevere Castello 50, Tel. 06.32810, www.castelsantangelo.com, Öffnungszeiten: 9-19.30 Uhr)* und **Campidoglio**. Pflichtprogramm bei den Plätzen sind **Piazza Navona, Piazza del Popolo** (19. Jh.) mit den drei Kirchen **Santa Maria del Popolo** (11. Jh.) und den „Zwillingen" **Santa Maria in Montesanto** und **Santa Maria dei Miracoli** (17. Jh), **Piazza Venezia** mit dem **Vittoriano** (auch als „Altar des Vaterlandes" bezeichnetes Denkmal für Vittorio Emanuele II.) und dem Renaissance-Palast, früher Papstresidenz, heute Sitz des **Nationalmuseums**, das Werke wie Berninis Engelsstatue mit der Kreuzesinschrift oder Giorgiones

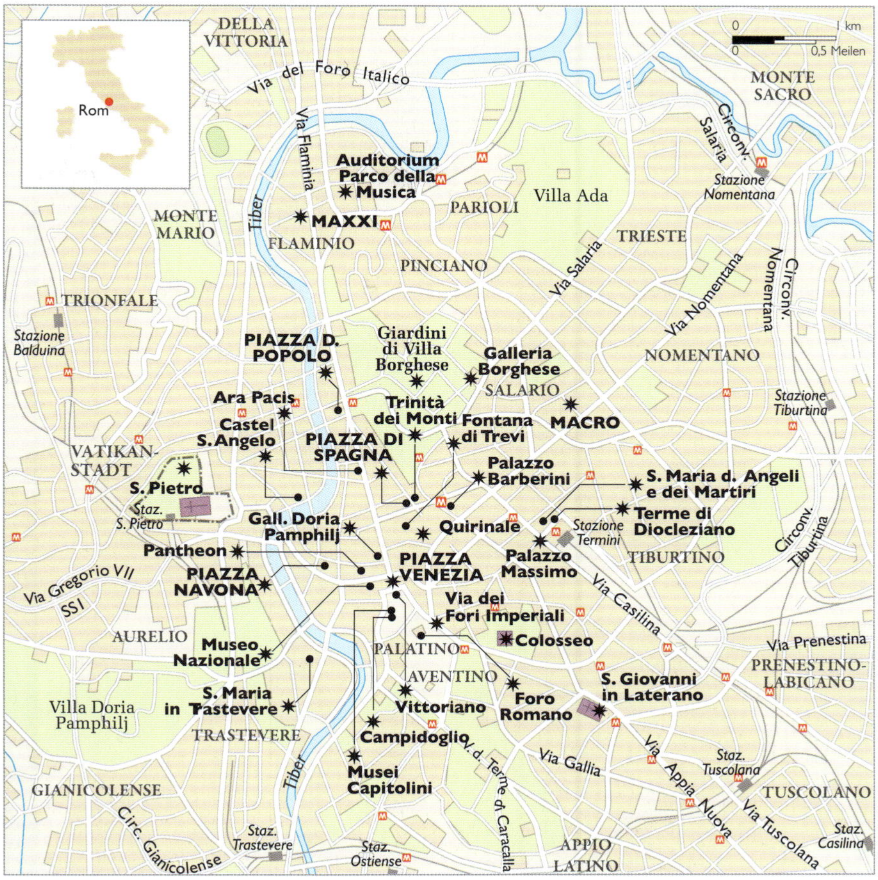

260-261 – Luftaufnahme von Rom mit Engelsburg und Tiber.

261 unten – Dioskurenstatue am Aufgang zum Campidoglio.

Doppelporträt zeigt *(Tel. 06.699942984, museopalazzovenezia.beniculturali.it, Öffnungszeiten: Di.-So. 8.30-19.30 Uhr)*. Die Museumstour umfasst das **Kapitolinische Museum, Galleria Doria Pamphilj**, auch Konzertveranstaltungsort, mit Wohnräumen und einer bedeutenden Privatsammlung, darunter Werke von Caravaggio, Correggio und das Portrait *Papst Innocenz X.* von Velázquez *(Via del Corso 305, Tel. 06.6797323, www.doriapamphilj.it, Öffnungszeiten: 9-19 Uhr)*, die **Nationalgalerie für Alte Kunst, Palazzo Barberini** mit den großen Meistern des 16./17. Jhs., darunter Raffael und Caravaggio *(Via delle Quattro Fontane 13, Tel. 06.4814591, www.barberinicorsini.org, Öffnungszeiten: Di.-So. 8.30-19.30 Uhr)* und die neuen Museen für moderne Kunst *(siehe Infobox Starachitekten-Tour)*. Wenn Sie Zeit haben, machen Sie wie alle Römer im Frühling einen Spaziergang durch die Parks. Die schönsten sind in der **Villa Borghese** mit der berühmten **Galleria**, in der Meisterwerke wie Berninis *Apoll und Daphne*, Tizians *Heilige und profane Liebe*, und Rafaels *Kreuzlegung* hängen *(Piazzale del Museo Borghese 5, Tel. 06.32810, www.galleria-borghese.beniculturali.it, Öffnungszeiten: Di.-So. 9-19 Uhr)*, und in **Tivoli** vor den Toren der Hauptstadt *(siehe: Ausflug nach Tivoli)*. Verpassen Sie auf keinen Fall das Viertel **Trastevere**, rings um **die Basilika Santa Maria in Trastevere**, die im 12. Jh. wieder aufgebaut wurde und berühmt ist für ihre Mosaiken und die Holzdecke von Domenichino. Es gilt als „Rive Gauche" Roms. Hier findet man viele Buchhandlungen und stimmungsvolle Ecken, wie die **Piazza Trilussa**, benannt nach dem römischen Dialektdichter, Märkte wie **Porta Portese** *(siehe Infobox Shopping und Märkte)* und direkt nebeneinander für den Zeitvertreib am Abend Dutzende Restaurants und Weinbars, von Einheimischen und Touristen gleichermaßen geschätzt.

Unterwegs in Rom: *Das U-Bahnnetz ist nicht besonders groß, es hat nur drei Linien, aber wenn möglich, sollte man sie benutzen, um dem Verkehr zu entgehen. Alternativ gibt es die Linienbusse, mehr als 100 touristische Busse (Cabrios) und den Archeobus für das historische Zentrum und den Parco dell'Appia Antica (www.atac.roma.it).*

262 Oben – Luftaufnahme des Petersplatzes.

262 Mitte – Der Säulengang und der Petersdom.

262 Unten – Ein Raum der Vatikanischen Museen.

262-263 – Das Forum Romanum mit dem Kolosseum im Hintergrund.

Sehenswertes

VATIKAN: Um den kleinsten Staat der Welt zu besuchen, muss man sich auf lange Schlangen einstellen, die je nach Denkmal unterschiedlich sind. In den **Petersdom** kommt man relativ schnell (*Öffnungszeiten: Okt.-März 7-18.30 Uhr, Apr.-Sept. 7-19 Uhr*) und um seine Schätze, die **Kuppel** und die **Pietà** von Michelangelo und den **Bronzebaldachin** von Bernini zu sehen, zahlt man keinen Eintritt. Schauen Sie sich auch die Vatikanischen Grotten, die Denk- und Grabmäler der Päpste, wie das von Petrus und Johannes Paul II. an. Vor der Kirche erstreckt sich der **Platz von Bernini**, einer der schönsten der Welt mit den zwei halbkreisförmigen Säulengängen, die ungewöhnliche perspektivische Effekte schaffen. Hinter der Kirche liegen die **Vatikanischen Gärten** (*Tel. 06.69883145 u. 06.69884676; Führungen nur mit Voranmeldung Mo., Di., Do., Fr. u. Sa.*) und daneben die Gebäude der **Vatikanischen Museen** mit der **Sixtinischen Kapelle** und dem Fresko *Das Jüngste Gericht*, das als Bravourstück Michelangelos gilt. Aber alle Räume schafft man unmöglich. Man sollte sich auf die wichtigsten Werke konzentrieren, wie die **Stanzen von Raffael** mit dem Fresko *Die Schule von Athen*, die **Kapelle von Fra Angelico**, die **Galerie der Geographischen Karten und Wandteppiche**, die **Pinakothek** mit Meisterwerken von Giotto, Perugino, Raffaello, Leonardo, Caravaggio usw., schlicht den Highlights aus dem 12.-14. Jh. *Info: Tel. 06.69884676, www.museivaticani.va, variierende Öffnungszeiten*

(um lange Schlangen zu vermeiden, empfiehlt sich der Online-Ticketkauf).

KOLOSSEUM UND FORUM ROMANUM: Der wichtigsten Ausgrabungsstätte Roms mit Gebäuden und Monumenten aus königlicher, republikanischer, kaiserlicher und mittelalterlicher Zeit sollte man mindestens einen halben Tag widmen. Sie umfasst die Ruine der **Basilika Aemilia** von 179 v. Chr., den **Venus-Tempel** (den größten Roms), die **Via Sacra**, wo die Generäle nach militärischen Siegen aufmarschierten, die **Monumentalbögen** wie **Titus**- und **Konstantinsbogen** und das Symbol der Hauptstadt, das **Kolosseum**. Als es im 1. Jh. eröffnet wurde, hieß es „Amphitheater der Flavier". Mit 48,5 m Höhe, 4 Rängen (3 davon mit jeweils 80 Bögen) und Platz für 73.000, nach sozialen Klassen getrennten Besuchern, war es die größte Arena der antiken Welt. Nach seinem Bauplan wurden in Folge viele Stadien weltweit errichtet. *Info: Tel. 06.699841, parcocolosseo.it/area/colosseo, variierende Öffnungszeiten.*

KAISERFOREN: Die **Via dei Fori Imperiali** verbindet die sechs zwischen 46 v. Chr. und 113 n. Chr. errichteten Monumentalbauten: das **Cäsar-Forum**, das **Augustus-Forum**, den **Friedenstempel**, das **Nerva-Forum**, das **Trajan-Forum** und die **Märkte des Trajan**. Die Größe dieses Komplexes erfasst man auch von der Straße aus, die das Kolosseum mit Piazza Venezia verbindet. *Info: Tel. 06.0608, www.mercatiditraiano.it, Öffnungszeiten: 9.30-19.30 Uhr.*

CAMPIDOGLIO UND KAPITOLINISCHES MUSEUM: Am Ende der Via dei Fori Imperiali, hinter dem Vittoriano auf der Piazza Venezia, liegt der **Palazzo Senatorio**, das Repräsentationsgebäude der Stadtregierung *(www.comune.roma.it)*. An dem trapezförmigen Platz von Michelangelo buhlt er gemeinsam mit der ab dem 14. Jh. immer weiter ausgebauten **Chiesa di Santa Maria in Aracoeli** mit Pinturicchios *Fresken des Hl. Bernardino* (1486) und Arbeiten von Donatello und weiteren zwei Gebäudefassaden, dem in mehreren Phasen erbauten **Palazzo dei Conservatori** und **Palazzo Nuovo** (17. Jh.), um die Gunst der Besucher. Die drei Gebäude Palazzo Senatorio, Palazzo dei Conservatori und Palazzo Nuovo bilden den Komplex des **Kapitolinischen Museums**, eine herausragende Sammlung klassischer Kunst, die Werke von der Bronzestatue der *Kapitolinischen Wölfin* (5. Jh. v. Chr.) bis zur *Medusa* von Bernini umfasst. *Info: Tel. 06.0608, www.museicapitolini.org, Öffnungszeiten: 9.30-19.30 Uhr.*

QUIRINALSPALAST: Seit 1946 Amtssitz des Staatspräsidenten ist er zugleich Museum mit dem **Ehrenhof** und den Sälen der Belle-Étage: vom **Saal der Kürassiere** aus dem 17. Jh., vom Architekten Carlo Maderno auf Wunsch des Papstes Paul V. erbaut, der **Cappella Paolina**, wo von Oktober bis Juni Konzerte stattfinden, bis hin zu den Repräsentationsräumen mit Fresken von Guido Reni und Pietro da Cortona. Am 2. Juni, dem Feiertag der Republik, kann man auch die **Gärten** besuchen. *Info: Piazza del Quirinale, palazzo.quirinale.it, nur Führungen Di., Mi., Fr., Sa., So. 9.30-16 Uhr, letzter Einlass 14.30 Uhr.*

PANTHEON: Vorbildlich erhalten, wurde der inmitten der **Piazza della Rotonda** auf Geheiß des Kaisers Hadrian im 2. Jh. errichtete und im 7. Jh. zur Kirche geweihte Bau zum Inbegriff römischer Kultur. Unter der riesigen, gemauerten Kuppel von über 43 Metern Durchmesser hütet er die sterblichen Überreste von **Raffael, Annibale Carracci** und die **Grabmale der italienischen Könige** *(Tel. 347.8205204, www.pantheonroma.com, Öffnungszeiten: 8.30-19.30 Uhr, So. 9-18 Uhr)*.

PIAZZA NAVONA: Dieser Platz, Bravourstück römischen Barocks, wurde auf den Ruinen des von Kaiser Domitian um 86 n. Chr. errichteten Stadions erbaut. Hier liegen die **Kirchen S. Agnese in Agone**, mit der konkaven Fassade, 1653-57 von Francesco Borromini erbaut, und die 1450 von Bernardo Rossellino errichtete und von da Sangallo il Giovane restaurierte **Nostra Signora del Sacro Cuore**. Das absolute Glanzstück allerdings ist der **Vier-Ströme-Brunnen**, eines der wichtigsten Werke von Gian Lorenzo Bernini.

PIAZZA DI SPAGNA: Weltbekannt ist dieser Platz mit dem barocken Brunnen, der **Fontana della Barcaccia** von Pietro und Gian Lorenzo Bernini. Hier liegen das **Haus**, wo der Dichter **John Keats** wohnte *(Tel. 06.6784235, www.keats-shelley-house.org, Öffnungszeiten: Mo.-Sa. 10-13 u. 14-18 Uhr)*, das 1893 eröffnete Teehaus Babington's *(www.babingtons.com)*, der **Palazzo di Propoganda Fide**, der zum Heiligen Stuhl gehört und an dessen Bau Bernini und Borromini mitwirkten, und die berühmte **Spanische Treppe**, ein barockes, auf Innozenz XIII. zurückgehendes Ensemble, das den Platz mit der Kirche **Trinità dei Monti** (16. Jh.) verbindet und seinen Namen dem **Palazzo di Spagna** verdankt.

Brunnen

Schon der Dichter Shelley schrieb: „Allein wegen der Brunnen ist Rom eine Reise wert!" Es heißt, es gäbe 1500, die gusseisernen nicht mitgezählt. Doch die genaue Zahl kennt niemand. Einer der ältesten steht sicherlich auf dem Platz ***Santa Maria in Trastevere*** *mit Verzierungen aus dem 17. Jh. von Gian Lorenzo Bernini, später von Carlo Fontana restauriert, der auch den großen Marmorbrunnen in Gianicolo geschaffen hat, den die Römer liebevoll* **„Fontanone"** *(Riesenbrunnen) nennen.*
Die bekanntesten allerdings sind der **Vier-Ströme-Brunnen** *auf der Piazza Navona mit den vier weißen Marmorstatuen, die die Flüsse Nil, Ganges, Donau und Rio de la Plata symbolisieren, ein Werk Berninis, der 1643, bereits acht Jahre zuvor, den Tritonenbrunnen auf der Piazza Barberini gestaltet hatte. Und der* **Trevi-Brunnen** *aus dem 18. Jh. von Nicola Salvi, der durch Anita Ekbergs berühmtes Bad in* Das süße Leben *verewigt wurde.*

264 – Piazza Navona.

265 Oben – Das Pantheon mit der grossen Kuppel.

265 Mitte – Die Spanische Treppe auf der Piazza di Spagna.

265 Unten – Der berühmte Trevi-Brunnen.

Shopping und Märkte

*In Rom kann man auf vielerlei Arten shoppen: in den Designerläden im Zentrum (**Via Condotti** und **Via del Babuino** zuallererst), in den Antiquitätenläden der **Via dei Coronari**, auf den Stadtteil- und Kunsthandwerksmärkten oder bei **Bartolucci**, der für seine Pinocchio-Figuren, Schaukelpferde und Hampelmänner bekannte Holzkünstler* (Via dei Pastini 96-99, www.bartolucci.com), *bei **La Cravatta su Misura** in Trastevere, die beste Adresse für handgefertigte Krawatten* (Via di Santa Cecilia 12, Tel. 06.89016941, www.lacravattasumisura.it), *in dem „Schneideratelier" von **Davide Cenci*** (Via di Campo Marzio 1/7, Tel. 06.6990681, www.davidecenci.com), *bei **Castiglioni dal 1927**, Lieferant des Hauses Savoyen* (Viale Regina Margherita 149 und 165, www.castiglionidal1927.store/it) *und bei **Albertelli*** (Piazza del Parlamento 9b, Tel. 06.6873793, www.fgroma.com), *wo man die schicksten Hemden der Stadt kauft. Die faszinierendsten Märkte sind **Porta Portese**, der klassische sonntägliche Flohmarkt zwischen Piazza Ippolito Nievo, Via Rolli und Via Portuense* (mercatidiroma.com), *der herrliche Markt am **Campo de' Fiori**, einer der ältesten Roms mit Obst, Blumen und Gemüse aus der Region* (Piazza Campo de' Fiori, mercatidiroma.com, Mo.-Sa. vormittags) *und, auch für Lebensmittel, der extrem beliebte **Markt von Testaccio*** (im gleichnamigen Viertel, www.mercatoditestaccio.it, Mo.-Sa. vormittags) *mit einer Palette „Römischem".*

MUSEO NAZIONALE ROMANO: Im **Palazzo Massimo** befindet sich eine der wichtigsten archäologischen Sammlungen der Welt. Fresken, Mosaiken (v.a. die in der *Villa della Farnesina*), Skulpturen: vom *Diskuswerfer* zur *Augustus-Statue* und dem *Sarkophag des Portonaccio (Largo di Villa Peretti, Tel. 06.684851, www.museonazionaleromano.beniculturali.it, Öffnungszeiten: 9-19.45 Uhr, So. geschl.)*. Mit dem Museums-Sammelticket kann man auch den **Palazzo Altemps** und die **Diokletiansthermen** besuchen, eine der größten Thermalanlagen der Welt (298-306 n. Chr.) mit dem **Museo Nazionale Romano o delle Terme** *(Viale Enrico De Nicola 79, Öffnungszeiten: 9-19.30 Uhr)*, und die von Michelangelo umgebaute **Kirche Santa Maria degli Angeli** *(Tel. 06.4880812, www.santamariadegliangeliroma.it, Öffnungszeiten: 7.30-19 Uhr, So. u. Feiertage bis 19.30 Uhr)*.
SAN GIOVANNI IN LATERANO: Hier stehen der älteste Obelisk Roms aus rotem Granit, der **Lateranpalast**, Residenz der Päpste vom 4. Jh. bis zur Verlegung nach Avignon, und die **Kathedrale** der Diözese Rom, San **Giovanni in Laterano**. Zu dem Komplex gehören die Kirche mit der Galilei-Fassade (18. Jh.) mit Arbeiten von Borromini, byzantinischen Mosaiken, dem **Kreuzgang**, dem **Baptisterium San Giovanni in Fonte**. Jedes Jahr am 1. Mai, am *Tag der Arbeit* findet hier ein Konzert statt. *Info: Tel. 06.69886433/06.7727991, www.vatican.va/various/basiliche/san_giovanni/index_it.htm, Öffnungszeiten: 7-18.30 Uhr.*

266 – Luftansicht des Museo Nazionale Romano.

266-267 – Brunnen mit Obelisk vor der Basilika San Giovanni in Laterano.

267 unten links – Innenansicht von San Giovanni in Laterano.

267 unten rechts – Innenhof des Palazzo Altemps.

RVINIS CIRCI MAX
HVMO LIMOQ
ALTE DEMERSVM
IMPENSA MVLTA
EXTRAXIT
HVNC IN LOCVM
LABORE MAGNO
TRANSTVLIT
FORMAEQ PRISTINAE
ACCVRATE RESTITVTVM
CRVCI
A M D

AUSFLUG NACH TIVOLI
Die beiden klassischen Ziele für einen Tagesausflug von Rom sind Tivoli und der alte Hafen von Ostia. In Tivoli besucht man die **Villa d'Este**, ein Meisterwerk der Renaissance und UNESCO-Weltkulturerbe *(Tel. 0774.332920, www.villadestetivoli.info, variierende Öffnungszeiten)*, ein Mosaik von Wasserspielen, Terrassen, Grotten und dem Weg der Hundert Brunnen, wo die von Pirro Ligorio entworfene **Fontana di Rometta** und die im 17. Jh. von Bernini gestaltete **Fontana del Bicchierone** zu nennen sind *(von Rom in 45 Min. auf der A24 Ausfahrt Tivoli zu erreichen)*.

AUSFLUG NACH OSTIA ANTICA
Ostia Antica, direkt am Flughafen Leonardo da Vinci *(auf der SS 8 in 40 Min. von Rom aus erreichbar, Viale dei Romagnoli 717, Tel. 06.5658099, www.ostiaantica.beniculturali.it, variierende Öffnungszeiten)*, ist nach Pompeji die am besten erhaltene Stadt des antiken Rom. Um die Hauptstadt mit übers Meer kommenden Gütern zu versorgen entstand der Ort im 4. Jh. v.Chr. Hier findet man Mosaiken, Skulpturen, das **Theater** aus der Zeit des Augustus, Thermen, Tempel, Nekropolen auf der Via Ostiense, das **Museo Ostiense** mit der archäologischen Sammlung und das Schiffsmuseum mit Überresten von Schiffen, die 1958 beim Flughafenbau ausgegraben wurden.

Übernachten

€€€€€ Hotel Hassler (Luxus). Eine Adresse voller Charme oben an der Spanischen Treppe mit 95 Zimmern und Suiten, Sterne-Panoramarestaurant und vielfach prämierten Amorvero Spa im dritten Stock.
Info: Piazza Trinità dei Monti 6,
Tel. 06.699340, www.hotelhasslerroma.com

€€€ Black Hotel (Art-Hotel). Der Name ist kein Zufall: ein komplett schwarzes Gebäude mit einer Skulptur von Paolo Guiotto am Eingang, Kunstwerken in der Halle und Terrasse auf den Park. Und die Zimmer? Natürlich Design pur!
Info: Via Raffaello Sardiello 18,
Tel. 06.66541133, www.blackhotel.it

€€ Bed & Breakfast Bio (B & B).
Ein farbenfrohes Haus im Grünen von Monte Mario, nach ökologischen Kriterien (mit umweltverträglichen Farben) umgebaut. Bio-Frühstück mit Produkten aus fairem Handel.
Info: Via Cavalese 28, Tel. 335.7151749.

Restauranttipps

€€€ La Pergola (top). Trotz der hohen Preise ist dieses Restaurant im letzten Stock des Hotels Rome Cavalieri extrem gefragt. Rechtzeitige Reservierung erforderlich. Küchenchef ist Heinz Beck, der Michelin-prämierte „Zauberer". *Info: Via Alberto Cadlolo 101, Tel. 06.35092152, romecavalieri.com/it/la-pergola-it*

€€ Hostaria Romana (traditionell). Zwei Schritte vom Quirinalspalast entfernt, ein Tempel römischer Küche: Abends isst man Carbonara, Bucatini all'amatriciana, gebratene Artischocken und Tonnarelli mit Käse und Pfeffer. *Info: Via del Boccaccio 1, Tel. 06.4745284, www.hostariaromana.it*

€€ Urbana 47 (trendy). Treffpunkt von Künstlern und Intellektuellen. Ein Salon-Restaurant mit Einrichtung (auch käuflich) im Stil des Art déco und französischem Modernismus. Regionale, leicht neu interpretierte Küche mit guten Zutaten. Sonntags Brunch. Aperitif. *Info: Via Urbana 47, Tel. 06.47884006, www.urbana47.it*

Nightlife und Freizeit

Kami Spa. Ein wirklich östliches Spa in einem von zwei thailändischen Designern, die bereits das Mandarin Oriental Hotel in Bangkok gestylt haben, umgebauten Gebäude. Und die Anwendungen? Aus Japan (Shiatsu), China (Ming), Indien (Ayurveda), Thailand und Indonesien.
Info: Via degli Avignonesi 12, www.kamispa.com

Auditorium Parco della Musica. In Renzo Pianos Meisterbau schwingen die Konzerttöne. Es gibt auch ein Studio-Theater, ein Design-Café und Platz für Open-Air-Festivals. *Info: Viale Pietro de Coubertin 30, Tel. 06.80241281, www.auditorium.com*

Goa (Diskothek). Hat bei Anhängern der Avantgardemusik Kultstatus. Hier tanzt man zu House und Elektro-Musik.
Info: Via Libetta, 13, Tel. 06.5748277, goaclub.com

Weitere Informationen:
www.enit-italia.de, www.turismoroma.it/de

268 Oben – Ein Brunnen im Garten von Tivoli.

268 Mitte – Ein Saal in der Villa d'Este in Tivoli.

268 Unten – Die Ausgrabungen in Ostia Antica.

269 Oben – Die futuristische Silhouette des Museums MAXXI.

269 Unten – Das von Richard Meier konzipierte Museo dell'Ara Pacis.

Stararchitekten-Tour

Von der antiken Stadt zur Metropole der Zukunft ist es ein Katzensprung. Im Viertel Flaminio kann man zwei Gebäude bewundern: das ***Auditorium Parco della Musica*** *von Renzo Piano und das* ***MAXXI****, ein von Zaha Hadid entworfener „Container" mit weißen Räumen, Transparenz, schrägen Mauern und kühnen Formen, der den Kreativen des dritten Jahrtausends Raum bietet (350 Kunstwerke, 75.000 Zeichnungen und Architekturfotografien,* Via Guido Reni 4a, www.fondazionemaxxi.it, Öffnungszeiten: 11-19 Uhr, Fr. u. Sa. bis 20 Uhr, erster Sonntag des Monats bis 22 Uhr). *Ein Must auch das* ***Museo dell'Ara Pacis*** *mit dem von Richard Meier (von dem auch die* ***Kirche Dio Padre Misericordioso*** *stammt) aus Glas und Travertin entworfenen Schrein für den Augustus-Altar aus dem 1. Jh. v. Chr., einem der Paradebeispiele römischer Kunst* (Lungotevere in Augusta, Ecke Via Tomacelli, www.arapacis.it, Öffnungszeiten: 9.30-19.30 Uhr) *und das erweiterte* ***Macro, Museum für Moderne Kunst****, das in der ehemaligen Brauerei Peroni nach der Umgestaltung durch Architektin Odile Decq neu eröffnet wurde* (Via Nizza 138, Tel. 06.696271, www.macro.roma.museum, Öffnungszeiten: Di.-So. 10-20 Uhr, Sa. bis 22 Uhr). *Man sollte auch das* ***Roma Convention Center*** *nach Plänen von Massimiliano Fuksas mit der 40 m hohen, 70 m breiten und 175 m langen, hängenden „Glasfaserwolke" besuchen* (Piazzale J.F. Kennedy 1, www.romaconventiongroup.it).

Amalfiküste – *Italien*

Es ist das Land der Sirenen, die Odysseus verzauberten; ursprüngliche Natur, kobaltblaues Meer, ineinander verschachtelte, an den Felsen klebende Häuser, Kirchen mit bunten Majolikakuppeln in den warmen Farben von Erde, Sonne und Meer. Vietri sul Mare, Cetara, Maiori, Minori, Amalfi, Ravello, Positano: Jeder Ort an der Amalfiküste ist ein besonderer Ort, an dem die von Olivenbäumen und Zitronenhainen geprägte Landschaft mit den Zeugnissen aus Kunst, Geschichte, Kultur und Antike verschmilzt. 37 km Küste von Osten nach Westen von den Toren Salernos bis zur Sorrentinischen Halbinsel: eine unaufhörliche Folge von Steilhängen über dem Meer, Grotten, Buchten wie die Grotta dello Smeraldo und der unglaubliche Fiordo di Furore, Schauplatz des Films „Amore" von Roberto Rossellini mit Anna Magnani.

Unterwegs an der Amalfiküste: *Mit dem* ***Auto****: Die einzige Straße, die alle Orte der Amalfiküste verbindet, ist die Strada* ***Statale 163****, die „Amalfitana", die sich mit zahllosen Kurven und unvergleichlichen Aussichten am Meer entlangschlängelt. Ausgangspunkt ist* ***Vietri sul Mare****, wenige Kilometer westlich von Salerno. Hinter jeder Kurve verbirgt sich ein neues Wunder, hier ist alles Weltkulturerbe.*
Eine gute Alternative zum Auto ist der ***Autobus*** *der Linie Sita* (www.sitasudtrasporti.it)*, mit zahlreichen Haltestellen an allen Orten der Küste.*
Mit dem ***Schiff****: Von Salerno aus (Molo Manfredi) kann man mit der Fähre oder dem Tragflügelboot* ***(aliscafo)*** *nach Amalfi und Positano fahren. Info: www.livesalerno.com/it/collegament-via-mare*
Metrò del Mare: Linienverbindungen zwischen Neapel, Salerno, Amalfi und Positano. Info: www.metròdelmare.it

270-271 – Das Fischerdorf Cetara.

271 unten – Blick auf Vietri sul Mare.

VIETRI SUL MARE

Dieser kleine Ort, der scheinbar zwischen Himmel und Meer liegt, das Tor zur Amalfiküste, kann auf eine mindestens fünf Jahrhunderte alte Tradition in der Keramikproduktion zurückblicken, die in typischer Weise dekoriert wird.

Man findet sie überall, in den Dutzenden Werkstätten und Läden in den Straßen der Altstadt, an den Fassaden der Häuser und auf der Kuppel des Doms **S. Giovanni Battista** aus dem 16. Jh., in dem man Bilder von Francesco Solimena, Pietro De Rosa und Lorenzo Fiammingo betrachten kann. Vietri sul Mare ehrt die Keramikkunst auch durch das **Museo della Ceramica Vietrese** *(Via Nuova Raito, Tel. 089.211835, Öffnungszeiten: Okt.-März Di.-Sa. 9-15)* im Aussichtsturm von Villa Guariglia im Ortsteil **Raito**, 2,5 km landeinwärts, das die Geschichte der lokalen Fertigung vom 17. bis zum 20. Jh. zeigt. Fortlaufende Schenkungen bereichern das Museum mit wertvollen Stücken, so die Sammlung mit den „Riggiole", den typischen Kacheln für die Boden- oder Wandverkleidung.

Aber Vietri ist, abgesehen von der Keramik, vor allem ein hübscher Ort am Meer mit einem langen, gut ausgestatteten **Strand**, in dessen Bars es an den Sommerabenden sehr lebendig zugeht. Die beiden mächtigen Felsen im Meer, **I Due Fratelli**, wirken wie eine Miniaturausgabe der Faraglioni von Capri.

CETARA

Die alte Sarazenen-Festung Cetara ist vor allem ein Dorf von Seeleuten und Fischern, was auch aus seinem Namen hervorgeht, der sich vermutlich aus dem lateinischen *cetaria* ableitet, was so viel wie Seefisch-, Thunfischhändler bedeutet. Noch heute ist die Tradition der Sardellenfischerei lebendig, aus denen die köstliche *Colatura di alici*, zubereitet wird, die, ähnlich wie das römische *Garum*, aus schichtweise in Salz eingelegten, fermentierten Anchovis und anderem Fisch sowie Kräutern hergestellt wird. Man kann sie in einem der vielen Läden an der kleinen Straße kaufen, die von der Hauptstraße zum Meer hinunter führt, oder aber man probiert sie in einem der netten Lokale am Meer zusammen mit einem Teller leckerer Linguine.

Ein Rundgang durch das kleine Dorf aus weiß getünchten Häuschen, die sich wie eine Krippe in die Bergschlucht drängen, ist ein absolutes Muss: Hübsch ist die **Kirche San Pietro** mit der Majolikakuppel, der Glockenturm aus dem 13. Jh. und vor allem das am Hafen liegende Kloster der **Kirche San Francesco**. Ebenso malerisch ist der kleine, mit der Blauen Flagge ausgezeichnete Strand, einem Kennzeichen für besonders sauberes Meer.

Am 29. Juni ist das Fest des **San Pietro**, Schutzpatron der Fischer. Bei der Prozession wird seine auf einem Thron sitzende Statue in einem Boot durch den Ort getragen, als würden ihn die Wellen schaukeln. Für die Feinschmecker ist die zweite Julihälfte eine gute Zeit, dann findet die **Sagra del Tonno** statt, ein Fest, bei dem sich alles um Thunfisch dreht.

272 – Villa Cimbrone in Ravello, heute ein beliebtes Hotel de Charme.

MINORI

Zur Zeit der Seerepublik Amalfi war der Ort, ein bedeutendes Arsenal, bekannt für den Zitronenanbau, später kam dann noch die Herstellung von Teigwaren hinzu, begünstigt durch die vom Bach Farinola betriebenen Mühlen. Köstlich die typischen Fusilli, die in Handarbeit mit einem dünnen Metallstab gerollt werden. Aus den Bauwerken des Ortes ragt, unweit des Hafens, die **Basilica di Santa Trofimena** heraus, die im 11. und 14. Jh. errichtet und im späten 18. Jh. umgebaut wurde. Über dem Altar hängt das Bild *La Crocifissione* des manieristischen Malers Marco Pino; in der Krypta werden in einer Alabasterurne die Reliquien der Schutzpatronin aufbewahrt. Aus dem 11. Jh. ist der **Campanile dell'Annunziata** mit bichromer Verzierung aus arabisch-normannischer Zeit. Außerhalb der Häuser in Richtung Amalfi sind Reste einer **römischen Villa** aus dem 1. Jh. v. Chr. zu sehen *(Tel. 089.852893, Öffnungszeiten: Mo.-Sa. 8-19 Uhr, So. u. Feiertage 8-14 Uhr)*, die einem Mitglied des kaiserlichen Hofes gehörte. Wenn man sich zur Osterzeit an der Amalfiküste aufhält, kann man die Prozessionen **(Processione dei Battenti)** und traditionellen Ostergesänge miterleben, die die Gemeinde Maiori bei der UNESCO als Kandidat für das immaterielle Kulturerbe eingereicht hat. Bevor man das Dorf wieder verlässt, sollte man einer der Konditoreien einen Besuch abstatten und eine der vielen Süßspeisen auf Basis von Zitronen probieren: Torta Delizia, Profiteroles, Babà al Limoncello und Tiramisù mit Zitrusfrüchten.

RAVELLO

Auf einer Höhe von 350 m auf einem Felsausläufer gelegen, der die Täler der Bäche Dragone und Reginna teilt, beherrscht Ravello in anmutigem Stil einen der schönsten Abschnitte der Amalfiküste. Hüter dieses wohlverdienten Glanzes sind illustre Namen der Vergangenheit, die noch heute durch die ruhigen Straßen dieses Schmuckstücks wehen und immer noch für Aufsehen sorgen: von Wagner bis Toscanini, von Künstlern wie Mirò, Escher, Turner, Ruskin bis zu Schriftstellern und Dichtern wie Virgina Woolf, Paul Valéry, Andrè Gide, nicht zu vergessen natürlich Greta Garbo und Totò, um nur einige Namen einer endlosen Liste zu nennen. Wagner war verzaubert von den romantischen Gärten der **Villa Rufolo** *(Piazza Duomo, villarufolo.com, Öffnungszeiten (Sommer/Winter): 9-17/21 Uhr; Turmmuseum 10-17/19)*, wo er den *Parsifal* spielen ließ und angesichts solcher Schönheit ausrief: „Klingsors Zaubergarten ist gefunden!" Alleen, gesäumt von Linden und Zypressen, von exotischen und mediterranen Pflanzen, Blumenkaskaden, die den Hintergrund bilden für die Villa aus dem 13. und 14. Jh. mit eindeutig arabischer Prägung und einem wundervollen Kiosk, einem Turm mit zwei Doppelfenstern an jeder Seite, einer Aussichtsterrasse, von der aus der Blick bis nach Capo d'Orso reicht. Wagner zu Ehren findet hier seit 1953 das berühmte **Festival internazionale di Ravello** statt, eine exklusive Kulturveranstaltung, die sich vor allem im Sommer abspielt und Musikliebhabern klassischer Kunst, aber auch Freunden von Tanz, Jazz, Worldmusic und moderner Musik unvergessliche Abende beschert. Den Rahmen für die Musikveranstaltungen im Winter bildet hingegen das **Auditorium**, errichtet nach Plänen des großen Architekten Oscar Niemayer. Ein architektonisches Juwel seltener Eleganz auf der Piazza del Duomo ist auch die **San Pantaleone** geweihte Kirche *(Tel. 089.858311, Öffnungszeiten: 9-12 Uhr, 17.30-19 Uhr)*, gebaut 1086-87, mit schöner Bronzetür aus 54 Platten, die von Barisano da Trani (1179) gefertigt wurden, Glockenturm aus dem 13. Jh. und innen das *Ambone del Vangelo*, eine Verschmelzung von Marmor und Mosaiken von seltener Schönheit. Ein Spaziergang führt zur **Villa Cimbrone** (heute ein *Hotel de Charme*), eine eklektische Kreation ihres letzten Besitzers, Lord William Beckett, der das Grundstück 1904 kaufte und aus

273 – Amalfi, reizvoll wie eh und je.

einem einfachen Landgut eine wahre Villa machte, in der sich Stile und Epochen, ethnische und kulturelle Elemente, Antiquitäten und Souvernirs exotischer Reisen vermischen. Eine besondere Ausstrahlung hat das Kloster in arabisch-sikulischem Stil und der *Belvedere dell'Infinito*, von dem aus man einen Blick über den Golf von Salerno bis Punta Licosa hat (*Via S.Chiara 26, Tel. 089.857459, www.ravello.com/it/attrazioni/villa-cimbrone, Öffnungszeiten: 9 Uhr bis Sonnenuntergang*).

AMALFI

Die älteste der drei Seerepubliken hat den Zauber von einst bewahrt, jener Zeit, als im 11. Jh. reger Handelsverkehr mit dem Orient bestand und die Stadt für mehr als 300 Jahre die Märkte im Mittelmeer kontrollierte. Vom Ruhm der Stadt zeugen heute noch die **Arsenali** im Hafengebiet und die *Tabula de Amalpha*, das erste Schifffahrtsgesetz, abgefasst zwischen Ende des 11. Jhs., und Anfang des 13. Jhs., das im gesamten Mittelmeerraum Gültigkeit hatte. Heute befindet es sich im **Museo civico** von Amalfi (*Piazza Municipio 6, www.amalfi.gov.it, Öffnungszeiten: Mo.-Fr. 8.30-12.30 Uhr, Di. u. Do. auch 16-18 Uhr*). Der **Duomo di Sant'Andrea** mit seiner prächtigen Mosaikfassade oberhalb einer steilen Treppe beherrscht den gleichnamigen Platz mit dem barocken Brunnen aus dem 18. Jh. Mittelalterliche Spuren finden sich im Glockenturm und im zauberhaften **Chiostro del Paradiso**; der in arabischem Stil gehaltene Kreuzgang diente lange als Friedhof bedeutender Bürger. Barock hingegen ist der Innenraum, in den man durch ein 1065 in Konstantinopel gegossenes Bronzeportal gelangt, das von einem Händler gestiftet wurde. Hauptstraße des mittelalterlichen Ortes ist die fast vollständig überdachte **Via dei Mercanti**, die einst die Läden der Seerepublik beherbergte. Über die Via Capuana gelangt man nach **Valle dei Mulini**, das sich 2 km den Berg hinaufzieht, vorbei an Zitrushainen und Wasserfällen, die in den vergangenen Jahrhunderten eine der ältesten Papierfabriken Europas versorgten. Dokumentiert ist dies im Papiermuseum **Museo della Carta** (*Via delle Cartiere 23, Tel. 089.8304561, www.museodellacarta.it, Öffnungszeiten: März-Okt. 10-18.30 Uhr; Nov.-Jan. 10-16 Uhr, Mo. geschl.; 27. Dez-6. Jan 10-18.30 Uhr; Feb. geschl.*). Gezeigt werden auch die alten Verfahren zum Schöpfen des kostbaren Papiers, die teilweise noch heute für besondere Zwecke eingesetzt werden. An der Küste finden sich zahlreiche *Lidi*, deren Namen auf die Schönheiten des Meeres verweisen: Lido Azzurro, delle Sirene, Stella Maris... Vom Molo Pennello aus fahren von 9.30 bis 16 Uhr Ausflugsboote zur **Grotta dello Smeraldo**, eine spektakuläre natürliche Höhle, 60 x 3 m groß, die innen einem wundervollen orientalischen Tempel gleicht, voller Säulen, Stalaktiten, Sintervorhängen in den bizarrsten Formen, in die schon Sirenen, Fantasietiere und Berühmtheiten hineininterpretiert wurden (*Man erreicht die Höhle auch über Land, über eine Treppe oder den Aufzug bei km 26,4 der SS 163 „Amalfitana"*).

FIORDO DI FURORE

Der antike Name dieses Gebiets war *Terra Furoris* (tobendes Land) wegen des ohrenbetäubenden Lärms der Wellen, wenn diese bei Sturm gegen die Wände des Fjords schlagen, der steil von der Hochebene von Agerola abfällt (den Fjord erreicht man über eine lange Treppe oder über die SS 163). Eine einzigartige Kulisse: steile Felsabhänge, strahlend weiße Häuser an den mit Weinreben und Oliven bewirtschafteten Hängen, und funkelnde, irreal wirkende Wasserspiegelungen. „Das Dorf, das es nicht gibt", so wurde Furore auch genannt; heute ist der Ort ein wahres Freilichtmuseum mit seinen bunten Wandmalereien auf den Hausfassaden und sogar auf den Trockenmauern der Terrassen. Hier drehte 1948 Roberto Rossellini den Höhepunkt seines Films *Amore, Das Wunder* eine Huldigung an die große Anna Magnani.

POSITANO

Extravagant, snobistisch, Kult – Positano gilt als die „Perle" der Göttlichen Küste mit seinen verwinkelten, in warmen Pastellfarben getünchten Häusern, umgeben von einer üppigen Vegetation, mit von Modeboutiquen gesäumten Gassen, die schon alles gesehen haben, was in der Welt von Film, Theater und Mode Rang und Namen hat. An die vielen Strände geht man nicht unbedingt nur zum Baden, sondern auch um zu sehen und gesehen zu werden. Darunter der schöne, auch zu Fuß erreichbare Strand **Marina Grande** inmitten von Klippen, mit einer Aussicht bis nach Capo Sottile und Punta Campanella, oder die etwas abgelegenere **Spiaggia di Fornillo**. Außergewöhnlich sind die kubusförmigen Häuser im Ort, dicht an dicht gebaut, mit Gärten, Zitrushainen, Palmen und sich zum Meer hin öffnenden Lauben. Über allem thront auf dem Hauptplatz Piazza Flavio Gioia die **Kirche Santa Maria Assunta**, gegründet im 12. Jh. mit einer großen, bunten Majolikakuppel. 7 km von Positano entfernt, im Ortsteil **Nocelle** beginnt der berühmte **Sentiero degli Dei** (Pfad der Götter), eine schöne Wanderung durch die **Monti Lattari**, mit spektakulären Ausblicken über die Küste.

Übernachten

€€€€€ Poseidon (Positano). Hier bleiben keine Wünsche offen: Die Atmosphäre ist edel und fein, die Zimmer haben Ausblick, es gibt Spa, Fitnessbereich, Pool und türkisches Bad, außerdem eine große Terrasse mit einer der herrlichsten Aussichten der Welt.
Info: Via Pasitea 148, Positano, Tel. 089.811111, www.hotelposeidonpositano.it

€€€€€ Hotel Aurora (Amalfi). Ein komfortables Hotel im Hafenbereich mit Garage und Privatstrand. Die Zimmer sind mit lokal gefertigten, typischen Materialien eingerichtet: Keramik aus Vietri und Schmiedeeisen.
Info: Piazzale dei Protontini 7, Amalfi, Tel. 089.871209, www.aurora-hotel.it

€€€ B&B Punta Civita (Ravello). Ein typisches Mittelmeerhaus inmitten von Blüten, Weinreben und Zitronen, die großen Zimmer sind eingerichtet mit antiken Familienmöbeln, von den Terrassen hat man einen Blick über den Golf. Ein idealer Ort für eine Liebeserklärung, eine Hochzeitsreise oder einfach nur, um ein gutes Buch zu lesen. *Info: Via Civita 4, Ravello, Tel. 089.872326, www.puntacivita.it*

Shopping

Unter den Keramikwerkstätten von Vietri nimmt ***Ceramica Solimene*** (Via Madonna degli Angeli 7, Tel. 089.210243, www.ceramicasolimene.it), *eine Sonderstellung ein: Das Gebäude wurde von Architekt Paolo Soleri nach dem Vorbild des New Yorker Guggenheim-Museums entworfen. Eine der besten Adressen in* ***Cetara*** *für die köstliche Colatura di Alici und andere Spezialitäten ist* ***Sapori Cetaresi*** (Corso Garibaldi 44, Tel. 089.262010, www.delfinobattistasrl.it)*; in* ***Amalfi*** *lohnt ein Besuch des Werkstatt-Ladens* ***La scuderia del duca*** (Largo Cesareo Console 8, www.carta-amalfi.it) *der wundervollen, handgeschöpften Papiere wegen, und die* ***Pasticceria Pansa*** (Piazza Duomo 40, Tel. 089.871065, www.pasticceriapansa.it)*, wo seit 1830 Köstlichkeiten hergestellt werden.* ***Positano*** *ist berühmt für seine handgemachten Sandalen, die man z.B. in der* ***Botteguccia*** *findet* (Via Trara Genoino 13, Tel. 089.811824, www.labotteguicciapositano.it)*. Von den vielen Modeboutiquen „made in Positano" sei hier insbesondere* ***Louise*** *genannt* (Via dei Mulini 22, Tel. 089.875192, www.louisepositano.com)*, ideal für alle, die Badewäsche und leichte Kleider mit Blumenmustern suchen.*

Restauranttipps

€€€ La Caravella (Amalfi). Die auf Zutaten vom Land und aus dem Meer basierende Küche von „La Caravella“ bietet traditionelle Rezepte in einer neuen Auslegung an. Elegantes, ausgewähltes Ambiente in einem Palazzo aus dem 12. Jh. *Info: Via Matteo Camera 12, Amalfi, Tel. 089.871029, www.ristorantelacaravella.it*

€€€ Rada (Positano). Außergewöhnliche Location direkt am Strand von Positano. Speisekarte und Service sind erlesen, die Atmosphäre unglaublich romantisch. *Info: Via Grotte dell'Incanto 51, Tel. 089.875874, www.radapositano.it*

€€ Acquapazza (Cetara). Unter den alten Bogengängen von Cetara liegt, gleich am Meer, diese gemütliche Trattoria, in der die Speisekarte vom tagesfrischen Fisch bestimmt wird. Zu den Spezialitäten gehören Fischzubereitungen mit Öl und Zitrone, Spaghetti alla Colatura, Pasta mit Sardellen, Pinienkernen und Kapern, und zum Nachtisch Zitronenkuchen. *Info: Corso Garibaldi 38, Cetara, Tel. 089.261606*

Nightlife

Music on the Rocks (Positano). Eine der angesagtesten Diskotheken Europas: Lage und Programm sind einzigartig, die DJs und die Gäste, u.a. aus der internationalen Filmwelt, sorgen für die richtige Stimmung. Im oberen Stockwerk kann man im Restaurant Rada essen *(siehe oben)*. *Info: Via Grotte dell'Incanto 51, Tel. 333.6565269/338.6383615, www.musicontherocks.it*

Africana Famous Club (Praiano). Dieses schon in den 1960er-Jahren berühmte Lokal liegt hinter dem Strand von Marina di Praia in zwei Höhlen über dem Meer. Man kann den Aufzug nehmen oder man gelangt zu Fuß über einen romantischen Weg dorthin. *Info: Via Terramare 2, Tel. 089.874858, www.africanafamousclub.com*

Protontino (Amalfi). Im Herzen Amalfis bietet dieses feine Weinlokal Verkostungen, zu denen stolze Weine gereicht werden. *Info: Piazza Duomo 3, Amalfi, Tel. 089.872590*

Weitere Informationen: EPT Salerno, Lungomare Trieste 7/9, Tel. 089.231432, www.eptsalerno.it

274 – Positano, die „Perle“ der Amalfi-Küste

275 – Die Theater von Pompeji

Die Ausgrabungen in Pompeji

Von Salerno aus lohnt es sich, die 30 km auf der A3 in Richtung Neapel bis nach Pompeji zu fahren (Ausfahrt Pompei est*), einer der bedeutendsten Ausgrabungsstätten weltweit mit mehr als 3,5 Mio. Besuchern jährlich. Am 24. August des Jahres 79 n. Chr. kam hier jegliches Leben jäh zum Stillstand, als eine gewaltige Eruption des Vesuvs glühende Lapilli, Schlacke und Asche auswarf, wodurch eine blühende römische Stadt mit damals vermutlich 25.000 Einwohnern unter einer dicken Schicht begraben wurde. Feuer und Asche jedoch, die für Stadt und Bevölkerung tödlich waren, haben über die Jahrhunderte Gebäude, Fresken und die unterschiedlichsten Fundstücke konserviert und so der Nachwelt ein einzigartiges Zeugnis über das Leben in einer römischen Stadt hinterlassen.*

Der Rundgang geht vom ***Forum****, dem Zentrum des politischen, religiösen und wirtschaftlichen Lebens, zu den* ***Thermen*** *und den* ***Theatern****, Orte des Vergnügens und der Entspannung, von der* ***Via dell'Abbondanza****, der Hauptverkehrsader der Stadt mit Werkstätten, Speiselokalen, Tavernen, Färbereien, zu den reicheren, mit wundervollen Fresken und Mosaiken verzierten* ***Privathäusern****. Darunter das* ***Haus des Faun*** *und die etwas abseits gelegene* ***Mysterienvilla****, die berühmt ist wegen ihrer Fresken mit Darstellungen dionysischer Mysterien. Eines der zuletzt restaurierten Häuser ist das* ***Haus der keuschen Liebenden****, so genannt wegen eines Freskos, auf dem zwei Verliebte bei einem unschuldigen Kuss dargestellt sind. Im* ***Haus des Julius Polybius****, einem der bekanntesten und am besten erforschten Häuser Pompejis, nehmen modernste Multimediavorführungen und Toneffekte den Besucher mit auf eine Reise in die Zeit.*

Info: Zugänge bei Porta Marina – Piazza Anfiteatro –Piazza Esedra. Öffnungszeiten: Apr.-Okt. Mo.-Fr. 9-19.30 Uhr, Sa.-So. 8.30-19.30 Uhr; Nov.-März Mo.-Fr. 9-17 Uhr, Sa.-So. 8.30-17 Uhr; letzter Einlass 1,5 Stunde vor Abschluss. Anfahrt mit dem Zug: FS Strecke Napoli – Salerno (Bahnhof Pompei); mit dem Bus: CSTP Schnellbus von Salerno (über die Autobahn). Für Informationen zu den Verbindungen und Reservierungen: pompeiisites.org

Sizilien – *Italien*

Wer nach **Catania** fliegt, um die Küste Siziliens zu besuchen, dem sei der Blick aus dem Fenster in den letzten 20 Minuten des Landeanflugs sehr ans Herz gelegt. Wenn man von Norden kommend die Insel erblickt, ahnt man, welche Faszination von einer Landschaft ausgeht, die mit einer solchen Naturgewalt zusammenlebt: dem **Ätna**. Der Kegel des höchsten Vulkans Europas, 3323 m, beherrscht die ganze Küste und auch Catania selbst, das mehrfach von der Lava betroffen war. Von der Stadt aus, die mit zwei Gedenkstätten an ihre berühmtesten Söhne erinnert, Vincenzo Bellini und Giovanni Verga, geht es an der ionischen Küste nach Norden, vorbei an Orangenhainen und von Bougainvilleen gesäumten Straßen. Nach nur 9 km beginnt die wundervolle **Riviera dei Ciclopi**, wo der Widerhall der homerischen Mythen mit den Erinnerungen von Giovanni Verga verschmilzt. Die erste Etappe ist **Aci Castello**, ein Fischerdorf unterhalb der Ruinen einer normannischen Burg, dann **Aci Trezza**, hier ließ der große catanische Autor Verga sein Werk *I Malavoglia* und Luchino Visconti 1947 den darauf basierenden Film *La Terra Trema* spielen. Und schließlich das vornehme und barocke **Acireale**, bevorzugter Ferienort der reichen Catanier. Kurz darauf erreicht man **Taormina**. Was gibt es noch zu sagen von einer Stadt, die bewundert und besungen wurde von den größten Schriftstellern und Künstlern, von Goethe bis Lord Byron, von Oscar Wilde bis Maupassant? Die unvergesslichen Ausblicke vom antiken Theater mit dem Meer auf der einen und dem Vulkan auf der anderen Seite, die Bars und Restaurants, wo man die meiste Zeit des Jahres im Freien (gut) essen kann, die tropischen Gärten mit hohen Palmen und Oleanderbüschen ... Gründe hierherzukommen gibt es wahrlich genug. Aber auch der Ätna ruft. Und so fährt man die Hänge des Vulkans hinauf, vorbei an mittelalterlichen, teilweise aus Lavastein gebauten Dörfern wie **Linguaglossa** und **Randazzo**, bis man fast den Gipfel erreicht.

Unterwegs an der ionischen Küste:
*Die SS 114 verbindet **Catania** mit den anderen Orten an der Küste, **Aci Castello** (9,5 km), **Aci Trezza** (2,5 km), **Acireale** (14 km) und **Taormina** (35 km). Von Taormina aus fährt*

276-277 – Die Altstadt von Catania, im Vordergrund links die Kathedrale der Hl. Agatha.

man die SS 114 in entgegengesetzter Richtung bis nach Fiumefreddo, wo man rechts auf die SS 120 in Richtung ***Linguaglossa*** *(23 km) und* ***Randazzo*** *(20 km) abbiegt, hinauf auf die Hänge des Ätna.*
Eine Alternative zur Küstenstraße ist die Autobahn A 18, die Hauptverkehrsader im Nordosten Siziliens, die in nur 51 km Catania und Taormina verbindet. Um mit dem Bus von Catania aus zur Riviera dei Ciclopi zu fahren, empfiehlt sich die Linie Catania-Messina von Interbus (Tel. 091.6175794, www.etnatrasporti.it). *Ein gutes Verkehrsmittel zum Ätna ist die* ***Ferrovia Circumetnea****, sie ist zwar recht langsam, aber man kann in Ruhe die verschiedensten Aussichten auf den Vulkan genießen* (Via Caronte 352/a, Catania, Tel. 095.541111, www.circumetnea.it).

CATANIA

Thukydides zufolge wurde die Stadt im Jahr 729 v. Chr. von den aus Chalkida auf der Insel Euböa gekommenen griechischen Siedlern gegründet. Von jenem Catania, das sich seither bis zum Ende des 17. Jhs. entwickelt hatte, ist kaum etwas übrig geblieben, als 1693 ein Erdbeben die Stadt dem Erdboden gleichmachte. Die Stadt erhob sich daraufhin aus der eigenen Asche, denn sie wurde mit Lavastein neu errichtet und erhielt so ihr heutiges Aussehen, besser gesagt, sie wurde zu einer barocken Schatztruhe mit breiten, rechtwinklig verlaufenden Straßen anstelle der engen, mittelalterlichen Gassen. Das heutige Herz der Stadt ist **Piazza del Duomo**, wo die beiden wichtigsten Verkehrsadern Via Etnea und **Via Vittorio Emanuele II** aufeinanderstoßen. An diesem Platz steht die **Kathedrale**, die – wie sieben weitere Kirchen der Stadt – der Schutzpatronin Sant'Agata gewidmet ist *(s. Infobox)*. Die im 11. Jh. gegründete Kirche bewahrt das Grab des Komponisten **Vincenzo Bellini**, außerdem den **Schrein der Hl. Agatha** und den Schleier, mit dem die Heilige, der Legende zufolge, 1669 einen Lavastrom aufhielt, der die Stadt ernsthaft bedroht hatte. In der Mitte des Platzes steht das Wahrzeichen der Stadt, die von G.B. Vaccarini entworfene **Fonte dell'Elefante**, ein Brunnen, auf dem ein Elefant aus schwarzer Lava einen ägyptischen Granitobelisken trägt. In der edlen gut 3 km langen **Via Etnea** findet man die elegantesten Geschäfte und ältesten Cafés, z.B. das **St. Moritz** *(Via Raffaello Sanzio 10)*, bekannt für sein *Semifreddo alla mandorla*, eine halb gefrorene Mandelspeise, oder die **Pasticceria Savia** *(Via Etnea 302/304, Tel. 095.322335, www.savia.it)*, die neben köstlichen *Cannoli* auch herzhafte *Arancini* mit Hackfleischsoße anbietet. Von der Piazza Duomo aus ist es nicht weit zum ehemaligen **Kloster San Nicola**, ein prächtiges barockes Gebäude, heute Sitz einiger Fakultäten der **Universität**. Nach der **Kirche San Michele Arcangelo** von 1771 öffnet sich **Piazza Stesicoro** mit den Ruinen des **römischen Amphitheaters** *(Tel. 095.7150508, Öffnungszeiten: 9-13 und 15-18 Uhr)* aus dem 2. Jh. n. Chr., nur das Kolosseum in Rom und die Arena in Verona sind größer. Geht man hingegen über die Via Vittorio Emanuele II, kommt man auf der Höhe von Nr. 266 zuerst zum römischen **Theater** und zum **Odeon** *(Öffnungszeiten: 9-19 Uhr)*, wo im Sommer Kino, Theater und Tanz stattfinden, und dann zum **Museum Bellini** *(Piazza S. Francesco d'Assisi, Tel. 095.7150535, Öffnungszeiten: Mo.-Sa. 9-19 Uhr, So. u. Feiertage 9-13 Uhr)*, das im Geburtshaus des Komponisten untergebracht ist, dem Palazzo Gravina Cruyllas aus dem 18. Jh. Nur wenig entfernt steht ein weiteres prächtiges Wohnhaus, der **Palazzo Biscari** *(Via Museo Biscari 16, Tel. 095.7152508, www.palazzo biscari.com, Öffnungszeiten: 7-13 u. 15-19 Uhr)*, eines der wundervollsten Beispiele für den sizilianischen Barock. Im Haus befinden sich ein

Museum und einige private Wohnungen. Eine weitere Hauptverkehrsader der Stadt ist die **Via Crociferi**, eine Ansammlung barocker Kunst mit den schönen Kirchen **San Giuliano, San Benedetto, San Francesco Borgia** und der **Jesuitenkirche**, außerdem vornehmen Häusern wie dem **Palazzo Asmundo Francica-Nava** mit schöner Rokokoeinrichtung und wundervollem Garten. Auch die **Chiesa di S. Nicolò l'Arena** vom Ende des 17. Jhs. ist einen Besuch wert, es handelt sich um den größten Kirchenbau in Sizilien. Aber Catania ist eben auch die Geburtsstadt zweier großer Künstler, und so findet man auf der Piazza Bellini das **Teatro Bellini** und in der Viale Regina Margherita die wundervollen Gärten von **Villa Bellini**, in der Via Sant'Anna 8 hingegen befindet sich die **Casa Museo Giovanni Verga**, sein Geburtshaus *(Tel. 095.7150598.www. poloregionalecatania.net/catania_casa_verga_it, Öffnungszeiten: Mo.-Sa. 9-13 u. 14.30-18.30 Uhr)*. Das Gebiet um die Piazza Bellini ist auch das Herz des Nachtlebens mit zahlreichen Pubs. Einer davon ist das Restaurant **Scenario Pubblico** *(Via Teatro Massimo 16, Tel. 095.2503147, www.scenariopubblico.com/scenariocafe)*, ein ausgefallenes Ambiente, perfekt für einen Aperitif, oder **Ixtlan** *(Via Teatro Massimo 33)*, gerne besucht von Künstlern und Musikern. Volksnäher geht es zu auf dem Fischmarkt La Pescheria, wo man an den Ständen rund um die Piazza Pardo und unter dem Bogen des Stadttors Karls V. einen lebendigen Eindruck des sizilianischen Marktlebens in all seinen Facetten erhält. Hier kann man Seeigel, frische Krebse und andere regionale Spezialitäten probieren. Ein weiterer typischer Markt ist der **Flohmarkt**, der jeden Sonntag auf der **Piazza Carlo Alberto** stattfindet.

RIVIERA DEI CICLOPI

Der erste Ort der Zyklopenküste ist von Catania aus kommend **Aci Castello**, ein altes Fischerdorf, in dem Reste der normannischen Burg stehen. Diese, gebaut 1076 auf einem in das Meer hinausragenden Basaltfelsen, war 1299 der Vorposten des Rebells Roger von Lauria und wurde nach langer Belagerung von Friedrich II. von Aragonien zerstört. Auch der **Strand** ist hier vulkanisch, die Lava ist hart und scharfkantig, aber im Sommer kann man über Holzkonstruktionen ans Meer gelangen. Die Bucht lohnt einen Besuch unter der Meeresoberfläche, für Schnorchler ein wahres Paradies. 4 km weiter nördlich liegt **Aci Trezza**, vor dessen Küste die **Zyklopeninseln** liegen (heute ein Naturschutzgebiet), jene riesigen Felsbrocken, die dem Mythos zufolge der einäugige Riese Polyphem nach seiner Blendung Odysseus hinterherwarf, um dessen Schiffe zu zerstören. Der Ort ruft ebenfalls Erinnerungen an ein anderes schriftstellerisches Werk wach, den Roman *I Malavoglia* von Giovanni Verga, der die Geschichte der glücklosen Fischerfamilie genau in Aci Trezza spielen lässt. Um die Verga-Orte abzulaufen, eignen sich die Rundwege des Giovanni-Verga-Touristenparcours *(www.comune.acicastello.ct.it/la_citt_/Il_Percorso_Turistico_del_Verga.aspx)*. Und dann schließlich, 17 km von Catania entfernt, **Acireale**, der eleganteste dieser drei Orte, Juwel des sizilianischen Barocks. Sehenswert ist die **Kathedrale** aus dem 16. Jh. mit einer interessanten Fassade und zwei Glockentürmen, im Inneren sind kostbare Fresken. Außerdem **Santi Pietro e Paolo** mit der schönen Fassade aus dem 18. Jh. und der **Palazzo Pennisi di Floristella** *(Piazza Lionardo Vigo 16, Tel. 095.7633079, www.palazzopennisidifloristella.com)*, eine prächtige Residenz vom Ende des 19. Jhs., in der sich heute ein Bed & Breakfast mit zwei zauberhaften Zimmern befindet. Kulinarische Higlights findet man auf dem Corso Umberto I., in Nr. 165 beispielsweise ist das **Caffè Bistrot Famiglia Espedito**, das gute Arancini mit Ragù und sizilianische Cassata anbietet, oder in Nr. 230 die **Gelateria Belvedere** mit über 50 Eis- und Sorbetsorten. Reizvoll ist auch ein Besuch des Marionettenmuseums im **Teatro Museo dei Pupi Turi Grasso** *(Via Nazionale per Catania 195, Tel. 347.8061464, www.operadeipupi.com, Öffnungszeiten des Museums: 9-12 u.- 17-20 Uhr, im Winter 9-12 u. 15-18 Uhr; Aufführungen nur auf Anfrage)*, ein schöner Blick hinter die Kulissen, vielleicht sogar eine Gelegenheit, sich eine Vorführung anzuschauen.

278 Oben – Das Fischerdorf Aci Trezza.

278 Mitte – Domplatz von Acireale.

278 Unten – Das Fest der Hl. Agatha in Catania.

279 – Theater Massimo Bellini in Catania.

Das Fest der Hl. Agatha

Die Feierlichkeiten für die Schutzheilige sind die Gelegenheit, Glauben und Traditionen zu verstehen, nicht nur in religiösem, sondern auch im kulinarischen Sinn. Vom 3. bis zum 5. Februar werden die Straßen mit kunstvollen Beleuchtungen geschmückt, die, zusammen mit Zehntausenden von Gläubigen, den Rahmen bilden für die Prozession der Reliquien der Heiligen. Erstaunlich ist das Mosaik aus Lichtern, das am oberen Ende der Via San Giuliano aufgebaut wird. In diesen Tagen finden verschiedene Konzerte statt sowie die ***Fiera della Santuzza****, eine Art Markt, meist in den Giardini Bellini, mit Ständen, an denen regionale Erzeugnisse verkauft werden. Am 17. August wird ein weiteres Fest zu ihren Ehren gefeiert, in Erinnerung an die Rückkehr ihrer sterblichen Hülle aus Konstantinopel im Jahr 1126.*

TEATRO
BELLINI

TAORMINA

Die ersten Menschen, die hier siedelten, waren die Sikuler, ihnen folgten im 8. Jh. v. Chr. die Griechen und 212 v. Chr. die Römer. Später kamen wohlhabende englische, französische und deutsche Reisende, darunter Kaiser Wilhelm II., die Krupps und die Rothschilds, verzaubert von der Schönheit der Stadt. Heute gehört Taormina zu den beliebtesten Zielen Italiens. Es ist ratsam, im Frühjahr zu kommen, wenn es nach Zitrusblüten duftet, die Natur explodiert, der Ätna noch weiß bedeckt ist, und, vor allem, die Touristen noch nicht in Scharen anreisen. Sonst ist es empfehlenswert, das Auto in Mazzarò stehen zu lassen und mit der Seilbahn in nur zwei Minuten ins Zentrum zu fahren *(alle 15 Minuten, Mo. 9-1 Uhr, Di.-So. 8-1 Uhr, www.taorminaservizipubblici.it)*, oder den Shuttleservice zu nehmen. Auf dem **Corso Umberto I.** konzentrieren sich Geschäfte, Konditoreien, Restaurants und Cafés. Drei Tipps: **Gelatomania**, Hausnummer 7 – unbedingt das Pistazieneis mit Pistazien aus Bronte probieren, einem Ort am Hang des Ätna – sowie die geschichtsträchtigen Lokale **Mocambo** und **WunderBar** *(Piazza IX Aprile)*, schon seit der Zeit von Liz Taylor und Richard Burton Treffpunkt der Stars beim jährlichen Taormina Film Fest. An dieser Stelle öffnet sich der Corso auf die **Piazza IX. Aprile**, an der die Kirchen **San Giorgio** und **San Giuseppe** aus dem 17. Jh. liegen. Durch ein Gewirr aus Treppen und Seitenstraßen geht es von dort zu einigen der bedeutendsten Bauwerken der Stadt: der Naumachie, oder besser gesagt, dem, was von der Thermenanlage aus römischer Zeit noch erhalten ist (eine Mauer mit 18 Bogennischen), der **Kirche Santa Caterina**, die im 17. Jh. auf den Überresten des **Odeons**, eines kleinen Theaters, errichtet wurde, und dem **Palazzo Corvaja** *(Largo S. Caterina, Öffnungszeiten: Di.-So. 9-13 und 16-20 Uhr)*, in dem 1411 das sizilianische Parlament tagte und der, ebenfalls im 15. Jh., Residenz der Königin Blanka von Navarra war. Dann geht es weiter über die Via Teatro Greco, die zum **Griechischen Theater** führt *(variierende Öffnungszeiten)*, es wurde im 3. Jh. v. Chr. angelegt und in römischer Zeit fast vollständig erneuert. Es ist nach Syrakus mit einem Durchmesser von 109 m das zweitgrößte Theater auf Sizilien; das in neun Keile unterteilte Halbrund ist von einem Doppelportikus umgeben, bis zu 5000 Zuschauer hatten Platz. Heute finden hier Konzerte, Theateraufführungen und, im Juni, das **Taormina**

280 Oben – Villa Comunale von Taormina.

280 Unten – Ansicht von Taormina.

280-281 – Das griechische Theater in Taormina.

Film Fest statt *(taorminafilmfest.it)*, Events, die auf der antiken Skene vor der Traumkulisse mit Meer und Vulkan noch reizvoller werden. Ebenso zauberhaft sind die Blicke von der **Villa Comunale** aus, den Gärten in Via Roma, die Lady Trevelyan, eine reiche englische Adlige, für Herzog Colonna di Cesarò gestaltete. Zwischen Palmen und duftenden Rosenbüschen steht ein arabisierender Turm, der sich gut für Vogelbeobachtungen eignet. Auf dem Rückweg in Richtung Porta Catania landet man auf der **Piazza del Duomo** mit dem **Dom San Nicolò**, der trotz einer streng wirkenden Fassade bedeutende Werke von Antonio Giuffrè, Antonello Saliba und von Künstlern der Schule des Gagini bewahrt. Hat man das Zentrum hinter sich gelassen, gibt es zwei Möglichkeiten: bergauf am Monte Tauro bis zum Dorf **Castelmola**, einem Gewirr aus sich um einen Felsen windenden Gassen, das bekannt ist für seine Sonnenuntergänge und den Mandelwein in der **Antico Caffè San Giorgio** *(Piazza Sant'Antonio 1, barsangiorgio.com)*, oder zum Meer hinunter nach **Mazzarò**, dem am nächsten gelegenen **Strand** von Taormina. Dorthin gelangt man mit der Seilbahn, über die Treppe vom Ort aus durch Gärten voller Bougainvilleen, oder über die Straße, die hinunter zur Küstenstraße von Catania nach Messina führt. Von der **Baia di Mazzarò** kann man zu den Stränden von **Sisone** und **Mazzeo** laufen, oder zum **Capo Sant'Andrea**, von wo es nicht weit zur Grotta Azurra ist, einer spektakulären Höhle, die nur vom Meer aus zugänglich ist. Ein Boot zu finden, um dorthin zu gelangen, ist in der Regel kein Problem – auf allen Stränden der Umgebung werden lautstark Fahrten zur Grotte angeboten. Ein unverzichtbarer Stopp ist **Capo Taormina** mit den **Felsformationen** (den sog. Faraglioni) und die nahe gelegene **Isola Bella**, die zum Naturschutzgebiet erklärt wurde und vom Zentrum für Naturschutz der Universität Catania verwaltet wird *(www.cutgana.unict.it)*.

Sport und Wanderungen auf dem Vulkan

Im 58.000 Hektar großen ***Ätna-Naturpark*** *kann man sowohl* ***Abfahrtski*** *als auch* ***Skilanglauf*** *oder* ***Tourenski*** *machen, denn der Gipfel ist oft von November bis April mit Schnee bedeckt. Der beliebteste Sport in der Region aber ist das* ***Wandern****. An dem auf 2000 Höhenmetern gelegenen* ***Rifugio Sapienza*** *starten die meisten Routen, sowohl zu Fuß als auch mit Jeep, die nahe an die vier größten Krater und bis fast an den 3323 m hohen Gipfel heranführen.*

Für Wanderungen auf den Berg kann man sich an folgende Veranstalter wenden: ***Guide Etna Sud*** (Tel. 095.7914755, www.etnaguide.com), ***Gruppo Guide Etna Nord*** (Tel. 095.7774502, www.guidetnanord.com) *und* ***Etna Guide*** (Tel. 368.663453, www.etnaguide.it). *Letztere bieten neben den klassischen Naturpfaden und Wanderungen zum Valle del Bove oder der Grotte del Gelo auch Wanderungen mit Schneeschuhen oder Skitouren an.*

DER ÄTNA UND SEINE DÖRFER

Die Route führt nun ins Landesinnere, die Hänge des Vulkans hinauf bis fast zum Gipfel. Bevor man nach oben fährt, sollte man sich die am Berg gelegenen Dörfer anschauen. So zum Beispiel **Linguaglossa**; der Ort ist zwar nur 50 km vom Meer entfernt und liegt auf nur 550 m Höhe, dennoch ist er der Ausgangspunkt der Skilifte sowie einiger der schönsten Touren auf den Vulkan wie der Tour zur **Grotta del Gelo** (eine große Lavagrotte, die einen Gletscher und Stalaktiten aus Eis enthält). Nach weiteren 12 km ist man in **Francavilla di Sicilia**; der mittelalterliche, teilweise noch von der alten Stadtmauer umgebene Ort liegt in einem von Gärten und Orangenhainen geprägten Talkessel. Von hier aus sollte man unbedingt die **Gole dell'Alcantara** besuchen (*Tel. 0942.985010, www.golealcantara.it*), diesen unglaublichen Canyon, vom Fluss Alcantara in den schwarzen Basalt gegraben. Die Wände sind bis zu 20 m hoch und so eng, dass sie sich an manchen Stellen fast berühren. Schließlich **Randazzo**, die am nächsten an den Kratern gelegene bewohnte Ortschaft, ganz aus Lavastein gebaut. Die Stadt grenzt an drei regionale Naturparks: Ätna, Nebrodi und Alcantara. Folgt man der von Wohngebäuden aus normannischer und mittelalterlicher Zeit gesäumten Hauptstraße, dem **Corso Umberto**, kommt man an der im Jahr 1217 gebauten **Kirche Santa Maria** vorüber, die berühmt ist für das Taufbecken von Gagini, und an der **Kirche San Martino**, ebenfalls aus dem 13. Jh., mit dem zweifarbig gestalteten Glockenturm und der polygonalen Turmspitze. Eine willkommene Pause bei einer klassischen, mit Eis gefüllten Brioche oder einer *Granita al limone* kann man einlegen bei **Fratelli Facondo** oder bei **Santo Musumeci**, beides hervorragende Konditoreien. Der feierliche Höhepunkt des Jahres ist der Umzug an Ferragosto, Mariä Himmelfahrt. Bei dieser Prozession wird aber keine Pappmaschee-Statue durchs Dorf geführt, sondern ein ca. 20 m hoher Aufbau auf einem Wagen mit Heiligen und Engeln, dargestellt von echten Menschen. Und dann ist es soweit, endlich: der Ätna, der „Protagonist" der gesamten Reise, ein relativ junger Vulkan, keine zwei Millionen Jahre alt, mit einem launenhaften, aber insgesamt doch recht vorhersehbaren Charakter. Seine Eruptionen sind beständig und in der Regel nicht sehr stark, vor allem aber werden sie von etwa 50 Seismographenstationen und sogar von einem Satelliten überwacht.

Übernachten

€€€€€ Hotel Collection (Taormina).
Gleich hinter dem zentral gelegenen Corso Umberto wurde dieses Hotel in einem Palazzo mit Blick auf das Griechische Theater und die Bucht von Naxos eröffnet. Spa in schlichtem, aber schickem Design, wunderschön der Pool auf der Dachterrasse und das Fitnesscenter mit Panorama.
Info: Via Circonvallazione 11, Taormina, Tel. 0942.625202, www.nh-collection.com/it/hotel/nh-collection-taormina

€€€€ Palace Catania (Catania). Ein Palazzo aus dem frühen 20. Jh. aus Lavastein, modernes Design, Restaurant mit regionaler Küche und Dachterrasse mit American Bar, von der aus man einen herrlichen Blick über Stadt, Ätna und Meer genießt. *Info: Via Etnea 218, Catania, Tel. 095.2505111, www.gruppouna.it/esperienze/palace-catania*
€€ Turismo Rurale Parco Statella (Randazzo). In einem alten Landgut inmitten von Weinbergen am Fuß des Ätna; Zimmer und kleine Appartements mit historischen Möbeln. Mit Restaurant und Reitgelegenheit. *Info: Via Montelaguardia 25, Randazzo, Tel. 095.924036, www.parcostatella.com*

Restauranttipps

€€€ Al Saraceno (Taormina). Spezialitäten der sizilianischen Tradition mit Fisch- und Fleischgerichten, zubereitet mit besten Zutaten. Terrasse mit atemberaubender Aussicht auf den Golf. *Info: Via Madonna della Rocca 16/18, Taormina, Tel. 0942.632015, www.alsaraceno.it*
€€ Osteria Panecaldo (Catania). Ganz nah am Teatro Massimo liegt dieses moderne, einladende Lokal, das auch ein Angebot „Nach dem Theater" bereithält. Authentische Fischküche Catanias. *Info: Via Michele Rapisardi 9, Catania, Tel. 095.6782848, www.osteriapanecaldo.it*
€€ Veneziano (Randazzo). Rustikales Ambiente und regionale Spezialitäten, wie zum Beispiel eine Suppe mit Pilzen vom Ätna und hausgemachte Maccheroncini mit Fleischsoße. Zu den Desserts gehört auch Kuchen mit Pistazien aus Bronte. *Info: Contrada Arena SS 120, Randazzo, Tel. 095.7991353, www.ristoranteveneziano.it*

Nightlife

Mercati Generali (Catania). Eine Diskothek in der Umgebung eines alten Palmenhains, mit Feigenkakteen, Jasmin und Orangenbäumen. Auf dem Veranstaltungskalender stehen viele Live-Konzerte. *Info: Contrada Jungetto SS 417 Km 69, Catania, Tel. 095.435764, www.mercatigenerali.org*
Nievski (Catania). Historisches Lokal an der wundervollen Scalinata Alessi in Catania. Gepflegtes Ambiente, sehr nett für einen Aperitif, zum Abendessen oder auch am späten Abend. Gute Live-Musik von italienischen und ausländischen Gruppen. *Info: Scalinata Alessi, Catania, Tel. 095.313792, www.nievski.it*
Q Lounge Bar (Taormina). Unbedingter Zwischenstopp auf einen Aperitif in Taormina: moderne Einrichtung, weiße Stühle und Sofas, suggestive Atmosphäre mit gedämpftem Licht und besten Cocktails. *Info: Piazzetta Paladini 6, Taormina, Tel. 0942.21296*

Weitere Informationen: Ufficio del Turismo Catania, Via Vittorio Emanuele I, Tel. 095.742 5573, www.comune.catania.it/la-citta/turismo/www.parcoetna.it

282 – Die atemberaubende Schlucht des Flusses Alcantara.

282-283 – Tourenski im Naturschutzgebiet des Ätna.

Dubrovnik – *Kroatien*

Ein wenig römisch, der ursprüngliche Name Ragusium wurde zum antiken Ragusa, ein wenig venezianisch, von 1205 bis 1358 unterstand es der Herrschaft Venedigs, ein wenig Eigentum aller, seit es UNESCO-Weltkulturerbe wurde: Dubrovnik ist eines der schönsten Ziele an der Adria. Nach den Bombardements 1991 wurden erst die Gebäude restauriert, dann kamen Hotels und Luxus-Restaurants, die die geschichtsträchtigen Gässchen der Festungsstadt und das smaragdgrüne Meer, das nach Pinienharz und Salz riecht, ergänzen.

In dieser Stadt aus Stein und Licht bestechen als Erstes die **Festungsmauern**. Läuft man auf ihren Zinnen, überblickt man ganz Dubrovnik: das mittelalterliche **Franziskanerkloster**, die Hauptstraße **Placa** (oder **Stradùn**), den **Loggienplatz** (kroatisch ***Placa*** **Luža**), eingerahmt von schönen Gebäuden wie dem **Sponza-Palast** und hinter dem Durchgang die **Glockenloggia**. Von der Stadtmauer aus sieht man auch den **Rektorenpalast**, im 15. Jh. Sitz des Großen Rates, heute Museum, die **Kathedrale Velika Gospa (Mariä Himmelfahrt)**, das **Dominikanerkloster** und das Amphitheater am **Hafen**, auf das die im 14. Jh. zum Schutz der ankernden Schiffe erbaute **Johannes-Festung** blickt.

Ein Spaziergang ist hier ein einmaliges Erlebnis. Das einzige Handicap sind die extrem rutschigen Wege, da die Steine vom Wind, dem Salz und den ständig darüber laufenden Menschen abgeschliffen sind. Von oben streift der Blick die Gässchen und steilen, engen Treppen, die zwischen den Häusern aufgehängte Wäsche, die fast komplett neu gedeckten orangefarbenen Dächer und verliert sich über dem blaugrünen Wasserspiegel des durch die Kreuzfahrtschiffe gekräuselten Meeres, die die Häuser überragen und in der Stadt zu fahren scheinen. Das Meer ist durchsetzt mit von Sandgürteln umgebenen grünen Felsen wie den **Elafitischen Inseln** und weiter nördlich, den Inseln **Mljet**, **Pelješac** (tatsächlich eine mit dem Festland verbundene Halbinsel), **Lastovo** und **Korčula**. Jede Insel ist ein kleines Paradies aus Wäldern, Stränden und Felsen in unmittelbarer Stadtnähe.

Unterwegs in Dalmatien: *Wenn Sie in Dubrovnik sind, lassen Sie das Auto stehen. Hier geht man zu Fuß und vom Hafen starten die Schiffe zu Tagesausflügen zu den nahen Inseln. Und außerhalb der Festungsstadt ist man mit öffentlichen Verkehrsmitteln gut beraten* (www.libertasdubrovnik.hr).

Währung: *Die offizielle Währung in Kroatien ist die* ***Kuna***.

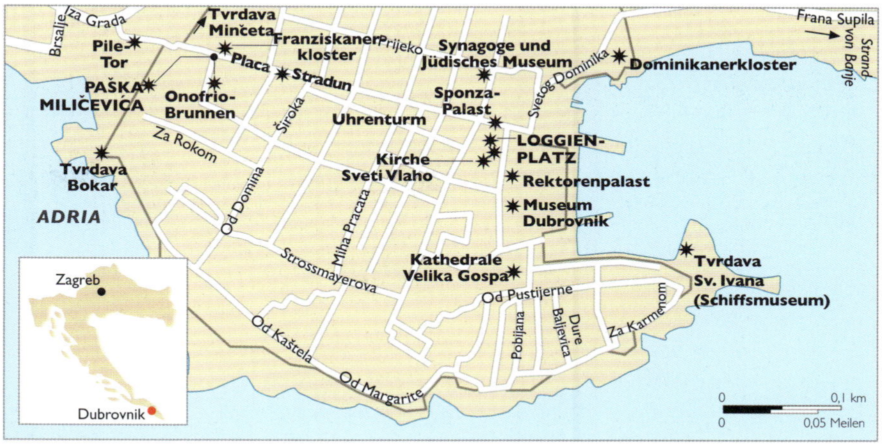

Sehenswertes

Die Stadtmauer: Im 10. Jh. wird Dubrovnik zur Festungsstadt. Die 2 km lange Mauer, die an einigen Stellen 25 m hoch ist und nur von 15 Türmen (3 runde und 13 viereckige), 3 Forts und 5 Festungen unterbrochen wird, ist Pflichtprogramm. Da sind die **Tvrdava Minčeta**, mit zylindrischem von Michelozzo Michelozzi entworfenem, doch Mitte des 15. Jhs. von Giorgio Orsini erbautem Turm, die **Tvrdava Bakar**, die ebenfalls von Michelozzi entworfene Festung, und die **Tvrdava Sv. Ivana**, die Johannes-Festung, die über den Hafen wacht, heute das **Schiffsmuseum** *(Vecchio Porto, Tel. 020.323904, dumus.hr/en/maritime-museum, Öffnungszeiten: Mitte Sept.-Mitte Juni 9-16 Uhr, im Sommer 9-18 Uhr, Mo. geschl.)*. Den Rundgang, für den man Eintritt zahlt und so Verschiedenes besichtigen kann, sollte man am späten Nachmittag machen, da es dann weniger heiß ist und man nicht den spektakulären Sonnenuntergang verpasst *(www.wallsofdubrovnik.com, variierende Öffnungszeiten)*.

PILE-TOR: Von den Stadttoren, die Zugang zur Festungsstadt bieten, ist dieses das eindrucksvollste: eine Bastion mit einer Steinbrücke aus dem 16. Jh., deren Innentor in gotischem Stil die von Ivan Meštrović gefertigte Statue des Hl. Blasius ziert.

FRANZISKANERKLOSTER: In zwei Bauabschnitten seit 1317 errichtet, ist es eines der religiösen Stadtsymbole. Es umfasst verschiedene Gebäude: den rhombenförmigen **Kreuzgang** mit Bogengängen im romanisch-gotischen Stil, achteckigen Säulen, romanischen Kapitellen und dem Brunnen aus dem 15. Jh in der Mitte; die im 17. Jh. nach dem Erdbeben, das Werke von Tizian, Raffael, Caravaggio „geschluckt" hat, wieder errichtete **Kirche**; die **Apotheke** aus dem 14. Jh. mit Büchern und Gefäßen der Zeit; die **Bibliothek**, eine der wichtigsten Kroatiens mit wertvollen Choralbüchern, und das Museum mit kleinen Goldschmiedeschätzen, Votivgaben, Bildern und Reliquien. *Info: Placa 2, Tel. 020.321410, malabraca.wixsite.com, Öffnungszeiten: im Sommer 9-18 Uhr, im Winter 9-14 Uhr.*

PLACA: Die Flaniermeile, ein mit Porphyr und Stein gepflastertes Juwel aus dem 12. Jh., zieht sich durch das antike Stadtzentrum und ist umgeben von den im 17. Jh. nach dem Erdbeben errichteten Gebäuden. Ein Teil des **Paška Miličevića** mit dem unglaublich bezaubernden **Onofrio-Brunnen**, mit Kuppelabdeckung und wasserspeienden Masken, das Werk des Neapolitaners Onofrio della Cava (1438-44), reicht bis an den Placa Luža (Loggienplatz) heran.

PLACA LUŽA: Hier stehen die **Statue des Roland**, der **Uhrenturm** aus dem 15. Jh., der 1929 originalgetreu wiederaufgebaut wurde, und die schönsten Bauten Dubrovniks. Darunter der **Sponza-Palast** aus dem 14. Jh., zuerst Sitz der Münzanstalt, dann des Zolls und heute des Stadtarchivs, die **Kirche Sveti Vlaho**, die mit ihrer Treppe und barocken Fassade den Platz beherrscht (innen Marmoraltäre und die Statue des Hl. Blasius, dem sie geweiht ist) und vor allem der **Rektorenpalast**. Im 15. Jh. nach Plänen von Onofrio della Cava mit eleganter Renaissance-Vorhalle von Michelozzo Michelozzi und Loggienhof erbaut, beherbergt er das **Historische Museum Dubrovnik** mit einer Sammlung (Glas, Keramik, Ikonen und Einrichtungsgegenstände des 15.-19. Jhs.) und 300 Gemälden italienischer und dalmatinischer Künstler des 15./16. Jhs. *(Tel. 020.321422, www.dumus.hr/en/cultural-history-museum, Öffnungszeiten: im Sommer 9-18 Uhr, im Winter 9-16 Uhr)*. Hier empfiehlt sich eine Kaffeepause im **Gradskavana**, einem eleganten, historischen

284-285 – Die Festungsmauern von Dubrovnik.

285 unten – Der Loggienplatz mit der Kirche Sveti Vlaho in Dubrovnik.

Lokal mit Blick auf Platz und Placa *(www.mea-culpa.hr)*.

DOMINIKANERKLOSTER: Dieses Juwel der Kirchenarchitektur hütet wahre Schätze. Im 16. Jh. erbaut und im 19. Jh. restauriert, ist es eines der wichtigsten Bauwerke der Stadt. Ein Besuch gilt der einschiffigen **Klosterkirche S. Domenikus** mit Renaissance-Kapellen und beeindruckendem *Kruzifix* von Paolo Veneziano aus dem 14. Jh., dem **Kreuzgang** aus dem 15. Jh. nach Plänen von Maso di Bartolomeo, dem **Museum** mit Goldschmiedearbeiten, Filigranschmuck und wichtigen Gemälden, wie *Hl. Blasius und Maria Magdalena* von Tizian und dem *Triptychon* von Niccolò Ragusino. *Info: Sv. Domina 4, Tel. 020.322200, variierende Öffnungszeiten.*

KATHEDRALE VELIKA GOSPA (MARIÄ HIMMELFAHRT): Im 17. und 18. Jh. von den italienischen Architekten Andrea Buffalini und Paolo Andreotti erbaut, gibt es mindestens zwei Gründe, sie anzuschauen: Tizians *Mariä Himmelfahrt* und den **Domschatz** mit etwa 200 Goldschreinen mit Heiligenreliquien. *Info: Kneza Damjana Jude 1, Tel. 020.323459, variierende Öffnungszeiten.*

SYNAGOGE UND JÜDISCHES MUSEUM: In dieser Synagoge aus dem 14. Jh., nach der Prager die zweitälteste Europas, besucht man in Räumen mit rotem Samt und nachtblauen Decken das Museum, das die Geschichte der lokalen jüdischen Gemeinde dokumentiert. Ausgestellt werden auch Thorarollen aus dem Mittelalter. *Info: Zudioska 5, Tel. 020.321028, variierende Öffnungszeiten.*

Die Insel Korčula

Sei es aus Neugierde, sei es einfach nur so, sei es, weil man davon gehört hat. Kein Tourist, der hier an Land gegangen ist, hat sich die Frage verkniffen, ob ***Marco Polo*** *wirklich von dieser schönen Insel gebürtig ist. Der berechtigte Zweifel ergibt sich aus den Reiseführern, die man vor der Abreise gelesen hat, und den Ladenschildern, die mit dem berühmten venezianischen Seefahrer werben. Wie „sein" Steinhaus hinter der Kathedrale und der Laden für technische Spielereien und T-Shirts in Ul. Depolo 1a* (marcopolo.com.hr) *in der Bezirkshauptstadt, die wie die Insel Korčula heißt. Steine, die von antiken Mauern umschlossen werden, wo die Familie Polo sicher gelebt hat, bevor sie sich in Richtung Venedig begeben hat, zwei Jahrhunderte vor Marcos Geburt … Und gerade Venedig hat unauslöschliche Spuren hinterlassen: in der auf die Halbinsel gebauten Festungsstadt, die eine Landenge mit dem Rest der Insel verbindet, bestechen hinter den Mauern des 15. Jhs. nicht nur die Türme aus dem 16. Jh. und die antiken Türen (die* ***Morska Vrata*** *und* ***Kopnena Vrata*** *tragen das Wappen der Dogen von Venedig), sondern auch die* ***Markuskathedrale*** *aus Kalkfelsen mit romanischem Glockenturm und Portal aus dem 15. Jh. von Bonino da Milano und Tintorettos Jugendwerk Die* Hll. Markus, Hieronymus *und* Bartholomäus *im Innenraum, die* Verkündigung *aus seiner Schule und ein Gemälde, das Jacopo Bassano zugeschrieben wird. Neben der Kirche bestaunt man den spätgotischen* ***Bischofspalast*** *mit dem* ***Abteischatz****, auch mit venezianischen Werken (die* Sacra conversazione *aus der Schule Tizians), und die Räume des Stadtmuseums in den Renaissance-Mauern des* ***Gabrielis-Palasts*** *mit Kostümen, Stoffen, Porträts. Und dann gibt es natürlich den Rest der Insel: Eichen-, Pinien-, Zypressen-, Aleppo-Kiefernwälder, Rebenreihen, den Ort* ***Lumbarda****, wo der Weißwein Grk hergestellt wird,* ***Žrnovo*** *und* ***Blato*** *(mit der Burg) und selbstverständlich die Strände. Nicht verpassen: die Buchten von* ***Pupnatska Luka, Bačva, Zitna, Defora*** *und* ***Vaja****.*

Info: www.korculainfo.com (auch mit Fährenabfahrtszeiten).
Alternativ: www.jadrolinija.hr

Übernachten

€€€€€ Dubrovnik President Hotel (am Meer). Moderne Einrichtung und frisch renovierte Design-Zimmer, aber nicht übertrieben. Das Beste sind die Terrassen mit Meer- und Strandblick. *Info: Iva Dulčića 142, Dubrovnik, Tel. 020.441100, www.valamar.com/it/dubrovnik-hotel-president*

€€€ Pucic Palace (Luxus). Die Mode wechselt, dieses Haus bleibt! Eine Adresse mit Charme, inmitten des alten Stadtkerns, 19 Zimmer in einem Palast aus dem 18. Jh. Es gibt auch eine Hotelyacht für Inselkreuzfahrten. *Info: Od Puča 1, Dubrovnik, Tel. 020.326222, www.thepucicpalace.com*

€€ Roko House (historisches Gebäude). Ein entzückendes Haus mit sechs Apartments, cremefarbenen Wänden und sichtbaren Streben. Im Herzen Dubrovniks eine sehr gute Alternative zum Hotel. *Info: Za Rokom 2, Dubrovnik, Tel. 958.573063, www.rokoapartments.com*

Restauranttipps

€€€ Nautika (top). Die Traditionsadresse für Fischliebhaber. Wenn es

angeboten wird, bestellen Sie Languste oder Zahnbrasse, andernfalls „begnügen" Sie sich mit dem Fang des Tages und genießen Sie den Ausblick auf Meer und Hafenbucht.
Info: Brsalje 3, Dubrovnik, Tel. 020.442526, www.nautikarestaurants.com
€€€ Proto (Fisch). Ebenfalls Fisch, aber in einer anderen Location: Ende des 19. Jhs. in der Altstadt eröffnet, taucht im Gästebuch der Name des Königs Eduard VIII. von England auf. Der Küchenchef, Boško Lonac gehört zu den angesehensten der Stadt.
Info: Siroka 1, Dubrovnik, Tel. 020.323234, www.esculaprestaurants.com/fish-restaurant-proto-dubrovnik
€€ Wanda (mediterran). Nach 15 Jahren in den Restaurantküchen von Los Angeles ist Chef Goran Starčić nach Dubrovnik zurückgekehrt und hat dieses Lokal eröffnet. Die Ehefrau ist Schwedin, die Klientel international, die Gerichte mediterran, wie die Tomatenbruschetta und die kroatischen Käse- und Schinkenvariationen. *Info: Prijeko 8, Dubrovnik, Tel. 098.9449317, www.wandarestaurant.com*

Nightlife

Cave Bar More. Wählen Sie dieses suggestive Lokal in einer natürlichen Grotte für einen romantischen Abend zu zweit. Die Szenerie ist einzigartig: Tische im Freien zur offenen Bucht, keine Musik, nur das Rauschen der Wellen. *Info: Nika i Meda Pucića 13, cavebar-more.com*
East West Club. Ein Club für jede Tageszeit: tagsüber als Strandbar zum Sonnen, mittags und abends Restaurant und für Nachtschwärmer eine Night-Bar. Strand, gute Küche und DJ-Mix von morgens bis in die Nacht. *Info: Frana Supila 10b, Tel. 099.3146485, banjebeach.com*
Troubadour. Man kann nicht durch die Altstadt laufen, ohne es zu bemerken: eine Jazzbar mit Konzerten und Jam-Sessions, den ganzen Sommer über.
Info: Buniçeva poljana 2, Dubrovnik, Tel. 020.323476

Weitere Informationen:
www.croatia.hr/de-DE
www.tzdubrovnik.hr/lang/de/index.html

Shopping

Für Geschenke und künstlerische Souvenirs ist **Medusa** *der ideale „Gift-and-Art-Shop", der Vielfalt mit Qualität vereint: In der Flut globalisierter, anonymer Souvenirs ist dieser kleine Laden bestens ausgestattet, denn er will Touristen und Einheimischen lokales Kunsthandwerk anbieten, das für ganz Kroatien typisch ist. Die freundlichen, kompetenten Besitzer vertreiben die Objekte von Kunsthandwerkern, die sie persönlich kennen* (Prijeko ul. 18, Tel. 098.1711741, www.medusa.hr). *Wenn Sie Kunst erwerben wollen, gehen Sie in die Galerie* **War Photo Limited** (Antuninska 6, www.warphotoltd.com)*: ihr Schwerpunkt sind die Fotos der großen Reporter, die die schrecklichsten Kriege der Geschichte dokumentiert haben. Fehlt die Kleidung für einen bestimmten Anlass oder ein Accessoire? Sie werden fündig bei* **Maria Dubrovnik***, einem Concept-Store der großen internationalen Marken, der sogar Panamahüte und Designer-Badeanzüge bietet* (Sv. Dominika bb, Tel. 020.321330, www.mariastore.hr).

Strände und Inseln

Eine Badepause macht man in Dubrovnik am Strand von **Banje***, gleich östlich der Stadtmauer des* **Ploče-Tors***, einem der Stadtzugänge. Mit tollem Blick auf Dubrovnik gilt hier das Motto „Sehen und gesehen werden". An diesem Küstenabschnitt ist Sand rar, sodass man gern an die Strände der* **Insel Lokrum** *geht, die sich direkt gegenüber den Festungsmauern befinden (in zehn Minuten mit dem Lokrum-Shuttle erreichbar, der von Dubrovnik startet). Im Sommer kommen und gehen die Fähren, die Badende hin- und herfahren. Anders ist es mit* **Mljet***, einer größtenteils unbewohnten, teilweise zum Naturschutzgebiet erklärten grünen Insel* (www.mljet.hr) *mit schönen, wenig bevölkerten Stränden, großen Pinienwäldern und dem Fischereihafen von* **Sobra***, wo die aus Dubrovnik kommenden Boote festmachen* (www.jadrolinija.hr). *Zwischen Dubrovnik und Mljet liegt der kleine Archipel der* **Elafitischen Inseln***, ein grünes, von Seglern geliebtes Mosaik aus Ufern und Buchten mit Traumstränden wie dem FKK-Strand von* **Šunj** *auf der* **Insel Lopud***, dem schönsten Felsen der Insel, wo keine Autos fahren und wo in den Olivenhainen ein Pavillon für moderne Kunst mit dem klangvollen Namen* **Thyssen-Bornemisza Art Contemporary** (www.tba21.org) *liegt, der Installationen großer internationaler Künstler zeigt. Die Insel erreicht man mit der Fähre, die von Dubrovnik abfährt, oder dem privaten Veranstalter Dubrovnik Boats* (www.dubrovnikboats.com).

286 – Ansicht von Korčula.
287 – Die Dubrovnik vorgelagerte Insel Lokrum.

Athen – *Griechenland*

Vor und nach den Olympischen Spielen – eine Stadt, zwei Gesichter! Dass die berühmten, um 776 v. Chr. in Griechenland begründeten Olympischen Spiele erstmals nach einem Jahrhundert 2004 wieder „zu Hause" stattfanden, hat die Stadt nachhaltig verändert und erfüllt die Bewohner noch heute mit Stolz. Nach jahrelangen Bauarbeiten war Athen zur Eröffnung schöner denn je. Sauberer, moderner, funktionaler, mit neuen Gebäuden, einem neuen Flughafen und erweitertem U-Bahnnetz. Der Drang vorwärts zu Neuem hält auch nach dem sportlichen Trubel an und hat der Stadt einen Kolossalbau wie das Akropolis-Museum beschert: das Glas- und Betonmosaik des Schweizer Architekten Bernard Tschumi, auf der Asche der alten, maroden Ausstellungsfläche erbaut, wo einer der wichtigsten Archäologieschätze der Welt gehütet wird. Nach der heftigen Wirtschaftskrise, die das Land erfasst hatte, ist die Stadt des Parthenons bereit, sich wieder in die Zukunft zu stürzen.

In der griechischen Hauptstadt ist jedes Viertel eine eigene Welt. Die **Plaka** am Fuße der Akropolis ist das berühmteste, wo die Touristen hinströmen, nicht nur um das berühmte Bauwerk zu besuchen. In diesem Las Vegas Athens, mit Ouzogeruch, Souvenirläden und Restaurants mit Touristenmenüs, findet man verschwiegene Ecken, die an weiße Kykladendörfer erinnern, byzantinische Kirchen, kleine Museen, wie das **Museum für griechische Volksinstrumente**, die **Römische Agora** mit der **Hadriansbibliothek**, den **Flohmarkt** *(siehe Infobox Shopping)*, die Tischchen von **Aplakafe** *(Adrianou 1)*, wo man eine Pause mit Kaffee-Frappé einlegt, dem kalten Kaffee-Milchshake und Nationalgetränk bei Hitze.
Kolonaki ist die elegante Gegend, teuer und exklusiv, wo jeder gern wohnen möchte, voller Villen, Bars, Restaurants, Boutiquen *(siehe Infobox Shopping)*, wo die Straßen bis zum **Lycabettos** hinaufreichen, dem Berg im Herzen der Stadt mit Blick über ganz Athen und die Ägäis (zu Fuß oder mit der Standseilbahn erreichbar). **Psiri** und **Gazi** stehen für Geschäftigkeit: Ersteres ist das klassische Nightlife-Viertel mit Restaurants und Clubs, wo griechische Musik, Pop, Latin, Jazz gespielt wird; das Zweite, rings um den früheren Gasometer aus dem 19. Jh., Namensgeber des Viertels, ist ein Industrievorort, der in eine High-Tech-Kulturlandschaft mit Dutzenden von After-Work-Lokalen, tollen Restaurants, Diskos und Nachtclubs umgewandelt wurde. Dort befindet sich auch das **Technopolis** *(Pireos St. 100, Tel. 213.0109300, www.technopolis-athens.com)*, ein Kultur- und Ausstellungszentrum mit einer Fläche von 30.000 m², dem grie-

288-289 – Die Stadt mit der Akropolis vom Lycabettos gesehen.

Unterwegs in Athen: ***Die Metro umfasst drei Linien, Projekte zur Verlängerung sind im Bau bzw. in Planung*** (www.ametro.gr). *Die blaue U-Bahn fährt bis zum Flughafen. Sehr elegant sind die von Pininfarina entworfenen Straßenbahnen* (www.tramsa.gr).

Sehenswertes

AKROPOLIS: Diese natürliche Festung mit den ältesten, auf das 14. Jh. v. Chr. datierten Bauten, dem ersten Unterschlupf der Menschen, die um 700 v. Chr. Heiligtum wurde und als Wiege des klassischen Griechenland gilt, ist die Geburtsstätte der westlichen Welt. Ihr symbolträchtigstes Gebäude ist der **Parthenon**, ein vollendeter Tempel dorischen Stils, den Perikles unter Aufsicht von Phidias, dem bedeutendsten Bildhauer des klassischen Griechenlands zu Ehren der Schutzgöttin der Stadt, Athena Parthenos, errichten ließ. Er wird als vollendet betrachtet, weil seine Formen, Ergebnis genauer mathematischer Berechnungen (je 8 Säulen auf Vorder- und Rückseite, 17 seitlich), wegen ihrer Harmonie bestechen. Die Metopen über dem Sturz, die beiden dreieckigen Frontgiebel und der 160 m lange, von Phidias entworfene Fries über die gesamte Tempelcella, sind veritable Meisterwerke. Nach ihrer teilweisen Zerstörung durch eine Kanonenkugel der von Francesco Morosini befehligten venezianischen Flotte, gelangten viele Marmorstücke in den Louvre nach Paris und ins British Museum nach London (anderes verblieb in Athen und kann im neuen Akropolis-Museum bestaunt werden). Nach der gründlichen Restaurierung hat der Parthenon heute seine Anmut und Eleganz zurückerlangt. Umgeben ist er von anderen Bauten, wie den **Propyläen** (437-432), dem monumentalen Eingang zum Kultbezirk aus pentelischem Marmor. Und dem **Nike-Tempel** in ionischem Stil (448-427 v. Chr.), den die Türken Ende des 17. Jhs. zerstörten und der anhand des Originalmodells wieder aufgebaut wurde; der **Via Sacra**, die von den Propyläen zum Parthenon führt; dem Erechtheion (421-406 v. Chr.), einem kleinen Tempel von großer Eleganz mit ionischem Korpus, dessen nördliche Säulenhalle meisterhaft ausgeführte Skulpturen enthält: die **Kórai-Säulen** oder Karyatiden, Statuen, die anstelle der traditionellen Säulen die berühmteste „Loggia" der antiken Welt tragen. In der Anlage gibt es auch zwei Theater: das **Odeon des Herodes Atticus** mit der Stoa des Eumenes (zu Ehren des Königs von Pergamon) und das **Dionysos-Theater** mit Einflüssen aus römischer Zeit. *Online-Ticketkauf: etickets.tap.gr zum. Info: odysseus.culture.gr, Öffnungszeiten 8-20 Uhr.*

chischen Komponisten Manos Hatzidakis gewidmet, dessen Gebäude Namen großer griechischer Dichter von Andreas Embirikos bis Kostas Varnalis tragen, eine Location für Ausstellungen, Festivals, Konferenzen, Konzerte, Theater- und Tanzaufführungen. Die großen Baudenkmäler Athens aus der Zeit vor und nach den Olympischen Spielen stehen alle hier, in diesen Stadtteilen, die über das Netz der **U-Bahn** verbunden sind, die unerlässlich ist, um den chaotischen Autoverkehr zu umgehen. Denn sie ist nicht nur Transportmittel, sondern auch Stadtschmuck, Architektur und Design, eben Underground: die Haltestellen **Panormou** mit einer Decke aus Regenbogenfarben, **Ethniki Amina** mit Baumskulpturen, **Aghios Antonios** im High-Tech-Look und **Syntagma,** ein Hybrid mit kleinem archäologischen Museum bei den Gleisen. Wenn Sie zufällig dort sind, schauen Sie sich mal um.

AKROPOLIS-MUSEUM: Die Nachricht seiner Eröffnung am 19. Juni 2009 hat international Furore gemacht. Endlich, nach jahrelangen Bauarbeiten und Kosten von 130 Mio. Euro öffnete dieser Kolossalbau mit 14.000 m² Ausstellungsfläche, 300 Meter vom Parthenon entfernt seine Pforten (der Vorgängerbau aus dem späten 19. Jh. hatte nur 1500 m²). Dieser futuristische Bau aus Glas, Stahl und Beton mit viel natürlichem Licht nach Plänen des Schweizers Bernard Tschumi ist ideal für die Unterbringung der 4000 Überreste und Skulpturen der Akropolis: transparente Böden, die archäologische Ausgrabungen zeigen, große Fenster mit Parthenonblick und ein Saal für die Friese und wichtigsten Stücke des berühmten Tempels. Und Griechenland wartet darauf, dass es die im 19. Jh. von Lord Elgin entwendeten, heute in Großbritannien ausgestellten Marmorteile zurückerhält. *Info: Dionysiou Areopagitou Street, Tel. 210.9000900, theacropolismuseum.gr, variierende Öffnungszeiten.*

AGORA: War die Akropolis Zentrum des religiösen Lebens, dann war die Agora Herz des öffentlichen und administrativen Daseins. Man erreicht sie von der Akropolis über die antike, von Archäologen entdeckte Straße des Areopag, benannt nach dem gleichnamigen Hügel, wo Paulus das Evangelium und die Auferstehung Christi predigte. Die wichtigsten Bauten der Agora sind der **Theseion** oder **Hephaistos-Tempel**, einer der besterhaltenen dorischen Tempel Griechenlands (449-444 v. Chr.), der in byzantinischer Zeit in eine Kirche umgewandelt wurde, und die **Attalos-Stoa**, eine 1953-56 originalgetreu wiedererrichtete Wandelhalle. Sie enthält das Agora-Museum mit Skulpturen, Marmor, Gefäßen und andere Ausgrabungsfunde, wie die kopflose Kolossalstatue des Apollon Patroos aus der Mitte des 4. Jhs. v. Chr. (Euphranor zugeschrieben). *Info: Tel. 210.3210185, odysseus.culture.gr, Öffnungszeiten des Museums: 8.30-15.30 Uhr, Mo. 10-15.30 Uhr; der Agora: 8-20 Uhr.*

KERAMEICOS: Alle pilgern zur Akropolis und Agora, aber auch diese Athener Ausgrabungsstätte, das frühere Viertel der Töpfer und Handwerker, ist überaus faszinierend, auch wenn es weder Kolossalmonumente noch wertvolle Statuen zeigt. Es besteht aus dem **Heiligen Tor**, dem **Dipylon** (dem Haupttor), das mit den Mauern in der zweiten Hälfte des 5. Jhs. n. Chr. errichtet wurde, der **Akademiestraße** (Drómos), mit den berühmtesten Grabstätten, dem **Friedhof** und dem **Archäologischen Museum** mit einer schönen Sammlung geometrischer Keramik aus dem 9.-8. Jh. v. Chr.
Info: 148 Ermou Street, Tel. 210.3463552, odysseus.culture.gr, Öffnungszeiten: 8-20 Uhr; des Museums: 8-18.30 Uhr.

OLYMPIEION: Dieser korinthische, Zeus geweihte Tempel, war einer der größten der antiken Welt. Verlassen und in mehreren Anläufen im Jahr 129 unter Hadrian wiedererbaut, wurde er dem Kaiser gewidmet. Nach erneuter Zerstörung durch Barbaren erkennt man heute nur Spuren früherer Größe. In der Nähe steht ein weiterer Bau, der den Namen des Kaisers trägt, das **Hadrianstor** aus pentelischem Marmor von 132 v. Chr., die Trennlinie zwischen griechischem und römischem Athen.
Info: Vassilis Olgas, Tel. 210.9226330, odysseus.culture.gr, Öffnungszeiten: 8-20 Uhr.

ARCHÄOLOGISCHES NATIONALMUSEUM: Mit einer Sammlung von mehr als 11.000 prähistorischen Werken, klassischen Skulpturen, Vasen, Keramik und ägyptischen Funden ist es eines der weltweit wichtigsten archäologischen Museen. Ein Must ist die **Mykenische Sammlung** mit Funden aus Königsgräbern von Mykene, wie dem **Nestorbecher**, Goldkelchen, der berühmten, goldenen **Maske des Agamemnon** aus der

Mitte des 16. Jhs. v. Chr., alles aus dem von Schliemann geborgenen Schatz. Es folgt die **Neolithische Sammlung** mit Vasen und Tonidolen aus dem 4. Jh. v. Chr., die **Kykladische Sammlung** u.a. mit den Gruppen des **Flöten- und Leierspielers** (2800-2300 v. Chr.), die archaischen Skulpturen, wie der **Hoplit aus Marathon**, eine Stele mit Ariston-Relief (ca. 510 v. Chr.) und schließlich die klassischen und hellenistischen Werke. Die Keramiksammlung mit protogeometrischen Stücken (1000-900 v. Chr.) ist eine der größten Europas und umfasset attische Vasen, schwarz-rote Figuren, Grabkunst auf weißem Grund und Vasen mit roten Figuren aus dem 5.-6. Jh. v. Chr.
Info: 44 Patission Street, www.namuseum.gr, Öffnungszeiten: im Winter 8.30-16 Uhr, Di. 13-20 Uhr; im Sommer 8-20 Uhr, Di. 12.30-20 Uhr.

NATIONALES MUSEUM FÜR MODERNE KUNST: Für eine Pause in der Moderne nach so viel klassischer Kunst bietet dieses 2000 eröffnete schöne Museum Installationen, Video, Fotografie, Architektur und Industriedesign der größten griechischen und internationalen Künstler: von Antonitsis Dimitros' Fotos zu den Werken von Goldin Nan.
Info: Kallirrois Avenue & Amvr. Frantzi Street, Tel. 211.1019000, aktuell wegen Renovierung geschlossen.

MUSEUM FÜR KYKLADISCHE KUNST: Die Liebhaber kykladischer Kunst finden hier eine ständige Sammlung von 3000 Objekten von der Inselgruppe oder aus Zypern. Abgesehen von den absoluten Highlights, den Idolen aus Stein, die zu den Grabbeigaben gehörten, wie die Frauenfiguren, sitzende Figuren, Figuren mit gekreuzten Armen, fast alle kleinformatig, ist es schwierig, die wichtigsten Funde zu benennen.
Info: 4 Neophytou Douka Street, Tel. 210.72283213, www.cycladic.gr, Öffnungszeiten: 10-17 Uhr, Do. bis 20 Uhr, So. 11-17 Uhr, Di. geschl.

290 OBEN – DAS NEUE AKROPOLIS-MUSEUM.

290 UNTEN – DIE AUSGRABUNGSSTÄTTE VON KERAMEICOS.

291 OBEN – DIE NATIONALGALERIE VON INNEN.

291 UNTEN – DAS MUSEUM FÜR KYKLADISCHE KUNST.

Shopping

*Trendeinkäufe macht man im **Kolonaki**, wo das reiche Bürgertum der Stadt lebt. Hier liegt die teuerste Straße Athens, **Anagnostopoulou** mit Geschäften großer griechischer und internationaler Designer. Szenenwechsel! In **Monastiraki**, in der Plaka findet man die bekanntesten Flohmarktstände der Stadt mit Unmengen von Büchern, Bildern und alter Kleidung* (Sonntagmittag um den Abyssinia-Platz, www.athensguide.com/monastiraki.html). *Ebenfalls in Monastiraki befindet sich das **Zentrum für hellenische Tradition**: Wenn Sie nicht ohne ein Erinnerungsstück an die griechische Kultur nach Hause kommen wollen, dann finden Sie dort prächtige kunsthandwerkliche Objekte aus ganz Griechenland, auch Skulpturen und Keramik* (Pandrosou 36, Tel. 210.3213023). *Der Schönheit wegen geht man zu **Korres**, dem berühmten Kosmetikhaus mit einer Palette an Naturprodukten für Gesicht, Körper und Haare* (www.korres.com). *Die Produktreihen findet man in Apotheken und im Markenshop im Abflugbereich des Flughafens, direkt beim **Mastiha Shop**, einer weiteren Schönheitsfirma aus dem Naturbereich, die Baumharz von der Insel Chious einsetzt* (www.mastihashop.com).

292 – Die Bucht der Insel Hydra.

Piräus

Athen kann man nicht besuchen ohne Piräus zu sehen, diesen gigantischen, größten europäischen Hafen, den die New York Times *als* chic *betitelt hat. Einerseits gibt es den Hafen Piräus, ein touristischer Umschlagplatz mit jährlich 20.000 Passagieren, die auf die Inseln fahren, andererseits das Stadtviertel Piräus oder besser die Gemeinde, die mit 175.000 Einwohnern, 10 km von der Hauptstadt entfernt eigenständig ist. Man findet sie auf den Stadtplänen unter* ***Mikrolimano*** *und* ***Marina Zeas****, voller Segelboote, Luxusyachten, mit Lounge-Bars, Trendrestaurants* (siehe Restauranttipps) *und dem* ***Griechischen Schifffahrtsmuseum****, wo man in zehn großen Räumen Schiffsmodelle, maritime Gemälde und eine wichtige Seekartensammlung finden kann* (Akti Themistokleous, Marina Zeas, Tel. 210.4516264, hmmuseum.gr, Öffnungszeiten: Di.-Sa. 9-14 Uhr).

AUSFLUG AN DEN SARONISCHEN GOLF

Von Piräus starten die Schiffe zu den Inseln des Saronischen Golfs, einen Steinwurf von Athen entfernt **(Hellenic Seaways**, *hellenicseaways.gr)*. Die wichtigsten drei darf man auf keinen Fall verpassen. Als Erstes erreicht man **Ägina**, bekannt wegen der Pistazienbäume, die ihr die grüne Farbe verleihen, und der archäologischen Stätten, wie **Paleochora** aus dem 9. Jh., zur Zeit der venezianischen Herrschaft (1514-1715) Inselhauptstadt, und dem **Aphaia-Tempel**, im 5. Jh. zu Ehren der dortigen Jagdgöttin erbaut. Dann kommt **Hydra**, mit dem Tragflächenboot von Piräus weniger als zwei Stunden entfernt, ein Juwel mit rot gedeckten Patrizierhäusern des 17. Jhs., antiken Klöstern und snobistischem Jetset-Ambiente. Seit den 1950er-Jahren, als Sophia Loren die Rolle der Schwammtaucherin in *Der Knabe auf dem Delphin* spielte, geht der Zauber dieser Insel um die Welt. In der Hochsaison ist der Hafen voll mit (Millionärs-) Yachten. Die am weitesten von Piräus entfernte Insel, **Spetses** (zweieinhalb Stunden Schifffahrt) ist ein Sand- und Kieselstrandbuchtenparadies. Mit den sich im Wasser spiegelnden Pinienwäldern gleicht das Meer dort einem Saphir. Sie hat eine hübsche Hauptstadt gleichen Namens mit neoklassizistischen Bauten, zum Teil aus venezianischer Zeit. Ein Must ist ein Bad in der Bucht von Zogeria im Nordwesten, einer der schönsten der Ägäis.

Übernachten

€€€€€ Hotel Grande Bretagne (geschichtsträchtig). In diesem geschichtsträchtigen Hotel beim Athener Parlament haben alle VIPs geschlafen, die in die Stadt kamen. Verpassen Sie nicht das Spa mit Pool, Laconium, Sauna, Kräuterdampfbad, ayurvedischen Behandlungen und Paketen nur für Männer.
Info: Constitution Square, Tel. 210.3330000, www.grandebretagne.gr

€€€€ St. George Lycabettus (Boutique-Hotel). Design pur, vom Dachpool bis hin zum Sensia Spa & Gym, das vom Architekten Vassilis Karalazos entworfen wurde, mit Kandelabern, Zen-Atmosphäre und der Lounge-Bar La Suite. Laut Sunday Times eines der besten Europas. *Kleomenous street 2, Tel. 210.7416000, www.sglycabettus.gr*

293 – Blick von der Akropolis auf den Lycabettos und Athen.

€€ Art Gallery Hotel (Art-Hotel). Früher lebte hier die Künstlerin Dora Bouki. Ihre Werke hängen noch an den Wänden der Zimmer und Halle. Sehr zentrale Lage, in einem Gebäude des frühen 20. Jhs., unweit der Akropolis; gutes Preis-Leistungsverhältnis.
Info: Erechthiou 5, Koukaki, Tel. 210.9238376, www.artgalleryhotel.gr

Restauranttipps

€€ Aiolou 68 (Fisch). Eine schlicht und geschmackvoll eingerichtete Taverne, in der es kreative Gerichte rund um den Fisch gibt. Bemerkenswerte Auswahl an griechischen Weinen und Likören. Die Einrichtung ganz in Weiß und Blau erinnert sofort an eine kleine griechische Insel. *Info: Aiolou 68, Tel. 210.3247925, www.aiolou68.gr*

€€ Kuzina (Taverne). Die moderne Version der klassisch griechischen Taverne mit Außenbereich mitten im touristischen Athen (aber gut besucht von Einheimischen) bietet traditionelle Gerichte mit besonderem Schliff des Küchenchefs Aris Tsanaklides. Cremefarbener Saal, Kunstwerke an den Wänden (zweiter Stock), die Bar Tarazza für Aperitifs und Cocktails mit Akropolisblick.
Info: Adrianou 9, Thisio, Tel. 210.3240133, www.kuzina.gr

€€ Dinner in the sky (originell). Sollten Sie eine wirklich aufregende, unvergessliche Mahlzeit suchen, dann besuchen Sie das Lokal in Technopolis: Hier können Sie an einem Tisch speisen, der in 50 m Höhe an einem Kran aufgehängt ist; während sich der Tisch langsam dreht, bewundern Sie die Aussicht auf die erleuchtete Akropolis. Abgesehen vom Panorama bietet das Lokal mediterrane Köstlichkeiten. Ein schwindelerregendes Erlebnis.
Info: Technopolis, Tel. 694.5396509, dinner-in-the-sky-athens.business.site

Nightlife

Bouzoukia. Gesprochen und gesungen wird nur auf Griechisch. Aber diese griechisch-volkstümlichen Lokale, wo die Athener zu Abend essen und zu ihren Lieblingsliedern tanzen, sind ein unvergessliches Erlebnis. Der Name kommt von Bouzouki, dem mandolinenähnlichen Instrument, das für die traditionelle griechische Musik steht wie das Bandoneon für den argentinischen Tango.
Die Bouzoukia untergliedert sich in traditionelle griechische Musik, kommerziellen Pop und Skiladiko. Lokale gibt es viele, wie **Anodos Live** (*Pireos 183, Tel. 210.3468100*).
Allgemeiner Überblick unter: www.athens-greece.us/bouzoukia.asp

Seven Jokers. Sich in das Athener Nachtleben zu stürzen, ohne im Jokers vorbeizuschauen, ist wie ein Akropolis-Museumsbesuch ohne Karyatiden. Eine der trendigsten Fun-Bars der letzten Jahre (Syntagma-Gegend), gut besucht von der Jugend aus „gutem Hause“.
Info: Voulis 7, Tel. 210.3219225

Weitere Informationen: Griechisches Fremdenverkehrsamt, Tel. 02 860477, www.visitgreece.gr

Die Kykladen – *Griechenland*

Mykonos und Santorin sind die Renner. Doch rühmt sich der Archipel auch anderer Namen wie Milos, Paros, Folegandros und der weniger bekannten wie Sifnos, Anafi, Amorgos. Acht Inseln, jede mit eigenen Bräuchen und Besonderheiten, für einen Strandurlaub an den schönsten Orten Griechenlands.

Wenn man Kykladen hört, denkt man sofort an **Mykonos** und **Santorin**. Die beiden Königinnen der Ägäis, weltbekannt wegen ihres Nachtlebens (Mykonos) und dem spektakulären Sonnenuntergang in der Kaldera (Santorin) wurden zum Symbol des luxuriösen Barfußtourismus. Die Fünf-Sterne-Hotels kann man gar nicht mehr zählen, die Gourmet-Restaurants verdrängen die Tavernen und Hauptsprache im Sommer ist nicht Griechisch, sondern Englisch. Weniger mondän geht es auf **Milos** zu, der Insel, wo Mühlen zu Hotels wurden, mit Boutiquen in den gepflasterten Gässchen der **Plaka**, dem alten Kastro, das man noch zu Fuß erreicht und der Kirchenterrasse, wo man die Sonne untergehen sieht, die wie in Santorin in der blauen Grube der Kaldera versinkt. Den Reiz von **Sifnos** entdeckt man in dem Dorf **Apollonia**, einem Mosaik weißer Gässchen für Edeltourismus inmitten von Olivenhainen. Hier findet man nicht nur schöne Strände, sondern auch die Ruhe des früheren Griechenlands, Lichtjahre entfernt von der Extravaganz Mykonos' und Santorins. Auf **Anafi**, der abgelegensten und schwer zu erreichenden, östlich von Santorin ist es noch einsamer. **Folegandros** hingegen lockt mit seinem reizvollen Meer und den Dörfchen und wurde von einer Insel des

Rucksacktourismus zu einem Eliteziel mit nicht mehr ganz so beliebten Preisen. Auf **Amorgos** steht das weiße Kloster **Chozoviotissa** an einem der schönsten Meerabschnitte des Archipels. Nicht zufällig hat Luc Besson hier 1988 seinen Film *Im Rausch der Tiefe* gedreht. **Paros**, die letzte Etappe dieses Inselhoppings, ist das bevorzugte Ziel von Kitern und Windsurfern. Um sich zu messen, trifft man sich hier jedes Jahr in **Chrissi Akti,** dem Strand mit dem stärksten Wind, wo das Meer einem Tisch gleicht, den man mit Rückenwind erklimmt.

Unterwegs auf den Kykladen: *Die größten Inseln sind Mykonos, Santorin, Paros und Milos. Man erreicht sie per Schiff oder Flugzeug. Die anderen sind mit Piräus, dem Hafen von Athen, und den übrigen Kykladeninseln durch guten Fährverkehr verbunden. Informationen zu Strecken und Zeiten: Blue Star Ferries* (www.bluestarferries.com), *Aegean Speed Lines* (www.aegeanspeedlines.gr).

MYKONOS

Aperitifs wie in New York, Lounge-Bars wie in Saint-Tropez, Afterhour wie in Paris. Die rote, kahle, vom Wind (meltémi) gepeitschte Insel mit einem Dörfchen **(Chora)**, das aussieht wie ein Klecks Sahne, ist seit vielen Jahren Hauptstadt des Vergnügens, ewiges Symbol des Nachtlebens und der Zügellosigkeit. Man erzählt sich, dass diese schöne Mittelmeerinsel anfing Touristenströme anzuziehen, nachdem sie zu einem der beliebtesten Ziele der homosexuellen Community auserwählt wurde, zum Ende der Sechzigerjahre brach dann der Boom aus und Mykonos wurde unter der Sommerhitze zum Zentrum der internationalen Weltlichkeit: Hier sind bekannte Gesichter gewesen, von Berühmtheiten wie Gianfranco Ferré bis hin zu Mick Jagger, von Valentino zu Jean-Paul Gaultier und Romeo Gigli, die hier ihre Ferien verbracht haben. Doch die Wahrzeichen von Mykonos sind schlicht: der **Hafen** der Chora, der aufs Meer hinausreicht mit kubusförmigen Häuschen, die Windmühlen und Häuser von **Klein-Venedig**, auch in der Chora mit Holzbalkonen und bunten Fensterläden (im 15. Jh. unterstand die Insel Venedig), und die winzigen, kalkweißen, über die ganze Insel verteilten Kapellen. Das Spektrum der Strände reicht von Traum- bis Supertraumstrand und sie sind bekannt für ihre *Beachpartys*, von **Kalafatis** mit den Wassersportschulen bis **Elià**, dem absolut besten Sandstrand der Insel. Ein idealer Ort, um Nächte durchzumachen. In den letzten Jahren gab sich Mykonos einen eleganten und edlen Touch. Lokale für Nachtschwärmer gibt es genug, aber auch Luxushotels und umwerfende Mietvillen, die Privatsphäre und Entspannung garantieren. Und immer mehr Touristen kombinieren Strand mit Kultururlaub. Wie z.B. mit einem Besuch in **Delos** (*siehe Infobox Archäologie*), historisch einer der wichtigsten Felsen der Ägäis, 20 Bootsminuten von Mykonos entfernt. *Info: www.mykonos.gr, www.mykonos-web.com*

294-295 – Der malerische Hafen von Mykonos.

295 unten – Die kleine Kirche am Meer, auch auf Mykonos.

SANTORIN

Wie Mykonos ist Santorin eine elegante, verlockende und mondäne Insel. Das Ritual des Sundowner-Aperitifs vor der Kaldera, am besten mit Champagner, ist unüberbietbar, der Einkaufsbummel in den weißen Straßen von Thira und Oia ein unverzichtbares Muss (klassische Artikel sind der Goldschmuck mit antiken griechischen Motiven). Das Sonnenbad nimmt man an den schwarzen Sandstränden, den faszinierenden und ursprünglichen an der Nordküste, den abgelegenen an der Südküste (der schönste ist hier **Vlichada**) oder an den beliebten Stränden von **Monolithos** (im Osten), dem roten von **Kokkini Paralia** und dem weißen Kiesstrand von **Aspri Paralia** (beide im Südwesten). Die erste Begegnung mit der Insel hat man in **Thira**, der Hauptstadt mit den weißen, steil ans Meer gebauten Häusern, die einen sprachlos macht (wer per Schiff kommt, nimmt die Zickzack-Treppe zu Fuß, auf dem Maultier oder die Seilbahn). Doch der bei Trendsettern angesagte Ort ist **Oia**, das schönste Dorf an der Nordspitze. In die steil ins Meer abfallenden Lavafelsen hineingebaut und mit blauen Kirchenkuppeln durchsetzt, bietet der Ort ein Luxushotel mit Überlaufbecken und dem obligatorischen Blick auf die Kaldera. Denn hier dreht sich alles um den Vulkan, der vor 3500 Jahren aus der blauen Ägäis emporragte, bis er explodierte und auf den Meeresgrund sank. Auf der Oberfläche verblieben die Reste der Kraterränder: die Insel Santorin, der größte im Osten, **Thirassia** im Westen und im Zentrum der Kaldera erhoben sich **Palia Kameni** und später **Nea Kameni**, heute das klassische Ziel von Bootsausflügen, wo man erleben kann, wie es sich im Schwefeldunst läuft oder in den heißen Unterwasserquellen, einem 45 Grad warmen Thermalbad schwimmt. Man erreicht die Insel mit einem der Schiffe, die täglich vom Hafen von Athinios oder Ammoudi nach Oia auslaufen, oder mit Privatausflügen der Charter-Gesellschaften wie der ***M/S Isabella*** *(www.santonet.com/sailing/isabella-boat)* und ***Amenos Boat*** *(www.santonet.com/sailing/anemos-boat). Info: www.santonet.com, www.santorini.gr*

SIFNOS
Auf dieser Insel trifft sich die griechische High Society. Als Angelos Angelopoulos, der berühmteste griechische Architekt, das Patriarca Boutique-Hotel entwarf, wurde diese Westkykladen-Insel um den **Hafen von Kamares**, wo die Fähren anlegen, zur Stil-Ikone. Der Hauptort ist **Apollonia** mit den traditionellen weißen Häusern (und Zweitwohnungen der feinen Athener), den orthodoxen Ikonen, den Boutiquen und Schmuckläden für den Shoppingbummel. Tagsüber geht man zum **Platis Gialos**, einem der Trendstrände mit Bars und Restaurants am Meer. Oder zur Bucht von **Vathi** oder nach **Kastro**, der steil über dem Meer liegenden alten Inselhauptstadt mit den mittelalterlichen Häusern, die sich in der blauen Ägäis spiegeln. *Info: www.sifnos.gr*

ANAFI
Diese Insel, weit entfernt von Athen und allem anderen, ist eine kleine antike Domäne. Ein guter Rückzugsort für diejenigen, die das alte Griechenland suchen mit schönen Stränden, wie **Klesidi, Katsouni, Megalo Roukouna** und einer einzigen Straße vom **Hafen von Aghios Nikolaos** zum Hauptort, **Chora**. Mit den üblichen weißen Häuschen, gepflasterten Gässchen, Fischertavernen und einem venezianischen Schloss ... Aber eben alles viel authentischer. Abgeschiedenheit und geringe Größe (38,4 km²) sind ihr Schutz. *Info: www.anafi.gr*

FOLEGANDROS
Noch eine Insel für Insider: weiße Häuser in purer Kubusform auf einer Fläche von 32 km², enge Gässchen, rote Felsen, duftende mediterrane Macchia, Strände, die wie Perlen auf der nackten Erde und dem Meer glänzen und die man zu Fuß, mit dem Boot vom Hafen von **Karavostasis** oder im Auto (in **Karavostasis** und **Angali**) erreicht. Eine Insel, die man schnell besuchen sollte, denn in den letzten Jahren tauchte sie bereits auf den Listen der Trendorte auf. In dem steil ans Meer gebauten Dorf **Chora**, der Inselhauptstadt, haben die Boutique-Hotels die im Sommer anmietbaren Studios noch nicht verdrängt (einzige Ausnahme: das Fünf-Sterne-Hotel **Chora Resort**, *www.choraresort.com*). Aber es ändert sich gerade. Glücklicherweise bisher ohne den Zauber des Ortes anzutasten. *Info: www.folegandros.com*

AMORGOS
Wenn Patmos die Mystik des Dodekanes symbolisiert, ist Amorgos ihr Pendant auf den Kykladen. Mit seinem weißen Bau, der an einem Felsen 300 m über dem Meer hochkriecht, beherrscht das **Kloster von Chozoviotissa** aus dem 11. Jh. die Insellandschaft. Es ist der hl. Jungfrau geweiht und reich an Ikonen und Handschriften. Etwas höher die **Chora**, die einem Klecks Sahne gleicht und Zentrum des Insellebens ist. Lohnenswert ist ein Besuch der Dörfchen **Potamos** und **Tholaria** mit ihrer unverfälschten Atmosphäre und dem Reiz ferner Orte. Zum Baden und Bräunen geht man an den **Sand- und Felsstrand von Agia Anna** oder in das Naturbecken von **Kalotaritissa**.
Info: www.amorgos-island.gr, www.amorgos.com

MILOS
Mit 3000 Einwohnern und 151 km² hat die Insel eine ebenso schöne Kaldera wie Santorin. Und in Milos passt sie auch zum Meer, das hier dunkelblau, mittelblau und grün sein kann mit vie-

296-297 UND 297 OBEN – ANSICHTEN VON THIRA AUF DER INSEL SANTORIN.

297 MITTE UND UNTEN – DAS KLOSTER CHOZOVIOTISSA AUF DER INSEL AMORGOS.

len verschiedenartigen Buchten: weiß in **Sarakiniko**, ockerfarben in **Firiplaka** und gelb-abricot-rot in **Paleohori**. Stammgäste behaupten, diese Insel habe die schönsten Strände Griechenlands. Um sie in einem Tagesausflug zu erkunden, kann man Katamaranfahrten von **Curissovalandou** aus buchen *(www.sailcatgreece.com)*, die vom Hafen von Adamas, wo auch die Fähren nach Athen abfahren, zu den „Orgelpfeifeninseln" **Glaronissia** und den smaragdgrünen Becken zwischen den Klippen von **Kleftiko** fahren, die vom Land aus nicht erreichbar sind. Schön sind auf Milos auch die Orte. Der stimmungsvollste ist **Klima** mit den pastellfarbenen Häusern direkt am Wasser, der romantischste hingegen **Plaka**, eine weiß-blaue Welt am Fuße des alten **Kastro**, mit antiken Läden, dem Kirchplatz, von wo man den Sonnenuntergang genießt und der **Taverne Archontoula** für ein unvergessliches griechisches Abendessen *(Plaka, Tel. 22870.21384)*.
Info: milos.gr, www.milos-island.com, www.milostravel.com

298 Oben – Die Bucht von Sarakiniko auf der Insel Milos.

298 Unten – Das antike Theater von Milos.

298-299 – Gassen auf der Insel Paros.

PAROS
Ideal für Liebhaber des Mondänen ohne überzogene Ansprüche. Mit 186 km² ist Paros die Insel des unkomplizierten Tourismus, mit dem alle Veranstalter werben. Sein Reiz liegt in den Kontrasten: das Weiß der Häuser, das Pink der Bougainvilleen, das Blau der Kirchenkuppeln und die Tradition einer Skulpturschule, deren Vermächtnis Venus- und Nikestatuen sind. Nachts ausschweifend, ist die Insel tagsüber voller Windsurfer, die am **Strand** von **Chrissi Akti**, dem besten für Wassersport auf offener See, im Wind segeln, während **Kolymbithres** die Felskulisse für abgeschiedenes Bräunen bietet. Für das echte Garten-Eden-Gefühl gibt es **Antiparos**, mit dem 2 km vom Meer entfernten Felsen, westlich der größten Insel, der eine 90 m große **Tropfsteinhöhle** birgt, mit einsamen Sandstränden, die an ein verlorenes Paradies erinnern *(Fähreninfo: www.ferries-greece.com)*. *Info: www.paros.gr, www.paros-web.com*

Übernachten

€€€€€ Astra Apartaments & Suites (Luxus). Eins der 25 Top-Hotels weltweit, halb Hotel, halb Heimat. Außer den eleganten Zimmern mit Außen-Whirlpool kann man auch die Villa mit drei Schlafzimmern und Privatpool mieten. *Info: Imerovigli, Santorini, Tel. 22860.23641, www.astrasuites.com*

€€€€€ Andronikos Hotel (Art-Hotel). Haus mit Charme zu erschwinglichen Preisen im kostspieligen Spektrum der Boutique-Hotels von Mykonos. Zimmer und Suiten, aber mit Spa, Kunstgalerie und bequemen Poolliegen.
Info: Drafaki, Mykonos, Tel. 22890.24231, www.andronikos.gr

€€€ Marketos (Mühle). Eine zauberhafte alte Steinmühle, die man vollständig mieten kann: Wohnraum und Küche im Erdgeschoss, die Schlafzimmer oben. Minimalistische Einrichtung, Garten, Terrasse mit Meerblick und eine romantische Garten-Dépendance.
Info: Tripiti, Milos, Tel. 22870.22147, 6944. 733533, www.milostravel.com/windmill.asp

Restauranttipps

€€ To Petrino (Milos). Griechisches Menü von Vorspeisen bis zu Salaten, von Fleischgerichten bis zu Meeresfrüchten. Unbedingte Spezialität: mit Fleisch und Reis gefüllte Kohlblätter sowie Lamm mit Ofenkartoffeln. *Info: Adamas, Milos, Tel. 2287.031037, milostravel.com/petrino.asp.*

€€ Selene (Santorini). Fisch- und Fleischgerichte in einem der vornehmsten Inselrestaurants. 1986 eröffnet, kann man auch Kochkurse oder Weindegustationen belegen. *Info: Pyrgos Kallistils, Santorini, Tel. 22860.22249, www.selene.gr*

€€ Taverna Liotrivi (Anafi). Fisch direkt aus dem Meer und Gemüse aus eigenem Anbau, von Tomaten bis Kapern. Klassische und geschätzte griechische Taverne. *Info: Chora, Anafi, Tel. 22860.61209*

Nightlife

Caprice (Mykonos). Diese Bar in Klein-Venedig, die seit Jahren Nachtschwärmer anzieht, hält allen Moden (und Gästen) stand. *Info: Agion Anargyron, Tel. 22890.23541, Mykonos, www.caprice.gr*
Koo Club (Santorini). Eine der berühmtesten Club-Diskotheken Griechenlands. Für alle, die den Sonnenaufgang mit Techno-Musik dem Sonnenuntergang vorziehen. *Info: Thira, Santorini, Tel. 2286.022025*
Jackie O' (Mykonos). Der Gay-Tempel schlechthin. Eine Kultstätte für zügellose Nächte in den Gassen der Chora mit bequemen Sofas. Draußen Meerblick. *Info: Mykonos, Tel. 22890.77298*

Weitere Informationen:
Griechisches Fremdenverkehrsamt,
Tel. 02.860477, www.visitgreece.gr

Der archäologische Stätte von Delos

Der Legende nach gelangte Leto, die Geliebte des Zeus, auf der Suche nach einem Ort, um ihre Zwillinge weit entfernt von Hera, der eifersüchtigen Gattin des Zeus zu gebären, nach ***Delos****, einem Felsen in der Ägäis auf offener See bei Mykonos (heute in 30 Min. Schifffahrt erreichbar), wo sie im Schatten einer Palme Artemis und Apollon entband. So wurde Delos ein Heiligtum und einmaliger Ort in diesen Breiten.*
Von der antiken Anlage mit ***Hafen*** *und* ***Apollon-Tempel****, in dorischem Stil am Ende der* ***Via Sacra****, stehen heute nur die beeindruckenden, von französischen Archäologen zutage geförderten Ruinen. Es sind die Propyläen, die kleineren Göttern gewidmeten Tempel zu beiden Seiten der Via Sacra, die* **Agora** *aus dem 2. Jh. v. Chr., das* ***Haus der Masken*** *und* ***der Delphine****, die* ***Löwenterrasse*** *mit den Marmorbestien, die den heiligen Bezirk bewachten (heute stehen noch fünf).*
Lohnenswert auch die Überreste des ***Theaters*** *und die Häuser des* ***Kynthos-Hügels****, einige mit Mosaiken* (Tel. 22890.22259, Öffnungszeiten: Mitte Apr.-Okt. 8-20 Uhr). *Man erreicht es in einer gut halbstündigen Fahrt mit den Schiffen, die jeden Morgen ab 8 Uhr vom Hafen in Mykonos abfahren* (Info bei der Hafenmeisterei Tel. 22890.22218).

Istanbul – *Türkei*

Teils in Europa, teils in Asien, und hinter allem eine große Vergangenheit (seit drei Jahrtausenden auf der Weltbühne), das ist Istanbul, eine ehemalige Hauptstadt mit heute 15 Mio. Einwohnern, eine faszinierende Stadt zwischen zwei Kulturen, zwei Kontinenten, zwei Welten.

Wie uns die Geschichte lehrt, wurden drei große Reiche von hier aus geführt, das Römische, das Byzantinische und das Osmanische – und jedes einzelne von ihnen hat seine Spuren hinterlassen. Auf dem Stadtplan aber sieht man eine von Wasser umspielte Stadt: **Marmarameer; Goldenes Horn** – ein natürlicher, 7 km in den letzten Ausläufer Europas hineinragender Hafen (an der Einfahrt steht die 1992 errichtete Galata-Brücke, der Ersatz für die vorherige Pontonbrücke); **Bosporus** – ein 33 km langer Kanal, der das Marmarameer mit dem Schwarzen Meer verbindet und den europäischen Teil der Stadt vom asiatischen trennt. Die Skyline von **Sultanahmet**, dem historischen Viertel am Marmarameer, wird bestimmt durch die Minarette der **Blauen Moschee** und der **Hagia Sophia**. Hier sind wir im Herzen Istanbuls. Antike Bauwerke wie das **Hippodrom** (die Pferderennbahn aus dem 3. Jh), die **Konstantinssäule** (4. Jh.) und die **Cisterna Basilica** stehen in direkter Nachbarschaft zu Türkischen Bädern und Museen. Nicht weit ist der **Topkapi Serail**, der Sultanspalast, innerhalb dessen Ummauerung auch das **Archäologische Museum** und der **Springbrunnen von Ahmet III.** aus dem 18. Jh. in türkischem Rokoko liegt, einer der schönsten Brunnen der Stadt. Die Bezirke von Topkapi und Sultanahmet grenzen beide an das **Basarviertel** *(siehe Infobox Shopping)*; über das Goldene Horn hingegen muss man, wenn man zum **Galataturm** möchte, oder zum quirligen **Taksim-Platz**, oder zum eleganten, frisch restaurierten Gebäude des **Pera Palace**: In diesem geschichtsträchtigen Hotel befindet sich die berühmte Suite der Agatha Christie und die des unvergessenen türkischen Staatspräsidenten Atatürk *(Meflrutiyet Caddesi 52, Tel. 212.3774000, www.perapalace.com)*.

Unterwegs in Istanbul: *pünktlich, günstig, effizient: U-Bahn (6 Linien) und Straßenbahn sind hier die besten Fortbewegunsmittel* (www.istanbul-ulasim.com.tr). *Sehr beliebt und wirklich günstig sind Taxis, vor allem nachts.*

Währung: *Die offizielle Währung in der Türkei ist die* ***Türkische Lira***.

300-301 – Istanbul und der Topkapi-Palast.

301 unten – Detail einer Iznik-Keramik im Topkapi.

Sehenswertes

TOPKAPI SERAIL: Mitte des 15. Jhs., nach der Einnahme Konstantinopels, ließ Mehmet II. eine Residenz errichten, um den Ruhm des osmanischen Reichs zu würdigen. Ein Mosaik aus Palästen, Höfen, Gärten, verziert mit Stuck und anderen Kostbarkeiten, Terrassen mit Blick vom Marmarameer bis zum Bosporus, vom Goldenen Horn bis zu den Prinzeninseln *(s. Infobox Schiffsausflüge)*. Frühmorgens ist die beste Zeit, dann umgeht man die Besucherschlangen, die sich vor allem vor den Sälen der **Schatzkammer** bilden, wo in beleuchteten Schaukästen mit Edelsteinen verzierte Dolche ausgestellt sind, riesige Diamanten, Turbane, persische, osmanische, chinesische und russische Jade. Atemberaubend ist der 86-karätige „Löffeldiamant“, eingefasst von 49 Brillanten und kostbarstes Stück der Sammlung. Dann besichtigt man die **Kioske**, die **Küchen**, das **Beschneidungszimmer**, den **Bagdad-Pavillon** (so genannt im Gedenken an die Eroberung durch die Osmanen), und den **Audienzsaal**, wo die Botschafter empfangen wurden (mit einem Thron vom Ende des 16. Jhs.). Für den **Harem** benötigt man ein Extra-Ticket, aber es lohnt sich: Die mit Iznik-Kacheln verzierten Räume der Gemahlinnen und Konkubinen des Sultans sind zusammen mit der Schatzkammer die Attraktion des Museums. *Info: Sultanahmet, Tel. 212.5120480, www.topkapisarayi.gov.tr, Öffnungszeiten: Okt.-März 9-16.45 Uhr, Apr.-Sept. 9-18.45 Uhr.*

ARCHÄOLOGISCHES MUSEUM: Dieser Komplex neben dem Topkapi-Palast gliedert sich in drei Teile: das **Museum für klassische Archäologie**, das des **antiken Orients** und die **Sammlung Türkischer Kacheln und Keramik**. Die unglaubliche Vielzahl an Ausstellungsstücken erfordern mindestens einen halben Tag. Bedeutsame Werke wie der **Vertrag von Kadesch** (erster bekannter Friedensvertrag, geschlossen 1269 v. Chr. zwischen Ägyptern und Hethitern), der **Alexandersarkophag** (Ende 4. Jh. v. Chr.), der **Obelisk von Adad-Nirari III.** (Mesopotamien, 810-783 v. Chr.), die **Statue** des sumerischen Königs **Lugal-Dalu** (3. Jahrtausend v. Chr.), die Statuen von **Apollon** (3. Jh. v. Chr.) und **Ephebe**, aus dem 1. Jh. v. Chr., die viele als interessantestes Exponat der Sammlung ansehen, kosten Zeit. Eine Schätzung der Zahl der Ausstellungsstücke ist unmöglich: seit Einweihung des Museums 1891 steigt die Zahl der Exponate von Jahr zu Jahr. *Info: Alemdar Caddesi, Osman Hamdi Bey Yokuflu Sk, www.istanbularkeoloji.gov.tr, Öffnungszeiten: Nov.-März 9-16.45 Uhr, Apr.-Okt. 9-18.45 Uhr.*

BAHNHOF SIRKECI: Hier lebt die Nostalgie von einst wieder auf, als reiche Europäer an Bord des luxuriösen Orient-Expresses nach Istanbul kamen und dann in den Suiten im Pera Palace übernachteten. Der Bahnhof mit seiner prächtigen Architektur aus dem 19. Jh. aus Backstein und Naturstein, Hufeisenbögen, großen Portalen und dem Bahnhofscafé ist auch heute noch Endstation für den Orient-Express (einmal im Jahr) und andere, modernere Züge aus Griechenland und Osteuropa.
Info: Sirkeci İstasyonu Caddesi, www.tcdd.gov.tr

HAGIA SOPHIA: Diese Basilika (heute ein Museum) ist einer der größten Kirchenbauten der Welt. Eingeweiht wurde die auf den Überresten zweier Vorgängerbauten errichtete Kirche im Jahr 537 von Kaiser Justinian. Nach ihrer Umwandlung zur Moschee im 15. Jh. wurde sie durch Gräber, Minarette und Brunnen ergänzt. Ein Ort von unglaublicher Ausstrahlungskraft. Erhellt wird der große Kirchenraum durch das Licht, das durch die Fenster in der 56 m hohen Kuppel über dem Schiff eintritt. Nicht entgehen lassen darf man sich die Mosaiken und byzantinischen Friese, die Sultansloge und, außen, den **Reinigungsbrunnen** (aus dem 18. Jh. in türkischem Rokoko), das **Mausoleum Selims II.**, das **Baptisterium**.
Info: Sultanahmet, Tel. 212.5221750, ayasofyamuzesi.gov.tr, Öffnungszeiten: Apr.-Okt. 9-19 Uhr, Nov.-März 9-17 Uhr.

BLAUE MOSCHEE: Von allen Moscheen Istanbuls ist diese die prächtigste (zusammen mit der Süleymaniye-Moschee). Sie wurde im 17. Jh. von Sultan Ahmed in Auftrag gegeben und besteht aus einem Hof, einem Bereich für die Reinigungsriten, den Minaretten, der großen Kuppel und 250 Fenstern, durch die das Licht einfällt. Wundervoll ist die Verzierung mit 20.000 blau-grünen Iznik-Kacheln.
Info: Sultanahmet, www.bluemosque.org, variierende Öffnungszeiten.

BASILIKA-ZISTERNE: Der wichtigste unterirdische Wasserspeicher der Stadt. Die Zisterne wurde im 6. Jh. unter Kaiser Justinian angelegt und sammelte das Wasser vom **Valens-Aquädukt** (im Basarviertel) zur Versorgung der größten öffentlichen und religiösen Gebäude. Sie bestand aus 336 Säulen (heute zum Teil zugemauert), die in 12 Reihen angeordnet und jeweils 8 m hoch waren. *Info: Yerebatan Caddesi, Tel. 212.5121570/212.5221259, www.yerebatan.com, Öffnungszeiten: 9-18.30 Uhr.*

SÜLEYMANIYE-MOSCHEE Im 16. Jh. von Sinan, dem bedeutendsten türkischen Baumeister, entworfen. Mit ihr setzte sich Sü-

leyman der Prächtige ein Denkmal. Zu ihr gehören ein Hof, ein Garten, vier Minarette, die 53 m hohe Kuppel, das **Grabmal Süleymans**. Daneben stehen noch die zum Komplex gehörenden Gebäude, das türkische Bad *(s. Infobox Hamam)*, die Karawanserei, Schulen und Krankenhaus. *Info: Süleymaniye Caddesi, variierende Öffnungszeiten.*

GALATA-TURM Ein rundes, 62 m hohes Bauwerk, erbaut 1348 von den Genuesen. Im Inneren ist nichts Mittelalterliches erhalten geblieben. Mit dem Aufzug fährt man nach oben; nachts ist der Zugang zum Turm reserviert für ein Restaurant mit Nachtclub (beides sehr touristisch), tagsüber hat man vom Turm aus einen atemberaubenden Blick über die Stadt. *Info: Şişhane, www.galatatower.net, variierende Öffnungszeiten.*

CHORA-KIRCHE: Liebhaber byzantinischer Mosaiken dürfen sich diese Museums-Kirche aus dem 11. Jh. nicht entgehen lassen. Sie wurde im 14. Jh. restauriert und ist verziert mit Fresken und fantastischen Mosaiken mit Darstellungen zur Genealogie Jesu bis zum Leben der Jungfrau und der Kindheit Christi. Sie liegt abseits an der **Theodosianischen Mauer**, die Konstantinopel vor den Invasionen geschützt hatte. *Info: Kariye Camii Sok, Edirnekapi, Tel. 212.6319241, www.churchofchora.com, Öffnungszeiten: 9-17 Uhr, im Sommer 9-19 Uhr.*

DOLMABAHÇE-PALAST: Der imposanteste Palast am Ufer des Bosporus ist ein Bau wie aus Tausendundeiner Nacht, Mitte des 19. Jhs. wurde er aus weißem Marmor gebaut mit einem monumentalen Eingangstor, das einst nur vom Sultan benutzt wurde. Sehenswert sind die **Kristalltreppe**, der **Rote Salon** für den Empfang der Botschafter, die **Zeremonienhalle** mit der riesigen Kuppel, das **Große Bad** aus ägyptischem Alabaster, das **Gemach** des Präsidenten Atatürk, wo er am 10. November 1938 starb. *Info: Dolmabahçe Caddesi, www.dolmabahcepalace.com, Öffnungszeiten: 9-16 Uhr, Mo. u. Do. geschl.*

302 OBEN – DIE HAGIA SOPHIA.

302 UNTEN – BOSPORUS UND DOLMABAHÇE-PALAST.

303 – DAS INNERE DER SÜLEYMANIYE-MOSCHEE.

Schiffsausflüge

*Lohnenswert ist ein Ausflug über den **Bosporus**, die 33 km lange, schmale Meerenge. Dabei ist der Zauber dieser Stadt am besten wahrzunehmen. Vom Schiff aus sieht man die mehrspurigen Autobahnbrücken, die Europa und Asien verbinden (eine aus den 1970er-Jahren, die andere ein Jahrzehnt später), die alten, am Wasser liegenden Holzvillen, die heute für zig Millionen Dollar verkauft werden, die historischen **Paläste** wie der barocke **Beylerbeyi-Palast** und der Küçüksu-Palast aus weißem Marmor. Man sieht die osmanischen Gebäude im Dorf **Bebek** (europäisches Ufer) an sich vorüberziehen, die beiden **Festungen** der Stadt (auf den gegenüberliegenden Ufern aus dem 14. bzw. 15. Jh.), die barocke **Ortaköy-Moschee** im gleichnamigen Ortsteil. Die Bosporus-Fahrten werden von verschiedenen Gesellschaften angeboten, auch von der staatlichen Fährlinie **Istanbul Deniz Otobusleri*** (www.ido.com.tr)*; an beiden Ufern gibt es verschiedene Anlegestellen, wo die Schiffe zu den **Prinzeninseln** ablegen. Auf diesem Archipel aus neun Inseln (die vier größten sind **Kinaliada, Burgazada, Heybeliada** und **Büyükada**) gingen die wohlhabenden Istanbuler an den Strand, das hat sich allerdings durch die Verschmutzung des Marmarameers geändert. Die größte und touristischste Insel ist Büyükada, knapp eine Stunde von Istanbul entfernt, wo einige berühmte Exilanten wie Trotzki eine Weile lebten. Auf dieser Insel mit ihren Stränden, Häusern aus dem ausgehenden 19. Jh., den Pferdekutschen steht auch der Palast, der der Inselgruppe ihren Namen gegeben hat (Prinkipo, Prinzeninsel). Motorfahrzeuge sind hier verboten, das trägt enorm zur nostalgischen Stimmung bei.*

Übernachten

€€€€€ W Istanbul (Design). Die innovative Eleganz eines W Hotels im lebhaften Viertel Akaretker. Orientalisch angehauchtes Design, Lauben mit Diwan, Frederic's Restaurant, das einem Film der 1970er-Jahre entsprungen zu sein scheint. *Info: Suleyman Seba Caddesi 22, Tel. 212.3812121, www.marriott.it/hotels/travel/istwh-w-istanbul*

€€€€ Sirkeci Mansion (osmanisch). Osmanische Eleganz hinter der Holzfassade einer ehemaligen Residenz (Konak). Das Frühstück wird auf der Terrasse serviert, und zur Entspannung begibt man sich in das Türkische Bad oder den Pool. *Info: Taya Hatun Sokak 5, Tel. 212.5284344, www.sirkecimansion.com*

€€€ Sura Hagia Sophia Hotel (Boutique-Hotel). Im Herzen der Altstadt, eine faszinierende Fassade, die innen eine Designereinrichtung birgt. Ein Hotel mit allen Annehmlichkeiten für einen unvergesslichen Aufenthalt. Ideal auch für Familien und wegen seiner Nähe zu den Hauptattraktionen der Stadt. *Info: Alemdar, Ticarethane Sk. 10, Tel. 212.5223200, surahotels.com*

Restauranttipps

€€ Neyzen (Fisch). Ein Lokal auf dem Fischmarkt Kumkapi, das vor allem Liebhabern von Meeresfrüchten gefallen wird. Zwischen den einzelnen Speisen gibt es Musik und Bauchtanz und die Gäste (Türken) tanzen begeistert auf den Tischen. *Info: Çapariz Sk. 10/12 Kumkapi, Tel. 212.5172293.*

€€ Byzantion Bistro (traditionell). Traditionelle osmanische Küche (modern inter-

Shopping

Ein Shopping-Must ist in Istanbul der ***Große Basar*** (mehrere Eingänge, Tel. 212.5191248, tägl. 9-19 Uhr, So. geschl.), *der 1453, kurz nach der osmanischen Eroberung, eingerichtete, überdachte Basar ist eine Stadt für sich mit 5000 Geschäften, Bars, Polizeistationen, einer Moschee, Postamt. Kleiner und überschaubarer ist der* ***Gewürzbasar*** (Tel. 212.5136597, So. geschl.). *Hier werden Gewürze, Honig, Kardamom, Nüsse verkauft, wertvolle Handelsware, auf der einst der Reichtum der Stadt beruhte und die in der einheimischen Küche gerne verwendet werden. Ein Zeitsprung führt in das Viertel Levent mit dem Einkaufszentrum* ***Kanyon*** *als Highlight* (Büyükdere Caddesi 185, Tel. 212.3175300, www.kanyon.com.tr)*: ein avantgardistisches Bauwerk mit unzähligen Läden, Kinos, Restaurants, Themenveranstaltungen und Konzerten. Die begehrtesten Modedesigner haben ihre Boutiquen in Beyoglu eröffnet. In einer kleinen gepflasterten Straße in der Nähe des Galata-Turms öffnet das* ***Atelier 55*** *die Türen, mit Kleidungsstücken und Accessoires junger türkischer Designer* (Serdari Ekrem Sokak 55, www.atelier-55.com). *Diese Einkaufsstraße hält noch andere Überraschungen bereit, wie Souvenirs, Kuriositäten, Kleidungsstücke und Antiquariate. Wenn Ihnen eher nach Luxus-Shopping ist, dann sind Sie im* ***Nisantasi-Viertel*** *an der richtigen Adresse, mit zahlreichen Ausstellungsräumen und Boutiquen von weltberühmten Labels wie Prada und Louis Vuitton.*

pretiert) in einem gemütlichen Lokal. Auch internationale Gerichte. *Info: Ordu Caddesi, Yesil Tulumba Sok 9/1, Tel. 212.5227496, www.byzantionbistro.com*

€€ Feriye (am Bosporus). Ein historisches Gebäude am Bosporus im Trendviertel Ortaköy, klassische Gerichte der osmanischen Küche. Ein Tisch im Freien bietet einen fantastischen Blick. *Info: Çiağan Caddesi 40, Tel. 212.2272216/2272217, www.feriye.com*

Nightlife

Roxy. Der Freitagabend ist der beste Abend für diese Diskothek, erst gibt es ein Konzert (Jazz, Rock, Blues ...) und danach legen die jeweils angesagtesten DJs auf. *Info: Siraselviler Caddesi Aslan Yatagi Sokak 3, Tel. 212.2491301, www.roxy.com.tr*

360 Istanbul. Das 360 Istanbul (Restaurant, Bar, Night Club) gehört seit Jahren zur Szene und kann der Zeitschrift *Time Out* zufolge unzählige Auszeichnungen aufweisen vom „Best Barman" bis zum „Best Restaurant". *Info: Istiklal Street Misir Apt. 163/8 Beyoglu, Tel. 212.2514042, www.360istanbul.com*

Nardis Jazz Club. In der Nähe des Galataturms. Ein bekanntes, diskretes Lokal, in dem Livekonzerte mit Jazzmusik stattfinden. *Info: Bereketzade Mh., Galata Kulesi Sk 8, Tel. 212.2446327, nardisjazz.com*

Weitere Informationen: Offizielles Tourismusportal Türkei, www.goturkey.com

304 – Der berühmte Gewürzbasar.

305 Links – Ein typisches Kaffeehaus.

305 Rechts – Der klassische Hamam aus Marmor.

Hamam

Wohltuende Dämpfe, verschmelzende Sinne, Entspannung pur bei einer Massage ... In der ehemaligen Hauptstadt am Bosporus gibt es Dutzende von Hamams, die historischen aber sind die schönsten, vom **Çemberlitas Hamam**, *entworfen von Baumeister Sinan im 16. Jh. im Herzen der alten Stadt* (Vezirhan Caddesi n 8, Tel. 212.5227974, www.cemberlitashamami.com.tr), *bis zum* **Cagaloglu** (Cagaloglu, Tel. 212.5222424, www.cagalogluhamami.com.tr). *Hier gibt es eine nette Bar, die sogar vom* Herald Tribune *erwähnt wurde, in der man sich nach dem Schwitzen stärken kann. Empfehlenswert ist auch der* **Süleymaniye Hamami** (Mimar Sinan Caddesi 20, Tel. 212.5195569, www.suleymaniyehamami.com), *gebaut ebenfalls nach dem Enwurf von Sinan, dem Baumeister, der auch die Süleymaniye-Moschee geplant hat.*

Jerusalem und Bethlehem – *Israel*

Mit seinen Kuppeln und den weißen Bauten erstrahlt es zwischen den Hügeln Judäas und der Wüste: Jerusalem, Epizentrum der Religionen und seit jeher von Völkern umkämpft. In den Gassen sieht man Rabbiner und orthodoxe Juden mit Hut und Schläfenlocken, Muslime und Christen in diffiziler Verquickung von Sprachen und Traditionen. In den Höfen spielen jüdische Kinder Fußball und vom arabischen Suk vernimmt man das fröhliche Wirrwarr, das nur unterbrochen wird, wenn der Muezzin zum Gebet ruft. Jerusalem ist ein offenes Geschichtsbuch, eine kosmopolitische, moderne Stadt.

Die **Altstadt** in den antiken Mauern, die zwischen 1537 und 1541 von Süleyman dem Prächtigen mit acht Stadttoren erbaut wurde, eines davon, das Goldene Tor ist zugemauert, liegt auf einem kleinen, einen Quadratkilometer großen Areal, wie zu römischer und byzantinischer Zeit. Vier Stadtviertel liegen innerhalb der Mauern: das armenische im Südwesten, das jüdische im Südosten, das christliche im Nordwesten und das muslimische im Nordosten. Die David Street und Ha-Shalshelet unterteilen die Stadt horizontal und verbinden das **Jaffator**, das wichtigste Stadttor und traditioneller Pilgerzugang, mit der **Klagemauer**, der symbolträchtigen Stätte der Juden. Hinter ihr erhebt sich die **Kuppel des Felsendoms**, der für Juden und Muslime gleichermaßen von Bedeutung ist, weil hier der erste Salomonische Tempel errichtet wurde und Mohammeds Himmelfahrt, bei der er Gottes Offenbarung empfing, ihren Ausgang nahm. Geht man von der Westmauer wieder auf die El Wad Street, betritt man eine der Verkehrsadern, die die Stadt vertikal unterteilen und das **Dungtor** im Süden mit dem eindrucksvollen **Damaskustor**, beide aus dem 16. Jh., verbindet. Ein Bummel am Samstagvormittag lohnt sich, wenn die Stände des traditionellen **Wochenmarktes** den Duft von Gemüse, Minze und ofenfrischem Brot verbreiten. Kleidung und Einrichtungsgegenstände kann man ebenfalls gut kaufen. Wir befinden uns im muslimischen Viertel, durch das sich die **Via Dolorosa** zieht, der Weg, den Jesus mit dem Kreuz auf dem Rücken gelaufen ist. Jeden Freitag um 15 Uhr veranstalten die Franziskaner eine Kreuzwegsprozession im Heiligen Land. Doch die wichtigste ist zweifellos die Osterprozession zur Grabeskirche, dem christlichen Wallfahrtsort, an der Pilger aus aller Welt teilnehmen. Hier wurde Jesus, so die schriftliche Überlieferung, hingerichtet und begraben. Für christliche Gemeinden ist dieser Ort eine heilige Stätte. Läuft man die Beit Habad, die dann zur Hayehudim Street wird in Richtung **Zionstor**, gelangt man ins Armenische Viertel, eine innerhalb der Mauern ummauerte Zitadelle, wo man die **Jakobuskirche** besuchen sollte, ein

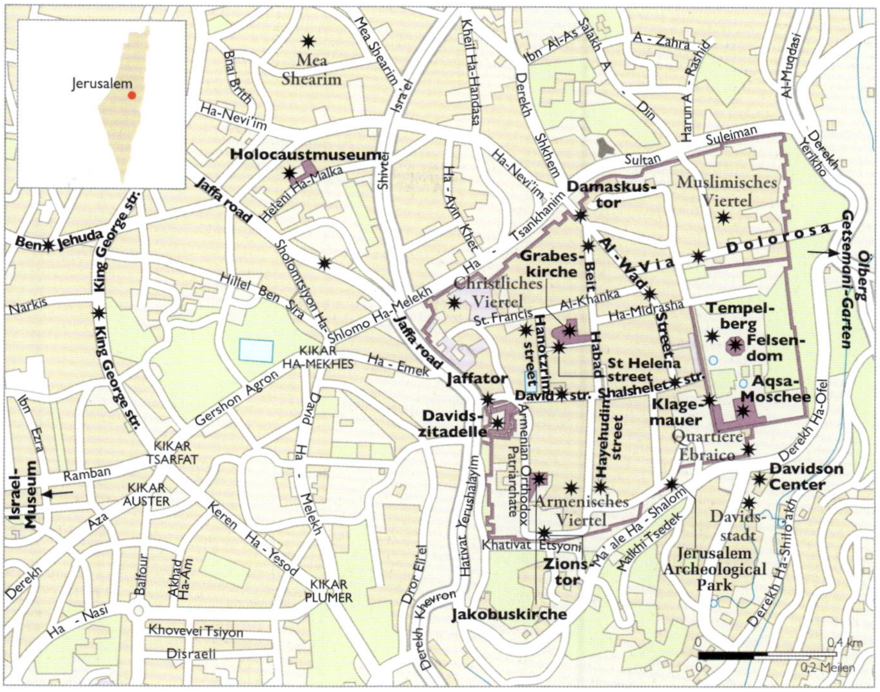

Kleinod aus dem 12. Jh. mit geheimnisvoller Aura, in der ein Miniatur-Evangelium aufbewahrt wird *(Tel. 02.6282331, die Kirche ist nur zur Messe geöffnet: So.-Fr. 6.30-7.30 Uhr u. 15-15.40 Uhr, Sa. 6.30-9.30 Uhr u. 15-15.40 Uhr)*. Die armenische Gemeinde umfasst heute ca. 1000 Mitglieder, die in den Mauern des angrenzenden Klosters, einer Einrichtung mit Höfen, die an eine alte Pilgerherberge erinnert, leben. Außerhalb der Mauern liegt das **Jerusalem Archaeological Park – Davidson Center**, das sich über das ganze Gebiet der **Davidsstadt** erstreckt, woraus das antike Jerusalem entstanden ist. Hier sieht man die 25 Siedlungsschichten, die während der Ausgrabungen zutage gefördert wurden und auch den **Hiskija-Tunnel** einschließen, ein vor 2600 Jahren errichtetes Wasserbauwerk, das die Stadt auch in Notsituationen mit Wasser versorgen konnte. Gegenüber der Ausgrabungsstätte liegt der eng mit der Passion Christi verknüpfte **Ölberg**, der weltgrößte jüdische Friedhof, wo sich laut Überlieferung auch das Mariengrab befinden soll. Von der anderen Hügelseite hat man einen wunderbaren Blick über die ganze Altstadt. Doch man muss aufpassen, denn hier hagelt es oft Steine. Man sollte sich lieber von einem Taxi oder Reiseführer begleiten lassen *(siehe nähere Infos)*. Nicht weit entfernt befindet sich die **Grotte von Gethsemane**, der Ort des Judasverrats. Um die Neustadt zu besuchen, muss man die Stadt durch das Jaffator verlassen, das direkt zu der glitzernden Geschäftsstraße Alrov Mamilla Avenue und von dort nach Ben Yehuda, Zion Square und Rivlin Street führt. Im Norden liegt das ultraorthodoxe Viertel **Mea Shearim**, nordwestlich der Amüsier- und Flaniermeilen mit den schönen Geschäften, wo man einkaufen kann: Jaffa Road, King George Street und Rechov Ben Jehuda. Und schließlich, zentrumsferner aber Pflichtprogramm, das **Israel-Museum** und die Holocaust-Gedenkstätte **Yad Vashem**. Hierher sollte man mit öffentlichen Verkehrsmitteln oder im Taxi kommen.

Unterwegs in Jerusalem: *Man landet auf dem Flughafen Ben Gurion, der ca. 50 km von der Stadt entfernt ist. Wenn man die Absicht hat, nach Jerusalem arabische Länder zu besuchen, sollte man den Pass nicht abstempeln lassen. Sonst hat man bei der Einreise Probleme. Die Altstadt sollte man zu Fuß erkunden. Mit öffentlichen Verkehrsmitteln gelangt man bis vor die Tore der Stadt* (www.egged.co.il). *Taxis kann man per Handzeichen anhalten oder an Taxiständen. Es empfiehlt sich, mit Taxameter zu fahren. Vorher vereinbarte Pauschaltarife liegen in der Regel höher. Die Stadt sollte man mit einem offiziellen Reiseführer besuchen, der auch einen Panoramaspaziergang auf der Stadtmauer anbietet* (geöffnet von 9-17 Uhr). *Sie können sich an* ***Israel Tour Guides Association*** *wenden* (itga.org.il) *oder einen Reiseführer unter* info.goisrael.com *finden.*

Währung: *Die offizielle Währung in Israel ist der* ***Neue Schekel***.

306-307 – Panoramablick auf die Stadt.

307 Mitte – Das Damaskustor.

307 Unten – Der Ölberg.

DIE GRABESKIRCHE: Der heilige Stätte der Christen und besonders der Katholiken und östlichen christlichen Kirchen wurde von Konstantin dem Großen am Ort Jesu Kreuzigung erbaut. Bei der Eroberung Jerusalems durch die Perser 614 ging die Kirche in Flammen auf, wurde von Kaiser Herakleios wiedererrichtet und 1009 vom Kalifen el-Hakim wegen der Verfeindung von Islam und Christentum zerstört. Im Jahr 1042 durch Konstantin IX. Monomach mit einer Rotunde um die Grabstätte und einer der heutigen Kirchenarkaden abermals aufgebaut, wurde sie von den Kreuzrittern um Kapelle und Basilika ergänzt. Trotz Feuersbrunst, Erdbeben und Gewaltakten hat sie bis heute überlebt. Oft hört man von den Auseinandersetzungen zwischen den sechs Kirchen, deren gemeinsamer Besitz sie ist: die größeren davon sind die Katholische, Griechisch-orthodoxe, Armenische und die kleineren die Koptische, Äthiopische und Syrische Kirche. Doch weder dies noch der große Strom der Pilger, der den **Golgotafelsen**, die Stätte der Qual, die **Öffnung im Felsen**, wo das Kreuz gesetzt wurde, das **Salbungslager**, worauf der Körper gelegt wurde, das **Grab Christi** in der Ädikula besucht, tut ihrem großen emotionalen Wert Abbruch. Vom Dach der Grabeskirche sollte man sich die Häuser der äthiopischen Gemeinde anschauen *(Tel. 02-6266561, www.custodia.org, Öffnungszeiten: Apr.-Sept. 5-21 Uhr, Okt.-März 4-19 Uhr)*.

DIE KLAGEMAUER: Die **Westmauer**, bekannter als Klagemauer, befindet sich am äußersten Ende des antiken Salomonischen Tempels, dem Aufbewahrungsort des Thoraschreins, der als erster Tempel 586 v. Chr. von den Babyloniern zerstört wurde. Nachdem er wiederaufgebaut (Zweiter Tempel) und von Herodes als Festungsmauer erweitert worden war, wurde er 70 n. Chr. erneut von Titus zerstört. Der noch verbleibende Teil ist von großer symbolischer Bedeutung für das jüdische Volk: Er repräsentiert die glanzvolle Vergangenheit, aber auch die Zerstörung, die Diaspora und die Angst vor der Rückkehr ins eigene Land. Sie besteht aus zwei Teilen, einem für Männer, einem für Frauen, und bietet Platz für bis zu 250.000 Gläubige, die mit leicht wippenden Bewegungen beten und Zettel mit Gebeten, Gedanken und geheimen Wünschen in die Mauerritzen stecken. Es ist immer ergreifend, besonders am Freitagabend bei Sonnenuntergang und am Samstagvormittag. Aber dann muss man die Feiertagsvorschriften einhalten: Rauchen, Fotografieren und der Umgang mit Geld sind z. B. untersagt *(siehe Infobox Brauchtum)*. Direkt hier liegt der Eingang zum **Westmauer-Tunnel** *(Öffnungszeiten: So.-Do. von 7 Uhr bis spät am Abend, Fr. 7-12 Uhr)*, ein einmaliges Erlebnis für Geschichts- und Archäologieliebhaber, die sich wundern werden, dass der sichtbare, massive Mauerabschnitt (ca. 48 m Länge und 18 m Höhe) nur einen kleinen Teil des ursprünglichen Bauwerks mit ca. 5181 m Länge ausmacht.

DER TEMPELBERG: Mit seiner für Juden und Muslime gleichermaßen symbolträchtigen religiösen Bedeutung ist der Tempelberg Sitz von drei islamischen Gebäuden: dem **Felsendom**, 691 vom Kalifen Abd al Malik errichtet, dessen goldene Kuppel auf allen Jerusalem-Fotos prangt, der **Aqsa-Moschee**, die sein Sohn Kalif Al-Walid 705 errichten ließ, sowie dem Kettendom, der so genannt wird, weil dort die Rechtsprechung mithilfe einer Kette stattfand. Für den Islam ist dies der drittwichtigste Ort. Von hier, so heißt es, fuhr Mohammed gen Himmel, wo er Gottes Offenbarung empfing *(Zutritt ist nur Muslimen gestattet)*. Unterhalb der Mauern des Tempelbergs liegt das **Jerusalem Archaeological Park – Davidson Center** *(www.rova-yehudi.org.il/information-the-davidson-center, im Sommer So.-Do. 8-18 Uhr, Fr. und vor Feiertagen 8-14 Uhr, im Winter 8-17 Uhr, Fr. und vor Feiertagen 8-14 Uhr)*, eine riesige Anlage, die die Geschichte dieser Orte in vorisraelischer Zeit, vor 5000 Jahren, anhand der Epochen der israelitischen Monarchie und der eindrucksvollen Architektur zur Zeit des Herodes aus der zweiten Hälfte des 1. Jhs. n. Chr. dokumentiert.

308 – Die Klagemauer.

309 oben – Die Grabeskirche.

309 unten – Gläubige beim Gebet in der Grabeskirche.

DIE MUSEEN: Eine unverzichtbare Station in der Neustadt ist das **Israel-Museum**, das das Heilige Land am besten repräsentiert *(Ruppin Blvd, Tel. 02.6708811, www.imjnet.org.il, Öffnungszeiten: So., Mo., Mi., Do. 10-17 Uhr, Di. 16-21 Uhr, Aug., Fr. u. vor Feiertagen 10-14 Uhr, Sa. u. Feiertage 10.30-16 Uhr)*. Es besteht aus vier Sektionen, in denen man sich verlieren kann, denn die Sammlung ist riesig: Der **Schrein des Buches** bewahrt antike Schätze des Heiligen Landes, wie die **Schriftrollen des Toten Meeres** aus dem 2. Jh. v. Chr. und eine Kopie vom **Buch Jesaja**. Der **Billy-Rose-Kunstgarten** ist ein Freiluftmuseum moderner Kunst mit Plastiken, die der Amerikaner Billy Rose der Stadt geschenkt hat. Darunter Werke von Rodin *(Adamo, Nackter Balzac mit verschränkten Armen)*, H. Moore *(Vertebrae)*, Tinguely *(XK3)* und Picasso *(Profile)*. Die zweifelsohne für an jüdischer Kultur Interessierte reizvollste Abeilung ist das **Bezalel-Kunstmuseum**, das Zeremonien, den Jahreszyklus und jüdischen Kalender zeigt, vor allem aber die Gebetsstätten und damit den Wiederaufbau und die Einrichtung dreier alter, europäischer Synagogen. Die Geschichte der Shoah des jüdischen Volkes wird in **Yad Vashem**, der **Holocaust-Gedenkstätte für die europäischen Juden** dokumentiert. Dieses Mahnmal wurde zum Gedenken an die sechs Millionen Juden erbaut, die dem Nationalsozialismus zum Opfer fielen *(Har Hazikaron, Tel. 02.6443400, www.yadvashem.org, Öffnungszeiten: So.-Mi. 8.30-17 Uhr, Do. 8.30-20 Uhr, Fr. u. vor Feiertagen 8.30-14 Uhr)*. Das hebräische Yad Vashem steht für „Denkmal und Name" und stellt die Einzigartigkeit jedes Menschen der Anonymität der Konzentrationslager gegenüber. Das Museum erstreckt sich auf einer Fläche von ca. 4200 m², ein Großteil unterirdisch auf dem Jerusalem zugewandten Hügel. Ein sehr interessantes Museum zur Jerusalemer Stadtgeschichte ist das **Tower of David Museum** *(www.tod.org.il, Öffnungszeiten: Sa.-Do. 9-16 Uhr, Fr. u. vor Feiertagen 9-14 Uhr)*, das in der als „Davidsturm" bekannten **mittelalterlichen Zitadelle**, unmittelbar am Jaffator, dem historischen Zugang zur Jerusalemer Altstadt, liegt.

DAS ULTRAORTODOXE VIERTEL MEA SHEARIM: Obwohl **Mea Shearim**, das Viertel der ultraorthodoxen Juden, direkt

beim Geschäftsviertel liegt, ist es eine Insel, wo die Zeit stehen geblieben scheint. Hier leben die *Charedim*, Männer, die ihr Leben dem Studium der Thora widmen, jiddisch sprechen, schwarze Kleidung mit weißem Hemd, breitkrempigem Filzhut oder die typische Pelzmütze tragen und sich nicht rasieren. Ihre Familien sind kinderreich. Um dieses Gebiet zu „betreten" empfiehlt sich sehr züchtige Kleidung. Frauen sollten einen langen Rock tragen und den Kopf mit einem Schal bedecken. Freitagabend, Samstag und jüdische Feiertage sollte man meiden.

310 Oben – Ansicht des Israel-Museums.

310 Unten – Der Schrein des Buches im Israel-Museum.

310-311 – Ein Saal der Holocaust-Gedenkstätte für die europäischen Juden.

Brauchtum

In Jerusalem achten alle Restaurants die „Kascherut", die von der Thora vorgeschriebenen Speisevorschriften, wonach Fleisch und Milch zu trennen sind. Einige Fleischsorten und Krustentiere sind sogar verboten. Vom Sonnenuntergang freitags bis zur Samstagsdämmerung wird der ***Sabbat****, der Ruhetag, der mit dem Entzünden einer Kerze beginnt, gefeiert (tatsächlich ein Tag, an dem keine Arbeit verrichtet wird). In den jüdischen Vierteln ist dann alles geschlossen, Verkehrsmittel fahren nicht und selbst in den internationalen Hotels werden Computer und Fahrstühle nicht betrieben (sie sind jedoch so programmiert, dass sie automatisch nach oben und unten fahren). In luxuriösen Hotels feiern gläubige Juden oft am Freitagabend nach dem Gebet in der Synagoge (hier hat man Zutritt) mit einem* ***traditionellen Familienabendessen****, ein Ereignis, dem beizuwohnen sich lohnt. Die Damen tragen dann die schönsten Kleider. Aber lassen Sie sich nicht von den Frisuren täuschen. Es sind Perücken, denn bei orthodoxen Juden müssen die kahlgeschorenen Frauen ihr Haupt bedecken.*

AUSFLUG NACH BETHLEHEM
Die heilige Stadt des Christentums, in der König David und tausend Jahre später Jesus geboren wurden, liegt ca. 10 km südlich von Jerusalem, bereits in Palästina. Die Grenze erreicht man mit dem Taxi und nachdem man diese zu Fuß überquert hat – auf palästinensischer Seite gibt es eine zweite Mauer voller Inschriften und Zeichnungen – nimmt man ein anderes Taxi und fährt ins Dorf (bei Reisegruppen dasselbe Prozedere). Im Mittelpunkt des Besuches steht die von Konstantin dem Großen erbaute **Geburtskirche**, die laut Überlieferung dort errichtet wurde, wo Maria Jesus geboren hat. Hier stand allerdings zuvor schon ein heidnischer Tempel *(www.custodia.org, Öffnungszeiten: im Sommer 6-19 Uhr, im Winter 5.30-18 Uhr)*. Die im 6. Jh. zerstörte konstantinische Basilika wurde durch Justinian wieder aufgebaut und im 12. Jh. unter den Kreuzrittern zur Kathedrale. Unter osmanischer Herrschaft verwahrloste sie dann. Äußerst beeindruckend ist der Besuch der **Geburtsgrotte** mit der Krippe, wo der Sohn Gottes geboren wurde, dem mosaikgeschmückten Geburtsaltar und dem Altar der Heiligen Drei Könige. Besonders bewegend ist die Mitternachtsmesse am Weihnachtsabend. Das Städtchen ist klein mit einigen einfachen Souvenirläden auf dem Platz. Hier leben Muslime und Christen. Auf einer Pilgerreise sollten ein Besuch der Milchgrotte, wo Maria der Legende nach beim Stillen etwas Milch auf den Boden tropfte, woraufhin sich die Wände weiß färbten *(www.custodia.org, Öffnungszeiten: im Sommer 8-17.45 Uhr, So. 8-11.45 u. 14-17.45 Uhr; im Winter 6-16.45 Uhr, So. 8-11.45 u. 14-16.45 Uhr)*, und des Grabes von Rahel, Ehefrau Jakobs und Mutter von Benjamin nicht fehlen, auch wenn die Echtheit des Grabes umstritten ist.

Übernachten

€€€€ Leonardo Plaza Jerusalem (modern). Mit 15 Minuten Fußweg in die Altstadt zentral gelegen, bietet es allen Komfort eines modernen Hotels. Die Zimmer sind zeitlos, in klarem Design eingerichtet. Hier feiern die Juden Freitagabend gern den

Sabbat mit einem reichhaltigen Abendessen. Die Speisevorschriften werden hier vom Jerusalemer Rabbi überwacht. Auf der Rückseite liegt die Synagoge. *Info: 47 King George Street, Jerusalem, Tel. 02.6298666, www.leonardo-hotels.com/leonardo-plaza-hotel-jerusalem*

€€€ Mount Zion (historisch). Historische Architektur in einem 1882 von den Türken errichteten Gebäude (bis 1948 das St. Josefs-Krankenhaus). Seit 1986 ist es Hotel, wo moderne israelische Geschichte geschrieben wurde. Es liegt gegenüber der alten Stadtmauer. *Info: Hebron road 17, Jerusalem, Tel. 02.5689555, www.mountzion.co.il*

€ Notre Dame (Gästehaus). Eine Pilgerherberge in einem imposanten Gebäude vor dem Neuen Tor der Altstadt. 1882 für französische Pilger erbaut, bietet es einen hotelähnlichen Service. *Info: Ha Tsanhanim Street 3, Jerusalem, Tel. 02.6279111, www.notredamecenter.org*

Restauranttipps

€€ Arabesque (historisch). Das Restaurant liegt im American Colony, einem historischen Gebäude, 1860 als Wohnhaus eines Paschas erbaut, wo illustre Persönlichkeiten wie Winston Churchill, Marc Chagall, Lawrence von Arabien abgestiegen sind. Es ist bekannt für sein Samstagmittagsbüffet (12-15 Uhr). Unbedingt reservieren! *Info: c/o American Colony, Nablus Road, Jerusalem, Tel. 02.6279777, www.americancolony.com*

€€ Olive & Fish (Fisch). Eines der der beliebtesten Fischrestaurants mit nahöstlichen und europäischen Gerichten in schlichtem und ungezwungenem Ambiente. Sehr aufmerksamer Service! *Info: Jabotinski Street 2, Jerusalem, Tel. 02.5665020, www.2eat.co.il/eng/oliveandfish*

€ Abu Shukri (traditionell). Das Lokal liegt in der Altstadt, wo sich Via Dolorosa und Al-Wad kreuzen, und ist bekannt für klassisch israelische Falafel, fritierte Kichererbsenbällchen, und Hummus, ein köstliches Püree aus Kichererbsen und Sesam. Ideal für einen Imbiss am Mittag, allerdings nicht nach 17 Uhr (schließt früh). *Info: Al-Wad Road 63, Jerusalem, Tel. 02.6271538.*

Nightlife

Zappa. In der Nähe des alten Bahnhofs. Ein perfektes Lokal, um gute Livemusik, spezielle Drinks und köstliche Gerichte zu genießen.
Info: Hebron Road 28, www.zappa-club.co.il

Jerusalem Cinémathèque. Eine der Trendlocations Jerusalems – hier finden oft Filmfestivals statt. Nicht zuletzt wegen ihrer Bar, dem Cacao, mit herrlichem Stadtpanorama ist sie so gut besucht. *Info: Hebron Road 11, Tel. 02.565433, www.jer-cin.org.il*

The Jerusalem Centre for the Performing Arts. Theater, Tanz und Musik in einer der wichtigsten Einrichtungen der Stadt, mit mehr als 150 Konzerten pro Jahr. Es bietet viele Veranstaltungen, für Erwachsene und Kinder. *Info: Marcus Street, Tel. 02.5605755, www.jerusalem-theatre.co.il*

Weitere Informationen:
Staatliches Israelisches Verkehrsbüro, info.goisrael.com/de
Außerdem gibt es Touristeninformationen, wenn man das Jaffator passiert hat. Vor der Abreise sollte man die Homepage des Auswärtigen Amtes konsultieren und die Reisewarnungen prüfen: www.auswaertiges-amt.de

312 Oben – Ansicht von Bethlehem mit Geburtskirche.

312 Unten und 313 – In der Geburtskirche kennzeichnet ein 14-zackiger Silberstern mit 15 Öllampen den Geburtsort Jesus.

Petra und das Tote Meer *– Jordanien*

Mit 500.000 Besuchern jährlich ist die Felsenstadt Petra eine der größten Einnahmequellen des Landes. Nicht weit davon ist auch das Tote Meer eine unerschöpfliche Einnahmequelle: Ein idealer Ort, um sich mit Bädern und Fangopackungen in Fünfsternehotels mit schönen Gärten, Pools und Spas aus Tausendundeiner Nacht wieder in Form zu bringen.

Normalerweise plant man für Jordanien eine Woche ein, beschränkt man sich aber auf **Petra** und das Tote Meer, können auch drei Tage genügen. Petra, im Süden des Landes, ist ein von Menschenhand geschaffenes Kulturdenkmal: eine in den Felsen gehauene Stadt, zugänglich durch den Sik, eine sehr schmale, tiefe Felsschlucht. Das **Tote Meer** dagegen ist ein wahres Wunder der Natur 400 m unterhalb des Meeres-spiegels, es ist das Gewässer mit der weltweit höchsten Konzentration an Salzen und Mineralien. Mit etwas Zeit kann man zwischen Petra und dem Toten Meer zwei weitere Stopps einlegen, die wiederum einmal mit menschlichem Wirken und einmal mit der Kraft der Natur verbunden sind: Das unter der Aufsicht der Royal Society for the Conservation of Nature stehende Naturschutzreservat **Dana** *(s. Infobox Dana)*, und die **Höhle des Lot** in **Safi** (vermutlich das antike Zoar), wo Lot und seine Töchter bei der Zerstörung von Sodom Zuflucht fanden. Bei den Ausgrabungen wurde eine Kirche mit drei Apsiden und Mosaikboden freigelegt, die um jene Höhle herum errichtet worden war, in der Abrahams Neffe sich mit den Töchtern versteckte und es zu dem berühmten Inzestfall kam. Nicht weit davon, auf der Straße am Toten Meer, steht ein seltsamer Fels: der Legende zufolge die Salzsäule, zu der Lots Frau erstarrte, weil sie sich Gottes Anordnung widersetzt hatte.

Unterwegs in Jordanien: *Am besten ist es, sich direkt am internationalen Flughafen von Amman ein Auto zu mieten. Von Amman bis Petra sind es 243 km: drei Stunden über die moderne* ***Wüstenautobahn*** *(Nr. 15); fünf Stunden über die schönere* ***Königsstraße****. Alternativ dazu bietet Jett* (www.jtt.com.jo/en) *regelmäßige Fahrten von Amman nach Wadi Musa (Petra) in Komfortbussen mit Klimaanlage an, Abfahrt Busbahnhof Abdali in Amman.*

Währung:
Die offizielle Währung in Jordanien ist der ***Jordanische Dinar****.*

314-315 – KHAZNE AL-FIRAUN, DAS SCHATZHAUS, LIEGT AM ENDE DES BAB ES-SIK, EINER MEHR ALS EINEN KILOMETER LANGEN FELSSCHLUCHT AUS ROSA SCHIMMERNDEM FELSEN.

315 UNTEN – DAS OBELISKENGRAB.

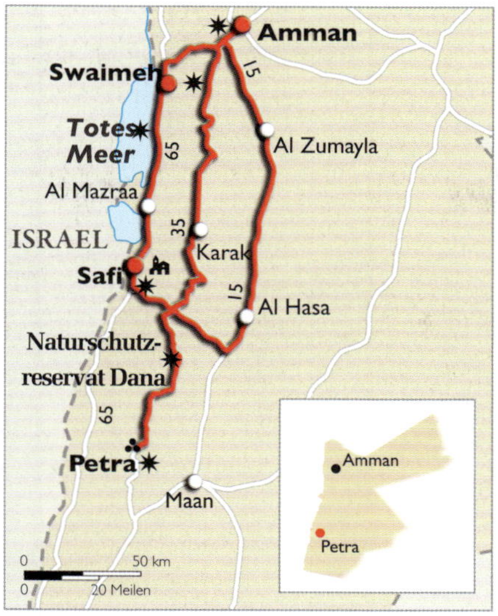

PETRA

Petra, in der Nähe von Wadi Musa, ist das Herzstück des Tourismus. Die Ursprünge der Felsenstadt gehen zurück bis in das 4.-5. Jh. v. Chr., als dort Edomiter lebten, die von den Nabatäern verdrängt wurden, die an diesem strategisch günstigen Ort ihre Hauptstadt mit Tempeln und Palästen bauten. Rabel II., der letzte nabatäische König, verlegte 75 n. Chr. die Hauptstadt nach Bosra (heute auf syrischem Gebiet), nach dem Sieg der Römer über die Nabatäer im Jahr 106 wurde Petra dem römischen Imperium angeschlossen. Im 8. Jh. wurde die Stadt aufgegeben und von Geschichte und Wüstensand verschluckt bis zur Entdeckung durch Johann Ludwig Burckhardt im Jahr 1812 und zwei weiteren Ereignissen: erstens, als die Stadt 1985 in die Liste des UNESCO-Weltkulturerbes aufgenommen wurde, und zweitens, als die jordanische Regierung die archäologische Stätte 1993 als Nationalpark auswies. Aber was bekommt man nun in Petra zu sehen? Nun, schon der Zugang ist überwältigend. Wenn man das **Obeliskengrab** (40-70 n. Chr.) hinter sich gelassen hat, gelangt man durch das Tor **Bab es-Sik** in eine mehr als 1 km lange, 80-100 m hohe und an einigen Stellen nicht mehr als 2 m breite Felsschlucht aus rosafarbenem Felsen, die sich unvermittelt zum **Khazne al-Firaun** hin öffnet, dem spektakulärsten Bauwerk des gesamten Areals: ein in den Felsen geschlagenes Mausoleum, bekannt als „Schatzhaus des Pharaos", mit Säulen und Architraven an der zweigeschossigen, knapp 30 m breiten und 43 m hohen Fassade, die mit korinthischen Kapitellen und Reliefs von Dioskuren verziert ist (die genaue Datierung ist ungewiss). Danach kommt man am Onaiso-Grab vorbei, am **Theater** (6 v. Chr.-40 n. Chr.), an den Gräbern der sogenannten **Königswand**, Grabanlagen hoher Würdenträger und Mitglieder des nabatäischen Königshauses, die architektonisch sehr eindrucksvoll sind (die wichtigsten sind das **Urnengrab** von 70 n. Chr. und das **Palastgrab**, das einzige mit einer gemauerten Fassade). Zurück auf der Hauptachse, der **Kolonnadenstraße** von Kaiser Trajan, erreicht man die Ruinen des **Nymphäums** und der **Byzantinischen Kirche** mit Bodenmosaiken, sowie weitere Bauwerke wie den **Löwen-Greifen-Tempel** und das **Temenos-Tor** vor dem heiligen Tempelbezirk. Dann, nach dem **Löwentriklinium** (mit dem von zwei Löwen flankierten Eingang) steigt man hinauf zu dem Bauwerk, das nach dem Schatzhaus als das bedeutendste gilt: **Ad Deir**, das aus dem Felsen gehauene Kloster hoch über der Ausgrabungsstätte, dessen Datierung nicht gesichert ist. *Info: Archäologischer Nationalpark, visitpetra.jo, Öffnungszeiten: im Sommer 6-18 Uhr, im Winter bis 16 Uhr. Mo., Mi. und Do. werden von 20.30-22.30 Touren „Petra by Night" durchgeführt.*

Dana

Etwa 50 km nördlich von Petra in Richtung zum Toten Meer liegt der schönste Naturpark der Region. Der Ort Dana war vom Verfall bedroht, bis das Gebiet 1993 unter der Führung der Royal Society for the Conservation of Nature *als Naturschutzreservat ausgewiesen wurde. Damit wurde Dana zu einem Modell der Erschließung landschaftlicher Ressourcen. Die Region wird nun durch Entwicklungsprojekte unterstützt; Touristen können Dörfer besuchen und in einem Naturparadies Touren in verschiedenen Schwierigkeitsgraden unternehmen: 320 km² von den Bergen bis zum Wadi Araba, mit über 1500 m Höhenunterschied und vier unterschiedlichen Ökosystemen. Hier ist die Heimat von 600 verschiedenen Pflanzenarten, 37 Säugetierarten und 190 Vogelarten. Übernachten kann man in der* ***Feynan Eco Lodge*** (ecohotels.me/Feynan). *Info: Tel. 65337931/2, www.rscn.org.jo/content/dana-biosphere-reserve-1. Das Naturschutzreservat ist das ganze Jahr über von 8-20 Uhr geöffnet.*

TOTES MEER

Nur eine Autostunde vom Flughafen in Amman entfernt (220 km von Petra, etwa 3 Stunden) kann man sich vom salzigsten Gewässer der Erde tragen lassen. Das schon in der Bibel erwähnte Tote Meer (hier sollen die Städte Sodom und Gomorrha gelegen haben), das teilweise zu Jordanien, teilweise zu Israel gehört, ist ein 400 m unter Normalnull liegendes Naturwunder aus Salz. Lebensformen gedeihen hier nicht, dafür aber 21 Mineralien. Der Salzgehalt des Wassers ist mit etwa 340 g pro Liter zehn mal höher als im Mittelmeer, und anstelle des Natriumchlorids, dem in den anderen Meeren vorherrschenden Kochsalz, hat es einen hohen Magnesium- und Kaliumgehalt (32% bwz. 25%). Dank all dieser Faktoren besitzt das Wasser einen hohen Therapiewert und so sind an den Ufern des Sees, vor allem im nördlichen Teil in **Swaimeh** (etwa 70 km von Amman) Hotels und Resorts entstanden, die Therapien und Kuren anbieten *(s. Infobox Die besten Spas)*, sowie der öffentliche, gut ausgestattete Strand *Amman Beach* zu sehr annehmbaren Preisen, etwa 2 km von den Hotels entfernt. Das etwa 90 km lange und maximal 17 km breite Tote Meer, das im Nordteil, zum fruchtbaren Jordantal hin, sehr tief (bis 430 m) und im Süden sehr flach (nur 4 m) ist und vorwiegend aus dem Jordan gespeist wird, ist ein abflussloser See, dessen Wasser verdunstet und dadurch diesen Cocktail aus Salzen und Mineralien zurücklässt, was ihn so einzigartig macht. Bis vor etwa 50 Jahren bestand der See aus zwei miteinander verbundenen Becken, heute aber ist der südliche Teil durch die Verdunstung völlig verschwunden, es gibt Stimmen, die davor warnen, dass der ganze See bis 2050 vollständig ausgetrocknet sein könnte. Aus diesem Grunde werden Maßnahmen erforscht, teilweise sehr drastische wie das *Red Sea-Dead Sea Conveyance*, das den Bau eines Kanals als Verbindung vom Roten Meer zum Toten Meer vorsieht. Dabei ergeben sich aber zahlreiche Schwierigkeiten: angefangen beim unterschiedlichen Salzgehalt der beiden Gewässer bis zum nicht zu vernachlässigenden Risiko, ein weltweit einzigartiges Ökosystem unwiederbringlich zu zerstören. Deshalb wurden alternative Lösungen vorgeschlagen, die beispielsweise vorsehen, die Gewässer mit denen des See Genezareth in Israel zusammenzuführen.

Übernachten

€€€€ Mövenpick Resort & Spa Dead Sea (Spa-Resort). Die insgesamt 346 Zimmer liegen inmitten von Palmenhainen und Gärten, verwöhnen lässt man sich im Zara Spa mit Schlammpackungen und Hydro-Pool. *Info: Swaimeh, Dead Sea Road, Tel. 535.61111, www.movenpick.com/en/middle-east/jordan/dead-sea/resort-dead-sea*

€€€€ Petra Marriott Hotel (international). Fünf Minuten vom Tal der Felsenstadt entfernt mit 100 komfortabel ausgestatteten Zimmern und einem kleinen Hamam. Zwei Restaurants, nahöstlich-mediterran oder italienisch, runden das Angebot ab. *Info: Queen Rania Al Abdallah Street, Wadi Musa, Tel. 321.56407, www.marriottdeadsea.com*

€€ Ammarin Bedouin Camp (Zeltlager). Ein besonderes Erlebnis ist es, in einem Zeltlager von Beduinen zu übernachten; das Beduinencamp der Ammarin bietet Platz für bis zu 350 Personen und liegt 10 Minuten nördlich von Petra. *Info: Beidha-Petra Archeological Park, Wadi Musa, Tel. 79.9755551, www.ammarinbedouincamp.com*

Restauranttipps

€€ Petra Kitchen (nahöstlich). Ganz in der Nähe der Ruinen, ein echtes jordanisches Restaurant. Der Chefkoch bietet Kochkurse an, man kann sich aber auch mit der Speisekarte „begnügen": von Linsensuppe bis zu den traditionellen frittierten Bällchen mit Fleisch und Gemüse.
Info: Wadi Musa 112, Petra, Tel. 321.55900, www.petrakitchen.com

€€ Beit Al-Barakah (arabisch). Der Name bedeutet „Das gesegnete Haus" und alles

316 – Strand mit den sandfarbenen Gebäuden des Mövenpick Resort am Toten Meer.

317 – Das luxuriöse Spa des Kempinski Hotel Ishtar am Toten Meer.

Die besten Spas

Das größte Spa im Nahen Osten, 10.000 m² hängende Gärten, Lagunen, Kaskaden, Pools: das ist das Spa von ***Kempinski Hotel Ishtar.*** *Viele Kabinen für die Behandlungen sind im Freien (um die an Sauerstoff und Bromiden reiche Luft des Salzsees in vollen Zügen einzuatmen), wer gerne schwimmt, wird die Infinity Pools lieben, die ins Tote Meer überzugehen scheinen. Die Behandlungen reichen von Balneotherapie zu Schlammwickeln, von Salzpeeling zur orientalischen Massage* (Swaimeh, Dead Sea Road, Tel. 535.68888, www.kempinski.com/en/dead-sea/hotel-ishtar). *Das luxuriöseste Spa überhaupt aber ist im* ***Ma'In Hot Springs Resort & Spa****, in unmittelbarer Nähe der heißen Quellen von Ma'In etwas oberhalb des Toten Meers. Die ausgedehnte Hotelanlage der Kette Six Senses ist nach ökologischen Kriterien errichtet. Nicht entgehen lassen sollte man sich hier die Bukhor Balance Massage, eine ganzheitliche Massage begleitet von Rauchwerk, sowie Yoga und Meditation* (Ma'In, Tel. 532.45500, www.mainhotsprings.jo).

spricht hier Jordanisch: die Speisen, das Ambiente, die Gegenstände. Der taboun, ein alter Tonofen, wird benutzt, um das traditionelle Brot und Lamm zuzubereiten. *Info: Wadi Musa, Petra, Tel. 321.56800*

€€ und €€€ Jordan Valley Marriott Resort & Spa. Am Toten Meer speist man vor allem in den Hotels, allein das Marriott bietet sechs verschiedene Restaurants an: Mosaico (international), Champions Sports Bar & Restaurant (amerikanisch), Il Terrazzo für Pasta- und Pizzafreunde, Fishing Club Beach Bar, Cascades BBQ Terrace mit Blick auf den See und Jo's Steakhouse. *Info: Dead Sea Road, Swaimeh, Tel. 535.60400, www.marriottdeadsea.com*

Weitere Informationen: Jordan Tourism Boards, de.visitjordan.com

Sharm el-Sheikh – *Ägypten*

Sharm el-Sheikh (die „Bucht des Scheichs") an der südlichen Spitze der ägyptischen Halbinsel Sinai liegt an einem der schönsten Meere unseres gesamten Planeten. Die karge, felsige Wüste dahinter ist schnell vergessen, wenn man sich nach wenigen Schwimmzügen in einer Welt aus den unterschiedlichsten Korallen und Schiffswracks (die im Zweiten Weltkrieg untergegangene Thistlegorm ist eines der beliebtesten Tauchziele der Welt) wiederfindet, in der Fische in allen Formen, Größen, Farben leben. Ein Paradies unter Wasser, das auch jene begeistert, die mit Tauchgeräten und Flossen nicht so vertraut sind. Ein wunderbares Ziel zum Schwimmen und zum Sonnenbaden, wenn in Europa tiefster Winter ist, aber auch, um im Jeep oder komfortablen Reisebussen die Sehenswürdigkeiten im Landesinneren zu besuchen. Vom „Coloured Canyon" zum heiligen Mosesberg.

Sharm el-Sheikh wurde Ende der 1960er-Jahre durch die Israelis erschlossen (als der Sinai unter israelischer Besatzung war), seinen Aufstieg verdankt der Ort einem italienischen Unternehmer, der ahnte, dass diese Küsten zwischen dem **Golf von Akaba** und dem **Golf von Suez** für europäische Touristen auf der Flucht vor dem Winter das exotische Paradies vor der Haustür darstellten. Er baute ein großes Urlaubszentrum, **Coral Bay**, und dank der ersten Direktflüge vom Alten Kontinent aus wurde Sharm el-Sheikh schon bald zu einem begehrten Urlaubsparadies (auch aufgrund der günstigen Preise und All-Inclusive-Angebote der Reiseveranstalter). Heute teilt sich Sharm auf in Sharm El-Maya, das Herz des Ortes mit Hafen und Markt, **Naama Bay**, 7 km weiter nördlich mit feinsten Sandstränden, an denen die meisten Hotels und Resorts liegen, **Ras Umm Sidd** (südöstlich von El-Maya), einem der wichtigsten Tauchspots, und einige kleinere Wohngebiete. Hier gibt es keine Bauwerke, die großartigen Gräber und Tempel des Alten Ägyptens sind weit weg, aber über die Jahre hat sich das Dorf in ein Las Vegas aus Fünfsternehotels und Luxusresorts verwandelt, mit direktem Zugang zum Meer, zum Strand und zu den Wundern der Unterwasserwelt, der diese Region ihren Erfolg verdankt. Schon Taucherbrille und Schnorchel machen es möglich, wenige Meter vom Strand entfernt zwischen Clown- und Papageienfischen umherzuschwimmen; die Taucher hingegen gleiten eher im nahe gelegenen Nationalpark **Ras Mohammed** zwischen Schwammkorallen und Napoleon-Lippfischen hindurch und begegnen Schildkröten, Rochen, Delfinen und Muränen. Reizvoll ist auch die Meerenge von **Tiran**, in den ca. 20 Tauchgründen – darunter die steilen Wände des **Jackson Reef** mit seinen wundervollen Gorgonien – kann man Drifttauchgänge machen, und die untergegangenen Schiffe sorgen sowieso immer für eine gewisse Gänsehaut. Das **Blue Hole** nördlich davon, oberhalb von **Dahab**, ist einer der spektakulärsten Tauchgründe überhaupt, allerdings nur etwas für absolute Könner. Zum Tauchen sollte man sich der Erfahrung eines der vielen Tauchzentren anvertrauen, sowohl in Bezug auf die Auswahl der Spots als auch den Erwerb eventueller Tauchscheine *(s. Infobox Tauchen)* Dort erfährt man auch, wie man sich unter Wasser zu verhalten hat, um das empfindliche und kostbare Ökosystem nicht zu verletzen, die Grundlage eines der schönsten Korallenriffe der Welt.
Sharm el-Sheikh bietet aber noch viel mehr als das Meer: Man spielt Golf im **Jolie Ville Golf Resort**, einem der erlesensten 18-Loch-Plätze im östlichen Afrika *(www.jolievillesharmresorts.com)*, kauft auf dem **Old Market** handgefertigte Mitbringsel *(s. Infobox Shopping)*, entspannt sich in den Spas der schicksten Resorts (wie **Four Seasons**, *s. Infobox Übernachten*) oder macht Touren in die Wüste. Zwei Touren insbesondere: zum **Coloured Canyon** und zum **Katharinenkloster**, einem der heiligen Orte am Fuße des **Berges Sinai**, wo Moses von Gott die *Zehn Gebote* erhielt. Weniger mystisch geht es am Abend zu, beim Flanieren auf der Strandpromenade von Sharm el-Sheikh mit ihren unzähligen Bars, Restaurants und Diskotheken, die bis zum Morgengrauen geöffnet sind. Nachtleben garantiert! Man muss sich nur gut überlegen, zu welcher Jahreszeit man nach Sharm el-Sheikh kommen möchte, ob man vor allem Strandleben genießen oder auch die Wüste besuchen will (wovon im Sommer abzuraten ist, da es bis zu 50°C heiß werden kann).

***Unterwegs in Sharm el-Sheikh:** Die Straßen sind gut ausgebaut und man kann sich problemlos fortbewegen. Jedes Hotel stellt Informationen zu Tauchausflügen oder Fahrten ins Landesinnere zur Verfügung (oder organisiert diese sogar selbst). Es gibt ein ausgezeichnetes Netz aus Bussen und Sammeltaxis zwischen den Touristenorten, außerdem private Autovermietungen.*

***Währung:** Die offizielle Währung in Ägypten ist das **Ägyptische Pfund**.*

318-319 – Luftaufnahme von Ras Mohammed.

319 Unten – Sonnenschirme am Strand knapp ausserhalb des Meeres-Nationalparks Ras Mohammed.

TAUCHEN
Das Rote Meer, und insbesondere Sharm el-Sheikh, ist eines der besten Tauchgebiete der Welt. Überall kann man hier Tauchkurse im offenen Meer machen, die meisten Tauchzentren bieten Ausbildungen nach PADI, BSAC und CMAS an (um folgenreiche Missverständnisse zu vermeiden, sollte man darauf achten, keine Sprachschwierigkeiten zu haben). Tauchgänge werden vom Ufer oder vom Meer aus gemacht, es gibt auch die sogenannten Liveaboard Safaris von Spezialbooten aus, dies sind aber eher mehrtägige Kreuzfahrten. Tauchspots gibt es viele: Im **Blue Hole** bei **Dahab** tauchen sehr erfahrene Taucher durch ein Loch im Riffdach in über 60 m Tiefe, um dann auf der anderen Seite des Riffs wieder emporzukommen (man kann das Blue Hole aber auch mit dem Schnorchel von der Oberfläche aus bewundern); beim Tauchspot **Amphoras** in der Nähe von **Naama Bay** sieht man eine türkische Galeone voller Amphoren, die dem Spot seinen Namen gaben; **Near, Middle, Far Gardens** in der Nähe von Naama Bay bilden ein Mosaik aus Korallenriffen, wo man schnorcheln und tauchen kann, ebenso wie die nahe gelegenen Spots **The Tower, Shark Bay** und **Southern Oasis** (in Dahab). Am **Jackson Reef**, zwischen der Insel **Tiran** und der Küste bestaunt man Wracks und Hochseefische. Dort gibt es gut 20 Spots, einer schöner als der andere, allerdings nur für Tauchexperten geeignet. In **Sharm el-Sheikh** selbst erreicht man zu Fuß **Ras Um Sidd**, bekannt für die Fächerkorallen; der absolute Star aber ist der **Nationalpark Ras Mohammed**: eine Halbinsel etwa 25 km südlich des Ferienorts, die 1989 zum ersten Meeres-Nationalpark Ägyptens erklärt wurde. 250.000 begeisterte Taucher besuchen jährlich diesen Park mit seinen 150 Korallenarten, der aber auch Lagunen, Anemonen, Felsen und eines der aufregendsten Korallenriffe der Welt zu bieten hat: die Heimat von Domino- und Clownfischen, Haien, Engel- und Schmetterlingsfischen, Drückerfischen und Igelfischen. Man zahlt einen Eintrittspreis und kann sich von Sonnenauf- bis Sonnenuntergang hier aufhalten; bei einer von einem der vielen Tauchzentren organisierten Exkursion ist der Eintritt oft inbegriffen. In Sharm el-Sheikh gibt es davon mindestens hundert, alle sehr gut ausgerüstet. Wie das **Sheikh Coast Diving Center** *(www.sheikhcoast.com)*, **Camel Dive** *(www.cameldive.com)*, **Emperor Divers** *(www.emperordivers.com)*, **Sinai Divers** *(www.sinaidivers.com)*, **African Divers** *(afridive.com)*, **Colona Dive Club** *(www.colona.com)*, **The Wave Diving Center** *(www.thewavediving.com)*.
Für Informationen zu den Schutzgebieten: www.eeaa.gov.eg/en-us/topics/nature/protectorates.aspx.

Shopping

*Zum einen ist da der **Old Market**, hier findet man beduinisches und ägyptisches Kunsthandwerk, Silberschmuck, bestickte Stoffe, Tabletts und Teekannen aus Messing, Gewürze, Körbe (besuchen Sie das **Karkade**, das älteste Geschäft für Gewürze, Kräuter und Lotionen von ganz Sharm el-Sheikh, gleich am Eingang des Marktes). Und zum andern natürlich die modernen Shopping Malls wie **Soho Square*** (www.soho-sharm.com)*, wo man neben Läden jeder Art auch Bars (wie die **Ice Bar**, hier bekommt man einen Wodka aus einem Eisglas in einer komplett aus Eis gestalteten Umgebung), Cafés, Restaurants, Clubs und sogar eine Eislaufpiste findet. Freunden natürlicher Bio-Produkte ist das **Nefertari** zu empfehlen* (8/9 Alf Laila we Laila Passage, www.nefertaribodycare.com)*: Hier werden nur handgefertigte Produkte verkauft, Bademäntel und Handtücher ebenso wie bei den Touristen beliebte Körperpflegeprodukte (Seifen, Cremes, Körperöle, Parfüms).*

320 – Tauchgang im Wrack Thistlegorm.
321 oben – Fische und Korallen am Riff.
321 unten – Jacht vor der Küste.

DIE HEILIGE KATHARINA UND DER MOSESBERG

Das *Alte Testament* erinnert daran, dass Gott Moses in Gestalt eines brennenden Dornbusches an den Hängen des Berges Sinai (Gebel Musa ist mit über 2000 m nach den 2637 m des Katharinenberges der höchste Gipfel der gesamten Halbinsel) erschien. Und hier war es auch, diesmal auf dem Gipfel des Berges, wo Moses die Gesetzestafeln erhielt. Über Jahrtausende haben die drei monotheistischen Religionen diese Orte als heilig angesehen und einige Mönche baten im 4. Jh. Elena, die Mutter Konstantins und große Verfechterin des Christentums, eine Kapelle zum Schutz des mutmaßlichen Dornbusches zu errichten, der schon zu dieser Zeit ein Ziel für Pilger war. Unter Justinian wurde diese Aufgabe zu Ende geführt: Er ließ Mitte des 6. Jhs. ein Kloster bauen, das nach einer jungen, zum Christentum konvertierten Frau aus Alexandria benannt wurde, der **Heiligen Katharina**. Eine Burg aus Sand, umschlossen vom Fels. Eine Festung inmitten der Wüste (in der heute griechisch-orthodoxe Mönche leben), die außer dem kostbaren Dornbusch eine der weltweit bedeutendsten Ikonensammlung bewahrt: 2000 Werke aus 15 Jahrhunderten, die ein umfassendes Bild der stilistischen Entwicklung byzantinischer Kunst darstellen. Die über der Kapelle des brennenden Dornbuschs errichtete **Klosterkirche** befindet sich, ebenso wie die Ikonen, die kostbaren Paramente, byzantinischen Kunstschätze und die **Bibliothek** mit ihren zahlreichen Manuskripten (griechische, arabische, syrische, armenische, koptische ...) innerhalb einer mächtigen Umfassungsmauer aus Granitblöcken *(www.sinaimonastery.com, Öffnungszeiten 9-11.30 Uhr, Fr., So. u. Feiertage geschl.)*. Neben dem Kloster ist auch der Gebel Musa Ziel von Pilgern (aber auch einfacher Touristen). Nach einer dreistündigen Nachtwanderung auf den Gipfel des heiligen Berges wird man mit dem spektakulären Sonnenaufgang über der Wüste belohnt. Tagsüber ist es zu heiß, bei Mondlicht aber hat der Aufstieg etwas Mystisches. Bei den den ersten Sonnenstrahlen hat man eine spektakuläre Aussicht vom Katharinenberg bis zum Golf von Akaba.

Übernachten

€€€€€ Four Seasons Resort (Spitzenklasse). Für alle, die den Luxus lieben, ein Hotel aus Tausendundeiner Nacht, das an eine arabische Zitadelle (ganz in Weiß) erinnert, umgeben von Palmen und Wasserspieler. Schöne Suiten, ausgezeichneter Spa: Probieren Sie die Pharaonische Massage, wie sie im Alten Ägypten den Pharaonen vorbehalten war, mit kostbaren ätherischen Ölen. *Info: 1 Four Seasons Boulevard, Sharm el-Sheikh, Tel. 69.3603555, www.fourseasons.com/sharmelsheikh*

€€€€ Aurora Oriental Resort (für Gourmets). Komfort und optimales Preis-Leistung-Verhältnis für ein elegantes Resort mit gehobenem Standard und exzellentem Service. Das vielfältige Serviceangebot ist ideal zum Ausspannen und für Familien. *Info: Qesm, Sharm el Sheikh, Tel. 69.3710061, www.aurorahospitality.com*
€€€ Concorde El Salam (gehobene Mittelklasse). Ein angenehmes Hotel direkt am Strand am Golf von Akaba mit sehr gutem Preis-Leistungs-Verhältnis und vielen Freizeiteinrichtungen: fünf Pools, zwei Beauty-Center, zwei Health Clubs, ein voll ausgestattetes Sportzentrum. Am schönsten ist ein Zimmer mit Meerblick. *Info: White Knight Beach, Sharm el-Sheikh, Tel. 69.3601460, royal-tulip-concorde-sharm-el-sheikh.goldentulip.com*

Restauranttipps

€€€ Little Buddha (Sushi Bar Lounge). Fusionsküche (von Sushi bis Vorspeisen aus Langusten), gute Weinkarte, Champagner und Cocktail, eines der angesagtesten Restaurants von Sharm. In der dazu gehörenden Diskothek (dem kleinen Bruder der Buddha Bar in Paris) kann man hinterher tanzen.
Info: Naama Bay Hotel, Tel. 69.3601030, facebook.com/littlebuddhassh
€€ On Deck (auf dem Wasser). Dieses einzige „schwimmende“ Restaurant von Sharm im Hotel Lido (auf einer Holzplattform) ist eine romantische Location: Fischgerichte und internationale Küche, von 7 Uhr bis Mitternacht.
Info: Naama Bay, Tel. 69.3602603, lidosharmhotel.com
€€ Mahony (orientalisch). Orientalische Fischgerichte oder ein Steak? Unentschlossene sind hier genau richtig: Das Restaurant ist sowohl auf Fischsuppe als auf Gerichte mit Hummer und Langusten spezialisiert und ist darüber hinaus auch ein hervorragendes Steakhouse.
Info: Mall 6, Naama Bay, Tel. 20.1100100031.

Nightlife

Pacha. Die Königin der Nächte von Sharm el-Sheikh: Mega-Diskothek unter freiem Himmel mit Bars, VIP-Bereichen, Pool. Es werden auch Themenabende und DJ Sets veranstaltet. *Info: Sanafir Hotel, Naama Bay, Tel. 69.3600197.*
Hard Rock Cafe. Diese überall auf der Welt verstreute Kette muss nicht eigens vorgestellt werden. Wie überall sonst hat auch das HRC in Sharm el-Sheikh seine Boutique, seine Theke, seine Memorabilia, seine DJ-Abende.
Info: El Soultan Qabous Street, Na'Ama Bay, Tel. 69.3602664, www.hardrockcafe.com/location/sharm-el-sheikh
El Fanar. El Fanar (arabisch für „Leuchtturm“) ist die richtige Adresse für alle die Restaurant, Strand, Diskothek suchen ... Alles am selben Ort. *Info: Ras Umm Sidd, Sharm el-Sheikh, Tel. 69.3662218.*

Weitere Informationen: www.egypt.travel/de

322-323 – Das Katharinenkloster.

323 – Die Kapelle auf dem Gebel Musa (oder Berg Sinai).

Die Wunder des Sinai

Zu den Ausflugszielen auf der Halbinsel Sinai gehören der ***Katharinenberg*** *(etwa 6 km südlich vom Berg Sinai), wo der Überlieferung zufolge die Gebeine der Heiligen gefunden wurden (im 9. oder 10. Jh.), der* ***Coloured Canyon*** *auf dem Weg zum Katharinenkloster, der seinen Namen den verschiedenen Farbtönen der einzelnen Sandsteinschichten im Fels verdankt, und auch* ***Nuwaiba****. Dieser 167 km von Sharm el-Sheikh entfernte Badeort an türkisblauem Meer ist bekannt geworden durch einen Delfin. In den 1990er-Jahren wurde nämlich ein Delfinweibchen, das seinen Partner verloren hatten, von einem Fischer des Ortes, Abdullah, „adoptiert“. Täglich begegneten sich Mensch und Tier auf offenem Meer, nach und nach entstanden daraus Ausflüge für Touristen, die sich, begleitet von dem Fischer, mit etwas Glück im Wasser dem Tier nähern konnten.* Exkursionen in die Wüste werden von vielen Agenturen angeboten, eine davon ist Sun and Fun, Tel. 10.1515444.

Kairo – *Ägypten*

Kairo ist vielleicht die überraschendste Stadt Nordafrikas: Ihr städtisches Gefüge ist aus 24 Stadtbezirken zusammengesetzt, von denen jeder einzelne wie eine eigene Stadt erscheint, die sich von den anderen abhebt. Man überquert eine Straße, einen Platz oder eine Brücke und manchmal hat es den Anschein, in eine andere Dimension einzutreten, in ein zurückliegendes Zeitalter oder in ein zukünftiges. 1967 lag die Zahl der Einwohner bei 4 Mio., heute sind es etwa 20 Mio. Und dann ist da noch der faszinierende Fluss: der Nil. Mit einer Länge von 6671 km durchquert er die Wüste, lässt den Tempel von Abu Simbel hinter sich, den Staudamm von Assuan und die Oase Fayum und schiebt sich durch die Hochhäuser von Kairo, bevor er in das Mittelmeer mündet. Auf dem Nil schwingt das Echo einer vergangenen Kultur, wenn die Feluken auf dem Weg von der Hauptstadt in die Wüste gleiten.

Im Gebiet von **Grand Cairo**, im Norden der Stadt, liegt das Verwaltungszentrum des Landes mit den modernsten, avantgardistischen Gebäuden. In diesen Vierteln findet man ausladende Alleen aus dem 19. Jh., Parks, Hotels und Luxusrestaurants von eindeutig westlichem Standard. Ebenso dynamisch und touristisch ist das Gebiet der **Corniche el-Nil** mit zahlreichen Hotels und Lokalen, bei denen im Preis auch der Blick auf den Nil eingeschlossen ist. Wie im eleganten **Café Corniche**, im **Semiramis Intercontinental**, wo man neben der guten Aussicht auch süße und herzhafte Leckerbissen der lokalen Tradition kennenlernen kann. Von hier aus erreicht man über eine Brücke die grüne **Insel Gezira** mit dem Stadtviertel **Zamalek**, wo wie ein weithin sichtbarer Leuchtturm der Kairo-Turm steht, ein **Fernsehturm**, von dessen 185 m hoher Aussichtsplattform man einen traumhaften Blick über die gesamte Stadt hat. Weiter südlich steht das **Cairo Opera House**, eine internationale Bühne für hochrangige Ballett- und Musikveranstaltungen, das nach der völligen Zerstörung durch einen Brand mit der Hilfe Japans neu gebaut und 1988 eingeweiht wurde. Im Stadtzentrum von Kairo selbst befinden sich Regierungsgebäude wie das Parlament, aber auch das zwischen 1928 und 1931 errichtete **Mausoleum von Saad Pascha Zaghlul** und der beeindruckende **Abdin-Palast**, eine Königsresidenz vom Ende des 19. Jhs. An den großen Plätzen **Midan Ataba**, **Midan Opera** und natürlich **Midan Tahrir** reihen sich Läden und Restaurants aneinander. Am Midan Tahrir steht das **Ägyptische Museum** mit der weltweit größten und beeindruckendsten Sammlung ägyptischer Fundstücke.

324-325 – Die im Jahr 1176 von Saladin gegründete Zitadelle.

Östlich vom modernen Kairo liegt das islamische Kairo. Dies sind die atmosphärisch interessantesten Teile der Stadt, Viertel, die sich zwischen den gewundenen Straßen und Gassen, aber auch den kilometerlangen Alleen entwickelt haben, an denen sich die religiösen Bauwerke der Stadt befinden, Moscheen und Kirchen, Minarette, die nur wenige Kilometer von den christlichen Kirchtürmen entfernt in die Höhe ragen. Sehenswerte Moscheen (von denen Kairo einige Hundert zählt) sind unter anderem die El-Hussein-Moschee mit einem Minarett aus dem 13. Jh., einer der heiligsten Orte Kairos, sowie die Al-Azhar-Moschee, genannt „die Blühende“ wegen ihrer wundervollen Architektur. Sie wurde 970 gegründet und ist heute eines der international bedeutendsten Zentren islamischer Studien. Hinter der **Zitadelle**, der unter Saladin im 12. Jh. errichteten Festung (*Öffnungszeiten: 9-17 Uhr*), liegt die faszinierende **Stadt der Toten**, eine muslimische Nekropole aus dem 14. Jh. Im **islamischen Kairo** stößt man auf die Händlerseele der Stadt, den **Chan el-Chalili**, den größten **Basar** des Nahen Ostens und einen der ältesten der Welt. Südwestlich von Kairo zeichnet sich, bei klarer Sicht, die Silhouette der **Pyramiden von Gizeh** ab, älteste Zeugnisse der ägyptischen Vergangenheit, die in den Nachbildungen im **„Pharaonischen Dorf“** wieder lebendig zu werden scheint. Das **Alte oder Koptische Kairo** entstand im 6. Jh., damals war Alexandria die Hauptstadt des Landes. Ursprünglich befand sich hier lediglich eine kleine Siedlung am Ufer des Nils und eine griechisch-römische Festung mit dem Namen Babylon, die der Sicherung der Straße zwischen Memphis und Heliopolis diente. Der Überlieferung zufolge ist die Gründung dieser Siedlung als Stadt einem arabischen General zu verdanken, Amr Ibn al-Aas, der hier eine Siedlung und Moscheen errichtete, darunter die erste Moschee Kairos von 642, die noch heute seinen Namen trägt. Hier konzentrieren sich auch viele christliche Gebäude, darunter die **griechisch-orthodoxe St.-Georg-Kirche** aus dem 10. Jh., die nach einem Brand im Jahr 1909 vollständig neu errichtet wurde, die **Kirche St. Barbara**, deren Grundmauern aus dem 5. Jh. stammen, die aber im 11. Jh. umgebaut wurde, die größte Ägyptens, und die älteste Kirche Kairos, die **St. Sergius** und **Sergios-und-Bakchos-Kirche** aus dem 5. Jh., umgebaut im 11. Jh., die an der Stelle steht, an der sich die Heilige Familie auf der Flucht vor Herodes versteckt haben soll. Die der Heiligen Maria geweihte **„Hängende Kirche“** wurde im 9. Jh. gegründet (umgebaut im 18. Jh.), sie wurde, wie es scheint, auf den Überresten der römischen Festung Babylon errichtet. Sehenswert ist auch das **Koptische Museum**, das einen guten Überblick der Geschichte des Christentums in Ägypten gibt. Die Errichtung der neuen, futuristischen ägyptischen Verwaltungshauptstadt, die für die 2020er-Jahre vorgesehen ist, wird Kairo entlasten (da sie 6 Millionen Einwohner abzieht), ohne den Reiz dieser Jahrtausende alten Stadt zu schmälern.

Unterwegs in Kairo: *Der Internationale Flughafen von Kairo liegt ca. 20 km nordöstlich der Stadt, es gibt regelmäßig verkehrende Shuttlebusse. Ist man einmal in der Stadt, sind Taxis das Verkehrsmittel der Wahl, sie sind nicht teuer und leicht zu erkennen an der schwarz-weißen Lackierung; einfach per Handzeichen anhalten. Einziger Hinweis: Möchte man längere Strecken zurücklegen, fragt man besser vorher nach dem Preis und auch hier gilt: immer verhandeln. Kairo hat auch ein gutes U-Bahn-Netz (3 Linien); Busse sind weniger empfehlenswert, sie sind zu jeder Tageszeit überfüllt und stecken meist im Verkehr fest.*

Währung: *Die offizielle Währung in Ägypten ist das* ***Ägyptische Pfund****.*

Sehenswertes

MANIAL-PALAST: Auf der Nilinsel Roda steht einer der ausgefallensten Gebäudekomplexe. Es handelt sich um den Manial-Palast, eine ehemalige Königsresidenz, gebaut von Prinz Mohammed Ali Tewfik zwischen 1901 und 1929, die der islamischen Kunst gewidmet sein sollte. Um dies zu verwirklichen, sind die fünf Gebäudeteile des Palastes (5000 m² Grundfläche) durch jeweils unterschiedliche Architekturstile inspiriert und eingefügt in einen üppigen botanischen Garten inmitten von Palmen und Gummibäumen. Heute ist der Palast ein Museum, in dem Exponate der reichen Privatsammlung des Gründers ausgestellt werden. *Info: 1 Saray Street, Tel. 02.23687495, Öffnungszeiten: 9-16 Uhr, während des Ramadan 9-15 Uhr.*

DAS ÄGYPTISCHE MUSEUM: In einem klassizistischen Gebäude befindet sich die größte Sammlung ägyptischer Altertümer der Welt: 130.000 Exponate, darunter Mumien, Sarkophage, Fundstücke jeder Art sowie der weltberühmte Gold- und Alabasterschatz des Tutanchamun, jenes Pharaos der 18. Dynastie, der ca. 1349 v. Chr. im Alter von 18 Jahren starb. Der Rundgang beginnt bei einem Exponat (das Original befindet sich im British Museum in London), das die Ägyptologie revolutioniert hat, dem **Stein von Rosetta**. Dieser 1799 in Rosetta, arabisch Rashid, im Norden Ägyptens entdeckte Stein, gibt in drei verschiedenen Schriften – demotisch, griechisch und Hieroglyphen – ein Dekret aus dem Jahr 196 v. Chr. als Ehrung von Pharao Ptolemäus V. Epiphanes wieder: Durch den Vergleich dieser Texte konnten die mysteriösen Hieroglyphen entziffert werden, was 1822 dem Wissenschaftler Jean-François Champollion gelang. Wer die Pyramiden in Sakkara besichtigen möchte, sollte sich auch die **Kalksteinstatue des Djoser** anschauen (ca. 2600 v. Chr.), die erste Königsstatue in Lebensgröße. Im Amarna-Saal werden Stücke aus der Zeit Echnatons (1379-1362 v. Chr.) aufbewahrt, jenes monotheistischen Pharaos, der Aton zum Gott über alle Götter machte. Vier Kolossalstatuen von Echnaton sind hier zu sehen, außerdem der unvollendete Kopf der Nofretete aus Quarzit. Für 2020 ist in der Nekropole von Gizeh die Eröffnung des **Grand Egyptian Museum (GEM)** geplant. Es soll das aktuelle Museum ersetzen. *Info: Midan el-Tahrir, Tel. 02.33777263, www.antiquities.gov.eg, Öffnungszeiten: 9-17 Uhr, Do. auch 18-19 Uhr.*

DIE STADT DER TOTEN: Hinter der Zitadelle Kairos, in der wüstenartigen Ebene vor den Mokattam-Hügeln, erstreckt sich die Stadt der Toten, zwei ausgedehnte Nekropolen mit Kuppeln und Minaretten, die sich kilometerweit aneinanderreihen. Das Gebiet, das im 14. Jh. bevorzugter Meditationsort der Sufis, muslimischer Mystiker, war, beherbergte die Gräber der Suf-Scheichs, dann die der Mamelucken-Sultane, bis es schließlich zu einem echten Friedhof wurde. Aufgrund der demografischen Entwicklung Kairos, der Landflucht und der Flüchtlingsströme aus dem Gebiet des Sueskanals nach 1967 wurden die

Gräber, die die Form von Häusern hatten, zu Unterkünften für die Obdachlosen umfunktioniert. Die Stadt der Toten wurde so zu einem Ort, an dem die Lebenden und die Verstorbenen zusammenleben. Zu den interessantesten Grabanlagen gehören die der Sultane **Ibn Farag Barkuk, Barsbey** und **Keit Bei**. Die Stadt der Toten kann besichtigt werden, allerdings ist es ratsam, in Begleitung eines Führers zu kommen.

HUSSEIN-MOSCHEE: Als Nicht-Muslim hat man hier keinen Zugang, dennoch lohnt es sich, die heiligste Moschee Kairos näher anzusehen, schon alleine, um die unglaubliche Prozession von Gläubigen zu betrachten, die täglich zum Gebet hierher strömen. Das Gebäude ist nicht sehr alt, es wurde „erst" 1870 errichtet an der Stelle eines älteren Gotteshauses aus dem 12. Jh., seine sakrale Bedeutung beruht auf der Überlieferung, dass sich in der Erde darunter eine kostbare Reliquie befinden soll: Der Schädel von Hussein, dem 680 in der Schlacht von Kerbela gefallenen Neffen des Propheten Mohammed.

DAS KOPTISCHE MUSEUM: Das Museum, das sich der Geschichte des Christentums in Ägypten widmet, zeigt eine Dokumentation über das Leben der Christen im Niltal, ausgehend von der pharaonischen Zeit bis in die Zeit der islamischen Herrschaft, und bewahrt Exponate aus alten Kirchen, Klöstern und koptischen Privathäusern. Im ältesten Flügel des Gebäudes aus dem Jahr 1908 befinden sich Objekte aus Holz, Glas und Keramik. Im jüngeren, von 1947, werden Gegenstände aus Stein und Metall sowie Manuskripte und Teppiche aufbewahrt. Zu den kostbarsten Exponaten gehört die aus dem 13. Jh. stammende **Holzikone** aus der St.-Barbara-Kirche, eine **Tunika** aus dem 5. Jh. mit Stickereien in Form von Tänzern, das Fragment eines Freskos aus dem Kloster des Hl. Jeremias in Sakkara aus dem 5. Jh. und ein **bronzener Adler,** der bei Ausgrabungen der Festung Babylon entdeckt wurde und auf das 3. Jh. datiert wird. *Info: Mar Girgis, www.coptic-cairo.com/museum/museum.html, Öffnungszeiten: 9-17 Uhr, während des Ramadan 9-15 Uhr.*

326 Oben – Der Manial-Palast auf der Nilinsel Roda.

326 Unten links – Die Totenmaske Tutanchamuns.

326 Unten rechts – Das Ägyptische Museum.

327 Oben – Stadt der Toten.

327 Mitte – Hussein-Moschee.

327 Unten – Das Koptische Museum.

Mit dem Dromedar nach Gizeh

Ein besonderes Flair hat eine Besichtigung des Hochplateaus von Gizeh auf dem Rücken eines Dromedars. Man darf mit den Tieren zwar nicht bis direkt an die Pyramiden heran, aber über die Sanddünen der Umgebung zu reiten, ist auf jeden Fall eine tolle Erfahrung, vor allem bei Sonnenuntergang, wenn der Stein sich mit den letzten Sonnenstrahlen des Tages erwärmt. Überall wimmelt es von Kamelführern, die ihre Tiere anbieten, man muss nur Geduld haben und den Preis aushandeln.

eine Nacht in der Grabkammer des Cheops schlafen wollte, das Erlebnis soll ihn aber so erschüttert haben, dass es ihn nicht mehr losließ. Ein paar Fakten: Die **Cheops-Pyramide** ist heute 138,75 m hoch (früher waren es einmal 146,6 m), 230,37 m breit und besteht aus 2,3 Mio. Kalksteinblöcken von einem Durchschnittsgewicht von 2,5 t. Im Inneren führt die 47 m lange und 8,48 m hohe sogenannte Große Galerie zur Königskammer, eine fast 6 m hohe Kammer, die vollständig ausgekleidet ist mit Blöcken aus rotem Granit. Rings um die Pyramide wurden in fünf Gruben 1124 Stücke aus Zedernholz entdeckt, die die Rekonstruktion der Sonnenbarke ermöglicht haben, die heute im gleichnamigen Museum ausgestellt ist. Sehr wahrscheinlich diente diese zum Transport des Leichnams von Pharao Cheops von Memphis über den Nil. Die **Chephren-Pyramide** war hingegen 143,5 m hoch (heute noch 136,4 m), mit einer 215,2 m langen Basisseite. Die Mykerinos-Pyramide schließlich ist 65,5 m hoch und etwa 103 m breit. Der geheimnisumwobene, aus einem Felssporn herausgehauene Große Sphinx stammt aus derselben Zeit und stellt vermutlich Pharao Chephren mit einem Löwenkörper dar, der über seine Begräbnisstätte wacht. Es ist so gut wie nichts darüber bekannt, warum er gebaut wurde, wem er wirklich zuzuordnen ist, was er im Inneren verbirgt, nicht einmal, wann genau er gebaut wurde. Aber auch das macht vermutlich seine ungeheure Ausstrahlungskraft aus. *Info: Tel. 02.3838823, Öffnungszeiten: 9-17 Uhr. Jeden Abend ab 18.30 finden hier Sound-and-Light-Veranstaltungen statt., www.soundandlight.show.*

AUSFLUG ZUM PYRAMIDENPLATEAU VON GIZEH

Am südwestlichen Stadtrand liegt das Gizeh-Plateau. Dieses einzige erhaltene der Sieben Weltwunder der Antike ist eines der spektakulärsten Baudenkmäler der Welt. Die Alten Ägypter nannten diese Hochebene *Imentet*, Westen, oder auch *Cher neter*, die Nekropole. Außer den Pyramiden und dem Sphinx gehören zur Ausgrabungsstätte mehrere Tempel, drei kleine Pyramiden mit den Gräbern der Königinnen und Gräber von Würdenträgern der 4. Dynastie. Zahlreiche Fundstücke wurden hier entdeckt, die sich als grundlegend für die Rekonstruktion der Lebensweise erwiesen. Da sich die Sehenswürdigkeiten über ein großes Gebiet erstrecken, ist es ratsam, mit dem Auto oder dem Taxi zu kommen. Das Pyramidenplateau ist vom Stadtzentrum aus auch mit Bussen zu erreichen. Der Rundgang beginnt an der Nordseite der **Cheops-Pyramide**, geht weiter zu den Gräbern der Würdenträger im Westen, führt dann zur **Chephren-Pyramide** und endet am Sphinx und der **Mykerinos-Pyramide**. Von den drei Gräbern ist das Innere der letzten das interessanteste. Alle Bauwerke des Pyramidenplateaus wurden in der Zeit der 4. Dynastie des Alten Reichs gebaut (ca. 2561-2450 v. Chr.). Erste genauere Daten über die Pyramiden lieferten Forscher, die mit Napoleon nach Ägypten gekommen waren. Dieser stellte dabei die realitätsnahe Hypothese auf, dass man mit dem Baumaterial der drei Pyramiden eine 3,7 m hohe und 30 cm starke Mauer um ganz Frankreich hätte bauen können. Es wird erzählt, Bonaparte sei so fasziniert gewesen, dass er

DAS PHARAONISCHE DORF: Nach der Besichtigung der Pyramiden von Gizeh gelangt man vom Kai **Shari en-Nil** mit dem Boot zur **Jakobs-Insel**. Dort meint man, in eine Zeitmaschine geraten zu sein. Auf der Insel wurde ein Dorf der Pharaonenzeit in allen Einzelheiten nachgebildet. Der Rundgang beginnt im „mythologischen Kanal“, in dem die wichtigsten Gottheiten des ägyptischen Pantheons vorgestellt werden. Danach gelangt man in das eigentliche Dorf; hier werden die Besucher empfangen von Mitarbeitern, die sie, verkleidet als Handwerker, Bauern, Schmiede und Priester, bei der Erkundung von Tempeln und Wohnhäusern begleiten.

328-329 – Pyramiden und Nekropole von Gizeh.
328 Unten – Der geheimnisumwobene Sphinx.

Info: Tel. 02.35718675/6/7, www.pharaonic-village.com, Öffnungszeiten: 9-17 Uhr, im Sommer 9-19 Uhr.

DER BASAR CHAN EL-CHALILI: Dieser großartige Basar mit ursprünglichem Charakter geht zurück auf Emir el-Chalili, der 1382 an der Grabstelle der frühen Fatimidenkalife ein khan, eine Karawanserei für Kaufleute errichten ließ. Ein Labyrinth aus verschlungenen Gassen, das ebenso verwirrt wie auch völlig verzaubert. Überall ertönen Stimmen, die sich mit den Rufen der Muezzin vermischen, es riecht nach Gewürzen und Staub, hier ziehen mit Obst beladene Esel vorbei und dort Männer, die einen Wagen voller Karaffen durch die Menge schieben. Klänge, Gerüche, Farben und Aromen erzählen von der jahrtausendealten Geschichte eines Volkes: Essen, Kleidung, Räucherwerk, Parfüms und Kunstgegenstände aus Marmor und Alabaster, Gold- und Silberschmuck, Gefäße aus Kupfer und Messing. Aber auch bedeutende Baudenkmäler stehen hier in der Nähe, wie die **Hussein-Moschee** und das aus dem 16. Jh. stammende **Mausoleum von el-Ghuri** mit einem wundervoll dekorierten Innenraum, wo man tanzenden Derwischen zuschauen kann. Und natürlich Coffee Shops wie das **Nagib Mahfuz Cafe** *(5, Sikkit el Badistan)*, mit Tischen im Freien, beim Duft von Wasserpfeifen mit Rosenaroma wird hier Tee oder türkischer Kaffee serviert.

Shopping

Vielleicht steht ein Einkaufsbummel bei vielen Kairo-Besuchern nicht unbedingt ganz oben auf der To-do-Liste, hat man aber einmal seinen Fuß in den Chan el-Chalili, den berühmten Basar, oder aber in die Straßen mit den schönsten Boutiquen im Viertel Zamalek gesetzt, fällt es schwer, schnell und vor allem mit leeren Händen wieder herauszukommen. Man sollte bei einem Einkaufsbummel nicht zu viel Neugier zeigen. Versuchen Sie, sich den Ständen eher desinteressiert zu nähern. Andernfalls wird der Verkäufer denken, das Geschäft sei bereits unter Dach und Fach und Ihnen beim Preis nicht mehr entgegenkommen. Bedenken Sie, dass hier, wie in allen Ländern Nordafrikas, Handeln einfach dazu gehört: Die Händler sind beleidigt, wenn man nicht einen anderen und vor allem niedrigeren Preis nennt, als sie ihn vorschlagen. Soll etwas 100 kosten, kann man in der Regel 35 oder 40 sagen, um sich dann etwa bei 60 zu einigen. Unter den zahlreichen Läden in der Stadt sind einige gute Adressen zu nennen: In Zamalek z.B. ***Nomad,*** (14 Saraya El Gezira, Tel. 02.27361917) *im ersten Stock eines alten Palais, wo man typische Taschen, Schmuck aus Silber und Schmuckstein oder Seidenpantoffeln kaufen kann;* ***Dina Maghawry*** *mit einer großen Auswahl an Goldschmuck, antiken Kunstgegenständen und Kaschmir* (16 el Sayed el Bakry Street, Tel. 02.27378210), *für gute ägyptische Baumwolle hingegen geht man zu* ***Tanis*** (Giza Street 35, Tel. 02.35730609). *Im* ***Basar Chan el-Chalili*** *seien hier beispielhaft folgende Adressen genannt: Nr. 7,* **Bedouin Shop** (Tel. 02.25896155) *für wundervollen Beduinenschmuck, und Nr. 10* **Atlas Silk** (Tel. 02.25906139) *für kostbare Seidenstoffe.*

Übernachten

€€€€ Marriott Mena House (historisch). Das in einer ehemaligen Jagdresidenz von 1869 eingerichtete Hotel war Stützpunkt der englischen Truppenabteilungen während des Zweiten Weltkriegs. Bei der Buchung sollte man nach einem Zimmer im historischen Flügel fragen, um sicherzugehen, einen Blick auf die Pyramiden zu haben. *Info: Pyramids Road, Tel. 02.33773222, www.marriott.com/hotels/travel/caimn-marriott-mena-house-cairo*

€€€ Cairo Marriott Hotel (fürstlich). Hotel auf der Insel Gezira im ehemaligen Gezira Palace, den der ägyptische Khedive Ismail anlässlich der Einweihung des Sueskanals 1869 für die Kaiserin Eugénie von Frankreich bauen ließ. *Info: 16 Saray El Gezira Street, Tel. 02.7283000, www.marriott.com/hotels/travel/caieg-cairo-marriott-hotel-and-omar-khayyam-casino*

€€ President Hotel (Aussicht). Ein Dreisternehotel im Stadtviertel Zamalek, die Zimmer sind komfortabel, der Service sehr gut; mit traditionellem Restaurant und der Sky Lounge mit Blick auf die ganze Stadt. *Info: 22 Taha Hussein, Zamalek, Tel. 02.7350718, president.cairo-hotels-eg.com*

Restauranttipps

€€€ Nile Maxim (fein). An Bord eines wundervoll beleuchteten Schiffs genießt man feine Gerichte, vor allem auf der Basis von Fisch, während man an den Ufern des Nils entlangfährt. Abfahrt ist jeden Abend um 19.30 Uhr; bevor das Schiff später wieder anlegt, wird noch Bauchtanz geboten. *Info: Saray el-Gezira, Tel. 02.7388888, www.maximrestaurants.com*

€€ Le Pacha 1901 (originell). Ein schwimmender Palast, vertäut am Shari Saray el-Gezira, mit einer Auswahl von gut 10 Restaurants, von typisch ägyptisch über asiatisch bis interkontinental. *Info: Shari Saray el-Gezira, Tel. 02.27350174, www.lepacha.com*

€ Abou Shakra (traditionell). Man sollte Kairo nicht verlassen, ohne bei Shakra Kebab gegessen zu haben. Eine weitere Spezialität ist gefüllte Taube. *Info: 69 Shari Qasr el-Ayni, Tel. 02.22797776, www.aboushakra.net*

Nightlife

Echo Club. Einer der meistbesuchten Nachtclubs in Kairo mit unterschiedlichen Musikrichtungen im Laufe der Woche. *Info: Gamaet Eldawal ElArabia Street 4, Gizeh, Tel. 02.01154548888, echo-club.com*

OPIA Lounge & Bar. Im Ramses Hilton Hotel. Es gibt Cocktails und „OPIA Häppchen" und dazu eins der eindrucksvollsten Panoramen auf den Nil. *Info: 1115 Cornish el-Nile, Tel. 02.5777444, www1.hilton.com*

Cairo Jazz Club. Auf der Website des Clubs kann man einen Tisch reservieren, bevor man sich auf den Weg macht. Jeden Abend steht ein anderer Musikstil auf dem Programm, der Samstag zum Beispiel ist orientalischer Livemusik gewidmet. *Info: 26 July Street, Tel. 106.8804764, www.cairojazzclub.com*

Weitere Informationen: www.egypt.travel/de

330 – Cairo Marriott Hotel auf der Insel Gezira.

331 – Der berühmte Basar Chan el-Chalili.

CARPET
عوف

Die Insel Djerba – *Tunesien*

Flaubert hat einmal nach einem Inselaufenthalt gesagt, dass die Luft auf Djerba so sanft sei, dass sie kein Sterben erlaube. Und genau so ist es. Das ganze Jahr ist Djerba ein ideales Reiseziel, da die Temperatur auch im Winter nie unter 15°C sinkt und die Meeresbrisen im Sommer die afrikanische Sonne mildern. Inselliebhaber schätzen ihre weißen Sandlandschaften, die Palmen, die sich unmerklich im Wind bewegen und von Wüste erzählen, das ruhige in vielen Nuancen schimmernde Meer, die Lagunen, wo sich Flamingos tummeln, die Haine zerfurchter Olivenbäume und die weißen Mittelmeerhäuser.
Zahlreich sind literarische und mythologische Verweise auf das von Homer in der Odyssee besungene Land der Lotophagen, dem Land des Träumens und Vergessens, das jeden, der es besucht, in seinen Bann zieht.
Gegenüber der Südküste Tunesiens, unweit der libyschen Grenze, ist Djerba eine ganz und gar flache Insel mit 614 km², die mit dem Festland durch eine 6 km lange Brücke romanischen Ursprungs verbunden ist, die El Kantara im Südosten an den Kontinent anbindet.
Hauptort der Insel ist **Houmt Souk**, eine der authentischsten Städte Tunesiens mit vielen Straßencafés, mit Kunsthandwerk, das Farbe in die Straßen bringt *(siehe Infobox Shopping)*, und den faszinierenden Gebäuden der *Fondouks*, den Karawansereien, Herbergen für fahrende Händler, die an die Zeit erinnern, als die Insel ein wichtiger Handelsumschlagplatz war *(siehe Infobox Festungsarchitektur)*.

332-333 – Die alte Festungsanlage von Houmt Souk.

333 unten – Die Moschee von Zarzis.

Überlieferte Traditionen verschmelzen mit dem alten Erbe der Berber, das Musik und afrikanische Rituale bewahrt. Auf der Insel gibt es noch eine der letzten Gemeinden von **Ibaditen**, der einzigen noch bestehenden religiösen Strömung der Charadschiten, deren Symbol die **unterirdische Moschee** in **Sedouikech** aus dem 12. Jh. mit den weißen Kuppeln ist, die förmlich aus dem Boden zu drängen scheinen. Die jüdische Gemeinde ist heute auf einige Hundert Mitglieder geschrumpft, die sich in der alten Synagoge **La Ghriba** in **Er Riadh** versammeln. Ihre Gründung auf Djerba geht auf das Jahr 586 v. Chr. zurück und somit ist sie die weltweit älteste jüdische Gemeinde außerhalb Israels. Das Tourismusgebiet liegt an der Ostküste, nahe der zweitgrößten Inselstadt, **Midoun**, die man am Markttag, freitags, besuchen sollte. Die prunkvollsten und am wenigsten authentischen Hotels mit Privatstrand, hochwertigen Thalassotherapiezentren, Restaurants und Diskotheken für das nächtliche Amüsement reihen sich am goldenen Sandstrand von **Sidi Mahrez** aneinander, der bei der **Halbinsel Ras Rmel** beginnt und sich bis zum **Kap von Ras Taguermes** an der Ostspitze der Insel erstreckt.

Unterwegs auf Djerba:
*Der **Flughafen Jerba-Zarzis** befindet sich in Mellita, 10 km östlich der Hauptstadt Houmt Souk. In der Saison landen hier täglich zahlreiche Charterflüge aus Europa und der Tunisair aus Tunis. Wichtig für Individualreisende: Die Insel ist durch **Fähren** mit dem Festland verbunden (alle 20 Min. von 6.30 bis 21.30 Uhr und alle 1-2 Std. nachts), die den Hafen Ajim auf Djerba mit dem von El Jorf auf dem Kontinent verbinden.*
*Wenn Sie nach Süden wollen oder von Süden kommen, können Sie die **alte Straße** der Römer nehmen, die El Kantara an das Festland angliedert. Wer, einmal auf der Insel angekommen, keine Zeitprobleme hat, kann auch anstelle des **Autos** mit dem Bus fahren, der mit verschiedenen Zwischenstopps von Houmt Souk nach Guellala fährt oder mit dem Taxi.*
Spaß macht auch das Ausleihen von Scootern oder Fahrrädern, ideale Verkehrsmittel für flaches Gelände, allerdings nur außerhalb der Sonnenstunden.

Währung:
*Die tunesische Währung ist der **Tunesische Dinar**.*

HOUMT SOUK

Die einzige richtige Stadt ist Houmt Souk, auch Verwaltungshauptstadt der Insel, die trotz der Touristenströme ihren Reiz behalten hat. Die weiß gekalkten Häuser, die sauberen Straßen und schattigen Terrassen mediterraner Prägung vermischen sich mit der nahöstlichen Atmosphäre der Gassen des Suk *(siehe Infobox)*, ein idealer Ort um traditionelle Andenken zu kaufen, wie den Korb von Djerba, eine Tasche aus geflochtenen Palmenblättern, oder die unverwechselbare *Madhla*, den rechteckigen Hut, den Männer und Frauen allen Alters als Sonnenschutz tragen.

Die alte, im 13. Jh. von den Aragoniern an der Küste errichtete und im 15. Jh. von Sultan Abou Farès als Bollwerk gegen die spanische Invasion unter Alfons V. von Aragón restaurierte Festung **Borj Ghazi Mustafa** ist einen Besuch wert *(Borj el-Kebir, Öffnungszeiten: Apr.-Mitte Sept. 8-19 Uhr, übriges Jahr 9.30-16.30 Uhr, während des Ramadans 9-17 Uhr, Fr. geschl.)*. 1560 wurde die Burg durch die vom Korsaren Dragut angeführte türkische Flotte eingenommen, unter dem etwa 6000 Männer des spanischen Heeres durch das Schwert zu Tode kamen. Zum Gedenken daran wurde an der Küste eine schreckliche Schädelpyramide errichtet, die im 19. Jh. durch einen Obelisken ersetzt wurde, der an Draguts Grausamkeit erinnert. Man sieht ihn, wenn man zu der Festungsbastion hochläuft, von wo aus man einen herrlichen Blick auf den **Yachthafen** und das moderne **Amphitheater** hat, im Sommer Konzertveranstaltungsort mit Klang- und Lightshow.

Die islamische Architektur, die sich auf Djerba in der massiven, für die Verteidigungsarchitektur typischen Form zeigt *(siehe Infobox)*, kann man von außen, denn Nichtmoslems ist der Zutritt verboten, anhand der schönsten Moschee der Stadt, der **Zaouia des Sidi Brahim** bewundern *(Rue 2 Mars 1934)*, ein Bau aus dem 17. Jh. mit dem Grab eines Heiligen. Gegenüber auf der Av. Abdelhamid el-Kadhi steht die **Moschee der Fremden** mit unzähligen Kuppeln, vielleicht die eigenartigste der Stadt.

Am Place d'Algérie liegt die **Türkenmoschee** aus dem 18. Jh., mit ihrem hohen, spitzen, ottomanisch beeinflussten Minarett. Um die Kultur der Insel kennenzulernen kann man das kleine **Musée ATP**, Museum für Volkskunde besuchen, das sich in einer im Schatten von Eukalyptusbäumen gelegenen *Zaouia* (religiöses Gebäude) befindet, die nach den Weisen Sidi Zidouni und Sidi Ameur benannt ist *(Avenue Habib Thameur Houmet Essouk, Tel. 75.622974, www.djerbamuseum.tn, Öffnungszeiten: Mitte*

Sport und Freizeitaktivitäten

Ganz gleich, ob man trainieren oder Neues ausprobieren will, das Angebot der Clubs und Hotel-Clubs ist vielfältig: ***Segeln, Kitesurfing, Kanufahren****, lange Strände und Über-Land-Wege für* ***Quads****, für* ***Ausritte, Mountainbiking*** *oder* ***Tauchen*** *in weniger tiefen Gewässern nach Schwämmen oder Riesenrochen.*

*Außerdem gibt es in der Hotelgegend an der Nordküste Djerbas, bei den Hotels Yadis, Royal Garden und Plaza zwischen Meer und Sand der nahegelegenen Sahara, inmitten von Palmen, Akazien und Sandbergen einen 9-Loch-****Golfplatz*** *mit 3 Spielbahnen unterschiedlicher Schwierigkeit* (Tel. 75.745055, Ausrüstung kann ausgeliehen werden).

Sept.-März 9.30-16.30 Uhr; Apr.-Mitte Sept. 9-19 Uhr, während des Ramadans 9-17 Uhr). Es dokumentiert traditionelle Bräuche, zeigt einige alte Handschriften, bemalte Holztruhen, viele Keramikexponate und im Schmuckraum mit der Kuppeldecke aus Terrakotta und Fliesen schöne Goldschmiedearbeiten.
Wenn Sie eine Pause machen wollen, um die Spaziergänger zu beobachten, lohnt es sich, auf der Terrasse der **Konditorei Mihirsi**, der besten der Stadt, Rue Abdel-Hamid-el-Kadhi, hinter dem Hauptmarkt Platz zu nehmen. Bekannt für ihr Eis ist hingegen die **Konditorei Marhaba**, *(Place Hedi-Chakerbis, bis 20 Uhr geöffnet)*. Im kleinen **Stadthafen** kann man verweilen und ausfahrende Fischerboote beobachten. Djerbas Fischer wenden sehr originelle Techniken an: Spaliere aus Palmzweigen, auf dem Meeresgrund aufgestellte Reusen und nebeneinander aufgereihte und auf den Grund abgelassene Tonkrüge.
So werden Tintenfische, die in den vermeintlichen Felsspalten Zuflucht suchen, in die Falle gelockt. Vom Hafen starten auch Touristenschiffe, die in ihrer Form an alte Piratenschiffe erinnern, zur **Île des Flamands**, einer langen Sandbank, wo die Touristen Muscheln sammeln und beobachten können, wie die Schreitvögel zum Flug ansetzen.

Shopping im Souk

*Der Name der Stadt **Houmt-Souk** selbst bedeutet „Viertel der Märkte" und durch die Straßen des Souk, vor allem an den Markttagen montags und donnerstags zu bummeln und nach Erzeugnissen regionalen Kunsthandwerks Ausschau zu halten, umgeben von Frauen in ihren Hidschabs und Männern in ihren grauen Kaftanen mit Palmenstrohhüten, ist eine der schönsten Erfahrungen eines Djerba-Urlaubs. Obwohl mit groben Werkzeugen gefertigt, sind die **Schmuckstücke** von seltener Feinheit. In der Regel sind es emaillierte Silberfiligranarbeiten, oft mit Einfassung von Korallen und farbigen Steinen. Der **Teppichsuk** auf dem Platz Monji-Bali befindet sich in einem alten Gebäude maurischen Stils mit Werkstatt, wo Frauen noch nach traditionellen Methoden weben. Wer **Schmiedeeisernes** sucht, sollte in den „Souk des Ferronniers" gehen. Verpassen Sie nicht am späten Vormittag die **Fischversteigerungen** (unter den Arkaden des Souk in der nordöstlichen Ecke des Hauptmarktes), auch wenn Sie nicht die Absicht haben zu kochen. Sie sind ein richtiges Spektakel, mit in thronartigen Sesseln versunkenen Verkäufern, die Preise murmeln und geschickt in die Höhe treiben, irgendwo zwischen Theater und Lokalkolorit. Nicht weit entfernt auf dem Gewürzmarkt vermischen sich süße und delikate Inseldüfte. Das Dorf **Guellala** an der Südküste ist auf die Herstellung von Töpferwaren mit Lehm aus lokalen Gruben spezialisiert. Mit der fußbetriebenen Töpferscheibe im geheimnisvollen Halblicht der Werkstätten nehmen Krüge und Kannen unterschiedlicher Größe Gestalt an, bevor sie in den Öfen gebrannt werden.*

334 Oben – Die typischen weissen Häuser von Houmt Souk.

334 Unten – Fischkutter und Amphoren für den Fischfang im Hafen von Houmt Souk.

335 Oben – Verkauf von traditionellen Teppichen in Midoun.

335 Unten – Der weiche Sand von Djerba.

ER RIADH

Der auch Hara Sghira (kleines Ghetto) genannte Ort, 7 km südlich von Houmt Souk, ist vor allem für seine **Synagoge La Ghriba in Erriadh** bekannt, die während des Lagba-Omer-Festes, 33 Tage nach Ostern, Pilgerziel der tunesischen und maghrebinischen Juden ist *(Öffnungszeiten: So.-Fr. 7.30-18 Uhr)*. Diese Synagoge wurde 1920 dort wieder errichtet, wo die von der jüdischen Gemeinde 586 v. Chr. auf Djerba gegründete, älteste Afrikas stand. Die Legende besagt, dass sie dort erbaut wurde, wo ein heiliger Stein vom Himmel fiel, und ihre Schlüssel erst dann wieder ins Paradies zurückgelangen, wenn der letzte Jude die Insel verlässt. Das weiße Gebäude mit den blauen Fenstern und Türen in klassisch tunesischem Stil hütet die älteste Thora der Welt.

GUELLALA

Dieser kleine Ort an der Südküste ist bekannt für seine Töpferarbeiten *(siehe Infobox Shopping)*, die hier aber ziemlich ursprünglich und schmucklos, vor allem als Gebrauchsgegenstände, große Krüge und Amphoren zum Fischen daherkommen. Wenn man durch das Dorf geht, sieht man Handwerker in kleinen, alten Werkstätten bei der Arbeit *(Markt immer mittwochvormittags und sonntags)* und gelangt zur Höhle von **Ali Baba** (Cave d'Ali Berbère, Eintritt frei), einer alten Höhle mit Palmenholzdecke, Ofen und Ölpresse, wo sich ein Ali aus Fleisch und Blut in eine riesige Amphora herunterlässt, um den Besuchern zu erklären, wie es der Protagonist der bekannten Geschichte mit seinen 40 Räubern geschafft hat, sich dank eines solchen Verstecks nicht fangen zu lassen. 1 km südlich des Städtchens liegt die an der Küste errichtete kleine **Moschee von Guellala**, ein wunderbarer Ort zur Beobachtung des Inselsonnenuntergangs.

Auch das **Musée Guellala**, auf einer Anhöhe 2 km östlich vom Dorf *(Tel. 75.761114, musee-guellala.com, Öffnungszeiten: im Winter 8-18 Uhr, im Sommer 8-23 Uhr)*, wo lebensgroße Darstellungen die verschiedenen Phasen des örtlichen Lebens, wie Beschneidung, Hochzeit, sufistische Tänze, Landwirtschaft und Handwerk nachbilden, ist lohnenswert. Die dorfnahe Lagune ist ein **Schutzgebiet für Zugvögel.**

Übernachten

€€€€ Radisson Blu Resort & Thalasso (luxuriös). Dieser Palast aus Tausendundeiner Nacht am Strand von Sidi Mahrez bietet einen Mix aus orientalischer Kunst und modernem Luxus. Es fehlt an nichts: ein riesiger Pool mit 1100 m², ein kleiner mit 300 m², ein herrliches Thalassotherapiezentrum mit zwei Wasserstrecken, Sporthalle, Diskothek, Spieleraum, Tennisplatz, Fitnesscenter und Wassersportangebote wie Windsurfing und Kitesurfing. *Info: Zone Touristique, P.O. Box 712, Tel. 75.757600, www.radissonblu.com/resort-djerba*

€€€ Hôtel dar Dhiafa (Boutique-Hotel). Dieses Boutique-Hotel in Er Riadh mit innovativem und edlem Design befindet sich in einem traditionellen Gebäude im historischen Zentrum. Alle 10 Zimmer und 4 Suiten sind eine Huldigung an die Reiselust, verschönert mit Dampfbädern, zwei Schwimmbädern und Gourmet-Restaurant. *Info: Bp 63, Er Riadh, Tel. 75.671166, www.dardhiafa.tn*

€€ Dar El Bhar (tunesisch). Direkt am Meer, am Strand von Sidi Mahrez liegt dieses kleine Hotel in echt tunesischem Stil mit Baldachin-Betten, einem unüberdachten Innenhof und Terrassen aufs Mittelmeer. *Info: Sidi Mehrez, Tel. 75.757350.*

Restauranttipps

€€ Restaurant Haroun (exklusiv). Im exklusivsten Restaurant von Houmt Souk (und der Insel) wird auf der Brücke eines Piratenschiffes getafelt. Der Gast sucht den frisch gefischten Fisch am Tresen aus, der nach Anweisung des Chefs tadellos zubereitet wird.
Info: Houmt Souk, Djerba, Tel. 75.650488

€ Restaurant Essofra (traditionell). Das Lokal ist auf typische Weise mit historischen Gerätschaften und Erinnerungsstücken dekoriert. Eine große Auswahl an traditionellen Gerichten der Küche Djerbas. *Info: Avenue Taieb Mhiri, Houmt Souk, Tel. 98.281049.*

€ Poisson D'or (klassisch). Serviert Fischspezialitäten, fangfrisch aus dem Meer. Die Speisekarte umfasst auch einige Fleischgerichte. *Info: Route Du Musee, Guellala, Tel. 52.283605.*

Weitere Informationen:
ONTT, Office National du Tourisme Tunisien, Boulevard de L'Environnement, Houmt Souk, www.discovertunisia.com/de

Festungsarchitektur

Zwischen den Feldern, die zu kleinen Dörfern gehören oder isoliert liegen, strahlen weiße befestigte Gehöfte in der Sonne der grünenden Wiesen, umgeben von Gersten-, Gemüsefeldern und Obstbäumen, die im Schatten von Dattelpalmen wachsen.
Diese ***Menzel*** *mit ihren runden Kuppeln, den angelegten, blühenden Innengärten, den unbefleckten Mauern, die nur durch filigrane Eisenverzierungen unterbrochen werden, verleihen der Landschaft auf Djerba besonderen Reiz. Auf der Insel gibt es nur noch wenige und die liegen im Inselinneren, weit entfernt vom Meer, an der Hauptstraße, die* ***Ajim*** *und* ***Houmt Souk*** *verbindet oder in der Gegend von* ***El May*** *und* ***Mahboubine****, das berühmt ist für seine* ***Türkenmoschee*** *aus dem 19. Jh. Sie spiegeln das Schutzbedürfnis der Bevölkerung vor feindlichen Invasionen, aber auch vor der starken und unerbittlichen Sonne wider. Auf dem Gehöft liegt das weiß getünchte Haus selbst (****Houch****), das seinerseits einer kleinen fensterlosen Festung mit Türmen gleicht, die die Sommerluft „aufsaugen" und die der Sonne ausgesetzten Ecken schützen. Viele Häuser verfügen auch über ein* ***Impluvium****, einen unterirdischen Tank, der seltenes Regenwasser sammelt. Daher gibt es auf der Insel noch heute zahlreiche Brunnen, ca. 2500, die unterirdisch Wasser fördern.*
Die Verteidigungsarchitektur Djerbas drückt sich auch in den robusten Moscheen mit den viereckigen Türmen aus, die eher Festungen als Orten des Gebets gleichen. Die schönsten Beispiele hierfür sind ***El May*** *und das südlich gelegene Guellela.*
In Houmt Souk, kann man versteckt in den Altstadtgässchen die alten ***Fondouks****, die Karawansereien, wo die Karawanen der Nomaden Halt machen, bewundern. Diese Gebäude haben Arkaden auf zwei Stockwerken und die angelehnten Türen gehen auf den Innenhof. In den* ***Gharfa*** *genannten Zimmern im Obergeschoss wohnten die Kamelhändler zur Zeit des Ottomanischen Reichs, während Tiere und Waren im Erdgeschoss untergebracht wurden. Einige dieser jahrhundertealten Einrichtungen wurden in Hotels mit Charme umgewandelt. Aber die Insel ist nicht nur für* Menzel, *Moscheen, Brunnen und* Fondouks *bekannt, sondern auch für ihre architektonisch sehr schlichten Webwerkstätten, die* ***Harout****: Es sind rechteckige, halb unterirdisch gebaute Tonnengewölbezimmer, damit sommers wie winters eine erträgliche Temperatur herrscht. Auch die Ölmühlen sind unterirdisch und im Hinterland erkennbar durch ihre niedrige weiße Kuppel, die oberhalb der Erde liegt.*

336 Oben – Die Synagoge von Erriadh.
336 Mitte – Das Guellala Museum.
336 Unten – Die Behaglichkeit eines Teeraums.
337 – Eine befestigte Moschee.

Marrakesch – *Marokko*

Von einer Berbersiedlung zur modernen Stadt – Marrakesch, die verlockendste der vier Königsstädte, vereint in sich eine vergangene Exotik und ein kosmopolitisches Flair. Warm strahlen die rötlichen Mauern im Licht, während vielbeschäftigte Männer und Frauen sich durch die engen Gassen schieben. Von den frühen Morgenstunden bis zum Sonnenuntergang arbeiten die Handwerker in ihren Werkstätten, wenn der Muezzin zum Gebet ruft, legen sie eine respektvolle Pause ein. Und während sich in den Moscheen die Gläubigen versammeln, füllt sich der Place Jemaa el-Fna mit Seiltänzern, Schlangenbeschwörern und Händlern. Am späteren Abend dann wird der Platz zu einem großen Freiluft-Restaurant. Im Hintergrund das Minarett und noch weiter dahinter die schneebedeckte Silhouette des Hohen Atlas. Es vergeht nicht viel Zeit, bis Marrakesch jeden Besucher mit seinen sanften Nächten, die man auf einer Terrasse sitzend genießt und dem Mond zuschaut, der zwischen den Sternen auftaucht, erobert hat.

Schon Winston Churchill, Marcello Mastroianni, Alain Delon verliebten sich in diese Stadt, die schließlich mit Yves Saint Laurent eine Enklave der Modewelt wurde. Er erwarb und restaurierte den wundervollen Garten **Jardin Majorelle**, eine tropische Oase im Stadtteil **Guéliz**. Die **Medina**, das pulsierende Herz des alten arabischen Viertels und Teil des UNESCO-Weltkulturerbes, wurde im 12. Jh. erbaut und von einer mächtigen Mauer aus rötlichem Lehm umgeben. Sie ist 12 km lang und 6-8 m hoch, hat 202 Türme und 10 Tore, von denen zwei – **Bab ed-Debbarh** und **Bab Aguenaou** – noch ihr früheres Aussehen bewahrt haben. Innerhalb der Mauern kann man auf dem Dach eines **Riad** die Seele baumeln lassen, jenen typischen Häusern, die um einen zum türkisblauen Himmel hin offenen Hof die Geheimnisse der marokkanischen Familien verbergen, heute oft charmante Hotels, oder im verwinkelten **Souk** bummeln gehen, sich all die Teppich- und Gewürzhändler anschauen und Babouches und schmiedeeiserne Mitbringsel kaufen. Oder man besucht die schöne Palastruine **el-Badi** (*Öffnungszeiten: 9-17 Uhr*), die 1603 fertiggestellt wurde unter Ahmed el-Mansur, Sultan der Saadier, ein Labyrinth aus 365 Räumen und Gärten, auf dessen Wachttürmen heute Störche brüten. Etwas südlich, im Gebiet der Kasbah, liegen die **Saaditen-Gräber,** die derselbe Sultan errichten ließ, um seine Mutter zu bestatten, ein kostbares Beispiel marokkanisch-andalusischer Kunst. Neuer dagegen ist das **Palais de la Bahia** von 1880, ein schönes Beispiel für eine islamische Privatresidenz. Man erreicht den

338-339 – Sonnenuntergang auf der Place Jemaa el-Fna.

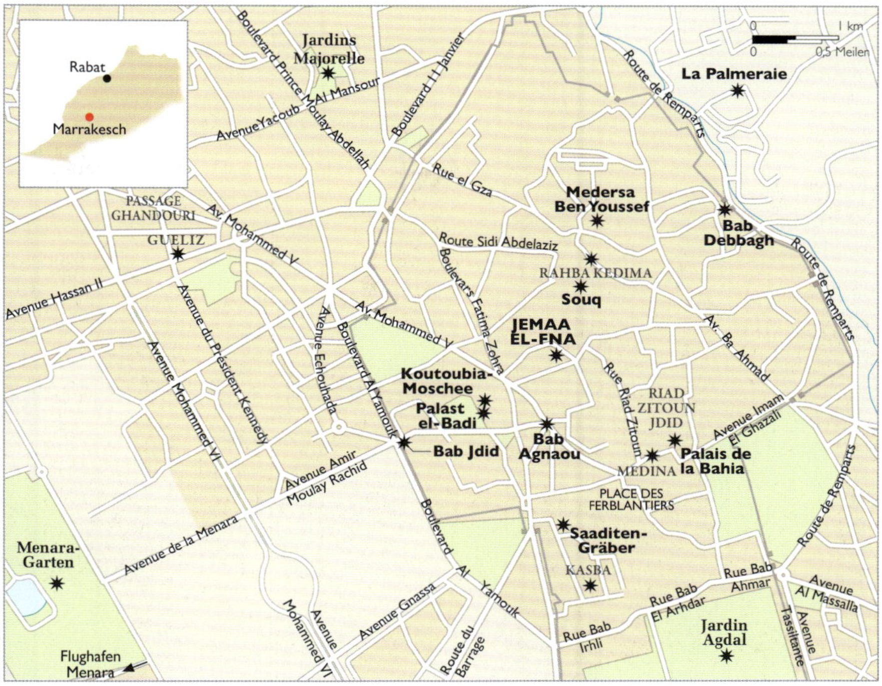

Palast über die Place des Ferblantiers in Richtung Norden, wo die Rue Riad Zitoun endet. Ein absolutes Muss ist schließlich die ehemalige Koranschule **Medersa Ben Youssef**, eines der schönsten Gebäude Marrakeschs. Es ist zwar leicht, sich in den Gassen zu verirren (Hotel oder Fremdenverkehrsamt vermitteln auch lokale Führer), aber dann steht man doch oft wieder, ohne zu wissen wie, auf der **Place Jemaa el-Fna**, vor allem wenn man sich das Minarett der **Koutoubia-Moschee** als Bezugspunkt nimmt. Am Horizont erblickt man die oft bis in den Frühling schneebedeckte Gebirgskette des **Hohen Atlas**, in dessen Schutz der Führer der Almoraviden-Dynastie im Jahr 1070 in der Ebene die Zelte aufbaute und die Stadt gründete, die für alle zur „Ville Rouge“ wurde. Youssef Ben Tachfin ließ außerhalb der Medina einen wundervollen Garten einrichten, **La Palmerie,** der durch ein fortschrittliches Bewässerungssystem auch im Sommer üppig blühte.

Unterwegs in Marrakesch: *Vom Flughafen Marrakesch/Menara erreicht man in 20 Minuten mit dem Auto oder dem Taxi das Stadtzentrum. In der Medina bewegt man sich ausschließlich zu Fuß; die engen Gassen und Straßen sind nur von Fahrrädern oder Mopeds befahrbar. Das öffentliche Verkehrsnetz ist nicht gut ausgebaut, für Touristen ist nur die Strecke zwischen Medina und Guéliz interessant, sie ist zwar lang, aber hier wäre ein Taxi viel teureri.*

Währung: *Die offizielle Währung in Marokko ist der* ***Marokkanische Dirham****.*

Sehenswertes

SONNENUNTERGANG AUF DER PLACE JEMAA EL-FNA: Place Jemaa el-Fna, früher ein Schotterplatz, heute gepflastert, ist eine faszinierende Freilichtbühne: Tagsüber tummeln sich hier Händler, Schlangenbeschwörer, Akrobaten, Wunderdoktoren, Feuerschlucker, abends dann, bei Sonnenuntergang, färbt sich der Platz in den schönsten Tönen. Kurz davor, während der Muezzin zum Gebet ruft, nehmen die Touristen auf der Dachterrasse des Café de France Platz, ein etwas verblasstes Gebäude der Kolonialzeit, aber von hier kann man wunderbar dem Farbenspiel des Sonnenuntergangs zuschauen. Man hat einen großartigen Blick auf das 77 m hohe **Minarett** der **Koutoubia-Moschee**, der Moschee der „Buchhändler“ (nur für Muslime zugänglich), die 1158 in kürzester Zeit errichtet und üppig im andalusisch-maurischen Stil dekoriert wurde. Derweil steigt über dem Platz Rauch aus den Küchen hervor. An 60 Essständen unter freiem Himmel brutzelt und brät es, überall duftet es nach leckeren Spezialitäten: gebratenes Huhn, Lammspieße, Schnecken in Court-Bouillon, ein typisches Gericht, serviert in einer Schüssel mit würziger Brühe. Es sieht zwar nicht so aus, aber die Marokkaner sehen darin nur einen Aperitif; Vegetarier werden sich nach den wenigen Alternativen umschauen müssen, wie ein Couscous mit Gemüse.

SAADITEN-GRÄBER: Die Gräber der gleichnamigen Herrscher-Dynastie stammen aus dem 16. Jh. Sultan Ahmed el-Mansur hatte ihre Mausoleen innerhalb eines schönen Gartens errichten lassen. Das erste, ein Meisterwerk andalusisch-maurischer Kunst, besteht aus drei Räumen, die mit Schnitzereien, bemaltem und vergoldetem Stuck, Stalaktiten-Gewölben und mit Arabesken und Mustern verzierten Wänden ausgestaltet sind. Zwölf Säulen aus weißem Marmor stützen die Decke des zentralen Raums des Mausoleums, in dem sich das Grab des Sultans und drei seiner Nachfolger befindet, das Mausoleum seiner Mutter dagegen ist weniger aufwendig *(von der Place des Ferblantiers Richtung Norden, www.tombeaux-saadiens.com, Öffnungszeiten: 9-17 Uhr).*

PALAIS DE LA BAHIA: Einer der größten Wesirspaläste Marrakeschs, gebaut 1880 von der Familie Ba Ahmed auf einem acht Hektar großen Gelände mit Gärten und Wasserspielen; im Laufe der Zeit kamen je nach den Wünschen des Wesirs immer mehr Räume dazu (weshalb die Gebäudeaufteilung nicht sehr eindeutig wirkt). Bei einer Führung besichtigt man die **Räumlichkeiten der Lieblingsfrau**, den **Ratssaal** und die **Terrasse**, von der man einen weiten Blick über die Stadt und die Umgebung hat. Der **Innenhof** ist mit einem wundervollen Mosaik aus Marmor und Zellij-Kacheln belegt, und der **maurische Garten** duftet nach Orangen und Jasmin *(www.palais-bahia.com, Öffnungszeiten: 9-17 Uhr)*.

MEDERSA BEN YOUSSEF: Diese islamisch-theologische Hochschule, eines der bedeutendsten Bauwerke der Stadt, war ursprünglich im 14. Jh. unter Sultan Abou el-Hassan errichtet und 1565 von Moulay Abdallah erweitert worden. Heute beherbergt sie auch zeitgenössische Ausstellungen, vor allem aber gibt sie einen Einblick in das Leben der Studenten. Die Zellen, nicht unähnlich denen eines Klosters, boten Platz zum Studieren und zum Schlafen. In einigen Zellen sieht man die Gegenstände des täglichen Gebrauchs, ins Auge fallen dabei die Unterschiede zwischen den Studenten aus der Stadt und denen aus ländlichen Gebieten. Im Zentrum des weiten, hellen Hofs befindet sich das Reinigungsbecken; der Gebetssaal ist durch zwei Säulenreihen mit verzierten Kapitellen in drei Schiffe gegliedert *(www.medersa-ben-youssef.com, wegen Renovierung bis 2020 geschlossen)*.

DIE FARBEN DES SOUK: „Es ist würzig in den Souks, es ist kühl und farbig", diese Worte von Elias Canetti führen uns in die bunte Welt des Souk von Marrakesch, ein Labyrinth aus Stoffen, Körben, Leder und Babouches, alles feilgeboten von den Rufen der Händler. Es heißt, im Souk habe jedes Handwerk sein eigenes Viertel und seine eigene Gasse, in Wirklichkeit ist das nicht so genau voneinander abzugrenzen. Wenn man von Jemaa el-Fna in Richtung Koranschule geht, kommt man vorbei an Keramikhändlern, und kurz bevor sich die **Rue Souk Smarine** gabelt, kommen die Stoffhändler; weiter vorne sind auf der rechten Seite die Gewürzhändler: In ihren Läden voller bunter Fläschchen erläutern sie die Eigenschaften der natürlichen Essenzen und wie man sie anwendet, z.B. das Arganöl. Dort in der Nähe ist der Souk, wo man Rohwolle kaufen kann, während auf der **Place Rahba Kedima** Getreide angeboten wird. Gleich danach, im **Souk Zribia**, wo bis 1912 der Sklavenmarkt stattfand, werden nachmittags in der Halle La Criée Bèrbère Teppiche versteigert. Biegt man nach links ab, gelangt man wieder zur Hauptachse, **Rue Souk el Kebir**, mit Schmuckhändlern, aber auch Schuh- und Kleidungsläden. Am Ende der Straße wird – unter viel Getöse – Kupfer und Eisen bearbeitet, während **Souk Chouari** das „Reich" der Korbflechter und Holzschnitzer ist. Und schließlich ist da noch der **Souk der Färbereien**, sehr fotogen, wenn dort die Wollbündel zum Trocknen ausgelegt werden. Verlockend sind die handgeknüpften Teppiche, die wunderschönen Kaftane, bunten Laternen, Taschen, Kacheln und Musikinstrumente. Besonders beliebt sind die handgeschmiedeten Arbeiten der lokalen Kunsthandwerker *(Öffnungszeiten: 9.00-19.00 Uhr, einige Läden schließen zu den Gebetszeiten)*.

GUÉLIZ, DIE NEUE STADT: Die neue Stadt entwickelt sich auf der Achse der Avenue Mohammed V. Der Stadtteil hat in den letzten Jahren eine enorme Entwicklung durchgemacht, viele Einwohner Marrakeschs sind hierhergezogen oder haben Werkstätten und Geschäfte aufgebaut. Hier finden sich die großen Geschäfte und internationale Ketten, aber auch Kunstgalerien und Studios berühmter Künstler, wie z.B. die **Matisse Art Gallery**, die Werke bekannter lokaler und ausländischer Maler ausstellt *(61 Rue de Yougoslavie, 43 Passage Ghandouri, Tel. 05244.48326, www.facebook.com/MatisseArtGalleryMarrakech)* oder das nahe gelegene Geschäft **Yahya** *(Tel. 0524.422776, www.yahyacreation.com)* eines bekannten Designers, der in seinen Entwürfen von

Lampen und Möbeln einen modernen Stil mit neu interpretierten traditionellen Elementen verknüpft. Thementouren zu Galerien zeitgenössischer Kunst werden für Kunden der Riads von Angsana Riads Collection organisiert *(s. Übernachten)*.

JARDINS MAJORELLE UND ANDERE GRÜNANLAGEN: Vom Anblick der **Jardins Majorelle** in der *Ville nouvelle* ließ sich Yves Saint Laurent verzaubern, er kaufte sie und ließ sie restaurieren. Sie tragen den Namen des französischen Malers und Kunsttischlers Louis Majorelle, der den Garten 1924 hatte anlegen lassen. Man findet hier Vögel und tropische Pflanzen, darunter Palmen, Jakarandas, Bananen, Aloen und prächtige Bougainvilleen. In dem Garten ließ Majorelle ein kobaltblaues Atelier errichten, in dem sich heute das **Berber Museum** befindet *(Boulevard Allal Al Fassi, Tel. 05.24298686, jardinmajorelle.com, Öffnungszeiten Okt.-Apr. 8-17.30 Uhr, Mai-Sept. 8-18 Uhr, im Ramadan 9-16.30 Uhr)*, das ganz der Kultur der marokkanischen Berber gewidmet ist. 2017 wurde in unmittelbarer Nähe der Gärten ein neues Museum über Yves Saint Laurent eingeweiht *(www.museeyslmarrakech.com Öffnungszeiten: 10-18 Uhr, Mi. geschl.)*. Schön ist auch ein Spaziergang im **Menara-Garten** *(Avenue el Ménara, www.jardin-menara.com, Öffnungszeiten: 9-17 Uhr)*, einer 100 Hektar großen Anlage mit Olivenhainen, die durch ein riesiges Wasserbassin aus dem 12. Jh. bewässert wird, und der **Jardin Agdal** *(Bab Agdal, Öffnungszeiten: 9-17 Uhr, Fr. u. So. geschl.)* hinter dem Königspalast, in dem Oliven-, Feigen- und Aprikosenbäume stehen.

340 – Innenhof des Palais de la Bahia.

341 Oben – Das grosse Wasserbassin im Menara-Garten.

341 Unten – Teppiche, die im Souk zum Verkauf angeboten werden.

Die Tee-Zeremonie

Feilschen ist eine Kunst für sich, wenn Ihnen das nicht so liegt, bereiten Sie sich darauf vor, literweise Tee mit Minze zu trinken, der von einer gewissen Höhe aus in die kleinen, schmalen Teegläser gegossen wird. Der Tee wird stets sehr warm und gezuckert getrunken; die Minze wird frisch hinzugefügt, nachdem man sie ein wenig gerieben hat, um ihr das Aroma zu entlocken (dies geht auch mit Majoran, Basilikum und Orangenblüten). Zum Tee werden ebenso süße, aber köstliche Mandelkekse gegessen, ein über zwei Jahrhunderte unverändertes Ritual.

AUSFLÜGE AUSSERHALB VON MARRAKESCH – AIT-BENHADDOU: Auf der alten Karawanenstraße von Marrakesch nach Ouarzazate, die heute zwar asphaltiert ist, aber deshalb nicht weniger Serpentinen hat, über den kargen, vom Wind gepeitschten Pass **Tizi-n-Tichka** (2260 m), der höchste befahrbare Pass Marokkos, und durch die vor der Wüste liegende Mondlandschaft erreicht man nach 170 km **Ait-Benhaddou** (nur tagsüber zu empfehlen). Das befestigte Dorf aus dem 12. Jh., das als Weltkulturerbe geschützt ist, wurde in Lehmbauweise am Hang eines Berges zum Zweck der Verteidigung errichtet. Davon zeugen noch heute die hohen Mauern und fast verborgenen Zugangstore, die nachts geschlossen wurden. Lassen Sie sich aber nicht täuschen durch ein monumentales Tor mit zwei Türmen, das für ein Filmset aufgebaut wurde. Zahlreiche Filme sind hier gedreht worden, darunter *Lawrence von Arabien* (1962) und der etwas jüngere Film *Der Gladiator*, für den eigens das Amphitheater errichtet wurde. In das heute fast unbewohnte Dorf gelangt man nur, indem man zuvor zu Fuß oder auf Eselsrücken den Fluss Asif Mellah überquert. Die wenigen Familien, die hier noch leben, geben gegen Geld den Besuchern einen Einblick in ihre einfachen Häuser. Wenn Sie durch die Gassen hinauf zum Bergfried der antiken Kasbah gelangt sind, haben Sie einen traumhaften Blick auf die Landschaft aus roter Erde und grüner Vegetation, die gesäumt ist von der schneebedeckten Gebirgskette.

Übernachten

€€€€€ La Mamounia (traditionell). Eine Institution in der Stadt, es gehört der Königsfamilie und war Winston Churchills Lieblingshotel. Im Hotelgarten könnte man sich verlaufen und im Haus – die Neugestaltung stammt von Designer Jacques Garcia – ist ein Luxus zu bewundern, der nicht übertrieben wirkt, aber doch überall greifbar ist. Verschiedene Restaurants und Bars bieten etwas für jeden Geschmack. Probieren Sie einen Cocktail mit Zutaten aus dem eigenen Garten. *Info: Avenue Bab Jdid 40, Arles, Tel. 0524.388600, www.mamounia.com*

€€€€€ Riad Dar Darma (elegant). Dieses in den Gassen der Medina verborgene Haus besticht durch die elegante,

Hamam, ein Ritual für die Schönheit

Ein Besuch in Marrakesch wäre unvollständig ohne den Besuch eines Hamam. Dieses reinigende Schönheitsritual, bei dem die Welt der Geschlechter sich trennt, basiert im Grunde auf drei Räumen und verschiedenen Anwendungen. Nach einer Dusche wird der Körper beim Schwitzen im Dampfbad entgiftet, dann mit Schwarzer Seife gewaschen, abgespült und anschließend kräftig abgerieben. Nun wieder Dampf, bevor der ganze Körper mit Arganöl massiert wird. Dann eine erneute Savonnage und eine Dusche und am Schluss steht die Entspannung bei einem klassischen Minzetee. Hamams gibt es in den Hotels, sie sind zwar weniger typisch als die öffentlichen Hamams, garantieren dafür aber einen höheren Hygienestandard. Zu den schönsten (und teuersten) gehören: **Le Bain de Marrakech** (2, Derb Sedra, Bab Agnacu, Tel. 0524.381428, www.lesbainsde-marrakech.com) *in der Kasbah, und das luxuriöse Spa des* **Hotel Jardin de la Koutubia** (26 Rue de la Koutoubia, Tel. 05 24.388800, www.lesjardinsdelakoutoubia.com). *Für die komplette Anwendung muss man sich schon ein paar Stunden Zeit nehmen.*

stilsichere Innenausstattung. Man fühlt sich hier wie zu Gast in einem Privathaus, auch weil die Aufteilung des Gebäudes Privatsphäre garantiert. Dachterrasse mit Pool, genial für einen Aperitif bei Sonnenuntergang. *Info: 11/12 Trik Sidi Bohuarba, Tel. 0524.376657/0661.343044, www.dardarma.com*

€€€ Riad Dar Zaouia (marokkanisch). Das jüngste, erst im Januar 2011 eröffnete Haus der Angsana Riads Collection, die sechs nebeneinander liegende Riads in der Medina unterhält, alle in der Nähe der Haupttore. Nur sechs Zimmer und eine Suite in marokkanischem Stil. Von der Dachterrasse schaut man über die ganze Stadt. Ein typisches Abendessen bekommt man im angrenzenden Riad Si Said. Ein besonderer Service ist ein Handy, mit dem man das Hotel anrufen kann, sollte man sich in den Gassen der Altstadt verirrt haben. *Info: 1,2,4 Derb Abbes El Fassi, Tel. 0524.388905, www.angsana.com/en/morocco/riads-collection-marrakech-morocco*

Restauranttipps

€€ Grand Café (international). Französische und marokkanische Küche in Guéliz, Bar und internationales Restaurant, die Einrichtung ist im Kolonialstil mit vielen Spiegeln und dunklen Tischen. Auch schön für einen Minztee oder einen Aperitif. *Info: Ecke Boulevard El Mansour Eddahbi und Avenue Imam Malik, Guéliz, Tel. 0524.433038, www.grandcafedelaposte.restaurant*

€€ Dar Chérifa (charmant). Verborgen in der Medina – ohne Hilfe finden Sie mit großer Wahrscheinlichkeit nicht hierher – liegt dieses Lokal mit einem ganz besonderen Charme. Hier wird gefaulenzt, gelesen oder halb liegend auf der Terrasse köstliches Couscous gegessen. Reservierung empfohlen. *Info: 8 Derb Charfa Lakbir, Mouassine, Tel. 05244.26550, marrakech-riads.com/restaurant-dar-cherifa*

€ KosyBar (mit Aussicht). Von der Dachterrasse schaut man über den großen Platz und das Palais el-Badi mit seinen Storchennestern. Ein etwas touristisches Lokal, aber gut geeignet für ein schnelles und leichtes Mittagessen. Abends ist die Speisekarte umfangreicher und man sitzt auf der zweistöckig angelegten Dachterrasse. *Info: 47, Place des Ferblantiers, Tel. 0524.380324, www.kosybar.com*

Nightlife

Comptoir Darna. Alles hält beim Abendessen mit marokkanischer und internationaler Küche inne, wenn die Bauchtänzerinnen auftreten. Im zweiten Stock Livemusik und mondänes Ambiente. *Info: Avenue Echouhada Hivernage, Tel. 0524.437702/10, www.comptoirdarna.com*

Bo'zin. Restaurant und Cocktailbar in nüchternem, elegantem Ambiente. Modern eingerichtete Räumlichkeiten und ein schöner, mit Kerzenlicht beleuchteter Garten. *Info: Douar Lahna, 43 Route de l'Ourika, Tel. 0524.388012, www.bo-zin.com*

Vip Room. Die bekannte Club-Marke hat nun auch einen Sitz in Marrakesch. Diskothek mit musikalischem Mix aus House, R'n'B und Hip Hop. *Info: Avenue Echouhada, Tel. 0659.757007, vip-room-marrakech.business.site*

Weitere Informationen: Staatlich marokkanisches Fremdenverkehrsamt, Tel. 0537.674013, www.visitmorocco.com/de und die offizielle Website der Stadt, visitmarrakech.de

Gastronomie

*Die marokkanische Küche erfordert Muße, in aller Ruhe sollte man im Patio eines Riad oder auf einer Terrasse im sanften Abendwind die traditionellen Gerichte kosten. Den Anfang machen die Vorspeisen, **marokkanischer Salat**, verschiedene **Mezes** aus Gemüse (häufig Paprika und Auberginen), dann gibt es **Tajines**, Schmorgerichte mit Lamm oder Kalb mit Gemüsen und Hülsenfrüchten. Couscous gibt es häufig als Beilage zu Fleischgerichten, aber auch als eigenständiges Gericht mit Rosinen und Kichererbsen. Typische Süßspeisen sind Reis- oder Grießpudding, die mit Milch, Orangenblütenwasser und Rosenwasser zubereitet werden.*

*Obwohl Marokko ein islamisches Land ist, wo also Alkohol eigentlich nicht erlaubt ist, wird hier Wein produziert; geschätzt werden vor allem einige **Rosé- oder Weißweine**, die gut gekühlt serviert werden. Alkoholfreie Alternativen sind die wundervollen frischen Säfte aus Orangen, Trauben oder Granatapfel, aber auch Zitronenlimonade, verschiedene Teesorten und Mandelmilch.*

342 – Eine fürstliche Adresse: das luxuriöse Mamounia Hotel.

343 – Eine Gruppe Muslime bei einem Mittagessen nach landestypischer Art.

Register

A

AMALFIKÜSTE 270-275
Acquapazza, Restaurant, Cetara 275
Africana Famous Club, Praiano 275
Amalfi 270, 273
Arsenali, Amalfi 273
Auditorium, Ravello 272
B&B Punta Civita, Hotel, Ravello 274
Basilica di Santa Trofimena, Minori 272
Campanile dell'Annunziata, Minori 272
Capo d'Orso 272
Capo Sottile 274
Cetara 270, 271
Chiesa di San Francesco, Cetara 271
Chiesa di San Pietro, Cetara 271
Chiostro del Paradiso, Amalfi 273
Dom Sant'Andrea, Amalfi 273
Festival Internazionale di Ravello 272
Fiordo di Furore 270, 273
Fontana del Popolo, Brunnen, Amalfi 273
Fornillo, Strand, Positano 274
Golf von Salerno 273
Grotta dello Smeraldo 270, 273
Hotel Aurora, Amalfi 274
Kathedrale San Pantaleone, Ravello 272
La Caravella, Restaurant, Amalfi 275
Maiori 270
Marina Grande, Strand, Positano 274
Minori 270, 272
Monti Lattari 274
Museo Civico, Amalfi 273
Museo della Ceramica Vietrese, Vietri 271
Music on the Rocks, Diskothek, Positano 275
Nocelle, Ortsteil von Positano 274
Papiermuseum, Amalfi 273
Pfarrkirche S. Giovanni Battista, Vietri 271
Pfarrkirche di S. Maria Assunta, Positano 274
Piazza del Duomo, Ravello 272
Piazza Flavio Gioia, Positano 274
Pompeji, 275
Poseidon, Hotel, Positano 274
Positano 270, 274
Processione dei Battenti, Osterprozession, Minori 272
Protontino, Enothek, Amalfi 275
Punta Campanella, 274
Rada, Restaurant, Positano 275
Ravello 270, 272
Sagra del Tonno, Fest, Cetara 271
Sentiero degli Dei, Wanderweg, Positano 274
Shopping 274
Valle dei Mulini, Amalfi 273
Via Capuana, Amalfi 273
Via dei Mercanti, Amalfi 273
Vietri sul Mare 270, 271
Villa Cimbrone, Ravello 272
Villa Guariglia, Raito, Ortsteil von Vietri 271
Villa Rufolo, Ravello 272

AMSTERDAM 88-93
Ambassade, Hotel 92
Amstel, Fluss 89, 92
Amstelhof 90
Anne-Frank-Haus 90
Begijnhof, Stadtviertel 89
Bijenkorf, Kaufhaus 89
Botanischer Garten 90
Brasserie Ambassade 93
Café Hofje van Wijs 89
Canal House Hotel 92
Conservatorium, Hotel 92
Dakba, Restaurant 93
Dam, Platz 89
Damrak 89
De Gooyer-Mühle 88
De Wallen, Rotlichtviertel 88, 89
Einkaufszentrum Magna Plaza 89
Glou Glou, Winebar 93
Hauptpostamt 89
Herengracht 90
Hermitage Amsterdam 90
Het Grachtenhuis, Museum 90
Het Molenpad, Café 90
Hortus Botanicus 88
IJ, Kanal, 88
IJ, Tunnel 92
Jüdisches Viertel 89
Keizersgracht 90
Königlicher Palast 88, 89
La Rive, Restaurant 92
Leidseplein 88
Museumsviertel 88
Nemo, Museum 88, 92
Nieuwe Kerk 88, 89
Nieuwmarkt 88
Oude Kerk 89
Paradiso, Livemusik-Lokal 93
Plantage 88
Prinsengracht 90
Rembrandthaus 88, 89
Rijksmuseum 92
Rokin 89
Shopping auf Märkten 93
Singel-Kanal 90
't Arendsnest, Bierlokal 93
Trippenhuis 90
'T Smalle Café 90
Van Gogh Museum 91
Van Loon-Haus 90
Vondel-Park 88, 92

ANDALUSIEN 16-23
Agua & Salud, Wellness 23
Alameda Principal, Málaga 22
Alamillo-Brücke, Sevilla 17
Albaicín, Granada 21
Alcazaba, Granada 21
Alcazaba, Málaga 22, 23
Alcázar 21, 22
Alhambra 16, 21, 22
Alter Hafen, Sevilla 19
Amador, Raimundo 17
Arabische Bäder, Córdoba 22
Archäologisches Museum, Córdoba 22
Arena de la Malagueta, Málaga 22
Audiencia, Sevilla 18
Ayuntamiento (Rathaus), Sevilla 18
Bahnhof Santa Justa, Sevilla 17
Bodegas Campos, Taverne 23
Calatrava, Santiago 17
Capilla Mayor, Sevilla 18
Capilla Real, Granada 21
Capilla Real, Sevilla 18
Cartuja, Sevilla 17
Casa de Pilatos, Sevilla 19
Castillo de Gibralfaro, Málaga 22
Catedral, Granada 21
Catedral, Málaga (La Manquita) 22
Catedral, Sevilla 18
Centro, Stadtviertel in Sevilla 17
Convento de la Merced, Sevilla 18
Córdoba 16, 22
Cornejo, Rafael 22
Cuarto del Almirante, Sevilla 18
El Arenal, Sevilla 17
Feria sagra, Sevilla 17
Flamenco 16, 17
Flamenco-Biennale, Sevilla 17
Flamenco-Viertel 17
Flughafen-Terminal, Sevilla 17
Gärten der arabischen Zitadelle, Sevilla 18
Generalife, Granada 21
Giralda (Minarett), Sevilla 17, 18
Gonzáles, Aníbal 18
Grab des Christoph Kolumbus, Sevilla 18
Granada 16, 19-21
Guadalmedina, Fluss in Málaga 22
Guadalquivir, Fluss 17, 22
Hombre Río, Flussskulptur 22
Hospes Palacio de Los Patos, Hotel 23
Hotel Alfonso XIII 23
Isabel II.-Brücke, Sevilla 17
Kacheln 18, 19
Kibla, Córdoba 22
Kirchenschatz, Sevilla 18
La Macarena, Stadtviertel in Sevilla 17
Löwenhof, Granada 21
Machuca, Pedro 21
Málaga 16, 22
Manolete 22
Marcos, Francisco 22
Mayer, Jürgen 17
Medina, Granada 21
Metropol Parasol, Sevilla 17
Mexuar, Granada 21
Mezquita, Córdoba 22
Mihrab, Córdoba 22
Moneo, Rafael 17
Murillo 18
Museo de Bellas Artes, Sevilla 17, 18
Museo del Baile Flamenco, Sevilla 17, 19
Palacio de Carlos V, Sevilla 18
Palacio de los Condes de Buenavista, Málaga 22
Palacio del Rey don Pedro, Sevilla 18
Parque de las Ciencias, Granada 21
Parque de María Luisa, Sevilla 18
Paseo del Parque, Málaga 23
Patio de los Naranjos, Córdoba 22
Patio de los Naranjos, Sevilla 18
Picasso-Museum, Málaga 22
Planetarium, Granada 21
Plaza de España, Sevilla 17, 18
Plaza de Jerónimo Páez, Córdoba 22
Plaza de la Merced, Málaga 22
Plaza de Pilatos, Sevilla 19
Plaza de San Francisco, Sevilla 17, 18
Posada del Patio, 23
Quarto de Embajadores, Granada 21
Reales Alcázares, Sevilla 17, 18
Renaissancepalast Karls V., Granada 21
Restaurante Becerrita 23
Romanische Brücke, Córdoba 22
Sacromonte, Granada 23
Santa Cruz 17
San-Telmo-Brücke, Sevilla 17
Schatz, Córdoba 22
Schifffahrtsmuseum, Sevilla 19
Semana Santa 17
Sevilla 16, 17-19
Shopping 17
Siloé, Diego de 21
Stierkampfarena, Málaga 22, 23
Taberna del Alabardero 23
Tablao El Arenal, Flamencolokal 23
Torre de la Vela, Granada 21
Torre del Oro, Sevilla 17, 19
Torrijos, Málaga 22
Triana, Sevilla 17, 18
Vélez, Curro 23
Zambra La Rocio, Flamencolokal 23

ATHEN 288-293
Aiolou 68, Restaurant 293
Akropolis 288, 289
Akropolis-Museum 290
aPlakafe 288
Archäologisches Museum 290
Art Gallery Hotel 292
Bouzoukia, traditionelle Musik 293
Dinner in the sky, Restaurant 293
Gazi, Stadtviertel 288
Grande Bretagne, Hotel 292
Hadrianstor 290
Hoxton, Diskothek 293
Inseln am Saronischen Golf, Ausflug 292
Kerameicos 290
Kolonaki 288
Kuzina, Taverne 293
Lycabettos, Hügel 288
Museum für Kykladische Kunst 291
Nationales Museum für Moderne Kunst 291
Olympieion, Tempel 290
Parthenon 289
Piräus, Hafen 292
Plaka, Stadtviertel 288
Psiri, Stadtviertel 288
Römische Agora 288, 290
Seven Jokers, Bar 293
Shopping 291
St. George Lycabettus, Hotel 293
Straße des Areopag 290
Syntagma 289
Technopolis, Kulturzentrum 288

B

BARCELONA 30-35
Abac, Restaurant 35
Agbar-Turm 30
Aquarium 30, 33
Aussichtsplattform der Kolumbussäule 33
Banys Orientals, Hotel 34
Barri Gòtic 30
Café d'Estiu, Museo Frederic Marès 35
Carrer de Montcada 33
Casa Batlló 34
Casa de la Ciutat, Rathaus 30
Casa Milà 34
Casa Museo Gaudí 34
Cercle del Liceu, Club 33
Champagne, Bar 35
Christoph Kolumbus Denkmal 33
Conjunt Monumental 33
El Ingenio, Shopping 32
Emma, Hotel 34
Ferrocarrils, städtischer Verkehrsbund 30
Fundación Joan Miró 33
Gaudí, Antoni 34
Gran Teatre del Liceu 33
Hofmann, Konditorei 32
Katalanische Moderne 34
La Forchetta, Restaurant 35
La Isabela, Tapas-Lokal 34
La Pedrera 34
La Seu, Kathedrale 30
MACBA, Museu d'Art Contemporani 32
Maremagnum, Einkaufscenter 30
Mercat de la Boqueria 30, 34
Monastero di Pedralbes 33
Museu d'Història de Barcelona (MUHBA) 33
Museu del Disseny 33
Museu del Modernisme 34
Museu Marítim 30, 35
Museu Nacional d'Art de Catalunya (MNAC) 32
Museu Picasso 33
Museu-Casa Verdaguer 33
Museum der Kathedrale 30
Opernhaus 33
Palau Dalmases 33
Palau de la Generalitat 30
Palau de la Música 34, 35
Palau de Pedralbes 33
Palau del Marquès de Llió 33
Palau Güell 34
Plaça de la Catalunya 30
Plaça de Portal de la Pau 33
Plaça de Sant Jaume 30
Port Vell 30
Rambla 30, 34
Raval 32
Refugi 307, Bürgerkriegstunnel 33
Ribera 33
Sagrada Familia, Basilika 30, 34
Sans & Sans, Teegeschäft 32
Santa Maria del Mar, Basilika 30
Shopping 32
Spiegelsaal 33
W Barcelona, Hotel 34

BERLIN 152-157
Adlon Kempinski, Hotel 156
Alexanderplatz 154
Altes Museum 155
Arte Luise, Hotel 156
Berghain / Panorama-Bar 157
Berliner Dom 154
Bodemuseum 155
Borchardt, Restaurant 157
Brandenburger Tor 153, 154
Charlottenburg, Stadtviertel 153
Clärchens Ballhaus 157
Daimler Chrysler-Areal 155
Debis-Turm 155
East Side Gallery 153
Ebertstraße 153
Fernsehturm 154
Friedrichshain, Stadtviertel 153
Gedächtniskirche 153
Gendarmenmarkt 154
Hackesche Höfe 155
Holocaust-Mahnmal 153, 154
Humboldt-Umspannwerk 153
Kantstraße 153
Kreuzberg, Stadtviertel 153, 156
Ku'damm 153
Kulturbrauerei 153
Lux Eleven, Hotel 156
Mauertour 155
Max und Moritz, Restaurant 157
Mitte, Stadtviertel 153
Museumsinsel 153, 155
Neues Museum 155
Pergamonmuseum 155
Potsdam 156
Potsdamer Platz 153, 155
Prenzlauer Berg, Stadtviertel 153
Reichstag, Parlamentsgebäude 153, 155
Schloss Charlottenburg 156
Schloss Sanssouci 156
Schöneberg, Stadtviertel 153
Shopping 156
Siegessäule 153
SO 36, Club 157
Sony Center 155
Spree 153
Tacheles, Veranstaltungszentrum 153, 155
Tausend Cantina, Restaurant 157
Tiergarten 153

BRETAGNE 76-81
Abtei von Beauport 76, 77
Bastionen 79, 81
Bellevue Le Port Clos, Hotel 81
Brasserie du Lion D'Or 81
Burgmuseum, Dinan 78
Cancale 76, 81
Cap Fréhel 76, 77
Cartier, Jacques, Grab 79
Chateaubriand, Grab 79
Dinan 76, 78
Échauguette, Turm 77
Fort la Latte 76, 77
Fort National 79
Fréhel 77
Genêts 81
Gezeiteninsel Grand-Bé 79
Grand Degré 81

Hotel Kératry 78
Île de Bréhat 76, 77, 81
Kathedrale St-Vincent 79
L'Auberge Saint Pierre, Hotel 81
La Halle à Marée expositions d'art 81
La Houle, Hafen 81
Le Menoir Saint Michel, Hotel 81
Les Maisons de Bricourt, Restaurant 81
Maison de Renan 77
Mauern 81
Mont-Saint-Michel, Abtei 76, 81
Musée de l'Huitre et du Coquillage 81
Musée de la Ville et du Pays Malouin 79
Musée des Art et Traditions populaires 81
Musée Du Pays de Dinard 78
Paimpol 76, 77
Pardon de Saint-Ives, Fest des Schutzheiligen 77
Place du Martray 77
Plage de l'Ecluse 78
Plage de l'Eventail 79
Plage de Saint-Enogat 78
Plage du Port Blanc 78
Plage du Prieuré 78
Pointe de L'Arcouest 77
Pointe du Decollé 79
Porte de l'Avancée 81
Porte du Guichet 78
Porte du Jerzual 78
Porte St-Louis 78
Porte St-Malo 78
Porte St-Vincent 79
Rance, Fluss 78
Rochers sculptés 70
Rothéneuf 79
Rue du Jerzual 78
Rue du Pélicot 79
Saint-Malo 76, 79
Saint-Kerber 81
Saint-Lunaire 79
Saint-Sauveur, Kirche 78
St-Méen, Kirche 81
St-Tugdual, Kathedrale 77
Tour de l'Horloge, Dinan 78
Tréguier 76, 77
Ty Breizh, Restaurant 81
Vains 81
BUDAPEST 190-195
Andrássy út 193
Aquincum, Buda 190
Art'otel Budapest 194
Buda 190, 191
Buda Castle Hotel 194
Burgpalast, Buda 190, 191
Burgviertel 191
Café Gerbeaud 191
Continental Hotel 194
Donau 190, 191, 192
Dreifaltigkeitssäule 192
Festungsareal 191
Fischerbastei 192
Gundel, Restaurant 194
Hungarikum Biztrò, Restaurant 195
Haus des Terrors, Pest 190, 192
Heldenplatz 192
Kettenbrücke 190
Labyrinth 191
Margaretenbrücke 190
Margareteninsel 190
Matthias-Kirche, Buda 190, 192
Memento Park, Pest 190
Millenniumsdenkmal 192
Mittelalterliches Viertel, 190
Morrison's 2, Diskothek 195
Museum der bildenden Künste 193
Museum Ludwig (für moderne Kunst) 194
Múvész, Kaffeehaus 193
Óbuda 190
Oscar American Bar 195
Parlamentsgebäude, Pest 190, 192
Pest 190
Rathaus 192
Ruszwurm, Konditorei 191
Shopping 195
Szimpla Kert, Bar 195
Spoon Café, Restaurant 194
St.-Stephans-Kirche, Pest 190, 192
Thermalbäder 194
Ungarische Nationalgalerie 191
Ungarische Staatsoper 193
Városliget, Stadtwäldchen 193
Vörösmarty, Platz 191

C
CÔTE D'AZUR 42-47
Antibes 43, 45
Astoux & Brun, Restaurant, Cannes 46
Atelier Rondini, Shopping, Saint-Tropez 47
Basilika Saint-Michel-Archange, Menton 43
Blumenmarkt, Nizza 47
Boscolo Exedra Nizza 46
Buddha Bar, Monte Carlo 47
Cagnes-sur-Mer 43
Cannes 43, 45
Casino Monte Carlo 42, 44
Chapelle de l'Annonciade, Saint-Tropez 46
Château Grimaldi, Antibes 45
Château, Nizza 44
Croisette, Strandpromenade Cannes 45
Exotischer Garten 44
Èze 42
Fort Carré, Antibes 45
Forum Grimaldi, Monaco 44
Hotel 3.14, Cannes 46
Hotel Hermitage, Monte Carlo 46
Îles de Lérins 43
Jazz Festival, Monaco 44
La Réserve Ramatuelle, Hotel 46
La Rose des Ventes, Restaurant, Monaco 47
L'Eau de vie, Restaurant Nizza 47
Le César, Restaurant, Antibes 46
Les Caves du Roy, Club, Saint-Tropez 43
Mamac, Museum, Nizza 44
Menton 42, 43
Monaco 44
Monte Carlo 42
Musée des Arts Asiatiques, Nizza 44
Musée des Beaux-Arts, Menton 43
Musée des Beaux-Arts, Nizza 44
Musée Fernand Léger, Biot 43
Musée Masséna, Nizza 44
Musée Matisse, Nizza 44
Musée National Marc Chagall, Nizza 45
Musée Océanographique, Monaco 42, 44
Musée Picasso, Antibes 45
Negresco, Hotel Nizza 42
Nikki Club, Saint-Tropez 47
Nizza 42, 44
Palais Carnolés, Menton 43
Palais des Festivals et des Congrès, Cannes 45
Parvis St-Michel, Menton 43
Place aux Herbes, Menton 43
Place Garibaldi, Nizza 44
Place Masséna, Nizza 44
Promenade Amiral-de-Grasse, Antibes 45
Promenade des Anglais, Nizza 42
Ramatuelle 43, 47
Rathaus Menton 43
Renoir-Gedenkstätte, Cagnes-sur-Mer 43
Rue St-Michel, Stadtrundgang Menton 43
Sainte-Marguerite, Insel 43
Saint-Raphaël, Strandpromenade Cannes
Saint-Tropez 43, 46
Shopping 44, 47
Strand Hotel 3.14, Cannes 43
Strand Hotel Carlton, Cannes 43
Strand von Pampelonne, Saint-Tropez 43
Thermen Nizza und Monte Carlo 45
Vieux Nice 42, 44
Zitadelle, Saint-Tropez 46
Zitronenfest, Menton 43

D
DEUTSCHE ALPENSTRASSE 170-177
Abendausflüge, Garmisch 172
Adlerhorst, Festungshaus 177
Ammergauer Alpen 171
Atlas Grand Hotel, Garmisch 173
Augustinerchorherrenkirche St. Peter und Johannes der Täufer, Berchtesgaden 176
Berchtesgaden 176
Braüstüberl, Restaurant, Garmisch 177
Chieming Wirtshaus, Chieming 177
Chiemsee 175
Fraueninsel, Chiemsee 175
Garmisch-Partenkirchen 172
Gärten von Oberammergau 171
Herreninsel, Chiemsee 175
Hirschenhaus, Berchtesgaden 176
Hotel Aschenbrenner Garni, Garmisch 177
Intercontinental Berchtesgaden Resort, Hotel 176
Kaffeehaus Krönner, Garmisch 172
Kandahar-Olympiapiste, Garmisch 172
Königsee, Berchtesgaden 176
Kuratiekirche Mariä Opferung, Fraueninsel 175
Le Ciel, Restaurant, Berchtesgaden 177
Linderhof, Schloss in Oberammergau 171
Museum Oberammergau 171
Music Cafè, Diskothek, Garmisch 177
Nationalpark Berchtesgaden 176
Oberammergau 171
Obersee, Berchtesgaden 176
Olympiastadion, Garmisch 172
Partnachklamm, Garmisch 173
Passionstheater, Oberammergau 171
Peaches Cocktailbar, Garmisch 177
Pfarrkirche St. Martin, Garmisch 172
Pfarrkirche, Prien 175
Pilatushaus, Oberammergau 171
Prien, Chiemsee 175
Rottach-Egern, Tegernsee 175
Salzbergwerk, Berchtesgaden 176
Schloss der Wittelsbacher, Berchtesgaden 176
Schloss Herrenchiemsee, Herreninsel 175
Schlossplatz, Berchtesgaden 176
Seehotel Überfahrt, Rottach-Egern 177
Spielbank, Garmisch, 177
Tegernsee 175
Wallfahrtskirche St. Anton, Garmisch 173
Wallfahrtskirche St. Bartholomä, Berchtesgaden 176
Wankgipfel, Garmisch 173
Watzmann Therme, Berchtesgaden 176
Watzmann, Berchtesgaden 176
Wettersteingebirge, Garmisch 172
Zugspitze, Garmisch 172, 173
ENTLANG DER DONAU 202-207
Bäckerei & Konfiserie Schmidl, Dürnstein 204
Berggasse, Steyr 206
Bummerlhaus, Steyr 206
Domäne Wachau, Winzergenossenschaft Dürnstein 204
Dürnstein 204
Enns, Fluss in Steyr 206
Göglhaus, Krems 203
Göttweig, Stift 202, 204
Hauptstraße, Dürnstein 204
Hotel & Restaurant Minichmayr, Steyr 207
Hotel Restaurant Zur Post, Melk 207
Hotel Schloss Dürnstein 207
Hotel Wachau, Pension, Melk 207
Klosterneuburg, Stift 202, 203
Kloster Und, Restaurant, Krems 207
Krems an der Donau 203
Kremsmünster, Stift 202, 206
Kuenringer Taverne, Dürnstein 204
Kuenringerburgfelsen, Dürnstein 204
Leopoldibrunnen, Steyr 206
Mariä Himmelfahrt, Stiftskirche in Dürnstein 204
Marienkirche, Steyr 206
Melk, Stift 202, 204
Michaelerkirche, Steyr 206
Museum für Arbeit, Steyr 206
Obere Landstraße, Krems 203
Pfarrkirche St. Veit, Krems 203
Piaristenkirche, Krems 203
Rathaus, Dürnstein 204
Rathaus, Krems 203
Rathaus, Steyr 206
Schloss Lamberg, Steyr 206
Schmollgruber-Haus, Steyr 206
St. Florian, Stift 202, 207
Stadtplatz, Steyr 206
Steiner Tor, Krems 203
Sternhaus, Steyr 206
Steyr 206
Wallfahrtskirche Christkindl, Steyr 206
Weinstadtmuseum, Krems 203
Wirtshaus Knapp am Eck, Steyr 207
DIE INSEL DJERBA 332-337
Borj Ghazi Mustafa 334
Dar El Bhar, Hotel 337
Er Riadh 336
Festungsarchitektur 337
Fondouk 332
Guellala, Dorf 336
Hafen 335
Höhle von Ali Baba 336
Hôtel dar Dhiafa 337
Houmt Souk 332, 334
Ibaditen, Gemeinde 333
Île des Flamands 335
Konditorei Marhaba 335
Konditorei Mihirsi 335
La Ghriba, Synagoge 333, 336
Midoun 333
Moschee der Fremden 334
Moschee der Zaouia des Sidi Brahim 334
Moschee von Guellala 336
Musée ATP, Museum für Volkskunde 334
Musée Guellala 336
Poisson d'Or, Restaurant 337
Radisson Blu Resort & Thalasso 337
Ras Rmel, Halbinsel 333
Ras Taguermes, Kap 333
Restaurant Essofra 337
Restaurant Haroun 337
Shopping im Souk 335
Sidi Mahrez, Strand 333
Sport und Freizeitaktivitäten 334
Türkenmoschee 334
Unterirdische Moschee, Sedouikech 333
Die DOLOMITEN 232-237
Alpina Dolomites Gardena Health Lodge & Spa, Seiser Alm 237
Anna Stuben, Restaurant 237
Casa Sartëur, Wolkenstein 235
Cësa di Ladins, St. Ulrich 233
Ciaulonchsattel 235
Cirspitze, Sellajoch 235
Col de Flam, St. Ulrich 233
Cortina d'Ampezzo, 236
Daunëi 235
Ehemalige Eisenbahnstrecke des Grödnertals, St. Christina 234
Fischburg, St. Christina 234
Friedrich-August-Weg, Sellajoch 235
Gröden 232
Grödnerbach 232
Grödnerjoch 232
Hotel Grien, St. Ulrich 237
Kirche St. Christina 234
LaBetula, Pub, St. Ulrich 237
Langkofel 232, 234
Langkofelrundweg 235
L Rujin, Weinstube, St. Christina 237
Luiskeller, Wolkenstein 237
Maurizkeller, Diskothek, St. Ulrich 237
Museum Gherdëina, St. Ulrich 233
Naturpark Puez-Geisler 232
Parochialkirche St. Jakob, St. Ulrich 233
Plattkofel 234
Restaurant Uridl, St. Christina 237
St. Christina 232, 234
Seceda-Seilbahn, St. Ulrich 233
Sellajoch 232, 235
Skifahren in Gröden 234
Smart Hotel Saslong, St. Christina 237
St. Ulrich 232, 233
Stevia, Wolkenstein 235
Südtirol 232
Tri de Gola, St. Ulrich 233
Tubladel, Restaurant, St. Ulrich 237
Uridlspitze, Sellajoch 235
Via Crucis, Wolkenstein 235
Weg ins Annatal, St. Ulrich 233
Wolkenstein 232, 234
DUBLIN 94-99
3Arena 98
Abbey Theatre 99
Aberdeen Lodge 99
Archäologisches Museum 96
Berkeley Library 94
Bloomsday 94
Book of Kells, 94
Bord Gáis Energy Theatre 98
Clock Tower 97
Club M, Diskothek 99
Country Life, Museum 96
Decorative Arts & History Museum 96
Docklands 94, 98
Dublin Castle 96
Ely Gastro Pub 99
Famine Memorial 99
Grand Canal Square 94
Hampton Hotel 99
Huge Lane Gallery 99
Irish Film Institute 94, 96
James Joyce Bridge 94
James Joyce Centre 94
Library Square 94
Liffey, Fluss 94, 98
National Concert Hall 98
National Gallery 96
National Maritime Museum 99
Natural History Museum 96
Newman House 98
Old Library 94
Olympia Theatre 96
Parliament Square 94
Patrick Gilbaud, Restaurant 99

Shopping 99
St Patrick's Cathedral 95
St. Stephen's Green 98
Temple Bar, Stadtviertel 94, 96
The Clarence, Hotel 99
The Dublin Wheel 98
The Winding Stair, Restaurant 99
Trinity College 94
Tripod, Club 99
DUBROVNIK 284-287
Amphitheater am Hafen 284
Banje Beach, Night Bar 287
Cave Bar More, Lounge Bar 287
Dominikanerkloster 284, 286
Dubrovnik President Hotel 286
Elafitische Inseln 284
Franziskanerkloster 284, 285
Glockenloggia 284
Gradskavana, Bar 285
Historisches Museum 285
Johannes-Festung 284
Kathedrale Velika Gospa (Mariä Himmelfahrt) 284, 286
Kirche Sveti Vlaho 285
Klosterkirche St. Domenikus 286
Korčula, Insel 284, 286
Lastovo, Insel 284
Loggienplatz 284, 285
Mljet, Insel 284
Nautica, Restaurant 286
Onofrio-Brunnen 285
Peljesac, Insel 284
Pile-Tor 285
Proto, Restaurant 287
Pucic Palace, Hotel 286
Rektorenpalast 284, 285
Roko House, Hotel 286
Schiffsmuseum 285
Shopping 287
Sponza-Palast 284, 285
Stadtmauer 284, 285
Statue des Roland 285
Strände und Inseln 287
Synagoge und Jüdisches Museum 286
Troubadour, Jazzbar 287
Tvrdava Bakar 285
Tvrdava Minäeta 285
Tvrdava Sv. Ivana 285
Uhrenturm 285
Wanda, Restaurant 287

E
EDINBURGH 100-105
100 Covenanters 103
Arthur's Seat (Arthurs Thron) 103
Balmoral Hotel 105
Schottische Nationalbibliothek 102
Brodie's Close 102
Carlton Hill 104
Charlotte Square 100
Edinburgh Castle 100, 101
Filmhouse 105
Firth of Forth 100
George Street 100
Georgian House 100
Gladstone's Land 102
Grassmarket 103
Holyrood Park 103
Leith, Stadtviertel 100
Martin Wishart, Restaurant 105
Military Tattoo (Militärmusikparade) 101
Museum of Scotland 104
National Gallery of Scotland 104
National Monument 104
New Town 100
Ocean Terminal 100
Old Town 100, 103
Justizpalast 102
Holyrood Palace 100, 102, 103
Parliament House Hotel 105
Princes Street 100, 104
Radisson Collection Hotel 105
Royal Botanic Garden 104
Royal Mile 100, 102
Royal Museum 104
Königliche Yacht Britannia 100
Scotch Whisky Heritage Centre 102
Scottish National Gallery of Modern Art 104
Schottisches Parlamentsgebäude 103
Shopping 104
St. Andrews, 105
St. Giles Cathedral 102
The Liquid Room, Diskothek 105
The Royal Oak, Folkmusik 105
The Stockbridge, Restaurant 105
Wildfire, Restaurant 105
Writer's Museum 102

F
FLANDERN 82-87
'T Poatersgat, Bierkeller, Brügge 87
Antwerpen 82, 84
Beginenhof, Brügge 87
Belfried, Brügge 86
Belfried, Gent 86
Brabobrunnen, Antwerpen 84
Brügge/Bruges 82, 86
Burgplatz, Brügge 86
Café Den Turk, Gent 87
Café Théâtre, Gent 87
De Muze, Café, Antwerpen 87
Design-Museum 86
Diamantenviertel, Antwerpen 85
DIVA - Antwerp Home of Diamons, Antwerpen 85
Extra City, Zentrum für zeitgenössische Kunst, Antwerpen 85
Firean Hotel, Antwerpen 87
Geerard de Duivelsteen, Herrensitz, Gent 86
Gent/Gand 82, 86
Gerichtshof, Brügge 86
Gildehaus der Freien Schiffer, Gent 86
Graslei, Gent 86
Gravensteen, Burg der Grafen, Gent 86
Grote Markt, Antwerpen 84
Grote Markt, Brügge 86
Halle, Markt- und Lagerhalle, Brügge 86
Heiligblutbasilika (Heilig-Bloedbasiliek), Brügge 86
Het Eilandje, Stadtviertel, Antwerpen 85
Het Pomphuis, Brasserie, Antwerpen 87
Het Zuid, Stadtviertel, Antwerpen 85
Jakobskirche, Antwerpen 84
Karl-Borromäus-Kirche, Antwerpen 84
Korenlei, Gent 86
Leie, Fluss 82, 86
Liebfrauenkathedrale, Antwerpen 84
Liebfrauenkirche, Brügge 86
Lieve, Fluss 86
Limburgstraat 86
Maison Le Dragon, B&B, Brügge 87
Meir, Einkaufsstraße, Antwerpen 85
Michaelsbrücke, Gent 86
Minnewater, See, Brügge 87
MoMu, Mode-Museum, Antwerpen 85
Monasterium Poort Ackere, Hotel, Gent 87
MuHKA, Museum für zeitgenössische Kunst, Antwerpen 85
Museum aan de Stroom - MAS, Antwerpen 85
Museum Mayer van den Bergh, Antwerpen 85
Museum Plantin-Moretus, Antwerpen 85
Museum voor Schone Kunsten, Gent 86
Nordsee 82
Patrick Devos, Restaurant, Brügge 87
Paulskirche, Antwerpen 84
Port House, Antwerpen 85
Proosdij, Brügge 86
Rathaus 84
Reien, Kanäle 82
Rubenshaus, Antwerpen 84
Schelde, Fluss 82, 84, 85
Shopping 83, 85
Smak, Museum, Gent 86
St.-Baafskathedraal, Gent 86
St.-Janshospital, Museum, Brügge 87
Stadhuis, Rathaus, Antwerpen 84
Stadhuis, Rathaus, Brügge 86
Stapelhaus Spijker, Gent 86
'T Apostelientje, Brügge 87
Wijngaardplaats, Brügge 87
FLORENZ 254-259
Baptisterium 255
Basilika S. Croce 257
Basilika S. Maria del Fiore 255
Da Tito, Restaurant 259
Dom S. Maria del Fiore 255
Galleria dell'Accademia 254
Giardino di Boboli 258
Glockenturm von Giotto 255
Hotel Continentale 258
Hügel der Chiantiregion 259
Kirche S. Maria Novella 254
Kloster San Marco 258
Il Bovaro, Bierkeller 259
La Giostra, Restaurant 259
Locanda dei Poeti, Bed & Breakfast 258
Loggia della Signoria 256
Museum Casa di Dante 256
Nello, Restaurant 259
Neptunbrunnen 256
Oibò, Bar 259
Oltrarno 254
Palazzo Pitti 254, 258
Palazzo Vecchio 254, 256
Piazza del Duomo 254, 255
Piazza della Signoria 254, 256
Ponte Santa Trinità 257
Ponte Vecchio 257
Reiterdenkmal Cosimos I. 256
San Lorenzo, Stadtviertel 254
Santa Croce, Stadtviertel 254
Shopping 257
Uffizien 254, 256
Villa I Barronci, Hotel 258
Yab, Diskothek 259
FORMENTERA 24-29
Balearen 24
Bananas, Bar 25
Bar-Restaurant Tanga 29
Beso Beach 29
Ca Marì 29
Ca na Costa, Megalithengrab 25
Cala Saona 27
Caló d'en Trull 27
Cap de Barbària 26, 27
Dolmen 25
El Pilar 25
Es Pujols 25
Es Rellotge 25
Espalmador, Insel 24, 26
Estany des Peix 25
Estany Pudent 25
Fonda Pepe, Bar 26, 29
Formentera Guitars 29
Gecko Beach Club, Hotel 29
Hotel Cala Saona 29
Indian Café 25
Juan y Andrea, Restaurant 29
La Masia, Hotel 29
La Mola, Markt 29
La Mola, Leuchtturm 27
La Savina 25, 26
Majoral, Enric, Goldschmied 29
Pachanka, Diskothek 29
Platja de Lievant 26
Platja de S'Alga 26
Platja de Tramuntana 27
Platja des Illetes 26, 27, 29
Platja Migjorn 27, 29
Pujols 29
Punta de sa Gavina 24
Punta Pedrera 24
Punta Rasa 27
Römerweg 24
Sa Figuera, Restaurant 29
Sa Tanca Vell, Steinkapelle 26
San Francesco, Kirche 26
Sant Ferran 26, 29
Sant Francesc Xavier 25
Ses Salines, Naturschutzgebiet 25
Shopping 29
Tipic, Club 29
Torre des Garroveret 26
Torre Sa Guardiola 27
Völkerkundemuseum 26
Windmühlen 29

G
GENF 214-219
Arsenal 217
Arve, Fluss 219
Bains des Pâquis 215, 217
Café des Bains, Restaurant 219
Carouge, 219
Cathédrale de St. Pierre 214, 216
Chez Ma Cousine, Restaurant 219
Edelweiß, Hotel 219
Espace Rousseau 215
Espace Saint-Pierre 216
Genfersee 214, 219
Grand-Rue 214
Horloge Fleurie 214
Hôtel Beau-Rivage 219
Hôtel de Ville, Rathaus 216
Hotel Jade 219
Jardin Anglais 214
Jet de'Eau, Springbrunnen 215
Jura, Gebirge 214
Justizpalast 216
L'Usine, Kulturzentrum 219
Le Chat Noir, Livemusik 219
Le Palais Mascotte, Restaurant – Diskothek 219
Maison Mallet 216
MAMCO, Musée d'Art Moderne et Contemporain 215, 217
Mont Salève 219
Musée d'Art et d'Histoire 217
Musée International de la Croix-Rouge 215, 218
Musée International de la Réforme 216
Olivier de Provence, Restaurant 219
Palais des Nations 215, 218
Parc des Bastions 215
Parque La Grange 214
Place du Bourg-de-Four 214, 216
Porte Pregny 218
Rhone, Fluss 214
Rue de l'Hôtel de Ville 216
Shopping 218
Treize Arbres 219
Uhrenmuseen 218
Veyrier 219
GLACIER EXPRESS 208-213
3 Könige & Post, Restaurant, Andermatt 213
Andermatt 209, 212
Bernina, St. Moritz 210
Bischöfliches Schloss, Chur 211
Brambrüesch, Chur 211
Brig 209
Bündner Kunstmuseum, Chur 211
Cervinia 213
Chesa Futura 210
Chesa Veglia, Restaurant, St. Moritz 213
Chur 208, 210
Clean Energy Tour, St. Moritz 210
Corvatsch, St. Moritz 210
Corviglia, St. Moritz 210
Davos 208
Des Alpes, Restaurant 213
Diavolezza, St. Moritz 210
Disentis 212
Dreipässefahrt, Andermatt 212
Engadiner Museum, St. Moritz 210
Filisur 208
Furka-Basistunnel 209
Furkapass, Andermatt 212
Göscheneralp, Tal, Andermatt 212
Graubünden, Täler 208
Grimselpass, Andermatt 212
Hinterdorf, Zermatt 212
Hofplatz, Chur 211
Hotel Languard, St. Moritz 213
Kathedrale St. Maria Himmelfahrt, Chur 211
Klein Matterhorn, Zermatt 212
Kletterhalle Ap'n Daun, Chur 211
Kloster Disentis 209
Klostermuseum, Disentis 212
Kurhaus, St. Moritz 210
Landwasser, Fluss 208
Marienkirche, Disentis 212
Matterhorn 209, 212
Matterhorn Glacier Ride, Zermatt 212
Matterhorn Museum, Zermatt 212
Matterhorn, Zahnradbahn 209
Mattertal, Zermatt 213
Mauritiusbrunnen, St. Moritz 210
Oberalppass 209
Oberengadin 208
Pfarrkirche St. Peter und Paul, Andermatt 212
Piz Paduz 209
Piz Rosatsch, St. Moritz 210
Protestantische Kirche, St. Moritz 210
Rathaus, Andermatt 212
Rathaus, St. Moritz 210
Rheintal 208, 212
Rhonetal 209
Romantik Hotel Julen, Zermatt 213
Rothorn, Zermatt 212
Schyn-Schlucht 208
Segantini Museum, St. Moritz 210
St.-Gotthard-Pass 212
St. Kolomban, Kirche, Andermatt 212
St. Martinskirche, Chur 211
St. Moritz 208, 210
Stockalperschloss 209
Stockhorn, Zermatt 212
Sustenpass, Andermatt 212
The River House Boutique Hotel, Andermatt 213
Urserental 212
Veranda, Restaurant, Zermatt 213
Via Maistra, St. Moritz 210
Zermatt 209, 212, 213
Zügenschlucht 208
GOLF VON TIGULLIEN 246-253
Abtei San Fruttuoso di Capodimonte, Camogli 247
Benediktinerabtei S. Girolamo della Cervara, Santa Margherita 250
Best Western Hotel Regina Elena, Santa Margherita 253
Burg, Rapallo 249
Camogli 246, 247
Capitan Hook, Bar, Camogli 253
Castel Dragone, Camogli 247
Castello Brown, Portofino 250
Cristo degli Abissi, San Fruttuoso di Capodimonte 248
DuCoq, Restaurant, Santa Margherita 253
Großfischanlage für Thunfische,

Camogli 247
Hotel Splendido, Portofino 253
Il Covo del Nord-Est, Restaurant und Disko, Santa Margherita 253
Kapuzinerkirche, Santa Margherita 250
Kirche Margherita di Antiochia, Santa Margherita 250
Kirche S. Nicolò di Capodimonte, Camogli 247
Kirche S. Stefano, Rapallo 249
Kirche S. Maria Assunta, Camogli 247
La Camogliese, Hotel 253
Le Carillon, Bar, Paraggi 253
Lungomare Rossetti, Santa Margherita 250
Meeresmuseum „Gio Bono Ferrari", Camogli 247
Monte di Portofino 246
Museo del Merletto, Rapallo 249
Oratorio dei Bianchi, Rapallo 249
Oratorio di Santa Maria Assunta, Portofino 250
Ostaia da ö Sigù, Camogli 253
Paraggi 250
Parochialkirche S. Martino, Portofino 250
Parochialkirche S. Michele 249
Parochialkirche SS. Gervasio e Protasio, Rapallo 249
Portofino 246, 250
Promenade Vittorio Veneto, Rapallo 249
Punta Chiappa, Camogli 247
Puny, Restaurant, Portofino 253
Rapallo 246, 248
S. Fruttuoso di Capodimonte 248
S. Michele di Pagana, Ortschaft 249
San Rocco, Camogli 247
Santa Margherita Ligure 246, 250
Shopping 251
Stadtturm, Rapallo 249
Trekking in Cinque Terre 253
Via Garibaldi, Camogli 247
Via Magenta, Rapallo 249
Via Mazzini, Rapallo 249
Via Venezia, Rapallo 249
Villa del Nido, Santa Margherita 250
Villa di S. Giacomo, Santa Margherita 250
Villa Durazzo Centurione, Santa Margherita 250
Villa Tigullio, Rapallo 249
Zoagli 249

H
HOCHSAVOYEN UND MONTBLANC 54-59
Aguille Verte, Argentière 56
Amnesia Club, Diskothek, Chamonix 59
Argentière 54, 56
Chaine des Fiz 57
Chamonix 54, 55
Courmayeur 55
Croix-des-Salles 58
Denkmal für Michel-Gabriel Paccard und Jacques Balmat, Chamonix 55
Flocons Village, Bistro, Megève 59
Funivie del Jaillet 58
Glacier des Bossons 55
Gletschergrotte 56
Gorges de la Diosaz 57
Grands Montets, 56
Kasino von Megève 59
Kirche St. Michel, Chamonix 55
L'Impossibile, Restaurant, Chamonix 59
La Flegère, Argentière 56
La Galeta, Restaurant Saint-Gervase 59
La Verte, Skipiste 57
Le Bettex 58
Le Dômes de Miage, Chalet, Saint Gervais 59
Le Fayet 58
Le Jeu Paume, Chalet, Chamonix 59
Les 5 Rues, Jazz Club, Megève 59
Les Fermes de Marie, Chalet, Megève 58
Les Houches 54, 57
Les Praz, Argentière 56
Maison de la Montagne, Chamonix 55
Maison des Artistes, Chamonix 59
Megève 54, 58
Mer de Glace, Gletscher 55, 56
Montblanc 54, 55
Montenevers 54, 55
Musée du Haut Vel d'Arly 58
Notre-Dame de Toute Grâce 54, 57
Plateau d'Assy 54, 57
Prarion/Bellevue, Skianlagen 58
Rochebrune 58
Saint Gervais Les Bains, Thermen 54, 58
Saint-Nicolas-de-Véroce 58
Saisonpauschale Evasion Mont-Blanc, Sport 59
Savoyer Küche 57
Servoz 54, 57
Skymay Montblanc, 57
Via Crucis, Megève 58

I
ISTANBUL 300-305
360 Istanbul, Bar, Night Club 305
Archäologisches Museum 300, 301
Bahnhof Sirkeci 302
Baptisterium 302
Basarviertel 300
Blaue Moschee 300, 302
Bosporus 300, 303
Bosporuskreuzfahrt 303
Byzantion Bistro, Restaurant 304
Chora-Kirche 303
Cisterna Basilica 300, 302
Dolmabahçe-Palast 303
Feriye, Restaurant 305
Galata-Brücke 300
Galata-Turm 300, 303
Goldenes Horn 300
Hagia Sophia 300, 302
Hamam 305
Hippodrom 300
Konstantinssäule 300
Marmarameer 300
Mausoleum Selim II. 302
Nardis Jazz Club 305
Neyzen, Restaurant 304
Pera Palace, Hotel 300
Reinigungsbrunnen 302
Roxy, Diskothek 305
Shopping 304
Sirkeci Konan Hotel 304
Süleymaniye-Moschee 302
Sultanahmet, Stadtviertel 300
Sura Hagia Sophia Hotel 304
Taksim, Platz 300
Theodosianische Mauer 303
Topkapi Serail 300, 301
W Istanbul, Hotel 304

J
JERUSALEM UND BETHLEHEM 306-313
17 (Haoman 17), Diskothek 313
Abu Shukri, Restaurant 313
Altstadt 306
Aqsa-Moschee 309
Arabesque, Restaurant 313
Beit Habad 306
Bethlehem 312
Billy Rose-Skulpturengarten 310
Charedim 310
Damaskustor 306
David Street 306
Davidsstadt 307
Dungtor 306
El Wad Street 306
Felsendom 309
Geburtskirche, Bethlehem 312
Getsemanigrotte 307
Golgota, Golgatha 309
Grab von Rachel, Bethlehem 312
Grabeskirche 309
Hayehudim Street 306
Hiskija-Tunnel 307
Israel-Museum 307, 310
Jaffator 306
Jakobuskirche 306
Jerusalem Archaeological Park – Davidson Center 307, 309
Jerusalem Cinémathèque 313
Klagemauer 306, 309
Kuppel des Felsendoms 306
Leonardo Plaza Jerusalem, Hotel 312
Mea Shearim, Stadtviertel 307
Milchgrotte, Bethlehem 312
Mount Zion, Hotel 313
Notre Dame, Hotel 313
Ölberg 307
Olive & Fish, Restaurant 313
Salomonischer Tempel 309
Shalshelet Street 306
Tempelberg 306, 309
The Jerusalem Centre for the Performing Arts, Veranstaltungszentrum 313
Tower of David Museum 310
Via Dolorosa 306
Westmauer-Tunnel 309
Yad Vashem, Holocaust-Gedenkstätte 307, 310
Zappa, Diskothek 313
Zionstor 306

K
KAIRO 324-330
Abou Shakra, Restaurant 330
Al-Azhar, Moschee 325
Ägyptisches Museum 325, 326
Café Corniche 324
Cairo Jazz Club 330
Cairo Marriott Hotel 330
Cairo Opera House 324, 325
Central Cairo 325
Chan el-Chalili, Basar 325, 330
Cheops-Pyramide 329
Chephren-Pyramide 329
Corniche el-Nil 324
Echo Club, Diskothek 330
El-Hussein-Moschee 325, 327, 330
Gizeh-Plateau, Ausflug 329
Hängende Kirche 325
Kairo-Turm 324
Koptisches Museum 325, 327
Le Pacha 1901, Restaurant 330
Manial-Palast 325, 326
Mausoleum von Saad Pascha Zaghlul 325
Marriott Mena House 330
Midan Ataba, Platz 325
Midan Opera, Platz 325
Midan Tahrir, Platz 325
Mykerinos-Pyramide 329
Nagib Mahfouz Cafe 330
Nile Maxim, Restaurant 330
Nilinsel Gezira 324
Nilinsel Roda 326
OPIA Lounge & Bar, Cocktailbar 330
Pharaonisches Dorf 325, 329
President Hotel 330
Pyramiden von Gizeh 325
Semiramis Intercontinental, Hotel 324
Sergios-und Bakchos-Kirche 325
Shopping 330
Sonnenbarke, Museum 329
Sphinx 329
St.-Barbara-Kirche 325
St.-Georg-Kirche 325
Stadt der Toten, Nekropole 325, 326
Zamalek, Stadtviertel 324
Zitadelle 325
KOPENHAGEN 132-137
Amalienborg, Schloss 133
Axel Hotel Guldsmeden 136
BLOX 133
Christiania, Stadtviertel 132
Culture Box, Diskothek 137
Dansk Jødisk Museum 132, 135
Design Museum Danmark 133
Geranium, Restaurant 136
Hotel Alexandra 136
Icebar CPH 137
Kleine Meerjungfrau, Statue 134
Koncerthuset 132, 135
Kong Arthur, Hotel 136
Königliche Bibliothek 132, 134
Kopenhagen Concert Hall 132, 135
Museum für ‚oderne Kunst Arken 137
Nimb, Brasserie 137
Noma, Restaurant 136
Nyhavn-Kanal 133
Øksnehallen 132
Opernhaus 132, 135
Ordrupgaard Art Museum 132, 137
Reiterstandbild von König Frederik V. 133
Ruby, Bar 137
Runder Turm 132, 134
Rust, Lokal 137
Sas Royal Hotel 133
Schloss Rosenborg 135
Shopping 136
The Nimb 134
Tivoli, Vergnügungspark 133, 134
Vesterbro, Stadtviertel 132
KRAKAU 178-183
Adalbert-Kirche 179
Alchemia, Club-Café 183
Alef, Restaurant 183
Alte Synagoge 182
Apotheke unter dem Adler 182
Barbakane 178
Bonerowski Palace, Hotel 183
Collegium Maius, Museum 178
Czartoryski-Museum 178, 180
Florianska-Straße 178
Frantic Club, Diskothek 183
Galerie der polnischen Malerei des 19. Jh. 179
Galicja Jewish Muzeum 182
Goscinna Chata, Restaurant 183
Grodzka-Straße 178
Hauptmarkt, Rynek Glówny 178
Hotel Copernicus 183
Hotel Grodek 183
Jagiellonen-Universität 178
Japanisches Kunstzentrum Manggha 182
Kanonicza-Straße 178
Kathedrale St. Stanislaus und Wenzel 181
Kazimierz, jüdisches Viertel 178, 182
Klub U Louisa, Jazzclub 183
Königsweg 178
Krippen 180
Marienkirche 179
Mickiewicz, Adam, Statue 178
Museum für zeitgenössische Kunst (MOCAK) 182
Nowa Huta 178
Planty 178
Platz der Ghettohelden 182
Podgórze, Arbeiterviertel 178, 182
Rabbi Moses Remuh, Grab 182
Rathausturm 179
Remuh-Synagoge 182
Schindler-Fabrik 182
Shopping 181
Stare Miasto 178
Szeroka-Straße 182
Theater Ludowy 179
Tuchhallen 178-179
Wawel, Burganlage 178, 180
Wawelkathedrale 180
Weichsel, Fluss 178, 182
Wieliczka, Ausflug zum Salzbergwerk 183
Wierzynek, Restaurant 183
INSELGRUPPE DER KYKLADEN 294-299
Adamas, Hafen, Milos 298
Aghios Nikolaos, Hafen, Anafi 297
Agia Anna, Strand, Amorgos 297
Amorgos 295, 297
Anafi 294, 297
Andronikos Hotel, Mykonos 298
Angali, Strand, Folegandros 297
Antiparos, Felsen, Paros 298
Apollonia, Sifnos 294, 297
Archäologie 299
Archontoula, Taverne, Milos 298
Aspri Paralia, Strand, Santorin 296
Astra Apartaments & Suites, Santorin 298
Athinios, Hafen, Santorin 296
Caprice, Bar 299
Chora, Amorgos 297
Chora, Anafi 297
Chora, Folegandros 297
Chora Resort, Hotel, Folegandros 297
Chora, Mykonos 295
Chozoviotissa, Kloster, Amorgos 295, 297
Chrissi Akti, Strand, Paros 295, 298
Curissovalandou, Katamaranfahrten, Milos 298
Delos 295
Elià, Strand, Mykonos 295
Firiplaka, Milos 298
Folegandros 294, 297
Glaronissia 298
Jackie O', Diskothek, Mykonos 299
Kalafatis, Strand, Mykonos 295
Kalotaritissa, Strand, Amorgos 297
Kamares, Hafen, Sifnos 297
Karavostasis, Folegandros 297
Kastro, Milos 298
Kastro, Strand, Sifnos 297
Katsouni, Strand, Anafi 297
Kleftiko 298
Klein-Venedig, Mykonos 295
Klesidi, Strand, Anafi 297
Klima, Milos 298
Kokkini Paralia, Strand, Santorin 296
Kolymbithres, Strand, Paros 298
Koo Club, Diskothek, Santorin 299
Marketos, Hotel, Milos 298
Megalo Roukouna, Strand, Anafi 297
Milos 294, 298
Monolithos, Strand, Santorin 296
Mykonos 294, 295
Nea Kameni 296
Odos Oniron, Restaurant, Sifnos 297
Oia, Santorin 296
Paleohori, Milos 298
Palia Kameni 296
Paros 295, 298
Patriarca Boutique Hotel, Sifnos 297
Plaka, Milos 294, 298
Platis Gialos, Strand, Sifnos 297
Potamos, Amorgos 297
Santorin 294, 296
Sarakiniko, Milos 298
Selene, Restaurant, Santorin 298
Sifnos 294, 297
Taverna Liotrivi, Anafi 298
Thira, Santorin 296
Thirassia 296
Tholaria, Amorgos 297
To Petrino, Restaurant, Milos 298
Vathi, Strand, Sifnos 297
Vlichada, Strand, Santorin 296

L
LAPPLAND 120-125
Bjarmia, Kuusamo 122
Canyon Korouma, Posio 123
Design District, Helsinki 121

Esplanadi, Helsinki 120
Finlandia-Halle, Helsinki 121
Helsinki 120
Hotel Kämp, Helsinki 124
Juuma 120
Kauppatori, Markplatz, Helsinki 120
Konstan Möljä, Restaurant Helsinki 125
Korpi Hilla, Restaurant, Tolva 125
Kuusamo 120, 122
Lomakeskus Himmerki, Chalet, Posio 124
Luciafest, Helsinki 121
Museum Kiasma, Helsinki 121
Oivangin Lomakartano, Cottages, Kuusamo 124
Oulanka-Nationalpark, Kuusamo 120, 122, 124
Polarlicht 125
Posio 120, 122
Ruka 120, 122
Sauna und Schnneewälzen 123
Savoy, Restaurant, Helsinki 124
Schneesafari mit Rentieren und Hunden 123
Schneeschuhwanderung 123
Senaatintoi, Platz, Helsinki 120
Suomenlinna, Festungsinsel 120
Tallinn 120
Tempelkirche (Temppeliaukion kirkkom), Helsinki 120
Tolva-Posio 120
Uspenski-Kathedrale, Helsinki 120
White Studio, Kuusamo 122
Yli-Kitka-See 120
LISSABON 10-15
A Brasileira, Café 11
Alentejo 15
Alfama 11, 13, 14
Altis Belém, Hotel 14
Archäologisches Museum 12
Azulejos 11, 12, 13, 15
Bahnhof am Rossio 15
Bahnhof Oriente 11
Bairro Alto, Oberstadt 11, 14
Baixa, Unterstadt 11
Belém 11
Bica do Sapato, Restaurant 14
Boytac 12
Calatrava, Santiago 11
Capela São João Batista, 12
Carmo, Kirche 12
Carvalho, Joaquim Caetano de 12
Castelo de São Jorge 11
Kathedrale Santa Maria Maior 12
CCB (Centro Cultural de Belém) 12
Chiado, Stadtviertel 11
Clube de Fado, Fado-Restaurant 14
Convento da Madre de Deus 13
Convento dos Lóios, Hotel 15
Docas, Vergnügungsmeile 11, 14
Embaixada Concept Store 15
Eschwege, Ludwig von 15
Estaçao do Oriente 11
Évora 15
Expo 11
Fado 11, 13
Fahrstuhl Santa Justa 11
Ferdinand von Sachsen 15
Ginjinha, Likör 11
Graça, Stadtviertel 11
Gulbenkian, Calouste 13
Gulbenkian-Museum 13
Hieronymuskloster 11, 12, 15
Hotel Heritage As Janelas Verdes 14
Hundertwasser 11
Igreja de san Roque 12
K Urban Beach, Club 14
Kirche des heiligen Franziskus 15
Kirche Santa Maria 12
Knochenkapelle 15
Lux Frágil, Diskothek 14
Manuel I., König. 11
Martim Moniz 11
Mex Cais, Lokal 14
Mouraria, Stadtviertel 11
MUDE – Museu do Design e da Moda 13
Museu Calouste Gulbenkian 13
Museu Colecção Berardo Arte Moderna e Contemporanea 12
Museu do Fado 13
Museu do Oriente 13
Museu Nacional de Arte Antiga 13
Museu Nacional do Azulejo 13
Museum des Palácio de Belém 13
Museum für sakrale Kunst 12, 15
Oceanário, Aquarium 11
Palácio Nacional de de Belém, Sitz des Staatspräsidenten 13
Palácio Nacional da Pena 15
Pap'açorda, Restaurant 14
Parque das Nações 11
Pastéis de Belém, Törtchen 15
Pessoa, Fernando 11, 12
Praça D. Pedro IV 11
Praça do Comércio 11
Residencial Alegria, Hotel 14
Rodrigues, Amália 13
Römischer Tempel 15
Rossio 11
Salgado, Manuel, 12
Salvi, 12
Santa Justa 11
Sé Patriarcal, Kathedrale 12, 15
Shopping 15
Sintra 15
Siza Vieira, Álvaro 11
Starachitekten 11
Tejo, Fluss 11, 14
Torre di Belém 11
Torre Vasco da Gama 11
Vanvitelli, Luigi 12
Vera Cortês, Galerie 15
DIE SCHLÖSSER DER LOIRE 60-67
Amboise 61
Angers 60
Anjou 61
Auberge St-Pierre, Restaurant 66
Blois 61
Candes Saint Martin 60
Caves de la Croix Verte, Restaurant 66
Chambord 60, 61
Château Blois 60, 64
Château Chambord 60, 66
Château Chenonceau 60, 64
Château d'Amboise 60, 63
Château d'Angers 60, 61
Château de Noizay, Hotel 66
Château Saumur 60, 62
Château Ussé 60, 62
Château Villandry 60, 62
Chaumont sur Loire 61
Chenonceau 61
Cher, Fluss 64
Clos-Lucé, Herrenhaus 63
Gallissoniére, Hotel 66
Golf Hotel de la Carte, Hotel 66
Leonardo da Vinci, Reliquie 63
Heißluftballon, Tour 65
Hubertus-Kapelle 63
Indre, Fluss 60, 62
Loire 60, 62, 63, 64
Loire, mit dem Fahrrad 62
Maine, Fluss 61
Maison de la Magie, Blois 65
Musée Archéologique 65
Musée des Arts décoratifs 62
Musée des Beaux-Arts 65
Pferdemuseum 62
Pinakothek im Schloss Chenonceau 64
Place du Chateau, Blois 65
Provence Café 66
Rigny-Ussé 60
Saumur 60
St-Maurice, Kathedrale 61
Touraine 62
Tours 60
Villandry 60
Wein 65
LONDON 113-119
Big Ben 115
Brick Lane 113
British Museum 117
Buckingham Palace 114
Café Spice Namasté, indische Küche 119
Central Market Building 113
Champagne Bar 119
City Hall 113
Covent Garden 113
East End 113
Gordon Ramsay, Restaurant 119
Horatio Nelson, Statue 116
Houses of Parliament 113, 115
London Eye, 113, 114
Londoner Tower 114
Millennium Bridge 113
National Gallery 116
Notting Hill Arts Club 119
Old Truman Brevery 113
Olympisches London 117
Parks 115
Piccadilly Circus 113
Queen Mary's Garden 115
Royal Opera House 113
Shakespeare's Globe 113, 119
Shard 113
Shopping 119
Soho 113
Southbank 113
Southwark Cathedral 113
St. Martin-in-the-Fields, Kirche 116
St. Paul's Cathedral 115
Swiss Re Tower 113
Tate Britain 117
Tate Modern 113, 117
The Coach House, B&B 118
The Eagle, Pub 118
The Main House, B&B 118
The May Fair, Hotel 118
Themse, Fluss 113
Tower Bridge 114
Town Hall Hotel & Apartments 118
Trafalgar Square 116
Victoria and Albert Museum 116
Westminster 113
Westminster Abbey 116

M
MADRID 36-41
Auditorio Nacional de Música 39
Ayuntamiento, Rathaus 38
Bahnhof Atocha 38, 40
Café de Chinitas, Restaurant 41
CaixaForum, Kulturzentrum 39
Calle de Alcalá 36
Calle de la Ribera de Curtidores 41
Calle del Arenal 36
Calle Serrano 41
Campo del Moro, Gärten 38
Carrera de San Jerónimo 36
Casa de la Panadería 36
Casa María, Restaurant 41
Catedral de la Almudena 38
Centro de Arte Reina Sofía 39
Cervantes-Denkmal 36
Chueca 36
Cinema Callao 36
Consentido, Bar 41
Cuatro Torres 36
Del Diego, Bar 41
El Escorial 40
El Rastro, Flohmarkt 41
Fast Good, Restaurant 40
Gran Vía 36, 40, 41
Hotel Abalú 40
Hotel Mercure Madrid Santo Domingo 40
Joy Eslava, Disko-Club 41
La Zarzuela 36
Madrid Río, Freizeitgebiet 36
Manzanarres 36
Matadero, Kulturzentrum 39
Mercado de San Miguel 36
Mirador 36
Museo Arqueológico Nacional 36
Museo de América 39
Museo de Artes Decorativas 36
Museo de la Real Accademia de Bellas Artes de San Fernando 38
Museo del Prado 36, 38
Museo Lázaro Galdiano 39
Museum Thyssen-Bornemisza 36, 39
Palacio de Prensa 36
Palacio de Villahermosa 39
Palacio Real, Museum 36, 38
Parque del Retiro 38
Paseo de la Castellana 36
Paseo del Prado 36
Plaza de Cascorro 41
Plaza de España 36
Plaza de la Villa 38
Plaza de Oriente 36
Plaza de Toros de las Ventas, Stierkampfarena 39
Plaza del Emperador Carlos V 38
Plaza Mayor 36
Puerta de Europa 36
Puerta del Sol 36
Reina Sofía 36
Ritz Madrid 40
Santceloni, Restaurant 41
Shopping 41
Stierkampfmuseum 39
Teatro Real 36
Torre de los Lujanes 38
Triball 36, 41
MAILAND 226-231
Abendmahl (da Vinci) 228
B&B Porta Garibald 230
B&B Trovailtempo 230
Basilika di S. Ambrogio 228
Castello Sforzesco 228
City Life 226
Como 229
Corso Como 226
Culti Day Spa 226
Dom 226
Fest „Oh bei O bei!" 228
Galleria Vittorio Emanuele 227
Gärten der Via Palestro 226
Gattò, Restaurant 230
Hangar Bicocca 226
Hollywood, Diskothek 230
Il Bar 230
Il Foyer, Restaurant 230
Isola, Stadtviertel 230
Milano Scala, Hotel 230
Mudec 226
Museo Archeologico 226
Museo Bagatti-Valsecchi 226
Museo del Design 226, 228
Museo del Novecento 226, 228
Museo dell'Arte Contemporanea 226
Museo Poldi-Pezzoli 226
Museum der Scala 228
Navigli 230
Old Fashion 230
Officina del pesce, Restaurant 230
PAC, Pavillon für moderne Kunst 226
Palazzo dell'Arengario 228
Palazzo Marino 227
Palazzo Reale 226
Parco Sempione 228
Perrier-Jouët Oyster Bar 230
Pescheria da Claudio, Restaurant 230
Piazza della Scala 227
Piazza Duomo 227
Pinacoteca Ambrosiana 226
Pinacoteca di Brera 228
Santa Maria delle Grazie, Kirche 228
Scala 228
Shopping 230
Teatro degli Arcimboldi 226
Terme Milano 226
Tortona 230
Triennale 228
Wissenschafts- und Technikmuseum 226
MARRAKESCH 338-343
Ait Benhaddou, 342
Bab Agnaou 338
Bab ed-Debbarh 338
Bo'zin, Restaurant, Cocktailbar 343
Comptoit Darna, Restaurant und Bauchtanz 343
Dar Chérifa, Restaurant 343
el-Badi 338
Gran Cafè 343
Guéliz 338, 340
Hamam 342
Hoher Atlas 339
Jardin Agdal 341
Jardins Majorelle 338, 341
Jemaa el-Fna, Platz 339
Kosy Bar 343
Koutoubia-Moschee 339
La Mamounia, Hotel 342
La Palmerie, Garten 339
Matisse Art Gallery 340
Medersa Ben Youssef 339, 340
Medina 338, 339
Menara-Garten 341
Museum für islamische Kunst 341
Palais de la Bahia 338, 340
Riad Dar Darma, Hotel 342
Riad Dar Zaouia, Hotel 343
Saaditen-Gräber 338, 339
Souk 340
Teezeremonie 341
Tizi'n Tichka, Ait Benhaddou 342
Vip Room, Diskothek 343
MOSKAU 144-151
Arbatskaja, U-Bahn-Station 147
Avtozavodskaja, U-Bahn-Station 147
Basilius-Kathedrale 146
Bjorn, Restaurant 151
Bolschoi-Theater 148
Christ-Erlöser-Kathedrale 144
City Space Bar & Lounge 151
Dreifaltigkeitskloster des Heiligen Sergius 149
Erzengel-Kathedrale 146
Geburts-Kathedrale, Susdal 149
Gipsy, Club 151
Glockenturm „Iwan der Große" 146
Goldener Ring 148
Gorki-Museum 148
Historisches Museum 146
Hotel Ukraina 151
Ivanovo 149
Jaroslavl 149
Kiewskaja, U-Bahn-Station 147
Kloster Gorizky 149
Komsomolskaja, U-Bahn-Station 147
Kostroma 149
Krasnye Holmy Swissotel 151
Krasnye Vorota, U-Bahn-Station 147
Kreml 144
Kropotkinskaja, U-Bahn-Station 147
Lenin-Mausoleum 144, 146
Lomonossow-Universität 148
Lubjanka, U-Bahn-Station 147
Majakovskaja, U-Bahn-Station 147
Mari Vanna, Restaurant 151
Mariä-Entschlafens-Kathedrale, Wladimir 149
Mariä-Verkündigungs-Kathedrale 146, 149
Moscow City (MIBC) 144
Moskwa, Fluss 144
Nowodewitschi-Kloster 144, 147
Ostoženka-Straße 144
Pereslawl-Salesski 149
Prečistenka-Straße 144
Propaganda, Diskothek 151
Puschkin-Museum der Bildenden Künste 144, 147
Revolutionsplatz, Kostroma 149
Rostov 149
Roter Platz 144, 146

Rüstkammer 144
Schwarzes Meer 149
Sergijew Posad 148
Shopping 151
Smolensker Kathedrale 147
Spa Hotel Pokrovka 151
Strelka 144
Susdal 149
Tolstoj-Haus 148
Tretjakow-Galerie148
Turandot, Restaurant 151
Verkündigungs-Kathedrale 146
Winzavod 144
Wladimir 149
Zarenkanone 146
MÜNCHEN 158-163
Alfons, Restaurant 163
Allianz Arena, Stadion von Bayern München 158
Alte Pinakothek 160
Alter Simpl, Kneipe 163
Altstadt 158
Ampere, Club 158
Anna Hotel 162
BMW-Museum 161
Brenner, Restaurant 162
Deutsches Museum 160
Die Färberbar, Bar 163
Frauenkirche, Kathedrale 159
Fröttmaning, Stadtviertel 158
Gästehaus Englischer Garten, Hotel 162
Glockenspiel, Rathaus 158, 159
Glyptothek, Museum 160
Hofbräuhaus 158, 161
Kunstareal, Museumsviertel 160
Marienplatz 159
München Palace, Hotel 162
Museum Brandhorst 158, 160
Nektar, Lounge-Bar 163
Neue Pinakothek 160
Nürnberger Bratwurst Glöckl, Restaurant 163
Oktoberfest 161
Olympiapark 161
Olympia-Stadion 158, 160
Pinakothek der Moderne 160
Platform 3, Künstlerateliers 158
Porzellanmanufaktur 162
Rathaus, Altes und Neues 159
Residenz Museum 159
Residenz München 158, 159
Schloss Schleißheim 162
Schloss Nymphenburg 162
Shopping 163
Spielzeugmuseum 159
St.-Johann-Nepomuk-Kirche 160

P

PARIS 68-75
Arc de Triomphe 70
Arche de la Défense 70
Au Petite Riche, Restaurant 75
Avenue Charles de Gaulle 70
Banke Hôtel 75
Bastille 68
Bateaux Mouches 74
Beaubourg 70
Buddha-Bar 75
Centre Pompidou 70
Champs-Élysées 70
Chez Janou, Bistro 75
Crazy Horse, Kabarett 75
Défense 70
Disneyland Paris 74
Eiffelturm 70
Erotikmuseum 68
Eurodisneyland 74
Galerie du Carrousel, Eingang Louvre 73
Georges, Restaurant 70
Grab des unbekannten Soldaten 70
Hôtel Amour 75
Hôtel de Ville 68
Hôtel Ritz 72, 75
Île de la Cité 70
Informatikmuseum 70
Institut du Monde Arabe 70
Jules Verne, Restaurant 70
Justizministerium 72
La Belle Hortense, Café 68
Le Bar, Disko und Café 75
Le Meurice, Restaurant 75
Les Halles, 74
Louvre, Museum 73
Maison Athénée, Hotel 68
Marais 68
Marché aux Puces di St-Ouen de Clignancourt, Flohmarkt 71
Montmartre 68
Musée Carnavalet 68
Musée d'Orsay 72
Musée National d'Art Moderne 70
Museum für Völkerkunde 70
Notre-Dame, Kathedrale 70
Orangerie, Museum 71
Passage de Retz 68
Passage Richelieu, Eingang Louvre 73
Place des Vosges 68
Place Vendôme 72
Quai Branly 70
Rathaus 68
Rive Droite 68
Sacré-Cœur, Basilika 72
Seine 74
Shopping 71
Versailles 74
PETRA UND DAS TOTE MEER 314-317
ed-Deir, Kloster 315
Amman, Flughafen 316
Ammarin Bedouin Camp, Zeltcamp 316
Bab es-Sik, Tor 315
Byzantinische Kirche, Petra 315
Dana, Naturschutzreservat 314, 315
Höhle des Lot 314
Jordan Valley Marriott Resort & Spa 317
Jordan, Fluss 316
Jordantal 316
Khazne al-Firaun, Mausoleum 315
Kolonnadenstraße 315
Löwen-Greifen-Tempel 315
Löwentriklinium 315
Mövenpick Resort & Spa Dead Sea 316
Nymphäum 315
Obeliskengrab 315
Palastgrab 315
Petra 314, 315
Petra Kitchen, Restaurant 316
Petra Marriott Hotel 316
Safi 314
Sun City, Restaurant 316
Swaimeh 316
Temenos-Tor 315
Totes Meer 314, 316
Urnengrab 315
PRAG 184-189
Alter Friedhof 187
Altneusynagoge 187
Altstädter Ring 186
Antik Hotel 189
Aquarius, Restaurant 189
Astronomische Aposteluhr 186
Bier Spa Pivní láznû Zoto 189
Buddha-Bar Hotel Prag 189
Café Louvre 185
Čertovka-Kanal 184
Clementinum, Jesuitenkolleg 184
CottoCrudo, Restaurant 189
Francouzska, Restaurant 189
Goldener Engel 187
Goldenes Gässchen 185
Hotel Europa 187
Jan-Hus-Denkmal 186
Josefstadt, jüdisches Viertel 186
Jüdisches Museum 187
Jüdisches Viertel 184, 186
Kafka-Museum 184
Kampa Museum 184
Kampa, Insel 184
Karlsbrücke 184, 185
Kloster Strahov 185
Königspalast 185
Malá Strana, Prager Kleinseite 184, 185
Mecca Club, Tecno-Musik 189
Moldau, Fluss 184, 185
Museum des tschechischen Kubismus 189
Museum für moderne Kunst 189
Nationalgalerie 189
Nationalmuseum 187
Nikolaus-Kirche 184
Nové Mesto, Neustadt 185
Palais Goltz-Kinský 186
Palais Koruna 187
Palais Schwarzenberg 189
Palais Sternberg 189
Palastgärten 185
Petřín-Berg 184
Pinakothek 185
Prager Burg 185, 185
Pulverturm 186
Rathaus 184, 186
Reduta Jazz Club 189
Shopping 189
St.-Georgs-Basilika 185
St.-Georgs-Kloster 189
Staré Mesto 184
Štefánik Sternwarte 184
Tanzendes Haus 187
Teynkirche 184, 186
The Augustine, Hotel 189
U Fleku, Brauhaus 189
Veitsdom 185, 186
Wenzelsdenkmal 187
Wenzelsplatz 185, 187
DIE DÜFTE DER PROVENCE 48-53
Aix-en-Provence 49, 50
Arles 49, 52
Atelier des Lauves, Cézanne, Aix 51
Avignon 49, 51
Bastide du Jas de Bouffan, Cézanne-Museum, Aix 51
Bibémus, Cézanne-Haus, Aix 51
Blumenmarkt, Grasse 49
Camargue 49, 52
Château de l'Empéri, Salon 51
Chocolaterie Le Nostradamus, Salon 51
Christian Etienne, Restaurant, Avignon 53
CMA CGM Tower, Marseille 49
Corniche du Président John Fitzgerald Kennedy, Marseille 50
Cours Mirabeau, Aix 50
des Deux Garçons, Café, Aix 50
Euroméditerranée, Hafen, Marseille 49
Feria, Festival, Camargue 52
Festival d 'Aix 53
Festival d'Avignon 53
Fondation Vincent Van Gogh, Arles 52
Fragonard, Shopping, Grasse 49
Friche la Belle de Mai, Veranstaltungsbühne, Marseille 50
Grasse 49
Isnard, Grasse 49
Jardin des simples, Salon 51
Jas de Bouffan, Cézanne-Museum, Aix 51
Kathedrale Notre-Dame-du-Puy, Grasse 49
Kathedrale St-Sauveur, Aix 51
Kathedrale von Avignon 51
Konstantin-Thermen, Arles 52
Lacaille, Restaurant, Marseille 53
La Maison du Pastis, Marseille 50
La Table du Roi, Restaurant, Aix 53
La Vieille Charité, Marseille 50
Le Panier, Stadtviertel Marseille 50
Le Ryad, Hotel, Marseille 52
Les Alyscamps, Arles 52
Les fêtes d'Arles, 53
Les Halles, Markthalle, Avignon 51
Marseille 49, 50
Mas de la Chapelle, Hotel, Arles 52
Mazarin, Stadtviertel Aix 51
Montagne Sainte-Victoire, Aix 49
Musée International de la Parfumerie, Grasse 49
Museum der Geschichte der französischen Waffentechnik, Salon 51
Museum für afrikanische, ozeanische und indianische Kunst, Marseille 50
Museum für Mittelmeer-Archäologie, Marseille 50
Nostradamus, Gedenkstätte, Salon 51
Papstpalast, Avignon 49, 51, 53
Place aux Aires, Grasse 49
Place d'Albertas, Aix 50
Place du Forum, Arles 52
Ponte de Langlois, Arles 52
Ponte Saint Bénezet, Avignon 51
Rathaus, Aix 51
Relais & Chateau Villa Gallici, Aix 52
Römisches Amphitheater, Arles 52
Römisches Theater, Arles 52
Saintes-Maries-de-la-Mer 52
Salon-de-Provence 49, 51
Shopping 49
Uhrturm, Aix 51
Vieux Port, Marseille 50
Ville Méditerranée, Marseille 50

R

ROM 260-269
Altar des Vaterlandes 260
Auditorium Parco della Musica 269
Bed & Breakfast Bio 268
Black Hotel 268
Campidoglio 260, 265
Diokletiansthermen 266
Engelsburg 260
Fori Imperiali 260, 263
Galleria Doria Pamphilj 260
Goa, Diskothek 269
Hostaria Romana 269
Hotel Hassler 268
Kami Spa 269
Kapitolinisches Museum 260, 265
Kolosseum 260, 263
La Pergola, Restaurant 269
Lateranpalast 266
MAXXI 269
Nationalmuseum 260, 266
Nostro Signore del Sacro Cuore, Kirche 265
Ostia Antica, Ausflug 268
Palazzo Barberini 261
Palazzo dei Conservatori 265
Palazzo Massimo 266
Palazzo Nuovo 265
Palazzo Senatorio 265
Pantheon 265
Petersdom 260
Piazza del Popolo 260
Piazza della Rotonda 265
Piazza di Spagna 265
Piazza Navona 260, 265
Piazza Trilussa 261
Piazza Venezia 260
Platz von Bernini 262
Porta Portese 261
Quirinalspalast 260, 265
San Giovanni in Laterano, Kathedrale 266
San Giovanni in Laterano, Platz 266
Sant'Agnese in Agone, Kirche 265
Santa Maria degli Angeli, Kirche 266
Santa Maria dei Miracoli 260
Santa Maria del Popolo, Kirche 260
Santa Maria di Aracoeli, Kirche 265
Santa Maria in Montesanto, Kirche 260
Santa Maria in Trastevere, Basilika 261
Shopping und Märkte 266
Spanische Treppe 265
Tivoli, Ausflug 261, 268
Trastevere, 261
Urbana 47, Restaurant 269
Vatikan 260, 262
Vatikanische Grotten 262
Villa Borghese 261
DIE ROMANTISCHE STRASSE 164-169
Augsburg 164, 166
Augsburger Dom 166
Augsburger Puppenkiste 166
August, Restaurant 169
Bad Mergentheim 164, 168
Bäuerlinsturm, Dinkelsbühl 167
Brechthaus, Augsburg 166
Burgtor, Rothenburg o.d.T. 168
Creglingen 164, 167
Dinkelsbühl 164, 166
Faulturm, Dinkelsbühl 167
Festung Marienberg, Würzburg 168
Frauentorstraße, Augsburg 166
Füssen 164, 165
Fuggerei, Augsburg 166
Fuggerpalast, Augsburg 166
Goldener Saal, Augsburg 166
Grüner Baum, Hotel 169
Harburg 164, 167
Herrengasse, Rothenburg o.d.T. 168
Hohes Schloss, Füssen 165
Hotel Eisenhut 169
Hotel Luitpoldpark 169
Jakobskirche, Rothenburg o.d.T. 168
Kirche Mariä Geburt, Rottenbuch 164
Kloster St. Mang, Füssen 165
Kulturspeicher Museum, Würzburg 168
Landsberg am Lech 164
Lech, Fluss 164
Marienaltar, Creglingen 167
Marktplatz, Rothenburg o.d.T. 168
Maximilianstraße, Augsburg 166
Münster St. Georg, Dinkelsbühl 167
Museum der Stadt Füssen 165
Nördlingen 164, 167
Plönlein, Rothenburg o.d.T. 168
Rathaus, Rothenburg o.d.T. 168
Rathausplatz, Augsburg 166
Rieskrater 164
Rieskrater-Museum, Nördlingen 167
Rothenburg ob der Tauber 164, 167, 168
Schaezlerpalais, Augsburg 166
Schloss Hohenschwangau, 164, 165
Schloss Neuschwanstein 164
Schloss Steinburg, Restaurant 169
Schwangau 165
St. Georgs-Kirche, Nördlingen 167
St. Kiliansdom, Würzburg 168
St.-Anna-Kirche, Augsburg 166
Steingaden 164
Stift Haug, Würzburg 168
Thermen Bad Mergentheim 169
Wieskirche, Steingaden 164, 166
Würzburg 164, 168
Würzburger Residenz 168
Zur Höll, Restaurant 169

S

SANKT PETERSBURG 138-143
Admiralität 138, 139
Alexander House, Hotel 142
Alexander-Newski-Kloster 139
Alexanderpalast 142
Dekabristenplatz 138, 141

Dostojewsky-Museum 140
Eremitage 138, 140
Fidel, Lokal 143
Grand Hotel Europe 142
Gribojedow, Diskothek 143
Hotel Taleon 142
Isaakskathedrale 141
Isaaksplatz 141
JFC Jazz Club 143
Kasaner Kathedrale 139
Katharinenpalast 142
Kokoko, Restaurant 143
Lathka Center 141
Literaturnoe kafe 139
MamaLiga, Restaurant 143
Mariinski-Theater, Opern- und Balletthaus 143
Mechta Molokhovets, Restaurant 143
Menschikow-Palast 139, 141
Michailowskij-Palast 140
Monplaisir 142
Newa, Fluss 138, 139
Newski-Prospekt 138, 139
Ostsee 138
Peter der Große, Statue 138
Peter-und-Paul-Festung 139, 141
Puschkin-Museum 139
Russisches Museum 140
Schloss Peterhof 142
Shopping 143
Stroganow-Palast 139
Wassiljewski-Insel 139, 141
Winterpalast 140
Zarskoje Selo, Ausflug 142
DIE SCHLÖSSER SCHOTTLANDS 106-111
Abbotsford House 110
Allerton House, Hotel 110
Auchen Castle Hotel 110
Ausflüge mit dem Fahrrad und Wanderungen 111
Bowhill House 110
Castle Jail 107
Dryburgh Abbey 109
Floors Castle, Kelso 108
Grey Mare's Tail, Wasserfall 110
Hermitage Castle 107
Jed Water, Fluss 107
Jedburgh Abbey 107
Kelso, Dorf 108
Marmions Brasserie 111
Mary Queen of Scots' House 107
Mellerstain House 109
Melrose 110
Millennium Parterre, Kelso 108
Moffat 110
Nightjar, Restaurant 111
Osso, Restaurant 111
Sandyknowe Farm 109
Scott's View 109
Scottish Borders 106, 107
Selkirk 110
Shopping 109
Smailholm Tower 109
St. Boswells, Dorf 109
Stobo Castle Health Spa, Hotel 110
Teviot, Fluss 106, 108
The Riding of the Marches 108
Townhouse, Hotel 111
Traquair House 110
Tweed, Fluss 106, 108, 109, 110
Yarrow Water, Tal 110
SHARM EL-SHEIK 318-323
Aurora Oriental Resort, Hotel 318, 323
Berg Sinai 318, 322
Blue Hole 318
Coloured Canyon 318
Concorde El Salam, Hotel 323
Coral Bay, Resort 318
Dahab 318
Deck, Restaurant 323
El Fanar, Restaurant-Diskothek 323
Four Seasons Resort 318, 322
Gebel Musa 322
Golf von Akaba 318
Hard Rock Café 323
Jolie Ville Golf Resort 318
Katharinenberg 322
Katharinenkloster 318, 322
Little Buddha, Restaurant 323
Mahony, Restaurant 323
Naama Bay 318
Pacha, Diskothek 323
Ras Mohammed, Meeres-Nationalpark 318
Ras Umm Sidd 318
Sharm el-Maya 318
Shopping 321
Sinai 323
Suez 318
Tauchen 321
Tiran 318
SIZILIEN 283
Aci Castello 276, 278
Aci Trezza 276, 278
Acireale 276, 278
Alcantara, Fluss 282
Al Saraceno, Restaurant, Taormina 283
Ätna 276, 280, 282
Bar Musumeci, Randazzo 282
Bar San Giorgio, Castelmola 281
Capo Sant'Andrea 281
Capo Taormina 281
Castelmola 281
Catania 276, 277, 278
Chiesa dei Gesuiti, Catania 278
Chiesa dei SS. Pietro e Paolo, Acireale 278
Chiesa di S. Benedetto, Catania 278
Chiesa di S. Caterina, Taormina 280
Chiesa di S. Francesco Borgia, Catania 278
Chiesa di S. Giorgio, Taormina 280
Chiesa di S. Giuliano, Catania 278
Chiesa di S. Giuseppe, Taormina 280
Chiesa di S. Maria, Randazzo 282
Chiesa di S. Martino, Randazzo 282
Chiesa di S. Michele Arcangelo, Catania 277
Chiesa di S. Nicolò l'Arena, Catania 278
Corso Umberto I, Randazzo 282
Corso Umberto I, Taormina 280
Faraglioni dei Ciclopi, Zyklopeninseln, Aci Trezza 278
Ferrovia Circumetnea 277
Fest der heiligen Agata, Catania 278
Fischmarkt La Pescheria, Catania 278
Flohmarkt, Catania 278
Francavilla di Sicilia, Ätna 282
Gelateria Belvedere, Eisdiele, Acireale 278
Gelatomania, Eisdiele, Taormina 280
Gole dell'Alcantara, Ätna 282
Griechisches Theater, Taormina 280
Grotta del Gelo, Ätna 282
Hotel Collection, Taormina 282
Isola Bella 281
Ixtlan, Pub, Catania 278
Kathedrale San Nicolò, Taormina 281
Kathedrale Sant'Agata, Catania 277
Kloster San Nicola, Catania 277
Linguaglossa, Dorf 276, 282
Mazzarò 280, 281
Mercati Generali, Diskothek, Catania 283
Mocambo, Café, Taormina 280
Monte Tauro 281
Museum Bellini, Catania 277
Naumachie, Taormina 280
Nievski, Bar-Restaurant, Catania 283
Odeon, Taormina 280
Osteria Panecaldo, Restaurant, Catania 283
Palace, Hotel, Catania 282
Palazzo Asmundo Francica-Nava, Catania 278
Palazzo Biscari, Catania 277
Palazzo Corvaja, Taormina 280
Palazzo Pennisi di Floristella, Acireale 278
Pasticceria Savia, Catania 277
Pasticceria Fratelli Facondo, Randazzo 282
Piazza Bellini, Catania 278
Piazza Carlo Alberto, Catania 278
Piazza del Duomo, Taormina 281
Piazza Duomo, Catania 277
Piazza IX Aprile, Taormina 280
Porta Catania, Taormina 281
Q Lounge, Cocktailbar, Taormina 283
Randazzo, Dorf 276, 282
Riviera dei Ciclopi, Zyklopenküste 276, 278
Römisches Amphitheater, Catania 277
Scenario Pubblico, Pub, Catania 278
Spisone, Strand 281
St. Moritz, Café, Catania 277
Taormina 276, 280
Taormina Film Fest 280, 281
Teatro Bellini, Catania 278
Teatro Museo dei Pupi Turi Grasso, Acireale 278
Turismo Rurale Parco Statella, Hotel, Randazzo 282
Veneziano, Restaurant, Randazzo 283
Verga, Giovanni, Museum, Catania 278
Verga, Giovanni, Touristenparcours 278
Via Crociferi, Catania 278
Via Etnea, Catania 277
Via Roma, Taormina 281
Via Teatro Greco, Taormina 280
Via Vittorio Emanuele II, Catania 277
Villa Bellini, Catania 278
Villa Comunale, Taormina 281
WunderBar, Taormina 280
STOCKHOLM 126-131
Berns Salonger, Unterhaltungsbühnen 131
Centralbadet, Jugendstilschwimmbad 129
Concert Hall 127
Den Gyldene Freden, Restaurant 126
Djurgården, Parkinsel 128
Fotografiska, Museum 129
Gamla Stan 127, 128, 129
Gondolen, Restaurant 131
Grand Hotel 126
Hotel Clarion 127
Hotel Rival 131
Hotel Skeppsholmen 131
Kathedrale 127, 128
Königsresidenz 126, 127, 128
Kungsholmen, Insel 128
Kungliga nationalstadsparken 126
Mälaren 126
Nationalmuseum 129
Nobel-Museum 127
Nobis Hotel 131
Opera Källaren, Restaurant 131
Park Schloss Rosendal 128
Pontus by the Sea, Restaurant 131
Rathaus 126, 127
Riddarholmskyrkan, Kirche 128
Riksdag, Parlament 127
Sergels Torg, Platz 128
Shopping 131
Skansen, Freilichtmuseum 128
Skeppsholmen, Insel 129
SoFo, Stadtviertel 127
Spy Bar 131
Stadsgårdshamnen, Uferstraße 129
Stadshuset, Rathaus 128
Stockholmer Börse 128
Stockholm Globe City 129
Stortorget, Platz 127, 128
Sturebadet, Jugendstilschwimmbad 129
Vasa-Museum 128
Wallmans Salonger, Restaurant-Theater 131

T
TURIN 220-225
Arkaden der Via Po 220
Art Hotel Boston 224
Caffè Mulassano 223
Astoria, Cocktailbar 225
Caffè Baratti&Milano 223
Caffè San Carlo 221
Caffè Torino 221
Capannina, Restaurant 225
Cappella della S. Sindone 222
Castello di Rivoli 225
Charlie Bird, Jazzlokal 225
Chiesa del Santo Volto 221
Combal.zero, Restaurant 224
Discoteca Life 225
Dom San Giovanni Battista 222
Drogheria, Bar 225
Filmmuseum 224
Hotel Genio 224
Kuppel von S. Lorenzo 222
Lingotto 220
Magorabin, Restaurant 225
MAO, Museo d'Arte Orientale 224
Mole Antonelliana 220, 224
Murazzi 220
Museo Civico d'Arte Antica 223
Museo Egizio 222
Museo Nazionale del Risorgimento italiano 222
Museo Torino 223
NH Santo Stefano, Hotel 224
Palavela 221
Palazzo Carignano 222
Palazzo dello Sport 221
Palazzo Madama 222, 223
Palazzo Mazzonis 224
Palazzo Reale 222
Parco del Valentino 220
Piazza Castello 220, 222, 223
Piazza San Carlo 220, 221
Piazza Vittorio Veneto 220
Pinacoteca Gianni Agnelli 220
Po, Fluss 220
Reiterstandbild Emanuele Filibertos I. 221
Shopping 223
Spina 3, Stadtviertel 221
Teatro Regio 222
Venaria Reale 225
Via Nizza 220
Via Roma 220
Zwillingskirchen S. Carlo und S. Cristina 221

V
VENEDIG 238-243
Ad Place Charming Hotel 245
Ai Gondolieri, Restaurant 245
B&B Domus Orsoni 245
Biennale 239
Bootsfahrten 242
Brentaufer 242
Burano 243
Ca' d'Oro 238
Ca' Rezzonico 239, 241
Caffè Florian 240
Canal Grande 238, 239, 240
Cannaregio, Stadtteil 238
Cantina Do Spade, Restaurant 245
Castello, Stadtteil 239
Dogenpalast 239, 240
Dolo 242
Dorsoduro, Stadtteil 239
Fondazione Querini Stampalia 239, 241
Galleria Franchetti 238
Gallerie dell'Accademia 239, 241
Ghetto 238
Guggenheim-Museum 239, 241
Harry's Bar 245
Hotel Danieli 245
Kirche SS. Giovanni e Paolo 239
Lagune von Venedig 239
Laguneninseln 242
Locanda Cipriani 242
Madonna dell'Orto, Kirche 238
Magazzini del Sale (Salzlager), Museum 239
Markusdom 240
Markusplatz 239, 240
Mira 242
Murano 242
Museo Correr 239, 240
Museo del Merletto 243
Museo Fortuny 239
Museum für venezianische Malerei des 18. Jh. 241
Naranzaria, Restaurant 245
Palazzo Grassi 239, 240
Palazzo Mocenigo 239
Ponte degli Scalzi 238
Punta della Dogana, Museum 239, 241
Rialtobrücke 240
San Polo 239
Santa Croce 238
Santa Maria Gloriosa dei Frari, Kirche 239, 240
Scuola Grande di San Rocco 239
Seufzerbrücke 240
Shopping 245
Skyline Bar 245
Stoff- und Kostümmuseum 239
Strà 242
Theater La Fenice 245
Uhrenturm 240
Vedova, Emilio 239
Villa Foscari – La Malcontenta 242
Villa Pisani 242
Villa Valmarana 242
Villa Widmann Rezzonico Foscari 242

W
WIEN 196-201
Alte Taverne, Restaurant 200
Ankerhaus 197
Badeschiff, Disco-Club 201
Wiener Kaffeehäuser 199, 200
Schloss Belvedere 198
Schloss Schönbrunn 196, 197
Stephansdom 196, 198
Peterskirche 196
Donauschifffahrten 201
Flex, Bar 201
Graben 196
Haas-Haus 199
Leopold Museum 198
Silberkammer 197
Sisi Museum 197
Kunsthalle 198
MUMOK 198
Palais Bartolotti-Partenfeld 196
Wiener Secession 198
Hofburg 196, 197
Confiserie Altmann & Kühne 197
Confiserie Demel 200
Pestsäule 196
Prater 198
Q – Kju-Bar 201
Museumsviertel 196, 198
Rathaus Wein & Design, Hotel 200
Sand in the City, Cocktailbar 201
Shopping 200
Sofitel Vienna Stephandsom, Hotel 200
Stadthalle, Hotel 200
Steirereck, Restaurant 200
Therme Wien 199
Wienerwald 199

Fotonachweis

4kclips/123RF: Seite 41
Laura Accomazzo: Seiten 178 rechts, 179 links, 180
Peter Adams/Getty Images: Seite 93 unten
Sylvester Adams/Getty Images: Seite 240 unten
AIC/Photolibrary.com: Seite 203
Alessandro Albert/Getty Images: Seiten 223 unten, 225 unten
Glen Allison/Getty Images: Seite 118 unten
Cristina Arias/Getty Images: Seite 38 unten
Antonio Attini/Archivio White Star: Seiten 10-11, 11, 12-13, 13, 16-17, 19, 20-21, 20, 21 oben, 21 unten, 22 oben, 22 unten, 23 oben, 48, 49, 50 oben, 50 unten, 51, 52 oben, 52 unten, 53 oben, 126-127, 135 unten, 158-159, 164, 164-165, 210-211, 214-215, 216-217, 220-221, 222 unten, 223 oben, 247, 254-255, 257 unten, 258 oben, 275, 276-277, 279, 308, 309 unten, 310 oben, 313, 326 oben, 327 oben, 327 Mitte, 327 unten
Manfred Bail/Photolibrary.com: Seite 160
Franco Barbagallo/Archivio White Star: Seiten 46, 52 oben, 54-55, 55, 63 oben, 63 unten, 64 oben, 64 unten, 66 oben, 67, 72-73, 78-79
Scott R. Barbour/Getty Images: Seite 35 unten
Dennis Barnes/Photolibrary.com: Seiten 110-111
Dave Bartruff/Photolibrary.com: Seite 92 unten
Allan Baxter/Getty Images: Seite 45
Beauty Photo Studio/ Photolibrary. com: Seite 319
Foto Beck/Photolibrary.com: Seite 171 Mitte
Nathan Bergeron Photography/Getty Images: Seite 87
Emmanuel Berthier/Getty Images: Seite 122
Marcello Bertinetti/Archivio White Star: Seiten 70 unten, 74 oben, 152-153, 153, 156 oben, 213, 228 oben, 238-239, 240 oben, 241 oben, 241 unten, 245 unten, 245 oben rechts, 260-261, 261, 262-263, 264, 265 oben, 265 unten, 266, 268 unten, 318-319, 326 rechts, 328-329
Gardel Bertrand/Photolibrary.com: Seite 26
Louis Bertrand/Photolibrary.com: Seite 218
Rieger Bertrand/Photolibrary.com: Seite 316 unten
Souvik Bhattacharya/Getty Images: Seite 177
Jean du Boisberranger/Getty Images: Seite 343
Tom Bonaventure/Getty Images: Seiten 68-69
Massimo Borchi/Archivio White Star: Seiten 103 oben, 103 unten, 108 Mitte, 108 unten, 109, 302 unten, 303, 314-315
Livio Bourbon/Archivio White Star: Seiten 68, 72 unten, 94, 94-95, 96-97, 97 oben, 97 unten, 239, 245 oben links
J. Boyer/Getty Images: Seite 65 unten
Britain on View/Photolibrary.com: Seiten 102 oben, 108 oben
Buena Vista Images/Getty Images: Seiten 44, 70 oben, 226-227
DEA/W. Buss/Getty Images: Seiten 141, 147 oben, 149 oben, 196-197
W. Buss/Archivio Deagostini: Seite 143
Wojtek Buss/Photolibrary.com: Seite 243
Edy Buttarelli/Photolibrary.com: Seite 230
Dea/R.Carnovalini/Getty Images: Seiten 282-283
Demetrio Carrasco/Photolibrary. com: Seite 15
Arnaud Chicurel/Getty Images: Seite 321 unten
Cosmo Condina/Getty Images: Seite 310 unten
Anne Conway/Archivio White Star: Seiten 246-247, 248 oben, 250, 250 unten, 250-251, 252, 256 oben, 270-271, 271, 273
Joe Cornish/Getty Images: Seiten 101, 116-117
Photo by cuellar/Getty Images: Seiten 40-41
G. Dagli Orti/Archivio Deagostini: Seite 267 rechts
Ethel Davis/Getty Images: Seite 116 oben
Stuart Dee/Getty Images: Seite 75 oben
Michael DeFreitas/Photolibrary.com: Seiten 310-311
Araldo De Luca/Archivio White Star: Seite 326 links
A. De Gregorio/Archivio Deagostini: Seite 268 Mitte
Reinhard Dirscherl/Photolibrary.com: Seite 320
Georgette Douwma/Getty Images: Seite 321 oben
NielsDK/Photolibrary.com: Seiten 134 oben,136
Bernard van Dierendonck/Getty Images: Seite 212
Patrick Dieudonne/Photolibrary.com: Seiten 110 oben, 110 unten
Francois Durand/Getty Images: Seite 74 unten
Ross Durant Photography/Getty Images: Seite 262 Mitte
Chad Ehlers/Getty Images: Seiten 129 unten, 195 oben
Wolfgang Ehn/Getty Images: Seite 175 oben
Michele Falzone/Getty Images: Seiten 190-191
Frank Fell/The Travel Library/ Photolibrary.com: Seiten 236-237
Malcom Fife/Getty Images: Seite 107
Picture Finders/Getty Images: Seite 142
Giuseppe Finocchiaro/Getty Images: Seite 278 Mitte
FB-Fisher/Photolibrary.com: Seite 172 oben
Fuse/Getty Images: Seite 262 unten
Gala/Photolibrary.com: Seite 34
Bertrand Gardel/Getty Images: Seite 335 unten
Alfio Garozzo/Archivio White Star: Seiten 288-289, 290 unten, 291 oben, 291 unten, 293, 294-295, 295, 296-297, 297 oben, 297 Mitte, 297 unten, 298 oben, 298 unten, 298-299, 340, 341 unten
Oliver Gerhard/Photolibrary.com: Seite 157 unten
Cesare Gerolimetto/Archivio White Star: Seite 309 oben
Shai Ginott/Corbis: Seite 312 unten
Ruddy Gold/Marka: Seiten 24-25
Jorg Greuel/Getty Images: Seiten 36-37, 73 unten
George Grigoriou/Getty Images: Seite 292
Itamar Grinberg: Seiten 306-307
Yulia Grogoryeva/123RF: Seiten 140 unten, 249
Hackenberg/Photolibrary.com: Seite 337
Amanda Hall/Getty Images: Seite 92 oben
Fraser Hall/Getty Images: Seite 104
Robert Harding/Getty Images: Seiten 70-71, 170-171, 192-193
Luke Hayes/Photolibrary.com: Seite 269 oben
Norbert Eisele-Hein/Photolibrary. com: Seite 316 oben
Gavin Hellier/Getty Images: Seiten 32-33, 232-233, 305 rechts
Hughes Hervé/Photolibrary.com: Seite 335 oben
Tim Hibo/Getty Images: Seiten 120-121
Mikko Hyvarinen/Getty Images: Seite 124
Ferdinand Hollweck/Photolibrary. com: Seite148 unten
Simeone Huber/Getty Images: Seiten 144-145, 235, 236, 286
Cnabi Hugo/Photolibrary.com: Seite 25 unten
Tim Hurst/Getty Images: Seite 79
Iisier/Getty Images: Seite 18
Imagebroker/Photolibrary.com: Seiten 106-107
Pierre Jacques/Getty Images: Seiten 47 unten, 58-59
Jiri/Photolibrary.com: Seite 336 unten
Jtb Photo/Photolibrary.com: Seiten 47 oben, 245 Mitte, 209, 202-203
Keenpress/Getty Images: Seite 204 unten
Mit freundlicher Genehmigung von Kempinski: Seiten 317 oben, 317 unten
Howard Kingsnorth/Getty Images: Seite 119
Katja Kreder/Photolibrary.com: Seite 172 unten
Raimund Kutter/Photolibrary.com: Seiten 266-267
Gérard Labriet/Photolibrary.com: Seite 62 unten
Siegfried Layda/Getty Images: Seiten 154, 178-179
Daniele La Monaca/Tips Images: Seite 278 unten
Javier Larrea/Photolibrary.com: Seite 27 oben
Thulin Lars/Getty Images: Seite 125 unten
Latitudestock/Getty Images: Seite 116 unten
Robin Laurance/Photolibrary.com: Seite 182
Emma Lee/Getty Images: Seite 65 oben
Domingo Leiva/Getty Images: Seite 19 oben
Frans Lemmens/Getty Images: Seiten 88-89, 147 unten
Yadid Levy/Photolibrary.com: Seite 189
Pawel Libera/Photolibrary.com: Seiten 112-113
Marcello Libra/Archivio White Star: Seiten 132-133, 137 oben, 159, 161, 163, 166 oben, 166 unten, 167 oben, 167 Mitte, 167 unten, 168,169, 186-187, 187, 197, 198, 199, 217, 284-285, 285, 307 Mitte, 307 unten
Peter Lilja/Getty Images: Seiten 122-123, 125 oben
Quim Llenas/Getty Images: Seite 39
Vincenzo Lombardo/Getty Images: Seiten 226, 278 oben
Viacheslav Lopatin/123RF: Seiten. 148 oben, 229 oben
Jerome Lorieau/Photolibrary.com: Seite 105
Julian Love/Photolibrary.com: Seiten 330, 331
Images Etc Ltd/Getty Images: Seiten 82-83
Maisant Ludovic/Photolibrary.com: Seite 156 unten
Kay Maeritz/Photolibrary.com: Seiten 181, 183
Sites and photos/Samuel Magal/ Getty Images: Seite 14
Dozier Marc/Photolibrary.com: Seite 61 unten
Donatella Marmaggi/Marka: Seite 29
martinedf/123RF: Seite 85
Rainer Martini/Getty Images: Seite 162
Rainer Martini/Photolibrary.com: Seite 242 unten
Rene Mattes/Photolibrary.com: Seiten 332-333
Federico Meneghetti/Photolibrary. com: Seiten 242-243
Eric Meola/Getty Images: Seite 205 unten
Hans-Peter Merten/Getty Images: Seite 135 oben
Dea/S.Montanari/Getty Images: Seite 282
Martin Moos/Getty Images: Seite 149 unten
Chris Nash/Getty Images: Seite 17
G. Nimatallah/Archivio Deagostini: Seite 256 unten
David Noton/Getty Images: Seite 176 oben
Richard Nowitz/Getty Images: Seite 73 oben
Nils-Johan Norenlind/Photolibrary. com: Seite 133
G. Nimatallah/Archivio Deagostini: Seite 267 links
Paul Panayiotou/Corbis: Seite 290 oben
Panoramic Images/Getty Images: Seite 131
Parasola/Photolibrary.com: Seite 336 Mitte
Wysocki Pawel/Photolibrary.com: Seite 333
Stuart Pearce/Marka: Seite 27 unten
Peter Phipp/Getty Images: Seite 341 oben
PhotoserviceElecta/AKG Images: Seite 312 oben
Jean-Pierre Pieuchot/Getty Images: Seite 42
Andrea Pistolesi/Getty Images: Seiten 230-231
PNC/Getty Images: Seite 38 oben
Ed Pritchard/Getty Images: Seiten 100-101
Frederic Prochasson/123RF: Seiten 118-119
Sergio Quaglia/Archivio White Star: Seite 248 unten
Radius Images/Photolibrary.com: Seite 80
Jose Fuste Raga/Photolibrary.com: Seite 210
Luciano Ramires/Archivio White Star: Seite 53 unten
Silwen Randerbrock/Photolibrary. com: Seite 157 oben
Christian Reister/Photolibrary.com: Seite 155
Ghigo Roli/Photolibrary.com: Seite 234
G. Roli/Archivio Deagostini: Seite 242 Mitte
Ellen Rooney/Photolibrary.com: Seite 194
Axel Rosenberg/Getty Images: Seite 173
Guido Alberto Rossi/Photolibrary. com: Seiten 60-61, 225 oben
Rufenach/Photolibrary.com: Seite 219
Michael Runkel/Getty Images: Seite 287
Jordi Sans/Photolibrary.com: Seite 33 unten
Karl F. Schofmann/Photolibrary. com: Seiten 304, 305 links
Ulli Seer/Getty Images Seite 175 unten
SGM/Photolibrary.com: Seiten 76-77
Herbert Scholpp/Getty Images: Seite 174
SGM/Photolibrary.com: Seite 134 unten
Martin Siepmann/Photolibrary.com: Seite 28
Slow Images/Getty Images: Seiten 208-209, 259
Karin Smeds/Getty Images: Seite 120
Patrick Somelet/Photolibrary.com: Seite 58
G. Sosio/Archivio Deagostini: Seite 242 oben
Angelika Stern/Getty Images: Seite 262 oben
SuperStock/Getty Images: Seite 91 unten
Andreas Strauss/Getty Images: Seite 176 unten
Juergen Stumpe/Photolibrary.com: Seite 76
Suetone Emilio/Photolibrary.com: Seite 244
Anuphan Sukhapinda/123RF: Seiten 30-31
Edmund Sumner/Photolibrary.com: Seiten 99, 269 unten
Dag Sundberg/Getty Images: Seite 137 unten
Dmytro Surkov/123RF: Seite 56
Tessahamburg/Photolibrary.com: Seite 342 oben
The Gallery Collection/Corbis: Seite 228 unten
The Image Bank/Getty Images: Seite 195 unten
The Print Collector/Photolibrary. com: Seite 83
The Travel Library Limited/ Photolibrary.com: Seiten 98, 265 Mitte
Nicolas Thibaut/Photolibrary.com: Seiten 336 oben, 342 unten
Daniel Thierry/Photolibrary.com: Seite 57
Francesco Tomasinelli/Tips Images: Seiten 222 oben, 224
David C. Tomlinson/Getty Images: Seite 43 unten
Nico Tondini/Getty Images: Seite 258 unten
Travel ink/Getty Images: Seiten 23 unten, 334 oben
Eye Ubiquitous/Photolibrary.com: Seiten 84, 229 unten
S. Vannini/Archivio Deagostini: Seite 268 oben
Giulio Veggi/Archivio White Star: Seiten 30, 33 oben, 90-91, 114 oben, 114 unten, 115, 123 oben, 123 unten, 128 oben, 128 unten, 138-139, 140 oben, 144, 146-147, 150, 151, 184-185, 188, 192, 215, 221, 233, 253, 255, 257, 272, 274, 280 oben, 280 unten, 280-281, 300-301, 301, 302 oben, 315, 322-323, 323, 328 unten
Steve Vidler/Photolibrary.com: Seiten 2-3, 62 oben
Stephane Viron/Photolibrary.com: Seite 334 unten
Visions Our Land/Getty Images: Seite 338
Franz Waldhausl/Photolibrary.com: Seiten 204 oben,206
Richard Wareham/Photolibrary.com: Seite 93 oben
Scott S. Warren/Getty Images: Seite 35 oben
Webandpicture/Photolibrary.com: Seite 129 oben
Simon Winnall/Photolibrary.com: Seite 118 Mitte
Jakob Winter/Photolibrary.com: Seite 207
Jeremy Woodhouse/Getty Images: Seiten 200-201
Konrad Wothe/Getty Images: Seite 171 unten
Ernst Wrba/Photolibrary.com: Seite 201
Anna Yu/Getty Images: Seite 127
Francesco Zanchi/Archivio White Star: Seite 139
Walter Zerla/Photolibrary.com: Seite 66 unten

Cinzia Rando hat geschrieben:

Formentera
Hochsavoyen und Montblanc
Die Schlösser der Loire
Bretagne
Flandern
Amsterdam
Edinburgh
Die Schlösser Schottlands
Lappland
Sankt Petersburg
Deutsche Alpenstraße
Krakau
Budapest
Entlang der Donau
Glacier Express
Genf
Turin
Die Dolomiten
Der Golf von Tigullien
Florenz und der Chianti
Amalfiküste
Sizilien
Jerusalem und Bethlehem
Kairo
Die Insel Djerba
Marrakesch

Elena Luraghi hat geschrieben:

Lissabon
Andalusien
Barcelona
Madrid
Côte d'Azur
Die Düfte der Provence
Paris
Dublin
London
Stockholm
Kopenhagen
Moskau
Berlin
München
Die Romantische Straße
Prag
Wien
Mailand
Venedig
Rom
Dubrovnik
Athen
Die Inselgruppe der Kykladen
Istanbul
Petra und das Tote Meer
Sharm el-Sheikh

WHITE STAR VERLAG

WS White Star Verlag® ist eine eingetragene
Marke von White Star s.r.l.

Piazzale Luigi Cadorna, 6 - 20123 Mailand, Italien
www.whitestar.it

Übersetzung: Britta Koehler, Claudia Theis-Passaro
Produktion und Redaktion Deutschland: Grafikhaus, München
Aktualisierung: Iceigeo Milano (Giulia Gatti, Alberto Brambilla)

ISBN 978-88-6312-412-5
1 2 3 4 5 6   24 23 22 21 20

Gedruckt in Italien

Umschlagvorderseite: Ein typisches griechisches Haus auf der Insel Amorgos, Kykladen (leoks/Shutterstock)

Umschlagrückseite:
Die Ruinen der Nabatäerstadt Petra, Jordanien (DDCoral/Shutterstock)